LA FIN DE L'HOMME ROUGE

DU MÊME AUTEUR

LES CERCUEILS DE ZINC, Christian Bourgois, 1991.
ENSORCELÉS PAR LA MORT, Plon, 1995.
LA SUPPLICATION. TCHERNOBYL, CHRONIQUE DU MONDE APRÈS L'APOCALYPSE, Lattès, 1998 ; J'ai lu, 2004.
LA GUERRE N'A PAS UN VISAGE DE FEMME, Presses de la Renaissance, 2004 ; J'ai lu, 2005.
DERNIERS TÉMOINS, Presses de la Renaissance, 2005.

Titre original :
Vremia second hand (konets krasnovo tcheloveka)
Édition russe :
Vremia, Moscou
© Svetlana Alexievitch, 2013

© ACTES SUD, 2013
pour la traduction française
ISBN 978-2-330-02347-8

Svetlana Alexievitch

LA FIN DE L'HOMME ROUGE

OU

LE TEMPS DU DÉSENCHANTEMENT

Traduit du russe par Sophie Benech

ACTES SUD

La vérité, c'est que la victime comme le bourreau étaient ignobles ; que la leçon des camps, c'est la fraternité de l'abjection.

David Rousset,
Les Jours de notre mort.

En tout cas, nous ne devons pas oublier que ceux qui sont responsables du triomphe du mal dans le monde, ce ne sont pas ses exécutants aveugles, mais les esprits clairvoyants qui servent le bien.

Friedrich Steppuhn,
Ce qui fut et ce qui aurait pu être.

SOMMAIRE

Repères chronologiques 11

Remarques d'une complice 17

I. LA CONSOLATION PAR L'APOCALYPSE

Tiré des bruits de la rue et des conversations de cuisine (1991-2001) 29

DIX HISTOIRES DANS UN INTÉRIEUR ROUGE

Où il est question de la beauté des dictatures et du mystère des papillons pris dans le ciment 55
Où il est question des frères et des sœurs, des bourreaux et des victimes, et de l'électorat 97
Où il est question de murmures et de cris… et de l'enthousiasme 111
Où il est question d'un maréchal rouge solitaire et de trois journées d'une révolution oubliée 130
Où il est question de l'aumône des souvenirs et du désir éperdu de trouver un sens 170
Où il est question d'une autre Bible et d'autres croyants 197
Où il est question de la cruauté des flammes et du salut qu'on trouve dans les nuages 222
Où il est question des délices de la souffrance et du tour de force mental dont les Russes sont capables 249
Où il est question d'un temps où tous ceux qui tuent croient servir Dieu 279
Où il est question d'un fanion rouge et d'une hache qui attend son heure 293

II. LA FASCINATION DU VIDE

Tiré des bruits de la rue et des conversations de cuisine (2002-2012) 335

DIX HISTOIRES AU MILIEU DE NULLE PART
Où il est question de Roméo et Juliette... seulement ils s'appelaient Margarita et Abulfaz 355
Où il est question de gens qui ont changé d'un seul coup "après le communisme" 372
Où il est question d'une solitude qui ressemble beaucoup au bonheur 391
Où il est question de l'envie de les tuer tous, puis de l'horreur d'avoir eu cette envie 407
Où il est question d'une vieille femme avec une faux et d'une belle jeune fille 425
Où il est question d'un malheur étranger que Dieu a déposé sur le pas de notre porte 451
Où il est question de cette garce de vie... et de cent grammes de poussière dans une urne blanche 467
Où il est question de morts que rien ne dégoûte et du silence de la poussière 479
Où il est question des ténèbres du mal et d'une autre vie que l'on peut construire à partir de celle-ci 502
Où il est question du courage et de ce qui vient après 524

Commentaires d'une femme ordinaire 541

REPÈRES CHRONOLOGIQUES

5 mars 1953 : mort de Staline.

Février 1956 : rapport de Khrouchtchev au XXe congrès du Parti, dénonçant le culte de Staline ainsi que certains excès de sa politique. Ce rapport, resté secret, circule sous le manteau et ne sera publié en URSS qu'à la fin des années 1980. Il marque le début de la déstalinisation et du dégel, une période de relative libéralisation. Les prisonniers politiques sont progressivement libérés et réhabilités.

Été 1957 : l'organisation à Moscou du 6e Festival international de la jeunesse semble annoncer une ouverture du pays vers l'étranger.

Novembre 1957 : parution en russe et en italien aux éditions Feltrinelli à Milan du *Docteur Jivago* de Boris Pasternak, qui est contraint par les autorités de refuser le prix Nobel.

Décembre 1962 : parution dans la revue *Novy Mir* d'*Une journée d'Ivan Denissovitch*, de Soljénitsyne. Pour la première fois, la thématique des camps de travail soviétiques est abordée ouvertement. Cette année marque néanmoins la fin du dégel.

1964 : Khrouchtchev est écarté du pouvoir et remplacé par Léonid Brejnev.

1966 : le procès des écrivains Siniavski et Daniel, qui ont publié des livres en Occident, marque un durcissement de la politique intérieure et de la lutte contre la dissidence.

1973-1974 : parution en Occident de *L'Archipel du Goulag*, d'abord en russe, puis en d'autres langues. Soljénitsyne est expulsé d'URSS en février 1974.

1975 : signature par trente-cinq États, dont l'URSS et les USA, des accords d'Helsinki qui doivent améliorer les relations entre le bloc communiste et l'Occident. La mention du respect des droits de l'homme et des libertés fondamentales aidera le combat des dissidents.

1979 : invasion de l'Afghanistan par les troupes soviétiques.

Novembre 1982 : mort de Léonid Brejnev, secrétaire général du Parti communiste de 1964 à 1982, président du présidium du Soviet suprême de 1960 à 1964 et de 1977 à 1982. Iouri Andropov, président du KGB, lui succède en tant que secrétaire général du Parti, puis devient président du présidium du Soviet suprême en juin 1983.

Février 1984 : mort de Iouri Andropov. Il est remplacé par Constantin Tchernenko.

Mars 1985 : mort de Tchernenko. Mikhaïl Gorbatchev devient secrétaire général du Parti et prend des mesures pour réformer le pays : c'est le début de la perestroïka. Parution du *Docteur Jivago* en URSS.

Principales mesures de Gorbatchev de 1985 à 1991 :
– restitution de la terre aux paysans qui peuvent désormais prendre des baux et monter des exploitations individuelles, autorisation de créer des petites entreprises et des coopératives ;
– instauration progressive d'un pluralisme politique et de la liberté d'expression, libération de prisonniers politiques, publication de textes jusque-là interdits ;
– retrait des troupes soviétiques d'Afghanistan en mai 1988 ;
– création d'une nouvelle Assemblée législative, le Congrès des députés du peuple, en mars 1989. Ce Congrès élit Gorbatchev président de l'URSS pour cinq ans en mars 1990 ;
– réformes de la Constitution (mais maintien du rôle dirigeant du Parti communiste) en mars 1990 ;
– accords START I avec les États-Unis en 1991.

Février 1986 : Eltsine, déjà secrétaire du Comité central du PCUS, est nommé membre suppléant du Bureau politique à la demande de Gorbatchev. Il sera "libéré" de ce poste en 1988.

26 avril 1986 : catastrophe nucléaire de Tchernobyl.

Décembre 1986 : Andreï Sakharov, assigné à résidence à Gorki depuis 1980, est autorisé à revenir à Moscou.

Mars 1989 : Eltsine est élu député.

Novembre 1989 : chute du mur de Berlin. Réunification de l'Allemagne.

Décembre 1989 : Gorbatchev et Bush annoncent la fin de la guerre froide à Malte.

Juin 1990 : proclamation de la souveraineté de la Russie au Congrès des députés de la république socialiste fédérative soviétique de Russie.

Mai 1991 : élection de Boris Eltsine à la présidence de la RSFSR.

Août 1991 : alors que Gorbatchev est en vacances en Crimée, tentative de putsch dirigée par Guennadi Ianaïev. Eltsine consolide son pouvoir. Gorbatchev quitte la direction du Parti communiste, dont les activités sont suspendues par un décret d'Eltsine lors d'une séance du Soviet suprême.

Novembre-décembre 1991 : Eltsine cumule les fonctions de président et de Premier ministre. Dissolution du Parti communiste. Accords de Minsk, puis d'Alma-Ata, instituant la création de la CEI (Communauté des États indépendants constituée de onze des anciennes républiques soviétiques). Démission de Gorbatchev. Dissolution de l'URSS le 26 décembre.

Création des États indépendants d'Arménie, de Géorgie et d'Azerbaïdjan, aussitôt déchirés par des conflits : l'Arménie et l'Azerbaïdjan se disputent le Haut-Karabakh, tandis que l'Abkhazie, l'Ossétie du Sud et l'Adjarie veulent se séparer de la Géorgie.

Prise du pouvoir de Doudaïev en Tchétchénie en septembre 1991 et déclaration d'indépendance.

Janvier 1992 : la libération des prix entraîne une inflation de 200 % puis de 2 600 %.

Décembre 1993 : nouvelle Constitution augmentant les pouvoirs du président.

Février 1988-mai 1994 : conflits dans le Haut-Karabakh, enclave peuplée d'Arméniens en Azerbaïdjan, les Arméniens réclamant leur rattachement à l'Arménie. Azéris et Arméniens s'affrontent. En février 1988 a lieu dans la ville de Soumgaït un pogrom contre les Arméniens qui déclenche des vagues de violence. Les Arméniens d'Azerbaïdjan se réfugient en Arménie, les Azéris d'Arménie en Azerbaïdjan. En janvier 1989, Moscou prend le contrôle de la région. À la suite d'un nouveau pogrom d'Arméniens à Bakou, Gorbatchev décrète l'état d'urgence.

1994-1995 : première guerre de Tchétchénie.

1998 : les difficultés économiques, qui, tout au long des années 1990, ont fait baisser le niveau de vie de la population de façon dramatique, à tel point qu'un système de tickets de rationnement a dû être instauré, débouchent sur une crise financière entraînant une dévaluation brutale du rouble.

1999-2000 : deuxième guerre de Tchétchénie. Démission d'Eltsine. Poutine, chef du gouvernement de Russie, devient président de la fédération de Russie pour deux mandats et nomme Medvedev chef du gouvernement.

Octobre 2006 : assassinat de la journaliste Anna Politkovskaïa, militante des droits de l'homme, qui couvrait le conflit en Tchétchénie.

2008 : guerre entre la Géorgie (soutenue par les Russes et l'Abkhazie) et l'Ossétie du Sud. Reconnaissance de l'Abkhazie et de l'Ossétie du Sud. Medvedev devient président de la Fédération et nomme Poutine chef du gouvernement.

Décembre 2010 : les élections présidentielles en Biélorussie, qui renouvellent le mandat présidentiel d'Alexandre Loukachenko, donnent lieu à une manifestation brutalement réprimée.

2011 : premières contestations du pouvoir de Poutine lors des élections législatives entachées de fraudes massives.

2012 : manifestations gigantesques contre Poutine et le "parti des voleurs et des escrocs". Poutine est réélu président de la république de Russie et nomme Medvedev à la tête du gouvernement. L'appareil d'État est mobilisé pour faire la chasse aux contestataires, museler les opposants, intimider la société civile.

REMARQUES D'UNE COMPLICE

Nous sommes en train de faire nos adieux à l'époque soviétique. À cette vie qui a été la nôtre. Je m'efforce d'écouter honnêtement tous ceux qui ont participé au drame socialiste...

Le communisme avait un projet insensé : transformer l'homme "ancien", le vieil Adam. Et cela a marché... C'est peut-être la seule chose qui ait marché. En soixante-dix ans et quelques, on a créé dans le laboratoire du marxisme-léninisme un type d'homme particulier, l'*Homo sovieticus*. Les uns le considèrent comme une figure tragique, d'autres le traitent de *sovok*, de pauvre Soviet ringard. Il me semble que je connais cet homme, je le connais même très bien, nous avons vécu côte à côte pendant de nombreuses années. Lui – c'est moi. Ce sont les gens que je fréquente, mes amis, mes parents. J'ai voyagé à travers l'ex-Union soviétique pendant plusieurs années, parce que les *Homo sovieticus*, ce ne sont pas seulement les Russes, mais aussi les Biélorusses, les Turkmènes, les Ukrainiens, les Kazakhs... Maintenant, nous vivons dans des pays différents, nous parlons des langues différentes, mais on ne peut nous confondre avec personne. On nous reconnaît tout de suite ! Nous, les gens du socialisme, nous sommes pareils à tous les autres, et nous ne sommes pas pareils, nous avons notre lexique à nous, nos propres conceptions du bien et du mal, des héros et des martyrs. Nous avons un rapport particulier à la mort. Dans les récits que je note reviennent constamment des mots qui blessent l'oreille, les mots "tirer", "fusiller", "liquider", "envoyer au poteau", ou encore des variantes soviétiques de la disparition, comme "arrestation", "dix ans sans droit de correspondance¹", "émigration". Que peut bien valoir la vie humaine si nous songeons qu'il n'y a pas si longtemps, des millions de gens périssaient de mort violente ? Nous sommes remplis de haine et de préjugés. Nous venons tous de là-bas, de ce pays qui a connu le Goulag et une guerre effroyable. La collectivisation, la dékoulakisation, des déportations de peuples entiers...

C'était le socialisme, et c'était notre vie, tout simplement. À l'époque, nous n'en parlions pas beaucoup. Mais à présent que tout a changé de façon irréversible, cette vie qui était la nôtre intéresse tout le monde, peu importe comment elle était, c'était notre vie. J'écris, je ramasse brin par brin, miette par miette, l'histoire du socialisme "domestique"... "intérieur". La façon dont il vivait dans l'âme des gens. C'est toujours cela qui m'attire, ce petit espace – l'être humain... Un être humain. En réalité, c'est là que tout se passe.

Pourquoi y a-t-il dans ce livre autant de récits de suicidés, et non de Soviétiques ordinaires, avec des vies soviétiques ordinaires ? Au bout du compte, on se suicide aussi par amour, par peur de vieillir, ou tout simplement comme ça, par curiosité, par désir de déchiffrer le secret de la mort... J'ai cherché ceux qui avaient totalement adhéré à l'idéal, qui l'avaient si bien intégré qu'il était impossible de le leur arracher : l'État était devenu leur univers, il leur tenait lieu de tout, il remplaçait même leur propre vie. Ils n'ont pas été capables de quitter la grande Histoire, de lui dire adieu, d'être heureux autrement. De plonger la tête la première... et de se perdre dans une existence privée, comme cela se passe aujourd'hui, à présent que ce qui était petit est devenu grand. Les gens ont envie de vivre, tout simplement, sans idéal sublime. C'est une chose qui ne s'était jamais produite en Russie, et on ne trouve pas cela non plus dans la littérature russe. Au fond, nous sommes des guerriers. Soit nous étions en guerre, soit nous nous préparions à la faire. Nous n'avons jamais vécu

---

1. Formule mensongère par laquelle l'administration informait les familles des condamnés du verdict prononcé, et qui signifiait en réalité que la personne avait été exécutée. (*Toutes les notes sont de la traductrice et de l'éditeur.*)

autrement. C'est de là que vient notre psychologie de militaires. Même en temps de paix, tout était comme à la guerre. On battait le tambour, on déployait le drapeau… Nos cœurs bondissaient dans nos poitrines… Les gens ne se rendaient pas compte de leur esclavage et même, ils l'aimaient, cet esclavage. Moi aussi, je m'en souviens : après la fin de l'école, toute notre classe avait l'intention d'aller défricher des terres vierges, nous méprisions ceux qui refusaient de le faire, nous regrettions, au point d'en pleurer, que la révolution, la guerre civile, tout cela ait eu lieu sans nous. Quand on regarde en arrière, on n'en revient pas : c'était vraiment nous ? C'était vraiment moi ? J'ai revécu ces souvenirs en même temps que mes personnages. L'un d'eux m'a dit : "Seul un Soviétique peut comprendre un Soviétique." Nous avions tous une seule et même mémoire communiste. Nous sommes des voisins de mémoire.

Mon père se rappelait que, pour sa part, il s'était mis à croire dans le communisme après le vol de Gagarine dans l'espace. Nous étions les premiers ! Nous pouvions tout ! C'est ainsi que ma mère et lui nous ont élevés. J'ai été octobriste, j'ai porté le badge avec le petit garçon frisé, j'ai été pionnière, komsomole[1]. La désillusion est venue plus tard.

Après la perestroïka, tout le monde attendait l'ouverture des archives. On les a ouvertes. Et nous avons découvert une histoire qu'on nous avait cachée…

"Sur les cent millions de personnes qui peuplent la Russie soviétique, nous devons en entraîner derrière nous quatre-vingt-dix millions. Les autres, on ne peut pas discuter avec eux, il faut les anéantir." (Zinoviev, 1918.)

"Exécuter par pendaison (et obligatoirement par pendaison, afin que tout le monde le voie bien) au moins un millier de koulaks invétérés, de riches… Leur prendre tout leur blé, désigner des otages… Faire en sorte que le peuple voie cela à des centaines de verstes à la ronde et qu'il tremble…" (Lénine, 1918.)

---

1. Les octobristes, les pionniers et les komsomols étaient l'équivalent (communiste) des louveteaux et des scouts. Les komsomols étaient les membres des Jeunesses communistes.

"Moscou est littéralement en train de mourir de faim, avait dit le professeur Kouznetsov à Trotski. Ce n'est pas ça, la faim. Pendant que Titus faisait le siège de Jérusalem, les mères juives mangeaient leurs propres enfants. Quand j'aurai obligé vos mères à manger leurs enfants, alors vous pourrez venir me dire : « Nous avons faim. »" (Trotski, 1919.)

Les gens lisaient les journaux, les revues, et ils ne disaient rien. Une horreur insoutenable s'était abattue sur eux. Comment vivre avec ça? Beaucoup ont accueilli la vérité comme une ennemie. Et la liberté aussi. "Nous ne connaissons pas notre pays. Nous ne savons pas à quoi pensent la majorité des gens, nous les voyons, nous les croisons tous les jours, mais à quoi ils pensent, ce qu'ils veulent, nous n'en savons rien. Et pourtant nous nous permettons de leur faire la leçon. Nous n'allons pas tarder à tout savoir, et nous serons saisis d'horreur", disait un de mes amis avec lequel je passais souvent la soirée à bavarder dans ma cuisine. J'avais des discussions avec lui. C'était en 1991… Une époque heureuse! On croyait que la liberté allait commencer le lendemain, littéralement le lendemain. À partir de rien, à partir de nos désirs.

Dans les *Carnets de notes* de Chalamov, on trouve cette phrase : "J'ai participé à une grande bataille perdue pour un renouvellement effectif de la vie." Cela a été écrit par un homme qui avait passé dix-sept ans dans les camps staliniens. La nostalgie de l'idéal était toujours là… Je répartirais les Soviétiques en quatre générations : celle de Staline, celle de Khrouchtchev, celle de Brejnev, et celle de Gorbatchev. Je fais partie de la dernière. Il nous a été plus facile d'accepter l'effondrement de l'idée communiste parce que nous n'avons pas vécu en un temps où cette idée était jeune et forte, auréolée de la magie pas encore dissipée d'un romantisme désastreux et d'espoirs utopiques. Nous avons grandi sous le règne des vieillards du Kremlin. À une époque végétarienne et tempérée[1]. Les océans de sang versés par le communisme étaient déjà oubliés. L'emphase sévissait toujours, mais on savait désormais qu'il était impossible de donner vie à une utopie.

---

1. Expression attribuée au poète Anna Akhmatova (1889-1966), caractérisant les années qui ont précédé et suivi les sommets de la Terreur stalinienne (qualifiées, elles, de "carnivores", ou de "cannibales").

C'était pendant la première guerre de Tchétchénie… Dans une gare, à Moscou, j'ai rencontré une femme qui venait de la région de Tambov. Elle se rendait en Tchétchénie pour aller chercher son fils à la guerre. "Je ne veux pas qu'il meure. Je ne veux pas qu'il tue." Son âme n'était déjà plus sous l'emprise de l'État. C'était une femme libre. Les gens comme elle étaient peu nombreux. Il y en avait bien davantage qui étaient agacés par la liberté : "J'ai acheté trois journaux, et chacun raconte sa vérité. Alors où est la vraie vérité ? Avant, le matin, on lisait la *Pravda*, et on savait tout. On comprenait tout." Les gens anesthésiés par l'idée émergeaient lentement de leur léthargie. Si j'abordais le thème du repentir, on me répondait : "De quoi devrais-je me repentir ?" Chacun se sentait victime, mais pas complice. L'un disait : "Moi aussi, j'ai été en camp !", un autre : "J'ai fait la guerre", un troisième : "J'ai reconstruit ma ville en ruine, j'ai trimbalé des briques nuit et jour…" C'était totalement inattendu : ils étaient tous ivres de liberté, mais ils n'étaient pas préparés à la liberté. Où était-elle, cette liberté ? Uniquement dans les cuisines où, par habitude, on continuait à dire du mal du pouvoir. On s'en prenait à Eltsine et à Gorbatchev. À Eltsine, parce qu'il avait trahi la Russie. Et Gorbatchev ? Lui, c'était parce qu'il avait tout trahi. Tout le XXe siècle. Chez nous aussi, maintenant, cela allait être comme chez les autres. Comme chez tout le monde. On pensait que cette fois, cela allait marcher.

La Russie changeait et se détestait d'être en train de changer. "Le Mongol inerte", comme disait Marx.

La civilisation soviétique… Je me dépêche de consigner ses traces. Des visages que je connais bien. Je pose des questions non sur le socialisme, mais sur l'amour, la jalousie, l'enfance, la vieillesse. Sur la musique, les danses, les coupes de cheveux. Sur les milliers de détails d'une vie qui a disparu. C'est la seule façon d'insérer la catastrophe dans un cadre familier et d'essayer de raconter quelque chose. De deviner quelque chose. Je n'en finis pas de m'étonner de voir à quel point une vie humaine ordinaire est passionnante. Une quantité infinie de vérités humaines… L'histoire ne s'intéresse qu'aux faits, les émotions, elles, restent toujours en marge. Ce n'est pas l'usage de les laisser entrer dans l'histoire. Moi, je regarde le monde avec les yeux d'une littéraire et non d'une historienne. Je suis étonnée par l'être humain…

Mon père n'est plus là. Et je ne peux terminer une conversation que j'ai eue avec lui… Il m'avait dit que pour eux, mourir à la guerre était plus facile que pour les jeunes gens peu aguerris qui se font aujourd'hui tuer en Tchétchénie. Dans les années 1940, ils sortaient d'un enfer pour entrer dans un autre. Avant la guerre, il avait fait ses études à Minsk, dans un institut de journalisme. Il se souvenait que souvent, lorsqu'ils revenaient de vacances, ils ne retrouvaient pas un seul des professeurs qu'ils connaissaient. Tous avaient été arrêtés. Ils ne comprenaient pas ce qui se passait, mais ils avaient peur. Aussi peur qu'à la guerre.

Je n'ai pas eu beaucoup de conversations à cœur ouvert avec mon père. Il me plaignait. Et moi, est-ce que je le plaignais? Il m'est difficile de répondre à cette question… Nous étions sans pitié pour nos parents. Il nous semblait que la liberté, c'était très simple. Au bout d'un temps assez court, nous avons nous-mêmes ployé l'échine sous son fardeau, parce que personne ne nous a enseigné la liberté. On nous a seulement appris à mourir pour elle.

Alors la voilà, cette liberté! Nous attendions-nous à ce qu'elle soit comme ça? Nous étions prêts à mourir pour nos idéaux. À nous battre pour eux. Mais c'est une vie "à la Tchékhov" qui a commencé. Sans histoire. Toutes les valeurs se sont effondrées, sauf celles de la vie. De la vie en général. Les nouveaux rêves, c'est de se construire une maison, de s'acheter une belle voiture, de planter des groseilliers… Il s'est avéré que la liberté était la réhabilitation de cet esprit petit-bourgeois que l'on avait l'habitude d'entendre dénigrer en Russie. La liberté de Sa Majesté la Consommation. L'immensité des ténèbres. Des ténèbres remplies d'une foule de désirs, d'instincts – d'une vie humaine secrète dont nous n'avions qu'une idée approximative. Nous avons passé toute notre histoire à survivre, et non à vivre. Désormais, l'expérience de la guerre ne servait plus à rien, il fallait l'oublier. Des milliers de nouvelles émotions, de nouveaux états d'âme, de nouvelles réactions… Brusquement, tout a changé autour de nous : les enseignes, les objets, l'argent, le drapeau… Et l'homme lui-même. Il est devenu plus coloré, plus isolé, on a fait exploser un monolithe, et la vie s'est éparpillée en petits îlots, en atomes, en cellules. Comme dit Dalh[1] : "la liberté du bon plaisir", "cette chère petite liberté adorée"… Les grands espaces. Le Mal suprême s'est transformé en une légende lointaine, en un thriller politique. Personne ne parlait plus d'idéal, on parlait de crédits, de pourcentages, de traites, on ne travaillait plus pour vivre, mais pour "faire" de l'argent, pour en "gagner". Cela va-t-il durer longtemps ? "L'iniquité de l'argent est inextirpable de l'âme russe", a écrit Tsvétaïeva. Mais on dirait que les personnages d'Ostrovski et de Saltykov-Chtchédrine[2] sont revenus à la vie et se promènent dans nos rues.

J'ai demandé à tous les gens que j'ai rencontrés : "C'est quoi, la liberté ?" Les parents et les enfants donnaient des réponses différentes. Ceux qui sont nés en URSS et ceux qui sont nés après l'URSS ne partagent pas la même expérience. Ils viennent de planètes différentes.

Les parents : la liberté, c'est l'absence de peur ; les trois journées du mois d'août pendant lesquelles nous avons vaincu le putsch ; une personne qui choisit dans un magasin parmi une centaine de sortes de saucissons est plus libre que celle qui choisit parmi une dizaine ; c'est n'avoir jamais connu les verges, mais nous ne vivrons pas assez longtemps pour voir des générations comme ça, les Russes ne comprennent pas la liberté, ce qu'il leur faut, c'est un cosaque et un fouet.

Les enfants : la liberté, c'est l'amour ; la liberté intérieure est une valeur absolue ; c'est quand on n'a pas peur de ses propres désirs, c'est posséder beaucoup d'argent, comme ça on a tout ; c'est quand on peut vivre sans penser à la liberté. La liberté, c'est quelque chose de normal.

Je suis à la recherche d'une langue. Les hommes ont beaucoup de langues : celle dans laquelle on parle aux enfants, celle dans laquelle

---

1. Vladimir Dalh (1801-1872). Auteur d'un des plus grands dictionnaires de la langue russe, il a également rassemblé des dictons, des proverbes, des expressions populaires.
2. Alexandre Ostrovski (1823-1886), dramaturge qui a souvent représenté dans ses pièces la petite-bourgeoisie russe. Mikhaïl Saltykov-Chtchédrine (1826-1889), écrivain et satiriste qui s'en est aussi pris à certains aspects de la société russe, entre autres à la bourgeoisie et à la bureaucratie provinciales. Ses romans les plus célèbres sont *Histoire d'une ville* et *La Famille Golovliev*.

on parle d'amour… Et puis la langue dans laquelle nous nous parlons à nous-mêmes, dans laquelle nous tenons des conversations intérieures. Dans la rue, au travail, en voyage – partout, on entend autre chose, ce ne sont pas seulement les mots qui changent, c'est aussi quelque chose d'autre. Même le matin et le soir, un homme ne parle pas la même langue. Quant à ce qui se passe la nuit entre deux personnes, cela disparaît complètement de l'histoire. Nous avons affaire uniquement à l'histoire des hommes diurnes. Le suicide, c'est un thème nocturne, l'homme se trouve alors à la frontière de l'être et du néant. D'un état de rêve. Je veux comprendre cela avec la précision méticuleuse d'un homme diurne. On m'a dit : "Vous n'avez pas peur que cela vous plaise ?"

Nous roulons à travers la région de Smolensk. Dans un village, nous nous arrêtons près d'un magasin. Comme les visages sont familiers (j'ai grandi moi-même à la campagne), de beaux visages, magnifiques, et comme la vie autour est dégradante et misérable ! Nous avons bavardé. "La liberté ? Venez donc faire un tour dans notre magasin : il y a de la vodka, tout ce que vous voudrez – de la Standart, de la Gorbatchev, de la Poutinka… Des tonnes de saucissons, et du fromage, du poisson. Il y a même des bananes. De quelle autre liberté on a besoin ? Celle-là nous suffit ! – Et la terre, on vous l'a donnée ? – Qui est-ce qui va se crever le cul à la cultiver ? Ceux qui en veulent n'ont qu'à la prendre. Chez nous, y a que Vasska Kroutoï qui en a voulu. Son petit dernier a huit ans, il marche derrière la charrue avec son père. Si on bosse pour lui, pas question de se mettre quelque chose dans la poche ou de faire un petit somme ! C'est un vrai fasciste !"

Chez Dostoïevski, dans la "Légende du Grand Inquisiteur[1]", il y a une discussion sur la liberté. Sur le fait que le chemin vers la liberté est difficile, douloureux, tragique… "À quoi bon cette satanée connaissance du bien et du mal quand ça coûte aussi cher ?" L'homme doit tout le temps choisir : la liberté, ou la prospérité et une vie bien organisée, la liberté avec les souffrances, ou le bonheur sans liberté. Et la plupart des hommes prennent la seconde voie.

1. Dans son roman *Les Frères Karamazov*.

Le Grand Inquisiteur dit au Christ redescendu sur terre :
"Pourquoi es-Tu venu nous déranger ? Car Tu es venu nous déranger, et Tu le sais bien."

"En l'estimant autant [l'homme], Tu as agi comme si Tu avais cessé de compatir à ses souffrances, car Tu as trop exigé de lui… En l'estimant moins, Tu aurais moins exigé de lui, et cela aurait été plus proche de l'amour, car son fardeau aurait été plus léger. Il est faible et vil… En quoi une âme faible est-elle coupable de ne pas avoir la force de contenir des dons aussi terribles ?"

"L'homme resté libre n'a pas de préoccupation plus constante ni plus torturante que de trouver au plus vite quelqu'un devant qui s'incliner […] et à qui remettre ce don de la liberté avec lequel cette malheureuse créature vient au monde…"

Dans les années 1990… Oui, nous étions heureux, et nous ne retrouverons plus cette naïveté qui était la nôtre alors. Il nous semblait que le choix était fait, que le communisme avait à jamais perdu la partie. Mais tout ne faisait que commencer…

Vingt ans ont passé… "Arrêtez de nous faire peur avec le socialisme !" disent les enfants à leurs parents.

Un professeur d'université que je connais m'a raconté : "À la fin des années 1990, cela faisait rire les étudiants quand j'évoquais l'Union soviétique, ils étaient sûrs qu'un avenir nouveau s'ouvrait devant eux. Maintenant, ce n'est plus comme ça… Les étudiants d'aujourd'hui ont déjà appris ce qu'est le capitalisme, ils l'ont ressenti en profondeur – les inégalités, la pauvreté, la richesse arrogante. Ils ont sous leurs yeux la vie de leurs parents auxquels le pillage du pays n'a rien rapporté. Et ils ont des opinions radicales. Ils rêvent de faire leur révolution à eux. Ils portent des tee-shirts rouges avec des portraits de Lénine et de Che Guevara."

On voit apparaître dans la société une forte demande pour tout ce qui concerne l'Union soviétique. Pour le culte de Staline. La moitié des jeunes de dix-neuf à trente ans considèrent Staline comme "un très grand homme politique". Un nouveau culte de Staline dans un pays où Staline a exterminé au moins autant de gens que Hitler ?!! Tout ce qui est soviétique revient à la mode. Il y a, par exemple, des "cafés soviétiques", avec des noms soviétiques et des plats soviétiques. Des "chocolats soviétiques", du "saucisson soviétique", avec une odeur et un goût qui nous sont familiers depuis l'enfance. Et bien entendu, de la "vodka soviétique". Il y a des dizaines d'émissions à la télévision, et des dizaines de sites nostalgiques "soviétiques" sur internet. On peut aller faire du tourisme dans les camps staliniens, sur les îles Solovki, à Magadan. Des publicités promettent que, pour mieux vous mettre dans le bain, on vous donnera une tenue de prisonnier et un pic. On vous montrera des baraques remises à neuf. Et à la fin, on vous organisera une partie de pêche...

On voit ressurgir des idées démodées : celles de "notre grand empire", d'une "main de fer", de la "spécificité de la voie russe"... On a rétabli l'hymne soviétique, nous avons des komsomols, seulement maintenant, ils s'appellent *Nachi* ("Les Nôtres"), il y a le Parti du pouvoir, qui est une copie du Parti communiste. Le président a autant de pouvoir qu'un secrétaire général. Un pouvoir absolu. Et au lieu du marxisme-léninisme, nous avons l'orthodoxie...

Avant la révolution de 1917, Alexandre Grine avait écrit : "On dirait que l'avenir a cessé d'occuper la place qui lui revient." Cent ans ont passé, et voilà que de nouveau l'avenir n'est plus à sa place. Nous sommes entrés dans une époque "de seconde main".

Une barricade est un endroit dangereux pour un artiste. Un piège. Sur les barricades, on a la vue qui se brouille, la pupille qui rétrécit, et le monde perd ses couleurs. De là-haut, il est en noir et blanc. Depuis une barricade, on ne distingue plus l'être humain, on voit juste un point noir, une cible. J'ai passé toute mon existence sur les barricades, je voudrais en descendre. Apprendre à profiter de la vie. Retrouver une vision normale. Mais il y a de nouveau des dizaines de milliers de gens qui descendent dans la rue. Qui se prennent par la main. Ils ont des rubans blancs sur leurs vestes. Un symbole de renaissance. De lumière. Et je suis avec eux.

J'ai croisé dans la rue des jeunes vêtus de tee-shirts avec la faucille et le marteau, et le portrait de Lénine. Savent-ils ce que c'est que le communisme ?

I
LA CONSOLATION PAR L'APOCALYPSE

TIRÉ DES BRUITS DE LA RUE ET DES CONVERSATIONS DE CUISINE
(1991-2001)

À PROPOS D'IVAN LE SIMPLE ET DU POISSON D'OR

— Ce que j'ai compris ? J'ai compris que les héros d'une époque sont rarement les héros d'une autre époque, à part Ivan le Simple. Et Émélia. Les personnages préférés des contes russes. Nos contes parlent de coups de chance, de réussites fulgurantes. De gens qui attendent une aide miraculeuse, que les choses leur tombent toutes cuites dans le bec. Tout avoir en restant couché sur son poêle[1] ! Les crêpes doivent cuire toutes seules, et le poisson d'or doit exaucer tous les souhaits. Je veux ci, je veux ça... Je veux la Belle Princesse ! Et puis je veux vivre dans un autre royaume, avec des fleuves de lait bordés de confiture... Nous sommes des rêveurs, bien sûr. Notre âme peine et souffre, mais nos affaires, elles, n'avancent pas beaucoup, parce que nous n'avons plus assez de force pour ça. Rien ne bouge. La mystérieuse âme russe... Tout le monde essaie de la comprendre... On lit Dostoïevski... Mais c'est quoi, cette fameuse âme ? Eh bien, c'est juste une âme. Nous aimons bavarder dans nos cuisines, lire des livres. Notre principal métier, c'est lecteur. Spectateur. Et avec ça, nous avons le sentiment d'être des gens particuliers, exceptionnels, même si cela ne repose sur rien, à part le pétrole et le gaz. D'un côté, c'est ce qui nous empêche de changer notre vie, et d'un autre côté, cela nous donne l'impression qu'elle a un sens, cette vie. C'est

---

1. Ce qu'on appelle un "poêle russe" est un poêle de masse construit dans des matériaux lourds, il est surélevé et assez massif pour que l'on puisse dormir dessus. Mourir sur le poêle était considéré comme un grand péché.

toujours dans l'air, cette idée que la Russie doit créer, montrer au monde quelque chose qui sort de l'ordinaire. Le peuple élu de Dieu. La voie spécifique de la Russie. Chez nous, il n'y a que des Oblomov[1] qui attendent un miracle couchés sur leur divan. Mais nous n'avons pas de Stolz. Les Stolz actifs et débrouillards sont méprisés parce qu'ils rasent nos chers bois de bouleaux et nos cerisaies pour construire des usines. Ils font de l'argent... Ils nous sont étrangers, ces Stolz...

— Les cuisines russes... Ces cuisines miteuses des immeubles des années 1960, neuf mètres carrés ou même douze (le grand luxe!), séparées des toilettes par une mince cloison. Un agencement typiquement soviétique. Devant la fenêtre, des oignons dans de vieux bocaux de mayonnaise, et un pot de fleurs avec un aloès contre le rhume. La cuisine, chez nous, ce n'est pas seulement l'endroit où on prépare la nourriture, c'est aussi un salon, une salle à manger, un cabinet de travail et une tribune. Un lieu où se déroulent des séances de psychothérapie de groupe. Au XIXe siècle, la culture russe est née dans des propriétés d'aristocrates, et au XXe siècle, dans les cuisines. La perestroïka aussi. La génération des années 1960 est la génération des cuisines. Merci Khrouchtchev! C'est à son époque que les gens ont quitté les appartements communautaires et ont commencé à avoir des cuisines privées, dans lesquelles on pouvait critiquer le pouvoir, et surtout, ne pas avoir peur, parce qu'on était entre soi. Des idées et des projets fantastiques naissaient dans ces cuisines! On racontait des blagues... Il y avait toute une floraison d'histoires drôles... Un communiste, c'est quelqu'un qui a lu Marx, et un anticommuniste, c'est quelqu'un qui l'a compris... Nous avons grandi dans les cuisines, et nos enfants aussi, ils écoutaient Galitch et Okoudjava avec nous. On se passait du Vyssotski[2]. On captait la BBC. On parlait de tout : du fait que

1. Héros du roman éponyme d'Ivan Gontcharov paru en 1859, Oblomov est un noble oisif dont la paresse et l'apathie ont donné lieu à la création du substantif "oblomovisme". Stolz est son ami, jeune homme actif et énergique.
2. Alexandre Galitch (1918-1977), Boulat Okoudjava (1924-1997) et Vladimir Vyssotski (1938-1980), auteurs et interprètes (entre autres) de chansons remplies de sous-entendus politiques, ils étaient extrêmement populaires en URSS dans les années 1960-1980.

tout était merdique, du sens de la vie, du bonheur pour tous. Je me souviens d'un incident cocasse... Nous étions restés à bavarder très tard, il était plus de minuit, et ma fille de douze ans s'était endormie sur la banquette. Je ne sais plus pourquoi, en discutant, nous avons élevé la voix. Et elle s'est mise à crier dans son sommeil : "Mais arrêtez de parler politique! Encore ce Sakharov... ce Soljénitsyne... ce Staline!" *(Elle éclate de rire.)*

On passait notre temps à boire du thé, du café, de la vodka. Dans les années 1970, c'était du rhum cubain. Tout le monde adorait Fidel Castro. La révolution cubaine. Le Che avec son béret. Une vraie vedette de Hollywood! On n'arrêtait pas de papoter. Et puis la peur d'être sur écoute, c'était presque sûr... Au milieu d'une conversation, il y avait obligatoirement quelqu'un qui regardait le lustre ou l'interrupteur en rigolant. "Vous avez entendu, camarade général?" Cette sensation de risque... C'était comme un jeu... On tirait même un certain plaisir de cette vie de mensonges. Une quantité infime de gens se rebellaient ouvertement, les autres étaient surtout des "dissidents de cuisine". Ils faisaient des doigts d'honneur, mais au fond de leur poche.

— Maintenant, on a honte d'être pauvre, de ne pas faire de sport... Bref, de ne pas réussir. Moi, je suis de la génération des balayeurs et des gardiens. C'était une forme d'émigration intérieure. On vivait sans remarquer ce qui nous entourait, c'était comme un paysage à la fenêtre. Ma femme et moi, nous sommes diplômés de la faculté de philosophie de l'université de Pétersbourg (à l'époque, c'était Leningrad), elle avait trouvé un travail de gardienne et moi de chauffagiste dans une chaufferie. On travaillait vingt-quatre heures d'affilée, et on passait deux jours à la maison. En ce temps-là, un ingénieur était payé cent trente roubles, et moi, dans ma chaufferie, j'en touchais quatre-vingt-dix. Autrement dit, on acceptait de perdre quarante roubles, mais en échange, c'était la liberté absolue. Nous lisions des livres, nous lisions énormément. Nous discutions. Nous pensions que nous produisions des idées. Nous rêvions d'une révolution, mais nous avions peur de ne pas vivre assez longtemps pour la voir. En somme, nous vivions repliés sur nous-mêmes, nous ne savions rien de ce qui se passait dans le monde. Nous étions des "plantes d'intérieur". Tout ça, c'étaient des fantasmes, comme on s'en est rendu compte plus tard. Nous nous étions fait des idées sur tout : sur l'Occident, sur le capitalisme, sur le peuple russe. Nous vivions de mirages. La Russie des livres et des cuisines n'a jamais existé. Uniquement dans nos têtes.

Tout cela a pris fin avec la perestroïka… Le capitalisme nous est tombé dessus… Quatre-vingt-dix roubles, cela représentait dix dollars. Impossible de vivre avec ça. Nous sommes sortis de nos cuisines pour descendre dans la rue, et là, nous avons compris que nous n'avions pas d'idées, que pendant tout ce temps, nous étions simplement restés assis à bavarder. Des gens complètement différents ont surgi d'on ne sait où, de jeunes gaillards en vestes rouges avec des bagues en or. Et de nouvelles règles du jeu : si tu as de l'argent, tu es quelqu'un, si tu n'en as pas, tu n'es personne. Qui ça intéresse, que tu aies lu tout Hegel ? "Un littéraire", cela sonnait comme le diagnostic d'une maladie. Tout ce qu'ils savent faire, c'est feuilleter un recueil de Mandelstam[1]… Nous avons découvert beaucoup de choses inconnues. L'intelligentsia s'est appauvrie de façon hallucinante. Dans notre parc, le week-end, des adeptes de Krishna venaient avec une cantine ambulante, ils distribuaient de la soupe et quelque chose de simple comme plat de résistance. Il y avait de telles queues de petits vieux bien propres qu'on en avait la gorge serrée. Certains cachaient leur visage. À l'époque, nous avions déjà deux enfants, ils étaient encore petits. Nous crevions littéralement de faim. Ma femme et moi, nous nous sommes mis à faire du commerce. Nous allions chercher dans une usine quatre à six caisses de glaces, et nous nous installions sur un marché, là où il y a beaucoup de monde. Nous n'avions pas de glacière et les glaces fondaient au bout de quelques heures. Alors on les distribuait à des gamins affamés. On s'amusait bien ! C'était ma femme qui vendait, moi, je trimbalais les caisses, j'allais les chercher en voiture… J'étais prêt à faire n'importe quoi, du moment que je ne vendais pas. Pendant longtemps, je me suis senti gêné.

---

1. Ossip Mandelstam (1891-1938) est unanimement reconnu comme un des plus grands poètes russes du XXe siècle. Il est mort d'épuisement dans un camp de transit.

Avant, je repensais souvent à notre "vie de cuisine". Ah, l'amour, en ce temps-là ! Et les femmes ! Ces femmes-là méprisaient les riches. On ne pouvait pas les acheter. Tandis que maintenant, personne n'a plus de temps pour les sentiments, tout le monde court après l'argent. La découverte de l'argent, cela a été comme l'explosion d'une bombe atomique...

COMMENT NOUS NOUS SOMMES ENTICHÉS DE GORBY, ET COMMENT NOUS AVONS CESSÉ DE L'AIMER

— Ah, l'époque de Gorbatchev... Des foules entières de gens avec des visages heureux. La li-ber-té ! Tout le monde ne vivait que de cela. On s'arrachait les journaux. C'était le temps des grandes espérances : nous allions bientôt nous retrouver au paradis. La démocratie était un animal qui nous était totalement inconnu. Nous courions comme des fous pour assister aux meetings : nous allions apprendre toute la vérité sur Staline et sur le Goulag, nous allions lire *Les Enfants de l'Arbat*, le roman interdit de Rybakov, et d'autres bons livres, nous allions devenir des démocrates... Comme nous nous trompions ! Cette vérité hurlait dans toutes les radios : Vite, vite ! Lisez ! Écoutez ! Tous n'étaient pas prêts à cela... La plupart des gens n'étaient pas antisoviétiques, tout ce qu'ils voulaient, c'était avoir une vie meilleure. Pouvoir acheter des jeans, du matériel vidéo et – le rêve suprême – une automobile. Tout le monde avait envie de porter des vêtements colorés, de manger des bonnes choses. Quand j'ai rapporté *L'Archipel du Goulag* à la maison, ma mère a été horrifiée : "Si tu ne sors pas immédiatement ce livre d'ici, je te chasse de la maison !" Le mari de ma grand-mère avait été fusillé juste avant la guerre, et elle, elle disait : "Je ne le plains pas. On a eu raison de l'arrêter. Il avait la langue trop longue." Quand je lui demandais : "Grand-mère, pourquoi tu ne m'avais rien raconté ?", elle répondait : "Je préfère que ma vie crève avec moi, pour que vous n'ayez pas à en souffrir." C'est comme ça que vivaient nos parents... Et leurs parents. Tout avait été passé au rouleau compresseur. Ce n'est pas le peuple qui a fait la perestroïka, c'est un seul homme, Gorbatchev. Gorbatchev, et un petit groupe d'intellectuels...

— Gorbatchev, c'est un agent secret américain… Un francmaçon… Il a trahi le communisme. Les communistes à la poubelle, les komsomols au dépotoir ! Je déteste Gorbatchev parce qu'il m'a volé ma Patrie. Je garde mon passeport soviétique comme l'objet le plus précieux que je possède. Oui, nous faisions la queue pour des poulets bleuâtres et des patates pourries, mais c'était ma Patrie. Je l'aimais. Vous, vous viviez dans "un pays du Tiers Monde avec des fusées", mais moi je vivais dans un grand pays ! La Russie a toujours été une ennemie pour l'Occident, il en a peur. Elle lui reste en travers de la gorge. Personne n'a besoin d'une Russie forte, avec ou sans les communistes. On nous considère comme une réserve, une réserve de pétrole, de gaz, de bois et de métaux non ferreux. Nous échangeons notre pétrole contre des petites culottes. Il y avait pourtant une civilisation sans fringues et sans camelote. La civilisation soviétique ! Certaines personnes avaient besoin qu'elle n'existe plus. C'est une opération de la CIA… Nous sommes déjà gouvernés par les Américains… Gorbatchev a reçu un bon paquet de fric pour ça… Tôt ou tard, il sera jugé. J'espère que ce Judas vivra assez longtemps pour connaître la colère du peuple ! Je me ferais un plaisir de lui tirer une balle dans la nuque sur le polygone de Boutovo[1]. *(Il tape du poing sur la table.)* Ça y est, c'est le bonheur, hein ? Il y a du saucisson et des bananes. On se vautre dans la merde et on ne bouffe que de la nourriture importée. Au lieu d'une Patrie, on a un immense supermarché. Si c'est ça la liberté, alors je n'en ai pas besoin ! Pfff ! Notre peuple est tombé plus bas que terre, nous sommes des esclaves. Des esclaves ! Sous les communistes, c'était une cuisinière qui dirigeait l'État, comme disait Lénine – des ouvriers, des trayeuses, des tisseuses, mais maintenant, ce sont des bandits qui siègent au Parlement. Des millionnaires en dollars. C'est en prison qu'ils devraient être, et pas au Parlement. Ah, on s'est bien fait avoir, avec cette perestroïka !

Je suis né en URSS, et je m'y plaisais. Mon père était communiste, il m'a appris à lire dans la *Pravda*. À chaque fête, nous

---

1. Situé non loin de Moscou. C'est là qu'ont été exécutées et enterrées dans des fosses communes un grand nombre des victimes de la Terreur de 1937.

allions assister aux défilés. Les larmes aux yeux... J'ai été pionnier[1], je portais un foulard rouge. Et puis Gorbatchev est arrivé, je n'ai pas eu le temps de devenir komsomol[2] et je le regrette. Je suis un pauvre ringard de Soviet, hein ? Mes parents sont des ringards, et mes grands-parents aussi. Mon grand-père ringard est mort devant Moscou en 1941... Et ma grand-mère ringarde était chez les partisans. Mais il faut bien que messieurs les libéraux méritent leur pâtée ! Ils voudraient que l'on considère notre passé comme un trou noir. Je les déteste tous : gorbatchev, chevardnadzé, iakovlev[3] – et vous pouvez écrire leurs noms sans majuscules, je les hais tous ! Je ne veux pas aller en Amérique, je veux aller en URSS...

— C'étaient des années magnifiques, des années naïves... Nous avions fait confiance à Gorbatchev... Maintenant, nous ne ferons plus confiance à personne aussi facilement. Beaucoup de Russes émigrés revenaient au pays... Il y avait un tel enthousiasme ! On croyait qu'on allait démanteler cette baraque de camp. Construire quelque chose de nouveau. J'avais terminé la faculté de lettres de l'université de Moscou, et je m'étais inscrite en troisième cycle. Je rêvais de faire de la recherche. Notre idole de ces années-là, c'était Averintsev[4], tous les esprits éclairés de Moscou assistaient à ses conférences. On se voyait sans arrêt, on se confortait mutuellement dans l'illusion qu'on allait bientôt avoir un pays différent, qu'on se battait pour cela. Quand j'ai su qu'une de mes camarades de fac partait en Israël, j'ai été très étonnée : "Cela ne t'ennuie pas de t'en aller ? Tout ne fait que commencer, chez nous."

Plus on parlait de liberté, plus on écrivait dessus, et plus disparaissaient des devantures non seulement le fromage et la viande, mais même le sel et le sucre. Les magasins étaient vides. C'était

---

1. Voir note p. 19.
2. Voir note p. 19.
3. Edouard Chevardnadzé (né en 1928) a été ministre des Affaires étrangères sous Gorbatchev, puis président de la Géorgie de 1992 à 2003. Alexandre Iakovlev (1923-2005) était l'un des principaux initiateurs de la perestroïka, de la libéralisation de la société et de la glasnost.
4. Sergueï Averintsev (1937-2004), philologue, historien de la culture, traducteur et poète, spécialiste de la culture antique et byzantine.

terrible. On avait des cartes de rationnement pour tout, comme pendant la guerre. C'est grand-mère qui nous a sauvés, elle passait ses journées à sillonner la ville pour échanger ces coupons. Notre balcon était rempli de boîtes de lessive, on entreposait des sacs de sucre et de semoule dans la chambre. Quand on a institué des tickets pour les chaussettes, mon père en a pleuré : "C'est la fin de l'URSS." Il l'avait senti... Papa travaillait dans le bureau d'études d'une usine militaire, il fabriquait des fusées, et cela lui plaisait énormément. Il avait deux diplômes d'études supérieures. À la place des fusées, son usine s'est mise à produire des machines à laver et des aspirateurs. Papa a été licencié. Maman et lui étaient de fervents partisans de la perestroïka : ils écrivaient des banderoles, ils distribuaient des tracts, et au bout du compte... Ils ne savaient plus quoi penser. Ils n'arrivaient pas à croire que la liberté, c'était ça. Ils ne pouvaient pas s'y résigner. Dans la rue, on criait déjà : "À bas Gorbatchev! Défendons Eltsine!" On brandissait des portraits de Brejnev couvert de décorations, et des portraits de Gorbatchev couvert de tickets de rationnement. Et le règne d'Eltsine a commencé : les réformes de Gaïdar[1] et ces "Achetez-Vendez" que je déteste tant... Pour m'en sortir, j'allais en Pologne avec des sacs remplis d'ampoules et de jouets d'enfants. Dans le wagon, il n'y avait que des professeurs, des ingénieurs, des médecins... Tous avec des sacs et des ballots. On passait la nuit entière à discuter du *Docteur Jivago* de Pasternak... Des pièces de Chatrov... Comme dans nos cuisines, à Moscou.

Quand je pense à mes camarades d'université... Nous sommes devenus tout ce qu'on veut, sauf des littéraires – managers d'agences de pub, employés de banque, revendeurs... Je travaille dans une agence immobilière pour une dame venue de province, une ancienne responsable des komsomols. Qui possède aujourd'hui des sociétés? Des villas à Chypre ou à Miami? Les anciens cadres du Parti. Ça, c'est pour dire où il faut chercher l'argent du Parti... Quant à nos leaders... la génération des

---

1. Egor Gaïdar (1956-2009), chargé de préparer les réformes économiques en 1985-1986, Premier ministre et ministre des Finances sous Eltsine. Il a été l'un des grands promoteurs de l'économie libérale en Russie tant sous Gorbatchev que sous Eltsine.

années 1960… Ils avaient bien senti l'odeur du sang à la guerre, mais ils étaient naïfs comme des enfants… Nous aurions dû monter la garde jour et nuit sur les places. Aller jusqu'au bout, obtenir un procès de Nuremberg pour le Parti communiste. Nous sommes rentrés chez nous trop tôt. Ce sont les trafiquants et les revendeurs qui ont pris le pouvoir. Et en dépit de ce qu'a dit Marx, après le socialisme, nous sommes en train de bâtir le capitalisme. *(Elle se tait.)* Mais je suis heureuse d'avoir vécu cette époque. Le communisme s'est effondré! C'est fini, il ne reviendra plus. Nous vivons dans un autre monde, et nous regardons tout avec d'autres yeux. Jamais je n'oublierai le souffle de liberté de ces journées…

J'AVAIS RENCONTRÉ L'AMOUR,
ET LES TANKS PASSAIENT SOUS NOS FENÊTRES

— J'étais amoureuse, je ne pouvais penser à rien d'autre. Je ne vivais que pour ça. Et voilà qu'un matin, maman me réveille : "Il y a des tanks sous nos fenêtres! Je crois que c'est un coup d'État." Je lui ai répondu, à moitié endormie : "Ça doit être un exercice, maman!" Tu parles! C'étaient de vrais tanks, je n'en avais jamais vu de si près. À la télévision, ils passaient *Le Lac des cygnes*… Une amie de maman a débarqué, elle était très inquiète parce qu'elle devait plusieurs mois de cotisations au Parti. Dans leur école, ils avaient un buste de Lénine qu'elle avait relégué dans un cagibi… Qu'est-ce qu'elle devait en faire, maintenant? Tout s'est immédiatement remis en place : ça, c'est interdit, ça aussi… La speakerine a lu le communiqué sur l'instauration de l'état d'urgence… L'amie de maman frissonnait à chaque mot. "Mon Dieu! Mon Dieu!" Mon père, lui, crachait sur le téléviseur…

J'ai appelé Oleg… "On va à la Maison-Blanche? – On y va!" Je me suis mis un badge avec Gorbatchev. J'ai fait des sandwiches. Dans le métro, les gens n'ouvraient pas la bouche, tout le monde s'attendait à un malheur. Partout des tanks… Des tanks… Ce n'étaient pas des assassins qui étaient assis sur les blindés, mais des gamins terrorisés à l'air penaud. Des petites vieilles leur apportaient des crêpes et des œufs durs. Je me suis sentie le cœur plus léger quand j'ai vu qu'il y avait des dizaines de milliers de personnes devant la Maison-Blanche. Tout le monde était très remonté. Nous avions une impression de toute-puissance. On scandait : "Eltsine ! Eltsine !" Des détachements d'autodéfense se formaient déjà. Ils prenaient uniquement des jeunes, les gens âgés étaient écartés, et ils n'étaient pas contents. Un vieillard s'est écrié avec indignation : "Les communistes m'ont volé ma vie ! Laissez-moi au moins avoir une belle mort ! – Allez-vous-en, grand-père…" Maintenant, on dit que nous voulions défendre le capitalisme… C'est faux ! Je défendais le socialisme, mais un socialisme différent… pas soviétique… Et je l'ai défendu ! C'est ce que je pensais. C'est ce que nous pensions tous… Au bout de trois jours, les tanks quittaient Moscou, ils étaient devenus de bons tanks. Nous étions victorieux ! Et on s'embrassait, on s'embrassait…

Je me trouve chez des amis moscovites, nous sommes dans leur cuisine. Il y a beaucoup de monde : des amis, de la famille venue de province. Demain, c'est le jour anniversaire du putsch d'août 1991.

— C'est un jour de fête, demain…
— Qu'est-ce qu'il y a à fêter ? C'est une tragédie. Le peuple a perdu la partie.
— On a enterré le pays des Soviets au son de la musique de Tchaïkovski…
— La première chose que j'ai faite, cela a été de foncer dans les magasins. Je savais que, quoi qu'il arrive, les prix allaient grimper.
— Moi, j'étais tout content : on allait virer Gorbatchev ! J'en avais marre de ce beau parleur !
— C'était une révolution de pacotille. Un spectacle destiné au peuple. Je me souviens de l'indifférence totale de tous les gens avec qui on parlait. Ils attendaient.
— Moi, j'ai téléphoné à mon boulot, et je suis allé faire la révolution. J'ai sorti du buffet tous les couteaux qu'on avait à la maison. Je comprenais que c'était la guerre… Il fallait des armes…
— Moi, j'étais pour le communisme ! Dans ma famille, on est tous communistes. Ma mère me chantait des chants révolutionnaires en guise de berceuses. Et elle en chante encore aujourd'hui à ses petits-enfants. Quand je lui demande si elle n'a pas perdu

la tête, elle me répond : "Je ne connais pas d'autres chansons." Mon grand-père aussi était bolchevik... Et ma grand-mère...

— Vous allez bientôt me dire que tout était rose sous le communisme! Les parents de mon père ont disparu dans les camps de Mordovie...

— Je suis allé à la Maison-Blanche avec mes parents. Papa avait dit : "On y va. Sinon, on n'aura jamais de saucissons ni de bons livres." On arrachait des pavés pour construire des barricades.

— Maintenant, le peuple a repris ses esprits, et l'opinion sur les communistes a changé. On n'a plus besoin de se cacher... Je travaillais au comité régional du Parti. Le premier jour, j'ai descendu à la cave toutes les cartes de komsomols, les formulaires et les insignes, après, il n'y avait plus de place pour les pommes de terre. Je ne savais pas ce que j'allais en faire, mais je me disais qu'ils allaient venir enlever les scellés et détruire tout ça, or c'étaient des symboles qui m'étaient chers.

— Nous aurions pu nous entretuer... Dieu nous a épargné ça!

— Notre fille était à la maternité. Quand je suis allée la voir, elle m'a demandé : "C'est la révolution, maman? Il va y avoir une guerre civile?"

— Eh bien moi, je sortais d'une école militaire. Je servais dans l'armée à Moscou. Si nous avions reçu l'ordre d'arrêter des gens, nous aurions obéi, ça ne fait aucun doute. Et beaucoup l'auraient fait avec empressement. On en avait assez de cette chienlit. Avant, tout était clair et net, conforme aux instructions. L'ordre régnait. Les militaires aiment bien ça. De façon générale, les gens aiment bien ça.

— La liberté, ça me fait peur. Des moujiks complètement bourrés peuvent débarquer chez vous et démolir votre datcha...

— On s'en fout des idées, les gars... La vie est courte! Si on buvait un coup?

Le 19 août 2001, le jour du dixième anniversaire du putsch, je me trouve à Irkoutsk, la capitale de la Sibérie. J'interroge des passants.

Question : Que se serait-il passé si les putschistes avaient gagné?
Réponses :
— On serait toujours un grand pays...

— Regardez la Chine ! Chez eux, les putschistes ont gagné. Et la Chine est devenue la deuxième puissance économique du monde…
— On aurait jugé Gorbatchev et Eltsine comme traîtres à la Patrie.
— Il y aurait eu un bain de sang… Et les camps seraient remplis à craquer.
— On n'aurait pas trahi le socialisme. On ne serait pas divisés en riches et en pauvres.
— Il n'y aurait pas eu de guerre en Tchétchénie.
— Personne n'oserait dire que ce sont les Américains qui ont vaincu Hitler.
— J'y étais, moi, devant la Maison-Blanche. Et j'ai le sentiment de m'être fait avoir.
— Ce qui se serait passé si les putschistes avaient gagné ? Mais ils ont gagné ! On a enlevé la statue de Dzerjinski, mais la Loubianka est toujours là. On est en train de bâtir le capitalisme sous la direction du KGB.
— Ma vie n'aurait pas changé…

LES OBJETS ONT DÉSORMAIS AUTANT DE VALEUR
QUE LES IDÉES ET LES MOTS

— Le monde s'est émietté en dizaines de petits morceaux de toutes les couleurs. On avait tellement envie que la grisaille quotidienne soviétique se transforme le plus vite possible en images rose bonbon tirées d'un film américain ! Rares étaient ceux qui se souvenaient qu'on s'était rassemblés devant la Maison-Blanche… Ces trois jours ont ébranlé le monde, mais ils ne nous ont pas ébranlés nous… Quand deux mille personnes manifestent, tous les autres passent à côté en les regardant comme des débiles mentaux. On buvait beaucoup, on boit toujours beaucoup chez nous, mais à l'époque, on buvait énormément. La société retenait son souffle : où allions-nous ? Vers le capitalisme, ou vers un bon socialisme ? Les capitalistes étaient de gros porcs terrifiants, c'était ce qu'on nous avait inculqué depuis l'enfance. *(Elle rit.)*
Le pays s'est couvert de banques et de kiosques. On a vu apparaître des vêtements complètement différents. Pas des grosses

bottes mastoc ni des robes de mémés, mais ce dont nous avions toujours rêvé : des jeans, des manteaux fourrés… De la lingerie féminine et de la jolie vaisselle… Tout était coloré, magnifique. Nos objets soviétiques étaient gris, ascétiques, on aurait dit du matériel militaire. Les bibliothèques et les théâtres se sont vidés… Ils étaient remplacés par des bazars et des magasins privés… Tout le monde avait envie d'être heureux, de connaître le bonheur tout de suite, à la minute. On découvrait un nouveau monde, comme des enfants… Les gens ont cessé de tomber en syncope dans les supermarchés… Un garçon que je connaissais s'était lancé dans le business. Il m'a raconté que la première fois qu'il avait rapporté un millier de bocaux de café soluble, il avait tout vendu en quelques jours. Il a acheté une centaine d'aspirateurs, et là aussi, tout a été raflé en un clin d'œil. Des blousons, des pulls, n'importe quoi, il n'y avait qu'à foncer ! Tout le monde s'achetait de nouveaux vêtements, de nouvelles chaussures. Les gens changeaient d'appareils, de meubles. Ils faisaient des travaux dans leur datcha… On avait envie d'avoir de jolies palissades, de jolis toits… De temps en temps, quand on y repense, mes amis et moi, on est morts de rire… Nous étions de vrais sauvages ! Les gens étaient absolument misérables. Il a fallu tout apprendre…
À l'époque soviétique, on avait le droit de posséder beaucoup de livres, mais pas de voiture chère ni de maison. Et nous avons appris à bien nous habiller, à faire de la bonne cuisine, à avaler un jus de fruits et un yaourt le matin… Avant, je méprisais l'argent parce que je ne savais pas ce que c'était. Dans notre famille, on n'avait pas le droit de parler d'argent. C'était honteux. Nous avons grandi dans un pays où on peut dire que l'argent n'existait pas. Je touchais mes cent vingt roubles, comme tout le monde, et cela me suffisait. L'argent est arrivé avec la perestroïka. Avec Gaïdar. Le vrai argent. Au lieu de "Notre avenir, c'est le communisme !", il y avait partout des pancartes avec "Achetez… Achetez…" Si tu veux, tu peux voyager. Voir Paris, ou l'Espagne… Des corridas, des combats de taureaux… J'avais lu cela chez Hemingway et, en lisant, je savais que je ne le verrais jamais. Les livres remplaçaient la vie… Cela a été la fin de nos veillées dans les cuisines, et le début de la course après l'argent, après les petits boulots… L'argent est devenu synonyme de liberté. Cela affectait tout le

monde. Les plus forts et les plus agressifs se sont lancés dans le business. On a oublié Lénine et Staline. C'est comme ça qu'on a évité la guerre civile, sinon, il y aurait eu de nouveau des Rouges et des Blancs. "Eux" et "nous". Au lieu de faire couler le sang, on s'est acheté des objets. On s'est mis à vivre! Nous avons choisi de vivre mieux. Personne n'avait envie d'une belle mort, tout le monde voulait avoir une belle vie. Quant au fait que le gâteau n'était pas assez gros pour tout le monde, ça, c'est un autre problème...

— À l'époque soviétique... Les mots avaient un statut sacré, magique. Par inertie, les intellectuels parlaient encore de Mandelstam dans leurs cuisines, ils préparaient la soupe en lisant Astafiev ou Bykov[1], mais la vie n'arrêtait pas de démontrer que ce n'était plus important... Que les mots ne voulaient rien dire. En 1991... Maman avait été hospitalisée pour une grave pneumonie, et elle est revenue de l'hôpital en héroïne, elle n'avait pas arrêté de parler une seconde, là-bas. De Staline, de l'assassinat de Kirov, de Boukharine[2]... Les autres étaient prêts à l'écouter jour et nuit. À ce moment-là, les gens avaient envie qu'on leur ouvre les yeux. Quand elle s'est de nouveau retrouvée à l'hôpital il n'y a pas longtemps, elle n'a pas ouvert la bouche. Cinq ans seulement ont passé, et la réalité a déjà distribué les rôles autrement. Cette fois, l'héroïne du jour, c'était la femme d'un homme d'affaires important. Les gens étaient tous sidérés par ce qu'elle racontait... Une maison de trois cents mètres carrés! Et tous ces domestiques – une cuisinière, une nounou, un chauffeur, un jardinier... Son mari et elle passent leurs vacances en Europe. Les musées, bon, d'accord, mais les boutiques! Une bague de je ne

---

1. Victor Astafiev et Vassil Bykov décrivaient sans fard dans leurs œuvres la réalité sociale et la guerre.
2. Sergueï Kirov (1886-1934), bolchevik extrêmement populaire et rival de Staline, assassiné en décembre 1934 à Leningrad. Sa mort a servi de prétexte à une vague d'arrestations et d'exécutions de hauts dirigeants, et marque le début de la grande Terreur. Nicolaï Boukharine (1888-1938), bolchevik de la première heure et un des héritiers de Lénine, leader de la tendance de gauche, puis de droite, du Parti, et à ce titre, principal allié de Staline dans sa prise de pouvoir, condamné lors des purges staliniennes au cours d'un procès retentissant, et exécuté en 1938.

sais combien de carats, et puis une autre… Des pendentifs… Des boucles d'oreilles en or… Ah, ça, elle faisait salle comble! Pas un mot sur le Goulag ou ce genre de choses… Oui, d'accord, cela a existé… À quoi bon discuter avec ces vieux schnocks, maintenant?

Par habitude, je suis entrée dans une librairie : les deux cents tomes de "La Bibliothèque universelle" dormaient sur les étagères, et aussi "La Bibliothèque des aventures"… L'édition orange qui me faisait fantasmer… J'ai regardé les dos, j'ai longuement respiré cette odeur. Il y avait des montagnes de livres! Les intellectuels ont vendu leurs bibliothèques. Les gens sont tombés dans la misère, bien sûr, mais ce n'est pas pour cela qu'ils se sont débarrassés de leurs livres, pas uniquement pour l'argent. Les livres les ont déçus. Une déception totale. Aujourd'hui, il est devenu indécent de demander à quelqu'un ce qu'il est en train de lire. Il y a trop de choses qui ont changé dans notre vie, et les livres n'en parlent pas. Les romans russes ne vous apprennent pas comment réussir dans la vie. Comment devenir riche… Oblomov reste couché sur son divan, les personnages de Tchékhov n'arrêtent pas de se plaindre en buvant du thé… *(Elle se tait.)* Dieu nous préserve de vivre à une époque de changements! disent les Chinois. Rares sont ceux d'entre nous qui sont restés ce qu'ils étaient. Les gens bien ont disparu on ne sait où. Partout, il n'y a plus que des coudes et des dents…

— Si on parle des années 1990… Je ne dirais pas que c'était une belle époque. Non, c'était une époque épouvantable. Il s'est produit dans les esprits un virage à cent quatre-vingts degrés… Certains ne l'ont pas supporté et ont perdu la raison, les hôpitaux psychiatriques étaient bondés. Je suis allée voir un ami là-bas… Il y en avait un qui criait : "Je suis Staline! Je suis Staline!" Et un autre : "Je suis Berezovski! Je suis Berezovski[1]!" Tout le service était rempli de Staline et de Berezovski… Cela n'arrêtait pas de tirer dans les rues. Énormément de gens se sont fait tuer. Il y avait des règlements de comptes tous les jours. Prendre, s'approprier,

---

1. Boris Berezovski (1946-2013) a été un des premiers oligarques russes. Après avoir contribué à "inventer" Poutine, il a dû s'exiler à Londres, accusé de fraude et de corruption. Les circonstances de sa mort restent troubles.

rafler, arriver le premier, avant tout le monde… Certains ont été ruinés, d'autres se sont retrouvés en prison. On dégringolait du haut d'un trône jusqu'au fond d'une cave. Et d'un autre côté, c'était génial : tout ça se produisait sous nos yeux…

Dans les banques, des gens faisaient la queue pour monter des affaires : ouvrir une boulangerie, vendre des appareils électroniques… Moi aussi, je me trouvais dans cette queue. J'étais étonné de voir combien nous étions nombreux. Une mémère avec un béret tricoté, un gamin en blouson de sport, un grand gaillard avec une tête de repris de justice… Pendant plus de soixante-dix ans, on nous a seriné que l'argent ne fait pas le bonheur, que les meilleures choses nous sont données gratuitement. Comme l'amour, par exemple. Mais il a suffi de déclarer du haut d'une tribune : "Faites du commerce, enrichissez-vous!", et on a tout oublié. On a oublié tous les livres soviétiques. Ces gens ne ressemblaient absolument pas à ceux avec lesquels je bavardais jusqu'au matin en grattouillant une guitare. J'avais appris tant bien que mal deux ou trois accords… La seule chose qu'ils avaient en commun avec ceux des cuisines, c'était que, eux aussi, ils en avaient marre des drapeaux rouges et de toute cette foutue poudre aux yeux – les réunions de komsomols, les cours d'instruction politique… Le socialisme prenait les gens pour des imbéciles…

Je sais très bien ce que c'est qu'un rêve. J'ai passé toute mon enfance à réclamer un vélo, et on ne m'en a jamais acheté. Nous étions pauvres. À l'école, je revendais des jeans, et à l'institut, des uniformes soviétiques et toutes sortes de trucs symboliques. C'étaient les étrangers qui achetaient ça. Les trafics habituels. À l'époque soviétique, on écopait de trois à cinq ans de prison pour ça. Mon père me courait après avec une ceinture en hurlant : "Espèce de sale spéculateur! Dire que j'ai versé mon sang devant Moscou, et que j'ai pour fils un petit salopard pareil!" Ce qui était un crime hier, aujourd'hui, c'est du business. J'ai acheté des clous quelque part, des talons ailleurs, j'ai fourré le tout dans un sac en plastique, et j'ai vendu ça comme une nouvelle marchandise. J'ai rapporté l'argent à la maison et j'ai rempli le réfrigérateur. Mes parents s'attendaient à ce qu'on vienne m'arrêter. *(Il éclate de rire.)* Je revendais des batteries de cuisine…

Des poêles à frire, des cocottes-minute... Je suis revenu d'Allemagne avec une remorque remplie de ce genre de trucs. Les gens se jetaient dessus... J'avais dans mon bureau un vieux carton qui avait servi d'emballage pour un ordinateur, il était rempli d'argent, c'est uniquement comme ça que je comprenais ce que c'était. On puise dedans, on puise dedans, et il y en a toujours... J'avais déjà tout acheté : une bagnole, un appartement... Une montre Rolex... Je me souviens de cette ivresse... On peut réaliser tous ses désirs, tous ses rêves secrets. J'ai appris beaucoup de choses sur moi-même : d'abord, que je n'avais aucun goût, et ensuite, que j'étais complexé. Je ne savais pas m'y prendre avec l'argent. J'ignorais que, quand on en a beaucoup, il faut le faire fructifier, on ne doit pas le laisser dormir. L'argent, c'est une épreuve pour un homme, comme le pouvoir ou l'amour... Je rêvais... Et je suis allé à Monaco. J'ai perdu une grosse somme dans un casino de Monte-Carlo, une somme énorme. Je ne pouvais plus m'arrêter... J'étais l'esclave de mon carton d'emballage. Y avait-il de l'argent dedans ? Combien ? Il fallait qu'il y en ait toujours davantage. Tout ce qui m'intéressait avant avait cessé de m'intéresser. La politique... Les meetings... Quand Sakharov est mort, je suis allé lui faire mes adieux. Il y avait des centaines de milliers de gens... Tout le monde pleurait, et je pleurais, moi aussi. Et figurez-vous qu'il n'y a pas longtemps, j'ai lu quelque chose sur lui dans un journal : "Un grand illuminé est mort..." Et je me suis dit qu'il était parti à temps. Quand Soljénitsyne est revenu d'Amérique, tout le monde s'est précipité sur lui. Mais il ne nous comprenait pas, et nous, on ne le comprenait pas. C'était un étranger. Il était venu vivre en Russie et sous ses fenêtres, c'était Chicago...

Qu'est-ce que je serais s'il n'y avait pas eu la perestroïka ? Je serais un ingénieur technique avec un salaire de misère... *(Il rit.)* Alors que maintenant, j'ai ma propre clinique d'ophtalmologie. Plusieurs centaines de personnes dépendent de moi, avec leurs familles, leurs grands-parents. Vous, vous vous triturez la cervelle, vous réfléchissez... Moi, je n'ai pas ce problème. Je travaille jour et nuit. J'ai acheté des équipements ultramodernes, j'ai envoyé des chirurgiens suivre une formation en France. Mais je ne suis pas un altruiste, je gagne bien ma vie. J'ai tout obtenu par moi-même... Je n'avais que trois cents dollars en poche... Les partenaires avec lesquels j'ai commencé mon business, si vous les voyiez entrer dans la pièce maintenant, vous auriez une attaque ! C'étaient de vrais gorilles ! L'air féroce... Ils ne sont plus là maintenant, ils ont disparu, comme les dinosaures. Je portais un gilet pare-balles, je me faisais tirer dessus. S'il y en a qui mangent du moins bon saucisson que moi, ça ne m'intéresse pas. Vous vouliez tous le capitalisme, non ? Vous en rêviez ! Alors ne venez pas vous plaindre que vous vous êtes fait avoir...

NOUS AVONS GRANDI PARMI DES BOURREAUX ET DES VICTIMES

— Un soir, on allait au cinéma. Il y avait un homme en imperméable allongé dans une mare de sang. Il avait un trou dans le dos. Un milicien était debout à côté de lui. C'est comme ça que j'ai vu pour la première fois quelqu'un qui venait de se faire tuer. Je m'y suis vite habitué. Notre immeuble est très grand, il y a une vingtaine d'entrées. Tous les matins, on trouvait un cadavre dans la cour, cela ne nous faisait plus rien. C'était le vrai capitalisme qui commençait. Dans le sang. Je m'attendais à éprouver un choc, mais cela n'a pas été le cas. Après Staline, chez nous, on ne voit plus la mort violente de la même façon... On se souvient des frères qui tuaient leurs frères... Des exécutions massives de gens qui ne savaient pas pourquoi on les assassinait... C'est resté en nous, ça, c'est toujours présent dans notre vie. Nous avons grandi parmi des bourreaux et des victimes... Pour nous, c'est normal de vivre ensemble. Il n'y a pas de frontière entre l'état de paix et l'état de guerre. Nous sommes toujours en guerre. Quand on allume la télé, tout le monde parle la langue des truands : les hommes politiques, les hommes d'affaires, et... le président. Graisser la patte, verser des pots-de-vin, des bakchichs... Une vie humaine, ça ne vaut pas un pet de lapin. Comme dans les camps...

— Pourquoi nous n'avons pas fait le procès de Staline ? Je vais vous le dire... Pour juger Staline, il faut juger les gens de sa propre famille, des gens que l'on connaît. Ceux qui nous sont les plus proches. Je vais vous parler de ma famille à moi, tiens...

Mon père a été arrêté en 1937, grâce au ciel, il est revenu, mais il a passé dix ans dans les camps. Quand il est rentré, il avait très envie de vivre… Cela l'étonnait lui-même d'avoir une telle soif de vivre après tout ce qu'il avait vu… Ce n'était pas le cas de tout le monde, loin de là… Ma génération a grandi avec des pères qui revenaient soit des camps, soit de la guerre. La seule chose dont ils pouvaient nous parler, c'était de la violence. De la mort. Ils riaient rarement, ils ne disaient pas grand-chose. Et ils buvaient… Ils buvaient… Cela finissait par les tuer, d'ailleurs. Deuxième variante : ceux qui n'avaient pas été arrêtés avaient tout le temps peur de l'être. Et pas pendant un mois ou deux, non, cela durait des années… Des années! Et s'ils n'avaient pas été arrêtés, alors, ils se posaient des questions : pourquoi arrête-t-on tout le monde, et pas moi? Qu'est-ce qui cloche, chez moi? On pouvait vous arrêter, mais on pouvait aussi vous envoyer travailler au NKVD. Le Parti demande, le Parti ordonne… Le choix n'est pas agréable, mais beaucoup de gens ont été obligés de le faire… Maintenant, parlons un peu des bourreaux… Des bourreaux ordinaires, pas ceux qui étaient terribles… Mon père a été dénoncé par un voisin… Ioura… Pour une bêtise, comme disait maman. J'avais sept ans. Ioura m'emmenait à la pêche avec ses enfants, ou bien faire du cheval. Il réparait notre palissade. Vous comprenez, cela donne une image du bourreau tout à fait différente – quelqu'un d'ordinaire, et même de gentil… Quelqu'un de normal… Papa a été arrêté et quelques mois plus tard, son frère. Sous Eltsine, on m'a montré son dossier, il y avait plusieurs dénonciations, dont une écrite par Olia… Une nièce de Ioura… Une jolie femme, gaie… Elle chantait bien… Elle était déjà vieille quand je lui ai demandé : "Olia, parle-moi de l'année 1937…" Elle m'a répondu : "Cela a été l'année la plus heureuse de ma vie! J'étais amoureuse…" Le frère de papa n'est jamais revenu. Il a disparu. En prison ou dans un camp, on ne sait pas. J'ai eu du mal à le faire, mais j'ai quand même posé la question qui me tourmentait : "Pourquoi tu as fait cela, Olia? – Tu as déjà vu quelqu'un de bien à l'époque de Staline?" *(Il se tait.)* Il y avait aussi l'oncle Pavel, qui a servi en Sibérie dans les troupes du NKVD… Vous comprenez, le mal chimiquement pur n'existe pas… Ce n'est pas seulement Staline et Béria… C'est aussi Ioura, et cette jolie Olia…

Le 1ᵉʳ Mai. Ce jour-là, les communistes défilent dans les rues de Moscou par milliers. La capitale redevient "rouge" : des drapeaux rouges, des ballons rouges, des tee-shirts rouges avec la faucille et le marteau. On brandit des portraits de Lénine et de Staline. Surtout de Staline. Des pancartes : "Aux chiottes votre capitalisme!", "Remettons le drapeau rouge sur le Kremlin!" La Moscou ordinaire reste sur les trottoirs, et la Moscou rouge déferle à grands flots sur la chaussée. Entre les deux se produisent sans arrêt des altercations qui, à certains endroits, dégénèrent en bagarres. La police est impuissante à séparer ces deux Moscou. Et je n'ai pas le temps de noter tout ce que j'entends…

— Allez l'enterrer, votre Lénine, et sans lui rendre les honneurs!
— Espèces de laquais de l'Amérique! Pour combien vous avez vendu le pays?
— Vous êtes des crétins, les mecs…
— Eltsine et sa bande nous ont tout piqué. Allez-y, buvez, enrichissez-vous! Tout ça finira bien un jour…
— Ils ont peur de dire carrément aux gens qu'on est en train de construire le capitalisme. Tout le monde est prêt à prendre les armes, même ma mère, une femme au foyer…
— On peut faire beaucoup de choses avec des baïonnettes, mais on ne peut pas s'asseoir dessus!
— Moi, je les écraserais avec des tanks, ces salauds de bourgeois!
— C'est le Juif Marx qui a inventé le communisme…
— Il n'y a qu'un seul homme qui pourrait nous sauver : le camarade Staline. Faudrait nous le rendre pendant deux jours… Il les ferait tous exécuter, et puis on le laisserait retourner dans sa tombe.
— Gloire à toi, Seigneur! Je m'incline devant tous les saints.
— Fumiers de staliniens! Vous avez encore du sang tout chaud sur les mains! Pourquoi vous avez assassiné la famille du tsar? Vous n'avez même pas eu pitié des enfants…
— On ne peut pas bâtir une grande Russie sans un grand Staline!
— Ils ont couillonné le peuple…
— Moi, je suis un homme simple. Staline ne s'en prenait pas aux gens simples. Dans ma famille, personne n'a souffert, c'étaient tous des ouvriers. Les têtes qui volaient, c'étaient celles des chefs. Les gens simples, eux, ils vivaient tranquillement.

— Ces kagébistes rouges! Bientôt, vous allez nous dire qu'il n'y a jamais eu de camps, à part les camps de pionniers! Mon grand-père était concierge.
— Le mien, arpenteur.
— Le mien, mécanicien…

Un meeting a débuté près de la gare de Biélorussie. La foule se déchaîne tantôt en applaudissements, tantôt en acclamations : "Hourra! Hourra!" À la fin, la place tout entière se met à hurler une chanson sur l'air de La Varsovienne *(*La Marseillaise *russe), avec de nouvelles paroles : "Nous secouerons le joug des libéraux, nous renverserons ce régime criminel et sanglant!" Ensuite, après avoir replié les drapeaux, certains ont foncé vers le métro, d'autres se sont mis à faire la queue devant des kiosques qui vendaient des pirojkis et de la bière. La fête populaire a commencé. Les gens dansaient et s'amusaient. Une femme âgée coiffée d'un fichu rouge tournoyait et trépignait autour d'un accordéoniste. "Nous dansons ravis, autour du sapin, dans notre Patrie, nous nous sentons bien, nous dansons ravis, chantons à cœur joie, et notre chanson, Staline, est pour toi…" Arrivée près du métro, j'ai été rattrapée par un couplet obscène : "Tout ce qui est mal, envoie-le chier, tout ce qui est bien, va te le taper!"*

NOUS DEVONS CHOISIR ENTRE UNE HISTOIRE GRANDIOSE ET UNE VIE BANALE

Il y a toujours beaucoup d'animation autour des kiosques à bière. On y rencontre des gens de toutes sortes : des professeurs, des ouvriers, des étudiants, des SDF… Ils boivent en philosophant. Et ils parlent toujours de la même chose : du destin de la Russie. Du communisme.

— Moi, je suis un alcoolo. Pourquoi je bois? Je n'aime pas ma vie. Je voudrais que l'alcool m'aide à faire une pirouette inimaginable qui me transporterait ailleurs. Dans un autre endroit où tout serait beau, où tout irait bien.
— Pour moi, la question se pose de façon beaucoup plus concrète : où est-ce que je veux vivre, dans un grand pays, ou dans un pays normal?

— J'aimais bien notre empire… Depuis qu'on l'a plus, je trouve la vie ennuyeuse. Sans intérêt.

— Un grand idéal, ça exige du sang. Aujourd'hui, personne n'a envie de mourir quelque part. Dans on ne sait trop quelle guerre. Comme dit la chanson : "L'argent, l'argent, partout l'argent ! Partout l'argent, messieurs, l'argent…" Et si vous persistez à dire qu'on a un but, alors lequel ? Une Mercedes et un séjour à Miami pour tout le monde ?

— Les Russes ont besoin de croire en quelque chose… Quelque chose d'éclatant, de sublime. L'empire et le communisme, on a ça inscrit dans la moelle des os. Ce qui nous fait vibrer, c'est ce qui est héroïque.

— Le socialisme obligeait l'homme à vivre dans l'histoire… à assister à quelque chose de grandiose…

— Putain ! C'est qu'on est des mystiques, nous, des gens spéciaux !

— On n'a jamais eu de démocratie. Vous et moi, on n'est pas des démocrates !

— Le dernier grand événement de notre vie, ça a été la perestroïka.

— La Russie, ou c'est un grand pays, ou elle n'existe pas. Ce qu'il nous faut, c'est une armée forte.

— Qu'est-ce que j'en ai à foutre d'un grand pays ? Je veux vivre dans un petit pays, comme le Danemark. Sans armes atomiques, sans pétrole et sans gaz. Et que personne me tape sur la tête à coups de crosse de revolver. Peut-être qu'alors, nous aussi, on apprendrait à laver nos trottoirs avec du shampoing…

— Le communisme, c'est un objectif qui dépasse les forces humaines… Ça se passe toujours comme ça, chez nous : des fois, on voudrait une constitution, et des fois, on voudrait de l'esturgeon avec du raifort !

— Ce que je peux envier les gens qui avaient un idéal… Nous, maintenant, on vit sans idéal. Je veux la grande Russie ! Je ne m'en souviens pas, mais je sais qu'elle a existé.

— On avait un grand pays, et on faisait la queue pour acheter du papier-toilette… Je me souviens très bien de l'odeur des cafétérias soviétiques, des magasins soviétiques.

— La Russie sauvera le monde ! Et elle se sauvera aussi elle-même !

— Mon père a vécu jusqu'à l'âge de quatre-vingt-dix ans. Il disait qu'il n'avait rien connu de bien dans sa vie, à part la guerre. C'est tout ce que nous possédons.

— Dieu, c'est l'infini qui est en nous… Nous sommes créés à Son image et à Sa ressemblance…

À PROPOS DE TOUT

— Moi, j'étais soviétique à quatre-vingt-dix pour cent… Je ne comprenais pas ce qui se passait… Je me souviens de ce que disait Gaïdar à la télé : Apprenez à faire du commerce… L'économie de marché nous sauvera… On achète une bouteille d'eau minérale à un endroit, on la revend quelques rues plus loin – et voilà, c'est du business! Les gens écoutaient, ils étaient abasourdis. Je rentrais chez moi. Je fermais la porte et je pleurais. Maman a eu une attaque tellement tout cela lui faisait peur. Peut-être qu'ils voulaient faire quelque chose de bien, mais ils n'avaient aucune compassion envers leur propre peuple. Jamais je n'oublierai ces vieux qui mendiaient, alignés le long de la route. Avec leurs bonnets délavés et leurs vestons raccommodés… Quand j'allais au travail et que j'en revenais, je n'osais pas les regarder… Je travaillais dans une fabrique de parfum. On ne nous payait pas en argent, mais en flacons de parfum… En produits de beauté…

— Dans notre classe, il y avait une petite fille pauvre, ses parents étaient morts dans un accident de voiture. Elle vivait avec sa grand-mère. Elle portait la même robe toute l'année. Eh bien, personne ne la plaignait. C'est devenu très vite une honte, d'être pauvre…

— Je ne regrette pas d'avoir connu les années 1990… C'était une belle époque, bouillonnante. Moi qui ne m'intéressais pas à la politique avant, qui ne lisais pas les journaux, je me suis présentée pour être députée. Qui étaient les maîtres d'œuvre de la perestroïka? Des écrivains, des peintres, des poètes… Au premier Congrès des députés du peuple, on aurait pu rassembler une collection d'autographes! Mon mari est économiste, ça le rendait fou : "Enflammer le cœur des gens avec des mots, les poètes sont très forts pour ça. Vous allez faire la révolution… Et après, hein ? Comment allez-vous construire la démocratie ? Qui va le faire ? On voit d'ici ce que ça va donner..." Il se moquait de moi. Nous nous sommes séparés à cause de cela... Mais c'était lui qui avait raison...

— Les gens ont commencé à avoir peur, alors ils se sont mis à fréquenter les églises. Quand je croyais dans le communisme, je n'avais pas besoin de l'Église. Ma femme, elle, vient avec moi parce que le prêtre lui dit "ma petite colombe"...

— Mon père était un communiste intègre. Ce ne sont pas les communistes que j'accuse, c'est le communisme. Aujourd'hui encore, je ne sais toujours pas quoi penser de Gorbatchev. Ni de ce Eltsine... Les queues et les magasins vides s'oublient plus vite que le drapeau rouge sur le Reichstag.

— Nous avons remporté la victoire. Sur qui ? À quoi bon ? À la télé, sur une chaîne, on passe un film dans lequel des Rouges tapent sur des Blancs, et sur une autre chaîne, ce sont de courageux Blancs qui tapent sur des Rouges... C'est de la schizophrénie !

— Nous parlons tout le temps de la souffrance... C'est notre voie à nous vers la connaissance. Les Occidentaux nous paraissent naïfs parce qu'ils ne souffrent pas comme nous, ils ont des médicaments pour le moindre petit bouton. Alors que nous, nous avons connu les camps, nous avons recouvert la terre de nos cadavres pendant la guerre, nous avons ramassé du combustible atomique à mains nues à Tchernobyl. Et maintenant, nous nous retrouvons sur les décombres du socialisme. Comme après la guerre. Nous sommes coriaces, de vrais durs... Et nous avons notre langage à nous... Le langage de la souffrance...

J'ai essayé de parler de ça avec mes étudiants... Ils m'ont ri au nez. "On ne veut pas souffrir. Pour nous, la vie, c'est autre chose !" Nous n'avons encore rien compris au monde dans lequel nous vivions il n'y a pas si longtemps, et nous voilà dans un monde nouveau. C'est toute une civilisation qui a été flanquée à la poubelle...

*DIX HISTOIRES
DANS UN INTÉRIEUR ROUGE*

OÙ IL EST QUESTION
DE LA BEAUTÉ DES DICTATURES
ET DU MYSTÈRE DES PAPILLONS
PRIS DANS LE CIMENT

Éléna Iourevna S.,
troisième secrétaire du comité régional du Parti, 49 ans

Elles étaient deux à m'attendre, Éléna Iourevna, avec laquelle j'avais rendez-vous, et son amie de Moscou, Anna Ilinitchna M., qui se trouvait en visite chez elle. Cette dernière s'est aussitôt immiscée dans la conversation : "Cela fait longtemps que je voudrais que quelqu'un m'explique ce qui nous arrive!"

Rien ne concordait dans leurs récits, à part des noms emblématiques : Gorbatchev, Eltsine... Mais elles avaient chacune leur Gorbatchev à elles, leur Eltsine... et leurs années 1990.

Éléna Iourevna
Faut-il vraiment déjà expliquer ce qu'était le socialisme? À qui? Nous sommes encore tous des témoins. Franchement, je suis étonnée que vous soyez venue me voir. Je suis communiste, j'étais dans la nomenklatura... Nous n'avons plus droit à la parole, maintenant. On nous réduit au silence. Lénine est un bandit, quant à Staline... Nous sommes tous des criminels, même si je n'ai pas une goutte de sang sur les mains. Mais nous sommes tous des parias, tous.

Peut-être que, dans cinquante ou cent ans, on parlera de façon objective de notre vie, de cette vie qui s'appelait le socialisme. Sans larmes et sans malédictions. On se lancera dans des fouilles, comme pour la ville de Troie... Il n'y a pas si longtemps encore, il était impossible de dire du bien du socialisme. En Occident, après l'effondrement de l'URSS, ils ont compris que ce n'était pas la fin des idées marxistes, mais qu'il fallait les développer. Et non rester en adoration devant. Là-bas, Marx n'était pas une idole, comme chez nous. Un saint. D'abord, nous en avons fait un dieu et ensuite, nous l'avons frappé d'anathème. Nous avons tout rejeté. La science aussi a été la cause de malheurs innombrables pour l'humanité. Alors on n'a qu'à exterminer les savants! À bas les pères de la bombe atomique…! Mieux encore, commençons par ceux qui ont inventé la poudre! Je n'ai pas raison? *(Elle ne me laisse pas le temps de répondre.)* Vous avez bien fait, oui, vous avez bien fait de sortir de Moscou. Vous êtes venue en Russie, si je puis dire. À Moscou, quand on se promène, on a l'impression qu'ici, c'est comme en Europe… Des voitures de luxe, des restaurants… Ces coupoles dorées qui brillent! Mais venez un peu écouter ce que disent les gens chez nous, en province… La Russie, ce n'est pas Moscou. La Russie, c'est Samara, Togliatti, Tchéliabinsk… Un Trifouilly-les-Oies quelconque… Que peut-on apprendre sur la Russie dans les cuisines de Moscou, dans les soirées mondaines? Blabla… Moscou, c'est la capitale d'un autre État, pas de celui qui se trouve au-delà du périphérique. C'est un paradis pour touristes. Il ne faut pas croire Moscou…

Dès qu'on arrive chez nous, on sait tout de suite qu'on est chez les Soviets. Les gens vivent très pauvrement ici, même selon les critères russes. Ils râlent contre les riches, ils en veulent à tout le monde. Ils râlent contre le gouvernement. Ils estiment qu'on les a trompés, personne ne leur avait dit que ce serait le capitalisme, ils pensaient qu'on allait réformer le socialisme. La vie qu'ils connaissaient tous. La vie soviétique. Pendant qu'ils s'égosillaient dans les meetings à crier : "Eltsine! Eltsine!", ils se sont fait dépouiller. On s'est partagé les usines et les fabriques sans eux. Et le pétrole, et le gaz, tout ce qui nous vient de Dieu, comme on dit. Mais ça, c'est seulement maintenant qu'ils le comprennent… En 1991, ils sont tous allés faire la révolution. Sur les barricades. Ils voulaient la liberté, et ils ont récolté quoi? La révolution d'Eltsine, une révolution de bandits… Le fils d'une de mes amies s'est presque fait tuer en défendant les idées socialistes. Le mot "communiste" était une insulte. Il a failli se faire tuer ici, dans la cour, par des copains, des garçons qu'il connaissait. Ils étaient là avec leur guitare, à bavarder sous une tonnelle : "On va aller casser la gueule des communistes, on les pendra aux réverbères!" Micha Sloutser est un garçon cultivé, son père travaillait chez nous, au comité régional du Parti, il leur a cité Chesterton, un écrivain anglais : "Un homme sans utopie est bien plus terrible qu'un homme sans nez…" Ils l'ont battu comme plâtre pour ça, à coups de pied, à coups de botte : "Espèce de sale youpin ! Qui a fait la révolution en 1917 ?"

Je me souviens de cet éclat que les gens avaient dans les yeux au début de la perestroïka, je ne l'oublierai jamais. Ils étaient prêts à lyncher les communistes, à les envoyer dans des camps… Les livres de Maïakovski et de Gorki s'entassaient dans les poubelles. On mettait les œuvres de Lénine au pilon… J'en ai récupéré… Oui ! Je ne renie rien ! Je n'ai honte de rien ! Je n'ai pas retourné ma veste, je n'ai pas gratté ma peinture rouge pour me repeindre en gris. Il y a des gens… si les Rouges arrivent, ils les accueillent à bras ouverts, si c'est les Blancs, ils accueillent les Blancs… On a assisté à des pirouettes hallucinantes : la veille, il était communiste, et le lendemain ultra-démocrate ! J'ai vu de mes yeux de "bons" communistes se transformer en croyants et en libéraux. Moi, j'aime bien le mot "camarade", et je l'aimerai toujours. C'est un mot magnifique ! L'*Homo sovieticus* ? Ne dites pas n'importe quoi ! Le Soviétique, c'était un homme bien, il était capable d'aller en Sibérie, au milieu de nulle part, au nom d'une idée, et pas pour des dollars. Pour des billets verts qui ne sont même pas à nous… La centrale électrique du Dniepr, la bataille de Stalingrad, le premier homme dans l'espace, tout ça, c'est lui ! Le grand Homme soviétique ! Aujourd'hui encore, cela me fait plaisir d'écrire "URSS". C'était mon pays. Maintenant, je vis dans un pays qui n'est plus le mien. Un pays qui m'est étranger.

Je suis née soviétique… Ma grand-mère ne croyait pas en Dieu, mais elle croyait dans le communisme. Et mon père a attendu le retour du socialisme jusqu'à sa mort. Le mur de Berlin était déjà tombé, l'Union soviétique s'était effondrée, mais il attendait quand même. Il s'était brouillé à mort avec son meilleur ami parce que celui-ci avait qualifié notre drapeau de "torchon rouge". Notre drapeau rouge ! Notre cher drapeau rouge ! Mon père a fait la guerre de Finlande, il n'avait pas compris pourquoi on se battait, mais il fallait y aller, et il y est allé. On n'en parlait pas, de cette guerre, on ne l'appelait pas une guerre, on disait "la campagne de Finlande". Mais mon père nous a raconté… Discrètement, à la maison. Il en parlait rarement, mais cela lui arrivait. Quand il avait bu… Le paysage de sa guerre était un paysage d'hiver : une forêt sous un mètre de neige. Les Finlandais se battaient à skis, en tenue de camouflage blanche, et ils surgissaient toujours à l'improviste, comme des anges. C'est une expression de mon père, ça. En une nuit, ils pouvaient massacrer un avant-poste, toute une compagnie. Les morts… Dans ses souvenirs, ils étaient toujours allongés au milieu d'une mare de sang, un homme endormi, ça perd beaucoup de sang. Il y en avait tellement que cela traversait le mètre de neige. Après la guerre, papa ne pouvait même plus égorger un poulet ou un lapin. La vue de n'importe quel animal tué, l'odeur du sang chaud, cela le bouleversait. Les arbres avec un feuillage épais lui faisaient peur, généralement, c'était dans des arbres comme ça que les snipers finlandais se cachaient, on les appelait des "coucous". *(Elle se tait.)* Je voudrais ajouter… Là, c'est moi qui parle… Je me souviens qu'après la Victoire, notre ville était submergée de fleurs, c'était une vraie débauche! Principalement des dahlias. Il fallait protéger les plates-bandes pendant l'hiver pour qu'ils ne gèlent pas. Dieu nous en préserve! On les enveloppait, on les emmitouflait comme des bébés. Il y avait des fleurs devant des maisons, derrière, près des puits, le long des palissades. Après avoir connu la peur, on a très envie de vivre, de se réjouir. Ensuite, les fleurs ont disparu, il n'y en a plus maintenant. Mais je m'en souviens… Je viens d'y penser… *(Elle se tait.)* Mon père… mon père s'est battu pendant six mois, ensuite il a été fait prisonnier. Comment cela s'est passé? Ils avançaient sur un lac gelé, et l'artillerie ennemie pilonnait la glace sur laquelle ils marchaient. Ils ont été très peu à regagner le rivage, et ceux qui y sont parvenus n'avaient plus de forces, plus d'armes. Ils étaient à moitié nus. Les Finlandais leur ont tendu la main. Pour les sauver. Certains ont pris ces mains, d'autres… Il y en a beaucoup qui n'ont pas accepté l'aide de l'ennemi. Ils avaient été élevés comme ça. Mais papa, lui, a attrapé une main, et on l'a sorti de l'eau. Je me souviens de son étonnement : "Ils m'ont donné du schnaps pour me réchauffer, et des vêtements secs. Ils me tapaient sur l'épaule en riant : « T'es vivant, le Russkoff! »" Mon père n'avait jamais vu des ennemis de près avant cela. Il ne comprenait pas pourquoi ils étaient si contents…

La campagne de Finlande s'est terminée en 1940. Les prisonniers de guerre soviétiques ont été échangés contre des Finlandais qui se trouvaient en captivité chez nous. Ils avançaient en colonnes à la rencontre les uns des autres. Quand les Finlandais sont arrivés à la hauteur de leurs compatriotes, ils se sont embrassés, ils se sont serré la main… Nos soldats à nous, ils n'ont pas été accueillis comme ça, ils ont été traités en ennemis. Ils se précipitaient vers les Soviétiques en criant : "Frères ! Compatriotes ! – Halte ! Si vous sortez des rangs, on tire !" Leur colonne a été encerclée par des militaires avec des bergers allemands, et on les a conduits dans des baraques spécialement préparées pour eux. Avec des barbelés autour. Et les interrogatoires ont commencé. "Comment t'as été fait prisonnier ? a demandé un commissaire à mon père. – Les Finlandais m'ont sorti d'un lac. – Tu es un traître ! Tu as sauvé ta peau au lieu de défendre ta Patrie !"

Papa aussi s'estimait coupable. Ils avaient été éduqués comme ça… Il n'y a pas eu de procès. On les a tous rassemblés et on leur a lu la sentence : six ans de camp pour trahison de la Patrie. Et on les a expédiés dans un camp à Vorkouta. Là-bas, ils ont construit une voie ferrée dans le permafrost. Seigneur ! En 1941… Les Allemands étaient déjà devant Moscou, mais eux, on ne leur avait pas dit que la guerre avait éclaté, ils étaient des ennemis, ils auraient été trop contents ! La Biélorussie était déjà occupée, Smolensk était pris… Quand ils ont appris ça, ils ont tous demandé à partir sur le front, ils ont écrit des lettres au chef du camp, à Staline… On leur a répondu : "Vous êtes des salauds, vous allez travailler pour la victoire à l'arrière, on n'a pas besoin de traîtres sur le front !" Et eux… C'est mon père qui me l'a raconté… Ils pleuraient tous. *(Elle se tait.)* C'est lui que vous auriez dû rencontrer ! Mais il n'est plus là. Les années de camp ont abrégé sa vie. Et aussi la perestroïka… Il en était malade. Il ne comprenait pas ce qui arrivait au pays, au Parti. Mon papa… En six ans de camp, il avait oublié ce que c'était qu'une pomme, un trognon de chou… des draps et un oreiller… Trois fois par jour, on leur donnait une espèce de lavasse, et une miche de pain pour vingt-cinq personnes. Ils dormaient avec une bûche sous la tête, sur des planches posées par terre en guise de matelas. Et lui… Il était bizarre, mon père, il n'était pas comme les autres… Il était incapable de frapper un cheval ou une vache, de donner un coup de pied à un chien. Il m'a toujours fait de la peine. Les autres hommes se moquaient de lui : "Vous parlez d'un mec, c'est une vraie femmelette!" Maman se désolait que... qu'il ne soit pas comme tout le monde. Il prenait un trognon de chou et il l'examinait sous toutes les coutures. Ou une tomate... Oui... Les premiers temps, il ne disait rien, il ne racontait rien. Il s'est mis à parler au bout de dix ans. Pas avant... Pendant un moment, au camp, il avait transporté les morts. Il y avait dix à quinze cadavres par jour. Les vivants rentraient dans leurs baraques à pied, et les morts sur des traîneaux. Ils avaient ordre de déshabiller les cadavres, et ils étaient allongés tout nus sur les traîneaux, comme des gerboises. C'est une expression de papa, ça... Je m'embrouille un peu... C'est à cause de l'émotion... Ça me remue, tout ça... Au camp, les deux premières années, aucun d'eux ne croyait qu'il s'en sortirait. Ceux qui en avaient pris pour cinq ou six ans pensaient à leur famille, mais pas ceux qui avaient des peines de dix ou quinze ans. Eux, ils ne parlaient jamais de personne, ni de leurs femmes ni de leurs enfants. Ni de leurs parents. "Si on commençait à y penser, on ne survivait pas." C'est ce que disait papa... Et nous, on l'attendait... "Quand papa reviendra, il ne me reconnaîtra pas...", "Notre petit papa chéri..." Nous avions tout le temps envie de prononcer le mot "papa". Et il est revenu. Grand-mère a vu près du portail un homme en tenue militaire. "Vous cherchez qui, soldat? – Maman, tu ne me reconnais pas?" Grand-mère est tombée à la renverse. Voilà comment il est rentré... Il avait eu les mains et les pieds gelés, il n'arrivait jamais à les réchauffer. Maman? Maman disait que le camp avait rendu papa gentil, alors qu'elle avait eu peur... On lui avait fait peur... On lui avait dit que les hommes qui revenaient de là-bas étaient pleins de haine. Mais papa, lui, avait envie de se réjouir de la vie. Il y avait une phrase qu'il répétait à tout bout de champ : "Courage, le pire est encore à venir!"

J'ai oublié... Je ne me souviens plus où cela se passait, à quel endroit. Peut-être dans un camp de transit. Ils se traînaient à quatre pattes dans une grande cour et ils mangeaient de l'herbe. Des dystrophiques, des pellagreux. Avec papa, on ne pouvait jamais se plaindre de rien, il savait que pour survivre, un homme a besoin de trois choses : du pain, un oignon, et du savon. Juste trois choses. C'est tout... Ils ne sont plus là, ces gens. Nos parents. S'il en reste, il faudrait les mettre sous cloche, dans un musée, avec interdiction d'y toucher. Quand on pense à tout ce qu'ils ont enduré! Lorsque mon père a été réhabilité, pour toutes ses souffrances, il a reçu une double solde de soldat... Mais chez nous, pendant très longtemps, nous avons eu un grand portrait de Staline au mur. Pendant très, très longtemps. Je m'en souviens bien... Papa n'en voulait à personne, il considérait que c'était l'époque qui était comme ça. Une époque féroce. On bâtissait un pays fort. Et on l'a bâti. Et on a vaincu Hitler! C'est ce que disait papa...

J'étais une petite fille sérieuse, une vraie pionnière! Maintenant, tout le monde pense qu'on forçait les enfants à entrer aux pionniers. On ne nous forçait à rien du tout. Tous les enfants rêvaient d'être pionniers. De marcher ensemble au son du tambour, du clairon. De chanter des chansons de pionniers : "Mon pays natal, mon éternel amour, à nul autre pareil!", "L'aigle puissant a des millions d'aiglons, notre pays est fier de nous!"

Mais il y avait quand même cette tache sur notre famille – mon père avait été condamné. Et ma mère avait peur qu'on ne me prenne pas chez les pionniers, ou pas tout de suite. Or moi, je tenais absolument à être avec tout le monde. Les garçons de ma classe me faisaient subir des interrogatoires : "T'es pour quoi, pour les moustiques ou pour les papillons?" Là, il fallait faire bien attention : "pour les moustiques", c'était bon, on était pour les Soviétiques. Mais si on répondait "pour les papillons", cela voulait dire : "pour le Japon". Et ils se moquaient de vous, ils vous mettaient en boîte... Quand on faisait des serments, on disait : "Parole de pionnier!" ou "Je le jure sur Lénine!" Le plus grand serment, c'était : "Je le jure sur Staline!" Si je disais ça, mes parents savaient que je ne mentais pas. Mon Dieu! Ce n'est pas de Staline que je me souviens, c'est de notre vie... J'étais inscrite dans un club et j'apprenais à jouer de l'accordéon. Maman avait reçu une médaille de travailleuse de choc. Il n'y avait pas que des choses horribles... Une vie de caserne... Au camp, mon père avait souvent croisé des personnes cultivées. Nulle part ailleurs il n'a rencontré des gens aussi intéressants. Certains écrivaient des poèmes et, la plupart du temps, ils arrivaient à survivre. Comme les prêtres. Eux, ils priaient. Mon père voulait que tous ses enfants fassent des études supérieures.

C'était son rêve. Nous sommes tous les quatre diplômés d'un institut. Mais il nous a aussi appris à labourer, à faucher. Je sais charrier du foin, faire des meules. Il estimait que cela pouvait toujours servir. Il avait raison.

J'ai envie de repenser à cela, maintenant… Je veux comprendre ce que nous avons vécu. Pas seulement ma vie à moi, mais notre vie à tous, la vie soviétique… Je ne suis pas une inconditionnelle de notre peuple. Ni des communistes, ni de nos leaders communistes. Surtout aujourd'hui. Tout le monde est devenu mesquin, les gens se sont embourgeoisés, ils veulent avoir une vie agréable, facile. Consommer, toujours consommer. Posséder ! Les communistes aussi ne sont plus ce qu'ils étaient. Chez nous, il y a des communistes qui gagnent des centaines de milliers de dollars par an. Des millionnaires ! Ils ont un appartement à Londres, un palais à Chypre… C'est quoi, ces communistes ? En quoi est-ce qu'ils croient ? Si on pose la question, on vous regarde comme si vous étiez une arriérée mentale. "Ne venez pas nous bassiner avec vos contes de fées soviétiques, on n'en a rien à faire !" Dire qu'on a détruit un pays pareil ! On l'a bradé pour rien. Notre Patrie… Tout ça pour que certains puissent cracher sur Marx et voyager en Europe. On vit une époque aussi terrible que celle de Staline. Et je pèse mes mots ! Vous allez écrire ça ? Je n'y crois pas… *(Et je vois qu'elle n'y croit pas.)* Il n'y a plus de comités régionaux ni de comités de district. On en a fini avec le pouvoir soviétique. Et on a quoi, maintenant ? Un ring, la jungle… Le pouvoir des gangsters. Ils se sont tiré dessus en se partageant le gâteau. C'était à qui serait le plus rapide… Il faut dire que c'est un sacré morceau ! Seigneur ! Tchoubaïss, "le maître d'œuvre de la perestroïka[1]"… Maintenant, il se pavane, il donne des conférences partout dans le monde : dans les autres pays, le capitalisme a mis des siècles à s'installer et chez nous, ça s'est fait en trois ans ! On a employé la méthode chirurgicale… Et si certains s'en sont mis plein les poches, eh bien tant mieux, peut-être que leurs petits-enfants

---

1. Anatoli Tchoubaïss (né en 1955), d'abord conseiller économique d'Anatoli Sobtchak, a mis en œuvre sous Eltsine la privatisation des grandes entreprises d'État en distribuant des bons de privatisation, les fameux *vouchers*. Il est l'un des hommes d'affaires les plus riches de Russie.

seront des gens honnêtes. Brrr! Et ce sont des démocrates! *(Elle se tait.)* Ils ont enfilé le costume américain, ils ont écouté l'oncle Sam… Seulement il ne leur va pas, ce costume. Il n'est pas fait pour eux… Ce n'est pas sur la liberté qu'on s'est précipités, mais sur les jeans. Sur les supermarchés. On s'est laissé avoir par des emballages bariolés… Maintenant, chez nous aussi, on trouve tout dans les magasins, c'est l'abondance. Mais les montagnes de saucissons, cela n'a rien à voir avec le bonheur ni avec la gloire. Nous étions un grand peuple! On a fait de nous des trafiquants et des pillards… Des marchands de tapis et des managers…

Quand Gorbatchev est arrivé… On parlait de revenir aux principes du léninisme. C'était l'enthousiasme général. Nous étions tout excités. Il y avait longtemps que les gens attendaient des changements. À un moment, on avait fait confiance à Andropov… Bon, il était du KGB, c'est vrai… Mais comment vous expliquer? Le Parti ne faisait plus peur à personne. Les poivrots, devant les kiosques à bière, pouvaient l'injurier à qui mieux mieux, mais le KGB, ils n'y touchaient pas… Ça, pas question! C'était gravé dans les mémoires. On savait que ces gars-là allaient remettre de l'ordre… D'une main de fer, du fer rouge dans un gant hérissé de barbelés… Je ne vais pas rabâcher des banalités. Mais Gengis Khan a détraqué quelque chose dans nos gènes. Et le servage aussi… On a l'habitude, on sait qu'il faut taper sur tout le monde, qu'on n'arrive à rien sans ça. C'est par là qu'Andropov[1] a commencé… Il nous a serré la vis. Il y avait du relâchement partout : pendant les heures de travail, les gens allaient au cinéma ou aux bains, ils faisaient leurs courses. Ils prenaient le thé pendant des heures. La milice s'est mise à faire des rafles, des descentes. On contrôlait les papiers, on arrêtait les tire-au-flanc dans la rue, dans les cafés, dans les magasins, et ils étaient signalés à leur travail. Ils avaient des amendes, ils étaient licenciés. Mais Andropov était très malade. Il est mort presque tout de suite. On n'arrêtait pas de les enterrer les uns après les autres

---

1. Iouri Andropov (1914-1984) a été à la tête du KGB de 1967 à 1982, puis a succédé à Brejnev comme secrétaire général du Parti de novembre 1982 jusqu'à sa mort en février 1984. Son successeur, Constantin Tchernenko (1911-1985), n'a occupé cette fonction qu'un an. Il a été remplacé après sa mort par Gorbatchev.

Brejnev, Andropov, Tchernenko... Vous connaissez la blague la plus répandue, avant Gorbatchev ? "Voici une communication de l'agence Tass. Vous allez rire, mais le nouveau secrétaire général du Parti vient encore de mourir...!" Ha, ha, ha! Les gens s'esclaffaient dans leurs cuisines, et nous dans les nôtres. Dans notre petit coin de liberté. Ah, les bavardages de cuisine! *(Elle rit.)* Je me souviens, pendant les conversations, on mettait la télévision très fort. Ou la radio. C'était toute une science! On se montrait les uns aux autres comment s'y prendre pour que les agents du KGB qui écoutaient les conversations téléphoniques ne puissent rien entendre : il fallait tourner le cadran (sur les anciens téléphones, il y avait des trous devant les chiffres) et coincer un crayon dans un des trous... On pouvait aussi faire ça avec le doigt, mais un doigt, ça se fatigue vite... On a dû vous apprendre cela à vous aussi, non ? Vous vous souvenez ? Quand on avait quelque chose de "secret" à se dire, on s'éloignait à deux ou trois mètres du téléphone. Des mouchards, des gens qui espionnaient, il y en avait partout, dans tous les milieux, du haut jusqu'en bas de l'échelle. Chez nous, au comité régional, on essayait de deviner qui c'était. Plus tard, j'ai découvert que j'avais soupçonné un innocent. Et qu'il n'y avait pas un seul mouchard, ils étaient plusieurs. Jamais il ne me serait venu à l'idée que c'étaient ceux-là... L'un d'eux était notre femme de ménage. Une personne aimable et gentille. Malheureuse. Son mari buvait. Mon Dieu! Gorbatchev lui-même, le secrétaire général du Comité central du Parti... J'ai lu dans une de ses interviews que, pendant les entretiens confidentiels dans son cabinet, il faisait la même chose : il allumait le téléviseur le plus fort possible, ou bien la radio. Bref, le b.a.-ba. Pour les conversations sérieuses, il convoquait les gens dans sa datcha, à la campagne. Et là, ils allaient dans les bois, ils parlaient en se promenant. Les oiseaux, ça ne fait pas de rapports... Tout le monde avait peur, et ceux dont on avait peur avaient peur, eux aussi. Moi, j'avais peur.

Les dernières années de l'Union soviétique... Quels souvenirs j'en ai ? Un sentiment de honte perpétuelle. Honte de ce Brejnev couvert de médailles et de décorations, honte d'entendre les gens appeler le Kremlin "une maison de retraite tout confort". Honte des magasins vides. On remplissait le plan et même on le dépassait, mais il n'y avait rien dans les magasins. Où était notre lait ?

Notre viande ? Même maintenant, je ne comprends toujours pas où tout cela passait. Une heure après l'ouverture des magasins, il n'y avait plus de lait. À partir de midi, les vendeuses se tournaient les pouces devant des rayons bien astiqués. Sur les étagères, il n'y avait que des bocaux de jus de bouleau de trois litres et des paquets de sel, toujours humides, on ne sait pas pourquoi. Et des anchois en boîte. C'était tout ! Quand on mettait du saucisson en vente, il partait en un clin d'œil. Les saucisses et les raviolis étaient des denrées de luxe. Au comité régional, nous étions tout le temps en train de répartir quelque chose : dix réfrigérateurs et cinq manteaux fourrés pour telle usine, deux salles à manger yougoslaves et dix sacs à main polonais pour tel kolkhoze… On attribuait des casseroles et des sous-vêtements féminins. Des collants… Une société pareille ne pouvait tenir que sur la peur. Sur l'état d'urgence. Toujours plus d'exécutions, toujours plus de gens en prison… Mais le socialisme des Solovki et du Biélomorkanal[1] était terminé. Il fallait une autre forme de socialisme.

La perestroïka… Il y a eu un moment où les gens se sont de nouveau tournés vers nous. Ils s'inscrivaient au Parti. Tout le monde avait de grands espoirs. Nous étions tous naïfs alors, les gens de gauche comme ceux de droite, les communistes comme les antisoviétiques. Nous étions tous des romantiques. Aujourd'hui, on en a honte, de cette naïveté. On vénère Soljénitsyne, le grand sage du Vermont… Il n'était pas le seul, beaucoup comprenaient déjà qu'il n'était plus possible de vivre ainsi. Il y avait eu trop de mensonges. Vous me croirez si vous voulez, mais les communistes aussi le comprenaient. Il y avait pas mal de gens intelligents et honnêtes parmi eux. Des gens sincères. J'en ai connu personnellement, des gens comme ça, on en rencontrait surtout en province. Des gens comme mon père… Le Parti n'avait pas voulu de lui, il avait souffert à cause du Parti, mais il croyait en lui. Il croyait dans le Parti et dans son pays. Tous les matins, il commençait par ouvrir la *Pravda* et il la lisait de la première à la

---

1. Le camp des Solovki est l'un des premiers camps créés par Lénine, quant au chantier du Biélomorkanal (canal de la mer Blanche à la Baltique), sur lequel ont travaillé et péri, de 1931 à 1933, des centaines de milliers de détenus, ouvriers et ingénieurs, il avait fait à l'époque l'objet d'une vaste publicité. Ce canal n'a jamais pu être vraiment exploité, le travail ayant été bâclé en raison des délais imposés.

dernière ligne. Il y avait davantage de communistes hors du Parti que dans le Parti, des gens qui étaient communistes de cœur… *(Elle se tait.)* À toutes les manifestations, on brandissait le slogan "Le peuple et le Parti ne font qu'un!" Et ce n'était pas du pipeau, c'était la vérité. Je ne suis pas en train de faire de la propagande, je raconte les choses telles qu'elles étaient. Tout le monde a déjà oublié… Beaucoup entraient au Parti par conviction, et pas uniquement pour leur carrière ou par pragmatisme – "Si je vole alors que je ne suis pas au Parti, j'irai en prison, tandis que si je suis membre du Parti, je serai exclu, mais je n'irai pas en prison". Je suis indignée quand on parle du marxisme avec mépris et qu'on le tourne en dérision : jetons ça à la poubelle! Aux ordures!… C'est une doctrine grandiose, elle survivra à toutes les persécutions. Et à notre échec soviétique aussi. Parce que… Il y a beaucoup de raisons à cela… Le socialisme, ce n'est pas seulement les camps, la délation et le rideau de fer, c'est aussi un monde juste et lumineux : partager avec les autres, avoir pitié des faibles, compatir, et non tout ramener à soi. On me dit qu'on ne pouvait pas s'acheter de voiture. Mais personne n'en avait! Personne ne portait de costumes Versace, personne ne s'achetait de maison à Miami. Seigneur! Les dirigeants de l'URSS avaient le niveau de vie d'un homme d'affaires moyen, ils étaient loin d'atteindre celui des oligarques. Cela n'avait rien à voir! Ils ne se faisaient pas construire des yachts avec des douches au champagne. Non, mais vous vous rendez compte? À la télévision, on fait de la publicité pour des baignoires en cuivre qui coûtent le prix d'un deux-pièces! C'est pour qui, hein? Des poignées de porte plaquées or… C'est ça, la liberté? Les petites gens, les gens ordinaires, ils ne sont plus rien aujourd'hui, plus rien du tout, zéro! Relégués dans les bas-fonds de la vie. Alors qu'avant, ils pouvaient écrire aux journaux, aller se plaindre au comité du Parti de leurs supérieurs, d'un mauvais service ou d'un mari infidèle… Il y avait des choses ridicules, je ne dis pas le contraire, mais aujourd'hui, qui les écoute, ces gens simples? Qui se soucie d'eux? Vous vous souvenez des noms de rues soviétiques : la rue des Métallurgistes, la rue des Enthousiastes, la rue de l'Usine, la rue des Prolétaires… Les petites gens… C'étaient eux, les plus importants. Des grands mots, des écrans de fumée, comme vous dites… Mais maintenant, plus personne n'a besoin de se cacher. Tu n'as pas d'argent ? Dégage ! Retourne dans ta niche ! On change le nom des rues : la rue des Petits-Bourgeois, la rue des Marchands, la rue de la Noblesse... J'ai même vu un "saucisson royal", et un "vin de général" ! C'est le culte de l'argent et de la réussite. Ce sont les plus forts qui survivent, ceux qui ont des biceps en acier. Mais tout le monde n'est pas capable de marcher sur la tête des autres, de leur arracher les bons morceaux. Certains, c'est dans leur caractère – ils ne peuvent pas. Et d'autres, ils trouvent ça répugnant.

Avec elle *(elle fait un signe de tête en direction de son amie)*, on se dispute, bien sûr... Elle me démontre que, pour le vrai socialisme, il faudrait des gens idéaux, et que cela n'existe pas. Que cette idée, c'est du délire... Une chimère. Que pour rien au monde, nos Russes n'échangeraient leur voiture étrangère décatie et leur passeport avec un visa Schengen pour le socialisme à la soviétique. Mais moi, je crois que l'humanité est en route vers le socialisme. Vers la justice. Qu'il n'y a pas d'autre voie. Regardez l'Allemagne, la France... Et il y a la variante suédoise. Mais les valeurs du capitalisme russe, c'est quoi ? Le mépris des petites gens... de ceux qui n'ont pas de millions, pas de Mercedes. Maintenant, à la place du drapeau rouge, on a des icônes du Christ. Le culte de la consommation... En s'endormant, les gens ne pensent pas à quelque chose de grand, ils se demandent ce qu'ils n'ont pas acheté aujourd'hui. Vous croyez que le pays s'est effondré parce qu'on a appris la vérité sur le Goulag ? Ça, c'est ce que pensent ceux qui écrivent des livres. Mais pour les gens, les gens normaux, ce n'est pas l'histoire qui les fait vivre, ce sont des choses beaucoup plus simples : tomber amoureux, se marier, avoir des enfants. Se construire une maison. Si le pays s'est effondré, c'est à cause de la pénurie de bottes et de papier-toilette. Parce qu'il n'y avait pas d'oranges. Ni de ces maudits jeans ! Maintenant, nos magasins ressemblent à des musées, à des théâtres. Et on veut me convaincre que des fringues de Versace ou d'Armani, c'est tout ce dont l'homme a besoin ! Que cela lui suffit. Que la vie, c'est des pyramides financières et des lettres de change. Que la liberté, c'est l'argent, et que l'argent, c'est la liberté. Que notre vie ne vaut pas un kopeck. C'est... Vous comprenez, c'est... Je n'arrive même pas à trouver les mots pour qualifier ça... Cela me fait de la peine pour mes petits-enfants. Cela me désole. On leur bourre le crâne avec ça tous les jours à la télévision. Je ne suis pas d'accord. J'étais une communiste, et je reste une communiste !

Nous nous arrêtons pendant un long moment. L'incontournable tasse de thé, cette fois avec de la confiture de cerises préparée selon une recette personnelle de la maîtresse de maison.

1989… À ce moment-là, j'étais déjà troisième secrétaire du comité régional du Parti. Le Parti m'avait recrutée à l'école où j'enseignais le russe – mes écrivains préférés, Tolstoï, Tchékhov… Quand on m'a proposé de travailler pour le Parti, cela m'a fait peur. Une telle responsabilité ! Mais je n'ai pas hésité une seconde, j'étais portée par un élan sincère : servir le Parti. Cet été-là, je suis retournée en vacances chez moi. D'habitude, je ne porte pas de bijoux, mais là, je m'étais acheté un petit collier de rien du tout. En me voyant, ma mère s'est exclamée : "On dirait une princesse !" Elle était pleine d'admiration… Pas pour mon collier, évidemment ! Et mon père m'a dit : "Aucun de nous ne viendra te demander quoi que ce soit. Tu dois être irréprochable." Mes parents étaient si fiers ! Si heureux ! Et moi, moi… Ce que je ressentais ? Si je croyais dans le Parti ? Je vous répondrai honnêtement : oui, j'y croyais. Et j'y crois encore aujourd'hui. Je ne me débarrasserai pas de ma carte du Parti, quoi qu'il arrive. Si je croyais dans le communisme ? Franchement, sans mentir, je croyais à la possibilité d'organiser la vie de façon juste. Et je vous l'ai déjà dit… J'y crois encore aujourd'hui. J'en ai assez d'entendre raconter combien nous vivions mal sous le socialisme. Je suis fière de l'époque soviétique ! On ne vivait pas dans le luxe, mais on avait une vie normale. On avait l'amour, l'amitié… Des robes et des chaussures… On écoutait les écrivains et les artistes avec passion. Maintenant, c'est fini, ça. À la place des poètes, on fait venir dans les stades des mages et des voyantes. On croit aux sorciers, comme en Afrique. Notre vie… Notre vie soviétique… C'était une tentative pour instaurer une civilisation alternative, si vous voulez. Pour employer des grands mots, c'était le pouvoir du peuple. Oh, cela me met hors de moi ! Où voyez-vous des trayeuses aujourd'hui, des tourneurs ou des conducteurs de métro ? Ils n'existent pas, ni dans les journaux, ni sur les écrans de télévision, ni au Kremlin, quand on remet des décorations et des médailles. Ils ne sont nulle part. On ne voit partout que les nouveaux héros : des banquiers et des hommes d'affaires, des mannequins et des prostituées, des managers... Les jeunes peuvent encore s'adapter, mais les vieux, eux, meurent en silence, enfermés chez eux. Ils meurent dans la misère, dans l'oubli. J'ai une retraite de cinquante dollars... *(Elle rit.)* Et Gorbatchev aussi, j'ai lu quelque part qu'il avait une retraite de cinquante dollars... On dit de nous : "Les communistes vivaient dans des palais, ils mangeaient du caviar à la petite cuillère. Ils avaient bâti le communisme pour eux-mêmes." Seigneur! Je vous l'ai montré, mon palais : un deux-pièces ordinaire de cinquante-sept mètres carrés... Je n'ai rien à cacher : uniquement du cristal soviétique, de l'or soviétique...

— Et les cliniques réservées, les colis spéciaux, les passe-droits pour obtenir un appartement et une datcha? Et les maisons de repos du Parti?

— Oui, c'est vrai, cela existait... Mais c'était surtout pour là-haut. *(Elle montre le plafond.)* Moi, j'ai toujours été en bas de l'échelle, le dernier maillon de la chaîne. Près des gens. Exposée à la vue de tous. Qu'il y ait eu certaines choses... Je ne le nie pas. Je suis comme vous, pendant la perestroïka, j'ai lu dans les journaux que les enfants des secrétaires du Comité central allaient faire des safaris en Afrique. Qu'ils s'achetaient des diamants... Mais cela n'a rien de comparable avec la façon dont les nouveaux Russes vivent aujourd'hui. Avec leurs châteaux et leurs yachts. Non, mais regardez tout ce qu'ils ont construit autour de Moscou! De vrais palais! Avec des murs en pierres de deux mètres de haut, des fils de fer électrifiés, des caméras de surveillance. Des gardes armés. On se croirait dans un camp ou dans une zone militaire secrète. C'est Bill Gates, le génie de l'informatique, qui habite là? Ou Garry Kasparov, le champion du monde d'échecs? Non, ce sont les vainqueurs. Il n'y a pas vraiment eu de guerre civile, mais il y a des vainqueurs. Ils sont là, derrière leurs murs de pierre. De qui se cachent-ils? Du peuple? Le peuple a cru qu'une fois les communistes chassés, ce serait l'avènement d'une époque merveilleuse, d'une vie paradisiaque. Mais au lieu des gens libres, ce sont eux qui ont surgi, avec leurs millions et leurs milliards... Ces gangsters!

Ils se tirent dessus en plein jour... Même dans notre immeuble, il y a un homme d'affaires qui s'est fait canarder sur son balcon. Ils n'ont peur de personne. Ils voyagent dans des avions privés avec des cuvettes de cabinet plaquées or et en plus, ils s'en vantent! Je l'ai vu à la télévision... L'un d'eux avait une montre qui coûtait le prix d'un bombardier. Un autre, un téléphone portable incrusté de diamants. Et il n'y a personne, personne dans toute la Russie, pour crier que c'est une honte, une infamie... Autrefois, nous avions Ouspenski et Korolenko. Cholokhov[1] avait écrit une lettre à Staline pour prendre la défense des paysans. Maintenant, je voudrais... Vous êtes là, à m'interroger, mais moi, je voudrais vous poser une question : où sont nos élites? Pourquoi est-ce que, tous les jours, je lis dans les journaux les avis de Berezovski et de Potanine à propos de n'importe quoi, et jamais ceux d'Okoudjava ou d'Iskander[2]? Comment se fait-il que vous ayez abandonné votre place, votre tribune? Que vous ayez été les premiers à vous précipiter pour ramasser les miettes tombées de la table des oligarques? À vous mettre à leur service? Avant, les intellectuels russes ne couraient pas comme ça lécher les bottes des puissants. Mais maintenant, il n'y a plus personne pour parler des choses de l'esprit, à part les popes. Où sont passés ceux qui ont fait la perestroïka?

Les communistes de ma génération n'avaient pas grand-chose à voir avec Pavel Kortchaguine[3]. Ni avec les premiers bolcheviks, qui se promenaient avec des serviettes en cuir et des revolvers. Il ne restait plus de tout cela qu'une terminologie guerrière : "les soldats du Parti", "le front du travail", "le combat pour la

---

1. Gleb Ouspenski (1843-1902), écrivain proche du mouvement la Volonté du peuple ; Vladimir Korolenko (1853-1921), écrivain ukrainien, journaliste, de tendance populiste, il s'est opposé au tsarisme et prenait la défense des opprimés. Mikhaïl Cholokhov (1905-1984) est l'auteur du célèbre roman *Le Don paisible*.
2. Boris Berezovski, voir note p. 43. Vladimir Potanine (né en 1961), homme d'affaires russe, banquier, ancien vice-Premier ministre de la fédération de Russie (1996-1997), en charge des questions économiques. Sa fortune a été estimée par Forbes à 17,8 milliards de dollars en 2011. Fazil Iskander (né en 1929) est un poète et un écrivain d'origine abkhaze.
3. Héros d'un célèbre roman, *Et l'acier fut trempé* de Nicolaï Ostrovski (1904-1936), paru en 1932. Devenu aveugle à la suite de blessures alors qu'il combattait avec la cavalerie rouge de Boudionny, il écrivit son livre malgré sa cécité. Communiste au cœur pur d'un courage à toute épreuve.

récolte"… On ne se prenait plus pour des soldats du Parti, on était ses employés. Ses secrétaires. Il existait tout un rituel : l'avenir radieux, le portrait de Lénine dans la salle de conférences, le drapeau rouge dans un coin… C'était un rite, un rituel… On n'avait plus besoin de soldats, on avait besoin d'exécutants : Allez, au travail ! Sinon, rends ta carte ! Ils donnaient des ordres et on les exécutait. On rédigeait des rapports. Le Parti n'était plus un état-major militaire, c'était un appareil. Une machine. Une machine bureaucratique. On recrutait rarement des littéraires, le Parti ne leur faisait pas confiance depuis l'époque de Lénine qui écrivait, à propos de l'intelligentsia : "Ce n'est pas le cerveau de la nation, mais sa merde." Des gens comme moi, des littéraires, il n'y en avait pas beaucoup. Le Parti forgeait ses cadres à partir d'ingénieurs, de vétérinaires, de gens spécialisés dans les machines, la viande ou le blé, pas dans l'être humain. Les forges du Parti, c'étaient les instituts agricoles. Il leur fallait des enfants d'ouvriers et de paysans. Qui sortent du peuple. C'en était même ridicule : par exemple, les vétérinaires pouvaient travailler pour le Parti, mais pas les médecins. Je n'ai rencontré là-bas ni poètes ni physiciens. Quoi encore ? Une subordination comme à l'armée. L'ascension était lente, échelon par échelon. On était d'abord conférencier pour le comité régional, ensuite directeur de cabinet, puis instructeur… troisième secrétaire, deuxième secrétaire… J'avais mis dix ans à gravir tous les échelons. Maintenant, ce sont de jeunes chercheurs, des théoriciens sans expérience[1] qui dirigent le pays. Un directeur de kolkhoze ou un électricien peuvent devenir président. On passe de l'administration d'un kolkhoze à celle d'un pays tout entier ! Ce genre de choses n'arrive que pendant les révolutions. Enfin, je ne sais pas comment appeler ce qui s'est passé en 1991… C'était une révolution ou une contre-révolution ? *(Je ne comprends pas si elle se pose la question à elle-même, ou si elle me la pose à moi.)* Personne ne cherche à expliquer dans quel pays nous vivons. Quel est notre idéal, à part le saucisson.

---

1. Le terme russe ici utilisé, *zavlab* (littéralement, abréviation de "chef de laboratoire"), sert à désigner des fonctionnaires n'ayant aucune expérience de la politique ni de la gestion à l'échelle gouvernementale. Ce terme péjoratif servait souvent à qualifier Gaïdar et ceux qui ont mis en place les réformes à l'époque de la perestroïka.

Ce que nous construisons... En avant marche vers la victoire du capitalisme ! C'est ça, non ? Pendant cent ans, nous avons tapé sur le capitalisme, c'était quelque chose de monstrueux, une horreur... Et maintenant, nous sommes fiers parce que nous allons être comme les autres. Si nous devenons comme les autres, qui allons-nous intéresser ? Le peuple élu... *(D'un ton ironique.)* L'espoir de l'humanité progressiste ! Tout le monde se fait des idées sur le capitalisme, comme on s'en faisait sur le communisme il n'y a pas si longtemps. C'est une chimère ! On condamne Marx, on accuse l'idée... L'idée meurtrière ! Pour moi, ce sont les exécutants les coupables. Ce que nous avons eu, c'était le stalinisme, pas le communisme. Et maintenant, ce n'est ni le socialisme ni le capitalisme. Ni le modèle oriental ni le modèle occidental. Ni un empire ni une république. Nous sommes ballottés de-ci de-là comme... Bon, je me tais. Staline... Ah, Staline ! Nous n'en finissons pas de l'enterrer... Et nous n'y arrivons toujours pas. Je ne sais pas comment c'est à Moscou, mais chez nous, on voit son portrait partout, collé sur le pare-brise des voitures. Dans les autobus. Ce sont surtout les camionneurs qui l'adorent. En grand uniforme de généralissime... Le peuple, le peuple ! Eh bien quoi, le peuple ? Il a dit lui-même qu'il était du bois dont on fait aussi bien les matraques que les icônes ! Il est ce qu'on en fait... Notre vie oscille entre la baraque de camp et le bordel intégral. En ce moment, le balancier est au milieu... La moitié du pays attend un nouveau Staline qui viendra remettre de l'ordre. *(Elle se tait de nouveau.)* Chez nous, au comité régional... Nous aussi, nous parlions beaucoup de Staline, bien sûr. Il y avait toute une mythologie qu'on se transmettait de génération en génération... Tout le monde aimait bien raconter la façon dont les choses se passaient du temps du Patron. À son époque, il y avait certaines règles, par exemple, les chefs de département avaient droit à du thé avec des tartines, et les conférenciers avaient juste du thé, sans rien. Quand le poste de sous-chef de département a été créé, on s'est demandé ce qu'on allait faire. Et on a décidé de leur servir du thé sans tartines, mais sur une serviette blanche. C'était déjà un signe... Ils s'élevaient vers l'Olympe, vers les dieux, les héros... Maintenant, il faut jouer des coudes pour arriver jusqu'au râtelier. C'était comme ça du temps de César, de Pierre le Grand... Et ce sera toujours comme ça... Non, mais regardez-les, vos démocrates! Dès qu'ils ont pris le pouvoir, sur quoi se sont-ils rués? Sur la mangeoire. Sur la corne d'abondance. Plus d'une révolution s'est terminée là! Eltsine s'est battu sous nos yeux contre les privilèges, il se disait démocrate et maintenant, il aime bien se faire appeler "le tsar Boris". Il est devenu un parrain de la maffia.

Il n'y a pas longtemps, j'ai relu *Jours maudits*, de Bounine[1]. *(Elle sort de la bibliothèque un livre avec un marque-page et lit.)* "Je me souviens d'un vieil ouvrier, le premier jour de l'installation des bolcheviks, il se tenait près du portail de l'immeuble où se trouvaient autrefois *Les Nouvelles d'Odessa*. Tout à coup, une bande de gamins a surgi de la porte cochère avec des piles d'*Izvestia* toutes fraîches en hurlant : « Les bourgeois d'Odessa sont mis à contribution pour cinq cents millions! » L'ouvrier s'est raclé la gorge, il s'est étranglé de colère et de joie mauvaise : « C'est pas assez! »" Cela ne vous rappelle rien? Moi, si. Cela me fait penser aux années Gorbatchev... Aux premières émeutes... Quand le peuple a commencé à déferler sur les places et à réclamer tantôt du pain, tantôt la liberté, ou de la vodka et des cigarettes... Cela a été un choc! Beaucoup de fonctionnaires du Parti ont eu des attaques, des infarctus. Nous vivions "encerclés par l'ennemi", "dans une forteresse assiégée", comme disait le Parti. Nous nous préparions à une guerre mondiale... Ce qu'on redoutait le plus, c'était la guerre atomique, mais cette débâcle, on ne s'y attendait pas... On ne s'y attendait pas du tout... Nous étions habitués aux défilés de mai et d'octobre, avec les slogans : "La cause de Lénine est éternelle", "Le Parti est notre gouvernail". Et là, ce n'étaient pas des défilés, c'était une marée humaine. Ce n'était pas le peuple soviétique, mais un autre peuple, qu'on ne connaissait pas. Et les slogans étaient différents : "Les communistes au poteau!", "Écrasons la vipère communiste!" Nous avons tout de suite pensé à Novotcherkassk... L'information était restée secrète, mais nous, nous savions... Nous savions que sous Khrouchtchev, des ouvriers affamés étaient descendus dans la rue et qu'on leur avait tiré dessus... Ceux qui étaient restés en vie avaient été

---

1. Dans ce livre, Ivan Bounine (1870-1953), qui a émigré en 1920 et a vécu le reste de sa vie en France, décrit la révolution au jour le jour à Moscou et à Odessa.

dispersés dans des camps, aujourd'hui encore, leurs familles ne savent pas où ils sont. Mais là... Là, c'était déjà la perestroïka. On ne pouvait plus leur tirer dessus ni les envoyer dans des camps. Il fallait discuter. Et qui, parmi nous, était capable d'aller trouver la foule et de prononcer un discours ? D'entamer le dialogue... De faire de la propagande... Nous étions des bureaucrates, pas des orateurs. Moi, par exemple, je donnais des conférences dans lesquelles je stigmatisais les capitalistes ou défendais les Noirs américains. J'avais dans mon bureau les *Œuvres complètes* de Lénine en cinquante-cinq tomes... Mais qui les avait vraiment lues ? On les feuilletait avant les examens à l'institut : "La religion est l'opium du peuple", "Le culte d'un dieu mort relève de la nécrophilie".

Nous étions paniqués... Tous, les conférenciers, les instructeurs, les secrétaires des comités régionaux et autres, nous avions peur d'aller parler aux ouvriers dans les usines ou aux étudiants dans les universités. Nous redoutions les coups de téléphone. Et si on nous posait des questions sur Sakharov ou sur Boukovski ? Que fallait-il répondre ? C'étaient des ennemis du pouvoir soviétique, oui ou non ? Que penser du roman *Les Enfants de l'Arbat*, de Rybakov, et des pièces de Chatrov[1] ? Nous n'avions reçu aucun ordre d'en haut. Avant, on nous disait : vous avez accompli votre tâche, vous avez introduit la ligne du Parti dans la vie. Mais là, des enseignants faisaient grève et réclamaient une augmentation, un jeune metteur en scène répétait une pièce interdite dans un club ouvrier... Seigneur ! Les ouvriers d'une fabrique de carton avaient sorti leur directeur dans une brouette, ils hurlaient comme des malades, ils cassaient les vitres. Pendant la nuit, des gens avaient fixé un câble métallique à une statue de Lénine et l'avaient renversée. Ils lui faisaient des bras d'honneur. Le Parti ne savait pas comment réagir... Je me souviens de ce désarroi... Les fonctionnaires s'enfermaient dans leurs bureaux en tirant les rideaux. Un détachement renforcé de la milice montait la garde nuit et jour devant l'entrée du bâtiment du comité régional. Nous

---

1. Vladimir Boukovski est un dissident célèbre qui a passé des années en prison et dans des asiles psychiatriques avant d'être échangé en 1976 contre un communiste chilien. *Les Enfants de l'Arbat* est un roman d'Anatoli Rybakov qui a fait beaucoup de bruit à la fin des années 1980. Quant aux pièces de Chatrov, elles abordaient pour la première fois publiquement des thèmes jusque-là tabous.

avions peur du peuple, et le peuple, par inertie, avait encore peur de nous. Après, ils ont cessé d'avoir peur… Des milliers de gens se rassemblaient sur la place. Je me souviens d'une pancarte qui disait : "À bas 1917 ! À bas la révolution !" J'étais stupéfaite. Il y avait des élèves d'écoles professionnelles avec eux. Tout jeunes, des gamins ! Une fois, on nous a envoyé des parlementaires : "Montrez-nous vos magasins spéciaux ! Vous avez tout ici, alors que nos enfants tombent d'inanition en classe !" Ils n'ont pas trouvé de caviar dans notre cantine, ni de manteaux de vison, mais ils ne voulaient pas y croire : "Vous mentez au peuple !" Tout s'était mis en mouvement. Tout vacillait. Gorbatchev était faible. Il louvoyait. Il était soi-disant pour le socialisme… Et il voulait le capitalisme. Il cherchait surtout à plaire à l'Europe, à l'Amérique. Là-bas, on l'applaudissait : "Gorby ! Gorby !" Il leur parlait de la perestroïka… *(Elle se tait.)* Le socialisme était en train de mourir sous nos yeux. Et puis sont arrivés ces gamins aux nerfs d'acier…

Anna Ilinitchna
Cela s'est passé il n'y a pas très longtemps, mais c'était une autre époque… Dans un autre pays… Notre naïveté et notre romantisme sont restés là-bas. Notre confiance. Certains n'aiment pas y penser parce que c'est désagréable, nous avons connu beaucoup de désillusions. Comment peut-on dire que rien n'a changé ? On ne pouvait pas faire entrer de Bible dans le pays ! On l'a oublié, ça ? Quand j'allais voir ma famille à Kalouga, comme cadeau, je leur apportais de Moscou de la farine et des pâtes. Et ils étaient contents. Vous avez oublié ? Personne ne fait plus la queue pour du sucre ou du savon. Et on n'a plus besoin de tickets pour s'acheter un manteau.

Moi, Gorbatchev, il m'a plu tout de suite ! Maintenant, on le traîne dans la boue : "Il a trahi l'URSS !", "Il a vendu notre pays pour des pizzas !" Mais je me souviens de notre surprise, de notre émerveillement. On avait enfin un leader normal ! Qui ne nous faisait pas honte. On se racontait comment il avait fait arrêter le cortège à Leningrad pour discuter avec les gens, comment il avait refusé un somptueux cadeau dans une usine. Au cours d'un banquet traditionnel, il avait juste bu un verre de thé. Il souriait. Il prononçait ses discours sans notes. Il était jeune. Aucun de nous n'imaginait qu'un jour, le système soviétique allait prendre fin, qu'il y aurait du saucisson dans les magasins, et qu'on ne ferait plus des queues d'un kilomètre pour des soutiens-gorges importés. Nous avions l'habitude de tout nous procurer par relation : un abonnement à la revue *Littérature universelle*, des chocolats, des survêtements fabriqués en Allemagne de l'Est. De nous mettre bien avec le boucher pour acheter un morceau de viande. Le pouvoir soviétique paraissait éternel. Il durerait bien assez longtemps pour nos enfants et nos petits-enfants ! Mais il a pris fin de façon inattendue pour tout le monde. Maintenant, il est évident que Gorbatchev lui-même ne s'y attendait pas, il voulait changer les choses, mais il ne savait pas comment. Personne n'était prêt. Personne ! Même ceux qui ont fait tomber ce mur. Moi, je suis une simple technicienne. Je ne suis pas une héroïne ni une communiste... Grâce à mon mari (il est peintre), je me suis retrouvée très tôt dans un milieu bohème, un milieu de poètes, d'artistes... Il n'y avait pas de héros parmi nous, personne n'était assez intrépide pour devenir dissident, faire de la prison ou risquer l'asile psychiatrique pour ses convictions. On vivait en rongeant notre frein.

On passait notre vie dans nos cuisines, à pester contre le pouvoir soviétique et à rabâcher des histoires drôles. À lire du samizdat[1]. Si quelqu'un s'était procuré un nouveau livre, il pouvait débarquer chez ses amis n'importe quand, même à deux ou trois heures du matin, il était toujours le bienvenu. Je me souviens très bien de cette vie nocturne à Moscou. Une vie bien particulière... avec ses héros... Ses lâches et ses traîtres. Son enthousiasme ! On ne peut pas expliquer cela à des non-initiés. C'est surtout notre enthousiasme que j'ai du mal à expliquer. Et aussi autre chose... Cette vie que nous menions la nuit ne ressemblait pas du tout à celle que nous vivions le jour. Mais alors pas du tout ! Le matin, nous allions tous au travail, nous nous transformions en Soviétiques ordinaires. Nous étions comme les autres. Nous bossions pour le régime. Soit on était conformiste, soit il fallait devenir concierge ou gardien de nuit, il n'y avait pas d'autre façon de se protéger. Mais dès qu'on rentrait

---

1. Littéralement "auto-édition". Ce terme désigne la littérature interdite (généralement tapée à la machine ou photocopiée) circulant sous le manteau.

à la maison, on se remettait à boire de la vodka dans nos cuisines, à écouter le chanteur interdit Vyssotski. On captait la Voix de l'Amérique à travers les grésillements du brouillage. Je me souviens encore de ces délicieux grésillements. On était tout le temps embringués dans des histoires d'amour sans fin. On tombait amoureux, on se séparait. Et avec tout ça, beaucoup avaient l'impression d'être la conscience de la nation, ils s'estimaient en droit de donner des leçons à leur peuple. Or qu'est-ce qu'on en savait, de notre peuple ? Ce qu'on en avait lu dans les *Récits d'un chasseur* de Tourguéniev et chez nos "écrivains du village", comme Raspoutine ou Biélov... Même mon père, je ne le comprenais pas. Je lui criais : "Papa, si tu ne rends pas ta carte du Parti, je ne t'adresserai plus la parole !" Il pleurait.

Gorbatchev avait plus de pouvoir qu'un tsar. Un pouvoir illimité. Mais quand il est arrivé, il a dit : "On ne peut plus vivre comme ça." Sa fameuse phrase. Et le pays s'est transformé en club de discussion. On discutait à la maison, au travail, dans les transports. Dans les familles, les gens se brouillaient à cause de leurs opinions, les enfants se disputaient avec leurs parents. Une de mes amies s'est tellement engueulée avec son fils et sa belle-fille à propos de Lénine qu'elle les a fichus dehors, et ils ont passé l'hiver à la campagne, dans une datcha sans chauffage. Les théâtres étaient vides, tout le monde restait devant sa télévision. On transmettait en direct les séances du premier Congrès des députés du peuple. Avant ça, on avait fait tout un foin autour des élections. Les premières élections libres ! De vraies élections ! Dans notre arrondissement, il y avait eu deux candidatures : un fonctionnaire du Parti et un jeune démocrate, un professeur d'université. Je me souviens encore de son nom, Malychev... Ioura Malychev. Maintenant, il est dans l'agroalimentaire, j'ai appris ça par hasard. Il vend des tomates et des concombres. Mais à l'époque, c'était un révolutionnaire ! Il faisait des discours, et il disait des choses tellement séditieuses ! On n'avait jamais entendu ça ! Il traitait la littérature marxiste-léniniste de vieillerie poussiéreuse... Il réclamait l'abolition de l'article 6 de la Constitution, celui sur le rôle dirigeant du Parti. La pierre angulaire du marxisme-léninisme ! Je n'en croyais pas mes oreilles... C'était de la folie douce ! Jamais ils ne laisseraient... Jamais ils ne permettraient qu'on y touche... Tout s'effondrerait. Tout reposait là-dessus. C'est dire si nous étions devenus des zombies! J'ai mis des années à extirper de moi ce qui était soviétique, j'en ai vidé des seaux entiers! *(Elle se tait.)* On avait formé une équipe d'une vingtaine de volontaires et, après le travail, on passait chez les habitants du quartier pour faire de la propagande. On dessinait des affiches : "Votez pour Malychev!" Et figurez-vous qu'il a gagné. Avec une forte majorité. Notre première victoire! Ensuite, on jubilait en regardant les premières retransmissions des séances du Congrès : les députés s'exprimaient avec encore plus de franchise que nous dans nos cuisines, ou dans un rayon de deux mètres autour de nos cuisines. On était tous collés à nos téléviseurs comme des drogués. On n'arrivait pas à s'en arracher. Aaah! Maintenant, Travkine va leur rentrer dedans… Ouiii! Et Boldyrev? Il va te les… Bravo! Ça, c'est envoyé!

On avait une passion frénétique pour les journaux et les revues, plus pour la presse que pour les livres. Les tirages des revues atteignaient des millions. Dans le métro, c'était tous les matins la même scène : des wagons entiers remplis de gens assis qui lisaient. Ceux qui étaient debout aussi lisaient. De parfaits inconnus s'échangeaient leurs journaux. Mon mari et moi, nous étions abonnés à une vingtaine de titres, un salaire entier passait dans ces abonnements. Je rentrais de mon travail au pas de course pour enfiler ma robe de chambre et me mettre à lire. Ma mère est morte il n'y a pas longtemps. Elle disait : "Je meurs comme un rat sur un tas d'ordures." Son petit studio faisait penser à une salle de lecture : des piles de revues et de journaux partout, sur les étagères, dans l'armoire. Par terre, dans l'entrée… Notre précieux *Novy Mir*, et les revues *Znamia*, *Daougava*… Des caisses, des cartons entiers remplis de coupures de presse. J'ai tout emporté à la datcha. Cela fait mal au cœur de les jeter, et à qui les donner? Cela ne vaut plus rien, maintenant. Cela a été lu et relu. Beaucoup de passages étaient soulignés en rouge, en jaune. En rouge, c'était le plus important. Je dois bien en avoir plusieurs centaines de kilos. Toute la datcha en est bourrée à craquer.

Notre foi était sincère, naïve… On croyait que cela y était… Que les autobus qui allaient nous emmener vers la démocratie étaient déjà là, sous nos fenêtres… Qu'on allait vivre dans de belles maisons, et non dans ces immeubles gris de l'époque

Khrouchtchev, qu'on allait construire des autoroutes à la place de nos routes défoncées, qu'on allait tous devenir des gens bien. Personne ne cherchait de preuves rationnelles. D'ailleurs il n'y en avait pas. À quoi bon ? On y croyait avec le cœur, pas avec la raison. Et dans les bureaux de vote, on votait avec le cœur. Personne ne disait concrètement ce qu'il fallait faire : on voulait la liberté, voilà tout. Quand on est coincé dans un ascenseur, on ne rêve que d'une chose : que l'ascenseur s'ouvre. Et quand il s'ouvre, c'est le bonheur. L'euphorie ! On ne se dit pas que maintenant, il va falloir faire quelque chose... On respire enfin à pleins poumons. On est heureux ! Une de mes amies avait épousé un Français qui travaillait à l'ambassade à Moscou. Elle n'arrêtait pas de lui répéter : "Non, mais regarde quelle énergie nous avons, nous, les Russes !" Il lui demandait : "Explique-moi à quoi elle sert, cette énergie ?" Ni elle ni moi ne pouvions le lui expliquer. Je lui répondais : "Elle jaillit, c'est tout." Je voyais autour de moi des gens vivants, des visages vivants. Comme tout le monde était beau à cette époque ! D'où étaient sortis ces gens ? Ils n'étaient pas là avant !

Chez nous, la télévision était allumée en permanence... On regardait les nouvelles toutes les heures. Je venais d'avoir mon fils et quand je sortais avec lui, j'emportais obligatoirement la radio. Les gens promenaient leur chien avec leur transistor. Maintenant, on taquine mon fils en lui disant qu'il a été plongé dans la politique quand il était tout petit. Mais cela ne l'intéresse pas. Il écoute de la musique, il étudie des langues étrangères. Il veut voir le monde. Sa vie tourne autour d'autre chose. Nos enfants ne sont pas comme nous. À qui ressemblent-ils ? À ceux de leur âge, à leur époque. Alors que nous, en ce temps-là... Oh là là ! Sobtchak[1] allait intervenir au Congrès... Tout le monde lâchait ce qu'il était en train de faire et fonçait devant un écran. Cela me plaisait que Sobtchak porte une jolie veste, une veste en velours, je crois, et une cravate nouée "à l'européenne". Sakharov sur la tribune... Alors le socialisme pouvait avoir un visage humain ? Et

---

1. Anatoli Sobtchak (1937-2000), universitaire, coauteur de la Constitution de la fédération de Russie, il a été le premier maire démocratiquement élu de Saint-Pétersbourg en 1991. Mentor de Vladimir Poutine et de Dmitri Medvedev, il a été contraint à s'exiler à Paris pour échapper à des poursuites judiciaires commanditées par son successeur.

le voilà, ce visage... Pour moi, c'était celui de l'académicien Likhatchov, pas celui du général Jaruzelski. Si je disais "Gorbatchev", mon mari ajoutait aussitôt : "... et Raïssa Maximovna !" C'était la première fois qu'on voyait une femme de secrétaire général qui ne nous fasse pas honte. Une jolie silhouette, bien habillée. Ils s'aimaient. Quelqu'un nous avait apporté un journal polonais dans lequel on disait que Raïssa était très chic. Comme on était fiers ! Et ces meetings sans fin... Les rues étaient inondées de tracts. Dès qu'un meeting se terminait, il y en avait un autre qui commençait. Et les gens continuaient à y aller, tout le monde pensait qu'en y assistant, on allait avoir une révélation. Cette fois, les bonnes personnes allaient trouver les bonnes réponses ! Une vie inconnue nous attendait, une vie qui nous attirait tous. Nous avions l'impression que le royaume de la liberté était à nos portes...

Mais la vie n'arrêtait pas de se dégrader. Très vite, à part les livres, il n'y a plus rien eu à acheter. On ne trouvait plus que des livres dans les magasins...

Éléna Iourevna
Le 19 août 1991... J'arrive au comité régional. En marchant dans le couloir, j'entends la radio, dans tous les bureaux, à tous les étages. Une secrétaire me dit que le numéro un demande à me voir. J'entre. Dans son cabinet, la télévision est allumée, et il est assis à côté d'un poste de radio, l'air lugubre, il essaie d'écouter Radio-Liberté, la radio allemande, la BBC, tout ce qu'on peut capter. Sur la table, la liste des membres du Comité d'État pour l'état d'urgence... Le GKTchP, comme on allait l'appeler par la suite. "Le seul qui inspire du respect, m'a-t-il dit, c'est Varennikov. C'est quand même un général qui a fait la guerre d'Afghanistan." Le deuxième secrétaire, celui qui était à la tête du département de l'organisation, est entré. Nous avons commencé à parler.

"Quelle horreur ! Le sang va couler...

— Pas celui de tout le monde, uniquement celui de ceux qui le méritent !

— Ça fait longtemps qu'il fallait faire quelque chose pour sauver l'Union soviétique !

— Il va y avoir des montagnes de cadavres !

— Bon, eh bien Gorbatchev s'est cassé le nez. Nous allons enfin avoir des gens normaux au pouvoir, des généraux. C'est la fin de la chienlit."

Le numéro un a déclaré que nous n'allions pas suivre l'emploi du temps habituel. Quels rapports pouvait-on faire ? Nous n'avions reçu aucune instruction. Il a téléphoné devant nous à la milice. "Quelles sont les nouvelles, chez vous ? – On ne sait rien." Nous avons aussi parlé de Gorbatchev, nous nous demandions s'il était malade ou s'il avait été arrêté. On penchait plutôt pour une troisième variante : il avait filé en Amérique avec sa famille. Où aurait-il pu aller, sinon là-bas ?

Nous avons passé toute la journée devant la télé et à côté du téléphone. C'était l'angoisse : qui allait gagner là-haut, au sommet ? On attendait. Je vous le dis franchement, on attendait. Tout cela rappelait un peu la chute de Khrouchtchev. On avait déjà lu pas mal de Mémoires là-dessus… Et évidemment, on ne parlait que d'une seule chose : de la liberté… La liberté ! Les Russes, ça leur va comme des lunettes à une guenon ! Personne ne sait quoi en faire. Tous ces boutiquiers, ces revendeurs… On ne les portait pas dans notre cœur. Je leur ai raconté que, quelques jours plus tôt, j'avais rencontré notre ancien chauffeur. C'était un garçon qui était venu travailler chez nous, au comité régional, tout de suite après son service militaire. Il avait été pistonné. Il était absolument ravi. Mais dès que les changements avaient commencé et qu'on avait autorisé les coopératives, il était parti. Il s'était lancé dans les affaires. J'avais eu du mal à le reconnaître : le crâne rasé, en blouson de cuir et survêtement. Si je comprends bien, c'est leur uniforme. Il s'était vanté de se faire plus d'argent en une journée qu'un secrétaire de comité régional en un mois. Un business dans lequel on est sûr de gagner à tous les coups : les jeans. Avec un ami, il avait loué une blanchisserie et là, ils fabriquaient des jeans "sablés". La technique est simple (la nécessité est mère de l'invention) : on plonge des jeans ordinaires dans une solution blanchissante ou dans du chlore, on ajoute des briques écrasées, et on fait bouillir pendant une heure ou deux, ça laisse des traces sur les jeans, des traînées, des dessins… De l'art abstrait, quoi… ! On les fait sécher, et on colle dessus l'étiquette Montana. J'ai eu comme une illumination : si cela continuait ainsi, ce seraient eux, ces vendeurs de jeans, qui allaient bientôt nous diriger. Des Nepmen[1] ! Ils allaient tous nous nourrir, nous habiller. Si drôle que cela puisse paraître... Ils installeraient des usines dans des caves. Et c'est ce qui s'est passé. Regardez ! Maintenant, ce gars est millionnaire ou milliardaire (pour moi, un million ou un milliard, ce sont des sommes tout aussi astronomiques l'une que l'autre), il est député à la Douma. Il a une maison sur les îles Canaries, une autre à Londres... Du temps des tsars, c'étaient Herzen et Ogariov qui vivaient à Londres, à présent, ce sont eux... Nos nouveaux Russes. Les rois du jean, des meubles, du chocolat. Les magnats du pétrole.

À neuf heures du soir, le numéro un nous a de nouveau réunis dans son bureau. Le chef du KGB de la région a fait un rapport. Il nous a parlé de l'état d'esprit des gens. D'après lui, le peuple soutenait massivement le Comité pour l'état d'urgence. Il ne protestait pas. Tout le monde en avait assez de Gorbatchev... Des cartes de rationnement pour tout, à part le sel... Pas de vodka... Les gars du KGB s'étaient promenés dans la ville et avaient noté les conversations. Les altercations dans les queues.

"C'est un coup d'État ! Ils ont renversé le gouvernement ! Que va-t-il arriver au pays ?

— On n'a rien renversé chez toi, mon pote ! Ton lit est toujours à sa place, non ? Et la vodka, elle va pas changer !

— Et voilà, finie la liberté !

— Tu parles d'une liberté ! La liberté de liquider le saucisson, oui !

— Ah, y voulaient bouffer des chewing-gums et fumer des Marlboro !

— Il y a longtemps qu'ils auraient dû faire ça ! Le pays est au bord de la catastrophe !

— Ce sale youpin de Gorbatchev ! Il voulait vendre la Patrie pour des dollars !

---

1. Nom donné à ceux qui s'étaient enrichis au moment de la Nouvelle Politique Économique instaurée par Lénine dans les années 1920 pour redresser l'économie du pays, qui autorisait entre autres les petites entreprises privées. Staline y avait mis fin en 1929, et les Nepmen avaient tous été liquidés.

— Ça va être un bain de sang, les gars !
— Oh, on a l'habitude ! Chez nous, on n'arrive à rien sans faire couler le sang…
— Pour sauver le Parti, le pays… Il faut des jeans. Des petites culottes sexy et du saucisson, pas des tanks !
— Ah, ils voulaient avoir la belle vie ! Eh ben, ils vont voir ce qu'ils vont voir ! Ils peuvent faire une croix dessus !"
(Elle se tait.) Bref, le peuple attendait. Comme nous. À la fin de la journée, il n'y avait plus un seul roman policier à la bibliothèque, on avait tout dévalisé. *(Elle rit.)* C'est Lénine qu'on aurait dû lire, pas des romans policiers ! Lénine et Marx. Nos apôtres.

Je me souviens encore de la conférence de presse du Comité pour l'état d'urgence. Ianaïev avait les mains qui tremblaient. Il était là, à se justifier : "Gorbatchev mérite notre respect à tous… Il est mon ami…" Des yeux fuyants, affolés… J'ai eu un coup au cœur. Ce n'étaient pas là ceux qui pouvaient… ceux qu'on attendait… C'étaient des nains. De banals fonctionnaires du Parti. Il n'y avait personne pour sauver le pays. Pour sauver le communisme. Sur l'écran, on voyait les rues de Moscou – une marée humaine ! Les gens se ruaient à Moscou en train, en autobus. Eltsine sur un tank. Il distribuait des tracts… La foule scandait : "Eltsine ! Eltsine !" C'était un triomphe. *(Elle tripote nerveusement le bord de la nappe.)* Cette nappe… Elle vient de Chine. Le monde entier est rempli de produits chinois. La Chine, c'est un pays où le Comité pour l'état d'urgence a gagné… Et nous, on est quoi ? Un pays du Tiers Monde. Où sont ceux qui criaient : "Eltsine ! Eltsine !" ? Ils pensaient qu'ils allaient vivre comme en Amérique ou en Allemagne, et ils vivent comme en Colombie. On a perdu. On a perdu notre pays… Pourtant à l'époque, nous, les communistes, nous étions quinze millions ! Le Parti aurait pu… On l'a trahi. Sur quinze millions de communistes, il ne s'est pas trouvé un seul leader. Pas un seul ! Et dans l'autre camp, ils en avaient un. Ils avaient Eltsine. Nous avons tout perdu lamentablement. La moitié du pays attendait notre victoire. Il n'y avait plus un seul pays, il y en avait déjà deux.

Brusquement, ceux qui se disaient communistes ont déclaré qu'ils détestaient le communisme depuis le berceau. Ils rendaient leur carte du Parti. Les uns nous l'apportaient et la déposaient sans rien dire, d'autres sortaient en claquant la porte. Il y en avait qui la jetaient devant le bâtiment du comité régional pendant la nuit… Comme des voleurs. Ils auraient pu au moins quitter le communisme avec dignité! Non, ils faisaient ça en douce. Le matin, les concierges ramassaient dans la cour des cartes du Parti, des cartes de komsomols, et ils nous les apportaient. Dans des enveloppes, dans de grands sacs en plastique. Que fallait-il en faire? À qui les remettre? Nous n'avions pas d'instructions. Aucun signal d'en haut. Silence de mort. *(Elle réfléchit.)* C'était une période comme ça… Les gens se sont mis à tout changer… Absolument tout. Radicalement. Certains partaient, ils changeaient de patrie. D'autres changeaient de convictions et de principes. D'autres encore changeaient tout chez eux, ils changeaient de meubles, de vêtements… Ils jetaient toutes leurs vieilleries soviétiques et ils achetaient des produits étrangers. Des revendeurs ont aussitôt inondé le marché de bouilloires, de téléphones, de meubles, de réfrigérateurs… Tout cela a brusquement surgi de nulle part. "J'ai une machine à laver Bosch", "Moi, j'ai acheté un téléviseur Siemens"… On entendait les mots "Panasonic", "Sony", "Philips", dans toutes les conversations. J'ai rencontré une voisine, elle m'a dit : "J'ai honte de me réjouir comme ça pour un moulin à café allemand… Mais ça me rend heureuse!" Elle qui, il n'y a pas si longtemps, avait passé toute une nuit à faire la queue pour un recueil d'Akhmatova[1], voilà que maintenant, elle était folle de joie à cause d'un moulin à café! D'un petit machin de rien du tout… Les gens se débarrassaient de leur carte du Parti comme d'un objet inutile. On n'arrivait pas à y croire… Mais en quelques jours, tout avait changé. On lit dans des Mémoires que la Russie tsariste a changé de peau en trois jours. Eh bien, le communisme aussi. En quelques jours. Cela dépassait l'entendement… Il est vrai qu'il y en avait qui cachaient leurs cartes, qui les gardaient, à tout hasard. Récemment, dans une famille, on m'a montré un buste de Lénine rangé en haut d'un placard. Ils le gardent. On ne sait jamais, ça peut encore servir… Si les communistes

---

1. Anna Akhmatova (1889-1966). Cette grande poétesse, déjà connue avant 1917, a vécu dans la misère toute sa vie, interdite de publication et persécutée à travers son fils, qui a passé de longues années dans les camps.

reviennent, ils seront les premiers à arborer un ruban rouge. *(Elle reste silencieuse un long moment.)* J'avais des centaines de lettres de démission du Parti sur mon bureau… Nous n'avons pas tardé à jeter tout ça à la poubelle. Cela a pourri dans des décharges. *(Elle cherche quelque chose dans un dossier sur la table.)* J'en ai gardé quelques-unes… Un jour, on me les réclamera pour un musée. Les gens en chercheront… *(Elle se met à lire.)*

"J'étais une komsomole loyale… Je suis entrée au Parti d'un cœur sincère. Maintenant, je tiens à dire que le Parti n'exerce plus aucun pouvoir sur moi…"

"L'époque m'a induite en erreur… Je croyais dans la grande révolution d'Octobre. Après avoir lu Soljénitsyne, j'ai compris que « les magnifiques idéaux du communisme » étaient couverts de sang. Ce sont des mensonges…"

"C'est la peur qui m'a poussé à entrer au Parti… Les bolcheviks de Lénine ont fusillé mon grand-père, et les communistes de Staline ont exterminé mes parents dans les camps de Mordovie…"

"En mon nom, et au nom de mon défunt mari, je vous informe que je quitte le Parti…"

Il fallait survivre à tout ça… Ne pas mourir d'horreur. Devant le comité régional, il y avait des queues comme devant un magasin. Des queues de gens qui voulaient rendre leur carte du Parti. Une femme simple est parvenue jusqu'à moi. Une trayeuse. Elle pleurait. "Qu'est-ce que je dois faire ? Dans les journaux, ils disent qu'il faut jeter sa carte du Parti." Elle se justifiait en disant qu'elle avait trois enfants et qu'elle avait peur pour eux. On avait fait courir le bruit que les communistes allaient être traduits en justice. Déportés. Qu'on était déjà en train de réparer les baraques en Sibérie. Que la milice avait reçu une cargaison de menottes… Quelqu'un les avait vues pendant qu'on déchargeait des camions bâchés. Des choses épouvantables ! Mais il y avait aussi de vrais communistes, fidèles à leur idéal. Je me souviens d'un jeune instituteur… Il avait été accepté au Parti peu avant l'état d'urgence, mais on n'avait pas eu le temps de lui délivrer sa carte. Il nous a dit : "Vos bureaux vont bientôt être mis sous scellés. Faites-moi tout de suite ma carte du Parti, sinon je ne l'aurai jamais." À ce moment-là, les gens se montraient vraiment tels qu'ils étaient. Un vieux soldat qui s'était battu sur le front s'est présenté… Couvert de médailles, on aurait dit un arbre de Noël. Il a rendu sa carte du Parti, qu'on lui avait remise sur le front, en déclarant : "Je ne veux pas être membre du même Parti que ce traître de Gorbatchev !" Oui, les gens se sont montrés tels qu'ils étaient... Des inconnus, et ceux qu'on connaissait. Même la famille. Avant, on me saluait avec des "Chère Éléna Iourevna !", "Comment allez-vous, Éléna Iourevna ?" Mais à présent, quand ils me voyaient de loin dans la rue, ils changeaient de trottoir pour ne pas me dire bonjour. Le directeur de la meilleure école de la région... Peu avant tous ces événements, nous avions organisé dans cette école une conférence sur les livres de Brejnev, *La Petite Terre* et *Renaissance*. Il avait fait un brillant exposé sur le rôle dirigeant du Parti communiste pendant la Grande Guerre patriotique... Et sur le rôle qu'avait joué personnellement le camarade Brejnev. Je lui avais remis un diplôme d'honneur délivré par le comité régional. Un bon communiste ! Un léniniste ! Mon Dieu... Il ne s'était même pas écoulé un mois... Quand je l'ai croisé dans la rue, il s'est mis à m'insulter : "C'est fini pour vous ! Vous allez devoir répondre de tout ! À commencer par Staline !" J'en ai eu le souffle coupé... Il me disait ça à moi ? Moi, dont le père avait été dans les camps... *(Elle met quelques minutes à se calmer.)* Je n'ai jamais aimé Staline. Mon père lui avait pardonné, mais pas moi. Je ne lui ai pas pardonné... *(Elle se tait.)* La réhabilitation des prisonniers politiques a commencé après le XXe congrès, après le rapport Khrouchtchev...

Sous Gorbatchev... J'ai été nommée présidente de la commission régionale pour la réhabilitation des victimes des répressions politiques. Je sais qu'on avait d'abord proposé ce poste à d'autres personnes, au procureur et au deuxième secrétaire du comité régional. Ils avaient refusé. Pourquoi ? Ils ont peut-être eu peur. Chez nous, aujourd'hui encore, on a peur de tout ce qui est lié au KGB. Moi, je n'ai pas hésité une seconde. J'ai accepté. Mon père avait souffert de tout ça. Qu'est-ce que j'avais à craindre ? La première fois, on m'a emmenée dans un sous-sol... On m'a montré des dizaines de milliers de dossiers... Certains contenaient deux feuillets, d'autres un volume entier. En 1937, il y avait un "plan" fixant le nombre d'ennemis du peuple à "démasquer" et à "exterminer"... Et dans les années 1980, c'était la même chose, on avait fixé un nombre de réhabilitations par région et par district. Il fallait remplir le plan et le dépasser. Un style purement stalinien : commissions, gonflage des chiffres, blâmes… Il fallait mettre les bouchées doubles. *(Elle secoue la tête.)* Je passais des nuits entières à lire, à feuilleter d'énormes dossiers. Honnêtement, très honnêtement… J'en avais les cheveux qui se dressaient sur la tête. Le frère dénonçait son frère, le voisin dénonçait son voisin… Ils s'étaient brouillés à cause d'un potager, d'une pièce dans un appartement communautaire. Quelqu'un avait chanté à un mariage : "Merci à Staline le Géorgien, pour nos vestes en peau de chien !", et cela avait suffi. D'un côté, le pouvoir broyait les êtres humains, mais d'un autre côté, les gens ne se faisaient pas de cadeaux entre eux. Ils ne demandaient que ça…

Un appartement communautaire banal. Cinq familles qui vivent ensemble, vingt-sept personnes. Une seule cuisine et un seul cabinet. Deux voisines sont amies, l'une a une fille de cinq ans, l'autre est célibataire. Dans les appartements communautaires, les gens se surveillaient les uns les autres, c'était courant. Ils s'espionnaient. Ceux qui avaient une pièce de dix mètres carrés enviaient ceux qui en avaient une de vingt-cinq. C'est la vie, c'est comme ça… Et voilà qu'une nuit arrive un "corbeau noir", un fourgon cellulaire. La mère de la petite fille est arrêtée. Avant d'être emmenée, elle a le temps de crier à son amie : "Si je ne reviens pas, occupe-toi de ma fille. Ne la mets pas dans un orphelinat !" Et la voisine prend l'enfant. On lui attribue une seconde pièce. La fillette l'appelle "maman Ania"… Au bout de dix-sept ans, la vraie maman revient. Elle baise les mains et les pieds de son amie. En général, les contes de fées se terminent là, mais dans la vie, les choses se passent autrement. Il n'y a pas de *happy end*. Sous Gorbatchev, quand on a ouvert les archives, on a proposé à l'ancienne détenue de consulter son dossier. Elle l'a ouvert : sur le dessus, il y avait une dénonciation. D'une écriture familière… Celle de sa voisine. C'était "maman Ania" qui l'avait dénoncée… Vous y comprenez quelque chose ? Moi, non. Et cette femme non plus, elle n'a pas compris. Elle est rentrée chez elle et elle s'est pendue. *(Elle se tait.)* Je suis athée. J'aurais beaucoup de questions à poser à Dieu… Je me souviens, mon père disait toujours : "On peut survivre au camp, mais pas aux êtres humains."

Et aussi : "Vous pouvez tous crever aujourd'hui, du moment que moi je vis jusqu'à demain." Cette phrase, ce n'était pas au camp qu'il l'avait entendue pour la première fois, mais dans la bouche de notre voisin Karpoucha. Ce Karpoucha avait passé toute sa vie à se disputer avec mes parents à cause de nos poules qui se promenaient sur ses plates-bandes. Il se baladait sous nos fenêtres avec un fusil de chasse… *(Elle se tait.)*

Le 23 août, on a arrêté les membres du Comité pour l'état d'urgence. Pougo, le ministre de l'Intérieur, s'est suicidé… Avant cela, il avait tué sa femme… Les gens étaient tout contents : "Pougo s'est tiré une balle !" Le maréchal Akhromeïev s'est pendu dans son bureau du Kremlin. Il y a eu encore quelques autres morts bizarres. Nicolaï Kroutchina, le chargé d'affaires du Comité central, est tombé du quatrième étage. Suicide ou assassinat ? On se le demande encore aujourd'hui. *(Elle se tait.)* Comment faire pour vivre ? Pour sortir dans la rue ? Juste sortir dans la rue et croiser quelqu'un. À l'époque, je vivais seule depuis déjà plusieurs années. Ma fille avait épousé un officier, elle était partie à Vladivostok. Mon mari était mort d'un cancer. Le soir, je rentrais dans un appartement vide. Je ne suis pas quelqu'un de faible… Mais j'avais toutes sortes de pensées… Des pensées horribles… Ça me venait… Je vous dirais franchement que j'y ai pensé. *(Elle se tait.)* Nous avons continué à aller travailler au comité régional pendant quelque temps. Nous nous enfermions dans nos bureaux. Nous regardions les nouvelles à la télévision. Nous attendions. Nous espérions quelque chose. Où était notre Parti ? L'invincible Parti de Lénine ? Le monde s'était écroulé… On nous a téléphoné d'un kolkhoze : des paysans s'étaient rassemblés avec des faux et des fourches, avec des fusils de chasse, tout ce qu'ils avaient sous la main, pour défendre le pouvoir soviétique. Le numéro un a donné l'ordre de les renvoyer chez eux. Nous avons eu peur… Nous avons tous eu peur. Il y avait des gens qui, eux, étaient déterminés, je connais plusieurs exemples de ce genre. Mais nous, nous avons eu peur.

Et puis il y a eu ce jour… On a téléphoné du comité exécutif régional : "Nous sommes obligés d'apposer les scellés sur vos bureaux. Vous avez deux heures pour rassembler vos affaires." *(Elle est si émue qu'elle a du mal à parler.)* Deux heures… Deux heures… ! C'est une commission spéciale qui est venue poser les scellés. Des démocrates ! Un serrurier, un jeune journaliste, une mère de cinq enfants… Elle, je l'avais déjà vue dans des meetings. Je la connaissais par les lettres qu'elle écrivait au comité régional, à notre journal… Elle vivait dans un baraquement avec une famille nombreuse. Elle prenait la parole partout, elle réclamait un appartement. Elle maudissait les communistes. Je me souviens bien de son visage… Ce jour-là, elle triomphait. Quand ils sont entrés chez le numéro un, il leur a lancé une chaise à la figure. Dans mon bureau, une des membres de la commission s'est approchée de la fenêtre et a déchiré ostensiblement le store. Sans doute pour que je ne l'emporte pas chez moi… Mon Dieu ! Et ils m'ont obligée à ouvrir mon sac à main… Quelques années plus tard, j'ai croisé cette mère de cinq enfants dans la rue, je me souviens même de son nom, Galina Avdeï. Je lui ai demandé : "Alors, vous l'avez eu, votre appartement ?" Elle a brandi le poing en direction du bâtiment de l'administration régionale : "Eux aussi, ils se sont fichus de moi, ces salauds !" Ensuite… Ensuite quoi ? Une foule nous attendait à la sortie du comité régional. "Il faut juger les communistes ! Maintenant, c'est eux qui vont se retrouver en Sibérie !", "Faudrait prendre des mitrailleuses et tirer sur leurs fenêtres !" Je me retourne, et je vois derrière moi deux hommes éméchés, c'étaient eux qui avaient parlé des mitrailleuses. J'ai répondu : "Seulement méfiez-vous, moi, je riposterai !" À côté, il y avait un milicien, il a fait celui qui n'avait rien entendu. Je le connaissais bien, ce milicien.

J'avais tout le temps l'impression… L'impression d'entendre des huées dans mon dos… Et je n'étais pas la seule. À l'école, deux camarades de classe avaient déclaré à la fille de notre instructeur : "On n'est plus amies avec toi ! Ton papa travaillait au comité régional du Parti. – Mon papa est gentil ! – Les gentils papas ne travaillaient pas là ! On est allées à un meeting hier…" Des enfants de cinquième… C'étaient déjà des petits Gavroches, prêts à passer les cartouches. Le numéro un a eu un infarctus. Il est mort dans l'ambulance avant d'arriver à l'hôpital. Je pensais que, comme autrefois, il y aurait beaucoup de couronnes de fleurs, un orchestre, mais il n'y avait rien, personne. Nous n'étions que quelques-uns à suivre son cercueil…

Un groupe de camarades. Sa femme avait fait graver une faucille et un marteau sur sa pierre tombale, et les premiers vers de l'hymne soviétique : "L'Union indestructible des républiques libres…" Les gens se moquaient d'elle. J'entendais tout le temps ces huées, ces murmures dans mon dos… J'avais l'impression de devenir folle. Dans un magasin, une inconnue m'a lancé en plein visage : "Alors, espèces de sales communistes, vous avez bien foutu le pays dans la merde!"

Ce qui m'a sauvée? C'est le téléphone. Un coup de fil d'une amie : "Si on t'envoie en Sibérie, ne t'en fais pas. C'est très beau, là-bas." *(Elle rit.)* Elle y était allée en vacances, et cela lui avait beaucoup plu. Un autre d'une cousine de Kiev : "Viens chez nous. Je te donnerai les clés de la datcha, tu pourras t'y cacher. Personne ne te trouvera là-bas. – Je ne suis pas une criminelle. Je ne vais pas me cacher!" Mes parents me téléphonaient tous les jours. "Qu'est-ce que tu fais? – Des conserves de cornichons." Je passais mes journées à stériliser des bocaux. Je ne lisais pas les journaux et je ne regardais pas la télévision. Uniquement des romans policiers. Dès que j'en terminais un, j'en commençais un autre. Le téléviseur me faisait horreur. Les journaux aussi.

Pendant longtemps, je n'ai pas pu trouver de travail… Tout le monde pensait qu'on s'était partagé l'argent du Parti et que chacun de nous avait un morceau de pipeline ou, au pire, une petite station-service. Je n'ai pas de station-service ni de boutique ou de kiosque. Maintenant, on appelle ça des "fourre-tout". Les "fourre-tout", les "navettes" – ce sont les revendeurs qui sillonnent le pays… On ne reconnaît plus notre belle langue russe : voucher, fluctuation des taux de change, prêt du FMI… On parle une langue étrangère.

Je suis retournée enseigner à l'école. Je relis avec les élèves mes chers Tolstoï et Tchékhov. Que sont devenus mes collègues? Ils ont eu des destins divers… Un de nos instructeurs s'est suicidé… Notre chef de cabinet a fait une dépression nerveuse, il est resté longtemps à l'hôpital. Certains se sont lancés dans le commerce… Le deuxième secrétaire dirige un cinéma. Et un instructeur du comité régional est devenu prêtre. Je l'ai revu. Nous avons bavardé. Il a commencé une seconde vie. Je l'ai envié. Je me souviens… J'étais allée dans une galerie de peinture. Il y avait un tableau avec beaucoup, beaucoup de lumière, et une femme sur un pont. Elle regardait au loin... Il y avait énormément de lumière... Je n'arrivais pas à me détacher de ce tableau. Je partais et je revenais, il m'attirait. Moi aussi, j'aurais pu avoir une autre vie. Mais je ne sais pas laquelle...

Anna Ilinitchna
J'ai été réveillée par un grondement sourd... J'ai ouvert la fenêtre : des chars! Des tanks et des blindés dans les rues de Moscou, dans la capitale... La radio, vite, vite, allumer la radio! On diffusait un communiqué au peuple soviétique : "La Patrie est menacée d'un danger mortel... Le pays s'enfonce dans un abîme de violence et d'illégalité... Nous allons nettoyer les rues des éléments criminels. Nous allons mettre fin à ce temps de troubles..." On ne comprenait pas si Gorbatchev s'était retiré pour des raisons de santé, ou s'il avait été arrêté. J'ai téléphoné à mon mari, il était à la datcha. "Il y a un coup d'État, le pouvoir est aux mains de... – Raccroche, espèce d'idiote, tu vas te faire arrêter!" J'ai allumé la télévision. Sur toutes les chaînes, on passait *Le Lac des cygnes*. Mais moi, j'étais hantée par d'autres scènes, nous sommes tous des enfants de la propagande soviétique : Santiago du Chili... Le palais présidentiel en flammes... La voix de Salvador Allende... Et les coups de fil ont commencé : la ville est remplie d'engins militaires, il y a des chars sur la place Pouchkine, sur la place du Théâtre... À ce moment-là, ma belle-mère était en visite chez nous, elle était terrifiée. "Ne sors pas dans la rue! J'ai vécu sous une dictature, je sais ce que c'est..." Mais moi, je n'avais aucune envie de vivre sous une dictature!

Après le déjeuner, mon mari est arrivé de la datcha. Nous nous sommes enfermés dans la cuisine. Nous avons beaucoup fumé. Nous avions peur que le téléphone soit sur écoute, et nous avions posé un coussin dessus... *(Elle rit.)* Nous avions lu des tonnes de littérature dissidente, nous avions entendu des tas d'histoires... Et finalement, ça servait à quelque chose! On nous avait laissés respirer un peu et maintenant, la porte allait se refermer. On allait nous faire rentrer dans notre cage, on allait encore nous recouvrir de bitume... On serait comme des papillons pris dans du ciment... Nous avons évoqué les événements de la place Tiananmen, la manifestation de Tbilissi dispersée à coups de pelles de sapeur. L'assaut de la tour de télévision à Vilnius. "Pendant qu'on lisait Chalamov et Platonov, a dit mon mari, la guerre civile a commencé. Avant, on discutait dans nos cuisines, on allait à des meetings, et maintenant, on va se tirer dessus." On avait tous cette impression... qu'il allait se passer quelque chose de catastrophique... On laissait la radio allumée, on n'arrêtait pas de tourner les boutons, mais partout, c'était de la musique, de la musique classique. Et tout à coup, miracle! Radio Russie s'est mise à fonctionner. "... le président légalement élu a été écarté du pouvoir... Une tentative cynique de coup d'État a été perpétrée..." C'est comme ça que nous avons appris que des milliers de gens étaient déjà dans la rue. Gorbatchev était en danger... Fallait-il y aller? La question ne se posait même pas. Bien sûr qu'on y allait! Au début, ma belle-mère a tenté de me dissuader : "Pense à ton enfant, tu es folle, dans quoi vas-tu te fourrer?" Je ne répondais pas. Quand elle a vu qu'on allait sortir, elle a dit : "Bon, puisque vous êtes aussi stupides, prenez au moins une solution de soude, vous mouillerez des mouchoirs avec et vous vous mettrez ça sur la figure au cas où ils utiliseraient des gaz." J'ai préparé un bocal de trois litres de soude et j'ai déchiré un drap en petits morceaux. Nous avons aussi pris toute la nourriture que nous avions à la maison, j'ai même embarqué les conserves qui se trouvaient dans le buffet.

Beaucoup de gens se dirigeaient vers le métro, comme nous... Mais il y en avait aussi qui faisaient la queue pour des glaces, qui achetaient des fleurs. Nous avons croisé une bande de gens très gais... J'ai surpris une phrase : "Si je ne peux pas aller au concert demain à cause de leurs chars, je ne le leur pardonnerai jamais!" Un homme courait vers nous en caleçon avec un cabas rempli de bouteilles vides. Il est arrivé à notre hauteur. "Vous pouvez me dire où est la rue du Chantier?" Je lui ai indiqué le chemin : à droite, et ensuite tout droit. Il m'a remerciée. Tout lui était bien égal, du moment qu'il pouvait rendre ses bouteilles consignées. Et alors? Vous croyez que c'était différent en 1917? Il y en avait qui se tiraient dessus, et d'autres qui dansaient dans des bals. Lénine, lui, était sur son char...

Éléna Iourevna
C'était une bouffonnerie! Une farce grotesque! Si le Comité pour l'état d'urgence avait gagné, on vivrait dans un autre pays aujourd'hui. Si Gorbatchev ne s'était pas dégonflé… On ne serait pas en train de payer les salaires des gens avec des pneus et des poupées. Ou du shampoing. Si une usine fabrique des clous, on paie les gens avec des clous. Si elle fabrique du savon, on les paie avec du savon. Je n'arrête pas le dire à tout le monde : "Regardez les Chinois… Ils suivent leur voie à eux. Ils ne dépendent de personne, ils n'imitent personne. Et maintenant, le monde entier a peur d'eux." *(Elle se tourne vers moi.)* Je suis sûre que vous allez effacer ce que je dis.

Je lui promets qu'il y aura les deux histoires. Je tiens à être une historienne au sang froid, et non une historienne brandissant un flambeau allumé. C'est l'avenir qui jugera. L'avenir porte des jugements équitables, mais pas l'avenir proche, l'avenir lointain. Un avenir qui existera sans nous. Sans nos partis pris.

Anna Ilinitchna
On peut en rire, de ces journées, les traiter d'opérette. Le sarcasme, c'est à la mode. Mais à ce moment-là, c'était du sérieux. C'était sincère. Tout était authentique, et nous étions tous authentiques. Des gens sans armes se tenaient face à des tanks et ils étaient prêts à mourir. Moi, j'étais sur ces barricades, j'ai vu ces gens, ils étaient venus de tout le pays. De vieilles Moscovites, des petites grands-mères toutes frêles, nous apportaient des boulettes de viande, des pommes de terre chaudes enveloppées dans des torchons. Elles donnaient à manger à tout le monde… Aux tankistes aussi. "Allez-y, mangez, mangez, les enfants! Mais ne tirez pas. Vous n'allez quand même pas tirer?" Les soldats n'y comprenaient rien… Quand ils ont ouvert les trappes et sont sortis de leurs chars, ils ont été abasourdis. Tout Moscou était dans la rue! Les filles grimpaient sur les blindés, elles les serraient dans leurs bras, les embrassaient. On leur donnait des brioches. Des mères de soldats dont les fils étaient morts en Afghanistan pleuraient. "Nos enfants sont morts en terre étrangère, et vous, vous voulez mourir dans votre propre pays?" Un commandant a craqué

quand il s'est retrouvé entouré par des femmes, il criait : "Je suis un père, moi aussi! Je ne tirerai pas! Je vous jure que je ne tirerai pas! Nous n'allons pas nous en prendre à notre propre peuple!" Il y avait des tas de choses drôles et attendrissantes à pleurer. Brusquement, on entend crier dans la foule : "Quelqu'un a du Validol? Il y a une personne qui se sent mal!" On lui en a trouvé tout de suite. Une femme avec un bébé dans une poussette (si ma belle-mère avait vu ça!) a sorti une couche pour y dessiner une croix rouge. Mais avec quoi? "Quelqu'un a du rouge à lèvres?" On lui a lancé des tubes de rouge à lèvres, du rouge à lèvres bon marché, mais aussi du Lancôme, du Christian Dior, du Chanel... Personne n'a pris des photos de ça, personne n'a immortalisé ces détails. C'est dommage. Très dommage. L'harmonie d'un événement, la beauté... Cela apparaît après coup, les étendards, la musique... Quand tout est "coulé dans le bronze"... Mais la vie, elle est faite de petits fragments, elle est sale, mauve : les gens passaient la nuit autour d'un feu de camp, assis par terre sur des journaux, sur des tracts. Ils avaient faim, ils étaient de mauvaise humeur. Ils juraient et ils buvaient, mais personne n'était ivre. Certains avaient apporté du saucisson, du fromage, du pain. Du café. On disait que c'étaient des directeurs de coopératives, des gens qui faisaient du business... Une fois, j'ai même vu quelques boîtes de caviar. Elles ont disparu dans la poche de quelqu'un. On distribuait aussi des cigarettes gratuitement. À côté de moi, il y avait un gars avec des tatouages de prisonnier. Un vrai tigre! Des rockers, des punks, des étudiants avec des guitares. Et des professeurs. Nous étions tous ensemble. C'était le peuple... Mon peuple! J'ai retrouvé là des amis de l'institut que je n'avais pas revus depuis quinze ans, sinon davantage. Il y en avait un qui habitait à Vologda, un autre à Iaroslavl... Mais ils avaient pris le train pour venir à Moscou! Pour défendre quelque chose qui était important pour nous tous. Au matin, nous les avons ramenés à la maison. Nous nous sommes lavés, nous avons pris un petit-déjeuner, et nous sommes retournés là-bas. À la sortie du métro, on distribuait à tout le monde des bouts de fer, des pierres. On disait en riant : "Les pavés, c'est l'arme du prolétariat!" On construisait des barricades. On renversait des trolleys, on abattait des arbres.

Il y avait déjà une tribune avec des pancartes au-dessus : "Non à la junte!", "Le peuple n'est pas de la boue qu'on piétine!" Les intervenants parlaient dans des porte-voix. En commençant leurs discours, ils s'exprimaient normalement, les gens simples comme les politiciens connus. Mais au bout de quelques minutes, les mots normaux ne suffisaient plus, et ils se mettaient à jurer à qui mieux mieux. "Ils vont voir ce qu'ils vont voir, ces fumiers…" Et venait une bordée de bons gros jurons russes bien sentis. "On va les enc…, ces connards!" Ah, la grande, la puissante langue russe! Les jurons comme cris de guerre. Et tout le monde comprenait. C'était dans l'esprit du moment. Dans l'esprit de ces minutes remplies d'un tel élan, d'une telle force! Les anciens mots ne suffisaient plus, et les nouveaux n'étaient pas encore nés… On s'attendait tout le temps à un assaut. Il régnait un silence incroyable, surtout la nuit. Tout le monde était terriblement tendu. Des milliers de gens – et le silence. Je me souviens de l'odeur de l'essence qu'on versait dans des bouteilles. C'était l'odeur de la guerre…

Il y avait des gens bien, là-bas! Des gens magnifiques! Maintenant, on parle beaucoup de vodka, de drogue… "Une révolution, ça? Ce sont des ivrognes et des drogués qui sont montés sur les barricades…" Eh bien, c'est faux! Ces gens étaient venus en toute sincérité pour mourir. Nous savions que cette machine avait broyé les hommes pendant soixante-dix ans… Personne n'imaginait qu'elle allait se briser aussi facilement… Sans bain de sang. Des bruits couraient : ils avaient miné le pont, ils allaient envoyer des gaz. Un étudiant en médecine nous avait expliqué ce qu'il fallait faire en cas d'attaque aux gaz. La situation évoluait d'heure en heure. Et puis une terrible nouvelle : trois garçons étaient morts sous un tank… Mais personne n'a bougé, personne n'est parti. Tellement c'était important pour nous. Quoi qu'il ait pu se passer par la suite, quelles que soient les désillusions que nous avons connues après, cela, nous l'avons vécu… Nous avons été comme ça! *(Elle pleure.)* Au matin, sur la place, c'étaient des hourras, et, de nouveau, des jurons, des larmes, des cris… On se transmettait les informations : l'armée était passée du côté du peuple, les forces spéciales Alpha avaient refusé de donner l'assaut. Les blindés quittaient la capitale… Et quand on a annoncé l'arrestation des putschistes, les gens se sont jetés dans les bras les uns des autres, c'était un tel bonheur! Nous avions gagné! Nous avions défendu notre liberté! Nous avions réussi à faire ça tous ensemble! C'est donc que nous en étions capables! Nous étions sales, trempés par la pluie, mais nous sommes restés là encore longtemps sans arriver à nous séparer pour rentrer chez nous. On échangeait nos adresses. On jurait de ne jamais oublier. De rester amis. Dans le métro, les miliciens étaient très polis, je n'ai jamais vu des miliciens aussi polis, ni avant, ni après.

Nous avions gagné… Gorbatchev est revenu de Foros[1] dans un pays complètement différent. Dans la rue, les gens se faisaient de grands sourires. Nous avions gagné! Ce sentiment m'est resté pendant longtemps. Tout en marchant, je revoyais des scènes… Quelqu'un crie: "Les tanks! Les tanks arrivent!", et tous les gens se prennent par la main pour former une chaîne. Deux ou trois heures du matin. Un homme, à côté de moi, sort un paquet de biscuits. "Vous en voulez un?" Et tout le monde se sert. On rit comme des fous. On a envie d'un biscuit… On a envie de vivre! Moi… Aujourd'hui encore, je suis heureuse d'avoir été là-bas. Avec mon mari, avec mes amis. À ce moment-là, tous, nous étions encore très sincères. Cela me fait de la peine pour nous… Que nous ne soyons plus comme ça. Avant, surtout, cela me faisait de la peine.

(En partant, je leur demande comment elles ont réussi à préserver leur amitié de jeunesse.)

— Nous avons passé un accord: nous n'abordons pas ces thèmes. Pour ne pas nous faire de peine. Mais à une certaine époque, on était brouillées, on ne se voyait plus. On est restées des années sans se parler. Mais c'est fini, ça.

— Maintenant, on parle uniquement de nos enfants et de nos petits-enfants. De ce qui pousse dans nos jardins à la campagne.

— Quand on invite des amis, on ne parle pas politique non plus. Nous en sommes arrivés là chacun de notre côté. Nous vivons ensemble, les messieurs et les camarades, les Blancs et les Rouges. Mais personne n'a plus envie de tirer sur personne. Il y a eu assez de sang comme ça.

---

1. La tentative de putsch d'août 1991 s'est produite alors que Gorbatchev se trouvait en vacances à Foros, en Crimée.

OÙ IL EST QUESTION DES FRÈRES ET DES SŒURS, DES BOURREAUX ET DES VICTIMES, ET DE L'ÉLECTORAT

Alexandre Porphirevitch Charpilo, retraité, 63 ans

RÉCIT DE SA VOISINE MARINA TIKHONOVNA ISSAÏTCHIK

Vous z'êtes pas d'ici, vous, qu'est-ce que vous voulez? Les gens arrêtent pas de rôder dans le coin. On meurt pas sans raison, y a toujours une raison. La mort sait en trouver, des raisons.

Il a brûlé vif dans son potager au milieu de ses concombres… Il s'est arrosé d'acétone et il a frotté une allumette. Moi, j'étais devant ma télé, et voilà que j'entends crier. Une voix de vieux… Une voix que je connaissais, on aurait dit celle de Sacha, et puis une autre, une voix de jeune. Un étudiant passait par là, on est pas loin de l'institut technique, et il a vu un homme en train de flamber. Bon, qu'est-ce que vous voulez, il s'est précipité pour l'éteindre. Il s'est brûlé, d'ailleurs. Quand je suis arrivée, Sacha était déjà allongé par terre, il gémissait. Il avait la tête toute jaune… Vous z'êtes pas d'ici, vous, qu'est-ce que vous voulez? Pourquoi ça vous intéresse, le malheur des autres?

La mort, tout le monde aime bien voir ça. Ah là là! Enfin, bon… Quand j'étais petite, dans le village où j'habitais avec mes parents, il y avait un vieux qui aimait bien regarder les gens mourir. Les femmes lui faisaient honte, elles le flanquaient dehors. "Va-t'en, espèce de vieux démon!" Mais il restait là, à regarder. Il a vécu très vieux. Peut-être que c'est vrai, que c'était un démon. Qu'est-ce qu'il y a à voir, hein? Où faut regarder? Y a rien après la mort. On meurt, et c'est tout, on vous enterre. Quand on est vivant, même si on est malheureux, on se promène à l'air frais, on fait le tour de son jardin. Mais une fois que l'âme est partie, y a plus d'homme, y a que de la terre. L'âme, c'est l'âme, et tout le reste, c'est de la terre. Rien que de la terre. Y en a qui meurent au berceau, d'autres qui vivent assez vieux pour avoir des cheveux blancs. Les gens heureux, ils ont pas envie de mourir... Et ceux qui ont quelqu'un qui les aime non plus, ils ont pas envie... Ils voudraient du rab. Mais ils sont où, les gens heureux ? Autrefois, à la radio, on disait qu'après la guerre, on serait tous heureux, je me souviens que Khrouchtchev aussi, il l'avait promis... Il disait que ce serait bientôt le communisme. Et Gorbatchev nous l'avait juré. C'était bien, ce qu'il disait, ça sonnait bien. Maintenant, c'est Eltsine qui nous le promet, il a menacé de se coucher sur des rails... Toute ma vie, j'ai attendu une vie meilleure. Quand j'étais petite, quand j'étais jeune... Et maintenant, je suis vieille. Bref, ils ont tous menti, la vie est devenue encore pire. Attends, sois patiente, attends, supporte... Mon mari est mort. Il est sorti dans la rue et il est tombé comme une masse. C'était fini, son cœur s'était arrêté. Tout ce qu'on a traversé, ça peut pas se mesurer avec un mètre ni se peser sur une balance. Mais je suis encore là, je suis vivante. Je vis. Mes enfants sont partis : mon fils est à Novossibirsk, ma fille, elle, elle est restée à Riga avec sa famille. Maintenant, on peut dire que c'est l'étranger, là-bas. Un autre pays. On parle plus russe chez eux.

J'ai accroché une icône dans un coin, et j'ai pris un petit chien pour avoir quelqu'un à qui parler. Un tison tout seul, ça s'éteint, mais moi, je tiens le coup... Eh oui... C'est une bonne chose que Dieu ait donné à l'homme les chiens et les chats... Et les arbres, et les oiseaux. Il lui a donné tout ça pour qu'il se réjouisse et que la vie lui paraisse pas trop longue. Pour qu'il en ait pas marre. Moi, la seule chose dont je me lasse pas, c'est de regarder le blé jaunir. J'ai eu tellement faim dans ma vie que ce que j'aime le plus, c'est voir le blé mûrir, les épis qui se balancent. Ça me fait le même effet qu'à vous de regarder un tableau dans un musée... Même maintenant, je raffole pas du pain blanc, ce qu'il y a de meilleur, c'est du pain noir avec du sel, et du thé bien sucré. Attends, sois patiente... Attends, supporte... Chez nous, toutes les souffrances, on les soigne avec un seul remède : la patience. On a passé toute notre vie comme ça. Eh bien, Sacha... Notre Sacha... Il a supporté, supporté, et puis il en a eu assez. Il est arrivé au bout du rouleau. Y a que le corps qui va se reposer dans la terre, l'âme, elle, faudra qu'elle réponde de tout. *(Elle essuie ses larmes.)* Eh oui! Ici, on pleure, et quand on s'en va, on pleure aussi.

Les gens ont recommencé à croire en Dieu, puisqu'il y a pas d'autre espoir. Mais dans le temps, à l'école, on nous apprenait que les dieux, c'étaient Lénine, Marx... Les églises, on les remplissait de blé, on mettait des betteraves dedans. Ça a été comme ça jusqu'à la guerre... Quand la guerre a éclaté, Staline a rouvert les églises pour qu'on récite des prières pour la victoire de l'armée russe, et quand il s'est adressé au peuple, il a dit : "Frères et sœurs... Mes amis..." Avant ça, on était quoi? Des ennemis du peuple. Des koulaks et des pro-koulaks. Chez nous, dans notre village, toutes les familles qui avaient du bien ont été dékoulakisées. Si t'avais deux chevaux et deux vaches, t'étais un koulak. On les a expédiés en Sibérie et on les a abandonnés là-bas, dans la forêt, dans la taïga, sans rien... Les femmes étranglaient leurs enfants pour qu'ils souffrent pas... Ah, ça, du malheur et des larmes, on en a vu, plus qu'il n'y a d'eau sur la terre...! Et voilà que Staline nous disait : "Frères et sœurs..." On lui a fait confiance. On lui a pardonné. Et on a vaincu Hitler! Il avait débarqué chez nous avec ses blindés... Tout bardé de fer... Et on l'a quand même vaincu! Mais maintenant, je suis qui, moi? On est qui, nous? On est un électorat... Je regarde la télé. Je rate jamais les nouvelles. Maintenant, on est devenu un électorat. Notre affaire, c'est de voter comme il faut. Et basta! Une fois, j'étais malade, je suis pas allée au bureau de vote, eh bien, ils sont venus chez moi en voiture! Avec une boîte rouge. Ah, ce jour-là, on pense à nous! Ça oui...

On meurt comme on a vécu... Je vais à l'église maintenant, et je porte une petite croix, mais du bonheur, j'en ai pas plus qu'avant. J'en ai pas récolté. Et c'est trop tard, maintenant. Si je pouvais mourir le plus vite possible! Vivement le royaume des cieux! J'en ai marre d'attendre. Comme Sacha... À présent, il est au cimetière. Il se repose. *(Elle se signe.)* On l'a enterré avec de la musique, avec des larmes. Tout le monde pleurait. Les gens pleurent beaucoup ce jour-là. Ils regrettent. Mais à quoi ça sert de regretter? Qui est-ce qui peut nous entendre, après la mort? Tout ce qui reste de lui, c'est deux pièces dans un baraquement, un potager, des "diplômes rouges" et une médaille "Vainqueur de l'émulation socialiste". Moi aussi, j'en ai une comme ça dans mon placard. J'ai été stakhanoviste, et député. On n'avait pas toujours de quoi manger, mais des diplômes rouges, ça, on nous en donnait! Et on nous prenait en photo. On est trois familles à vivre dans ce baraquement. On a emménagé ici quand on était jeunes, pour un an ou deux, et on y a passé toute notre vie. C'est ici qu'on mourra. Y en a qui sont là depuis vingt ans, trente ans... On était sur des listes d'attente pour un appartement, on attendait... Et puis Gaïdar est arrivé, il a dit en rigolant : "Allez-y, achetez!..." Avec quoi? Notre argent s'était évaporé. Une première réforme, une deuxième... On nous a tout volé! Dire qu'ils ont flanqué un pays pareil dans le trou des cabinets! Chaque famille a deux pièces, une petite remise et un potager. On a tous la même chose. Ah, ça, on a bien bossé, on peut dire qu'on est devenus riches! Toute notre vie, on a cru qu'un jour, ça allait s'arranger. C'étaient des mensonges! Une vaste fumisterie! Et notre vie... Vaut mieux pas y penser. On a supporté, on a travaillé, on a souffert... Et maintenant, c'est plus une vie qu'on a, juste des jours qu'on se coltine.

Sacha et moi, on est du même village... Là-bas, du côté de Brest. Des fois, on s'asseyait tous les deux sur un banc et on parlait du passé. De quoi on aurait pu parler d'autre? C'était quelqu'un de bien. Il buvait pas, c'était pas un alcoolo... Oh, que non! Même s'il vivait seul. Qu'est-ce que vous voulez que ça fasse, un homme seul? Ça boit un coup, ça dort, ça reboit un coup... Je me promène dans le jardin. Je marche. Et je me dis que la vie sur terre, c'est pas la fin de tout. Pour l'âme, la mort, c'est une délivrance... Où est-ce qu'il peut bien être? En partant, il a pensé à ses voisins, il les a pas oubliés. C'est une vieille baraque, elle a été construite juste après la guerre, le bois est sec, ça aurait flambé comme de l'amadou, ça aurait pris feu en moins de deux! En un clin d'œil! Tout aurait brûlé, il serait rien resté... Il avait écrit un mot pour ses enfants : "Occupez-vous bien de mes petits-enfants. Adieu." Il l'avait posé bien en vue. Et il est allé dans son potager... Sur ses plates-bandes.

Ah là là! Enfin, bon, qu'est-ce que vous voulez... L'ambulance est arrivée, on l'a mis sur une civière, mais il était tout excité, il s'est levé, il voulait marcher tout seul. Je l'ai accompagné jusqu'à l'ambulance, je lui disais : "Sacha, Sacha, mais qu'est-ce que t'as fait! – Je suis fatigué de vivre. Téléphone à mon fils, dis-lui de venir à l'hôpital." Il parlait encore… Son veston avait brûlé, mais son épaule était blanche, bien propre. Il a laissé cinq mille roubles… Dans le temps, c'était une sacrée somme ! Il avait retiré son argent de la caisse d'épargne et il l'avait posé sur la table à côté de sa lettre. Les économies de toute une vie. Avant la perestroïka, avec ça, on pouvait se payer une voiture. La plus chère, une Volga. Mais aujourd'hui ? Y avait juste de quoi lui acheter des chaussures neuves et des fleurs. Vous vous rendez compte ! Il était couché sur la civière, il devenait tout noir. Je le voyais qui noircissait… Les docteurs ont aussi emmené le gars qui l'avait sauvé, il avait attrapé mes draps humides sur la corde à linge, je venais juste de faire une lessive, et il les avait jetés sur lui. Un gars pas de chez nous, un étudiant… Il passait par là, et il a vu un homme qui brûlait. Assis dans son potager, tête basse. Il flambait. Il fumait. En silence. C'est ce qu'il nous a raconté après : "Il flambait en silence." Il brûlait vif… Le lendemain matin, son fils a frappé à ma porte : "Papa est mort." Il était allongé dans son cercueil… Il avait la tête grillée, et les mains aussi. Il était noir, tout noir… Lui qui avait des mains en or ! Il savait tout faire. De la menuiserie, de la maçonnerie… Ici, tout le monde a un souvenir de lui : une table, des bibliothèques, des étagères… Des fois, il restait dehors jusqu'à la nuit, à raboter. Je le vois encore, tiens, debout en train de raboter. Il aimait ça, le bois. Il le reconnaissait à l'odeur, aux copeaux. Il disait que chaque arbre a son odeur à lui, la plus forte, c'est celle du pin. "Le pin, ça sent comme du bon thé, et l'érable, ça a une odeur gaie." Il a travaillé jusqu'au dernier jour. C'est vrai, ce que dit le dicton : "Tant qu'on peut labourer, on a de quoi manger." Aujourd'hui, une retraite, ça suffit pas pour vivre. Moi, je me fais payer pour garder les enfants des autres. On me donne trois fois rien, mais avec ça, je m'achète du sucre, de la mortadelle. Qu'est-ce que vous voulez faire avec les retraites qu'on a ? Une fois qu'on a acheté du pain et du lait, on n'a même plus de quoi se payer des pantoufles. Ça suffit pas. Dans le temps, les vieux restaient tranquillement assis sur un banc dans la cour, à papoter. Mais plus maintenant… Y en a qui ramassent des bouteilles vides dans les rues, d'autres qui se mettent devant les églises pour demander la charité… Ou alors ils vendent des graines et des cigarettes aux arrêts d'autobus, des tickets pour la vodka. Dans notre magasin, un homme s'est fait piétiner au rayon des alcools. Il en est mort. Maintenant, la vodka, ça coûte plus cher que leur… Vous savez, là, leur dollar américain. Chez nous, avec de la vodka, on peut tout acheter. On peut avoir un plombier, un électricien. Sans ça, impossible de les faire venir. Ah là là! Enfin, bon, qu'est-ce que vous voulez…! Ma vie est finie. Y a que le temps qu'on peut pas acheter avec de l'argent. On aura beau pleurer toutes les larmes de son corps, Dieu nous en vendra pas. C'est comme ça…

Mais Sacha, lui, il voulait plus vivre. Il a refusé. Il a rendu son billet à Dieu… Oh, Seigneur! Maintenant, la milice arrête pas de rôder dans le coin. Ils nous interrogent… *(Elle tend l'oreille.)* Tenez, voilà le train qui siffle. C'est le Brest-Moscou. J'ai pas besoin de montre, moi. Je me lève quand le train de Varsovie pousse son cri, à six heures. Après, c'est celui de Minsk, et le premier train de Moscou… Ils ont des voix différentes le matin et le soir. Des fois, je les écoute toute la nuit. Quand on est vieux, on dort plus très bien… Avec qui vous voulez que je parle? Je suis toute seule sur mon banc, maintenant… Je le réconfortais: "Trouve-toi une gentille femme, Sacha. Marie-toi. – La Lisa va revenir, qu'il me disait. Je vais l'attendre." Ça faisait sept ans que je l'avais pas vue, la Lisa, depuis qu'elle l'avait quitté. Elle s'était mise avec un officier. Elle était jeune, bien plus jeune que lui… Il l'aimait beaucoup. Elle se tapait la tête contre son cercueil. "C'est moi qui ai lui brisé sa vie, à Sacha!" Ah là là! Enfin, bon, qu'est-ce que vous voulez… L'amour, c'est pas un poil, ça s'arrache pas d'un seul coup. Et ça se retient pas avec des bénédictions. À quoi ça sert de pleurer après? Qui est-ce qui nous entend, sous la terre? *(Elle se tait.)* Ah, Seigneur! Jusqu'à quarante ans, on peut faire tout ce qu'on veut, tous les péchés. Mais après quarante ans, faut se repentir. Alors, Dieu nous pardonne.

(Elle rit.) Tu écris tout ça? Eh bien vas-y, écris, note! Je peux t'en raconter encore… Des malheurs, j'en ai des sacs entiers…
(Elle lève la tête.) Tiens… Les hirondelles sont arrivées! Il va faire doux. En fait, il y a déjà un journaliste qui est venu me voir une fois. Il m'a posé des questions sur la guerre… Je suis prête à donner tout ce que j'ai, pourvu qu'il n'y ait pas de guerre! La guerre, y a rien de plus terrible. On était là, debout sous les mitrailleuses

des Allemands, et nos maisons brûlaient en crépitant. Même les jardins brûlaient. Ah là là! Avec Sacha, on en parlait tous les jours, de la guerre. Son père avait été porté disparu, et son frère était mort chez les partisans... On avait rassemblé des prisonniers de guerre soviétiques à Brest, y en avait des milliers! On les faisait avancer sur les routes comme des chevaux, on les parquait dans des enclos, ils mouraient et ils restaient là, par terre, comme des ordures. Pendant tout un été, Sacha a cherché son père là-bas, avec sa mère... Quand il se mettait à raconter, il pouvait plus s'arrêter. Ils le cherchaient parmi les morts, parmi les vivants... Personne n'avait plus peur de la mort, c'était devenu quelque chose de familier. Avant la guerre, on chantait : "Depuis la taïga jusqu'à l'océan, le soldat rouge est le plus puissant...!" On chantait ça avec fierté! Au printemps, quand la glace a fondu et qu'elle s'est mise à bouger... Derrière le village, la rivière était remplie de cadavres, des cadavres tout nus, tout noirs, y avait juste les boucles des ceinturons qui brillaient. Avec des étoiles rouges... Y a pas de mer sans eau, et y a pas de guerre sans cadavres. La vie, c'est Dieu qui la donne, mais à la guerre, n'importe qui peut la prendre... *(Elle pleure.)* Je me promène dans le jardin, je marche, et j'ai l'impression que Sacha est derrière moi, j'entends sa voix. Je me retourne : personne. Enfin, bon, qu'est-ce que vous voulez...! Sacha, Sacha, mais qu'est-ce que t'as fait? T'as choisi de telles souffrances! Enfin, puisque t'as brûlé sur terre, peut-être que tu brûleras pas au ciel. T'as assez souffert comme ça. Nos larmes sont bien conservées quelque part... Comment on va le recevoir, là-bas? Sur terre, les invalides, ils rampent, les paralysés, ils restent couchés, et les muets, ils vivent bien... C'est pas à nous de décider. Ça dépend pas de nous. *(Elle se signe.)*

La guerre, jamais je l'oublierai... Quand les Allemands sont entrés dans le village... Des gars jeunes et gais... Ça faisait un de ces vacarmes! Ils sont arrivés sur des camions énormes, ils avaient aussi des motos à trois roues. Moi, j'avais jamais vu de motos jusque-là. Au kolkhoze, on avait des camions d'une tonne et demie, très bas, avec des ridelles en bois. Mais ceux-là! On aurait dit des maisons! Et leurs chevaux, c'étaient pas des chevaux, c'étaient des montagnes! Ils ont écrit avec de la peinture sur l'école : "L'Armée rouge vous a abandonnés!" Et ils ont installé l'ordre allemand… Il y avait beaucoup de Juifs chez nous – Avram, Yankel, Mordoukh… Ils les ont rassemblés et ils les ont emmenés dans un shtetl. Ils avaient pris des oreillers, des couvertures, mais ils les ont tous tués d'un seul coup. Ils étaient allés les chercher dans tout le district, et ils les ont fusillés tous à la fois. Ils les ont jetés dans une fosse… Des milliers et des milliers de gens… On raconte que le sang est remonté à la surface pendant trois jours. La terre respirait… Elle était vivante… Maintenant, à cet endroit-là, y a un parc. Un jardin public. Y a pas de voix qui sortent des tombes. Personne crie. Enfin, je crois bien… *(Elle pleure.)*

Je ne sais pas comment ça s'est fait… S'ils étaient arrivés chez elle tout seuls, ou si c'est elle qui les avait trouvés dans les bois. Notre voisine cachait deux Juifs dans sa grange, deux mioches, ils étaient beaux! De vrais petits anges! Tout le monde avait été tué, mais eux, ils s'étaient cachés. Ils s'étaient sauvés. Huit ans et dix ans. Maman leur apportait du lait, elle nous suppliait : "Surtout dites rien à personne, les enfants!" Dans cette famille, il y avait un vieux pépé, mais alors très très vieux, il se souvenait encore de l'autre guerre contre les Allemands, la première… Il pleurait en leur donnant à manger : "Ah, mes petiots, s'ils vous attrapent, ils vont vous en faire voir! Vaudrait mieux que je vous tue moi-même, si seulement je pouvais!" C'est ce qu'il disait… Et le diable, lui, il entend tout. *(Elle se signe.)* Trois Allemands sont arrivés sur une moto noire, avec un gros chien noir. Quelqu'un les avait dénoncés… Y a toujours des gens comme ça, avec une âme noire… On dirait qu'ils ont pas d'âme… Et leur cœur, c'est un cœur médical, pas un cœur humain. Ils ont pitié de personne. Les mioches se sont sauvés en courant dans les champs, dans les blés… Les Allemands ont lâché le chien sur eux… Après, les gens les ont ramassés par lambeaux… Par petits morceaux… Y avait rien à enterrer, d'ailleurs personne connaissait leurs noms. La voisine, les Allemands l'ont attachée à leur moto, et elle a couru derrière jusqu'à ce que son cœur lâche… *(Elle n'essuie même plus ses larmes.)* À la guerre, les hommes ont peur des hommes. Des amis comme des ennemis. Si on parle le jour, les oiseaux vous entendent. Si on parle la nuit, c'est les souris… Maman nous avait appris des prières. Sans Dieu, même un ver de terre t'avalera tout cru.

Le 9 Mai[1]... C'était notre fête à nous... Sacha et moi, on buvait un petit verre... On pleurait un peu. C'est dur de ravaler ses larmes. Eh oui... Enfin, bon, qu'est-ce que vous voulez... Il était resté dix ans dans sa famille, pour remplacer son père et son frère. Moi, à la fin de la guerre, j'avais seize ans. Je suis allée travailler dans une usine de ciment. Il fallait bien que j'aide ma mère. On trimbalait des sacs de ciment de cinquante kilos, on chargeait sur des camions du sable, des cailloux, des armatures. Moi, je voulais faire des études... On hersait et on labourait avec une vache. La vache, ça la faisait hurler, ce travail... Ce qu'on mangeait? On écrasait des glands, on ramassait des pommes de pin dans les bois. Mais j'avais quand même des rêves... Pendant toute la guerre, mon rêve, c'était de devenir institutrice quand j'aurais fini l'école. Le dernier jour de la guerre, il faisait très doux... Maman et moi, on était dans les champs. Un milicien est arrivé au grand galop sur un cheval : "C'est la victoire! On a gagné! Les Allemands ont signé la capitulation!" Il galopait à travers les champs et il criait à tout le monde "C'est la victoire! La victoire!" Les gens couraient vers le village. Ils criaient, ils pleuraient, ils juraient. Mais surtout, ils pleuraient. Et le lendemain, on s'est mis à réfléchir : comment on allait vivre maintenant? Les maisons étaient vides, les granges pleines de courants d'air... On fabriquait des tasses avec des boîtes de conserve que les soldats allemands avaient laissées derrière eux... On coulait des bougies avec des douilles. Pendant la guerre, on avait oublié ce que c'était que le sel, on avait les os tout mous. En battant en retraite, les Allemands nous avaient pris notre porc, ils avaient attrapé nos dernières poules. Et avant ça, une nuit, les partisans avaient emporté notre vache... Comme maman voulait pas la donner, un partisan avait tiré en l'air, dans le toit. Ils avaient aussi fourré dans un sac la machine à coudre et les robes de maman. C'était quoi, des partisans ou des bandits? Ils avaient des armes... Ah là là! Enfin, bon, qu'est-ce que vous voulez... Les gens ont

---

1. Jour de la Victoire. La capitulation allemande a eu lieu le 8 mai 1945 tard dans la nuit, donc le 9 mai heure de Moscou, à cause du décalage horaire. Le choix de cette date était aussi une façon d'insister sur le fait que cette victoire était celle de l'Union soviétique et de Staline.

toujours envie de vivre, même pendant les guerres. La guerre, ça vous apprend des tas de choses... Y a pas de bête pire que l'homme. C'est les hommes qui tuent les hommes, pas les balles. Ils se tuent entre eux... Ah, ma pauvre petite!

Maman a fait venir une voyante.. Elle a prédit que tout irait bien. Mais on n'avait rien à lui donner. Maman a fini par trouver deux betteraves dans la cave, elle était toute contente. Et la voyante aussi. Je suis allée m'inscrire dans une école pédagogique, c'était mon rêve. Là, il fallait remplir un formulaire... J'ai tout écrit, et je suis arrivée à la question : "Vous ou votre famille, avez-vous été prisonniers? Avez-vous vécu en territoire occupé?" J'ai répondu que oui, bien sûr. Le directeur m'a convoquée dans son bureau : "Tu ne peux pas t'inscrire, ma petite." Il avait combattu sur le front. Il lui manquait un bras, il avait une manche vide. C'est comme ça que j'ai appris que tous ceux qui avaient vécu en territoire occupé n'étaient pas des gens... fiables. On était suspects. Personne nous disait plus "Frères et sœurs"... Cette question, dans les formulaires, c'est seulement au bout de quarante ans qu'on l'a enlevée. Quarante ans! Ma vie était finie quand c'est arrivé. "Et qui est-ce qui nous a laissés à la merci des Allemands? – Chut, ma petite, pas si fort..." Le directeur a fermé la porte pour que personne entende. "Pas si fort... Calme-toi..." Comment on peut aller contre le destin? Autant essayer de couper de l'eau avec un couteau... Sacha, lui, il voulait faire une école militaire. Sur le formulaire, il a écrit que sa famille se trouvait en territoire occupé et que son père avait été porté disparu. On l'a refusé... *(Elle se tait.)* Ça fait rien si je vous parle de moi, si je vous raconte ma vie? On a tous eu la même vie. Seulement, faudrait pas qu'on m'arrête à cause de cette conversation. Y a encore un pouvoir soviétique, ou c'est complètement fini?

Les malheurs, ça m'a fait oublier les bonnes choses... Qu'on était jeune, qu'on tombait amoureux. Je me suis bien amusée au mariage de Sacha... Ah, il l'aimait, sa Lisa! Il lui avait couru après pendant longtemps. Elle l'avait bien fait languir. Il lui avait ramené de Minsk un voile de mariée blanc. Il l'a portée dans ses bras pour entrer dans la baraque... C'est une vieille coutume de chez nous... Le marié porte la femme dans ses bras comme un bébé, pour que l'esprit de la maison la voie pas. Qu'il la remarque pas. L'esprit de la maison, il aime pas les étrangers, il les chasse. C'est lui le maître de maison, faut lui plaire. Aaah ! *(Elle hausse les épaules.)* On croit plus à rien, de nos jours. Ni à l'esprit de la maison ni au communisme. Les gens ont plus de foi ! Enfin, peut-être que l'amour, ils y croient encore… "Un baiser ! Un baiser !", on lui criait tous, à Sacha. Comment on buvait à l'époque ? Y avait une seule bouteille pour toute la table. Pour dix… Maintenant, c'est une bouteille par personne. Faut vendre une vache pour payer un mariage à son fils ou à sa fille. Il l'aimait, la Lisa… Mais l'amour, ça se commande pas, et ça s'attrape pas par les oreilles. Enfin, bon, qu'est-ce que vous voulez… Elle était coureuse comme une chatte. Quand leurs enfants sont devenus grands, elle l'a quitté. Sans crier gare. Moi, Sacha, je lui donnais des conseils : "Trouve-toi une gentille femme, sinon tu vas te mettre à boire. – Oh ! qu'il me disait. Je me verse juste un petit verre, je regarde le patinage artistique, et je vais me coucher." Quand on dort tout seul, même une couverture, ça vous réchauffe pas. Même le paradis, ça vous flanque le bourdon quand on est tout seul. Il buvait un peu, mais pas trop… Il prenait pas de cuites, comme les autres. Ici, on a un voisin, il boit même de l'eau de Cologne *L'Œillet*, et des lotions, et de l'alcool à brûler, et des produits de nettoyage… Et vous savez quoi ? Ben, il en meurt pas ! Maintenant, une bouteille de vodka, ça coûte le même prix qu'un manteau dans le temps. Et la nourriture ! Cinq cents grammes de saucisson, c'est déjà la moitié de ma retraite. Vous z'avez qu'à boire de la liberté ! En bouffer ! Dire qu'ils ont fichu en l'air un pays pareil ! Un empire ! Et sans tirer un seul coup de feu… Seulement moi, y a une chose que je comprends pas : pourquoi personne nous a rien demandé ? J'ai passé toute ma vie à construire un grand pays. C'est ce qu'on nous disait. Ce qu'on nous avait promis.

J'ai coupé des arbres, j'ai trimbalé des traverses sur mon dos… Avec mon mari, on est allés en Sibérie. Sur des chantiers communistes. Je me souviens des rivières, le Iénisseï, la Birioussa, la Mana… On construisait la voie ferrée Abakan-Taïchet. On nous avait emmenés là-bas dans des wagons de marchandises : deux étages de planches tenus par des clous, pas de matelas ni de draps, et comme oreiller, son poing. Y avait un trou dans le plancher…

Et pour les gros besoins, un seau derrière un drap. Quand le train s'arrêtait en plein champ, on ramassait du foin pour se faire des paillasses. Y avait pas de lumière dans les wagons. Mais pendant tout le trajet, on a chanté des chansons de komsomols. À tue-tête. Le voyage a duré sept jours… On nous a débarqués au fin fond de la taïga, la neige était aussi haute que nous. Très vite, on a commencé à avoir le scorbut, on avait les dents qui branlaient. Des poux. Mais pour ce qui était de la norme[1], je vous dis pas ! Les hommes qui savaient chasser allaient tuer des ours. Comme ça, on avait de la viande dans nos marmites, sinon, rien que de la semoule. Je me souviens encore qu'un ours, faut lui tirer uniquement dans l'œil. On vivait dans des baraques. Pas de douche, pas de bains… L'été, on allait en ville et on se lavait dans une fontaine. *(Elle rit.)* Si tu veux, je peux continuer comme ça encore longtemps…

Ah, je t'ai pas raconté comment je me suis mariée. J'avais dix-huit ans. Là, je travaillais déjà dans l'usine de briques. L'usine de ciment avait fermé, alors j'étais allée dans une usine de briques. Au début, je m'occupais de l'argile. À l'époque, on faisait tout à la main… Avec des pelles… On déchargeait l'argile des camions et on l'étalait dans la cour en couche bien régulière, pour qu'elle "repose". Au bout de six mois, je poussais déjà des wagonnets pleins de briques depuis les moules jusqu'aux fours… À l'aller, des briques pas cuites, et au retour, des briques cuites, brûlantes. On les sortait des fours nous-mêmes… Il faisait une chaleur épouvantable ! On sortait quatre à six mille briques en une journée de travail. Jusqu'à vingt tonnes. On n'était que des femmes pour faire ça. Et des jeunes filles… Il y avait aussi des hommes, mais ils étaient surtout dans les camions. Ils conduisaient. Il y en a un qui s'est mis à me faire la cour… Il s'approchait de moi, il éclatait de rire, il me posait la main sur l'épaule. Un jour, il m'a dit : "Tu pars avec moi ?" J'ai dit oui. J'ai même pas demandé où. Et on s'est engagés pour la Sibérie. Pour bâtir le communisme ! *(Elle*

---

1. Norme : standard soviétique servant à mesurer la quantité de travail à fournir journalièrement qui est à la base de "l'émulation socialiste" destinée à créer un climat de compétition sur le lieu de travail. Le fameux Stakhanov aurait accompli quatorze fois la norme d'extraction du charbon, soit cent deux tonnes au lieu de sept. Cette "gestion du travail" s'appliquait également dans les camps, alors que les détenus étaient systématiquement sous-alimentés.

se tait.) Et maintenant… Ah là là! Enfin, bon, qu'est-ce que vous voulez… Tout ça n'a servi à rien… On a trimé pour rien… C'est dur à admettre. Et c'est dur de vivre avec ça… On a tellement travaillé! On construisait, on faisait tout à la main. Ah, c'était pas une époque facile! Quand je travaillais à l'usine de briques, une fois, je me suis pas réveillée. Après la guerre, quand on arrivait en retard au travail… Dix minutes de retard, c'était la prison. C'est le chef d'équipe qui m'a sauvée : "Tu diras que je t'avais envoyée à la carrière…" Si quelqu'un nous avait dénoncés, lui aussi, il aurait été condamné. Après 1953, on a arrêté de punir pour les retards. Après la mort de Staline, les gens se sont mis à sourire, mais avant, on faisait tout le temps attention. On souriait pas.

À quoi ça sert de penser à tout ça, maintenant? C'est comme ramasser des clous après un incendie. Tout a brûlé. Toute notre vie… Tout ce qu'on avait a disparu… On a construit, construit… Sacha, lui, il était allé dans les terres vierges, il avait bâti le communisme là-bas. L'avenir radieux. Il disait qu'en hiver, ils couchaient sous la tente sans sac de couchage. Tout habillés. C'est là-bas qu'il a eu les mains gelées. Mais il était quand même fier! "La longue route serpente… Salut à vous, terres vierges!" Il avait sa carte du Parti, une carte rouge avec Lénine, il y tenait beaucoup. Il a été député et stakhanoviste, comme moi. La vie a passé, elle a filé à toute allure. Il en reste plus rien… Aucune trace. Hier, j'ai fait la queue trois heures pour du lait, et y en a pas eu assez pour moi. On m'a apporté un colis envoyé par les Allemands, avec des cadeaux : de la semoule, du chocolat, du savon… Pour les vainqueurs, de la part des vaincus! J'en ai pas besoin, de leur colis! Ah, non! Je l'ai pas pris… *(Elle se signe.)* Les Allemands, ils se promenaient dans les bois avec des chiens… Ils avaient le poil tout brillant, ces chiens… Et nous, on était dans les marais. Plongés dans l'eau jusqu'au cou. Les femmes, les enfants. Y avait des vaches avec nous. Elles faisaient pas de bruit. Elles disaient rien, comme les gens. Elles comprenaient. J'en veux pas, de leurs chocolats et de leurs biscuits allemands! Où est ce qui m'appartient? Le fruit de mon travail? On y croyait tellement! On croyait qu'un jour, on vivrait bien. Attends, supporte… Attends, sois patiente… On a passé toute notre vie dans des casernes, dans des dortoirs, des baraquements…

Enfin, qu'est-ce que vous voulez qu'on y fasse ? C'est comme ça... On peut survivre à tout, sauf à la mort. La mort, ça, on n'en réchappe pas... Trente ans il avait travaillé à la fabrique de meubles, Sacha. Il était devenu tout bossu. Il avait pris sa retraite l'année dernière. On lui avait fait cadeau d'une montre. Mais il est pas resté sans rien faire. Les gens arrêtaient pas de lui commander des tas de choses. Oui, oui... Mais quand même, il était pas gai. Il s'ennuyait. Il se rasait plus. Il avait passé trente ans dans la même fabrique, t'as qu'à compter, la moitié de sa vie ! C'était devenu son foyer. Et c'est de là qu'il venait, son cercueil. Un cercueil superbe ! Tout brillant, avec du velours à l'intérieur. Y a plus que les bandits et les généraux qu'on enterre dans des cercueils comme ça. Tout le monde est venu le tâter, on n'avait jamais vu une chose pareille ! Quand on l'a sorti du baraquement, on a jeté des graines sur le seuil. On fait ça pour que les choses soient plus faciles pour les vivants qui restent. Encore une vieille coutume de chez nous... On a exposé le cercueil dans la cour. Quelqu'un de sa famille a dit : "Pardonnez-lui, bonnes gens !" Et on a tous répondu : "Dieu lui pardonnera !" Mais qu'est-ce qu'il y a à lui pardonner ? On s'entendait bien, on vivait tous ensemble, comme une famille. S'il te manquait quelque chose, je te le donnais, la fois suivante, c'était toi qui me dépannais. On aimait bien nos fêtes. On a bâti le socialisme et maintenant, à la radio, on dit que le socialisme, c'est fini. Et nous... Ben, nous, on est toujours là...

Les trains passent, ils défilent... Vous z'êtes pas d'ici, vous, qu'est-ce que vous voulez ? Hein ? Y a pas deux morts qui se ressemblent. Mon premier fils, je l'ai eu en Sibérie, il a attrapé la diphtérie, et crac ! il est mort. Je continue quand même à vivre. Hier, je suis allée sur la tombe de Sacha, j'ai passé un peu de temps avec lui. Je lui ai raconté que la Lisa avait pleuré. Qu'elle s'était tapé la tête contre son cercueil. En amour, les années, ça compte pas...

Tout ça, ça s'arrangera quand on sera morts...

OÙ IL EST QUESTION DE MURMURES ET DE CRIS... ET DE L'ENTHOUSIASME

Margarita Pogrebitskaïa, médecin, 57 ans

Ma fête à moi, c'est le 7 novembre[1]... Un grand jour, un jour radieux. Mon plus beau souvenir d'enfance, c'est le défilé militaire sur la place Rouge.

Je suis sur les épaules de mon père, et j'ai un ballon rouge attaché au poignet. Dans le ciel, au-dessus des colonnes qui défilent, d'immenses portraits de Lénine et de Staline... de Marx... Des guirlandes et des grappes de ballons rouges, bleus, jaunes... Le rouge, c'est ma couleur préférée. La couleur de la révolution, la couleur du sang versé en son nom... La grande révolution d'Octobre! Maintenant, on dit "le coup d'État", "le complot bolchevique"... "le désastre russe"... Lénine était un agent de l'Allemagne, et la révolution a été faite par des déserteurs et des marins ivres... Je me bouche les oreilles, je ne veux pas entendre ça! C'est au-dessus de mes forces... Toute ma vie, j'ai vécu avec ma foi : nous étions les plus heureux, nous étions nés dans un pays magnifique, comme il n'en avait jamais existé. Il n'y avait aucun autre pays comme ça! Nous avions la place Rouge, et sur la tour du Sauveur sonnait un carillon qui donnait l'heure exacte au monde entier. C'était ce que me disait mon père... Et ma mère, et ma grand-mère... "Le 7 novembre, c'est la plus belle date du calendrier!" La veille, on se couchait tard, toute la famille fabriquait des fleurs en papier crépon,

---

1. Le coup d'État bolchevique, devenu la "révolution d'Octobre", a eu lieu dans la nuit du 24 au 25 octobre 1917 selon le calendrier julien, soit du 6 au 7 novembre 1917 selon le calendrier grégorien adopté par la suite. Le 7 novembre a été décrété "fête de l'Entente et de la Réconciliation" par Boris Eltsine.

on découpait des petits cœurs en carton. On les coloriait. Le matin, maman et grand-mère restaient à la maison pour préparer un repas de fête. Ce jour-là, nous avions toujours des invités. Ils apportaient un gâteau dans une boîte en carton et du vin. Dans un filet. À l'époque, il n'y avait pas encore de sacs en plastique... Grand-mère préparait ses fameux pirojkis au chou et aux champignons, maman nous concoctait une salade russe et faisait cuire l'incontournable viande en gélatine. Et moi, j'allais avec papa !

La rue était pleine de monde, les gens avaient tous des rubans rouges sur leur manteau ou sur leur veste. Il y avait de grandes pancartes d'un rouge éclatant, une fanfare militaire... La tribune avec nos dirigeants... Et la chanson :

> *Moscou, capitale du monde et de notre Patrie,*
> *Sur toi scintille l'étoile du Kremlin !*
> *Toi, l'orgueil de l'univers,*
> *Notre belle Moscou de granit !*

On avait tout le temps envie de crier : "Hourra !" Les haut-parleurs clamaient : "Gloire aux travailleurs de l'usine Likhatchov, qui a reçu deux fois l'ordre de Lénine et du Drapeau rouge ! Hourra, camarades !", "Hourra ! Hourra !", "Gloire à notre héroïque jeunesse communiste et léniniste... Gloire au Parti communiste... Gloire à nos illustres vétérans...", "Hourra ! Hourra !" C'était splendide ! Il y avait un enthousiasme ! Les gens débordaient de joie, ils en pleuraient. La fanfare jouait des marches militaires et des chants révolutionnaires :

> *Il est envoyé à l'ouest,*
> *Elle est envoyée à l'est,*
> *Ils partent pour la guerre civile,*
> *Nos jeunes komsomols...*

Je me souviens par cœur des paroles de toutes ces chansons, je n'ai rien oublié, je les chante souvent. Je me les chante à moi-même. *(Elle fredonne.)*

Immense est ma Patrie,
Que de forêts, de rivières et de champs,
Je ne connais aucun autre pays
Où l'homme respire aussi librement...

Il n'y a pas longtemps, j'ai retrouvé des vieux disques dans un placard, je suis allée chercher l'électrophone dans le cagibi, et j'ai passé toute une soirée plongée dans les souvenirs. Avec les chansons de Dounaïevski et de Lébedev-Koumatch... Comme on les aimait, ces chansons! *(Elle se tait.)* Et me voilà en l'air, très très haut... C'est papa qui me soulève à bout de bras. Toujours plus haut... Et enfin, le moment le plus important : on voit surgir les puissants camions roulant à grand fracas sur les pavés en traînant des missiles protégés par des housses, et les chars, et l'artillerie... "N'oublie jamais ça!" crie mon père en essayant de couvrir le vacarme. Et je sais que je ne l'oublierai jamais. En rentrant à la maison, on s'arrêterait dans un magasin et il m'achèterait de la limonade Bouratino, ma préférée. Ce jour-là, j'avais droit à tout ce que je voulais : des sifflets, des sucres d'orge...

J'aimais Moscou la nuit... Toutes ces lumières... À dix-huit ans... Dix-huit ans! je suis tombée amoureuse. Quand j'ai réalisé que j'étais amoureuse, vous ne devinerez jamais ce que j'ai fait? Je suis allée sur la place Rouge. La première chose dont j'ai eu envie en cet instant, c'est d'être sur la place Rouge. Le mur du Kremlin, les sapins noirs couverts de givre, le jardin Alexandre sous la neige... En regardant tout cela, je savais que j'allais être heureuse. C'était sûr et certain!

Il n'y a pas longtemps, mon mari et moi, nous avons fait un voyage à Moscou. Et pour la première fois, nous ne sommes pas allés sur la place Rouge. Nous recueillir. Pour la première fois... *(Elle a les larmes aux yeux.)* Mon mari est arménien, nous étions encore étudiants quand nous nous sommes mariés. Il possédait une couverture et moi un lit pliant, c'était tout ce que nous avions pour commencer dans la vie. Après avoir terminé nos études de médecine à Moscou, nous avons été envoyés à Minsk. Toutes mes amies ont été dispersées un peu partout : en Moldavie, en Ukraine, à Irkoutsk... Ceux qui étaient partis à Irkoutsk, on les appelait "les décembristes¹". Partout, c'était notre pays, on pouvait aller où on voulait! Il n'y avait pas de frontières à l'époque, pas de visa ni de douane. Mon mari avait envie de retourner chez lui, en Arménie. Il me disait : "Allons sur le lac Sevan, tu verras le mont Ararat. Tu goûteras de la vraie *lavache* arménienne!" Mais on nous a proposé Minsk. Et on s'est dit : "Allons-y pour la Biélorussie!" C'est ça, la jeunesse, on a encore tellement de temps devant soi, on a l'impression qu'il y en aura assez pour tout faire. Nous sommes allés à Minsk, et nous nous sommes plu ici. On peut rouler pendant des heures parmi des lacs et des forêts, les forêts des partisans... Des marais et des bois... Avec des champs de temps en temps... Nos enfants ont grandi ici, leurs plats préférés, ce sont les galettes de pommes de terre et la *motchanka*² biélorusse. Comme dit la chanson : "Les patates, ça se fait sauter, les patates, ça se fait bouillir..." Pour eux, le *khach*³ arménien vient après. Mais chaque année, nous allions tous ensemble à Moscou. Je ne pouvais pas vivre sans cela, il fallait que je me balade dans Moscou. Que je respire l'air de Moscou... J'attendais toujours avec impatience le moment où le train entrait dans la gare de Biélorussie au son de l'hymne national. J'avais le cœur qui bondissait quand j'entendais : "Camarades passagers! Notre train est arrivé dans la capitale de notre Patrie, la ville héros de Moscou!..." "Bouillonnante, puissante et invincible, Moscou, ma ville, ma Patrie, mon amour..." Et on descendait du wagon aux sons de cette musique.

Mais là... Où étions-nous tombés? Nous nous sommes retrouvés dans une ville inconnue, une ville étrangère... Des papiers sales et des lambeaux de journaux volaient dans les rues portés par le vent, on marchait sur des canettes de bière. Dans la gare... Près du métro, partout, il y avait des files de gens grisâtres qui vendaient quelque chose, de la lingerie féminine et des draps, de

---

1. C'est en Sibérie, et en particulier à Irkoutsk, que les décembristes, des jeunes gens d'origine noble qui s'étaient insurgés contre le tsar, ont été exilés en 1825 (ceux qui n'avaient pas été exécutés).
2. Plat national : côtes de porc cuites à l'étouffée dans des plats en terre avec du beurre, du lait et de la farine.
3. Plat traditionnel : bouillon à base de jarrets de bœuf, de pieds de veau et de tripes, dans lequel on émiette du pain arménien ou *lavache*.

vieilles chaussures et des jouets d'enfants. On pouvait acheter des cigarettes à la pièce. Comme dans les films sur la guerre. Il n'y a que là que j'avais vu ça. Des saucisses, de la viande crue, du poisson, posés à même le sol sur des bouts de papier ou sur du carton... Parfois, c'était recouvert de cellophane déchirée, parfois non. Et les Moscovites achetaient ça. Ils le vendaient. Des chaussettes tricotées, des serviettes en papier. Des clous et à côté, de la nourriture, des vêtements. Ça parlait ukrainien, biélorusse, moldave... "On est de Vinnitsa...", "Nous, on vient de Brest..." Et beaucoup de mendiants... Mais d'où sortaient-ils tous ? Des infirmes... On se serait cru dans un film... Je ne vois que ça, comme comparaison, c'était comme dans les vieux films soviétiques. Comme au cinéma...

Sur le vieil Arbat, mon cher Arbat[1], j'ai vu des éventaires avec des matriochkas, des samovars, des icônes, des photos du tsar et de sa famille. Des portraits de généraux blancs, Koltchak, Dénikine, et un buste de Lénine... Toutes sortes de matriochkas, avec des têtes de Gorbatchev, d'Eltsine. Je n'ai pas reconnu ma Moscou à moi. Qu'est-ce que c'était que cette ville ? Un vieillard jouait de l'accordéon assis sur des briques. Couvert de décorations. Il chantait des chansons de guerre et, à ses pieds, il y avait un chapeau avec quelques pièces de monnaie dedans. Nos chansons préférées...

Au fond du poêle palpitent les flammes,
La résine coule comme des larmes...

J'ai voulu m'approcher de lui, mais il était déjà entouré d'étrangers qui prenaient des photos... Ils lui parlaient en italien, en français, en allemand, ils lui tapaient sur l'épaule : *"Davaï! Davaï!"* Cela les amusait, ils étaient tout contents. Évidemment ! On avait si peur de nous avant... Et maintenant... Regardez-moi ce bric-à-brac ! Fini, le grand empire ! À côté des matriochkas et des samovars, des monceaux de drapeaux et de fanions rouges, des cartes du Parti, des cartes de komsomols... Et des décorations de guerre soviétiques. L'ordre de Lénine, l'ordre du Drapeau

---

1. L'une des rues les plus pittoresques (et les plus touristiques) du vieux Moscou.

rouge. Des médailles! La médaille du Courage, la médaille du Mérite... Je les touchais, je les caressais... Je n'arrivais pas à y croire! "Pour la défense de Sébastopol", "Pour la défense du Caucase"... C'étaient toutes des vraies. Nos médailles à nous. Et des uniformes de l'armée soviétique : des vareuses, des manteaux, des casquettes avec des étoiles... Et les prix étaient en dollars. "C'est combien?" a demandé mon mari en montrant une médaille du Courage. "Je te la fais à vingt dollars... Bon, allez, d'accord, file-moi mille roubles. – Et l'ordre de Lénine? – Cent dollars... – Et ta conscience, elle vaut combien?" Mon mari était prêt à en venir aux mains. "T'es cinglé ou quoi? Non, mais de quel trou tu sors, toi? C'est des vestiges de l'époque totalitaire!" Voilà ce qu'il a dit. "C'est juste de la ferraille, mais les étrangers aiment bien ça. Les symboles soviétiques sont à la mode chez eux, en ce moment. Ça se vend bien." Je me suis mise à crier... J'ai appelé un milicien. Je hurlais : "Non, mais regardez! Vous avez vu ça!" Le milicien nous l'a confirmé : "Vestiges de l'époque totalitaire... Nous n'intervenons que pour la drogue et la pornographie..." Et une carte du Parti à dix dollars, ce n'est pas de la pornographie? Un ordre de la Gloire... Ou bien ça, un drapeau rouge avec le portrait de Lénine... Pour des dollars! Nous avions l'impression de nous trouver dans un décor de théâtre. Qu'on nous jouait une comédie, que nous nous étions trompés de ville. J'étais là, à pleurer. À côté de moi, des Italiens essayaient des manteaux militaires et des casquettes avec des étoiles rouges. "*Karacho!* Trrrès russe..."

La première fois que je suis entrée dans le mausolée, c'était avec ma mère. Je me souviens qu'il pleuvait, une pluie froide d'automne. Nous avons fait la queue pendant six heures. Des marches... la pénombre... des couronnes de fleurs... des chuchotements : "Circulez, ne vous arrêtez pas..." Je pleurais tellement que je n'ai rien vu. Mais j'ai eu l'impression que Lénine brillait... Quand j'étais petite, je disais à ma mère : "Maman, moi, je ne mourrai jamais!" Elle me répondait : "Qu'est-ce qui te fait croire ça? Tout le monde meurt. Même Lénine est mort." Même Lénine... Je ne sais pas comment raconter tout cela. Mais j'ai besoin de le faire... J'en ai envie. Je voudrais parler... mais je ne sais pas à qui. Pour dire quoi? Pour dire que nous étions follement heureux! Maintenant, j'en suis absolument convaincue. Nous avons grandi dans la misère, nous étions naïfs. Mais on ne le savait pas, et on n'enviait personne. On allait à l'école avec des plumiers bon marché et des stylos à quarante kopecks. L'été, on portait des sandales de toile blanchies au dentifrice. C'était joli ! L'hiver, on mettait des bottes en caoutchouc et quand il gelait, on avait la plante des pieds en feu. On était gais ! On croyait que demain serait mieux qu'aujourd'hui, et après-demain mieux qu'hier. On avait un avenir. Et un passé. On avait tout ce qu'il fallait !

Nous aimions notre Patrie, d'un amour sans limites. C'était la plus belle des Patries ! La première automobile soviétique : hourra ! Un ouvrier illettré avait découvert le secret qui empêche l'acier de rouiller : quelle victoire ! Le monde entier connaissait déjà ce secret depuis longtemps, mais cela, nous ne l'avons appris que plus tard. À l'époque... Nous allions être les premiers à survoler le pôle Nord ! Nous allions maîtriser les aurores boréales ! Détourner des fleuves gigantesques... irriguer des déserts éternels... La foi ! La foi, c'est quelque chose qui dépasse la raison. Le matin, je me réveillais au son de l'hymne national : "L'Union indestructible des républiques libres, soudée par la grande Russie pour les siècles des siècles..." Nous chantions beaucoup à l'école. Je me souviens de ces chansons... *(Elle fredonne.)*

Nos pères ont rêvé de bonheur et de liberté,
Que de combats ils ont livrés !
C'est dans la lutte que notre Patrie
Par Lénine et Staline fut bâtie...

Dans la famille, on racontait que le lendemain du jour où j'étais entrée aux pionniers, lorsque l'hymne avait retenti, j'avais bondi et j'étais restée debout sur mon lit jusqu'à la fin. Et le serment des pionniers : "En entrant dans les rangs des pionniers... je jure solennellement devant mes camarades... d'aimer ma Patrie de tout mon cœur..." Nous avons fêté l'événement à la maison, cela sentait les gâteaux en mon honneur. Je ne quittais pas mon foulard rouge, je le lavais et je le repassais tous les matins pour qu'il n'ait pas un pli. Même à l'institut, j'ai continué à nouer mes foulards à la façon des pionniers. Et ma carte de komsomole... Je l'ai encore... Je m'étais vieillie d'un an pour y être admise plus tôt. J'aimais bien me promener dans la rue, on entendait la radio partout... La radio, c'était notre vie, c'était tout pour nous. Dès qu'on ouvrait la fenêtre, la musique entrait à flots, une musique qui donnait envie de faire le tour de l'appartement au pas de marche. Comme dans un défilé... C'était peut-être une prison, mais j'y étais bien au chaud, dans cette prison. Nous étions habitués à cela... Même dans les queues, aujourd'hui encore, on se colle les uns aux autres pour être ensemble. Vous avez remarqué ? *(Elle recommence à fredonner.)*

> *Staline, c'est notre gloire,*
> *Staline, c'est l'envol de notre jeunesse,*
> *Chantant et luttant, notre peuple en liesse*
> *Suit Staline jusqu'à la victoire!*

Oui! Notre plus grand rêve, c'était de mourir. De nous sacrifier. De tout donner. Le serment des komsomols dit : "Je suis prêt à donner ma vie pour mon peuple s'il le faut." Et ce n'étaient pas seulement des mots, on nous éduquait vraiment comme ça. Quand une colonne de soldats passait dans la rue, tout le monde s'arrêtait. Après la Victoire... Un soldat, c'était quelqu'un de formidable... Lorsque je suis entrée au Parti, j'ai écrit de ma main : "J'ai pris connaissance du programme et des règlements et je les accepte. Je suis prête à consacrer toutes mes forces à ma Patrie, et à donner ma vie pour elle s'il le faut." *(Elle me regarde avec attention.)* Qu'est-ce que vous pensez de moi ? Vous trouvez que je suis une idiote, hein ? Que c'est puéril... Je connais des gens... Cela les fait carrément rire. Ils appellent ça du socialisme émotionnel, des idéaux de carton-pâte... C'est ainsi qu'ils me voient. Une gourde. Une arriérée mentale. Vous qui êtes "un ingénieur de l'âme humaine[1]"... Vous voulez me consoler ? Chez nous, un écrivain, c'est plus qu'un écrivain. C'est un maître. Un maître à penser. Enfin, avant c'était comme ça, plus maintenant. Il y a beaucoup de gens aux offices dans les églises. Mais les vrais croyants sont rares, la plupart d'entre eux sont des gens qui souffrent... Comme moi. Ils sont traumatisés... Je ne crois pas d'après les préceptes de l'Église, je crois avec mon cœur. Je ne connais pas de prières, mais je prie... Nous avons un prêtre, c'est un ancien officier, il n'arrête pas

---

1. Formule célèbre utilisée par Staline pour qualifier les écrivains.

de nous faire des sermons sur l'armée, sur la bombe atomique. Sur les ennemis de la Russie et les complots des francs-maçons. Moi, c'est autre chose que je voudrais entendre... D'autres mots... Pas ceux-là. Mais on n'entend que ça autour de nous. Il y a beaucoup de haine... On n'a nulle part où blottir son âme. Et quand j'allume la télévision, c'est la même chose... Rien que des malédictions... Tout le monde renie le passé et crache dessus. Mon metteur en scène préféré, Mark Zakharov, je ne l'aime plus autant maintenant, je ne lui fais plus confiance comme avant... Il a brûlé sa carte du Parti, on l'a montré à la télévision... En public. On n'est pas au théâtre! C'est la vie. Ma vie. Comment peut-on la traiter comme ça? Traiter ma vie comme ça... Pourquoi tout ce cirque?

Je suis dépassée... Je fais partie de ceux qui restent sur le bord de la route. Tout le monde s'empresse de descendre du train qui fonçait vers le socialisme pour monter dans celui qui fonce vers le capitalisme. Moi, je l'ai raté, ce train... On se moque des *Homo sovieticus*. On les traite de poires, de ringards... On se fiche de moi... Les Rouges sont devenus des monstres, et les Blancs de nobles chevaliers. Je suis contre ça, mon cœur et mon esprit sont contre, je ne l'accepte pas, c'est physiologique. Je ne l'intègre pas. Je ne peux pas... Je n'y arrive pas... J'avais bien accueilli Gorbatchev, même si je le critiquais. Maintenant, il est évident que c'était un rêveur, comme nous tous. Un utopiste. On peut dire ça comme ça. Mais pour Eltsine, là, je n'étais pas prête... Ni pour les réformes de Gaïdar. Notre argent s'est volatilisé en un jour. Notre argent et notre vie... Tout a perdu sa valeur, en un clin d'œil. À la place de l'avenir radieux, on s'est mis à nous dire : "Enrichissez-vous, aimez l'argent... Adorez ce monstre!" Le peuple n'était pas prêt pour ça. Personne ne rêvait du capitalisme, en tout cas, moi, je peux vous dire que je n'en rêvais pas... J'aimais bien le socialisme. C'était déjà l'époque de Brejnev, une époque "végétarienne[1]"... Je n'ai pas vécu les années "cannibales". Je chantais les chansons de Pakhmoutova :

Sous l'aile de l'avion,
La verte taïga nous chante sa chanson...

1. Voir note p. 20.

Je me préparais à vivre de grandes amitiés et à bâtir "des villes couleur d'azur[1]". À rêver... "Je sais qu'il y aura ici une ville... Une ville-jardin..." J'aimais Maïakovski. Les chansons et les poèmes patriotiques. C'était si important, à l'époque! Cela comptait tellement pour nous. Personne ne pourra jamais me convaincre que la vie nous est donnée uniquement pour manger de bons petits plats et pour dormir. Que les héros, ce sont ceux qui achètent quelque chose dans un endroit pour le revendre ailleurs trois kopecks de plus. C'est ce qu'on nous rentre dans le crâne, maintenant. Du coup, tous ceux qui ont donné leur vie pour les autres, pour de grands idéaux, ce sont des imbéciles. Non, non, et non! Hier, je faisais la queue dans un magasin et devant moi, il y avait une vieille femme qui comptait et recomptait ses kopecks dans son porte-monnaie. Elle a fini par acheter cent grammes du saucisson le moins cher... Et deux œufs. Je la connais... Elle a travaillé toute sa vie comme institutrice.

Je n'arrive pas à me réjouir de cette nouvelle vie. Jamais je ne m'y sentirai bien, jamais je ne me sentirai bien toute seule. Dans mon coin. Mais la vie me tire vers cette boue. Vers la terre. Mes enfants vont devoir vivre selon ces lois. Ils n'ont pas besoin de moi, je suis ridicule. Toute ma vie est ridicule... Il n'y a pas longtemps, en triant des papiers, je suis tombée sur le journal intime que je tenais quand j'étais adolescente : le premier amour, le premier baiser... et des pages entières sur mon amour pour Staline, j'étais prête à mourir rien que pour l'apercevoir. Le journal d'une folle... J'ai voulu le jeter, mais je n'ai pas pu. Je l'ai caché. Je n'ai qu'une peur, c'est qu'il tombe sous les yeux de quelqu'un. On tournerait cela en dérision, on se moquerait de moi. Je ne l'ai montré à personne... *(Elle se tait.)* Je me souviens de beaucoup de choses que le bon sens ne peut pas expliquer. Ah, je suis un spécimen rare, ça oui! N'importe quel psychothérapeute serait content de... Pas vrai? Vous avez de la chance d'être tombée sur moi... *(Elle rit et pleure à la fois.)*

Allez-y, posez-moi la question... Vous devez vous demander comment on pouvait concilier cela : ce bonheur, et le fait qu'on débarquait en pleine nuit pour arrêter les gens. Quelqu'un

---

1. Allusion à une chanson et à une comédie musicale très populaires.

disparaissait, on entendait des sanglots derrière une porte. Je ne sais pas pourquoi, je ne me souviens pas de ça. Je ne m'en souviens pas ! En revanche, je me souviens du lilas en fleur au printemps, des fêtes dans la rue, des trottoirs en bois chauffés par le soleil. De l'odeur du soleil. Des éblouissantes parades de gymnastes, des mots LÉNINE et STALINE sur la place Rouge, formés par des entrelacements de fleurs et de corps humains vivants.

J'ai posé la question à ma mère. Quel souvenir avons-nous de Béria ? De la Loubianka ? Elle ne répond pas... Une seule fois, elle m'a raconté qu'elle avait traversé l'Ukraine un été, alors qu'elle revenait de vacances en Crimée avec papa. C'étaient les années 1930, la collectivisation... Il y avait une grande famine en Ukraine, *Golodomor* en ukrainien. Des millions de gens sont morts. Des villages entiers. Il n'y avait plus personne pour enterrer les cadavres... On tuait les Ukrainiens parce qu'ils ne voulaient pas travailler dans les kolkhozes. On les faisait mourir de faim. Je le sais, maintenant... Autrefois, ils avaient eu les cosaques zaporogues, et les gens se souvenaient encore de la liberté... Là-bas, la terre est tellement riche que si on plante un bâton, c'est un arbre qui pousse. Et pourtant ils mouraient... Ils crevaient comme du bétail. On leur avait tout pris, tout confisqué jusqu'à la dernière miette... Ils étaient encerclés par des troupes, comme dans un camp de concentration. Je le sais, maintenant... Au travail, j'ai une amie ukrainienne qui a entendu sa grand-mère raconter ça... Dans leur village, une mère a tué un de ses enfants elle-même, à coups de hache, pour le faire cuire et le donner à manger aux autres. Son propre enfant... Tout cela a bien existé. Les gens avaient peur de laisser sortir leurs enfants. On les capturait. Comme les chats et les chiens. Ils creusaient dans leur potager pour trouver des vers de terre et ils les mangeaient. Ceux qui le pouvaient rampaient vers les villes, vers les trains. Ils attendaient qu'on leur jette une croûte de pain... Les soldats les repoussaient à coups de pied, à coups de crosse... Les trains passaient à toute vitesse, les contrôleurs fermaient les fenêtres, tiraient les rideaux. Et personne... personne ne posait de questions. Les gens arrivaient à Moscou, ils rapportaient du vin, des fruits, ils étaient fiers de leur bronzage, ils parlaient de la mer. *(Elle se tait.)* J'aimais Staline... Je l'ai aimé pendant longtemps. Même quand on a commencé à dire qu'il était petit et roux, avec une main desséchée. Qu'il avait tué sa femme. Même quand on l'a détrôné, enlevé du mausolée. Je l'aimais quand même.

J'ai été une petite stalinienne pendant longtemps. Très longtemps. Eh oui, j'étais comme ça! Nous étions tous comme ça... Et sans cette vie, je reste les mains vides. Je n'ai plus rien... Je suis une miséreuse. J'étais fier de notre voisin Vania, c'était un héros! Il était revenu de la guerre amputé des deux jambes. Il se déplaçait dans la cour sur une chaise roulante en bois fabriquée à la main. Il m'appelait "Ma petite Marguerite", il réparait les souliers et les bottes de tout le voisinage. Quand il avait bu, il chantait : "Mes chers frères, mes chères sœurs... J'me suis battu en héros..." Quand je suis passée le voir quelques jours après la mort de Staline, il m'a dit : "Alors, ma petite Marguerite, il a enfin crevé, ce..." C'était lui qui disait cela? De *mon* Staline? Je lui ai arraché mes bottes des mains. "Comment osez-vous! Vous qui êtes un héros! Avec une décoration!" J'ai passé deux jours à réfléchir : j'étais une pionnière, donc, il fallait que j'aille au NKVD pour leur parler de Vania. Faire un rapport. J'étais on ne peut plus sérieuse. Oui! Comme Pavlik Morozov[1]... J'aurais été capable de dénoncer mon propre père... Ma mère... J'en étais capable... Oui! J'étais prête à le faire. Et puis, en rentrant de l'école, j'ai vu Vania qui traînait par terre dans l'entrée de l'immeuble, il était ivre. Il était tombé de son fauteuil et n'arrivait pas à se relever. Il m'a fait pitié.

Oui, j'étais comme ça... Je restais là, l'oreille collée à la radio, à écouter les bulletins de santé du camarade Staline diffusés toutes les heures. Et je pleurais. De tout mon cœur. Eh oui! Cela a existé, le stalinisme, et nous, les staliniens, nous avons existé... Ma mère était d'une famille noble. Quelques mois avant la révolution, elle avait épousé un officier qui a ensuite combattu dans l'Armée blanche. Ils se sont séparés à Odessa, lui a émigré avec ce qui restait des troupes vaincues de Dénikine, mais elle, elle ne pouvait pas abandonner sa mère paralysée. Elle a été arrêtée par

---

1. Jeune paysan transformé en icône du communisme. Selon la légende, il avait dénoncé son père pour avoir caché des provisions pendant la collectivisation. Il était donné en exemple aux enfants.

la Tchéka en tant que femme d'un officier blanc. Le commissaire qui s'occupait de son dossier est tombé amoureux d'elle. Il a réussi à la sauver... Mais il l'a obligée à l'épouser. Quand il rentrait ivre de son travail, il lui tapait sur la tête avec son revolver. Et puis il a disparu. Eh bien, maman... Une beauté, une femme qui adorait la musique et qui parlait plusieurs langues... Elle vouait un amour éperdu à Staline. Quand mon père n'était pas satisfait de quelque chose, elle le menaçait : "Je vais aller au comité régional, et je leur dirai quel genre de communiste tu es!" Mon père, lui, avait participé à la révolution... Il avait été victime des répressions en 1937. Mais il avait été libéré très vite, parce qu'un bolchevik en vue, qui le connaissait personnellement, était intervenu en sa faveur. Il s'était porté garant pour lui. Mais papa n'avait pas été réintégré dans le Parti. C'est un coup dont il ne s'est jamais remis. En prison, on lui avait cassé les dents, on lui avait fendu le crâne. Mais il n'avait pas changé, il était resté communiste. Vous pouvez m'expliquer ça? Vous croyez qu'ils étaient tous des imbéciles? Des naïfs? Non, c'étaient des gens intelligents et cultivés. Maman lisait Shakespeare et Goethe dans le texte, et papa était diplômé de l'académie Timiriazev. Et Blok? Et Maïakovski? Et Inès Armand? C'étaient mes idoles... Mes modèles... J'ai grandi avec eux. *(Elle devient songeuse.)*

Autrefois, j'ai appris à piloter dans un aéroclub. Je n'en reviens pas aujourd'hui quand je vois dans quoi on volait. Comment avons-nous fait pour rester en vie? Ce n'étaient pas des planeurs, mais des avions bricolés avec du tissu tendu sur des lattes en bois. Comme gouvernail, un manche à balai et une pédale. Mais quand on vole dans les airs, on voit des oiseaux, on voit la terre d'en haut. On se sent des ailes! Le ciel, l'altitude, cela transforme un être humain... Vous comprenez de quoi je parle? Je parle de cette vie qui était la nôtre... Ce n'est pas pour moi que j'ai de la peine, non, je regrette tout ce que nous aimions.

Je vous ai tout dit, j'ai été honnête... Mais je ne sais pas pourquoi, aujourd'hui, on a honte de raconter cela...

Le premier vol de Gagarine dans l'espace... Tout le monde était dans la rue, on riait, on s'embrassait, on pleurait. Des gens qui ne se connaissaient pas du tout. Les ouvriers étaient sortis de leurs usines en bleu de travail, les médecins lançaient leurs coiffes blanches en l'air : "Nous sommes les premiers! C'est un Soviétique, un des nôtres, qui a volé dans l'espace!" Ce sont des choses qui ne s'oublient pas. C'était époustouflant! Tellement formidable! Aujourd'hui encore, je ne peux pas entendre sans émotion la chanson :

Et nous ne rêvons pas du fracas des fusées,
Ni du bleu d'un ciel glacé,
Mais d'herbe verte, l'herbe verte
Qui pousse près de chez nous...

Et la révolution cubaine. Le jeune Fidel Castro... Je criais : "Maman! Papa! Ils ont gagné! *Viva Cuba!*" *(Elle fredonne.)*

Cuba, mon amour!
Sur l'île se lève une aube rouge,
Ta chanson vole et résonne
À travers toute la planète!

Des vétérans de la guerre d'Espagne étaient venus dans notre école. Nous avons chanté ensemble la chanson *Grenade*[1].

J'ai quitté ma maison pour aller faire la guerre,
Pour qu'à Grenade les paysans
Retrouvent leurs terres...

J'avais une photo de Dolorès Ibárruri au-dessus de mon bureau. Oui... Nous rêvions de Grenade... Et ensuite de Cuba... Quelques dizaines d'années plus tard, d'autres garçons ont rêvé de l'Afghanistan, exactement de la même façon... Nous étions faciles à tromper. Mais quand même... Quand même... Je ne l'oublierai jamais! Je n'oublierai jamais le jour où toute la classe de terminale de notre école est partie défricher des terres vierges. Ils défilaient avec des sacs à dos et un drapeau qui flottait. Certains avaient une guitare sur le dos. Je me disais : "Ça, ce sont des héros!" Après, beaucoup d'entre eux sont revenus malades : ils n'étaient pas arrivés jusqu'aux

1. Célèbre chanson écrite en 1936 par Mikhaïl Svetlov.

terres vierges, ils avaient construit une voie ferrée dans la taïga, ils transportaient des rails en pataugeant dans l'eau glacée jusqu'à la ceinture. Il n'y avait pas assez de camions… Ils se nourrissaient de patates pourries, ils souffraient tous du scorbut. Mais ils ont existé, ces jeunes! Et la petite fille qui les regardait partir avec enthousiasme, elle a existé, elle aussi. C'était moi. Mes souvenirs… Je ne les céderai à personne! Ni aux communistes, ni aux démocrates, ni aux traders. Ils sont à moi. Ils m'appartiennent. Je peux me passer de tout, je n'ai pas besoin de beaucoup d'argent, ni de nourriture raffinée, ni de vêtements à la dernière mode… Ni d'une voiture de luxe… Avec nos Jigouli, on voyageait dans toute l'Union soviétique : j'ai vu la Carélie, le lac Sevan, le Pamir… Tout cela, c'était ma patrie. Ma patrie, c'est l'URSS. Je peux me passer de beaucoup de choses. Mais je ne peux pas vivre sans ce qui a existé. *(Elle se tait longtemps, si longtemps que j'interviens.)*

Ne vous en faites pas… Ça va… Je vais bien, maintenant… Pour l'instant, je reste enfermée chez moi, à caresser mon chat, à tricoter des moufles… Les occupations toutes simples, comme le tricot, c'est ce qu'il y a de mieux. Ce qui m'a retenue? Je ne suis pas allée jusqu'au bout. Non… En tant que médecin, je me suis représenté la scène… Dans les moindres détails… La mort est laide, elle n'est jamais belle. J'ai vu des pendus… Au dernier moment, ils ont un orgasme, ou alors ils se couvrent d'urine, d'excréments. Le gaz, cela rend les gens bleus, violets… Rien que cette idée est horrible pour une femme. Je ne me fais pas d'illusion sur la beauté de la mort. Mais quelque chose vous pousse, c'est comme un coup de fouet qui vous projette en avant… Un soubresaut de désespoir. Il y a la respiration, le rythme… Et puis un soubresaut. Et là, on a du mal à se retenir. Tourner le robinet d'arrêt. Stop! Je me suis retenue. J'ai jeté la corde à linge et je me suis précipitée dehors. J'ai été trempée par la pluie, quelle joie d'être trempé par la pluie, après ça! C'est tellement agréable! *(Elle se tait.)* J'ai fait une dépression. Je suis restée huit mois couchée, sans parler. Je ne savais plus marcher. Et puis j'ai fini par me lever. J'ai réappris à marcher. Je suis là… J'ai repris pied. Mais j'ai vécu de très mauvais moments… On m'a crevée comme un ballon… Pourquoi je vous dis tout ça? Bon, allez, ça suffit! *(Elle s'assied et pleure.)* Ça suffit…

En 1993... Nous étions quinze à vivre dans notre appartement de trois pièces à Minsk, sans compter un bébé... Ce sont les parents de mon mari qui sont arrivés les premiers, de Bakou, sa sœur avec sa famille, et ses cousins germains. Ils ne sont pas venus en visite, ils sont venus avec le mot "guerre" à la bouche. Ils sont entrés en le hurlant... les yeux bouffis de larmes... C'était en hiver, ou en automne. Il faisait déjà froid. Oui, c'était en automne, parce qu'en hiver, nous étions plus nombreux. L'hiver, ce sont ceux du Tadjikistan qui ont débarqué. Ma sœur, de Douchambé, avec sa famille et ses beaux-parents. Oui, ça s'est passé comme ça... On dormait partout. En été, on couchait même sur le balcon. Et ils ne parlaient pas, ils hurlaient... Ils racontaient comment ils s'étaient enfuis, la guerre les avait chassés à coups de pied... Elle les avait éjectés... Ils sont tous comme moi, ce sont des Soviétiques... De vrais Soviétiques. À cent pour cent. Ils en étaient fiers! Et brusquement, il n'est plus rien resté de tout cela. Plus rien du tout. Un matin, en se réveillant, ils ont regardé par la fenêtre : ils vivaient sous un autre drapeau. Dans un autre pays. Ils étaient des étrangers.

Je les écoutais, je les écoutais, et ils parlaient...

"Non, mais quelle époque! Gorbatchev est arrivé... Et brusquement, on s'est mis à tirer sous nos fenêtres. Seigneur! Dans la capitale, à Douchambé... Tout le monde était rivé à sa télévision, on avait peur de rater les dernières nouvelles. Dans l'usine où je travaillais, nous n'étions que des femmes, en majorité des Russes. Je demandais : « Qu'est-ce qui va se passer, les filles? – C'est la guerre, on est déjà en train d'égorger les Russes. » Quelques jours plus tard, un magasin a été saccagé en plein jour, ensuite un autre..."

"Les premiers mois, je pleurais, après, j'ai arrêté. Les larmes tarissent vite. Ce qui faisait le plus peur, c'étaient les hommes, tous, même ceux qu'on connaissait. Ils pouvaient vous traîner dans une maison, dans une voiture... « T'es belle! Viens, ma jolie, on va te niquer... » La fille d'une voisine s'est fait violer par des camarades de classe. Des garçons tadjiks que nous connaissions bien. Sa mère est allée trouver les parents de l'un d'eux. Ils lui ont crié : « Qu'est-ce que t'es venue faire ici? Retourne dans ta

Russie! De toute façon, bientôt, il n'y aura plus de Russes chez nous. Vous partirez tous en petites culottes! »"

"Pourquoi nous étions allés là-bas? Nous y avions été envoyés en tant que komsomols. Pour construire la centrale hydroélectrique de Nourek et une usine d'aluminium… J'ai appris le tadjik : *tchaïkhana, piala, aryk, artcha, tchinara*… On nous appelait les *chouravi*. Les frères russes."

"… Je rêve de montagnes roses couvertes d'amandiers en fleur. Et je me réveille en pleurant…"

"… À Bakou, on habitait dans un immeuble de huit étages. Un matin, ils ont regroupé les familles arméniennes dans la cour… Les gens se sont rassemblés autour d'eux, et tous, un par un, ils leur ont tapé dessus avec quelque chose. Un garçon de cinq ans a tapé avec sa petite pelle. Et une vieille Azerbaïdjanaise lui a caressé la tête…"

"… Nos amis étaient azerbaïdjanais, eux aussi, mais ils nous ont cachés dans leur cave. Ils nous avaient recouverts de tout un bric-à-brac, de cartons… Ils nous apportaient à manger pendant la nuit…"

"… Le matin, quand j'allais à mon travail, il y avait des cadavres dans les rues, allongés par terre ou assis contre un mur, on aurait dit qu'ils étaient vivants. Certains étaient recouverts d'une nappe, d'autres non. On n'avait pas eu le temps de le faire. La plupart avaient été déshabillés. Les hommes comme les femmes… Ceux qui étaient assis, eux, ils n'avaient pas été déshabillés, on n'était pas arrivé à les déplier…"

"… Avant, je pensais que les Tadjiks étaient comme des enfants, qu'ils ne pouvaient faire de mal à personne. Au bout de six mois et même moins, on ne reconnaissait plus Douchambé ni les gens. Les morgues étaient remplies à craquer. Le matin, il y avait des caillots de sang séché sur l'asphalte, ils restaient là jusqu'à ce qu'ils soient piétinés… On aurait dit de la gelée…"

"… Pendant des jours et des jours, ils ont défilé devant notre maison avec des pancartes : « Mort aux Arméniens ! » Des hommes et des femmes. Des vieux et des jeunes. Une foule déchaînée, il n'y avait pas un seul visage humain. Les journaux étaient remplis de petites annonces : « Échange appartement de trois pièces à Bakou contre n'importe quoi dans n'importe quelle ville de Russie. » Nous avons vendu le nôtre pour trois cents dollars. Le prix d'un réfrigérateur. Si nous ne l'avions pas vendu à ce prix-là, nous nous serions fait tuer…"

"… Nous, avec l'argent de notre appartement, nous avons acheté une doudoune chinoise pour moi, et des bottes fourrées pour mon mari. Les meubles, les tapis, la vaisselle… Nous avons tout laissé."

"… Il n'y avait plus de lumière, plus de gaz… plus d'eau… Au marché, les prix étaient hallucinants. Un kiosque a ouvert à côté de chez nous. On y vendait des fleurs et des couronnes mortuaires. Uniquement des fleurs et des couronnes…"

"… Pendant la nuit, quelqu'un avait écrit sur le mur de l'immeuble voisin « Tremblez, fumiers de Russes ! Vos tankistes ne pourront rien pour vous ! » Les Russes qui occupaient des postes à responsabilité étaient licenciés. On tirait à tous les coins de rues… Très vite, la ville est devenue aussi sale qu'un *kichlak*[1]. C'était une ville étrangère. Pas une ville soviétique…"

"… On pouvait se faire tuer pour n'importe quoi. Parce qu'on n'était pas né ici, parce qu'on ne parlait pas la bonne langue. Parce qu'on avait déplu à un homme armé d'un fusil… Comment on vivait avant ? Les jours de fête, le premier toast qu'on portait, c'était à l'amitié : « *Es kes siroum em* » (« Je t'aime », en arménien), « *Man sani seviram* » (« Je t'aime », en azerbaïdjanais). On vivait tous ensemble…"

---

1. Village caucasien.

"… Nos amis tadjiks, des gens simples, enfermaient leurs fils à clé, ils les empêchaient de sortir pour qu'on ne leur apprenne pas à tuer… qu'on ne les y oblige pas."

"… Nous étions sur le point de partir… Nous allions monter dans le train, il y avait déjà de la vapeur autour des wagons. Au dernier moment, quelqu'un a tiré une rafale de mitraillette dans les roues. Des soldats ont formé un couloir pour nous protéger. Sans eux, nous n'aurions pas pu arriver vivants jusqu'aux wagons. Maintenant, quand je vois la guerre à la télévision, je sens tout de suite cette odeur… Une odeur de chair humaine grillée… Une odeur écœurante, sucrée…"

Six mois plus tard, mon mari a fait un premier infarctus. Et six mois après, un second. Sa sœur a eu une attaque. À cause de tout ça… J'en devenais folle… Vous savez que les cheveux peuvent devenir fous? Ils deviennent rêches comme de l'étoupe. Ce sont les cheveux qui deviennent fous en premier… Comment peut-on supporter ça? La petite Karina… Le jour, c'est une enfant normale, mais dès que la nuit tombe, elle se met à trembler. Elle crie: "Maman, ne sors pas! Pendant que je dormirai, ils vont vous tuer, papa et toi!" Le matin, en allant au travail, je priais pour me faire renverser par une voiture. Moi qui, avant, ne mettais jamais les pieds dans une église, j'y passais des heures à genoux. "Sainte Vierge! Tu m'entends?" Je ne dormais plus, je ne pouvais plus manger. Je ne fais pas de politique, je n'y comprends rien. J'ai juste peur. Qu'est-ce que vous voulez encore me demander? Je vous ai tout raconté. Tout!

OÙ IL EST QUESTION D'UN MARÉCHAL ROUGE SOLITAIRE ET DE TROIS JOURNÉES D'UNE RÉVOLUTION OUBLIÉE

Sergueï Fiodorovitch Akhromeïev (1923-1991), maréchal de l'Union soviétique et Héros de l'Union soviétique (1982), chef de l'état-major général des forces armées de l'URSS de 1984 à 1988. Lauréat du prix Lénine (1980). Conseiller militaire du président de l'URSS à partir de 1990.

ENTRETIENS SUR LA PLACE ROUGE EN DÉCEMBRE 1991

— J'étais étudiante... Tout s'est passé très vite. En trois jours, la révolution était terminée. Au journal télévisé, on a annoncé que les membres du Comité d'État pour l'état d'urgence avaient été arrêtés... Que Pougo, le ministre de l'Intérieur, s'était tiré une balle, et que le maréchal Akhromeïev s'était pendu... Nous en avons discuté longtemps dans ma famille. Je me souviens que papa disait : "Ce sont des criminels de guerre ! Ils devraient connaître le même sort que les généraux allemands Speer et Hesse." Tout le monde s'attendait à un procès de Nuremberg...

Nous étions jeunes. Une révolution ! J'ai commencé à être fière de mon pays quand les gens sont sortis dans la rue pour s'opposer aux chars. Avant cela, il y avait déjà eu les événements de Vilnius, de Riga, de Tbilissi. À Vilnius, les Lituaniens avaient défendu leur tour de télévision, on nous avait montré tout cela. Alors nous étions quoi, nous? Des chiffes molles? Ceux qui sont descendus dans la rue étaient des gens qui n'avaient jamais fait cela. Avant, ils s'indignaient bien au chaud dans leurs cuisines. Et là, ils sont sortis... Mon amie et moi, nous avions pris des parapluies, au cas où il pleuvrait, et aussi pour nous battre. *(Elle rit.)* J'étais fière d'Eltsine quand il s'est dressé sur un char, là, j'ai compris que c'était mon président ! Celui qu'il me fallait. Un vrai président ! Il y avait beaucoup de jeunes là-bas. Des étudiants. Nous avions tous grandi en lisant l'*Ogoniok* de Korotitch, les écrivains des années 1960[1]. On avait l'impression d'être en guerre... Quelqu'un criait dans un haut-parleur, il suppliait : "Allez-vous-en, les filles ! Ils vont tirer, il va y avoir des morts !" À côté de moi, un jeune homme a renvoyé sa femme enceinte à la maison, elle pleurait : "Pourquoi tu restes, toi ? – Il le faut !"

J'ai raté un moment très important... La façon dont cette journée a commencé. Le matin, j'ai été réveillée par maman qui pleurait. Elle sanglotait, elle demandait à mon père : "Mais c'est quoi, l'état d'urgence ? À ton avis, qu'est-ce qu'ils ont fait à Gorbatchev ?" Grand-mère, elle, faisait la navette entre la télévision et la radio, dans la cuisine. "Ils n'ont arrêté personne ? Ils n'ont fusillé personne ?" Ma grand-mère était née en 1922, les arrestations et les exécutions, elle avait vu ça toute sa vie, toute son existence... Après sa mort, ma mère m'a révélé un secret de famille. Elle a écarté un rideau... soulevé un voile... Quand mon grand-père était revenu d'un camp du Kazakhstan en 1956, c'était un sac d'os. On avait dû lui donner un accompagnateur tellement il était malade. Et elles n'ont dit à personne qu'il était leur mari, leur père. Elles avaient peur... Elles disaient que c'était un étranger, un vague parent. Il a vécu avec elles quelques mois, et puis elles l'ont mis à l'hôpital. Là, il s'est pendu. Maintenant, il faut... il faut que j'arrive à vivre avec ça, avec ce savoir. Il faut que je comprenne... *(Elle répète.)* Que j'arrive à vivre avec ça... Ce que grand-mère redoutait le plus, c'était un nouveau Staline, et la guerre. Elle a passé sa vie à se préparer aux arrestations et à la famine. Elle cultivait des oignons sur le rebord des fenêtres et mettait du chou à mariner dans d'énormes casseroles. Elle faisait des provisions de sucre et d'huile. Chez nous, les placards étaient bourrés de semoules diverses. D'orge perlé. Elle me répétait tout le temps : "Tais-toi ! Ne dis rien !" Ne dis rien à l'école.. Ne dis rien à l'université... C'est ainsi que j'ai grandi, parmi des gens comme ça. Nous n'avions aucune raison d'aimer le pouvoir soviétique. Nous étions tous pour Eltsine ! Alors que ma meilleure amie, elle, sa mère ne la laissait pas sortir. "Il faudra que

---

1. Magazine hebdomadaire qui a joué un grand rôle pendant la perestroïka. "Les écrivains des années 1960", c'est-à-dire la génération de la période post-stalinienne et du "dégel" krouchtchévien.

tu me passes sur le corps ! Tu ne comprends donc pas que tout recommence ?" Nous faisions nos études à l'université de l'amitié entre les peuples Patrice-Lumumba. Il y avait là des étudiants du monde entier, beaucoup voyaient l'URSS comme le pays des balalaïkas et de la bombe atomique. Cela nous vexait. Nous voulions vivre dans un pays différent...

— Moi, je travaillais comme ajusteur dans une usine... Je me trouvais dans la région de Voronej quand j'ai appris le putsch. J'étais en visite chez une tante. Tous ces braillements sur la grande Russie, c'est de la foutaise. Ces connards de patriotes ! Plantés devant leur boîte-à-vider-le-crâne ! Ils devraient faire un tour à cinquante kilomètres de Moscou, tiens ! Regarder un peu où les gens vivent, et comment ils vivent. Les jours de fête, ils sont tous complètement bourrés... Dans les campagnes, il n'y a presque plus d'hommes. Ils ont tous crevé. Ils sont aussi évolués que des bêtes à cornes, ils se soûlent à mort. À rouler sous la table. Ils boivent tout ce qui brûle, depuis la marinade de cornichons jusqu'à l'essence des voitures. Ils se bourrent la gueule et après, ils se tapent dessus. Dans toutes les familles, il y a quelqu'un qui est en train de faire de la prison ou qui en a fait. La milice ne s'en sort plus. Les femmes sont les seules à tenir le coup, elles cultivent leur potager. Les deux ou trois hommes qui ne boivent pas sont partis travailler à Moscou. Dans le village où je vais souvent, le seul fermier qu'il y avait, on a mis le feu à sa maison trois fois, jusqu'à ce qu'il dégage, qu'il quitte la place. Ils ne pouvaient pas le sentir, c'était physique...

Les chars à Moscou, les barricades... Dans les campagnes, les gens, ça ne les a pas trop perturbés. Personne ne s'est pris la tête pour ça. Tout le monde était bien plus préoccupé par le doryphore des pommes de terre et la teigne des choux. C'est qu'il est coriace, ce doryphore !... Et les jeunes, eux, il n'y a que le fric et les filles qui les intéressent. Et trouver le moyen de se taper une bonne bouteille le soir. Mais dans l'ensemble, le peuple était plutôt du côté des putschistes. C'est mon sentiment... Ils n'étaient pas tous communistes, mais ils étaient tous pour un grand pays. Les changements, ça leur faisait peur, parce qu'après tous les changements, les gens simples finissent toujours par se faire avoir. Je me souviens, mon grand-père disait : "Avant, on l'avait dans le cul, et après, ils nous l'ont mis de plus en plus profond." Avant la guerre et après, ils n'avaient pas de passeport intérieur. On n'en délivrait pas aux gens des campagnes, ils n'avaient pas le droit de s'installer dans les villes. Ils étaient des esclaves. Des prisonniers. Ils étaient revenus de la guerre couverts de décorations, ils avaient conquis la moitié de l'Europe, mais ils n'avaient pas de papiers, ils ne pouvaient pas quitter leur village.

À Moscou, j'ai appris que tous mes amis étaient montés sur les barricades. Ils étaient allés à la castagne ! *(Il rit.)* Moi aussi, j'aurais pu recevoir une médaille…

— Moi, je suis ingénieur… C'est qui, ce maréchal Akhromeïev ? Un Soviet ringard et fanatique. Les Soviets, j'ai vécu chez eux, je n'ai pas envie de recommencer. Et lui, c'était un fanatique, un homme sincèrement dévoué à l'idée communiste. Il était mon ennemi personnel. Il m'inspirait de la haine quand je l'entendais parler. Je comprenais que cet homme allait se battre jusqu'au bout. Son suicide ? Il est clair que ce n'est pas un acte ordinaire, et il commande le respect. Il faut respecter la mort. Seulement, je me pose la question : et s'ils avaient gagné ? Ouvrez n'importe quel manuel d'histoire… Il n'y a pas eu un seul coup d'État qui n'ait pas eu recours à la terreur, cela se termine toujours forcément dans le sang. Avec des langues arrachées et des yeux crevés. Comme au Moyen Âge. Pas besoin d'être historien…

Le matin, j'ai entendu à la télévision que Gorbatchev était "dans l'incapacité de diriger le pays pour des raisons de santé"… J'ai vu les chars sous mes fenêtres… J'ai téléphoné à des amis, ils étaient tous pour Eltsine. Contre la junte. On va défendre Eltsine ! J'ai ouvert le réfrigérateur et j'ai fourré un bout de fromage dans ma poche. Il y avait des biscuits sur la table, je les ai ramassés. Ah, une arme ! Il fallait prendre quelque chose… Il y avait un couteau de cuisine qui traînait, je l'ai pris, et je l'ai reposé. *(Il devient songeur.)* Et s'ils avaient gagné, hein ?

Maintenant, on montre des images à la télévision… Rostropovitch qui vient d'arriver de Paris en avion, il est là, avec un fusil, des jeunes filles qui offrent des glaces aux soldats… Un bouquet de fleurs sur un tank... Moi, les images qui me restent, ce ne sont pas les mêmes... Des petites vieilles, des Moscovites, qui distribuent des sandwiches aux soldats et qui les emmènent pisser chez elles. Ils avaient fait venir une division de chars dans la capitale, et ils ne leur avaient même pas donné de casse-croûte, ils n'avaient rien prévu pour les toilettes! Des têtes de gamins sortaient des chars au bout de leurs cous minces, ils ouvraient des yeux comme des soucoupes. Ils n'y comprenaient rien. Le crépuscule des dieux! Au bout de trois jours, ils étaient assis sur leurs blindés, l'air mauvais et le ventre vide. Ils manquaient de sommeil. Des femmes les entouraient : "Alors comme ça, les enfants, vous allez nous tirer dessus?" Les soldats ne disaient rien, mais un officier a répondu : "Si on nous en donne l'ordre, on tirera!" Et les soldats ont disparu comme par enchantement, ils sont rentrés dans leurs chars. Eh oui! Mes images à moi ne concordent pas avec les vôtres... On a formé une chaîne, on attend l'assaut. Des bruits courent : ils vont bientôt envoyer les gaz, il y a des snipers sur les toits... Une femme avec des médailles accrochées sur son chandail s'approche de nous : "Vous défendez qui, là? Les capitalistes? – Qu'est-ce que tu racontes, grand-mère? On est là pour défendre la liberté! – Moi, j'ai fait la guerre pour le pouvoir soviétique, pour les paysans et les ouvriers. Pas pour des kiosques et des coopératives! Ah, si on me donnait un fusil maintenant..."

Tout était suspendu à un fil. Cela aurait pu être sanglant. Je n'ai pas souvenir d'une fête...

— Moi, je suis un patriote... *(Un homme approche, sa pelisse est ouverte, il a une grosse croix sur la poitrine.)* Laissez-moi dire ce que j'ai sur le cœur... Nous vivons l'époque la plus honteuse de notre histoire! Nous sommes une génération de lâches et de traîtres. Voilà la sentence que nos enfants prononceront contre nous! Ils diront : "Nos parents ont vendu un grand pays pour des jeans, des Marlboro et du chewing-gum!" Nous n'avons pas su défendre notre patrie, l'URSS. C'est un crime épouvantable. On a tout vendu! Jamais je ne m'habituerai à ce drapeau tricolore, j'aurai toujours notre drapeau rouge sous les yeux. Le drapeau d'un grand pays, d'une grande victoire! Qu'est-ce qui nous est arrivé à nous, les Soviétiques, pour qu'on se précipite les yeux fermés dans ce putain de paradis capitaliste ? On s'est fait acheter avec des papiers de bonbons, des étalages de saucissons et des emballages bariolés. On s'est laissé aveugler et bourrer le crâne. On a tout échangé contre des bagnoles et des fringues. Et ne venez pas me raconter d'histoires… Comme quoi c'est la CIA qui a détruit l'Union soviétique, ou les intrigues de Brzezinski[1]… Et pourquoi le KGB n'a pas détruit l'Amérique, hein ? Non, ce ne sont pas "ces bolcheviks bornés" qui ont foutu le pays dans la merde, et ce ne sont pas non plus "ces fumiers d'intellectuels" qui l'ont fichu en l'air pour se payer des voyages à l'étranger et lire *L'Archipel du Goulag*… Pas la peine de chercher un "complot judéo-maçon". Nous avons tout détruit nous-mêmes. De nos propres mains. On en rêvait, d'avoir chez nous des McDonald's avec des hamburgers tout chauds, de pouvoir tous s'acheter des Mercedes et des lecteurs vidéo en plastique, et de voir des films pornos en vente dans les kiosques…

La Russie a besoin d'une main ferme. D'une main de fer. D'un garde-chiourme avec un bâton. Alors, vive le grand Staline ! Hourra ! Akhromeïev aurait pu être notre Pinochet. Notre général Jaruzelski… C'est une grande perte.

— Moi, je suis communiste… J'étais pour les putschistes ou plutôt, pour l'URSS. J'étais un putschiste convaincu, parce que j'aimais vivre dans un empire. Comme dit la chanson : "Immense est mon pays natal…" En 1989, j'ai été envoyé à Vilnius pour le travail. Avant mon départ, l'ingénieur en chef de l'usine m'a convoqué, il était déjà allé là-bas. Il m'a prévenu : "Surtout, ne leur parle pas russe. Si tu demandes des allumettes en russe dans un magasin, on ne t'en vendra pas. Tu n'as pas oublié ton ukrainien ? Alors parle-leur ukrainien." Je ne l'ai pas cru : qu'est-ce que c'était que ces bêtises ? Mais il a continué : "Et fais gaffe dans les restaurants, ils sont capables de t'empoisonner ou de saupoudrer ton assiette de verre pilé. Maintenant, là-bas, tu es un occupant,

---

1. Zbigniew Brzezinski (né en 1928), conseiller à la Sécurité nationale du président Carter, a toujours défendu une politique de fermeté implacable vis-à-vis de l'URSS. Ses origines polonaises ont largement contribué à en faire la bête noire des responsables soviétiques.

tu comprends ?" Moi, j'en étais encore à l'amitié entre les peuples, ce genre de choses… La fraternité soviétique. Je ne l'ai pas cru, jusqu'à ce que j'arrive dans la gare de Vilnius. Quand je suis descendu sur le quai… dès la première seconde, dès que j'ai parlé russe, on m'a fait comprendre que j'étais dans un pays étranger. J'étais un occupant. Venu d'une Russie crasseuse et arriérée. Un sale Russkoff. Un barbare.

Et puis brusquement, cette danse de petits cygnes[1]… Bref, le Comité pour l'état d'urgence, j'en ai entendu parler le matin, dans un magasin. Je suis rentré à la maison en vitesse et j'ai allumé la télé : Eltsine avait-il été tué, oui ou non ? Qui tenait le centre de télévision ? Qui commandait l'armée ? Un ami m'a téléphoné : "Ah, les fumiers ! Ils vont encore nous serrer les boulons ! On va redevenir des vis et des clous !" La rage m'a pris : "Moi, je suis pour eux à cent pour cent ! Je suis pour l'URSS !" Et là, en une seconde, il a complètement viré de bord. "Mort à ce taré de Gorbatchev ! Il faut l'envoyer trimer en Sibérie !" Vous comprenez ce que je veux dire ? Il fallait parler avec les gens. Leur faire comprendre. Les travailler au corps. Commencer par s'emparer de la tour de télé d'Ostankino et répéter en boucle, vingt-quatre heures sur vingt-quatre : "Nous allons sauver le pays ! Notre patrie soviétique est en danger ! Il faut se débarrasser au plus vite de tous ces Sobtchak, Afanassiev et autres traîtres !" Le peuple était pour !

Le suicide d'Akhromeïev, moi, je n'y crois pas. Un officier qui a fait la guerre ne peut pas se pendre avec un bout de ficelle… Avec le ruban d'un paquet de gâteau… Comme un *zek*[2]. C'est dans les cellules de prison qu'on se pend comme ça, assis, en pliant les genoux. Tout seul. Ce n'est pas dans les traditions de l'armée. Les officiers ne s'abaissent pas à ça. Ce n'est pas un suicide, c'est un assassinat. Il a été tué par ceux qui ont tué l'Union soviétique. Ils avaient peur de lui, il avait beaucoup d'autorité dans l'armée, il pouvait organiser la résistance. Le peuple n'était pas encore désorienté et divisé, comme maintenant. Les gens vivaient encore tous

---

1. Allusion au *Lac des cygnes*, de Tchaïkovski, la musique passée sur toutes les radios et toutes les chaînes de télévision pendant les premières heures du putsch.
2. Abréviation entrée dans la langue russe depuis les années 1920 désignant un détenu.

de la même façon, ils lisaient les mêmes journaux. Pas comme aujourd'hui : il y en a qui n'ont pas assez de beurre dans leurs épinards, et d'autres qui n'ont pas d'épinards du tout...

Mais là... J'ai vu ça de mes yeux... Des jeunes avaient appuyé une échelle contre le bâtiment du Comité central, sur la Vieille Place, personne ne montait plus la garde devant. De grandes échelles de pompiers. Ils ont grimpé là-haut et à coups de marteau et de ciseaux, ils se sont mis à détacher les lettres d'or CC PC URSS[1]. Et il y en avait d'autres, en bas, qui les sciaient et distribuaient les morceaux en souvenir. On démantelait les barricades. Les fils de fer barbelé aussi, on en distribuait des petits bouts.

Voilà les souvenirs que j'ai de la chute du communisme...

EXTRAITS DU DOSSIER DE L'ENQUÊTE

"Le 24 août 1991 à 21 h 50, dans le bureau 19*a* du bâtiment n° 1 du Kremlin de Moscou, l'officier de garde en service Koroteïev a découvert le corps du maréchal de l'Union soviétique Sergueï Fiodorovitch Akhromeïev (né en 1923), qui occupait le poste de conseiller du président de l'URSS.

Le cadavre se trouvait sous la fenêtre du bureau en position assise. Il était adossé contre la grille en bois recouvrant le radiateur du chauffage central. Il était revêtu du costume de maréchal de l'Union soviétique. Ses vêtements n'étaient pas endommagés. Un nœud coulant en fil synthétique double entourait toute la circonférence du cou. La partie supérieure du fil était fixée à la poignée de la fenêtre par du papier collant de type scotch. Le corps ne présentait aucune lésion, hormis celles dues à la strangulation."

"Lors de l'inventaire du contenu de son bureau, cinq lettres posées bien en évidence ont été trouvées. Elles étaient toutes manuscrites et soigneusement empilées. Elles sont ici décrites dans l'ordre selon lequel elles étaient disposées.

Dans la première, qu'il demande de remettre à sa famille, Akhromeïev déclare avoir pris la décision de se suicider. « Mon

---

1. Comité central du Parti communiste d'URSS.

devoir de militaire et de citoyen est toujours passé avant tout pour moi. Vous occupiez la seconde place. Aujourd'hui, pour la première fois, je fais passer d'abord mon devoir envers vous. Je vous demande de vivre ces journées avec courage. Soutenez-vous les uns les autres. Ne donnez pas à nos ennemis l'occasion de se réjouir... »

La deuxième lettre est adressée au maréchal de l'Union soviétique S. Sokolov. Elle lui demande, ainsi qu'au général Lobov, d'aider les membres de sa famille pour ses funérailles, et de ne pas les abandonner en ces temps difficiles pour eux.

La troisième lettre contient des consignes pour régler une somme qu'il doit à la cantine du Kremlin, ainsi qu'un billet d'une valeur de cinquante roubles épinglé à la feuille.

La quatrième lettre n'a pas de destinataire. « Je ne peux pas vivre alors que ma Patrie est en train de périr et que l'on détruit tout ce que je considérais comme le sens même de ma vie. Mon âge et mon passé me donnent le droit de mettre fin à mes jours. Je me suis battu jusqu'au bout. »

La dernière lettre était posée à part. « Je ne suis pas un spécialiste du suicide. La première tentative (à 9 h 40) a été un échec, la ficelle s'est rompue. Je rassemble mes forces pour recommencer... »

L'expertise graphologique a établi que toutes les lettres avaient été écrites de la main d'Akhromeïev."

"... Sa fille cadette Natalia, chez laquelle il avait passé sa dernière nuit, a fait le récit suivant : « Avant le mois d'août, nous avions déjà demandé plus d'une fois à mon père si un coup d'État était possible. Beaucoup de gens étaient mécontents de la façon dont Gorbatchev menait la perestroïka, de ses bavardages, de sa faiblesse, de ses concessions unilatérales dans les pourparlers avec les Américains sur le désarmement, de la dégradation de la situation économique du pays. Mais mon père n'aimait pas ces conversations, il affirmait : "Il n'y aura pas de coup d'État. Si l'armée voulait en faire un, cela lui prendrait deux heures. Mais en Russie, on n'arrive à rien par la force. Le grand problème, ce n'est pas de faire disparaître un dirigeant qui ne convient pas, c'est : que faire ensuite?" »

Le 25 août, Akhromeïev est rentré tôt de son travail. Il a dîné en famille. On avait acheté une grosse pastèque, et tout le monde est resté longtemps à table. D'après sa fille, son père leur a parlé franchement. Il a avoué qu'il s'attendait à être arrêté. Au Kremlin, personne ne lui adressait plus la parole. « Je comprends que les choses vont être difficiles pour vous, a-t-il dit. On va couvrir de boue notre famille. Mais je ne pouvais pas agir autrement. » Sa fille lui a demandé s'il ne regrettait pas d'être venu à Moscou. Il a répondu : « Si je ne l'avais pas fait, je m'en serais voulu toute ma vie. »

Avant d'aller se coucher, il a promis à sa petite-fille de l'emmener faire de la balançoire au parc le lendemain. Il s'est soucié de savoir qui irait chercher à l'aéroport sa femme qui devait arriver de Sotchi. Il a demandé à être prévenu dès qu'elle aurait atterri. Il avait commandé une voiture pour elle au garage du Kremlin.

Le matin, sa fille lui a téléphoné à 9 h 35. Il avait une voix normale… Connaissant le caractère de son père, elle ne croit pas à un suicide."

EXTRAITS DES DERNIÈRES NOTES ET DÉCLARATIONS

"… J'ai prêté serment à l'Union des républiques socialistes soviétiques, et je l'ai servie toute ma vie. Alors que dois-je faire, maintenant ? Qui dois-je servir ? Tant que je serai en vie, tant que je respirerai, je me battrai pour l'Union soviétique…"

Émission télévisée Vzgliad, *1990.*

"On peint tout en noir maintenant… On rejette tout ce qui s'est passé dans ce pays depuis la révolution d'Octobre. Oui, il y a eu Staline, il y a eu le stalinisme. Oui, il y a eu des répressions, des violences infligées au peuple, je ne le nie pas. Tout cela a bien existé. Mais il faut néanmoins l'étudier, l'apprécier avec objectivité et de façon équitable. Moi, par exemple, ce n'est pas la peine de m'expliquer tout ça, je suis né dans ces années-là. J'ai vu de mes yeux comment les gens travaillaient, avec quelle foi… Notre tâche n'est pas de minimiser ou de dissimuler quoi que ce soit. Il n'y a rien à cacher, rien à dissimuler. Avec tout ce qui s'est passé dans ce pays et que tout le monde sait déjà, comment pourrait-on s'amuser à cacher quelque chose ? Mais nous avons gagné la guerre contre le fascisme, nous ne l'avons pas perdue. Nous avons la Victoire.

Je me souviens des années 1930… Des gens comme moi, il y en avait des dizaines de millions. Et nous avons bâti le socialisme en toute conscience. Nous étions prêts à tous les sacrifices. Je ne suis pas d'accord pour dire qu'avant la guerre, il n'y avait que le stalinisme, comme l'écrit le général Volkogonov. C'est un anticommuniste. Mais aujourd'hui, chez nous, ce mot n'est plus une injure. Je suis un communiste, lui un anticommuniste. Je suis un anticapitaliste, et lui… Je ne sais pas ce qu'il est : un défenseur du capitalisme, c'est ça? Ce n'est rien de plus que la banale constatation d'un fait. Et un débat d'idées. Non seulement on me critique, mais on m'insulte parce que je le traite de girouette. Il n'y a pas longtemps encore, Volkogonov défendait avec moi le système soviétique et les idéaux communistes. Et voilà que brusquement, il a changé complètement de cap. Qu'il nous explique pourquoi il a violé son serment militaire…

Beaucoup de gens ont perdu la foi aujourd'hui. À commencer par le président Boris Eltsine. Il a été secrétaire du Comité central du Parti, candidat au Politburo. Et voilà que maintenant, il déclare ouvertement qu'il ne croit pas au socialisme ni au communisme, qu'il estime que tout ce que les communistes ont fait est une erreur. Il est devenu un anticommuniste militant. Et il y en a d'autres. Il y en a même beaucoup. Mais c'est à moi que vous vous adressez… Par principe, je ne suis pas d'accord… Je vois là une menace pour l'existence de notre pays, une menace réelle. Aussi grande qu'en 1941…"

N. ZENKOVITCH,
xxe siècle. Le haut commandement militaire
durant les années de crise, *Olma-Press, 2005.*

"Dans les années 1970, l'URSS produisait vingt fois plus de chars que les États-Unis.

Question de G. Chakhnazarov, assistant du secrétaire général du PC Mikhaïl Gorbatchev (années 1980) : Pourquoi faut-il produire autant d'armements?

Réponse du chef d'état-major S. Akhromeïev : Parce que nous avons mis en place des usines de première qualité aussi performantes que celles des Américains et ce, au prix d'énormes sacrifices. Et vous voudriez qu'on leur ordonne de cesser le travail pour produire des casseroles ?"

EGOR GAÏDAR,
La Chute de l'empire, *Encyclopédie politique russe*, 2007.

"Neuf jours après le début des travaux du premier Congrès des députés du peuple d'URSS, on a vu apparaître dans la salle des tracts disant que Sakharov avait déclaré dans une interview à un journal canadien : « Pendant la guerre d'Afghanistan, des hélicoptères soviétiques tiraient sur leurs propres soldats lorsqu'ils étaient encerclés, afin qu'ils ne soient pas faits prisonniers… »
S. Tchervonopiski, le premier secrétaire du comité des komsomols de la ville de Tcherkassy, s'avance vers la tribune, c'est un vétéran de la guerre d'Afghanistan, il n'a plus de jambes, et on doit l'aider à monter les marches. Il lit une déclaration des anciens combattants d'Afghanistan : « M. Sakharov affirme posséder des informations selon lesquelles on aurait tiré sur des soldats soviétiques depuis des hélicoptères soviétiques… Nous sommes extrêmement préoccupés par la campagne de dénigrement sans précédent menée dans les médias contre l'armée soviétique. Nous sommes profondément indignés par ces élucubrations irresponsables et provocatrices d'un savant réputé. C'est une attaque malveillante contre notre armée, une atteinte à son honneur et à ses mérites, une tentative de plus pour détruire l'unité sacrée de l'armée, du peuple et du Parti… *(Ovations.)* Il y a plus de quatre-vingts pour cent de communistes dans cette salle. Mais personne, y compris le camarade Gorbatchev dans son intervention, n'a prononcé le mot communisme. Or il y a trois mots pour lesquels, à mon avis, nous devons nous battre, ce sont les mots Empire, Patrie et Communisme. »
(Applaudissements. Tous les députés se lèvent, sauf les démocrates et le métropolite Alexeï.)
Une institutrice d'Ouzbékistan : Camarade académicien ! Vous avez d'un seul mot effacé tout ce que vous avez accompli !

Vous avez outragé l'armée tout entière, et tous nos morts. Et je vous exprime notre mépris à tous...

Le maréchal Akhromeïev : Ce qu'a dit l'académicien Sakharov est un mensonge. Il ne s'est jamais rien produit de semblable en Afghanistan. Je le déclare en toute conscience. Premièrement, j'ai servi deux ans et demi en Afghanistan, deuxièmement, je me suis occupé de l'Afghanistan tous les jours en tant que premier assistant du chef d'état-major, puis en tant que chef d'état-major, je connais chacune de nos directives, chacune de nos opérations militaires. Cela ne s'est jamais produit!"

V. KOLESSOV,
La Perestroïka. Chronique des années 1985-1991,
Lib. ru. Sovremennaïa literatoura.

"Camarade maréchal, quels sentiments éprouvez-vous à l'idée d'avoir reçu le titre de Héros de l'Union soviétique pour l'Afghanistan ? L'académicien Sakharov a donné des chiffres : les pertes du peuple afghan s'élèvent à un million de personnes...

— Vous croyez que je suis heureux d'avoir reçu l'Étoile de Héros ? J'ai exécuté les ordres, mais là-bas, tout n'est que sang et boue... J'ai dit plus d'une fois que le haut commandement de l'armée était contre cette guerre, nous comprenions que nous allions devoir mener des opérations militaires dans des conditions difficiles, en milieu inconnu. Que tout l'islam de l'Orient allait se soulever contre l'URSS. Que nous allions perdre la face en Europe. On nous a répondu sèchement : « Depuis quand les généraux se mêlent-ils de politique dans notre pays ? » Nous avons perdu le combat que nous menions pour le peuple afghan. Mais la faute n'en revient pas à notre armée..."

Interview pour le journal télévisé, 1990.

"... Voici mon rapport sur mon degré de participation aux actions criminelles du prétendu Comité d'État pour l'état d'urgence.

Le 6 août de l'année en cours, conformément à vos instructions, je suis parti passer des vacances dans la maison de repos de l'armée à Sotchi, où j'ai séjourné jusqu'au 19 août. Avant mon départ pour cette maison de repos et, une fois là-bas, jusqu'au matin du 19 août, je ne savais absolument rien du complot qui se préparait. Personne n'avait fait devant moi la moindre allusion ni à son organisation ni à ses organisateurs, autrement dit, je n'ai pas du tout participé à sa préparation ni à sa mise en œuvre. Le matin du 19 août, après avoir entendu à la télévision les déclarations dudit Comité, j'ai décidé, de mon propre chef, de prendre l'avion pour Moscou. À huit heures du soir, j'ai eu une entrevue avec G. Ianaïev. Je lui ai dit que j'étais d'accord avec le programme exposé par le Comité dans son allocution au peuple, et je lui ai proposé de travailler avec lui en qualité de conseiller du président de l'URSS. Ianaïev a donné son accord mais, arguant qu'il était occupé, il m'a fixé un autre rendez-vous le 20 août à midi. Il m'a dit que le « Comité » n'avait pas de comptes rendus sur la situation, et que ce serait une bonne chose si je m'en occupais…

Le matin du 20 août, j'ai rencontré O. Baklanov, à qui l'on avait confié la même tâche. Nous avons décidé de travailler ensemble sur cette question. Nous avons réuni un groupe de travail constitué de représentants des services, et nous avons organisé la collecte ainsi que l'analyse des informations. Concrètement, ce groupe de travail a préparé deux exposés, l'un pour le 20 à neuf heures du soir, l'autre pour le matin du 21, qui ont été examinés aux séances du « Comité ».

Par ailleurs, le 21 août, j'ai travaillé sur l'allocution de Ianaïev devant le présidium du Soviet suprême de l'URSS. Le soir du 20 et le matin du 21, j'ai participé aux séances du « Comité », ou plutôt, de celles qui se déroulaient en présence des personnes qui y avaient été conviées. Tel est le travail auquel j'ai participé le 20 et le 21 août. En outre, le 20, à environ trois heures de l'après-midi, j'ai eu, à sa demande, une entrevue avec D. Iazov au ministère de la Défense. Il m'a dit que la situation se compliquait, et a exprimé des doutes sur le succès de l'entreprise. Après cette conversation, il m'a demandé de passer voir avec lui le vice-ministre de la Défense, le général V. Atchalov, qui était en train d'élaborer un plan pour s'emparer du bâtiment du Soviet suprême. Il a écouté pendant trois minutes le rapport d'Atchalov sur les effectifs militaires et les délais d'action. Je n'ai posé aucune question à personne.

Pourquoi suis-je venu à Moscou de ma propre initiative (personne n'était venu me chercher à Sotchi), et pourquoi ai-je commencé à travailler pour le « Comité »? Alors que j'étais sûr que cette aventure était vouée à l'échec, ce dont j'ai été encore plus convaincu une fois à Moscou. En fait, depuis 1990, j'étais persuadé, et je le suis encore aujourd'hui, que notre pays court à sa perte. Il ne va pas tarder à être démantelé. Je cherchais le moyen de le déclarer haut et fort. J'ai estimé que participer au travail du « Comité » et aux débats qui allaient s'ensuivre me donnerait la possibilité de m'exprimer ouvertement. Cela paraît sans doute peu convaincant et naïf, bien sûr, mais c'est ainsi. Il n'y avait dans ma décision aucune motivation intéressée..."

Lettre au président M. Gorbatchev datée du 22 août 1991.

"... Nous tenons à Gorbatchev, mais nous tenons plus encore à notre Patrie! Qu'il reste au moins dans l'histoire une trace du fait que l'on a protesté contre la destruction d'un aussi grand État. C'est l'histoire qui décidera qui avait raison et qui avait tort..."

Tiré de son carnet de notes, août 1991.

RÉCIT DE N.

(Il a demandé que ne soient mentionnés ni son nom ni sa fonction dans l'appareil du Kremlin.)
Il s'agit d'un témoin exceptionnel qui se trouvait dans le saint des saints – le Kremlin, la citadelle du communisme. Un témoin de cette vie qui nous était cachée, qui était gardée secrète, comme la vie des empereurs chinois, des dieux sur terre. J'ai mis longtemps à le convaincre de parler.

Extraits de nos conversations téléphoniques
... Qu'est-ce que l'histoire vient faire là-dedans? Vous voulez qu'on vous serve des faits bien sanglants sur un plateau, quelque

chose de pimenté, qui vous chatouille le nez, hein ? Le sang et la chair fraîche, cela attire tout le monde. La mort est devenue une marchandise. On vend ça au marché. Les bourgeois vont être ravis, ça va faire monter leur adrénaline... Ce n'est pas tous les jours qu'un empire s'effondre. Qu'il se retrouve le nez dans la boue. Dans le sang. Et ce n'est pas tous les jours qu'un maréchal d'empire se suicide... se pend dans le Kremlin à un radiateur.

... Pourquoi il est parti ? Son pays était parti, et il est parti avec lui, il ne se voyait plus ici. Moi, je pense qu'il se représentait déjà comment les choses allaient se passer. On allait démolir le socialisme. Tous ces bavardages allaient se terminer dans le sang. Dans les pillages. On allait renverser les statues. Les dieux soviétiques allaient finir à la ferraille, en déchets recyclables. Les communistes seraient menacés d'un procès de Nuremberg... Et qui les aurait jugés ? Des communistes auraient jugé d'autres communistes, ceux qui avaient quitté le Parti le mercredi auraient jugé ceux qui l'avaient quitté le jeudi... On allait débaptiser Leningrad, le berceau de la révolution... Ce serait à la mode de cracher sur le PC, tout le monde allait le couvrir d'injures. Les gens se promèneraient dans les rues avec des pancartes "Mort au PC!", "T'as raison, Boris!" Des manifestations de milliers de personnes... Et quel enthousiasme sur les visages! Le pays était en train de disparaître, et ils étaient contents! Casser... Renverser... C'est toujours une joie, pour nous! Une occasion de faire la fête! Il aurait suffi de crier "À l'attaque!" et on aurait eu des pogroms... "Les youpins et les commissaires, au poteau!" Le peuple n'attendait que ça. Il aurait été ravi. On aurait fait la chasse aux vieux, aux retraités. Dans la rue, je trouvais des tracts avec les adresses des hauts fonctionnaires du Comité central, leurs noms, le numéro de leur appartement. On avait collé leurs portraits un peu partout. Pour qu'on puisse les reconnaître à l'occasion. Les types de la nomenklatura se sauvaient de leurs bureaux avec des sacs en plastique, des cabas. Beaucoup avaient peur de coucher chez eux, ils se cachaient chez des parents. On avait des informations... On savait comment les choses s'étaient passées en Roumanie. Ceaușescu et sa femme avaient été fusillés, on avait embarqué des tchékistes à la pelle, toute l'élite du Parti, et on les avait collés dos au mur. On les avait jetés dans des fosses. *(Une longue pause.)* Et lui… Lui, c'était un communiste idéaliste, romantique. Il croyait dans les "resplendissants sommets du communisme". Au sens littéral. Il croyait que le communisme était là pour toujours. C'est ridicule de dire ça maintenant, cela paraît idiot… *(Une pause.)* Il n'acceptait pas ce qui avait commencé. Il voyait tous ces jeunes fauves prêts à bondir… Les pionniers du capitalisme… Ce n'étaient pas Marx et Lénine qu'ils avaient dans la tête, c'étaient des dollars…

… Vous parlez d'un putsch! C'est quoi, un putsch sans coups de feu? L'armée s'est lâchement enfuie de Moscou. Après l'arrestation des membres du Comité pour l'état d'urgence, il s'attendait à ce qu'on vienne l'arrêter lui aussi, à ce qu'on lui passe les menottes. De tous les assistants et conseillers du président, il avait été le seul à soutenir les putschistes. Ouvertement. Les autres avaient attendu. Pour voir ce qui allait se passer. L'appareil bureaucratique, c'est une machine… Avec une grande faculté de manœuvre. De survie. Des principes? Une bureaucratie, ça n'a pas de convictions ni de principes, enfin, toute cette métaphysique un peu trouble. L'important, pour eux, c'est de rester dans leur fauteuil et de continuer à se faire graisser la patte, à recevoir des bakchichs… La bureaucratie, c'est un de nos dadas. Lénine disait déjà que la bureaucratie était plus terrible que Dénikine[1]. La seule chose qui compte pour eux, c'est la loyauté envers eux-mêmes, et ne jamais oublier qui est le maître, ni à quel râtelier ils mangent. *(Une pause.)* Personne ne sait la vérité sur ce Comité. Tout le monde ment. Alors voilà… En réalité, une partie était en train de se jouer dont on ne connaît pas tous les ressorts cachés, ni tous les participants. Le rôle de Gorbatchev n'est pas clair… Qu'a-t-il déclaré aux journalistes à son retour de Foros? "De toute façon, je ne vous dirai jamais tout." Et il ne le dira pas! *(Une pause.)* C'est peut-être aussi une des raisons pour lesquelles il est parti. *(Une pause.)* Ces manifestations de centaines de milliers de personnes… Cela

---

1. Général de l'Armée blanche pendant la guerre civile. Sa dépouille a été rapatriée et inhumée dans le cimetière Donskoï à Moscou en 2005.

a énormément joué. Il était difficile de garder la tête froide. Ce n'est pas pour lui-même qu'il a eu peur... Il ne pouvait pas accepter que tout allait bientôt être piétiné et recouvert de béton – le système soviétique, toute cette grande industrialisation... la Victoire... On va finir par dire que le croiseur *Aurore* n'a pas tiré et qu'il n'y a jamais eu d'assaut du palais d'Hiver...!
... On s'en prend à l'époque... Ah, on vit une sale époque! Une époque vide. Il n'y a plus que les fringues et les appareils vidéo. Où est passé notre grand pays? S'il arrivait quelque chose maintenant, on ne remporterait aucune victoire sur personne. Et Gagarine ne volerait pas dans l'espace.

De façon tout à fait inattendue, à la fin de l'une de nos conversations, je l'ai enfin entendu dire : "Bon, venez me voir." Nous nous sommes rencontrés le lendemain chez lui. Il portait un costume noir et une cravate, malgré la chaleur. L'uniforme du Kremlin.

Est-ce que vous êtes allée voir... *(Il cite quelques noms connus.)* Et... *(Encore quelqu'un dont tout le monde parle.)* Leur version – on l'a tué – je n'y crois pas! Il y a des bruits qui courent, il y aurait des témoins... Des faits... On dit que le cordon n'était pas le bon, qu'il était trop fin, que la clé était restée sur la porte à l'extérieur... On raconte des tas de choses... Les gens adorent les mystères de palais. Moi, je vais vous dire : les témoins aussi, cela se manipule. Ce ne sont pas des robots. Ils sont manipulés par la télévision. Par les journaux, par leurs amis, par les intérêts corporatifs... Qui détient la vérité? D'après moi, la vérité, ce sont des gens spécialement formés pour cela qui doivent la chercher. Des juges, des scientifiques, des prêtres... Les autres sont tous sous l'emprise de leurs ambitions, de leurs émotions. *(Une pause.)* J'ai lu vos livres... Vous avez tort de vous fier aux gens. À la vérité des hommes... L'histoire, c'est la vie des idées. Elle n'est pas écrite par les gens, mais par l'époque. La vérité des hommes est un clou auquel tout le monde accroche son chapeau...
... Il faut commencer par Gorbatchev. Sans lui, on vivrait encore en Union soviétique. Eltsine serait premier secrétaire du comité régional à Sverdlovsk, Egor Gaïdar corrigerait des articles

d'économie pour la *Pravda*, et il croirait au socialisme. Quant à Sobtchak, il serait en train de donner des cours à l'université de Leningrad... *(Une pause.)* L'URSS aurait pu durer encore longtemps. Un colosse aux pieds d'argile? C'est de la foutaise! Nous étions un super-empire extrêmement puissant, nous dictions notre volonté à de nombreux pays. Cette fameuse Amérique avait peur de nous. Il n'y avait pas assez de collants et de jeans? Pour gagner une guerre atomique, on n'a pas besoin de collants, mais de missiles et de bombardiers. Nous en avions. Et d'excellents. Nous aurions gagné n'importe quelle guerre. Les soldats russes n'ont pas peur de mourir. Pour ça, nous sommes des Asiatiques... *(Une pause.)* Staline avait bâti un État qu'il était impossible de saper à la base, il était à l'épreuve de tout. Mais en haut, il était vulnérable, sans défense. Personne n'avait pensé qu'on commencerait à le détruire par le sommet, que les plus hauts dirigeants du pays s'engageraient sur la voie de la trahison. Ces dégénérés! Que le secrétaire général serait le révolutionnaire en chef embusqué au Kremlin. Il était facile de détruire cet État par le haut. La discipline de fer du Parti et sa hiérarchie ont joué contre lui. C'est un cas unique dans l'histoire... Comme si César lui-même avait déclenché la destruction de l'Empire romain... Non, Gorbatchev n'est pas un nain, il n'est pas le jouet des circonstances ni un agent de la CIA... Alors qui est-il?

"Le fossoyeur du communisme" et "un traître à sa Patrie", "le lauréat du prix Nobel" et "l'agent de la banqueroute soviétique", "un enfant du Dégel" et "un Allemand modèle", "un prophète" et "un Judas", "un grand réformateur" et "un grand comédien", "le gentil Gorby" et "le sale Gorbatch", "l'homme du siècle" et "un Érostrate[1]"... Tout ça en un seul homme.

... Akhromeïev préparait son suicide depuis plusieurs jours. Deux lettres ont été écrites le 22, une le 23, et les dernières le 24. Que s'est-il passé ce jour-là? C'est le 24 que l'on a diffusé à la radio et à la télévision la déclaration dans laquelle Gorbatchev démissionnait de son poste de secrétaire général du Comité central, et appelait à l'auto-dissolution du Parti. "Il faut prendre une décision difficile, mais honnête." Il s'est retiré sans se battre. Il

---

1. Incendiaire du temple d'Artémis à Éphèse.

ne s'est pas adressé au peuple ni aux millions de communistes… Il a trahi. Il a laissé tomber tout le monde. J'imagine parfaitement ce qu'Akhromeïev a dû ressentir à ce moment-là. Il n'est pas exclu, c'est même tout à fait vraisemblable, qu'en allant travailler, il ait vu amener les drapeaux sur les bâtiments d'État. Sur les tours du Kremlin. Qu'est-ce qu'il a pu éprouver? Lui qui était un communiste, qui s'était battu sur le front… Sa vie n'avait plus de sens… Je n'arrive pas à l'imaginer dans le monde d'aujourd'hui. Un monde qui n'est plus soviétique. Assis au présidium sous le drapeau tricolore, et non sous le drapeau rouge. Non sous le portrait de Lénine, mais sous l'aigle impérial. Il ne s'inscrit absolument pas dans ce nouveau décor. C'était un maréchal soviétique… Vous comprenez? So-vié-ti-que! Il ne pouvait vivre que comme ça. Uniquement comme ça…

Il ne se sentait pas à l'aise au Kremlin. C'était "un mouton noir", "une vieille baderne"… Il n'a jamais pu "faire son trou" là-bas, il disait que la véritable camaraderie désintéressée n'existait que dans l'armée. Toute son existence, il l'avait passée dans l'armée… Avec des militaires. Un demi-siècle! Il avait commencé à porter l'uniforme à l'âge de dix-sept ans. Ça fait un sacré bout de temps! Toute une vie. Il s'est retrouvé dans un bureau du Kremlin après avoir pris sa retraite du poste de chef d'état-major. C'était lui qui avait démissionné. D'un côté, il estimait qu'il fallait savoir partir à temps pour laisser la place aux jeunes (il avait vu assez de corbillards), et d'un autre côté, il avait commencé à entrer en conflit avec Gorbatchev. Gorbatchev n'aimait pas l'armée, comme Khrouchtchev, qui traitait les généraux, et les militaires de façon générale, de parasites. Notre pays était un pays militaire, soixante-dix pour cent de notre économie était, d'une façon ou d'une autre, au service de l'armée. Et nos meilleurs cerveaux aussi… Les physiciens, les mathématiciens… Ils travaillaient tous à fabriquer des chars et des bombes. Notre idéologie aussi était une idéologie militaire. Et Gorbatchev était un civil dans l'âme. Les autres secrétaires généraux avaient fait la guerre, alors que lui, il avait étudié la philosophie à l'université de Moscou. "Vous avez l'intention de faire la guerre? disait-il aux militaires. Eh bien, pas moi! Rien qu'à Moscou, nous avons plus de généraux et d'amiraux qu'il n'y en a dans le monde entier." Avant, personne ne parlait de cette façon aux militaires, ils étaient les personnages les plus importants. Le premier à présenter son rapport au Politburo, ce n'était pas le ministre de l'Économie, mais celui de la Défense, pour dire combien on avait produit d'armes. Pas du matériel vidéo... C'est pour ça qu'un lecteur vidéo, chez nous, coûtait aussi cher qu'un appartement. Et là, tout était en train de changer... Alors évidemment, les militaires ont protesté : "Nous avons besoin d'une armée grande et puissante, avec un territoire pareil ! Nous avons des frontières avec la moitié du monde ! On tient compte de nous tant que nous sommes forts, mais si nous devenons faibles, ce n'est pas avec une « nouvelle façon de penser » que nous nous ferons entendre !" Akhromeïev lui en avait souvent parlé personnellement... C'était surtout là-dessus qu'ils étaient en désaccord. Pour ce qui est des menus conflits, je n'en parlerai pas. Dans les discours de Gorbatchev, on a vu disparaître des mots, des expressions familières à tous les Soviétiques, comme "menées de l'impérialiste mondial", "mesures de rétorsion", "affairistes d'outre-mer". Tout cela, il l'avait éliminé. Il ne parlait plus que des "ennemis de la glasnost" et des "ennemis de la perestroïka". Dans son bureau, il jurait comme un charretier (il était très grossier), il les traitait de connards. *(Une pause.)* "Un dilettante", le "Gandhi russe"... Ce n'était pas les qualificatifs les plus insultants qu'on entendait dans les couloirs du Kremlin. Les vieux réactionnaires étaient bien sûr en état de choc, ils sentaient venir la catastrophe : il allait couler en entraînant tout le monde avec lui. Pour l'Amérique, nous étions "l'empire du mal", on nous menaçait d'une croisade, d'une "guerre des étoiles"... Et notre commandant en chef se comportait comme un moine bouddhiste ! "La paix est notre maison commune", "des changements sans violence et sans verser de sang", "la guerre n'est plus le prolongement de la politique", et ainsi de suite. Akhromeïev s'est battu pendant longtemps, mais il était fatigué. Au début, il a cru que c'était parce qu'on exposait mal la situation en haut lieu, qu'on trompait Gorbatchev... Puis il a compris que c'était de la trahison. Et il a donné sa démission. Gorbatchev l'a acceptée, mais il l'a gardé auprès de lui. Il l'a nommé conseiller militaire.

... C'était dangereux de toucher à cette construction... Cette construction stalinienne, ou soviétique, appelez cela comme vous voudrez. Notre État a toujours fonctionné sous le régime de la mobilisation, dès les premiers jours. Il n'était pas conçu pour la paix. Encore une fois… Vous croyez que nous n'étions pas capables de fabriquer des bottes à la mode et de jolis soutiens-gorges pour nos femmes? Ou des appareils vidéo en plastique? On aurait pu faire ça en deux temps trois mouvements. Mais nous avions un autre but… Le peuple? *(Une pause.)* Le peuple, ce qu'il attend, ce sont des choses simples. Des montagnes de pains d'épice. Et un tsar! Gorbatchev n'a pas voulu être tsar. Il a refusé. Prenez Eltsine… En 1993, quand il a senti vaciller son fauteuil de président, il n'a pas perdu le nord, il a donné l'ordre de tirer sur le Parlement. En 1991, les communistes ont eu peur de tirer… Gorbatchev a abandonné le pouvoir sans verser de sang. Mais Eltsine, lui, a fait tirer les tanks. Il a provoqué un carnage. Eh bien… On l'a soutenu! Par sa mentalité, dans son inconscient, notre pays est un pays de tsars. C'est dans nos gènes. On veut tous un tsar. Ivan IV (en Europe, on l'appelle le "Terrible"), qui a plongé les villes russes dans un bain de sang et a perdu la guerre contre la Livonie, on l'évoque avec effroi et admiration. Comme Pierre le Grand, comme Staline. Mais Alexandre II le Libérateur, celui qui a aboli le servage, qui a donné la liberté à la Russie, il s'est fait assassiner… Un Václav Havel, ça peut marcher chez les Tchèques, mais nous, nous n'avons pas besoin d'un Sakharov. Ce qu'il nous faut, c'est un tsar, un père! Qu'on l'appelle ça un secrétaire général ou un président, peu importe, pour nous, c'est un tsar. *(Une longue pause.)*

Il me montre un petit carnet avec des citations tirées des classiques du marxisme. J'en note une, de Lénine. "Je suis d'accord pour vivre dans une porcherie, pourvu qu'elle soit sous le régime soviétique." J'avoue que moi non plus, je n'ai pas lu Lénine.

… Et puis il y a autre chose… Je vous raconte ça histoire de se détendre un peu… On est entre nous, en privé, comme on dit. Le Kremlin avait son propre cuisinier. Tous les membres du Politburo lui commandaient des harengs, du lard, du caviar, mais Gorbatchev, lui, son truc, c'était la kacha. Les salades. Il avait demandé qu'on ne lui serve pas de caviar : "Le caviar, ça va avec la vodka, et je ne bois pas." Ils étaient au régime, Raïssa et lui, ils faisaient des journées de jeûne. Il ne ressemblait à aucun des secrétaires généraux précédents. Il ne se comportait pas "à la soviétique". Il aimait tendrement sa femme. Ils se promenaient en se tenant par la main. Alors qu'Eltsine, par exemple, il lui faut son verre de vodka et son concombre salé dès le matin. Ça, c'est ce qui s'appelle vivre à la russe! *(Pause.)* Le Kremlin, c'est un vivarium. Je vais vous raconter... Seulement, ne citez pas mon nom... Donnez l'information de façon anonyme... Je suis déjà à la retraite... Quand Eltsine a formé son équipe, les gorbatchéviens ont été éjectés, ils ont tous été virés. Si je suis là, avec vous, c'est parce que je suis à la retraite, sinon, je n'aurais rien dit. Pas un mot, comme les partisans! Le magnétophone ne me fait pas peur, mais il me gêne. Question d'habitude, vous savez... On était radiographié, on nous passait aux rayons X... *(Pause.)* Ça n'a l'air de rien, mais ça en dit long sur un homme... Quand Akhromeïev s'est installé au Kremlin, il a refusé de toucher un traitement plus élevé. Il a demandé à recevoir le même qu'avant. "Cela me suffit." C'est qui le don Quichotte, ici? Et qui considère que don Quichotte est quelqu'un de normal? Quand on a commencé à lutter contre les privilèges et qu'on a promulgué un décret du Comité central et du gouvernement obligeant à remettre à l'État les cadeaux de l'étranger d'une valeur supérieure à cinq cents roubles, il a été le premier, et l'un des rares, à se soumettre à ce décret. Les mœurs du Kremlin... Servir, plier l'échine, dénoncer à bon escient, lécher des bottes à la bonne personne et au bon moment... Savoir à qui dire bonjour, et qui saluer d'une légère inclination de la tête. Tout calculer d'avance... Où se trouve votre bureau? Au même étage que celui du président? Si ce n'est pas le cas, vous comptez pour rien, vous n'êtes que du menu fretin. Vous avez quoi, comme téléphone? On vous a mis une ligne interne? Un appareil avec écrit dessus "président", c'est-à-dire une ligne directe avec Lui? Avez-vous droit à une voiture de la réserve spéciale?

Je suis en train de lire *Ma vie* de Trotski. On y montre très bien la "cuisine" de la révolution... Maintenant, tout le monde se retranche derrière Boukharine, sa formule "Enrichissez-vous, accumulez!" est au goût du jour. Elle tombe à pic. "Boukhartchik", comme l'avait baptisé Staline, avait proposé de "prendre racine dans le socialisme", il traitait Staline de Gengis Khan. Mais lui aussi, c'est un personnage ambigu… Il était prêt à jeter les gens dans la fournaise de la révolution mondiale à tour de bras, comme les autres. À éduquer en fusillant. Ce n'est pas Staline qui a inventé ça… Ils étaient tous des hommes de guerre, après la révolution, après la guerre civile… Après tout ce sang versé… *(Une pause.)* Chez Lénine, il y a une phrase qui dit que les révolutions arrivent non quand on le veut, mais quand elles le veulent elles. Eh oui… La perestroïka, la glasnost… On a tout lâché… Pourquoi ? Il y avait beaucoup de gens intelligents en haut de l'échelle. Ils lisaient Brzezinski[1]… Mais voici comment ils se représentaient les choses : on allait bricoler la machine, mettre un peu d'huile, et continuer sur notre lancée. Ils ne savaient pas à quel point les gens, chez nous, en avaient assez de tout ce qui était soviétique. Eux-mêmes ne croyaient pas vraiment à l'avenir radieux, mais ils croyaient que le peuple y croyait… *(Une pause.)* Non, Akhromeïev n'a pas été assassiné… Il faut laisser tomber ces théories du complot. Le suicide était son dernier argument. En partant, il a quand même dit la chose la plus importante : nous courons au désastre. Il y avait un pays immense, un pays qui a gagné une guerre effroyable, et ce pays est en train de s'effondrer. La Chine, elle, ne s'est pas effondrée. Ni la Corée du Nord, où les gens meurent de faim. Même la petite Cuba socialiste tient toujours le coup, alors que nous, nous sommes en train de disparaître. On ne nous a pas pris avec des chars et des missiles, mais on a détruit ce qui était notre principal atout : notre force morale. Le système s'est décomposé, le Parti s'est décomposé. Peut-être que c'est justement pour ça… que c'est aussi l'une des raisons pour lesquelles il est parti…

… Il était né dans un petit village mordve, et il avait perdu ses parents tôt. Il était parti pour la guerre alors qu'il était élève officier dans la marine de guerre. Comme volontaire. Le jour de la Victoire, il était hospitalisé pour épuisement nerveux, il pesait trente-huit kilos. *(Une pause.)* C'est une armée malade et à bout de forces qui a remporté la victoire. Épuisée par la sciatique, la toux, l'arthrite, les ulcères… C'est le souvenir que j'en ai gardé… Lui et moi, nous

---

1. Zbigniew Brzezinski, voir note p. 135.

sommes de la même génération, celle de la guerre. *(Une pause.)* D'élève officier, il était monté jusqu'au sommet de la pyramide militaire. Le pouvoir soviétique lui a tout donné : le plus haut titre militaire, celui de maréchal, l'Étoile de Héros, le prix Lénine... Et ce n'était pas un prince héritier, mais un gamin venant d'une famille de simples paysans. Du fin fond de la province. Ce pouvoir soviétique a donné leur chance à des milliers d'autres hommes comme lui. Des pauvres, des petites gens... Et il aimait le pouvoir soviétique.

On sonne à la porte. Quelqu'un entre. Longs palabres dans l'entrée. Lorsque N. revient, je vois qu'il est un peu contrarié, il ne parle plus aussi volontiers, et puis, heureusement, il se laisse de nouveau emporter.

C'est quelqu'un avec qui j'ai travaillé... Je lui ai proposé de se joindre à nous, mais il a refusé : tout ça, ce sont des secrets qui appartiennent au Parti, il n'a pas le droit de les révéler. Pourquoi les livrer à des étrangers ? *(Une pause.)* Je n'étais pas un ami d'Akhromeïev, mais je le connaissais depuis des années. Personne ne s'est sacrifié pour sauver le pays, il a été le seul. Nous, on se démenait pour conserver nos retraites et nos datchas de fonction. Non, je ne peux pas garder le silence...

... Avant Gorbatchev, le peuple ne voyait nos dirigeants que sur la tribune du mausolée : des chapkas en rat musqué et des visages de pierre. Vous connaissez l'anecdote : "Pourquoi les chapkas en rat musqué ont-elles disparu ? – Parce que la nomenklatura se multiplie plus vite que les rats musqués !" *(Il rit.)* Nulle part on ne racontait autant d'anecdotes qu'au Kremlin. Des anecdotes politiques... antisoviétiques... *(Une pause.)* La perestroïka... Je ne me souviens pas exactement quand j'ai entendu ce mot pour la première fois, mais je crois que c'était à l'étranger, dans la bouche de journalistes occidentaux. Chez nous, on disait plutôt "l'accélération", "la voie léniniste". Mais à l'étranger, la mode Gorbatchev avait commencé, le monde entier était atteint de "gorbymania". Là-bas, on baptisait "perestroïka" tout ce qui se passait chez nous. Tous les changements. Quand le cortège de Gorbatchev passait, il y avait des milliers de gens le long des rues qui pleuraient, qui souriaient. Je me souviens de tout ça... On s'était mis à nous aimer! La peur du KGB avait disparu, et surtout, on avait mis un terme à la folie atomique… Et le monde nous en était reconnaissant. Pendant des décennies, nous avions tous eu peur de la bombe atomique, même les enfants. Nous avions l'habitude de nous regarder depuis nos tranchées. À travers un viseur… *(Une pause.)* Dans les pays européens, les gens se sont mis à apprendre le russe. On servait des plats russes dans les restaurants, du bortch, des raviolis sibériens… *(Une pause.)* J'ai travaillé pendant dix ans au Canada et aux États-Unis. Je suis rentré à l'époque de Gorbatchev. J'ai vu énormément de gens sincères et honnêtes qui voulaient prendre part à tout cela. J'avais vu des gens comme ça, des visages comme ça, lorsque Gagarine avait volé dans l'espace… Beaucoup de personnes partageaient les idées de Gorbatchev, mais c'était dans la nomenklatura qu'il y en avait le moins. Au Comité central, dans les comités régionaux… On le surnommait "le secrétaire balnéaire" parce qu'on l'avait fait venir de Stavropol, une ville d'eaux où les secrétaires généraux et les membres du Politburo aimaient passer leurs vacances. Et "le secrétaire minéral" ou "l'enfant de sale eau", à cause de sa campagne antialcoolique. Les faits "compromettants" s'accumulaient : à Londres, il n'était pas allé sur la tombe de Marx. On n'avait jamais vu ça! En revenant du Canada, il racontait à tout le monde à quel point c'était bien, là-bas. Il y avait ça, et ça… Alors que chez nous… Pas la peine de faire un dessin… Quelqu'un n'a pas pu s'empêcher de lui dire : "Mikhaïl Sergueïevitch, chez nous aussi, dans cent ans, ce sera comme ça. – Tu es bien optimiste!" À propos, il tutoyait tout le monde… *(Une pause.)* J'ai lu chez un journaliste "démocrate" que nous, la génération de la guerre, nous étions restés trop longtemps au pouvoir. Nous avions remporté la victoire, nous avions reconstruit le pays, et nous aurions dû nous en aller, parce que nous ne savions pas vivre autrement que selon les critères de la guerre. Que c'était pour cela qu'on avait pris tant de retard… *(D'un ton hargneux.)* "Des *Chicago boys*[1]", "des réformateurs en

---

1. Groupe d'économistes chiliens formés à l'université de Chicago et ayant travaillé pour la dictature chilienne de Pinochet dans le but d'instaurer une économie libérale. Ce terme a servi par la suite à désigner les économistes partisans d'une "thérapie de choc".

culottes roses¹"... Où est passé notre grand pays ? S'il y avait eu une guerre, nous aurions gagné. S'il y avait eu une guerre... *(Il met longtemps à retrouver son calme.)*
... Mais plus ça allait, plus Gorbatchev faisait penser à un prédicateur et non à un secrétaire général. Il était devenu une star de la télévision. Et très vite, tout le monde en a eu assez de ses sermons : "Revenir à Lénine...", "Passer au socialisme développé..." On se disait : "Alors c'est quoi, ce qu'on a construit ? Un socialisme sous-développé ?" *(Une pause.)* Je me souviens que le Gorbatchev qu'on voyait à l'étranger, c'était un autre Gorbatchev qui n'avait pas grand-chose de commun avec celui qu'on connaissait chez nous. Là-bas, il se sentait libre. Il faisait des plaisanteries spirituelles, il formulait nettement sa pensée. Alors qu'ici, il intriguait, il louvoyait. Du coup, il passait pour un faible. Pour quelqu'un qui parle pour ne rien dire. Mais il n'était pas faible. Ni lâche. Ce n'est pas vrai, tout ça. C'était un politicien froid et chevronné. Pourquoi y avait-il deux Gorbatchev ? S'il avait parlé chez lui aussi franchement que là-bas, les vieux réactionnaires lui auraient immédiatement sauté dessus et n'en auraient fait qu'une bouchée. Et puis il y a encore une autre raison... Je pense qu'il avait cessé d'être communiste depuis longtemps... Il n'y croyait plus... Secrètement, ou inconsciemment, c'était un social-démocrate. Il ne le criait pas sur les toits, mais tout le monde savait que, dans sa jeunesse, il avait fait ses études à l'université de Moscou avec Dubček, le leader du printemps de Prague, et son frère d'armes Zdenek Mlynarz. Ils étaient amis. Mlynarz raconte dans ses Mémoires que lorsqu'on leur avait lu le rapport Khrouchtchev au XXe congrès au cours d'une réunion secrète du Parti, à l'université, cela avait été un tel choc qu'ils avaient passé toute la nuit à marcher dans Moscou. Et au matin, sur les monts Lénine, comme Herzen et Ogariov autrefois, ils s'étaient juré de lutter toute leur vie contre le stalinisme. *(Une pause.)* Toute la perestroïka vient de là... Du dégel khrouchtchévien...
... On a déjà parlé de ça... Depuis Staline jusqu'à Brejnev, tous les dirigeants qui se sont trouvés à la tête du pays avaient

---

1. Nom donné à l'équipe de Gaïdar qui a engagé les réformes s'en prenant aux fondements de l'économie soviétique. Cette formule (péjorative) a été utilisée par la suite pour désigner tous les partisans de l'économie libérale.

fait la guerre. Ils avaient vécu sous la Terreur. Leur psychologie s'était construite dans un contexte de violence. De peur perpétuelle. Et ils ne pouvaient pas non plus oublier l'année 1941... La retraite déshonorante de l'armée soviétique jusqu'à Moscou. Les soldats qu'on envoyait se battre en leur disant de se procurer une arme pendant la bataille. On ne comptait pas les hommes, mais on comptait les munitions. Il est normal... il est logique que des gens qui avaient cela gravé dans leur mémoire aient cru dur comme fer que, pour vaincre l'ennemi, il fallait fabriquer des tanks et des avions. Plus il y en avait, mieux c'était. Il y avait une telle accumulation d'armes dans le monde que l'URSS et l'Amérique auraient pu s'anéantir un bon millier de fois. Mais on continuait à en fabriquer. Et voilà qu'une nouvelle génération est arrivée. L'équipe de Gorbatchev, c'étaient tous des enfants de l'après-guerre... Eux, ils avaient la joie de la paix gravée dans leur conscience... Le maréchal Joukov au défilé de la Victoire sur son cheval blanc... C'était une autre génération... Et un autre monde. Les premiers se méfiaient de l'Occident, ils voyaient en lui un ennemi, et les seconds voulaient vivre comme les Occidentaux. Bien sûr que Gorbatchev faisait peur aux "anciens"! Quand il parlait de bâtir un monde sans armes atomiques, on pouvait dire adieu à la doctrine de l'après-guerre, celle de "l'équilibre de la terreur"... Et quand il déclarait : "Dans une guerre atomique, il ne peut pas y avoir de vainqueur!", cela voulait dire qu'on allait réduire l'industrie de la défense et les effectifs de l'armée. Nos magnifiques usines militaires allaient se mettre à fabriquer des casseroles et des presse-purées... C'était bien ça, non ? Il y a eu un moment où le haut commandement militaire s'est retrouvé presque en guerre contre les dirigeants politiques. Contre le secrétaire général. Ils ne pouvaient pas lui pardonner d'avoir perdu le bloc de l'Est, d'avoir quitté l'Europe la queue entre les jambes. Surtout la RDA. Même le chancelier Helmut Kohl a été surpris par l'extravagance de Gorbatchev : on nous avait proposé des sommes énormes pour quitter l'Europe, et il avait refusé. Ils étaient étonnés par sa naïveté. Par cette candeur russe. Il avait tellement envie qu'on l'aime... Que les hippies français portent des tee-shirts avec son portrait... Les intérêts du pays ont été bradés de façon stupide et honteuse. L'armée s'est retrouvée livrée à elle-même dans la forêt, dans la plaine russe. Les officiers et les soldats vivaient sous des tentes, dans des abris souterrains. La perestroïka… Cela ressemblait à la guerre… Et non à une renaissance…

Pendant les pourparlers entre Soviétiques et Américains, les Américains obtenaient toujours ce qu'ils voulaient eux. Dans son livre *Par les yeux d'un maréchal et d'un diplomate*, Akhromeïev raconte comment se sont déroulés les débats sur les missiles Oka (en Occident, on les appelait les SS-23). Des missiles flambant neufs, personne n'en avait de pareils, et le but des Américains était de les détruire. Mais ils n'étaient pas concernés par le traité : ne devaient être détruits que les missiles d'une portée de 1 000 à 5 500 kilomètres, et de 500 à 1 000 kilomètres. Or le rayon d'action des Oka était de 400 kilomètres. Le secrétaire général a fait une proposition aux Américains : "Bon, allez, soyons bons joueurs! Interdisons tous les missiles d'une portée de 400 à 1 000." Mais les Américains auraient alors dû sacrifier leurs missiles ultramodernes Lance-2, d'une portée de 450 à 470 kilomètres. Il y a eu une longue bataille en coulisses… À l'insu des militaires, Gorbatchev a pris la décision de détruire les Oka. C'est alors qu'Akhromeïev a prononcé sa fameuse phrase : "On ferait peut-être mieux de demander tout de suite l'asile politique en Suisse et de ne pas rentrer chez nous?" Il ne pouvait pas participer au démantèlement de ce à quoi il avait consacré sa vie… *(Pause.)* Le monde est unipolaire à présent, il appartient à l'Amérique. Nous sommes devenus faibles, et nous avons immédiatement été relégués à la périphérie. Nous sommes désormais un pays de troisième catégorie, un pays vaincu. Nous avons gagné la Deuxième Guerre mondiale, mais nous avons perdu la Troisième. *(Pause.)* Eh bien, lui… Il ne l'a pas supporté…

… Le 14 décembre 1989. Les funérailles de Sakharov. Des milliers de gens dans les rues de Moscou. D'après les estimations de la milice, entre soixante-dix et cent mille. Près du cercueil, Eltsine, Sobtchak, Starovoïtova… L'ambassadeur américain Jack Matlock a écrit dans ses Mémoires qu'il avait trouvé normale la présence de ces personnes aux funérailles du "symbole de la révolution russe" et du "plus grand dissident du pays", mais qu'il avait été surpris de voir, "un peu à l'écart, la silhouette solitaire du maréchal Akhromeïev". Du vivant de Sakharov, ils étaient des ennemis, des adversaires irréductibles. *(Une pause.)* Mais Akhromeïev est venu lui rendre un dernier hommage. À part lui, il n'y avait aucun représentant du Kremlin ni de l'état-major…

… Dès qu'on a donné un peu de liberté, on a vu surgir de partout le mufle de la bourgeoisie. Pour Akhromeïev, un ascète et un homme désintéressé, cela a été un choc. Un coup en plein cœur. Il n'arrivait pas à croire que le capitalisme pouvait s'installer chez nous. Avec notre peuple soviétique, avec notre histoire soviétique… *(Une pause.)* Je revois encore des scènes… Une jeune fille blonde qui se promène dans la datcha de fonction où il vivait avec sa famille de huit personnes, en criant : "Non, mais regardez-moi ça ! Deux réfrigérateurs et deux téléviseurs ! C'est qui, ce maréchal Akhromeïev, pour avoir deux réfrigérateurs et deux téléviseurs ?" Maintenant, on ne dit plus rien, on ne parle plus de ce genre de choses… Question datchas, appartements, voitures et autres privilèges, tous les anciens records ont été battus depuis longtemps. Des automobiles de luxe, des bureaux meublés à l'occidentale, des vacances non en Crimée, mais en Italie… Nous, dans nos bureaux, nous avions des meubles soviétiques, et nous nous déplacions dans des voitures soviétiques. Nous portions des costumes et des chaussures soviétiques. Khrouchtchev venait d'une famille de mineurs… Kossyguine était d'origine paysanne… Comme je l'ai déjà dit, ils étaient tous issus de la guerre. Leur expérience de la vie était limitée, bien sûr. Il n'y avait pas que le peuple qui vivait derrière un rideau de fer, les dirigeants aussi… Nous étions tous comme dans un aquarium… *(Une pause.)* Encore une fois… Peut-être que c'est un petit détail, mais la disgrâce du maréchal Joukov, après la guerre, n'était pas due seulement à la jalousie de Staline pour sa gloire, mais aussi à la quantité de tapis, de meubles et de fusils de chasse qu'il avait rapportés d'Allemagne et qu'il entreposait dans sa datcha. Même si toutes ces richesses auraient pu tenir dans deux camionnettes. Mais un bolchevik ne pouvait pas posséder autant de choses… Cela paraît ridicule, maintenant. *(Une pause.)* Gorbatchev aimait le luxe. Il s'était fait construire une villa à Foros, avec du marbre qui venait d'Italie, des dalles importées d'Allemagne… Du sable de Bulgarie pour se faire une plage… Pas un seul dirigeant occidental ne possédait l'équivalent. Comparée à la villa de Gorbatchev, la datcha de Staline en Crimée ressemble à un foyer pour étudiants. Les secrétaires avaient changé... Leurs femmes, surtout...

Qui a pris la défense du communisme ? Pas des professeurs ni des secrétaires du Comité central. Mais une enseignante de chimie de Leningrad, Nina Andreïeva. Son article "Je ne peux pas transiger avec mes principes" a fait beaucoup de bruit à l'époque. Akhromeïev aussi écrivait dans les journaux. Il intervenait en public... Il me disait : "Il faut leur rendre la monnaie de leur pièce !" Il recevait des coups de téléphone, des menaces, on le traitait de "criminel de guerre" à cause de l'Afghanistan. Rares étaient ceux qui savaient qu'il avait été contre cette guerre. Qu'il n'avait pas rapporté de Kaboul des diamants et autres pierres précieuses, ni des tableaux provenant des musées nationaux, comme les autres généraux. On s'en prenait constamment à lui dans la presse... Il dérangeait les "nouveaux historiens" qui devaient démontrer que nous n'avions rien eu, que nous ne laissions derrière nous qu'un désert. Et que la Victoire n'avait pas existé. Qu'il n'y avait eu que des "détachements de barrage[1]" et des bataillons disciplinaires. Que la guerre avait été gagnée par des détenus, que c'étaient eux qui étaient allés jusqu'à Berlin sous le feu des mitrailleuses. Une victoire, ça ? Nous avions enseveli l'Europe sous des cadavres. *(Une pause.)* On insultait l'armée, on l'humiliait. Une telle armée pouvait-elle l'emporter en 1991 ? *(Une pause.)* Et comment son maréchal aurait-il pu survivre à cela ?

Les funérailles d'Akhromeïev... Devant sa tombe, il n'y avait que sa famille et quelques amis. On ne lui a pas rendu les honneurs militaires. La *Pravda* n'a pas honoré d'une nécrologie celui qui avait été le maréchal d'état-major d'une armée de quatre millions d'hommes. L'ancien ministre de la Défense, Iazov, se trouvait en prison avec les autres putschistes, quant au nouveau, Chapochnikov, il était manifestement trop occupé à magouiller pour s'installer dans l'appartement de Iazov, dont on avait chassé la femme en catastrophe. Chacun ne pense qu'à sa peau... Mais

---

1. Détachements placés derrières les troupes pour empêcher les désertions, qui n'hésitaient pas à arrêter et à fusiller sur place.

je vais vous dire… Et c'est important… On peut accuser les putschistes de ce tout qu'on veut, mais pas d'avoir poursuivi des buts personnels. D'avoir fait ça par intérêt… *(Une pause.)* Dans les couloirs du Kremlin, on chuchotait qu'Akhromeïev avait "misé sur le mauvais cheval". Les fonctionnaires se sont tous empressés de passer dans le camp d'Eltsine… *(Il répète ma question.)* Le sens de l'honneur ? Ne posez pas de questions naïves ! Les gens normaux sont passés de mode… Il y a eu une nécrologie dans le *New York Times*. Elle a été rédigée par l'amiral William Crowe, qui avait été président de l'état-major interarmées des États-Unis sous Reagan (l'équivalent de notre état-major général). Ils s'étaient souvent rencontrés à des pourparlers sur des questions militaires. Et Crowe respectait Akhromeïev pour sa foi, même si elle lui était étrangère. L'ennemi lui a rendu hommage… *(Une pause.)*

Seul un Soviétique peut comprendre un Soviétique. Je n'aurais pas raconté cela à quelqu'un d'autre…

UNE VIE APRÈS LA VIE

"Le 1ᵉʳ septembre, le maréchal de l'Union soviétique S. F. Akhromeïev a été inhumé à Moscou, dans le cimetière de Troïekourovski (une annexe du cimetière de Novodievitchi).

Dans la nuit du 1ᵉʳ au 2 septembre, des inconnus ont violé sa tombe et celle de son voisin, le colonel Srednev, enterré une semaine plus tôt. Les enquêteurs supposent que la tombe de Srednev a été ouverte en premier, manifestement par erreur. Les pilleurs de tombes ont emporté l'uniforme d'Akhromeïev avec ses galons dorés, sa casquette de maréchal, qui avait été fixée à son cercueil selon la tradition militaire, ainsi que ses nombreuses décorations et médailles.

Les enquêteurs assurent que la tombe du maréchal a été profanée non pour des raisons politiques, mais pour des raisons mercantiles. Les uniformes des hauts gradés sont particulièrement appréciés par les revendeurs. Et un uniforme de maréchal, les gens vont se l'arracher…"

Journal Le Commerçant, *9 septembre 1991.*

EXTRAITS D'ENTRETIENS SUR LA PLACE ROUGE EN DÉCEMBRE 1997

— Je suis ouvrier dans le bâtiment...
Jusqu'au mois d'août 1991, on a vécu dans un pays, et depuis, on vit dans un autre pays. Jusqu'à ce mois d'août, mon pays s'appelait l'URSS.
Qui je suis? Je suis l'un de ces imbéciles qui ont pris la défense d'Eltsine. Je me trouvais devant la Maison-Blanche, et j'étais prêt à me jeter sous un char. Les gens étaient descendus dans la rue comme portés par une vague, par un grand élan. Mais c'était pour la liberté qu'ils étaient prêts à mourir, pas pour le capitalisme. J'estime que j'ai été floué. Je n'ai pas besoin de ce capitalisme dans lequel on nous a entraînés, qu'on nous a refilé... Sous aucune forme! Ni sous sa forme américaine, ni sous sa forme suédoise. Je n'ai pas fait la révolution pour le fric de qui que ce soit. On criait : "La Russie!" au lieu de crier : "L'URSS!" Je regrette qu'on ne nous ait pas dispersés avec des lances à incendie et qu'on n'ait pas amené sur la place deux ou trois mitrailleuses. Il aurait fallu arrêter deux ou trois cents personnes, et les autres seraient rentrées dans leurs trous. *(Une pause.)* Où sont-ils aujourd'hui, ceux qui nous ont fait venir sur la place aux cris de "À bas la maffia du Kremlin!", "La liberté est pour demain!" Ils n'ont rien à nous dire. Ils se sont tirés en Occident et maintenant, là-bas, ils disent du mal du socialisme. Ils se la coulent douce dans des laboratoires de Chicago. Et nous, on est restés ici...
La Russie... On s'est essuyé les pieds dessus. N'importe qui peut lui taper sur la gueule. On en a fait un dépotoir dans lequel l'Occident se débarrasse de ses vieux vêtements et de ses médicaments périmés. De sa camelote! *(Il jure.)* Un réservoir de matières premières, un robinet à gaz... Le pouvoir soviétique? Ce n'était pas idéal, mais c'était mieux que ce qu'on a maintenant. Plus digne. En gros, le socialisme, moi, ça m'allait très bien : il n'y avait pas de gens excessivement riches ni de pauvres, pas de sans-abri ni d'enfants des rues... Les vieux pouvaient vivre avec leur retraite, ils ne ramassaient pas des bouteilles vides et des restes de nourriture dans les poubelles. Ils ne restaient pas plantés là à tendre la main en vous regardant dans les yeux... Le nombre de gens qui

sont morts de la perestroïka… On ne les a pas encore comptés. *(Une pause.)* Notre vie d'avant a été complètement rasée, il n'en reste pas pierre sur pierre. Bientôt, je n'aurai plus aucun sujet de conversation avec mon fils. Il me dit en rentrant de l'école : "Papa, Pavlik Morozov était un beau salaud, et Marat Kazeï un taré[1] ! Et toi qui m'avais appris que…" Je lui avais appris ce qu'on nous avait appris. Je l'avais élevé correctement. Cette "horrible éducation soviétique"… C'est cette horrible éducation soviétique qui m'a appris à ne pas penser seulement à moi-même, mais aussi aux autres. Aux plus faibles, à ceux qui ont une vie difficile. Pour moi, un héros, c'était Gastello[2], et pas ceux-là, avec leurs vestes rouges et leur philosophie du chacun pour soi, de la charité qui commence par soi-même… "Arrête de nous gaver avec tes idéaux moralisateurs et ta bouillie humaniste, papa!" Où lui apprend-on cela? Les gens sont différents maintenant… Ce sont des capitalistes… Et lui, vous comprenez, il est imprégné de tout ça, il a douze ans. Je ne suis plus un exemple, pour lui.

Pourquoi j'ai pris la défense d'Eltsine? Rien qu'en disant qu'il fallait retirer ses privilèges à la nomenklatura, il s'était fait des millions de partisans. J'étais prêt à prendre un fusil pour tirer sur les communistes. Ça m'avait convaincu… On ne comprenait pas ce qu'on allait nous donner en échange. Ce qu'on allait nous refiler. On s'est fait avoir dans les grandes largeurs! Eltsine s'est déclaré contre les Rouges et il s'est mis du côté des Blancs. C'est une catastrophe… Bon, qu'est-ce qu'on voulait? Un socialisme plus doux, plus humain… Et qu'est-ce qu'on a? Le capitalisme sauvage. Avec des fusillades. Des règlements de comptes. Pour savoir qui aura un kiosque, qui aura une usine… Ce sont les bandits qui se sont hissés en haut de l'échelle. Des trafiquants et des changeurs au noir ont pris le pouvoir… Nous sommes entourés d'ennemis et de pillards. De chacals! *(Une pause.)* Je n'arrive pas… Je n'arrive pas à oublier ce jour, devant la Maison-Blanche… Pour qui tirions-nous les marrons du feu? *(Il jure.)* Mon père était un vrai

---

1. Pavlik Morozov (voir note p. 122) était considéré comme un héros en Union soviétique, de même que Marat Kazeï, un jeune "pionnier" entré dans la résistance à l'âge de treize ans.
2. Nicolaï Gastello (1908-1941), héros de la Seconde Guerre mondiale, pilote de bombardier mort au cours d'une mission.

communiste. Un communiste sincère. Il était délégué du Parti dans une grande usine. Il avait fait la guerre. Quand je lui disais : "C'est la liberté ! On va devenir un pays normal, civilisé…", il me répondait : "Tes enfants travailleront pour un patron. C'est ça que tu veux ?" J'étais jeune et bête… Je me moquais de lui. On était terriblement naïfs ! Je ne sais pas pourquoi les choses ont tourné comme ça. Je n'en sais rien. Cela n'a pas donné ce qu'on voulait. On avait d'autres idées en tête. La perestroïka… Il y avait quelque chose de grandiose là-dedans. *(Une pause.)* Au bout d'un an, notre bureau d'études a fermé et on s'est retrouvés à la rue, ma femme et moi. Comment on a fait pour vivre ? On a vendu tous nos objets de valeur. Du cristal, de l'or soviétique, et ce qu'on avait de plus précieux, nos livres. On mangeait uniquement de la purée de pommes de terre, pendant des semaines… Je me suis lancé dans le commerce. Je vendais des mégots sur le marché. Des bocaux de trois litres remplis de mégots. Mes beaux-parents, des professeurs, les ramassaient dans la rue, et moi, je les vendais. Et il y avait des gens pour les acheter, pour les fumer. Moi-même, j'en fumais. Ma femme faisait des ménages dans des bureaux. À une époque, nous avons vendu des raviolis pour un Tadjik. Nous avons payé très cher notre naïveté. Tous autant que nous sommes… À présent, ma femme et moi, on élève des poulets. Elle n'arrête pas de pleurer. Ah, si on pouvait revenir en arrière… Et ne me jetez pas la pierre ! Cela n'a rien à voir avec la nostalgie pour le saucisson à deux roubles vingt…

— Moi, je suis un homme d'affaires…
Ces salauds de communistes et de kagébistes… Je hais les communistes ! L'histoire soviétique, c'est le NKVD, le Goulag, la SMERCH[1]. La couleur rouge, les œillets rouges, ça me donne envie de vomir ! Quand ma femme s'est acheté un corsage rouge, je lui ai demandé si elle n'avait pas perdu la boule. Pour moi, Staline et Hitler sont à mettre dans le même panier. Et j'exige un procès de Nuremberg pour ces fumiers de Rouges ! Morts à tous ces salauds de Rouges !

---

1. SMERCH : acronyme de Mort aux Espions, désignait les services de contre-espionnage chargés, pendant la guerre, de repérer et de punir les "espions", déserteurs, et traîtres. Ils semaient la terreur à l'intérieur de l'armée.

On est entourés de leurs étoiles à cinq branches. Les idoles bolcheviques sont toujours plantées sur nos places. L'autre jour, je me promenais avec mon enfant, et il m'a demandé : "C'est qui ?…" C'était un monument à Rosa Zemliatchka, qui a plongé la Crimée dans un bain de sang. Elle adorait exécuter elle-même les jeunes officiers blancs[1]… Qu'est-ce que vous voulez que je lui réponde ?

Tant que cette momie, ce pharaon soviétique, reposera dans son temple païen sur la place Rouge, nous continuerons à souffrir. Nous serons maudits…

— Je suis pâtissière… Mon mari pourrait vous raconter… Où est-il ? *(Elle regarde autour d'elle.)* Je suis quoi, moi ? Je fais des gâteaux, c'est tout…

L'année 1991 ? Ah, nous étions des gens bien à l'époque… Des gens magnifiques. Nous n'étions pas une foule. J'ai vu quelqu'un danser. Danser et crier : "Que la junte aille se faire f…!" *(Elle enfouit son visage dans ses mains.)* Oh, n'enregistrez pas ça. On ne peut pas effacer ce qui a été dit, mais là, ce n'est pas un mot convenable ! Il n'était pas jeune, cet homme… Et il dansait. On les avait vaincus et on se réjouissait. Il paraît qu'ils avaient déjà préparé des listes de gens à exécuter… Avec Eltsine en premier. Je les ai tous revus à la télévision récemment. Les putschistes… Ils sont vieux et pas très intelligents. Mais à l'époque, pendant trois jours, cela a été un désespoir affreux : alors comme ça, c'était fini ? Et la peur, une peur physique. Ce souffle de liberté… Tout le monde l'avait senti… Et nous avions peur de perdre ça. Gorbatchev est un grand homme, c'est lui qui a ouvert les vannes… On l'a aimé, mais pas longtemps, très vite, tout a commencé à nous agacer chez lui : sa façon de parler, ce qu'il disait, ses manières, sa femme… *(Elle rit.)* "À travers la Russie fonce une troïka : Raïka, Michka, et la perestroïka !" Prenez Naïna Eltsine, par exemple… Les gens l'aiment mieux, elle est toujours derrière son mari. Alors que Raïssa, elle, s'arrangeait pour se mettre à côté de lui, ou même devant. Mais cela ne se fait pas, chez nous : soit on est la tsarine, soit on ne fait pas d'ombre au tsar.

---

1. Cette révolutionnaire avait donné libre cours à son sadisme en torturant un grand nombre de prisonniers blancs au cours de la guerre civile.

Le communisme, c'est comme la prohibition : l'idée est bonne, mais ça ne marche pas. C'est ce que dit mon mari... Les saints rouges... Il y en avait... Prenez Nicolaï Ostrovski[1], par exemple... C'était un saint! Mais qu'est-ce qu'ils ont fait couler comme sang! Pour ce qui est du sang, des guerres et des révolutions, la Russie a atteint ses limites. Nous n'avons plus assez de force, ni d'une certaine forme de folie, pour recommencer. Les gens ont assez souffert comme ça. Maintenant, ils font leur marché : ils se choisissent des rideaux et des voilages, du papier peint, des poêles à frire, toutes sortes de choses. Ils aiment les couleurs vives. Parce qu'avant, chez nous, tout était gris et laid. On est comme des enfants, on est tout contents d'avoir une machine à laver le linge avec dix-sept programmes. Mes parents sont morts, maman depuis sept ans et papa depuis huit, mais je me sers toujours des réserves d'allumettes de maman, et il me reste encore de la semoule... Et du sel. Elle n'arrêtait pas d'acheter (à l'époque, on ne disait pas acheter, on disait "se procurer"), de faire des provisions pour les mauvais jours... Maintenant, on se promène dans les marchés et dans les magasins comme dans des musées, il y a de tout à profusion. On a envie de se dorloter un peu, de se faire plaisir. C'est une psychothérapie. Nous sommes tous des malades... *(Elle réfléchit.)* Vous vous rendez compte à quel point il fallait avoir souffert pour faire de telles réserves d'allumettes! Je n'arrive pas à appeler cela de l'esprit bourgeois. Du consumérisme. C'est une façon de se soigner. *(Elle se tait.)* Plus ça va, moins on parle du putsch. On se sent gêné. Le sentiment d'avoir remporté une victoire a disparu. Parce que... Je ne voulais pas que l'État soviétique soit anéanti. Avec quelle joie nous l'avons détruit! Mais moi, j'ai vécu la moitié de ma vie dans cet État. On ne peut pas effacer ça... Vous n'êtes pas d'accord? *(Elle répète.)* Vous n'êtes pas d'accord? *(Je suis d'accord, bien sûr.)* Tout est encore soviétique dans ma tête. On n'en est toujours pas sortis... Maintenant, les gens ne pensent plus beaucoup à ce qu'il y avait de mauvais, ils sont fiers de la Victoire, fiers d'avoir été les premiers à voler dans l'espace... Quant au fait que les magasins étaient vides, ça, on l'a oublié... On n'y croit plus vraiment...

---

1. Auteur du livre-culte *Et l'acier fut trempé* (voir note 3, p. 70).

Juste après le putsch, je suis allée voir mon grand-père à la campagne... Je trimbalais mon poste de radio partout. Le matin, nous sommes allés dans son potager. Au bout de cinq ou dix minutes, j'ai posé ma pelle. "Écoute ça, grand-père... C'est Eltsine qui parle...", "Viens là, grand-père, tu entends?..." Il a supporté un moment, et il a fini par me dire : "Creuse plus profond, et n'écoute pas leurs bavardages. Ce qui nous sauvera, c'est la terre, l'important, c'est que les patates poussent bien." C'était un sage, mon grand-père. Le soir, un voisin est passé. J'ai lancé la conversation sur Staline. "C'était un type bien, a dit le voisin, mais il a vécu longtemps. – Ouais, a dit mon grand-père, mais moi, j'ai vécu plus longtemps que ce salopard." Je me baladais partout avec mon poste de radio, j'étais tout excitée. Et quand les députés allaient déjeuner, c'était une catastrophe : la représentation était interrompue.

... Qu'est-ce que je possède ? Que me reste-t-il ? Une énorme bibliothèque et une discothèque, c'est tout. Ma mère est docteur en chimie elle aussi, il lui reste des livres et une collection exceptionnelle de minéraux. Un jour, un voleur s'est introduit chez elle... Elle s'est réveillée en pleine nuit, et il y avait un jeune malabar au beau milieu de son appartement (elle habite un studio). Il a ouvert l'armoire et il a tout sorti. Il flanquait les vêtements par terre en disant : "Ces intellectuels de merde ! Même pas un manteau fourré... !" Et il est parti en claquant la porte, tout simplement. Il n'y avait rien à voler. Voilà comment elle est, notre intelligentsia. Voilà ce qui nous reste. Et autour de nous, il y en a qui se font construire des villas, qui s'achètent des voitures de luxe. Moi, je n'ai jamais vu de diamant de ma vie...

La vie en Russie, c'est de la littérature. Mais j'ai envie de vivre ici, avec des Soviétiques... Et de voir des films soviétiques. Même si ce sont des mensonges, même s'ils ont été faits sur commande, je les adore. *(Elle rit.)* Pourvu que mon mari ne me voie pas à la télévision...

— Je suis officier.
À moi, maintenant... Je demande la parole ! *(C'est un jeune homme, dans les vingt-cinq ans.)* Vous pouvez enregistrer ça : je suis un patriote russe orthodoxe. Je suis au service de Notre-Seigneur.

Et je le sers avec ferveur. À l'aide de prières... Qui a vendu la Russie ? Les Juifs ! Des gens sans patrie. Même Dieu, ils l'ont fait pleurer bien souvent.

C'est un complot mondial... Nous avons affaire à un complot mondial contre la Russie. Un plan de la CIA... Et je ne veux rien entendre. Ne venez pas me dire que c'est des histoires ! Taisez-vous ! C'est un plan d'Allen Dulles, le directeur de la CIA... "En semant le chaos, nous allons insensiblement remplacer leurs valeurs par des fausses valeurs. Nous trouverons des complices, des alliés, en Russie même. Nous ferons de leur jeunesse des cyniques, des esprits mesquins, des cosmopolites. C'est comme ça que nous allons nous y prendre..." Vous comprenez ? Nos ennemis, ce sont les Juifs et les Amerloques. Ces stupides Yankees ! À une réunion secrète du gratin politique américain, le président Clinton a déclaré : "Nous avons réussi ce que le président Truman voulait faire au moyen de la bombe atomique... Nous sommes parvenus à éliminer de la guerre pour la domination mondiale le principal concurrent de l'Amérique." Jusqu'à quand nos ennemis vont-ils nous cracher dessus ? Le Christ a dit : Ne craignez rien, n'ayez pas peur, soyez fermes et courageux. Le Seigneur aura pitié de la Russie et la conduira par la voie de la souffrance vers une gloire immense...

(Je n'arrive pas à l'arrêter.)

... En 1991, je suis sorti diplômé de l'école militaire avec deux étoiles. J'étais sous-lieutenant. J'étais fier, je ne quittais pas mon uniforme. Un officier soviétique ! Un défenseur de la Patrie ! Mais après l'échec du putsch, j'allais à mon travail en civil et je me changeais une fois sur place. N'importe quel vieillard pouvait me prendre à partie à l'arrêt d'autobus et me demander : "Pourquoi t'as pas défendu la Patrie, mon garçon ? Espèce de salopard ! T'avais pourtant prêté serment." Les officiers crevaient de faim. Avec un traitement d'officier, on pouvait juste acheter un kilo du saucisson le moins cher. J'ai quitté l'armée. À une époque, j'ai travaillé comme garde du corps pour des prostituées. Maintenant, je suis vigile dans une entreprise. Tout le malheur vient de ces fumiers de youpins ! Les Russes n'ont aucun moyen de s'en sortir. Ce sont eux qui ont crucifié le Christ... *(Il me fourre un tract dans les mains.)* Tenez, lisez ça... Tous ces Sobtchak, ces Tchoubaïss

et ces Nemtsov, ni la milice ni l'armée ne pourront les protéger contre la juste colère du peuple. "Eh, Moschè, t'as entendu qu'il va bientôt y avoir un pogrom? – Je m'en fous, sur mon passeport, y a écrit russe. – Pauvre crétin, quand ils tapent, c'est la gueule qui compte, pas le passeport!" *(Il fait le signe de croix.)*
Je suis pour que l'ordre russe règne en Russie! Pour inscrire sur nos drapeaux les noms d'Akhromeïev, de Makachov et des autres héros... Dieu ne nous abandonnera pas...

— Je suis étudiant... Akhromeïev? C'est qui? C'est quoi, cet individu?
— Le putsch... La révolution d'Août...
— Excusez-moi, je ne suis pas au courant...
— Vous avez quel âge?
— Dix-neuf ans. Je ne m'intéresse pas à la politique. Tout ce cirque ne me concerne pas. Mais j'aime bien Staline. C'est curieux. Si vous comparez les dirigeants d'aujourd'hui au Patron avec sa vareuse militaire, la comparaison est en faveur de qui? Eh oui... Je n'ai pas besoin d'une grande Russie, moi. Je ne vais pas enfiler des bottes stupides ni me mettre un fusil sur l'épaule. Je n'ai aucune envie de mourir! *(Il se tait.)* Le rêve de tous les Russes, c'est de prendre sa valise et de se tirer. Pour aller en Amérique. Mais je n'ai pas envie de partir là-bas pour travailler toute ma vie comme serveur dans un café! Alors je réfléchis...

OÙ IL EST QUESTION DE L'AUMÔNE DES SOUVENIRS ET DU DÉSIR ÉPERDU DE TROUVER UN SENS…

Igor Poglazov, collégien de troisième, 14 ans

EXTRAITS DU RÉCIT DE SA MÈRE

J'ai l'impression que c'est une trahison… Que je suis en train de trahir mes sentiments, de trahir notre vie. De trahir nos mots… Ils ont été dits uniquement pour nous, et moi, je laisse un étranger pénétrer dans notre univers. Peu importe que ce soit quelqu'un de bien ou pas. Va-t-il me comprendre?… Je me souviens d'une femme qui vendait des pommes sur le marché, elle racontait à tout le monde comment elle avait enterré son fils. Je m'étais juré alors que cela ne m'arriverait jamais. De façon générale, mon mari et moi, nous n'abordons pas ce sujet, nous pleurons, mais chacun de son côté, pour que l'autre ne le voie pas. Il suffit d'un seul mot pour que je me mette à hurler. La première année, je ne pouvais tout simplement pas me calmer : pourquoi, pourquoi a-t-il fait cela? Je veux y réfléchir… Je me console en me disant qu'il ne voulait pas nous quitter… qu'il voulait juste essayer, jeter un coup d'œil… Quand ils sont adolescents, ils se demandent ce qu'il y a là-bas, cela les tracasse. Surtout les garçons… Après sa mort, j'ai fouillé dans ses cahiers, dans ses poèmes. Comme un détective. *(Elle pleure.)* Une semaine avant ce dimanche-là… J'étais en train de me coiffer devant mon miroir… Il s'est approché et m'a prise par les épaules. Nous étions là, tous les deux, à nous regarder dans la glace en souriant. Je me suis blottie contre lui. "Comme tu es beau, mon petit Igor! Et tu es beau parce que tu es un enfant de l'amour. L'enfant d'un grand amour." Il m'a serrée encore plus fort. "Ah, maman! Il n'y en a pas deux comme toi!" J'en tremble quand j'y songe… À ce moment-là, devant le miroir, est-ce qu'il y pensait déjà?

L'amour… Cela me fait bizarre de prononcer ce mot. De me souvenir que l'amour existe. Autrefois, je pensais que l'amour était plus puissant que la mort… Qu'il était plus fort que tout. Mon mari et moi, nous nous sommes rencontrés en classe de première. Les garçons de l'école voisine étaient venus chez nous à une soirée dansante. Je ne me souviens pas de ce premier soir parce que je n'ai pas vu Valik (c'est le nom de mon mari). Lui, il m'avait remarquée, mais il ne m'a pas abordée. Il n'avait même pas vu mon visage, juste ma silhouette. Et c'est comme s'il avait entendu une voix qui disait : "Voilà ta future femme." C'est ce qu'il m'a raconté plus tard… *(Elle sourit.)* Mais il l'a peut-être inventé. Il a beaucoup d'imagination ! Toujours est-il que le miracle a fait partie de notre vie dès le début, je flottais dessus comme sur un nuage… J'étais gaie, d'une gaieté folle, je ne tenais pas en place, voilà comment j'étais. J'aimais mon mari, et j'adorais aguicher d'autres hommes, c'est comme un jeu : tu marches, on te regarde, et cela te fait plaisir d'être regardée, même d'un œil un peu amoureux. Je fredonnais souvent, comme ma chère Maya Kristallinskaïa : "Pourquoi tant de bonheur pour moi toute seule ?" Je fonçais dans la vie tête baissée, et maintenant, je regrette de ne pas me souvenir de tout, jamais plus je ne serai aussi joyeuse. Pour aimer, il faut beaucoup de forces, et je suis une autre femme à présent. Je suis devenue quelqu'un d'ordinaire. *(Elle se tait.)* Parfois, j'ai envie de repenser à celle que j'étais, mais la plupart du temps, cela m'est désagréable…

Igor a trois ou quatre ans… Je lui donne son bain. "Maman, je t'aime comme une belle plincesse !" Nous nous sommes battus longtemps pour qu'il prononce correctement les *r*… *(Elle sourit.)* Ces choses-là peuvent vous aider à vivre, c'est grâce à cela que je vis maintenant. Grâce à l'aumône des souvenirs. Je ramasse toutes les miettes… Je suis professeur de russe dans une école. Des scènes de la vie de tous les jours : je suis plongée dans mes livres, et lui dans le placard de la cuisine. Pendant qu'il sort les casseroles, les poêles, les cuillères et les fourchettes, je prépare mes cours pour le lendemain. Là, il est plus grand. Je suis en train d'écrire, il est assis à son bureau et il écrit, lui aussi. Il a su lire et écrire très tôt. À trois ans, nous apprenions par cœur Mikhaïl

Svetlov : "L'attaque a sonné, et les balles ont sifflé[1]..." Ici, il faut que je m'arrête pour vous expliquer quelque chose... Je voulais qu'il devienne courageux, fort, et je lui choisissais des poèmes sur des héros, sur la guerre. Sur la Patrie. Un jour, ma mère m'a fait une remarque qui m'a stupéfiée : "Arrête de lui lire des poèmes là-dessus, Véra. Il ne joue plus qu'à la guerre. – Tous les garçons aiment jouer à ça! – Oui, mais Igor, lui, il aime se faire tirer dessus et tomber. Il aime mourir. Il tombe avec un tel ravissement que cela me fait peur. Il crie aux autres : « Vous tirez, et moi je tombe. » Jamais l'inverse!" *(Après un long moment de silence.)* Pourquoi n'ai-je pas écouté ma mère?

Je lui offrais des jouets "guerriers" : un tank, des petits soldats de plomb, un fusil de sniper... C'était un garçon, il devait devenir un soldat! Il y avait des instructions avec le fusil : "Un sniper doit tuer calmement et de façon sélective... Il faut commencer par se familiariser avec la cible..." Je ne sais pas pourquoi, cela paraissait normal, cela ne faisait peur à personne. Pourquoi? On se préparait psychologiquement à la guerre. "Si demain la guerre éclate, si demain il faut partir..." Je ne vois pas d'autre explication. Je n'en ai pas d'autre. Maintenant, il est plus rare qu'on offre aux enfants des épées, des pistolets... Pan! pan! Mais nous... Je me souviens de mon étonnement quand un professeur, à l'école, nous avait raconté qu'en Suède, je crois, les jouets de ce genre étaient interdits. Comment élever un homme sans cela? Un défenseur de la Patrie? *(Sa voix se brise.)* "Sur la mort, sur la mort aligne-toi, poète et pauvre cavalier[2]..." Dès que nous nous réunissons pour une occasion ou une autre, au bout de cinq minutes, il faut toujours que nous parlions de la guerre... Nous chantions souvent des chansons sur la guerre. Je me demande s'il existe quelque part ailleurs des gens comme nous... Les Polonais ont vécu sous le socialisme, les Tchèques et les Roumains aussi, mais ils sont différents... *(Elle se tait.)* Je ne sais pas comment faire pour vivre, maintenant. À quoi me raccrocher...

---

1. Célèbre poème de Mikhaïl Svetlov (1903-1964) mis en musique par Isaac Dounaïevski.
2. Derniers vers du poème *Élégie* d'Alexandre Vvedenski (1904-1941).

(Sa voix devient un murmure, mais j'ai l'impression qu'elle crie.)
... Quand je ferme les yeux, je le vois allongé dans son cercueil... Nous étions pourtant heureux... Pourquoi a-t-il décidé que la mort était belle...
... Une amie m'a emmenée chez un tailleur : "Il faut que tu te fasses faire une robe neuve. Quand je suis déprimée, je m'offre une nouvelle robe..."
... Dans mes rêves, quelqu'un me caresse la tête... La première année, je fuyais la maison, j'allais dans un parc pour crier... Je faisais peur aux oiseaux...

Il a dix ans, non, plutôt onze... Je rentre péniblement à la maison chargée de deux sacs, après une dure journée à l'école. Ils sont tous les deux sur le divan, l'un plongé dans un journal, l'autre dans un livre. L'appartement est un vrai capharnaüm ! Il y a une montagne de vaisselle sale... Ils m'accueillent avec enthousiasme. Je prends un balai. Ils se barricadent derrière des chaises. "Sortez de là ! – Jamais ! – Bon, alors, tirez au sort pour savoir à qui je vais frotter les oreilles en premier ! – Ne te fâche pas, Mamounette !" dit Igor en sortant le premier. Il est déjà aussi grand que son père. "Mamounette", c'est le petit nom qu'on me donne dans l'intimité. C'est lui qui l'a trouvé.

En été, nous allions généralement dans le Sud, "chez les palmiers, ils vivent le plus près du soleil" *(Toute joyeuse.)* Les mots me reviennent... Nos mots à nous... On y allait pour soigner ses sinusites... Après, on croulait sous les dettes jusqu'en mars, on faisait des économies : en entrée, des pâtes, pour plat de résistance, des pâtes, et au dessert, des pâtes. *(Elle se tait.)* Je me souviens d'une affiche très colorée. La ville de Gourzouf chauffée à blanc. Et la mer... Des rochers et du sable blanchis par les vagues et le soleil. J'ai gardé beaucoup de photos. Maintenant, je me les cache à moi-même. Elles me font peur... Cela fait tout exploser à l'intérieur de moi. C'est tout de suite l'explosion... Une fois, nous y étions allés sans lui. Arrivés à mi-chemin, nous avons fait demi-tour et nous sommes rentrés à la maison. "Igor ! Tu viens avec nous. On n'y arrive pas sans toi !" Il s'est jeté à mon cou en criant : "Hourra !" *(Après un long silence.)* On n'y arrive pas sans lui...

Pourquoi notre amour ne l'a-t-il pas retenu ? Avant, je croyais que l'amour peut tout. Ça y est, ça me reprend...

Cela m'est déjà arrivé… Il n'était déjà plus là… Je suis restée longtemps plongée dans une sorte d'hébétude. Mon mari m'appelait : "Véra !" Je n'entendais rien… Et brusquement, je suis devenue hystérique. Je me suis mise à hurler, à taper des pieds, je m'en suis prise à ma mère, à ma chère petite maman… "Tu es un monstre, avec tes théories à la Tolstoï ! Et tu as élevé des monstres comme toi ! Qu'est-ce que tu nous as répété toute notre vie ? Qu'il fallait vivre pour les autres… pour une grande cause… Se jeter sous un tank, brûler vif dans un avion pour sa Patrie. Les roulements de tambour de la révolution, une mort héroïque… La mort était toujours plus belle que la vie. Nous sommes des monstres et des dégénérés ! Et j'ai élevé Igor comme ça. Tout ça, c'est de ta faute !" Ma mère s'est recroquevillée sur elle-même et, brusquement, elle est devenue toute petite. Une minuscule petite vieille. Cela m'a fendu le cœur. Pour la première fois depuis des jours, j'ai éprouvé de la souffrance. Avant cela, quand on m'avait posé une valise très lourde sur le pied dans un trolley, je n'avais rien senti. C'est seulement pendant la nuit, en voyant mes orteils enflés, que je m'étais souvenue de cette valise. *(Elle pleure.)* Là, il faut que je m'arrête et que je vous parle de ma mère… Elle est de la génération des intellectuels d'avant-guerre. De ces gens qui avaient les larmes aux yeux quand on jouait *L'Internationale*. Elle a vécu la guerre, et elle n'a jamais oublié que c'est un soldat soviétique qui a planté le drapeau rouge en haut du Reichstag. "Notre pays a gagné une guerre si effroyable !" Pendant dix ans, vingt ans, quarante ans… elle nous a répété ça comme une incantation. Comme une prière… C'était sa prière à elle. "Nous ne possédions rien, mais nous étions heureux !" Elle en était absolument convaincue. Ce n'était pas la peine de discuter. Tolstoï, "le miroir de la révolution russe", elle l'aimait pour *Guerre et Paix*, mais aussi parce que le comte voulait distribuer tout ce qu'il possédait aux pauvres pour sauver son âme. Ma mère n'était pas la seule à être comme ça, tous ses amis étaient pareils, c'étaient les premiers intellectuels soviétiques, ils avaient grandi avec Tchernychevski, Dobrolioubov, Nekrassov[1]… Avec le marxisme… Imaginer ma mère devant un métier à broder ou en train de décorer

---

1. Écrivains progressistes du XIXᵉ siècle.

sa maison avec des vases en porcelaine ou des petits éléphants… Vous voulez rire! C'était une perte de temps! Une occupation de petite-bourgeoise! Le plus important, c'était le travail intellectuel, les livres… On peut porter le même tailleur pendant vingt ans et ne posséder que deux manteaux dans sa vie, mais on ne peut pas vivre sans Pouchkine, ou sans les *Œuvres complètes* de Gorki. On participe à un projet grandiose, et il existait, ce projet grandiose… C'était comme ça qu'ils vivaient.

… Il y a un vieux cimetière dans le centre-ville. Avec beaucoup d'arbres. Des buissons de lilas. Les gens s'y promènent comme dans un jardin botanique. Il n'y a pas beaucoup de vieux, plutôt des jeunes qui s'amusent, qui s'embrassent. Ils apportent des magnétophones… Un jour, il est rentré tard. "Où étais-tu? – Je me suis promené dans le cimetière. – Qu'est-ce que tu allais faire dans un cimetière? – C'est intéressant. On regarde dans les yeux des gens qui n'existent plus."

… J'ouvre la porte de sa chambre… Il est debout sur le rebord de la fenêtre, chez nous, le rebord des fenêtres n'est pas solide ni régulier. Et on est au cinquième! Je suis restée pétrifiée. Je ne pouvais pas lui crier, comme quand il était petit et qu'il avait grimpé en haut d'un arbre ou sur le vieux mur en ruine de l'église: "Si tu sens que tu ne tiens plus, laisse-toi tomber, je te rattraperai." Je n'ai pas crié, je n'ai pas pleuré, pour ne pas lui faire peur. Je suis sortie en rasant le mur. Au bout de cinq minutes qui m'ont paru une éternité, je suis revenue. Il était descendu du rebord de la fenêtre et faisait les cent pas dans sa chambre. Là, je me suis jetée sur lui et j'ai hurlé, je l'ai embrassé, frappé, secoué… "Pourquoi? Dis-moi pourquoi tu as fait ça? – Je ne sais pas. Pour voir."

… Un matin, j'ai vu des couronnes mortuaires devant l'immeuble voisin. Quelqu'un était mort. Bon, voilà, quelqu'un était mort. Quand je suis revenue du travail, son père m'a dit qu'il était allé là-bas. Je lui ai demandé pourquoi. On ne les connaissait pas, ces gens! "C'était une jeune fille. Elle était si belle, couchée là… Moi qui croyais que la mort, c'était effrayant." *(Elle se tait.)* Il tournait autour… Il avait envie de s'approcher du bord… *(Elle se tait.)* Mais cette porte est fermée. On n'a pas accès à ce monde.

… Il se blottit sur mes genoux. "Maman, comment j'étais quand j'étais petit?" Je raconte: il attendait le père Noël derrière la porte, il demandait quel autobus il fallait prendre pour aller au royaume enchanté, il avait vu un poêle russe à la campagne et il avait veillé toute la nuit pour le voir marcher, comme dans les contes. Il était très crédule...

... Je me souviens, une fois, il y avait déjà de la neige dehors. Il est arrivé en courant : "Maman ! Aujourd'hui, j'ai embrassé une fille ! – Ah bon ? – Oui. J'avais mon premier rendez-vous ! – Et tu ne m'en avais pas parlé ? – Je n'ai pas eu le temps. Je l'avais dit à Dima et à Andreï, et on y est allés ensemble. – Mais on ne va pas à un rendez-vous d'amour à trois ! – Tout seul, je n'osais pas. – Alors, comment ça s'est passé ? – Très bien. On s'est promenés autour de la colline en se tenant par la main et on s'est embrassés. Dima et Andreï montaient la garde." Mon Dieu... "Maman, est-ce qu'un garçon de sixième peut se marier avec une fille de seconde ? Si c'est le grand amour, bien sûr..."

Et... *(Elle pleure longtemps.)* Non, non, je ne peux plus...

... Notre mois préféré, c'était le mois d'août. On allait à la campagne, on admirait les toiles d'araignées. Et on riait, on était gais... *(Elle se tait.)* Qu'est-ce que j'ai à pleurer comme ça ? Nous avons eu quatorze longues années... *(Elle pleure.)*

Je suis dans la cuisine, en train de faire frire quelque chose. La fenêtre est ouverte. Je l'entends parler sur le balcon avec son père. "Papa, je crois que j'ai compris ce que c'est qu'un miracle... Écoute... Il était une fois un vieux et une vieille, ils avaient une poule tachetée, une vraie merveille. La poule pond un œuf, pas un œuf ordinaire, un œuf en or. Et le vieux tape dessus, tape dessus... Impossible de le casser. Et la vieille tape dessus, tape dessus... Impossible de le casser. Une petite souris passe en trottinant, elle donne un coup de queue, l'œuf tombe et il se casse. Et le vieux pleure, et la vieille pleure..." Son père : "D'un point de vue logique, c'est complètement absurde. Ils tapent dessus et il ne se casse pas, et puis brusquement, crac ! Et ils pleurent... Pourtant, cela fait des années, que dis-je ? des siècles que les enfants écoutent cette histoire comme un poème..." Igor : "Avant, je pensais qu'on pouvait tout comprendre par l'intelligence, papa. – Il y a beaucoup de choses qu'on ne peut pas comprendre par l'intelligence. L'amour, par exemple." Igor : "Et la mort !"

Il écrivait des poèmes depuis qu'il était tout petit... Je trouvais des feuilles couvertes de son écriture sur la table, dans ses poches, sous le divan. Il les perdait, les jetait, les oubliait. Je n'arrivais pas toujours à croire qu'ils étaient de lui. "C'est vraiment toi qui as écrit ça? – Quoi? – « Les gens se rendent visite / les bêtes se rendent visite... » – Oh, ça? C'est vieux! J'ai déjà oublié... – Et ces vers-là? – Lesquels? – « Sur une branche délabrée / sont posées des larmes d'étoiles... »" À douze ans, il avait écrit qu'il avait envie de mourir. D'aimer, et de mourir. Les deux choses qu'il désirait. "Toi et moi nous sommes unis / par l'eau bleue..." Vous en voulez encore? Tenez : "Je ne suis pas des vôtres, nuages argentés, / je ne suis pas des vôtres, neiges bleutées..." Il me l'avait pourtant lu, celui-là... Mais les adolescents écrivent souvent sur la mort.

Chez nous, on récitait tout le temps de la poésie, c'était notre façon de nous exprimer : Maïakovski, Svetlov... Mon préféré, c'est Sémione Goudzenko.

Ceux qui vont mourir chantent,
Alors qu'il faudrait pleurer.
À la guerre le plus terrible,
C'est juste avant d'attaquer...

Vous avez remarqué? Oui, bien sûr. Pas la peine de poser la question... Nous avons tous grandi là-dedans. L'art aime la mort, et notre art à nous tout particulièrement. Le culte du sacrifice et de la mort violente, nous avons cela dans le sang. Vivre "à se rompre l'aorte[1]"... "Ah, les Russes, ils n'aiment pas mourir de leur belle mort!" a écrit Gogol. Et Vyssotski chantait : "Rester encore un peu au bord du précipice..." Au bord du précipice! L'art aime la mort, mais il existe aussi les comédies à la française, non? Pourquoi n'avons-nous presque pas de comédies? "En avant! Pour la Patrie!", "La Patrie ou la mort!" J'apprenais à mes élèves qu'il faut "se consumer au service des autres[2]". Je leur parlais de l'exploit

---

1. Expression célèbre tirée d'un poème d'Ossip Mandelstam "Derrière Paganini aux longs doigts...", et reprise par Vyssotski dans une de ses chansons.
2. Traduction de la devise latine *Aliis inserviendo consumor*.

de Danko[1], qui s'était arraché le cœur de la poitrine pour éclairer le chemin de son peuple. On ne parlait pas de la vie… Ou très peu… Les héros! Les héros! La vie était faite de héros… De victimes et de bourreaux… Il n'y avait personne d'autre. *(Elle crie. Elle pleure.)* Maintenant, c'est une torture pour moi d'aller travailler à l'école. Les enfants attendent… Ils veulent des mots, des sentiments… Et que puis-je leur dire?

Cela s'est vraiment passé comme ça… Un soir tard, j'étais déjà au lit, je lisais *Le Maître et Marguerite* de Boulgakov (c'était encore considéré comme un roman "dissident", on m'en avait passé un exemplaire tapé à la machine). J'en étais aux dernières pages… Vous vous souvenez, quand Marguerite demande qu'on relâche le Maître, et que Woland, l'esprit de Satan, lui dit: "Il ne faut pas crier dans les montagnes, de toute façon, il est habitué aux éboulements, et cela ne le fera même pas sursauter. Vous ne devez pas intercéder pour lui, Marguerite, pour la bonne raison que celui avec qui il désire tant parler l'a déjà fait…" Et soudain, poussée par une force inconnue, je me suis précipitée dans la pièce voisine, vers le divan sur lequel dormait mon fils. Je me suis agenouillée et j'ai murmuré, comme une prière: "Il ne faut pas, mon petit Igor… Il ne faut pas, mon chéri!" Et je me suis mise à faire quelque chose qui m'était interdit depuis qu'il était devenu grand: j'ai couvert de baisers ses mains et ses pieds. Il a ouvert les yeux: "Mais qu'est-ce que tu fais, maman?" J'ai eu la présence d'esprit de répondre: "Je remontais ta couverture, elle avait glissé." Il s'est rendormi. Et moi… Je n'ai pas compris ce qui m'était arrivé… Quand il était de bonne humeur, il me taquinait en m'appelant "la gambadeuse". Je traversais la vie d'un pas léger.

Son anniversaire approchait, et le Nouvel An aussi… Un de nos amis avait promis de se procurer une bouteille de champagne, à l'époque, on ne pouvait pas acheter grand-chose dans les magasins, il fallait se débrouiller autrement. Par des relations, des amis d'amis. Nous avions réussi à trouver du saucisson fumé, des chocolats… Dégotter un kilo de mandarines pour les fêtes du Nouvel An, c'était une grande victoire! Les mandarines n'étaient pas juste des fruits, c'était quelque chose de fantastique, seul le

---

1. Héros de légende mis en scène par Gorki dans son récit *La Vieille Izerguil*.

Nouvel An avait cette odeur-là. On passait des mois à faire provision de bonnes choses pour le réveillon. Cette fois, j'avais mis de côté une boîte de foie de morue et un morceau de saumon. Tout cela a été servi ensuite au repas de funérailles… *(Elle se tait.)* Non, je ne veux pas terminer mon histoire aussi vite. Nous avons eu quatorze années entières. Quatorze années moins dix jours…

Une fois, en rangeant un placard, j'avais retrouvé une chemise avec des lettres. Lorsque j'étais à la maternité, nous nous écrivions des lettres, mon mari et moi, des petits mots, plusieurs fois par jour. Je les ai relus en riant… Igor avait déjà sept ans. Et il n'arrivait pas à comprendre comment c'était possible : il n'existait pas encore alors que son père et moi, nous étions déjà là ? Enfin, il était quand même là, nous parlions sans arrêt de lui dans nos lettres : "Le bébé s'est retourné, il m'a donné un coup de pied, il a bougé…", "Je suis mort une fois et après, je suis revenu, c'est ça ?" Sa question m'a laissée sans voix. Mais les enfants… Ils disent parfois de ces choses… Comme les philosophes, les poètes… J'aurais dû tout noter… "Maman, grand-père est mort… Ça veut dire qu'on l'a planté dans la terre et qu'il va pousser…"

En quatrième, il avait déjà une petite amie… Il était tombé amoureux, c'était sérieux. Je lui disais d'un ton menaçant : "Je ne te laisserai jamais épouser ton premier amour ! Ni une vendeuse !" Je m'étais déjà habituée à l'idée que j'allais devoir le partager avec quelqu'un. Je m'y préparais. J'ai une amie qui a un fils, elle aussi, du même âge qu'Igor, et elle m'a avoué un jour : "Je ne connais pas encore ma belle-fille, mais je la déteste déjà !" Tellement elle aime son fils. Elle n'arrive même pas à imaginer qu'il va falloir qu'elle le cède à une autre femme. Comment les choses se seraient-elles passées pour nous ? Pour moi ? Je ne sais pas… Je l'aimais… Je l'aimais à la folie… Même si j'avais eu une journée épouvantable, dès que j'ouvrais la porte, j'étais illuminée par cette lumière. La lumière de l'amour.

Je fais deux cauchemars. Dans le premier, nous nous noyons tous les deux. Il nageait bien et, un jour, je me suis risquée à nager avec lui loin dans la mer. Après avoir fait demi-tour, j'ai été prise de faiblesse et je me suis agrippée à lui, désespérément. Il me criait de le lâcher, mais je ne pouvais pas. Je l'entraînais vers le fond. Il a fini par se dégager et m'a poussée vers le rivage en me soutenant. Et nous nous en sommes sortis tous les deux. Dans mon rêve, tout recommence, mais je ne le lâche pas. On ne se noie pas, mais on ne s'en sort pas non plus. On lutte dans l'eau... Dans le deuxième cauchemar, il se met à pleuvoir, et je sens que ce n'est pas de la pluie qui tombe, mais de la terre. Du sable. Il commence à neiger, et je sens, au bruit, que ce n'est pas de la neige, mais de la terre. Et il y a une pelle qui cogne comme un cœur qui bat...

Il était fasciné par l'eau... Il aimait les lacs, les rivières, les puits. Et surtout la mer. Il a écrit beaucoup de poèmes sur l'eau. "Seule une calme étoile est blanche comme l'eau. Les ténèbres." Et encore "Et l'eau coule seule... en silence." *(Une pause.)* Nous n'allons plus au bord de la mer, maintenant.

La dernière année... Nous nous retrouvions souvent au dîner. Nous parlions de livres, bien sûr. Nous lisions du samizdat ensemble. *Le Docteur Jivago*, des poèmes de Mandelstam... Je me souviens de nos discussions sur ce qu'est un poète. Sur le destin des poètes russes. Igor disait : "Un poète doit mourir jeune, sinon ce n'est pas un poète. Un poète vieux, c'est ridicule." Là non plus, je n'ai pas fait attention... Je n'y ai pas attaché d'importance. D'habitude, les vers jaillissaient de moi à flots continus... Presque tous les poètes russes ont écrit des vers sur la Patrie. J'en connais beaucoup par cœur. Je lui récitais mon cher Lermontov : "J'aime mon pays natal, mais d'un amour étrange..." Et Essenine : "Je t'aime, mon pays doux et humble..." Comme j'étais contente quand j'ai acheté la correspondance de Blok! Un volume entier! Dans une lettre à sa mère, après son retour de l'étranger, il écrivait que sa Patrie lui avait montré à la fois un groin de porc et un visage divin... Je mettais l'accent sur le visage divin, bien sûr. *(Son mari entre dans la pièce. Il l'embrasse et s'assied.)* Que vous dire d'autre? Igor était allé sur la tombe de Vyssotski à Moscou. Il avait brusquement décidé de se raser le crâne, et il ressemblait beaucoup à Maïakovski. *(Elle se tourne vers son mari.)* Tu te souviens de la scène que je lui ai faite? Il avait de si beaux cheveux!

Le dernier été... Il était tout bronzé. Grand, fort. On lui donnait dix-huit ans. Nous sommes allés en vacances tous les deux à Tallin. C'était la seconde fois qu'il y allait, et il m'a fait visiter tous les recoins de la ville. En trois jours, nous avons dépensé des sommes folles. Nous couchions dans un foyer. Un soir, nous sommes rentrés tard d'une promenade nocturne à travers la ville, on se tenait par la main, on riait... On a ouvert la porte, on est passés devant la concierge, mais elle n'a pas voulu nous laisser entrer : "Il est interdit de recevoir des hommes dans les chambres après onze heures !" J'ai murmuré à l'oreille d'Igor : "Monte, j'arrive tout de suite." Il s'est éloigné, et j'ai chuchoté à la femme : "Vous n'avez pas honte ? C'est mon fils !" On s'amusait tellement ! On était si gais ! Et puis tout à coup, une nuit, là-bas, j'ai été prise d'angoisse... L'angoisse de ne plus jamais le revoir. L'angoisse de quelque chose de nouveau. Il ne s'était encore rien passé...

Le dernier mois... Mon frère est mort. Il n'y a pas beaucoup d'hommes dans ma famille, et j'ai emmené Igor avec moi pour nous aider. Si j'avais su... Il a vu la mort, il l'a regardée... "Igor, change les fleurs de place ! Apporte des chaises ! Va chercher du pain !" Toutes ces choses banales autour de la mort... C'est dangereux... On risque de confondre la mort et la vie. C'est maintenant que je le comprends... L'autobus est arrivé et toute la famille s'est installée dedans, mais Igor n'était pas là. "Igor ! Où es-tu ? Allez, viens !" Quand il est monté, toutes les places étaient occupées. Il y a eu toutes sortes de signes bizarres... Au moment où l'autobus a démarré, mon frère a ouvert les yeux une seconde, peut-être à cause de la secousse... C'est mauvais signe, cela annonce une autre mort dans la famille. Nous avons tout de suite pensé à ma mère, à cause de son cœur. Et quand on a descendu le cercueil dans la tombe, quelque chose est tombé dedans... Cela aussi, c'est un mauvais présage.

Le dernier jour... Le dernier matin. Je fais ma toilette, je sens qu'il est sur le seuil, il se tient des deux mains au chambranle de la porte et il me regarde. Avec insistance. "Qu'est-ce que tu as ? Va faire tes devoirs. Je rentrerai tôt." Il s'est détourné sans rien dire et il est allé dans sa chambre. Après le travail, j'avais rendez-vous avec une amie. Elle lui avait tricoté un pull-over à la mode, c'était le cadeau que je voulais lui offrir pour son anniversaire. Quand je suis arrivée à la maison avec, mon mari m'a grondée : "Tu ne comprends pas qu'il est trop jeune pour porter des vêtements aussi chics ?" Pour le déjeuner, j'avais fait des boulettes de poulet, son plat préféré. D'habitude, il en redemande, mais là, il a chipoté et n'a pas fini son assiette. "Il s'est passé quelque chose à l'école?" Il n'a pas répondu. Et j'ai fondu en larmes, j'ai pleuré comme une Madeleine. C'était la première fois depuis des années que je pleurais autant, je n'avais pas pleuré comme ça à l'enterrement de mon frère. Cela lui a fait peur. Tellement peur que c'est moi qui ai dû le réconforter. "Allez, essaie ton pull-over." Il l'a mis. "Il te plaît? – Beaucoup." Un peu plus tard, j'ai jeté un coup d'œil dans sa chambre. Il était allongé en train de lire. Son père tapait à la machine dans la pièce voisine. J'avais mal à la tête et je me suis endormie. Quand il y a le feu, les gens dorment d'un sommeil plus profond que d'habitude... Je l'avais laissé en train de lire Pouchkine. Timka, notre chienne, était couchée dans le vestibule. Elle n'a pas aboyé, elle n'a pas gémi. Au bout d'un moment, je ne sais pas combien de temps, j'ai ouvert les yeux. Mon mari était assis à côté de moi. "Où est Igor? – Il s'est enfermé dans les toilettes. Il doit se réciter des poèmes." Une terreur folle, une terreur muette, m'a fait bondir du lit. J'ai couru, j'ai frappé à la porte, je donnais des coups de poing et des coups de pied. Silence. Je l'ai appelé, j'ai hurlé, supplié. Silence. Mon mari est allé chercher un marteau, une hache. Il a défoncé la porte. Il était là, vêtu de son vieux pantalon et de son chandail, en pantoufles... pendu à une ceinture... Je l'ai pris dans mes bras, je l'ai emporté. Il était tout mou, tout chaud. On lui a fait la respiration artificielle. On a appelé les urgences...

Comment ai-je pu dormir? Pourquoi Timka n'a-t-elle rien senti? Les chiens, c'est tellement sensible, ils sentent tout dix fois mieux que nous, les hommes. Pourquoi... Je restais assise, les yeux dans le vide. On m'a fait une piqûre, et j'ai sombré dans le néant. Le matin, on m'a réveillée. "Lève-toi, Véra. Sinon, tu ne te le pardonneras jamais." J'ai pensé : "Ah, tu trouves ça drôle... Tu vas voir ça, je vais te frotter les oreilles!" Et tout à coup, j'ai compris que je n'avais plus personne à qui frotter les oreilles.

Il était allongé dans son cercueil. Vêtu du pull que je lui avais offert pour son anniversaire...

Je n'ai pas crié tout de suite... Seulement au bout de plusieurs mois... Mais je n'avais pas de larmes. Pour crier, ça, oui, je criais, mais je ne pleurais pas. C'est seulement après avoir bu un verre de vodka, un jour, que j'ai éclaté en sanglots. Et je me suis mise à boire pour pleurer. Je m'accrochais aux gens… Nous avons passé deux jours entiers chez des amis. Maintenant, je comprends combien cela a dû leur être pénible, et à quel point nous leur avons pesé. On fuyait la maison… La chaise sur laquelle il s'asseyait dans la cuisine s'est cassée. Je n'y ai pas touché, elle est restée là… Et si jamais cela ne lui plaisait pas, que je me débarrasse d'un objet qu'il avait aimé ? Mon mari et moi, nous étions incapables d'ouvrir la porte de sa chambre. Deux fois, nous avons voulu déménager, les papiers étaient presque prêts, nous nous étions engagés vis-à-vis des gens, nous allions emballer nos affaires… Et je ne suis pas arrivée à partir, j'avais l'impression qu'il était là, quelque part, simplement je ne le voyais pas… Mais il était là… Je faisais les magasins, je lui choisissais des vêtements : ce pantalon, là, c'est sa couleur, et puis cette chemise… Un jour, au printemps… je ne me souviens plus au bout de combien d'années… En rentrant, j'ai dit à mon mari : "Tu sais, aujourd'hui, un homme m'a trouvée attirante, il voulait qu'on se revoie." Et mon mari a répondu : "Je suis content pour toi, Véra ! Tu reviens parmi nous…" Je lui ai été immensément reconnaissante pour ces mots. Il faut que je vous parle de mon mari… Il est physicien. Nos amis disent en plaisantant : "Vous avez de la chance, vous avez un scientifique et une littéraire dans le même sac !" Je l'aimais… Pourquoi "je l'aimais", et non "je l'aime" ? Parce que je ne connais pas encore cette nouvelle personne qui a survécu. J'ai peur… Je ne suis pas prête… Je ne pourrai jamais plus être heureuse.

Une nuit, j'étais allongée les yeux grands ouverts. On a sonné à la porte. J'ai entendu très nettement sonner à la porte. Le lendemain matin, j'en ai parlé à mon mari. Il m'a dit qu'il n'avait rien entendu. La nuit suivante, cela a recommencé : on a sonné à la porte. Je ne dormais pas, j'ai tourné la tête vers mon mari, il était réveillé, lui aussi. "Tu as entendu ? – Oui." Tous les deux, nous avions l'impression de ne pas être seuls dans l'appartement. Timka tournait en rond à côté de notre lit, comme si elle suivait quelqu'un à la trace. Et puis j'ai sombré dans quelque chose de tiède… J'ai fait un rêve… Je ne sais pas où je suis. Igor arrive, il est vêtu du pull dans lequel il a été enterré. "Tu m'appelles, maman, tu ne comprends pas à quel point cela m'est pénible de venir te voir. Arrête de pleurer." Je le touche, il est tout doux. "Tu étais bien à la maison ? – Très bien. – Et là-bas ?" Il a disparu sans avoir eu le temps de répondre. Depuis cette nuit-là, j'ai cessé de pleurer. Et j'ai commencé à rêver de lui, mais petit, uniquement petit. Or j'attendais qu'il vienne me voir grand, pour parler avec lui...

Ce n'était pas un rêve. Je venais de fermer les yeux... La porte de la chambre s'est ouverte, et il est entré un instant, il était adulte, je ne l'avais jamais vu comme ça. À son visage, j'ai compris que tout ce qui se passait ici lui était devenu indifférent. Nos conversations sur lui, nos souvenirs. Il était déjà très loin de nous. Mais je ne pouvais pas supporter que le lien soit rompu entre nous. Je ne pouvais pas... J'ai réfléchi longtemps... Et j'ai décidé d'avoir un autre enfant. Ce n'était pas recommandé, il était déjà trop tard, les médecins me mettaient en garde. Mais j'en ai eu un. Une petite fille. Nous la traitons non comme notre fille, mais comme celle d'Igor. J'ai peur de l'aimer autant que je l'ai aimé lui... Et je ne peux pas l'aimer autant que lui. Oh, je suis folle ! Complètement folle ! Je pleure beaucoup, je passe mon temps au cimetière. J'emmène la petite partout avec moi, je n'arrête pas de penser à la mort. On ne peut pas vivre comme ça. Mon mari trouve que nous devrions partir. Dans un autre pays. Pour changer de tout, de cadre, d'entourage, d'alphabet... Nous avons des amis qui nous poussent à émigrer en Israël. Ils nous téléphonent souvent. "Mais qu'est-ce qui vous retient là-bas ?" *(Elle crie presque.)* Ce qui nous retient ?

Il m'arrive d'avoir une pensée affreuse. Et si jamais, lui, il vous avait raconté une histoire complètement différente ?

EXTRAITS DE CONVERSATIONS AVEC SES AMIS

"...Tout tenait grâce à cette colle formidable."
Nous étions très jeunes alors... L'adolescence est une période épouvantable, je ne sais pas qui a inventé que c'est un âge merveilleux. On est gauche, laid, on se sent mal dans sa peau et terriblement vulnérable. Mais pour ses parents, on est encore petit, ils vous construisent. On vit sous une cloche en verre, personne ne peut vous atteindre. Cette impression... Je m'en souviens bien... C'est comme à l'hôpital, quand j'ai eu une infection et que je me

suis retrouvée derrière une vitre. Les parents font semblant de vouloir être avec vous (enfin, c'est ce qu'on pense), mais en réalité, ils vivent dans un autre monde. Ils sont ailleurs, très loin… Ils ont l'air d'être là, mais ils sont loin… Les parents ne se doutent pas à quel point tout est grave pour leurs enfants. Un premier amour, c'est terrible. Mortellement dangereux. Une de mes amies pensait qu'Igor s'était suicidé par amour pour elle. C'est ridicule! Des bêtises de gamine… Toutes les filles étaient amoureuses de lui. Il était beau et, en plus, il se comportait comme s'il était plus vieux que nous, mais il donnait l'impression d'être très seul. Il écrivait des poèmes. Et un poète doit être transi et solitaire. Se faire tuer en duel. On avait tous la tête pleine d'enfantillages…

C'était l'époque soviétique… communiste. On nous élevait dans le culte de Lénine, des révolutionnaires passionnés et fervents, nous ne considérions pas la révolution comme une erreur et un crime, mais nous n'étions pas non plus très fans de tous ces trucs marxistes-léninistes. La révolution était déjà quelque chose d'abstrait… Ce dont je me souviens surtout, c'est des fêtes, et de l'attente de ces fêtes. J'en ai des souvenirs très nets… Beaucoup de gens dans les rues. Des mots qui sortent des haut-parleurs, certains y croient dur comme fer, d'autres un peu, et d'autres pas du tout. Mais on a l'impression que tout le monde est heureux. Il y a beaucoup de musique. On a une maman jeune et belle. Tout ça… Tout ça à la fois, ça laisse un souvenir de bonheur. Ces odeurs, ces bruits… Le crépitement de la machine à écrire, le cri des laitières venues de la campagne le matin : "Du lait! Du bon lait!" Tous n'avaient pas encore de réfrigérateur, et on entreposait des bidons de lait sur les balcons. Il y avait des poulets dans des cabas accrochés aux vasistas. Entre les doubles fenêtres, on mettait des pommes Antonov, et du coton avec des paillettes pour faire joli. L'odeur de pipi de chat qui montait des caves… Et puis cette odeur inimitable des cantines soviétiques, une odeur de serpillière et de chlore. Toutes ces choses ne semblaient pas liées les unes aux autres, mais maintenant, cela se fond pour moi en une seule impression. Une seule sensation. La liberté, elle, a d'autres odeurs… C'est d'autres images… Tout est différent. Un de mes amis, après son premier voyage à l'étranger, c'était déjà sous Gorbatchev, m'a dit en rentrant : "La liberté, ça sent une bonne odeur de sauce bien grasse." Moi-même, je me souviens parfaitement du premier supermarché que j'ai vu à Berlin – des centaines de sortes de saucissons, de fromages. C'était inimaginable. Bien des découvertes nous attendaient après la perestroïka, bien des émotions et des pensées nouvelles. Elles n'ont pas encore été décrites, on ne les a pas encore fait entrer dans l'histoire. On n'a pas encore trouvé les formules. Mais je vais trop vite... Je saute d'une époque à l'autre... Le monde s'ouvrira à nous plus tard. À ce moment-là, nous ne faisions qu'en rêver. Rêver à ce qu'on n'avait pas, à ce qu'on aurait voulu avoir... C'était bien de rêver à un monde qu'on ne connaissait pas. On en rêvait, mais on vivait dans un monde soviétique, où il n'y avait qu'une seule règle du jeu, et tout le monde jouait selon cette règle. Quelqu'un est debout sur une tribune, il ment, tout le monde applaudit, mais tout le monde sait qu'il ment, et lui, il sait qu'on le sait. Mais il débite ses mensonges, et il est tout content qu'on l'applaudisse. Personne ne doutait une seconde que nous aussi, nous allions vivre ainsi, et qu'il fallait se trouver un refuge. Ma mère écoutait Galitch, un chanteur interdit... Et moi aussi, je l'écoutais...

Je me souviens aussi du jour où nous avons voulu aller à Moscou pour les funérailles de Vyssotski. La milice nous a fait descendre du train... Et on braillait : "Sauvez nos âmes... Nous sommes en train de mourir asphyxiés...", "Un coup trop court, un coup trop long, l'artillerie tire sur ses soldats[1]..." Cela a fait un scandale ! La directrice de l'école nous a convoqués avec nos parents. Ma mère m'a accompagnée, et elle s'est comportée de façon magnifique. *(Elle devient songeuse.)* On passait notre vie dans la cuisine... Le pays tout entier vivait dans sa cuisine. On se rendait visite, on buvait du vin, on écoutait des chansons, on parlait de poésie. Devant une boîte de conserve et des tranches de pain noir. On se sentait bien. On avait nos rituels à nous : les virées en kayaks, les nuits sous la tente, les randonnées. Les chansons autour d'un feu de camp. Et on avait des signes de reconnaissance. Notre mode à nous, nos repères. Cela fait longtemps que ces sociétés secrètes des cuisines n'existent plus. Ni cette amitié que l'on croyait éternelle. Oui, nous étions branchés sur

---

1. Paroles de chansons de Vyssotski.

l'éternité… Il n'y avait rien qui comptait plus que l'amitié. Tout tenait grâce à cette colle formidable.

En réalité, aucun de nous ne vivait en URSS, chacun vivait dans son petit monde. Le monde des randonneurs, le monde des alpinistes… Après les cours, on se réunissait dans un local municipal où on nous avait attribué une salle. On montait des pièces de théâtre, je jouais dedans. Il y avait aussi un club littéraire. Je me souviens, Igor lisait ses poèmes là-bas, il imitait le style de Maïakovski, il était irrésistible. On l'avait surnommé l'Étudiant. On recevait de vrais poètes, des adultes, qui nous parlaient franchement. Ce sont eux qui nous ont appris la vérité sur les événements de Prague. Sur la guerre d'Afghanistan… Quoi encore? On apprenait à jouer de la guitare. Ça, c'était obligatoire. À l'époque, une guitare faisait partie des objets de première nécessité. On était prêts à écouter à genoux nos poètes et nos bardes préférés. Les poètes remplissaient des stades entiers, sous la surveillance de la milice à cheval. Les paroles étaient des actes. Se lever au cours d'une réunion et dire la vérité, c'était un acte, parce que c'était dangereux. Descendre dans la rue… c'est génial, c'est une décharge d'adrénaline, une bouffée d'air frais. Nous, on déversait tout dans les mots… Maintenant, c'est difficile à croire. De nos jours, il faut agir, et non parler. On peut dire absolument tout, mais les mots n'ont plus aucun pouvoir. On voudrait croire à quelque chose, mais on n'y arrive pas. Tout le monde se fiche de tout, et l'avenir, c'est de la merde. Pour nous, ce n'était pas comme ça… Ah, ça non! La poésie, les mots… la Parole…

(Elle rit.) Quand j'étais en première, je suis tombée amoureuse. Il habitait à Moscou. Je suis allée passer trois jours là-bas. Le matin, à la gare, des amis à lui nous ont passé une édition ronéotypée des *Souvenirs* de Nadiejda Mandelstam, tout le monde était plongé dedans à l'époque. Et il fallait rendre le livre le lendemain à quatre heures du matin. Le remettre à quelqu'un dans un train. On a passé vingt-quatre heures à lire sans arrêt, on est juste descendus une fois acheter du lait et du pain. On en a même oublié de s'embrasser, on se passait les feuillets l'un après l'autre. Tout cela dans une sorte de fièvre, de délire… Parce qu'on avait ce livre entre les mains… qu'on le lisait… Le lendemain, on est allés à la gare à quatre heures du matin, on a traversé la

ville déserte au pas de course, les transports ne marchaient pas encore. Je me souviens de cette traversée de Moscou en pleine nuit, j'avais le livre dans mon sac. On le transportait comme si c'était une arme secrète... C'est dire à quel point on croyait que les mots pouvaient ébranler le monde.

Les années Gorbatchev... La liberté et les cartes de rationnement... Des tickets pour tout, depuis le pain jusqu'à la semoule et les chaussettes. On faisait des queues de cinq ou six heures... mais en lisant un livre qu'on ne pouvait pas acheter avant. Et on savait que le soir, ils passeraient à la télé un film autrefois interdit qui avait dormi dans un placard pendant dix ans. C'était génial! Ou alors, toute la journée, on pensait à l'émission *Vzgliad*, qui allait passer à dix heures du soir. Les présentateurs, Alexandre Lioubimov et Vladislav Listiev, étaient devenus des héros nationaux. On apprenait la vérité... Qu'il n'y avait pas eu seulement Gagarine, mais aussi Béria... En fait, moi, pauvre idiote, la liberté de parole m'aurait suffi, parce que, comme je n'ai pas tardé à m'en rendre compte, j'étais une petite Soviétique. Nous étions imprégnés de tout ce qui est soviétique bien plus profondément que nous ne le pensions. Il aurait suffi de me laisser lire Dovlatov et Victor Nekrassov[1], et de me laisser écouter Galitch[2]. Je m'en serais contentée... Je ne rêvais même pas d'aller à Paris, de me balader à Montmartre... Ou de voir la basilique de la Sainte Famille de Gaudí. Juste de pouvoir lire et parler. Lire! Quand ma petite Olia a eu une bronchiolite à quatre mois, j'étais folle d'angoisse. Je vivais à l'hôpital avec elle, mais je ne pouvais pas la coucher une seconde, elle ne se calmait que dans mes bras. Bien droite. J'arpentais les couloirs avec elle. Quand elle s'endormait une demi-heure, à votre avis, qu'est-ce que je faisais? Alors que j'étais folle d'inquiétude et que je manquais de sommeil...? Eh bien, j'avais toujours *L'Archipel du Goulag* sous le bras, et je l'ouvrais immédiatement. D'un côté, mon bébé qui se mourait et de l'autre, Soljénitsyne. Pour nous, les livres remplaçaient la vie. C'était notre univers.

---

1. Sergueï Dovlatov (1941-1990) et Victor Nekrassov (1911-1987) sont deux écrivains qui ont émigré dans les années 1970 et n'étaient pas publiés en URSS.
2. Alexandre Galitch, voir note 2, p. 30.

Ensuite, il s'est passé quelque chose... Nous sommes redescendus sur terre. Cette sensation de bonheur et d'euphorie s'est brisée. En mille morceaux. J'ai compris que ce nouveau monde n'était pas le mien, qu'il n'était pas pour moi. Il lui faut des gens d'une autre sorte. Les faibles, on les chasse à coups de botte. Ce qui était en bas s'est retrouvé en haut... Bref, encore une révolution... Mais celle-là, avec des buts bien terrestres : un bungalow et une voiture pour tout le monde. Ce n'est pas un peu mesquin, pour un être humain ? Les rues se sont remplies de malabars en survêtements. Des loups ! Ils ont piétiné tout le monde. Ma mère travaillait comme couturière dans une fabrique de vêtements... Cette fabrique n'a pas tardé à fermer... Et maman est restée à la maison, à coudre des sous-vêtements. Toutes ses amies aussi. On habitait dans un immeuble que la fabrique avait fait construire pour ses ouvrières, eh bien, dans tous les appartements, on cousait des culottes et des soutiens-gorges... Des maillots de bain... On découpait les étiquettes, de préférence étrangères, sur les vieux vêtements, les siens et ceux de ses amis, et on les cousait sur ces maillots de bain. Ensuite, les femmes formaient des petits groupes et voyageaient à travers la Russie avec des sacs, on appelait ça "la tournée des petites culottes". À l'époque, j'étais déjà étudiante. *(Gaiement.)* Je me souviens... Non, mais quel cirque ! Dans la bibliothèque de l'université et dans le bureau du proviseur, on entreposait des tonneaux de cornichons et de tomates marinés, de chou, de champignons... On les vendait et, avec l'argent, on payait les salaires des professeurs. De temps en temps, toute la faculté croulait sous les oranges. Ou bien on était ensevelis sous des chemises pour hommes... La grande intelligentsia russe se débrouillait comme elle pouvait. On déterrait de vieilles recettes... Ce qu'on mangeait pendant la guerre... On plantait des pommes de terre au fond des jardins publics, sur les remblais des voies de chemin de fer. Quand on ne mange que des patates pendant des semaines, est-ce que c'est la famine ? Ou uniquement du chou mariné... Ça m'en a dégoûtée pour la vie ! On avait appris à faire des chips avec des pelures de pommes de terre et on se transmettait cette recette miracle : faire revenir les pelures dans de l'huile de tournesol bouillante, avec beaucoup de sel. Il n'y avait pas de lait, mais on vendait des glaces, alors on faisait cuire la semoule dans de la glace. Je me demande si je mangerais ça maintenant...

C'est notre amitié qui a disparu en premier... Tout le monde s'est retrouvé très occupé, il fallait bien gagner de l'argent. Avant, on avait l'impression que cet argent n'avait aucun pouvoir sur nous... Mais là, tous ont commencé à apprécier les "billets verts"... Ce n'était pas de l'argent soviétique, de la "monnaie de singe", comme on disait. Et nous, des "plantes d'intérieur" qui vivions dans le monde des livres... Eh bien, nous n'étions pas adaptés à cette nouvelle vie tant attendue. C'était autre chose que nous attendions, pas ça. Nous avions lu des tonnes de livres romantiques, mais la vie nous a poussés dans une autre direction, à coups de pied dans les fesses. Au lieu de Vyssotski, de la musique pop. C'est tout dire... Il n'y a pas longtemps, on s'est réunis dans ma cuisine, ce qui n'arrive plus que rarement, et on a discuté pour savoir si Vyssotski aurait chanté pour Abramovitch[1] ? Les avis étaient partagés. La majorité était sûre que oui. La question était de savoir pour combien...

Igor? Dans mon souvenir, il ressemble à Maïakovski. Beau et solitaire. *(Elle se tait.)* Je vous ai fait comprendre quelque chose ? Je me demande si j'y suis arrivée...

"Le marché aux puces est devenu notre université..."
Bien des années ont passé et aujourd'hui encore, je me pose la question : pourquoi ? Pourquoi a-t-il décidé de faire ça... Nous étions amis, mais il a pris sa décision tout seul... Qu'est-ce que vous pouvez dire à quelqu'un qui est debout au bord d'un toit, hein ? Quand j'étais adolescent, j'ai moi-même songé au suicide. Pourquoi ? Je ne sais pas. J'aime ma mère, mon père... mon frère... tout va bien à la maison. Mais on est emporté vers quelque chose... Quelque part, là-bas, il y a quelque chose. Quoi ? On ne sait pas, mais c'est là-bas... Il y a tout un monde là-bas, plus éclatant, qui a davantage de sens que celui dans lequel on vit, et il s'y passe quelque chose de plus important. Et on peut effleurer un mystère qu'il est

---

1. Roman Abramovitch (né en 1966), oligarque russe dont la fortune a été estimée, en 2003, à 10,2 milliards de dollars, propriétaire du Chelsea FC, est un proche de Vladimir Poutine.

impossible d'atteindre autrement, sur lequel il est impossible de se brancher de façon rationnelle. Alors on a envie de le faire… d'essayer… De se tenir debout au bord d'un toit, de sauter d'un balcon… Mais on n'a pas l'intention de mourir, on a envie de monter, de s'envoler, et on a l'impression qu'on va s'envoler. On agit comme dans un rêve… dans un état second… Et quand on se réveille, on se souvient d'une lumière, d'un son… Et de l'impression qu'on se sentait bien dans cet état… beaucoup mieux qu'ici.

Notre bande de copains… Il y avait aussi Liocha… Il est mort il n'y a pas longtemps, d'une overdose. Vadim, lui, a disparu dans les années 1990. Il s'était lancé dans le commerce des livres. Cela avait débuté comme une plaisanterie… Une idée folle… Et dès que cela a commencé à rapporter de l'argent, il s'est fait racketter par des types avec des pistolets. Tantôt il payait, tantôt il essayait de leur échapper, il dormait sur les arbres, dans les bois… Ces années-là, les gens ne se bagarraient plus, ils préféraient tuer. Où est-il ? Il a disparu sans laisser de trace… La milice ne l'a toujours pas retrouvé. On a dû l'enterrer quelque part. Arkadi a filé en Amérique. Il disait qu'il préférait vivre sous un pont à New York… Il ne reste plus qu'Ilioucha et moi. Lui, il avait fait un mariage d'amour. Sa femme a supporté ses bizarreries tant que les poètes et les peintres étaient en vogue, ensuite est arrivée la mode des traders et des comptables, et elle l'a quitté. Il a fait une grave dépression, dès qu'il sort dans la rue, il a une crise de panique. Il tremble de peur. Alors il reste enfermé chez lui. Un grand enfant qui vit chez ses parents. Il écrit des poèmes, des cris de l'âme… Quand on était adolescents, on écoutait les mêmes cassettes, on lisait les mêmes livres soviétiques. On avait le même vélo. Dans cette vie-là, tout était simple : une seule paire de chaussures pour toutes les saisons, un seul blouson, un seul pantalon. On était éduqués comme les jeunes guerriers de Sparte : si la Patrie l'ordonnait, on était prêts à s'asseoir sur un hérisson.

… On vivait dans une sorte de célébration perpétuelle de la guerre… Quand j'étais au jardin d'enfants, la maîtresse nous avait emmenés devant le monument à Marat Kazeï, le héros pionnier[1].

---

1. Jeune pionnier qui avait rejoint les partisans pendant la guerre (voir note 1, p. 163). Tombé aux mains des Allemands, il s'était fait sauter au milieu d'eux avec une grenade.

"Regardez, les enfants, disait-elle, c'est un jeune héros, il s'est fait exploser avec une grenade et il a anéanti beaucoup de fascistes. Quand vous serez grands, vous devrez être comme lui!" Nous aussi, il faudrait qu'on se fasse exploser avec une grenade? Je ne m'en souviens pas, mais maman m'a raconté que la nuit suivante, j'avais pleuré toutes les larmes de mon corps : il allait falloir que je meure, je serais couché quelque part tout seul, sans mon papa et ma maman. Et puisque je pleurais, cela voulait dire que je n'étais pas un héros... J'en suis tombé malade.

... Quand j'étais à l'école, mon rêve, c'était de faire partie du détachement qui montait la garde devant la flamme éternelle, dans le centre-ville. On prenait les meilleurs élèves. On leur cousait des manteaux militaires, on leur donnait des chapkas et des gants de l'armée. Ce n'était pas une corvée de se retrouver là, mais un grand honneur. On écoutait de la musique occidentale, on essayait de se procurer des jeans, il y en avait déjà chez nous... Le symbole du XXe siècle, comme la kalachnikov. Mon premier jean portait l'étiquette Montana... Ça, c'était cool! Mais la nuit, je rêvais que je me jetais sur l'ennemi avec une grenade...

... Quand ma grand-mère est morte, grand-père est venu habiter chez nous. C'était un officier de carrière, un lieutenant-colonel. Il avait beaucoup de décorations et de médailles, et je n'arrêtais pas de le harceler : "Grand-père, pourquoi on t'a donné cette médaille? – Pour la défense d'Odessa. – Et quel exploit tu as accompli? – J'ai défendu Odessa." Et cela s'arrêtait là. Je lui en voulais pour ça. "Grand-père, raconte-moi quelque chose de magnifique, quelque chose de noble! – Ce n'est pas à moi qu'il faut demander ça, va à la bibliothèque, prends un livre et lis." J'avais un grand-père génial, on s'entendait bien tous les deux, c'était chimique. Il est mort en avril, et il aurait voulu vivre jusqu'en mai. Jusqu'au jour de la Victoire.

... À seize ans, comme il se doit, j'ai été convoqué au bureau de recrutement. "Dans quelle unité tu veux servir?" J'ai déclaré au commissaire que dès que j'aurais terminé mes études secondaires, je me porterais volontaire pour l'Afghanistan. "Pauvre idiot!" a-t-il dit. Mais j'ai suivi un entraînement intensif : j'ai sauté en parachute, j'ai étudié les armes... Nous sommes les derniers pionniers du pays des Soviets : "Toujours prêts!"

… Un garçon de notre classe allait partir en Israël. On avait organisé une réunion à l'école, et on avait essayé de l'en dissuader : si tes parents ont envie de partir, ils n'ont qu'à s'en aller. Il y a de bons orphelinats chez nous, tu pourrais finir tes études ici et rester vivre en URSS. À nos yeux, c'était un traître. Il a été exclu des komsomols. Le lendemain, toute la classe partait récolter des pommes de terre dans un kolkhoze. Il était venu, lui aussi. Eh bien, on l'a fait descendre de l'autobus ! La directrice de l'école nous avait prévenus que ceux qui lui écriraient auraient des ennuis à l'école. Mais quand il est parti, on s'est tous mis à lui écrire…

… Pendant la perestroïka, ces mêmes professeurs nous ont dit d'oublier tout ce qu'ils nous avaient enseigné jusqu'ici et de lire la presse. On étudiait l'histoire d'après les journaux. L'examen d'histoire de fin de cycle a été carrément supprimé, nous n'avons pas eu à nous taper tous les congrès du Parti. À la dernière manifestation pour la révolution d'Octobre, on nous a encore distribué des banderoles et des portraits des dirigeants, mais pour nous, c'était déjà comme le carnaval pour les Brésiliens.

… Je me souviens des gens qui erraient dans les magasins vides avec des sacs remplis d'argent soviétique…

… Je suis entré à l'université… À l'époque, Tchoubaïss faisait de la propagande pour les bons de privatisation[1], il promettait qu'un bon aurait la valeur de deux voitures Volga, alors que maintenant, ils ne valent plus que deux kopecks. C'était une époque vraiment top ! Je distribuais des tracts dans le métro… Tout le monde rêvait d'une nouvelle vie… On rêvait que les magasins allaient regorger de saucissons au prix soviétique, et que les membres du Politburo feraient la queue comme tout le monde pour en acheter… Le saucisson, chez nous, c'est la référence absolue. Nous avons un amour existentiel pour le saucisson… Le crépuscule des dieux ! Les fabriques aux ouvriers ! La terre aux paysans ! Les rivières aux castors ! Les tanières aux ours ! Les défilés dans les rues et les retransmissions du Congrès des

---

1. Les *vouchers*, ou bons de privatisation, étaient des coupons représentant des parts sur les entreprises d'État qui ont été distribués aux Russes et que beaucoup ont revendus à bas prix, ce qui a permis à certains de devenir propriétaires des ressources du pays.

députés du peuple avaient remplacé les séries mexicaines. Je suis resté deux ans à l'université, et puis j'ai abandonné mes études. J'avais de la peine pour mes parents, on leur disait ouvertement : vous êtes des Soviets minables, votre vie a été fichue en l'air pour des prunes, tout est de votre faute depuis l'arche de Noé, et maintenant, personne n'a besoin de vous. Économiser toute sa vie et au bout du compte, se retrouver sans rien… Tout cela les a brisés et a détruit leur univers, ils ne s'en sont pas remis, ils n'ont pas réussi à prendre ce virage. Mon petit frère lavait des voitures après l'école, il vendait des chewing-gums et toutes sortes de cochonneries dans le métro, et il gagnait davantage que notre père… Lui, c'était un savant. Il était docteur en sciences. L'élite soviétique ! Quand des saucissons sont apparus dans les magasins privés, tout le monde a foncé pour en acheter. Et on a vu les prix ! Voilà comment le capitalisme est entré dans notre vie…

Je suis devenu débardeur. Un boulot en or ! Quand je déchargeais un fourgon plein de sucre avec un ami, on nous donnait de l'argent, et un sac de sucre chacun. Dans les années 1990, un sac de sucre, ça représentait une vraie fortune ! L'argent, toujours l'argent… C'étaient les débuts du capitalisme. En une journée, on pouvait devenir milliardaire, ou bien recevoir une balle dans la tête. Quand on en parle maintenant, on veut nous faire peur : nous aurions pu avoir une guerre civile, nous étions au bord du gouffre… Moi, je n'ai pas senti ça. Je me souviens que les rues s'étaient vidées et qu'il n'y avait plus personne sur les barricades. On avait cessé de s'abonner aux journaux, on ne les lisait plus. Les poivrots, dans la rue, ont commencé par injurier Gorbatchev, et ensuite Eltsine, parce que la vodka avait augmenté. On avait touché à quelque chose de sacro-saint ! Tout le monde était pris d'une frénésie sauvage, inexplicable. Une odeur d'argent flottait dans l'air. Et la liberté totale : pas de Parti, pas de gouvernement. Tout le monde voulait "se faire du blé", et ceux qui ne savaient pas s'y prendre enviaient ceux qui savaient. Les uns vendaient, les autres achetaient, certains "couvraient", d'autres rackettaient… Avec le premier fric que j'ai gagné, je suis allé au restaurant avec des amis. On a commandé des martinis avec de la vodka – un *Royal* ! À l'époque, c'était la classe ! On avait envie de tenir un verre à pied dans sa main. De rouler des mécaniques.

On a fumé des Marlboro… Tout ce qu'on avait lu dans les romans de Remarque. On a longtemps vécu comme dans les films. Les nouveaux magasins, les restaurants… C'étaient comme des décors venus d'un autre monde…

… J'ai vendu des saucisses grillées. Du blanchiment d'argent, des sommes énormes…

… J'ai livré de la vodka en Turkménie… J'ai passé une semaine entière enfermé avec un coéquipier dans un wagon de marchandises. On montait la garde avec des haches et des pics. Si les gens avaient su ce qu'on transportait, on se serait fait tuer ! On est revenus avec un chargement de serviettes éponge…

… J'ai vendu des jouets. Une fois, on m'en a acheté toute une cargaison, et on m'a payé avec une camionnette de boissons gazeuses que j'ai échangée contre un camion de graines de tournesol. Je l'ai troqué contre de l'huile dans une usine, j'en ai vendu une partie, et l'autre, je l'ai échangée contre des poêles en téfal et des fers à repasser…

… Maintenant, j'ai un commerce de fleurs. J'ai appris à "saler" les roses : on tapisse une boîte en carton de sel brûlant, une couche d'au moins un centimètre, on pose dessus les fleurs à moitié ouvertes, et on les recouvre d'une autre couche de sel. On met un couvercle, et on fourre ça dans un grand sac en plastique. Il faut bien fermer. Au bout d'un mois ou d'un an, on ouvre et on lave à grande eau. Passez me voir quand vous voulez… Tenez, voilà ma carte…

Le marché aux puces est devenu notre université. Enfin, une université, c'est beaucoup dire, en tout cas l'école primaire de la vie, ça, c'est sûr. Les gens venaient là comme dans un musée. Ou une bibliothèque. Des petits jeunes rôdaient autour des étalages, des zombies avec des têtes de cinglés… Un couple s'arrêtait devant des épilateurs chinois, et elle lui expliquait combien c'est important de s'épiler. "C'est ce que tu veux, non ? Que je sois comme…" Je ne me souviens plus du nom de l'actrice… Comme Marina Vlady, par exemple, ou comme Catherine Deneuve. Des millions de nouvelles boîtes, de nouveaux emballages… On les rapportait à la maison comme des objets sacrés, et une fois qu'on avait utilisé ce qu'il y avait dedans, on ne les jetait pas, on les posait à la place d'honneur sur une étagère ou dans une vitrine. On lisait les premiers magazines en papier glacé comme des chefs-d'œuvre de littérature classique, avec la pieuse conviction que sous cette couverture, à l'intérieur de cette coquille, il y avait une vie magnifique. Et le premier McDonald's... Les kilomètres de queue devant, les reportages à la télé... Des adultes, des gens cultivés, gardaient soigneusement les boîtes en carton et les serviettes en papier qui venaient de là-bas, et ils montraient ça fièrement à leurs invités!

J'ai un ami... Sa femme a deux boulots, mais lui, il a sa fierté : il est poète. Pas question d'aller vendre des casseroles! C'est au-dessous de sa dignité. Autrefois, lui aussi, comme nous tous, il a défilé dans la rue en criant : "La démocratie!" Nous n'avions aucune idée de ce qui allait suivre. Personne n'avait l'intention de vendre des casseroles. Mais maintenant... on n'a pas le choix : ou bien on trouve de quoi nourrir sa famille, ou bien on s'accroche aux idéaux des Soviets. C'est soit l'un, soit l'autre... Si vous écrivez des poèmes et que vous grattouillez une guitare, on vous dit : "Vas-y, continue!" en vous tapant sur l'épaule, mais vous n'avez rien dans les poches. Ceux qui ont quitté le pays? Eux aussi, ils vendent des casseroles, ils livrent des pizzas... ils fabriquent des boîtes en carton dans des usines... Là-bas, il n'y a pas de honte à faire ça...

Vous avez compris? Je vous ai parlé d'Igor... De notre génération perdue, avec une enfance communiste et une vie capitaliste. Je déteste les guitares! Si vous voulez, je peux vous faire cadeau de la mienne...

OÙ IL EST QUESTION D'UNE AUTRE BIBLE ET D'AUTRES CROYANTS

Vassili Pétrovitch N., membre du Parti communiste depuis 1922, 87 ans

Oui… J'aurais bien voulu… Mais les médecins m'ont fait revenir de là-bas. Comme s'ils savaient d'où ils vous ramènent! Je suis athée, bien sûr, et maintenant que je suis vieux, c'est irrécupérable. On est tout seul avec ça… Avec la pensée qu'il faut s'en aller… quelque part, ailleurs… On a une autre façon de voir les choses… la terre, le sable. Je ne peux pas regarder du sable ordinaire, ça me bouleverse. Il y a longtemps que je suis vieux. Je reste à la fenêtre avec mon chat. *(Le chat est sur ses genoux, il le caresse.)* On allume la télé…

Évidemment, jamais je n'aurais pensé que je verrais un jour élever des monuments à des généraux blancs. Avant, les héros, c'étaient des commandants rouges… Frounzé, Chtchors… Et maintenant, c'est Dénikine, Koltchak… Même s'il y a encore des gens qui se souviennent que les hommes de Koltchak nous pendaient aux réverbères. Les Blancs ont gagné… C'est bien ça, non? Moi, j'ai fait la guerre, je me suis battu, je n'ai pas arrêté de me battre. À quoi bon? J'ai construit, construit… Quoi? Si j'étais écrivain, je me mettrais à écrire mes Mémoires, tiens! J'ai entendu récemment une émission sur mon usine à la radio. J'en ai été le premier directeur. Et on parlait de moi comme si je n'existais plus, que j'étais déjà mort. Mais je suis bien vivant… Ils ne pouvaient pas imaginer que j'étais encore là! Eh oui, qu'est-ce que vous voulez… *(Nous rions tous les trois. Nous sommes avec son petit-fils, il écoute.)* J'ai l'impression d'être une antiquité oubliée dans la réserve d'un musée. Un vieux morceau de poterie tout poussiéreux. Nous avions un grand empire qui allait d'un océan à l'autre, du cercle polaire jusqu'aux tropiques. Où est-il passé?

Il a été vaincu sans bombe. Sans Hiroshima. Il a été vaincu par Sa Majesté le Saucisson! C'est la bonne bouffe qui a gagné. Et les Mercedes... L'homme n'a pas besoin d'autre chose, il ne faut rien lui proposer de plus, ce n'est pas la peine. Juste du pain et des jeux! C'est ça, la plus grande découverte du XXe siècle. La réponse à tous les grands humanistes. Et aux rêveurs du Kremlin. Mais nous, ma génération... Nous avions des projets grandioses. Nous rêvions de la révolution mondiale.

Sur une montagne de bourgeois,
Nous ferons un grand feu de joie!

Nous allions construire un monde nouveau, nous allions rendre tout le monde heureux. Nous avions l'impression que c'était possible, j'y croyais, j'y croyais sincèrement! Tout à fait sincèrement! *(Il est pris d'une quinte de toux et s'étrangle.)* J'ai de l'asthme. Attendez... *(Il fait une pause.)* Et voilà, j'ai vécu assez vieux pour voir l'avenir dont nous rêvions. On mourait pour cet avenir, on tuait pour lui. Il a fait couler beaucoup de sang... Le nôtre et celui des autres...

Va et meurs sans reproche!
Notre mort n'est pas vaine,
Notre cause en vaut la peine,
Ce qui est bâti sur le sang
Est solide comme la roche!

Jamais un cœur las de haïr
Ne sera capable d'un véritable amour...

(Il a l'air étonné.) Je m'en souviens... Je n'ai pas oublié! Mon cerveau n'est pas encore ramolli. Pas complètement. On apprenait ces poèmes aux cours d'instruction politique. Mon Dieu! C'était il y a combien d'années...? Je n'ose même pas y penser!

Ce qui me bouleverse? Ce qui me désole? Notre idéal a été piétiné. Le communisme est voué à l'anathème. Tout a été brisé en mille morceaux. Je suis un vieillard sénile. Un fou sanguinaire... un tueur en série... C'est bien ça, non? Cela fait trop longtemps que je vis, il ne faut pas vivre aussi longtemps. Ça devrait être interdit... C'est dangereux. Mon époque a pris fin avant ma vie. Il faut mourir avec son époque. Comme mes camarades... Ils sont morts jeunes, à vingt ou trente ans... Et ils sont morts heureux. Avec leur foi! Avec la révolution au cœur, comme on disait alors. Je les envie. Vous ne pouvez pas comprendre ça... Je les envie. "Notre jeune tambour a péri..." Il est mort glorieusement! Pour une grande cause! *(Il devient songeur.)* J'ai toujours côtoyé la mort, mais je n'y pensais pas beaucoup. Cet été, on m'a emmené à la campagne. Je n'arrêtais pas de regarder la terre... Elle est vivante...

— La mort et les assassinats, vous trouvez que c'est la même chose? Vous avez vécu au milieu d'assassinats, non?

(D'un ton agacé.) Ce genre de question, ça vous expédiait tout droit dans un camp. Entre le Grand Nord et le poteau d'exécution, on n'avait pas beaucoup de choix. De mon temps, on ne posait pas des questions pareilles. Pour nous, elles n'existaient pas. Nous... on se représentait une vie plus juste, sans pauvres ni riches. On mourait pour la révolution, en idéalistes... On était désintéressés... Mes amis sont partis depuis longtemps, je suis resté tout seul. Mes interlocuteurs ne sont plus là. La nuit, je discute avec des morts... Mais vous... Nos sentiments, notre vocabulaire, vous ne les connaissez pas : "système de prélèvement des denrées agricoles", "détachement d'approvisionnement", "déchu", "comité des pauvres", "défaitiste", "re-condamné"... C'est du chinois pour vous! Des hiéroglyphes! La vieillesse, c'est avant tout la solitude. Le dernier vieux que je connaissais, dans l'immeuble voisin, est mort il y a cinq ans, peut-être même sept... Autour de moi, il n'y a que des inconnus. Oh, des gens viennent me voir, pour des musées, des archives, des encyclopédies... Je suis un bureau de renseignements, des archives vivantes! Mais je n'ai pas d'interlocuteurs... Avec qui j'aimerais discuter? Peut-être avec Lazare Kaganovitch[1]. Nous ne sommes plus très nombreux

---

1. Lazare Kaganovitch (1893-1991) était un proche collaborateur de Staline et l'un des protagonistes de la collectivisation et des purges. Après avoir occupé des postes extrêmement importants, il était tombé dans une relative disgrâce après 1957. À l'époque de cet entretien, il était toujours vivant.

à être encore en vie, et encore moins à ne pas être gâteux. Lui, il est plus vieux que moi, il a déjà dans les quatre-vingt-dix ans. J'ai lu dans les journaux... *(Il rit.)* Il paraît que les autres vieux, dans son quartier, refusent de jouer aux dominos ou aux cartes avec lui. Ils le traitent d'assassin. Et ça le fait pleurer de rage. Autrefois, c'était un commissaire du peuple à la poigne de fer ! Il signait des listes de gens à fusiller, il a fait mourir des dizaines de milliers de personnes. Il a passé trente ans aux côtés de Staline. Et maintenant qu'il est vieux, il n'a personne avec qui jouer aux cartes, taper le carton... Les travailleurs ordinaires le méprisent... *(Il poursuit à voix basse et j'ai du mal à le comprendre, je ne distingue que quelques mots.)* C'est terrible... C'est terrible de vivre longtemps...

... Je ne suis pas un historien ni même un littéraire. Il est vrai qu'à une époque, j'ai été directeur du théâtre municipal. Je travaillais là où le Parti m'envoyait. J'étais dévoué au Parti. J'ai peu de souvenirs de ma vie, je ne me souviens que de mon travail. Le pays était un chantier, un haut-fourneau, une forge ! Les gens ne travaillent plus comme ça, maintenant. Je dormais trois heures par nuit. Trois heures... ! Nous avions un retard de cinquante ou cent ans sur les pays développés. D'un siècle entier. Le plan de Staline, c'était de les rattraper en quinze ou vingt ans. Son fameux bond en avant. Et nous, on y croyait, on allait les rattraper ! Maintenant, les gens ne croient plus en rien, mais à l'époque, on avait la foi. On croyait facilement. Nos slogans, c'étaient : "Frappons les décombres industriels avec nos rêves révolutionnaires !", "Les bolcheviks doivent maîtriser la technique !", "Rattrapons le capitalisme !" Je ne vivais pas chez moi, j'habitais à l'usine... Sur le chantier. Eh oui... Le téléphone pouvait sonner à deux ou trois heures du matin. Staline ne dormait jamais, il se couchait tard, alors nous ne dormions pas non plus. Nous, les cadres dirigeants. Du haut jusqu'en bas de l'échelle. J'ai eu deux décorations et trois infarctus. J'ai été directeur d'une usine de pneus, puis d'un trust de fabrication et, de là, on m'a transféré dans un combinat de viande. Je gérais les archives du Parti. Après mon troisième infarctus, on m'a donné un théâtre... Notre époque... Mon époque... C'était une grande époque ! Personne ne vivait pour soi. C'est pour ça qu'on en a gros sur le cœur... Récemment, une charmante demoiselle est venue m'interviewer. Elle a commencé par "m'éclairer" sur la terrible époque dans laquelle nous avons vécu. Elle avait lu des livres là-dessus, mais moi, j'y ai vécu. J'y suis né, j'en viens, de ces années-là. Et elle, elle vient me raconter qu'on était des esclaves. Les esclaves de Staline. Pauvre gourde ! Je n'étais pas un esclave ! Pas du tout ! Moi-même, je doute de tout, à présent… Mais je n'étais pas un esclave ! Absolument pas ! Les gens ont de la bouillie dans la tête. On mélange tout : Koltchak et Tchapaïev, Dénikine et Frounzé… Lénine et le tsar… Une vraie salade russe, avec du blanc et du rouge. Une soupe de betteraves à la crème. On fait des claquettes sur les tombes. Mais c'était une grande époque ! Jamais plus nous ne vivrons dans un pays aussi puissant et aussi immense. J'ai pleuré quand l'Union soviétique s'est effondrée. On nous a immédiatement couverts de malédictions. Calomniés. Ce sont les bourgeois qui ont gagné. Les poux. Les vers de terre.

Ma patrie, c'est Octobre, Lénine, le socialisme… J'aimais la révolution ! Le Parti, c'est ce que j'ai de plus cher au monde. J'y suis depuis soixante-dix ans. Ma carte du Parti, c'est ma Bible. *(Il déclame.)*

Nous détruirons le monde d'avant,
Jusque dans ses fondements,
Pour bâtir notre monde à nous !
Qui n'était rien deviendra tout…

On voulait bâtir le royaume de Dieu sur terre. C'est un beau rêve, mais il est irréalisable, l'homme n'est pas encore prêt pour ça. Il n'est pas parfait. Eh oui… Mais depuis Pougatchov[1] et les décembristes jusqu'à Lénine, tous ont rêvé d'égalité et de fraternité. Sans un idéal de justice, ce sera une autre Russie, d'autres gens. Un pays complètement différent. On n'en a pas fini avec le communisme. Ne comptez pas là-dessus ! Et le monde n'en a pas fini. L'homme rêvera toujours à la Ville du Soleil. Il avait

---

1. Emilian Pougatchov (1742-1775), prétendant au trône à la tête d'une insurrection cosaque contre Catherine II. Il est un des personnages du roman de Pouchkine *La Fille du capitaine*.

déjà soif de justice quand il s'habillait encore de peaux de bêtes et vivait dans des cavernes. Pensez aux chansons, aux films soviétiques… Quel beau rêve! Quelle foi!… Une Mercedes, ce n'est pas un rêve…

Pendant toute la conversation, le petit-fils se tait. En réponse à mes questions, il se contentera de raconter quelques histoires drôles.

Histoire racontée par le petit-fils
1937… Deux vieux bolcheviks sont enfermés dans une cellule. Le premier : "Nous, nous ne vivrons pas assez longtemps pour connaître le communisme. Mais nos enfants, en revanche…" Le deuxième : "Les pauvres!"

— Ça fait longtemps que je suis vieux… Mais la vieillesse aussi, c'est intéressant. On comprend que l'homme est un animal… On se découvre beaucoup de choses en commun avec les animaux… Comme disait Ranevskaïa[1], la vieillesse, c'est quand les bougies sur le gâteau d'anniversaire coûtent plus cher que le gâteau lui-même, et que la moitié de vos urines passe dans les analyses… *(Il rit.)* Rien ne nous protège de la vieillesse, ni les décorations ni les médailles. Eh non! Le réfrigérateur ronronne, l'horloge tic-taque… Il ne se passe rien d'autre. *(On parle de son petit-fils, qui est allé dans la cuisine faire du thé.)* C'est le tour des enfants, maintenant… Ils n'ont que les ordinateurs dans la tête. Lui, là, c'est le plus jeune de mes petits-fils, il est en seconde… Il m'a dit : "Je veux bien lire quelque chose sur Ivan le Terrible, mais pas sur Staline. J'en ai ras le bol, de ton Staline!" Ils ne savent rien, et ils en ont déjà assez. Enfin, passons… Tout le monde crache sur l'année 1917. Quand ils parlent de nous, ils disent : "Pourquoi ils ont fait la révolution, ces crétins?" Mais moi, je me souviens… Je me souviens de cette flamme dans les yeux des gens. Et nos cœurs étaient brûlants! Personne ne me croit. Je ne suis pourtant pas cinglé… Je me souviens… Oui, oui… Ces gens-là ne voulaient rien pour eux-mêmes, ils ne faisaient pas passer leur

---

1. Faïna Ranevskaïa (1896-1984), célèbre actrice à la forte personnalité et à la langue bien pendue. Certaines de ses phrases sont devenues proverbiales.

petit "moi" avant tout, comme maintenant. Un bol de soupe au chou... Une petite maison, un bout de jardin... L'important, c'était "nous"... Mon fils a un ami qui passe me voir de temps en temps, un professeur d'université. Il va souvent à l'étranger, il donne des conférences là-bas. On n'arrête pas de s'engueuler, tous les deux. Quand je lui parle de Toukhatchevski[1], il me répond que mon commandant rouge a fait gazer des paysans à Tambov et pendre des matelots à Krondstadt. Il me dit : "Vous avez commencé par exécuter les nobles et le clergé en 1917, et en 1937, c'est vous qui avez été exécutés..." On est même remontés jusqu'à Lénine. Mais Lénine, je ne le céderai à personne ! Je mourrai avec Lénine au cœur ! Attendez une seconde... *(Il est pris d'une violente quinte de toux, et j'ai du mal à comprendre ce qu'il dit.)* Avant, on construisait une flotte, on partait à la conquête de l'espace... Maintenant, ce sont des hôtels particuliers, des yachts... Je vous dirai franchement que bien souvent, je ne pense à rien. Le matin, je me demande surtout si mes intestins vont fonctionner correctement aujourd'hui. C'est comme ça que ça finit, une vie.

... On avait dans les dix-huit, vingt ans. De quoi on parlait ? De la révolution, et aussi de l'amour. On était des fanatiques de la révolution. Mais on discutait aussi beaucoup d'un livre très populaire à l'époque, *L'Amour des abeilles travailleuses* d'Alexandra Kollontaï. L'auteur défendait l'amour libre, c'est-à-dire l'amour sans chichis... "C'est comme boire un verre d'eau[2]." Sans soupirs et sans fleurs, sans jalousie et sans larmes. L'amour avec des baisers et des petits mots tendres était considéré comme un préjugé bourgeois. Un vrai révolutionnaire devait se débarrasser de tout ça. On organisait même des réunions sur ce thème. Les avis étaient partagés : les uns étaient pour l'amour libre, mais avec "la fleur bleue", c'est-à-dire avec du sentiment, et les autres sans "fleur bleue". Moi, j'étais pour la fleur bleue, pour les baisers...

---

1. Mikhaïl Toukhatchevski (1893-1937), sous-lieutenant dans l'armée tsariste pendant la guerre de 1914, ayant adhéré au Parti bolchevique en 1918 et fait carrière dans l'Armée rouge. Il a commandé l'offensive contre la Pologne en 1920 et écrasé la révolte des marins de Kronstadt en 1921. Élevé au rang de maréchal en 1935, il sera victime des purges et exécuté en 1937.
2. Citation célèbre du livre en question à propos de l'acte sexuel, on parlait même de "la théorie du verre d'eau".

Eh oui! *(Il rit.)* Justement, j'étais amoureux à ce moment-là, je faisais la cour à ma future femme. Comment je m'y prenais? On lisait Gorki ensemble. "La tempête! La tempête va bientôt éclater... Le stupide pingouin cache son corps adipeux dans les rochers[1]..." Vous trouvez ça naïf? Peut-être, mais c'est magnifique. Magnifique, nom de Dieu! *(Il rit comme un jeune homme. Et je remarque combien il est resté bel homme.)* Les danses... Les danses toutes bêtes... On considérait ça comme un divertissement bourgeois. On montait des procès contre la danse et on punissait les komsomols qui dansaient, ou qui offraient des fleurs à leurs amoureuses. Une fois, j'ai même été président d'un tribunal comme ça. À cause de ces convictions "marxistes", je n'ai jamais appris à danser, et je l'ai regretté plus tard. Je n'ai jamais pu danser avec une jolie femme. J'étais un vrai ours! On organisait des mariages komsomols. Sans cierges, sans fleurs et sans prêtres. À la place des icônes, des portraits de Lénine et de Marx. Ma fiancée avait les cheveux longs, et elle les a coupés pour le mariage. On méprisait la beauté. Oh, on avait tort, bien sûr. C'était une déviation, comme on dit... *(Il a de nouveau une quinte de toux et me fait signe de ne pas couper le magnétophone.)* Ce n'est rien... Je ne peux pas remettre ça à plus tard... Je vais bientôt me décomposer, me transformer en phosphore, en calcium et tout le reste. Qui d'autre pourra vous dire la vérité? Il ne reste plus que des archives. Des bouts de papier... J'ai travaillé dans des archives, je sais que les papiers mentent encore plus que les hommes.

De quoi je parlais? Ah, de l'amour... de ma première femme. Quand nous avons eu un fils, nous l'avons appelé Octobre. En l'honneur du dixième anniversaire de la grande révolution d'Octobre. Je voulais aussi une fille. Ma femme me disait en riant: "Si tu veux un deuxième enfant de moi, c'est que tu m'aimes! Et comment on l'appellera, cette petite fille?" Moi, j'aimais le prénom "Liublène", ça veut dire "j'aime Lénine". Ma femme avait noté sur une feuille tous ses prénoms de fille préférés: Marxana, Stalina, Engelssina... C'étaient les prénoms à la mode à l'époque. J'ai toujours cette liste dans un tiroir...

---

1. Tiré d'un célèbre poème de Gorki, *Le Pétrel annonciateur de tempêtes*, devenu une sorte d'hymne révolutionnaire. C'était un des poèmes préférés de Lénine.

Le premier bolchevik que j'ai vu, c'était dans mon village… Un jeune étudiant en capote militaire, il faisait un discours sur la place, devant l'église : "Aujourd'hui, les uns portent des bottes en cuir et les autres des chaussures de tille. Sous les bolcheviks, tout le monde aura la même chose!" Les paysans criaient : "Comment ça?", "Le temps va venir où vos femmes porteront des robes en soie et des chaussures à talons. Il n'y aura plus de riches ni de pauvres. Tout le monde sera heureux." Ma mère aurait une robe en soie, ma sœur porterait des chaussures à talons. Je ferais des études… Tous les hommes allaient vivre comme des frères, ils seraient tous égaux. Comment ne pas être séduit par un tel rêve? Ce sont les pauvres qui ont cru les bolcheviks, ceux qui n'avaient rien. Ce sont les jeunes qui les ont suivis. On défilait dans les rues en criant : "À bas les cloches! À vos tracteurs!" Tout ce qu'on savait sur Dieu, c'est qu'il n'existait pas. On se moquait des prêtres, on fracassait les icônes à coups de hache dans les maisons. Les manifestations avec des drapeaux rouges ont remplacé les processions religieuses… *(Il s'interrompt.)* Je ne vous ai pas déjà raconté ça? Je deviens gâteux… Je suis vieux… Ça fait déjà longtemps. Oui… Le marxisme est devenu notre religion. J'étais heureux de vivre à la même époque que Lénine. Quand on se réunissait, on chantait *L'Internationale*. À quinze, seize ans, j'étais déjà un komsomol. Un communiste. Un soldat de la révolution. *(Il se tait.)* Je n'ai pas peur de la mort. À mon âge… La seule chose qui m'embête, c'est qu'il va falloir que quelqu'un s'occupe de mon corps. Tous ces tracas avec le cadavre… Une fois, je suis entré dans une église. J'ai fait la connaissance d'un prêtre. Il m'a dit que je devais me confesser. Je suis vieux… Quant à savoir si Dieu existe ou non, de toute façon, je ne vais pas tarder à être fixé! *(Il rit.)*

Nous étions affamés, à moitié nus… Mais toute l'année, il y avait les samedis rouges, même en hiver. Il faisait un froid! Ma femme avait un petit manteau léger, elle était enceinte. On chargeait du charbon à la gare, du bois, on poussait des brouettes. Une jeune fille qui travaillait avec nous, une inconnue, a dit à ma femme : "Mais c'est un manteau d'été! Tu n'as rien de plus chaud? – Non. – Tu sais, j'en ai deux. J'en avais un très bien, et j'en ai reçu un neuf de la Croix-Rouge. Donne-moi ton adresse, je te l'apporterai ce soir." Et le soir, elle nous a apporté son manteau, pas le vieux, le neuf. Elle ne nous connaissait pas. On était au Parti et elle aussi… C'était suffisant. On était tous frères et sœurs. Dans notre immeuble, il y avait une jeune fille aveugle de naissance, elle pleurait si on ne l'emmenait pas aux samedis rouges. Elle ne pouvait pas être d'une grande aide, mais elle chantait des chansons avec nous. Des chants révolutionnaires.

Mes camarades… Ils reposent sous des dalles en pierre… Avec gravé dessus : "Membre du Parti bolchevique depuis 1920… 1924… 1927…" Même après la mort, c'était important de savoir en quoi on croyait. Les membres du Parti étaient enterrés à part, dans des cercueils recouverts de drap rouge. Je me souviens du jour de la mort de Lénine. Quoi ? Lénine était mort ? Impossible ! C'était un saint… *(Il demande à son petit-fils de prendre sur une étagère des bustes de Lénine et il me les montre. Des bustes en bronze, en fonte, en porcelaine.)* J'en ai toute une collection. Ce sont des cadeaux. Et hier… On a dit à la radio que pendant la nuit, quelqu'un avait scié le bras de la statue de Lénine dans le centre-ville. Pour le vendre comme de la ferraille. Pour quelques kopecks… C'était une icône. Un dieu ! Et maintenant, ce n'est plus que du métal coloré. On le vend et on l'achète au poids. Et moi, je suis toujours vivant… On crache sur le communisme. Le socialisme, c'est des conneries. On me dit : "Qui prend le marxisme au sérieux, de nos jours ? Sa place est dans les manuels d'histoire." Mais lequel d'entre vous peut dire qu'il a lu les dernières œuvres de Lénine ? Qu'il connaît tout Marx ? Il y a le Marx des débuts… Et le Marx de la fin… Ce qu'on critique aujourd'hui sous le nom de socialisme n'a rien à voir avec l'idée socialiste. L'idée n'est pas coupable. *(Une nouvelle quinte de toux rend ce qu'il dit incompréhensible.)* Les gens ont perdu leur histoire… Ils ne croient plus en rien… Ils ont les yeux vides. Les dirigeants ont appris à faire le signe de croix, ils tiennent un cierge dans la main droite comme si c'était un verre de vodka. On a sorti de la naphtaline l'aigle à deux têtes… des oriflammes décorées d'icônes… *(Soudain, il déclare très distinctement.)* Mon dernier désir, c'est que vous écriviez la vérité. Mais ma vérité à moi, pas la vôtre… Pour que ma voix reste…

(Il montre des photos en les commentant.)

… On m'avait amené devant le commandant. Il m'a demandé : "Tu as quel âge?" J'ai menti, j'ai dit que j'avais dix-sept ans alors que je n'en avais pas encore seize. C'est comme ça que je suis devenu un soldat rouge. On nous a distribué des bandes molletières et des étoiles rouges pour accrocher sur nos chapkas. Nous n'avions pas de chapka, mais on nous avait distribué des étoiles. Une Armée rouge sans étoiles, c'était impensable! On nous a donné des fusils. Et nous nous sentions les défenseurs de la révolution. Autour de nous, c'était la famine, des épidémies. La fièvre typhoïde, le typhus… Et nous, nous étions heureux!

… Quelqu'un avait sorti un piano d'une propriété saccagée… Il était là, dans le jardin, sous la pluie. Des bergers venaient faire paître leurs vaches à côté et tapaient sur le clavier avec des bâtons. La propriété avait été incendiée par des paysans ivres. On l'avait pillée. Est-ce qu'un moujik a besoin d'un piano?

… Là, on avait dynamité une église. J'entends encore les cris des petites vieilles : "Ne faites pas ça, les enfants!" Elles nous suppliaient, elles s'agrippaient à nos jambes. Cela faisait deux cents ans qu'elle était là, cette église. C'était un endroit consacré, comme on dit. À la place, on a construit des toilettes publiques. On obligeait les prêtres à les nettoyer. À laver la merde. Maintenant… maintenant, bien sûr, je comprends que… Mais à l'époque, on trouvait ça drôle…

… Nos camarades gisaient dans les champs. Ils avaient des étoiles découpées sur le front et sur la poitrine. Des étoiles rouges. On leur avait ouvert le ventre et on l'avait rempli de terre. Ah, vous vouliez la terre? Eh bien tenez, la voilà! Pour nous, c'était la victoire ou la mort! On allait peut-être mourir, mais on savait pour quoi.

… Près de la rivière, on avait vu des officiers blancs déchiquetés par des baïonnettes. "Leurs Excellences…" avaient noirci au soleil. Des galons leur sortaient du ventre… Ils étaient bourrés de galons. On n'avait aucune pitié pour eux! Des morts, j'en ai vu autant que des vivants…

— Maintenant, on plaint tout le monde, les Blancs comme les Rouges. Moi, ils me font tous de la peine.

— Ah bon? Vous les plaignez? *(J'ai l'impression que notre conversation pourrait bien se terminer là.)* Oui, bien sûr… "Les valeurs universelles", "l'humanisme abstrait"... Je regarde la télévision, je lis les journaux... Mais pour nous, la pitié, c'était un mot de pope. Tuons ces fumiers de Blancs! Vive l'ordre révolutionnaire! Le slogan des premières années de la révolution, c'était : "Nous mènerons d'une main de fer l'humanité vers le bonheur!" Le Parti l'a dit, et je crois dans le Parti! J'ai foi en lui.

... Ça, c'est la ville d'Orsk, près d'Orenbourg. Des trains de marchandises partaient jour et nuit pour la Sibérie avec des familles de koulaks. Nous, on montait la garde dans la gare. J'ouvre un wagon et, dans un coin, je vois un homme à moitié nu pendu à une ceinture. Une mère berce un bébé dans ses bras, et l'aîné, un petit garçon, est assis par terre. Il mange ses excréments avec ses mains, comme de la semoule. "Ferme la porte! me crie le commissaire. C'est de la racaille de koulaks! Il n'y a pas de place pour eux dans la nouvelle vie!" L'avenir... Il devait être magnifique... Il allait être magnifique, plus tard... J'y croyais! *(Il crie presque.)* On y croyait, à une vie magnifique! C'était une utopie... Vous, vous avez votre utopie à vous. Le marché. Le paradis du marché. Le marché va rendre tout le monde heureux... C'est une chimère! Des gangsters se baladent dans les rues en veston rouge avec des chaînes en or sur le ventre. C'est une caricature du capitalisme, comme sur les dessins du *Crocodile*, le journal humoristique soviétique. Une parodie! Au lieu de la dictature du prolétariat, vous avez la loi de la jungle : dévore les plus faibles que toi, et rampe devant ceux qui sont plus forts. La plus vieille loi du monde. *(Il est pris d'une quinte de toux. Il reprend son souffle.)* Mon fils portait une chapka militaire avec une étoile rouge, une *boudionovka*[1]... Quand il était petit, c'était le plus beau des cadeaux d'anniversaire. Cela fait longtemps que je ne vais plus dans les magasins. On vend encore des chapkas comme ça? On en a porté longtemps. On en avait encore sous Khrouchtchev. C'est quoi la mode, maintenant? *(Il essaie de sourire.)* Je ne suis plus dans le coup... Évidemment... Je suis un vieux machin. Mon fils unique

---

1. Chapeau en laine emblématique de l'uniforme de la Cavalerie rouge pendant la guerre civile. Ce "casque de laine" avec un bec et des oreillettes, décoré d'une étoile rouge cousue sur le devant, avait été aussitôt adopté par les troupes montées de Boudionny.

est mort. Je finis ma vie avec ma belle-fille et mes petits-enfants. Mon fils était un historien, un communiste convaincu... Mes petits-enfants ? *(D'un ton ironique.)* Ils lisent le dalaï-lama. Au lieu du *Capital*, ils ont le *Mahâbhârata*, la Kabbale... Maintenant, les gens croient tous en des choses différentes. Eh oui, c'est comme ça... Les hommes ont toujours envie de croire en quelque chose. En Dieu ou dans le progrès technique. Dans la chimie, dans les molécules, dans une raison supérieure... Aujourd'hui, c'est dans le marché. Bon, admettons, on va se remplir le ventre, et après ? Dans la chambre de mes petits-enfants, tout vient de l'étranger : les chemises, les jeans, les livres, la musique, même leur brosse à dents n'est pas fabriquée chez nous ! Leurs étagères sont remplies de canettes vides de Coca-Cola et de Pepsi. Ce sont des Papous ! Ils vont au supermarché comme on va au musée. Fêter son anniversaire chez McDonald's, ça, c'est cool ! "Grand-père, on est allés à Pizza Hut !" C'est leur Mecque. Ils me demandent : "Tu croyais vraiment au communisme ? Pourquoi pas aux extraterrestres, pendant que tu y es ?" Mon rêve, c'était la paix dans les chaumières et la guerre dans les palais. Mais eux, ils veulent devenir millionnaires. Je les entends parler avec leurs amis : "Je préfère vivre dans un pays faible, mais avec des yaourts et de la bière !", "Le communisme, c'est ringard !", "La voie de la Russie, c'est la monarchie. Que Dieu protège le tsar !" Ils écoutent des chansons : "Tout ira bien, lieutenant Galitsyne, les commissaires vont payer pour tout ça[1]..." Et moi, je suis toujours vivant. Je suis encore là... Vraiment là. Je n'ai pas perdu la boule... *(Il regarde son petit-fils qui ne dit rien.)* Les magasins sont remplis de saucissons, mais il n'y a pas de gens heureux. Je ne vois personne avec une flamme dans les yeux.

Histoire racontée par le petit-fils
Une séance de spiritisme. Un professeur discute avec un vieux bolchevik. Le professeur : "Dès le début, il y avait une erreur dans

---

1. Romance à la gloire de l'Armée blanche aux origines indéterminées. Elle semble avoir été composée dans les années 1960 ou 1970, mais la légende la fait remonter plus loin, à l'époque de la guerre civile. Elle était extrêmement populaire à l'époque de la perestroïka. Galitsyne est l'un des grands noms de la noblesse russe.

l'idée communiste. Vous vous souvenez de la chanson : « Envole-toi, locomotive ! Le terminus, c'est la commune… » " Le vieux bolchevik : "Oui, je m'en souviens, bien sûr. Mais où est l'erreur ? – Les locomotives, ça ne vole pas…"

— Ils ont d'abord arrêté ma femme. Elle était allée au théâtre et elle n'est jamais revenue. Quand je suis rentré du travail, j'ai trouvé mon fils couché sur le paillasson dans l'entrée avec le chat. Il s'était endormi en attendant sa maman. Elle travaillait comme ingénieur dans une fabrique de chaussures. "Il se passe quelque chose d'incompréhensible, disait-elle. Tous mes amis ont été arrêtés. C'est de la trahison… – Toi et moi, nous ne sommes coupables de rien, et on ne nous arrête pas." J'en étais convaincu. Absolument convaincu… Sincèrement ! J'ai d'abord été léniniste, et ensuite stalinien. Je l'ai été jusqu'en 1937. Je croyais en tout ce que Staline disait et faisait. Oui… C'était le plus grand, le plus génial, le Guide de tous les temps et de tous les peuples… Même quand on avait déclaré que Boukharine, Toukhatchevski et Blücher[1] étaient des ennemis du peuple, j'avais continué à croire en lui… C'était stupide, mais je me raccrochais à l'idée qu'on lui mentait, que des traîtres étaient arrivés à s'introduire là-haut. Le Parti allait régler ça. Et voilà qu'on avait arrêté ma femme, une militante loyale dévouée au Parti.

Trois jours plus tard, c'est moi qu'on est venu chercher… Ils ont commencé par renifler le poêle pour voir si cela ne sentait pas la fumée, si je n'avais pas brûlé des papiers. Ils étaient trois. L'un d'eux se baladait en se choisissant des objets : "Vous n'avez plus besoin de ça." Il a pris la pendule. J'étais sidéré… Je ne m'y attendais pas… Et en même temps, cela avait quelque chose d'humain, cela donnait un peu d'espoir. Cette bassesse… Cela voulait dire

---

1. Bolcheviks de la première heure, victimes des purges de 1937-1938. Nicolaï Boukharine, voir note 2, p. 42. Mikhaïl Toukhatchevski, voir note 1, p. 203. Vassili Blücher (1889-1938) : officier pendant la guerre de 1914, il a adhéré au Parti bolchevique en 1916, puis combattu les troupes contre-révolutionnaires. Commandant des forces soviétiques en Extrême-Orient, il a présidé le tribunal ayant condamné Toukhatchevski, avant d'être lui-même arrêté et exécuté comme espion en 1938. L'élimination de l'élite militaire soviétique a permis, en 1941, aux troupes allemandes d'envahir l'URSS sans coup férir.

que ces gens éprouvaient des sentiments. La perquisition a duré de deux heures du matin jusqu'à l'aube. Il y avait beaucoup de livres à la maison, ils les ont tous feuilletés un par un. Ils ont tâté les vêtements, déchiré les oreillers... J'ai eu tout le temps de réfléchir. Je me creusais frénétiquement la tête... C'était déjà l'époque des arrestations massives. Tous les jours, on embarquait quelqu'un. C'était assez angoissant. Et personne ne disait rien. Ce n'était pas la peine de poser des questions. Dès le premier interrogatoire, le juge d'instruction m'a déclaré : "Vous êtes déjà coupable de ne pas avoir dénoncé votre femme." Mais ça, c'était en prison... Pendant la perquisition, j'ai passé en revue tous mes souvenirs. Tous. Je n'ai pu trouver qu'une seule chose... À la dernière réunion du Parti, quand on avait récité la litanie des félicitations au camarade Staline, toute la salle s'était levée. Il y avait eu une tempête d'ovations. "Gloire au camarade Staline, l'organisateur et l'inspirateur de nos victoires ! Gloire à Staline ! Gloire à notre Guide !" Cela a duré un quart d'heure, une demi-heure... Tous les gens se regardaient, mais personne ne voulait être le premier à se rasseoir. Ils restaient debout. Et, je ne sais pas pourquoi, je me suis assis. Machinalement. Deux hommes en civil se sont approchés de moi : "Pourquoi êtes-vous assis, camarade ?" Je me suis levé d'un bond. Comme si on m'avait aspergé d'eau bouillante. Pendant la pause, je n'ai pas cessé de regarder autour de moi. Je m'attendais à être arrêté d'un instant à l'autre. *(Un silence.)*

La perquisition s'est terminée au petit matin. On m'a ordonné de prendre mes affaires. La nounou a réveillé mon fils. Avant de partir, j'ai eu le temps de lui chuchoter : "Ne dis à personne ce qui est arrivé à ton papa et à ta maman." C'est pour ça qu'il a survécu. *(Il rapproche le magnétophone.)* Enregistrez-moi tant que je suis encore vivant... E. V. Encore Vivant... C'est ce que j'écris sur mes cartes de vœux. Il est vrai que je n'ai plus personne à qui en envoyer... On me demande souvent : "Pourquoi personne ne disait rien ?" C'était comme ça à l'époque. Je considérais que les coupables, c'étaient les traîtres Iagoda, Iéjov... Mais pas le Parti. Ah, c'est facile de porter un jugement cinquante ans plus tard ! De ricaner... de se moquer des vieux imbéciles... Mais en ce temps-là, on marchait au pas avec les autres. Seulement, les autres ne sont plus là maintenant...

... J'ai passé un mois dans une cellule d'isolement. Un caveau en pierre en forme d'entonnoir. J'avais apprivoisé un corbeau qui se posait sur ma fenêtre, je le nourrissais avec la semoule de ma soupe. Depuis ce temps-là, les corbeaux sont mes oiseaux préférés. À la guerre... Après la bataille, tout est silencieux. Une fois qu'on a ramassé les blessés, il n'y a plus que les morts. Et aucun oiseau, uniquement des corbeaux.

... On m'a interrogé au bout de quinze jours. Est-ce que je savais que ma femme avait une sœur à l'étranger ? "Ma femme est une communiste loyale !" Sur le bureau du juge d'instruction, il y avait une dénonciation signée, de notre voisin... Je n'en croyais pas mes yeux ! J'ai reconnu son écriture. Sa signature. Nous étions camarades depuis la guerre civile. C'était un militaire. Un haut gradé. Il était même un peu amoureux de ma femme, j'étais jaloux... Oui, j'étais jaloux. J'aimais énormément ma première femme... Le juge d'instruction m'a répété nos conversations en détail. Et j'ai compris que je ne m'étais pas trompé. C'était bien ce voisin. Toutes ces conversations avaient eu lieu en sa présence. Ma femme était originaire de la région de Minsk, elle était biélorusse. Après la paix de Brest, une partie des territoires de la Biélorussie est allée à la Pologne. Ses parents étaient restés là-bas. Sa sœur aussi. Eux étaient morts assez vite, mais sa sœur nous écrivait : "Je préférerais aller en Sibérie que rester en Pologne." Elle avait envie de vivre en Union soviétique. À l'époque, le communisme était populaire en Europe. Dans le monde entier. Beaucoup de gens y croyaient. Pas seulement des gens simples, mais aussi l'élite européenne. Des écrivains comme Aragon, Barbusse... La révolution d'Octobre était "l'opium des intellectuels". J'ai lu ça quelque part... Je lis beaucoup maintenant. *(Il reprend son souffle.)* Ma femme était une "ennemie". Alors il leur fallait une "activité contre-révolutionnaire"... Ils voulaient "fabriquer" une organisation clandestine terroriste. "Qui votre femme voyait-elle ? À qui remettait-elle des plans ?" Quels plans ? J'ai tout nié. On m'a tabassé. À coups de botte. Ils étaient tous du même bord que moi. J'étais membre du Parti. Eux aussi. Et ma femme aussi.

... Je me suis retrouvé dans une cellule avec cinquante personnes. On nous emmenait faire nos besoins deux fois par jour. Le reste du temps... Comment expliquer ça à une dame ? Il y avait une énorme cuve près de la porte... *(D'un air mauvais.)* Essayez donc un peu de chier devant tout le monde! On nous donnait du hareng et pas d'eau. On était une cinquantaine... Des espions anglais, japonais... Un vieux paysan illettré... Il était accusé d'avoir mis le feu à une écurie. Un étudiant était là pour avoir raconté une histoire drôle : "Il y a un portrait de Staline au mur, un conférencier fait un exposé sur Staline, un chœur chante une chanson sur Staline, un artiste déclame un poème sur Staline... Qu'est-ce que c'est? Une soirée consacrée au centenaire de la mort de Pouchkine!" *(Je ris, mais pas lui.)* Cet étudiant a écopé de dix ans de camp sans droit de correspondance. Il y avait aussi un chauffeur arrêté parce qu'il ressemblait à Staline. Et c'était vrai qu'il lui ressemblait. Le directeur d'une laverie, un coiffeur qui n'était pas au Parti, un ouvrier polisseur... Surtout des gens simples. Mais il y avait aussi un chercheur, un spécialiste du folklore. La nuit, il nous racontait des contes populaires... Des contes pour enfants... Et tout le monde l'écoutait. Il avait été dénoncé par sa propre mère, une vieille bolchevik. Elle ne lui a envoyé qu'un seul colis, avant son départ pour le camp, des cigarettes... Oui... Il y avait un vieux SR[1], il se réjouissait ouvertement : "Je suis tellement content que vous aussi, des communistes, vous soyez en prison, et que vous n'y compreniez rien, comme moi!" Un contre-révolutionnaire! Je pensais que le pouvoir soviétique n'existait plus. Et Staline non plus.

Histoire racontée par le petit-fils
Une gare. Des centaines de gens. Un homme avec une veste en cuir cherche désespérément quelqu'un. Ah! Il a trouvé! Il s'approche d'un autre homme qui porte une veste en cuir, lui aussi. "Camarade, tu es membre du Parti? – Oui. – Alors tu peux me dire où sont les toilettes?"

— ... On nous avait tout pris : nos ceintures, nos écharpes, nos lacets de chaussures, mais il était quand même possible de

---

1. Les socialistes-révolutionnaires (SR), qui avaient participé activement à la chute du tsarisme, ont été éliminés après le coup d'État d'octobre, fusillés ou déportés par les bolcheviks.

se suicider. J'y ai pensé. Oui, j'y ai pensé... On peut s'étouffer avec son pantalon ou s'étrangler avec l'élastique de son slip. Ils me frappaient au ventre avec un sac de sable. Tout sortait de moi comme d'un ver de terre. Ils me suspendaient à un crochet. Comme au Moyen Âge! On coule de partout, on n'arrive plus à contrôler son organisme. Endurer une souffrance pareille... C'est tellement humiliant... Il est plus simple de mourir. *(Il reprend son souffle.)* En prison, j'ai retrouvé un vieux camarade, Nicolaï Verkhovtsev, il était au Parti depuis 1924. Il enseignait dans une faculté ouvrière... Ils se connaissaient tous, ils étaient entre eux. Quelqu'un avait lu à voix haute un article de la *Pravda* disant qu'au bureau du Comité central, on s'était penché sur la question de la fécondation des juments. Et lui, pour plaisanter, il avait dit qu'ils ne devaient vraiment pas avoir grand-chose à faire, au Comité central, pour s'occuper de la fécondation des juments! Il avait été arrêté la nuit même. On lui avait fermé une porte sur la main, il avait eu les doigts cassés net, comme des crayons. On lui avait mis un masque à gaz sur la figure pendant des jours entiers. *(Il se tait.)* Je ne sais pas comment raconter cela maintenant... En fait, c'était de la barbarie. Toutes ces humiliations... On n'est plus qu'un morceau de chair, on baigne dans son urine... Verkhovtsev était tombé sur un juge d'instruction sadique. Ils n'étaient pas tous comme ça. On leur fixait des quotas, des plans à remplir pour les ennemis du peuple, au mois et à l'année. Ils se relayaient, buvaient du thé, donnaient des coups de fil chez eux, flirtaient avec les femmes médecins qu'ils faisaient venir quand les gens s'évanouissaient sous la torture. Pour eux, c'était un boulot... Mais toi, c'était ta vie entière qui s'écroulait. Il y avait de tout... Celui qui s'occupait de mon dossier avait été directeur d'école, il m'expliquait : "Vous êtes naïf! On va vous descendre, et on écrira dans le procès-verbal : tué au cours d'une tentative d'évasion. Vous savez ce que Gorki a dit : si l'ennemi ne se rend pas, on l'anéantit! – Mais je ne suis pas un ennemi! – Comprenez-moi bien : les seules personnes dont nous n'ayons rien à craindre, ce sont celles qui se sont repenties, qui sont détruites." Nous avions des discussions sur ce thème... Mon deuxième juge d'instruction était un officier de carrière... On sentait que cela lui cassait les pieds de remplir tous ces papiers. Ils étaient toujours en train d'écrire. Une fois, il m'a donné une cigarette. Les gens restaient longtemps en prison, pendant des mois. Des liens se créaient entre les bourreaux et les victimes, on ne peut pas appeler ça des relations humaines, mais quand même. Ce qui n'empêchait rien. "Signez!" Je lisais le procès-verbal : "Je n'ai jamais dit ça!" Et on me tabassait. Avec application. Après, ils ont tous été exécutés, eux aussi. Envoyés dans des camps.

Un matin... La porte de la cellule s'est ouverte. "Dehors!" J'étais en chemise, j'ai voulu m'habiller... "Non!" On m'a emmené dans un sous-sol. Là, le juge d'instruction m'attendait avec un papier. "Vous signez, oui ou non?" J'ai refusé. "Bon, alors dos au mur!" Pan! On a tiré au-dessus de ma tête. "Alors? Vous signez?" Pan! Et comme ça trois fois. On m'a ramené dans ma cellule en me faisant passer par des labyrinthes... C'est fou le nombre de souterrains qu'il peut y avoir dans une prison! Je ne m'en serais jamais douté. On faisait toujours en sorte qu'un détenu ne voie rien, qu'il ne reconnaisse personne. Quand on croisait quelqu'un, le gardien nous faisait mettre face au mur. Mais j'avais déjà une certaine expérience. J'arrivais à jeter un coup d'œil. C'est comme ça que j'ai vu celui qui avait été mon chef aux cours pour les commandants rouges. Et mon ancien professeur à l'école du Parti... *(Il se tait.)* Verkhovtsev et moi, on se parlait franchement : "Ce sont des criminels! Ils sont en train de causer la perte du pouvoir soviétique! Il faudra qu'ils en répondent un jour!" Il avait été interrogé plusieurs fois par une femme. "Quand on me torture, elle devient jolie. Tu comprends? Cela l'embellit..." C'était un homme sensible. C'est lui qui m'a appris que Staline écrivait des poèmes dans sa jeunesse. *(Il ferme les yeux.)* Il m'arrive encore aujourd'hui de me réveiller couvert de sueur froide... Moi aussi, on aurait pu me donner un poste au NKVD. Et j'aurais accepté. J'avais ma carte du Parti. Ma carte rouge.

On sonne à la porte. C'est une infirmière. Elle lui prend sa tension et lui fait une piqûre. Pendant ce temps, la conversation se poursuit, de façon un peu décousue, mais elle se poursuit.

... Vous savez, j'ai réfléchi à une chose : le socialisme ne résout pas le problème de la mort. De la vieillesse. Du sens métaphysique de la vie. Il n'en tient pas compte. Il n'y a que la religion qui donne des réponses... Ah, si j'avais dit une chose pareille en 1937...!

... Vous avez lu *L'Homme amphibie* d'Alexandre Beliaïev? Pour rendre son fils heureux, un savant de génie le transforme en homme amphibie. Mais très vite, le fils s'ennuie tout seul dans l'océan. Il voudrait être comme tout le monde : vivre sur la terre, aimer une jeune fille ordinaire. Mais ce n'est plus possible. Et il en meurt. Le père avait l'impression d'avoir découvert un secret, d'être Dieu... La voilà, la réponse à tous les grands utopistes!

... L'idée était magnifique. Mais que voulez-vous faire avec l'être humain? Il n'a pas changé depuis l'Antiquité romaine...

(L'infirmière est partie. Il ferme les yeux.)

Attendez, je vais quand même aller jusqu'au bout... J'ai encore assez de forces pour une bonne heure. On continue... J'ai passé presque un an en prison. Je m'attendais à être condamné, envoyé dans un camp. Je me demandais pourquoi ils faisaient traîner les choses. En fait, il n'y avait aucune logique là-dedans. Des milliers de dossiers... C'était le chaos... Au bout d'un an, j'ai été convoqué devant un nouveau juge d'instruction. Mon affaire a été révisée. Et on m'a relâché, on m'a lavé de toutes les accusations. Donc, c'était une erreur. Le Parti me faisait confiance! Staline était un grand metteur en scène... À ce moment-là, il venait de se débarrasser du commissaire du peuple Iéjov, "le nain sanguinaire". Il avait été condamné et exécuté. Il y a eu des réhabilitations. Les gens ont poussé un soupir de soulagement : la vérité était arrivée jusqu'à Staline! Or, ce n'était qu'un bref répit avant une nouvelle hécatombe. Un jeu... Mais tout le monde y a cru. Et moi aussi, j'y ai cru. J'ai dit adieu à Verkhovtsev. Il m'a déclaré en me montrant ses doigts cassés : "Cela fait dix-neuf mois et sept jours que je suis ici. On ne me laissera pas sortir. Ils auront trop peur." Nicolaï Verkhovtsev... Membre du Parti depuis 1924... Exécuté en 1941, alors que les Allemands approchaient de la ville. Le NKVD exécutait tous les prisonniers qu'il n'avait pas eu le temps d'évacuer. Ils avaient relâché les canailles, les criminels de droit commun, mais tous les politiques devaient être liquidés en tant que traîtres. Quand les Allemands sont entrés dans la ville et qu'ils ont ouvert les portes des prisons, ils ont trouvé des montagnes de cadavres. Avant de les enterrer, ils ont fait venir les habitants pour leur montrer ce que c'était que le régime soviétique.

J'ai retrouvé mon fils chez des inconnus, sa nounou l'avait emmené dans son village. Il bégayait, il avait peur du noir. Nous avons vécu ensemble tous les deux. J'essayais d'obtenir des informations sur le sort de ma femme et, en même temps, de réintégrer le Parti, de récupérer ma carte. Au Nouvel An… Nous avions décoré un sapin et nous attendions les invités. On a sonné à la porte. J'ai ouvert. Une femme mal habillée était sur le seuil. "Je suis venue vous transmettre le bonjour de votre femme. – Elle est vivante ? – Elle l'était il y a un an. J'ai travaillé quelque temps avec elle dans une porcherie. On volait des patates gelées dans l'auge des porcs. C'est grâce à ça qu'on n'a pas crevé. Mais je ne sais pas si elle est toujours en vie maintenant." Elle est partie tout de suite. Je ne l'ai pas retenue… Les invités allaient arriver. *(Il se tait.)* Quand les douze coups ont sonné, nous avons ouvert une bouteille de champagne. Et notre premier toast a été pour Staline… Eh oui…

L'année 1941…

Tout le monde pleurait, mais moi, j'étais fou de joie. La guerre ! J'allais faire la guerre ! Ça, au moins, on allait me le permettre. On allait m'envoyer là-bas… J'ai demandé à partir sur le front. Pendant longtemps, on n'a pas voulu de moi. Je connaissais le commissaire aux armées. Il me disait : "Je ne peux pas. J'ai des instructions : on ne doit pas prendre les « ennemis ». – Un ennemi, moi ? – Ta femme purge une peine dans un camp en vertu de l'article 58, pour activité contre-révolutionnaire." Kiev est tombé. La bataille de Stalingrad… J'enviais tous ceux qui portaient l'uniforme : ils défendaient la Patrie ! Même des jeunes filles partaient sur le front… Et moi ? J'ai écrit au comité régional du Parti : ou bien vous m'exécutez, ou bien vous m'envoyez sur le front ! Deux jours plus tard, je recevais ma feuille de route, je devais me présenter au point de rassemblement dans les vingt-quatre heures. La guerre était mon salut… Ma seule chance de retrouver mon honneur. J'étais content.

… Je me souviens bien de la révolution. Après, vous m'excuserez, mais j'ai beaucoup moins de souvenirs. Même la guerre, je ne m'en souviens pas très bien, et pourtant c'est plus proche dans le temps. Je me souviens que rien n'avait changé. Vers la fin de la guerre, nous avions juste d'autres armes, ce n'étaient plus des sabres et des fusils, mais des lance-roquettes Katioucha. La vie de soldat? C'était comme avant, on pouvait manger de la soupe d'orge perlé ou de la semoule de blé pendant des années… Porter du linge sale pendant des mois. Ne pas se laver. Dormir à même la terre. Si nous n'avions pas été comme ça, comment aurions-nous pu gagner la guerre?

… On monte au combat… On nous tire dessus avec des mitrailleuses. Tout le monde se couche par terre. Et en plus, il y a un mortier qui s'y est mis, il réduit les hommes en chair à pâté. Je me retrouve allongé à côté d'un commissaire politique. Il hurle : "Qu'est-ce que tu fais couché, espèce de contre-révolutionnaire ! Allez, en avant ! Ou je te bute !"

À Koursk, je suis tombé sur mon juge d'instruction, celui qui avait été directeur d'école. Je me suis dit : "Maintenant, mon salaud, je te tiens ! Je vais te descendre discrètement pendant la bataille." Oui, c'est ce que je voulais faire… Mais je n'en ai pas eu le temps. Une fois, nous avons même discuté, tous les deux : "Nous avons la même Patrie." Ce sont ses paroles. C'était un type courageux. Un héros. Il est mort près de Koenigsberg. Je peux bien vous l'avouer… Je ne vais pas mentir… Je me suis dit que Dieu avait fait le boulot à ma place.

Je suis rentré avec deux blessures. Et trois décorations. On m'a convoqué au comité régional du Parti. "Malheureusement, nous ne pouvons pas vous rendre votre femme. Elle est morte. Mais nous vous rendons votre honneur…" On m'a remis ma carte du Parti. Et j'étais heureux ! J'étais heureux…

(Je lui dis que je ne pourrais jamais comprendre cela. Il explose.)

On ne peut pas nous juger selon les lois de la logique ! Espèces de machines à calculer ! Il faut que vous compreniez ça. On peut nous juger uniquement selon les lois de la religion. De la foi ! Vous finirez par nous envier, c'est moi qui vous le dis ! Qu'est-ce que vous avez de grand? Rien du tout. Juste le confort. Tout pour l'estomac… pour vos douze mètres d'intestins. Vous voulez vous remplir le ventre et vous entourer de bibelots minables. Alors que moi… Ma génération… Tout ce que vous avez, c'est nous qui l'avons construit. Les usines, les barrages, les centrales électriques… Et vous, vous avez fait quoi ? Nous, on a vaincu Hitler. Après la guerre… La naissance d'un enfant, c'était une joie ! Pas la même qu'avant la guerre, non, c'était autre chose… J'en aurais pleuré… *(Il ferme les yeux. Il est fatigué.)* Ah, ça, on avait la foi ! Et maintenant, vous venez nous dire qu'on a cru dans une utopie… Mon roman préféré, c'est *Que faire ?* de Tchernychevski. On ne le lit plus aujourd'hui. On le trouve ennuyeux. On ne lit plus que le titre – l'éternelle question russe : que faire ? Nous, c'était notre catéchisme. Le manuel de la révolution. On en apprenait par cœur des pages entières. Le quatrième rêve de Véra Pavlovna… *(Il récite comme un poème.)* "Des maisons de cristal et d'aluminium… Des palais de cristal ! Des jardins de citronniers et d'orangers au cœur des villes… Il n'y a presque pas de vieillards, les gens vieillissent très tard parce que leur vie est magnifique. Tout est fait par des machines, les hommes se contentent de les diriger. Elles moissonnent, elles lient les gerbes… Les terres sont compactes et fertiles. Les fleurs sont aussi grandes que des arbres. Tout le monde est heureux. Gai. Tous portent de beaux vêtements, les hommes comme les femmes. Ils mènent une vie libre, une vie de labeur et de plaisir. Il y a assez d'espace et de travail pour tous. Est-il possible que ce soit vraiment nous ? Est-ce vraiment notre planète ? Et tous vivront ainsi ? Un avenir radieux et magnifique…" Regardez… *(Il fait un signe de tête en direction de son petit-fils.)* Ça le fait ricaner… Il me trouve idiot. Eh oui, qu'est-ce que vous voulez ? C'est la vie…

— On trouve chez Dostoïevski une réponse à Tchernychevski : "Allez-y, construisez votre palais de cristal, moi, je lancerai des pierres dessus… Pas parce que j'ai faim et que je vis dans un sous-sol, mais juste comme ça, parce que ça me chante…"
(Il se met en colère.)
— Vous croyez que le communisme, cette plaie, comme on dit aujourd'hui dans les journaux, nous est arrivé d'Allemagne dans un wagon plombé[1] ? Foutaises ! Le peuple s'était soulevé. Il

---

1. Allusion au fait que Lénine était arrivé d'Allemagne en 1917 dans un soi-disant wagon plombé, pour cacher qu'il avait été obligeamment subventionné et aidé par les services secrets allemands, lesquels lui avaient permis de traverser toute l'Europe depuis la Suisse jusqu'à Saint-Pétersbourg.

n'a jamais existé, cet "âge d'or" du temps des tsars dont on nous parle aujourd'hui. C'est des histoires, tout ça ! Et aussi le fait qu'on nourrissait l'Amérique avec notre blé, et qu'on décidait des destins de l'Europe. Le soldat russe mourait pour tout le monde, ça, c'est vrai ! Mais pour ce qui était de sa vie… Dans ma famille, on avait une paire de bottes pour cinq enfants. On mangeait des pommes de terre avec du pain, et l'hiver, sans pain. Juste des patates… Et vous demandez d'où sont sortis les communistes ?

Je me souviens de tellement de choses… Mais à quoi bon ? À quoi bon, hein ? Qu'est-ce que je peux faire de tout ça, maintenant ? On aimait l'avenir. Les hommes à venir. On discutait pour savoir quand cet avenir allait arriver. D'ici cent ans, c'était sûr. Mais cela nous paraissait trop loin… *(Il reprend son souffle.)*

(J'éteins le magnétophone.)

Ah, sans micro… Très bien. Il y a une chose qu'il faut que je raconte à quelqu'un…

J'avais quinze ans. Des soldats de l'Armée rouge ont débarqué dans notre village. À cheval. Bourrés. Un "détachement de ravitaillement". Ils ont dormi toute la journée et, le soir, ils ont rassemblé tous les komsomols. Leur commandant a fait un discours : "L'Armée rouge a faim. Lénine a faim. Et les koulaks cachent leur blé. Ils le brûlent." Je savais que le frère de maman, oncle Sémione, avait enterré des sacs de blé dans la forêt… J'étais un komsomol. J'avais prêté serment. Pendant la nuit, je suis allé trouver les soldats et je les ai conduits dans la forêt. Ils ont embarqué toute la cargaison de blé. Le commandant m'a serré la main : "Grandis vite, frère !" Au matin, j'ai été réveillé par les cris de ma mère : la maison de Sémione était en feu. Lui, on l'a retrouvé dans la forêt, les soldats l'avaient découpé en morceaux avec leurs sabres. J'avais quinze ans. L'Armée rouge avait faim… Lénine aussi… Je n'osais plus sortir dans la rue. Je restais enfermé dans la maison, à pleurer. Ma mère avait deviné. Une nuit, elle m'a donné un baluchon et m'a dit : "Va-t'en, mon fils. Que Dieu te pardonne, pauvre enfant !" *(Il se cache les yeux. Mais je vois bien qu'il pleure.)*

Je veux mourir communiste. C'est mon dernier souhait…

Dans les années 1990, je n'avais publié qu'une partie de cette confession. Mon héros avait donné le texte à lire à quelqu'un en lui demandant conseil, et on l'avait convaincu que la publication de l'intégralité de son témoignage jetterait "une ombre sur le Parti". Or c'était ce qu'il redoutait le plus. Après sa mort, on a trouvé un testament dans lequel il léguait son appartement de trois pièces dans le centre-ville non à ses petits-enfants, mais "à mon cher Parti communiste auquel je dois tout". Il y a même eu un article à ce sujet dans le journal local. Un tel acte était devenu incompréhensible. Tout le monde s'est moqué de ce vieillard fou. Personne n'a jamais fait mettre de stèle sur sa tombe.

Aujourd'hui, j'ai décidé de publier ce récit dans son intégralité. Tout cela appartient désormais à une époque, et non plus à un homme en particulier.

OÙ IL EST QUESTION
DE LA CRUAUTÉ DES FLAMMES
ET DU SALUT QU'ON TROUVE DANS LES NUAGES

Timérian Zinatov, ancien combattant, 77 ans

EXTRAITS DE JOURNAUX COMMUNISTES

"Timérian Khaboulovitch Zinatov est l'un des héroïques défenseurs de la forteresse de Brest-Litovsk qui a subi le premier choc de l'assaut des troupes hitlériennes au matin du 22 juin 1941.

Il est de nationalité tatare. Avant la guerre, il était élève officier (au 42e régiment de la 44e division d'infanterie). Blessé durant les premiers jours de la défense de la forteresse, il a été fait prisonnier par l'ennemi. Il s'est évadé à deux reprises d'un camp de concentration allemand, la seconde fois avec succès. Il a terminé la guerre dans l'armée active comme il l'avait commencée, en tant que simple soldat. Il a été décoré de l'ordre de la Guerre pour la Patrie (seconde classe) pour avoir défendu la forteresse de Brest. Après la guerre, il a voyagé à travers tout le pays, travaillant sur des chantiers du Grand Nord et à la construction du BAM, la voie ferrée Baïkal-Amour. Une fois à la retraite, il est resté vivre en Sibérie, à Oust-Kout.

Bien que des milliers de kilomètres séparent Oust-Kout de Brest-Litovsk, Timérian Zinatov se rendait chaque année dans la forteresse. Il apportait des gâteaux aux employés du musée. Tout le monde le connaissait. Pourquoi se rendait-il si souvent dans cette forteresse ? C'était le seul endroit où il se sentait à l'abri, de même que ses camarades de régiment qu'il retrouvait là-bas. Là, personne ne mettait jamais en doute le fait qu'ils étaient de véritables héros et non des imposteurs. Personne n'osait leur lancer à la figure : « Si vous n'aviez pas gagné la guerre, on serait en train de boire de la bière bavaroise et on vivrait en Europe ! » Tous ces fichus adorateurs de la perestroïka ! Si leurs grands-pères n'avaient pas remporté la victoire, nous serions devenus un pays de femmes de chambre et de gardiens de cochons. Hitler avait écrit que les enfants slaves ne devaient apprendre à compter que jusqu'à cent...

Zinatov est venu pour la dernière fois à Brest en septembre 1992. Tout s'est passé comme d'habitude : il a retrouvé ses vieux camarades de combat, il s'est promené dans la forteresse. Il a sûrement dû remarquer que le flot de visiteurs avait considérablement diminué. Il est désormais à la mode de noircir notre passé soviétique et ses héros.

Puis l'heure du retour a sonné. Le vendredi, il a fait ses adieux à tout le monde en disant qu'il partait le lendemain. Qui aurait pu penser que cette fois, il était venu ici afin d'y rester pour toujours ?

Le lundi, lorsque les employés du musée sont arrivés, ils ont reçu un coup de téléphone de la milice ferroviaire : le défenseur de la forteresse de Brest qui avait survécu aux sanglantes horreurs de l'année 1941 s'était jeté sous un train.

Par la suite, des gens se sont souvenus d'avoir vu un vieillard très soigné avec une valise, qui était resté longtemps debout sur le quai. On a trouvé sur lui sept mille roubles qu'il avait apportés pour son enterrement, et une lettre dans laquelle il couvrait de malédictions Eltsine et Gaïdar pour la vie humiliante et misérable dont ils étaient responsables. Et pour avoir trahi la Victoire. Il demandait à être enterré dans la forteresse.

Voici des extraits de ses notes écrites avant de mourir :

« ... Si j'étais mort à la guerre, de mes blessures, j'aurais su que je mourais pour la Patrie. Tandis que maintenant, je meurs d'une vie de chien. Qu'on inscrive cela sur ma tombe... Et ne croyez pas que j'ai perdu la tête... »

« ... Je préfère mourir debout plutôt que demander à genoux l'aumône d'une misérable allocation afin de prolonger ma vieillesse et de vivoter jusqu'à la tombe en demandant la charité. Aussi, chers amis, ne me jugez pas trop sévèrement, et mettez-vous à ma place. Je laisse de quoi m'enterrer, du moins je l'espère, si je ne me fais pas dévaliser... Je n'ai pas besoin de cercueil. Les vêtements que je porte suffiront, seulement n'oubliez pas de mettre dans ma poche ma carte de défenseur de la forteresse de Brest, pour nos descendants. Nous avons été des héros, et nous mourons dans la misère! Portez-vous bien, ne pleurez pas un Tatar qui déclare au nom de tous : "Je meurs, mais je ne me rends pas. Adieu, ma Patrie!" »

Après la guerre, on avait retrouvé dans les souterrains de la forteresse une inscription griffonnée sur un mur avec une baïonnette : « Je meurs, mais je ne me rends pas. Adieu, ma Patrie! 22. VII. 41. » Sur décision du Comité central, cette phrase est devenue le symbole du courage du peuple soviétique et de son dévouement au Parti communiste. Des survivants avaient assuré que l'auteur de cette inscription était le Tatar Timérian Zinatov, un élève officier qui n'était pas membre du Parti, mais cela arrangeait davantage les idéologues communistes de l'attribuer à un soldat inconnu mort au combat.

La municipalité de Brest a pris en charge les frais des funérailles. Le héros a été enterré sur le budget prévu « pour l'entretien courant des aménagements de la ville »."

Le Parti communiste de la fédération de Russie,
Systemny vzgliad, n° 5.

"Pourquoi le vieux soldat Timérian Zinatov s'est-il jeté sous un train? Il nous faut remonter assez loin… À une lettre envoyée à la *Pravda* par Victor Iakovlévitch Iakovlev, originaire du village Leningradskaïa, dans la région de Krasnodar. Ancien combattant de la Grande Guerre patriotique et défenseur de Moscou en 1941, il a participé au défilé en l'honneur des cinquante-cinq ans de la Victoire. C'est un terrible affront qui l'a incité à écrire à la rédaction.

Il s'était rendu récemment à Moscou avec un ami (un ancien colonel, lui aussi vétéran de la guerre). Pour cette occasion, ils avaient mis toutes leurs décorations. Cette journée passée dans la capitale les avait fatigués et, quand ils étaient arrivés à la gare, ils avaient eu envie de s'asseoir pour se reposer en attendant leur train. N'ayant pas trouvé de places libres, ils sont entrés dans une salle vide « avec un buffet et des fauteuils confortables ». Une jeune serveuse s'est aussitôt précipitée sur eux et leur a fort grossièrement indiqué la sortie. « Vous n'avez pas le droit d'être ici!

C'est une salle réservée à la classe affaires. » La suite est tirée de la lettre de Iakovlev : « Je lui ai répondu du tac au tac : Alors ici, c'est pour les voleurs et les spéculateurs ? Et nous, nous n'avons pas le droit de nous asseoir ? C'est comme autrefois en Amérique : interdit aux nègres et aux chiens ? Il n'y avait rien à ajouter, c'était assez clair comme ça. Nous sommes sortis. Mais j'ai eu le temps de noter la présence de plusieurs prétendus hommes d'affaires, ou plutôt de gangsters, qui s'esclaffaient et se gobergeaient... On a déjà oublié que nous avons versé notre sang. Ces Tchoubaïss, ces Vekselberg et ces Gref[1] nous ont tout pris... Notre argent et notre honneur. Notre passé et notre présent. Tout ! Et maintenant, ils enrôlent nos petits-enfants dans leur armée pour défendre leurs milliards. Alors je vous le demande : pourquoi nous sommes-nous battus ? Pourquoi avons-nous passé des mois au fond des tranchées, sans nous déshabiller ni dormir normalement, dans l'eau jusqu'aux genoux en automne, dans la neige et le froid glacial en hiver ? À Kalinine, à Yakhroma, près de Moscou... Là-bas, il n'y avait pas de pauvres et de riches... »

Bien sûr, on peut dire que ce vétéran a tort, que tous les hommes d'affaires ne sont pas « des voleurs et des spéculateurs ». Mais regardons notre pays postcommuniste avec ses yeux... Ces nouveaux maîtres arrogants, dégoûtés par « les hommes d'hier » qui sentent « l'odeur de la pauvreté », comme disent les magazines de luxe. D'après ces magazines, c'est l'odeur que dégagent les célébrations du jour de la Victoire dans les grandes salles où les vétérans sont conviés une fois par an, et où l'on prononce en leur honneur des discours hypocritement élogieux. Alors qu'en réalité, personne n'a besoin d'eux aujourd'hui. Leurs idées sur la justice sont naïves. De même que leur fidélité envers le mode de vie soviétique...

Au début de son mandat présidentiel, Eltsine avait juré qu'il se coucherait sur les rails plutôt que de laisser le niveau de vie de la population baisser. Ce niveau de vie n'a pas simplement baissé, il atteint le fond du gouffre, pourrait-on dire. Mais Eltsine ne s'est pas couché sur des rails. Celui qui s'est jeté sous un train

---

1. Tchoubaïss, voir note p. 62. Vekselberg est un homme d'affaires richissime, et Gref le président de la Caisse d'épargne de la fédération de Russie.

en signe de protestation, à l'automne 1992, c'est le vieux soldat Timérian Zinatov…"

Site de la Pravda, *1997.*

CONVERSATIONS AUTOUR D'UNE TABLE
LE JOUR DE L'ENTERREMENT

Selon nos traditions, lorsque les morts ont été mis en terre, les vivants se retrouvent autour d'une table. Il y avait beaucoup de monde, et certains étaient venus de loin, de Moscou, de Kiev, de Smolensk… Ils avaient tous mis leurs médailles et leurs décorations, comme pour le jour de la Victoire. On a parlé de la mort, et aussi de la vie.

— À notre camarade défunt! *(Tous se lèvent.)*
— Que la terre lui soit légère!
— Ah, Timérian, Timérian Khaboulovitch…! Sa dignité a été bafouée. Notre dignité à tous a été bafouée. Nous étions habitués au socialisme. À notre Patrie soviétique, l'URSS. Et maintenant, nous vivons dans des pays différents, sous un autre régime. Sous d'autres drapeaux. Et non sous notre drapeau rouge, celui de la Victoire… Je me suis sauvé de chez moi à dix-sept ans pour rejoindre le front…
— Nos petits-enfants, eux, ils perdraient la guerre. Ils n'ont aucun idéal, aucun rêve grandiose.
— Ils lisent d'autres livres, ils regardent d'autres films…
— Ce qu'on leur raconte, pour eux, c'est déjà de l'histoire ancienne… Ils nous demandent : "Pourquoi les soldats mouraient pour sauver l'étendard de leur régiment? Ils auraient pu en fabriquer un neuf!" Pour qui croient-ils que nous avons fait la guerre, que nous avons tué? Pour Staline? Mais non, pauvre idiot, c'était pour toi!
— On aurait peut-être dû se rendre, lécher les bottes des Boches…
— Dès qu'on a reçu l'avis de décès de mon père, j'ai demandé à être envoyé sur le front.
— Ils sont en train de piller notre Patrie soviétique, de la vendre au plus offrant… Si on avait su que cela se terminerait comme ça, on aurait peut-être réfléchi…

— Moi, ma mère est morte pendant la guerre et mon père juste avant, de la tuberculose. J'ai travaillé dès l'âge de quinze ans. À l'usine, on nous donnait la moitié d'une miche de pain par jour, et c'était tout. Il y avait de la cellulose et de la colle dedans. Je me suis évanouie d'inanition une fois, deux fois… Alors je suis allée au bureau de recrutement : "Ne me laissez pas mourir comme ça ! Envoyez-moi sur le front." Ils ont accepté ma demande. Celles qui partaient, celles qui les accompagnaient, toutes, elles avaient des yeux hallucinés. Un wagon à bestiaux rempli à craquer de jeunes filles. On chantait : "Ah, les filles ! Jusqu'à l'Oural la guerre est arrivée, notre jeunesse, où est-elle passée ?" Dans les gares, le lilas était en fleur. Certaines filles riaient, d'autres pleuraient…

— On était tous pour la perestroïka, pour Gorbatchev. Mais pas pour ce que cela a donné…

— Gorbatchev, c'est un agent de l'ennemi…

— Je ne comprenais pas ce qu'il disait… Il prononçait des mots bizarres que je n'avais jamais entendus avant. C'était quoi, toutes ces belles choses qu'il nous promettait ? Mais j'aimais bien l'écouter… Seulement au bout du compte, c'était un faible, il a livré tout notre arsenal atomique sans se battre. Et notre Parti communiste…

— Les Russes ont besoin d'un idéal qui leur glace le sang et leur donne la chair de poule…

— On était un grand pays…

— À notre Patrie ! À la victoire ! Cul sec ! *(Ils trinquent.)*

— Maintenant, on a mis des étoiles rouges sur les monuments… Mais moi, je me souviens comment on enterrait nos gars… Dans des fosses. On les recouvrait avec ce qu'on avait sous la main, on saupoudrait ça de sable, et en avant ! On poursuivait notre chemin. Vers un nouveau combat. Vers une nouvelle fosse. On reculait et on avançait, d'une fosse à l'autre. Quand on nous amenait des renforts, au bout de deux ou trois jours, c'étaient déjà des cadavres. Il n'est resté que très peu d'hommes. Ceux qui avaient de la veine. Fin 1943, on avait déjà appris à faire la guerre. On se battait mieux, il y avait moins de morts. C'est là que j'ai commencé à me faire des amis…

— Moi, j'ai fait toute la guerre en première ligne, et pas une égratignure, rien ! Et je suis athée ! Je suis allé jusqu'à Berlin… J'ai vu la tanière du fauve…

— On partait au combat avec un fusil pour quatre. Quand le premier se faisait tuer, le deuxième prenait son fusil, ensuite c'était le suivant... Les Allemands, eux, ils avaient des mitraillettes toutes neuves...

— Au début, les Allemands faisaient les fiers. Ils avaient soumis l'Europe. Ils étaient entrés dans Paris. Ils avaient prévu de régler la question de l'URSS en deux mois. Quand des blessés étaient capturés, ils crachaient au visage de nos infirmières. Ils arrachaient leurs pansements en criant : *"Heil Hitler!"* Mais à la fin de la guerre, ils disaient : "Ne tire pas, le Russe! *Hitler kaputt!"*

— Moi, ce qui me faisait le plus peur, c'était de mourir en lâche. Quand quelqu'un avait la trouille et se sauvait, le commandant lui tirait dessus. C'était courant, ça...

— Eh oui... On avait reçu une éducation stalinienne... On allait faire la guerre en territoire étranger, et "Depuis la taïga jusqu'à l'océan, le soldat rouge est le plus puissant"... Pas de quartier pour l'ennemi! Les premiers jours de la guerre... C'était un véritable cauchemar... On s'est retrouvés encerclés. Tout le monde se demandait ce qui se passait. Où était Staline. Et pas un seul de nos avions dans le ciel... On a enterré nos cartes du Parti, nos cartes de komsomols, et on a erré dans les bois... Bon, ça suffit, pas la peine d'enregistrer ça... *(Il écarte le micro.)* Les Allemands faisaient de la propagande, ils avaient des haut-parleurs qui hurlaient nuit et jour : "Rends-toi, le Russe! L'armée allemande te garantit la vie et du pain!" J'étais prêt à me tirer une balle. Mais quand on n'a pas de cartouches... On était des gamins, dix-huit, dix-neuf ans... Tous les commandants se pendaient. Avec leur ceinture, avec n'importe quoi... Ils se balançaient aux branches des sapins. C'était la fin du monde, nom de Dieu!

— La Patrie ou la mort!

— Staline avait prévu d'expédier en Sibérie les familles de ceux qui s'étaient constitués prisonniers. Trois millions et demi de prisonniers! On ne pouvait pas les déporter tous. Cette espèce de cannibale moustachu!

— Cette maudite année 1941...

— Vas-y, parle, on peut tout dire, maintenant...

— C'est qu'on n'a pas l'habitude...

— Même sur le front, on avait peur de parler franchement. Avant la guerre, on arrêtait les gens... Et pendant la guerre, ça a continué. Ma mère travaillait dans une fabrique de pain, il y a eu un contrôle, et on a trouvé des miettes dans ses gants. C'était considéré comme du sabotage. Elle en a pris pour dix ans. J'étais sur le front, mon père aussi. Mes petits frères et ma sœur sont restés avec ma grand-mère, ils lui disaient : "Grand-mère, ne meurs pas avant que papa et Sacha (c'est moi) reviennent de la guerre." Mon père a été porté disparu.

— Nous, des héros ? On ne nous a jamais traités en héros… Ma femme et moi, on a élevé nos enfants dans des baraquements, ensuite, on a eu droit à une pièce dans un appartement communautaire. Aujourd'hui, on a une retraite de misère. Et à la télévision, ils nous montrent la façon dont vivent les Allemands… Les vaincus vivent cent fois mieux que les vainqueurs !

— Dieu ne sait pas ce que c'est que de faire partie des petites gens…

— Moi, j'étais, je suis et je resterai un communiste ! Sans Staline et sans son Parti, nous n'aurions pas gagné la guerre. Cette putain de démocratie ! Je n'ose pas porter mes décorations. "T'étais où, espèce de vieux gâteux ? Tu combattais sur le front ou t'étais gardien de camp ?" Voilà ce que me disent les jeunes. Et ils ricanent en sirotant de la bière.

— Je propose de remettre à leur place les monuments à notre Guide, le grand Staline. On les cache au fond des cours comme des vieux machins…

— T'as qu'à en mettre un dans ta datcha…

— Ils veulent réécrire la guerre. Ils attendent qu'on ait tous crevé.

— Maintenant, on est plus que des *debilus sovieticus*.

— Ce qui a sauvé la Russie, c'est son immensité. L'Oural, la Sibérie…

— Le plus terrible, c'était de monter à l'attaque. Les premières cinq, dix minutes… Ceux qui y allaient en premier n'avaient aucune chance de rester en vie. Une balle trouve toujours sa cible. Communistes, en avant !

— À la puissance militaire de notre Patrie ! *(Ils trinquent.)*

— Bref… Personne n'a envie de tuer. C'est désagréable. Mais on s'habitue… On apprend à le faire…

— Je suis entré au Parti à Stalingrad. J'avais écrit dans ma demande : "Je veux être aux premiers rangs des défenseurs de la

Patrie... Je suis prêt à sacrifier ma jeunesse et ma vie..." Dans l'infanterie, c'était rare qu'on soit décoré. J'ai une médaille du Courage.

— Les traumatismes de guerre ont laissé des traces... Je suis devenu invalide, mais pour l'instant, je tiens encore le coup.

— Je me souviens, on avait capturé deux soldats de Vlassov[1]... L'un nous a expliqué qu'il était là pour venger son père fusillé par le NKVD. L'autre, parce qu'il ne voulait pas crever dans un camp de concentration allemand... Ils étaient tout jeunes, comme nous, on avait le même âge. Une fois qu'on a bavardé avec un homme et qu'on l'a regardé dans les yeux, c'est difficile de le tuer... Le lendemain, on a tous été interrogés au département spécial. "Pourquoi vous avez discuté avec ces traîtres? Pourquoi vous ne les avez pas tués immédiatement?" J'ai commencé à me justifier... Le type du département spécial a posé son pistolet sur la table. "Et en plus, tu discutes, espèce de fumier? Si tu prononces encore un seul mot..." On ne faisait pas de quartier avec les soldats de Vlassov. Les tankistes les attachaient à leurs chars et ils démarraient, ça giclait dans tous les sens... Ils étaient déchiquetés en mille morceaux... C'étaient des traîtres! Mais étaient-ils vraiment tous des traîtres?

— On avait bien plus peur des gars du département spécial que des Allemands. Même les généraux en avaient peur...

— La peur... Pendant toute la guerre, on a tremblé de peur...

— Pourtant, sans Staline... sans une main de fer, la Russie ne s'en serait pas sortie!

— Ce n'est pas pour Staline que je me suis battu, c'est pour la Patrie. Je n'arrête pas de le répéter à mes enfants et à mes petits-enfants : pas une seule fois je n'ai entendu crier : "Pour Staline!"

— On ne peut pas gagner une guerre sans soldats.

— P... de ta mère...

— La seule chose dont il faut avoir peur, c'est Dieu. C'est Lui qui nous jugera.

— S'Il existe...

---

1. Andreï Vlassov, général soviétique prestigieux qui, fait prisonnier par les Allemands en 1942, se rallia à Hitler pour former l'Armée russe de libération. Après la défaite allemande, Vlassov et ses troupes, livrés aux Soviétiques par les Américains, furent jugés, pendus ou déportés.

(Ils chantent tous en chœur, un chœur un peu discordant.)

C'est la victoire qu'il nous faut,
Une seule victoire pour tous!
Et peu importe le prix à payer…

UNE HISTOIRE D'HOMME

— J'ai passé toute ma vie au garde-à-vous. Sans oser ouvrir la bouche. Maintenant, je vais parler…
Je me souviens, quand j'étais petit, j'avais peur de perdre mon père… On venait arrêter les pères pendant la nuit, et ils disparaissaient dans le néant… Le frère de ma mère, oncle Félix, avait disparu comme ça. Il était musicien. On l'a embarqué pour une bêtise… Pour rien… Dans un magasin, il avait dit à haute voix à sa femme : "Ça fait vingt ans qu'on a un régime soviétique, et on ne peut toujours pas acheter de pantalons corrects!" Aujourd'hui, on raconte que tout le monde était contre… Mais moi, je vous dis que le peuple approuvait les arrestations. Prenez ma mère… Son frère était en prison, et pourtant elle disait : "Pour Félix, c'est une erreur. Ils vont tirer ça au clair. Mais il faut mettre des gens en prison, regardez un peu toutes les horreurs qui se passent autour de nous!" Le peuple était pour… La guerre… Une fois qu'elle a été terminée, j'avais peur d'y penser. De me souvenir de ma guerre à moi… J'ai voulu entrer au Parti, mais on ne m'a pas accepté. "Tu parles d'un communiste! T'étais dans un ghetto!" Je n'ai rien dit… Je n'ai rien dit pendant des années… Dans notre détachement de partisans, il y avait une Juive, Rosa, une jolie fille, elle trimbalait des livres avec elle. Seize ans. Les commandants couchaient tous avec elle les uns après les autres. Ils rigolaient : "Elle a juste du duvet, comme les petites filles! Ha! Ha! Ha!" Quand elle s'est retrouvée enceinte, on l'a emmenée au fond des bois et on l'a abattue comme un chien… Il y avait des enfants qui naissaient, évidemment, avec tous ces gaillards qui traînaient dans les bois. Et on s'y prenait comme ça : dès qu'un bébé naissait, on le laissait dans un village. Dans une ferme. Mais qui aurait voulu d'un petit Juif? Les Juifs n'avaient pas le droit

d'avoir des enfants. Au retour d'une mission, j'ai demandé où était Rosa. "Qu'est-ce que ça peut te faire ? Une de perdue, dix de retrouvées !" Des centaines de Juifs qui avaient fui les ghettos erraient dans les bois. Les paysans les attrapaient, ils les livraient aux Allemands pour un sac de farine, pour un kilo de sucre. Allez-y, vous pouvez écrire ça... Je n'ai rien dit pendant longtemps... Les Juifs passent leur vie à avoir peur. Quoi qu'il arrive, c'est toujours eux qui trinquent.

Si nous n'avons pas quitté Minsk à temps, c'est à cause de ma grand-mère... Elle avait vu les Allemands en 1918, et elle assurait à tout le monde que c'étaient des gens cultivés, qu'ils ne toucheraient pas aux paisibles citoyens. Ils avaient eu un officier allemand cantonné chez eux, il jouait du piano tous les soirs. Et ma mère a hésité à partir. À cause du piano... Si bien que nous avons perdu beaucoup de temps. Les Allemands sont entrés dans la ville sur des motos. Des gens en costumes brodés les ont accueillis avec du pain et du sel. Ils étaient contents. Beaucoup se disaient qu'avec les Allemands, ils allaient enfin avoir une vie normale. Ceux qui détestaient Staline étaient nombreux, et ils ne s'en cachaient plus. Les premiers jours de la guerre, il s'est produit tellement de choses nouvelles et incompréhensibles...

C'est au début de la guerre que j'ai entendu pour la première fois le mot "youpin". Des voisins sont venus cogner à notre porte en criant : "Vous êtes foutus, les youpins, on va vous faire la peau ! Vous allez payer pour le Christ !" Moi, j'étais un petit Soviétique. J'allais à l'école, j'avais douze ans. Je ne comprenais pas de quoi ils parlaient. Pourquoi ils disaient cela. Je ne le comprends toujours pas aujourd'hui... Mon père était juif et ma mère était russe. On fêtait Pâques, mais à notre manière : maman disait que c'était l'anniversaire d'un homme bon. Elle préparait un gâteau. Et pour la Pâque juive, mon père apportait de la *matza*[1] faite par ma grand-mère. Mais étant donné l'époque, on n'affichait pas ce genre de choses... Il ne fallait pas en parler.

Ma mère nous a cousu à tous une étoile jaune... Pendant quelques jours, personne n'est sorti de la maison. On avait

---

[1] Pain non levé fabriqué avec de la farine et de l'eau que les Juifs mangent pour la Pâque.

honte… Je suis vieux, mais je me souviens de ce sentiment… de la honte qu'on éprouvait. Il y avait des tracts qui traînaient dans toute la ville : "Liquidez les commissaires et les youpins !", "Sauvez la Russie du pouvoir des judéo-bolcheviks !" On avait glissé un de ces tracts sous notre porte… Et puis très vite, il y a eu des rumeurs… On racontait que les Juifs américains rassemblaient de l'or afin de racheter tous les Juifs et de les faire venir en Amérique. Que les Allemands aimaient l'ordre, mais qu'ils n'aimaient pas les Juifs, aussi allaient-ils devoir passer la guerre dans des ghettos. Les gens cherchaient à trouver un sens à ce qui se passait, un fil quelconque… Même l'enfer, les hommes ont envie de le comprendre… Je me souviens très bien de notre déménagement dans le ghetto. Des milliers de Juifs qui traversaient la ville… Avec des enfants, des oreillers… C'est drôle, mais j'avais emporté ma collection de papillons. Cela paraît ridicule, maintenant… Les habitants de Minsk étaient sortis sur le pas de leur porte et ils nous regardaient avec curiosité, certains avec une joie mauvaise, mais il y en avait qui pleuraient. Je ne levais pas les yeux, j'avais peur de voir des copains. J'avais honte… Je me souviens de ce sentiment de honte permanent…

Maman a enlevé son alliance, elle l'a enveloppée dans un mouchoir et m'a expliqué où aller. Pendant la nuit, je me suis faufilé à travers les barbelés… Une femme m'attendait à un endroit convenu, je lui ai remis l'alliance et elle m'a versé de la farine dans un sac. Au matin, on s'est rendu compte qu'au lieu de farine, j'avais rapporté de la craie. Du plâtre. C'est comme ça qu'on a perdu l'alliance de maman. On n'avait aucun autre objet de valeur… On a commencé à enfler à cause de la faim… Des paysans avec de grands sacs rôdaient autour du ghetto. Jour et nuit. Ils attendaient le pogrom. Quand on a emmené les Juifs pour les tuer, on les a laissés piller les maisons vides. Les *politzei* cherchaient les objets précieux, et les paysans fourraient tout ce qu'ils trouvaient dans leurs sacs. Ils nous disaient : "Vous n'aurez plus besoin de rien."

Un jour, le ghetto est devenu silencieux, comme avant un pogrom. Pourtant il n'y avait pas eu un seul coup de feu. Ce jour-là, on n'a tué personne… Des camions sont arrivés, beaucoup de camions… On en a fait descendre des enfants bien habillés, avec de jolies chaussures, des femmes avec des tabliers blancs, des hommes avec des valises coûteuses. Des valises très chic ! Ils parlaient tous allemand. Les soldats d'escorte et les gardiens étaient désemparés, surtout les *politzei*, ils ne criaient pas, ils ne les frappaient pas à coups de gourdin, ils ne lâchaient pas leurs chiens sur eux. On se serait cru au théâtre, cela ressemblait à un spectacle... Le jour même, nous avons appris que c'étaient des Juifs amenés d'Europe. On les appelait "les Juifs de Hambourg", parce que la plupart d'entre eux venaient cette ville. Ils étaient disciplinés, dociles. Ils ne cherchaient pas à se défiler, à tromper les gardiens, à se cacher quelque part... Ils étaient résignés... Ils nous regardaient de haut. Nous étions pauvres, mal habillés. Nous étions différents... Nous ne parlions pas allemand.

Ils ont tous été exécutés. Des dizaines de milliers de Juifs de Hambourg...

Ce jour-là... C'est comme dans un brouillard... Comment nous a-t-on fait sortir de chez nous ? Comment nous a-t-on transportés ? Je me souviens d'un grand champ près d'un bois. Ils ont choisi des hommes robustes et ils leur ont ordonné de creuser deux fosses. Profondes. Nous, nous attendions, debout. Ils ont commencé par jeter les enfants dans une des fosses... Et ils les ont recouverts de terre. Les parents ne pleuraient pas, ils ne suppliaient pas. Ils se taisaient. Vous demandez pourquoi ? J'ai réfléchi à ça... Quand un homme est attaqué par un loup ou par un sanglier, il ne va pas le supplier, l'implorer de lui laisser la vie... Les Allemands regardaient au fond de la fosse en rigolant, ils jetaient des bonbons dedans. Les *politzei* étaient complètement bourrés... Ils avaient les poches pleines de montres... Ils ont enterré les enfants. Et ils ont ordonné à tout le monde de sauter dans l'autre fosse. Nous étions là, maman, papa et ma petite sœur. Quand notre tour est arrivé, l'Allemand qui les commandait s'est rendu compte que ma mère était russe, et il lui a fait signe : "Toi, va-t'en !" Mon père a crié : "Cours !" Mais elle s'est accrochée à lui, à moi. "Je reste avec vous !" Nous l'avons tous repoussée, nous l'avons suppliée de partir... Elle a été la première à sauter dans la fosse.

C'est tout ce dont je me souviens... J'ai repris connaissance parce que j'ai senti qu'on m'enfonçait quelque chose de pointu dans la jambe. J'ai poussé un cri de douleur. Et j'ai entendu quelqu'un chuchoter : "Il y en a un qui est encore vivant, ici !" Des paysans avec des pelles étaient en train de fouiller la fosse, ils dépouillaient les cadavres de leurs bottes, de leurs chaussures… de tout ce qu'ils pouvaient leur prendre. Ils m'ont aidé à sortir de la fosse. Je me suis assis au bord, et j'ai attendu, attendu… Il pleuvait. La terre était toute tiède. On m'a donné un bout de pain. "Tiens, prends ça, petit youpin ! Peut-être que tu t'en sortiras."

Le village était vide… Il n'y avait pas âme qui vive, mais les maisons étaient intactes. J'avais faim, et il n'y avait personne à qui demander à manger. Alors je suis parti tout seul. Des objets traînaient sur la route, une botte en caoutchouc, des galoches… un fichu… Derrière l'église, j'ai vu des gens brûlés. Des cadavres noircis. Cela sentait l'essence et la chair grillée… Je me suis sauvé, je suis retourné dans la forêt. Je me nourrissais de champignons et de baies. Une fois, j'ai rencontré un vieillard qui ramassait du bois. Il m'a donné deux œufs, et il m'a mis en garde : "Ne va pas dans les villages, les paysans t'attraperaient et te livreraient aux Allemands. Il n'y a pas longtemps, ils ont capturé deux petits Juifs."

Un jour, je me suis endormi, et j'ai été réveillé par un coup de feu au-dessus de ma tête. J'ai bondi sur mes pieds. Des Allemands ? C'étaient deux Ukrainiens à cheval. Des partisans ! Ils se sont mis à rire et ils ont commencé à discuter entre eux. "Qu'est-ce que tu veux qu'on fasse d'un petit youpin ? – Laissons le commandant décider." Ils m'ont emmené dans leur détachement, et ils m'ont enfermé dans un abri souterrain avec une sentinelle devant… Et puis on m'a interrogé : "Comment se fait-il que tu te sois retrouvé sur le territoire de notre détachement ? Qui t'a envoyé ? – Personne. Je suis sorti d'une fosse pleine de gens fusillés. – T'es peut-être un espion ?" Ils m'ont flanqué deux coups dans la figure, et ils m'ont de nouveau enfermé dans l'abri. Vers le soir, ils ont bouclé avec moi deux jeunes gens, des Juifs, eux aussi, avec de belles vestes en cuir. Ils m'ont appris que les partisans n'acceptaient pas les Juifs sans arme. Et si on n'avait pas d'arme, il fallait leur donner de l'or, un objet en or. Eux, ils avaient des montres et un porte-cigarettes en or, ils me les ont même montrés. Et ils ont demandé à voir le commandant. On n'a pas tardé à venir les chercher. Je ne les ai plus jamais revus… Mais j'ai revu le porte-cigarettes entre les mains du commandant... et aussi une veste en cuir. J'ai été sauvé par un ami de mon père, Yacha. Il était cordonnier et, chez les partisans, les cordonniers étaient aussi appréciés que les médecins. Je suis devenu son aide.

Le premier conseil que m'a donné Yacha, c'est de changer de nom. Je m'appelais Friedman, et je suis devenu Lomeïko. Son deuxième conseil a été : "N'ouvre pas la bouche. Sinon tu recevras une balle dans le dos. Un Juif, ça compte pour rien." Et c'était vrai... La guerre est un marécage, il est facile de s'y enliser et difficile d'en sortir. Un dicton juif dit que lorsque le vent souffle très fort, ce sont les déchets qui volent le plus haut. La propagande nazie avait contaminé tout le monde, et les partisans étaient antisémites. Nous étions onze Juifs dans le détachement... puis cinq... On faisait exprès de nous prendre à partie : "Vous parlez de combattants ! Vous vous laissez conduire à l'abattoir comme du bétail...", "Les Juifs sont tous des lâches..." Je ne disais rien. Mais j'avais un ami qui n'avait pas froid aux yeux, une vraie tête brûlée, David Grinberg... Lui, il leur répondait, il discutait. Il a été tué d'une balle dans le dos. Je sais qui l'a tué. Aujourd'hui, c'est un héros, il est couvert de médailles. Il se pavane ! Deux Juifs ont été abattus soi-disant pour avoir dormi pendant leur tour de garde. Et un autre, pour un parabellum tout neuf... Il avait fait des envieux. Mais où aurais-je pu fuir ? Dans le ghetto ? Je voulais défendre ma Patrie. Venger ma famille... Mais ma Patrie, elle... Les commandants des détachements de partisans avaient reçu des instructions secrètes de Moscou : se méfier des Juifs, ne pas les prendre dans leurs détachements, les exterminer. Nous étions considérés comme des traîtres. On le sait maintenant, grâce à la perestroïka.

On plaint les hommes... Mais les chevaux... Vous savez comment ça meurt, un cheval ? Ils ne se cachent pas, comme les autres animaux. Les chiens, les chats, même les vaches se sauvent quand on veut les tuer. Les chevaux, eux, ils restent là, à attendre qu'on les exécute. C'est terrible à voir... Dans les films, les cavaliers foncent en hurlant et en brandissant leur sabre au-dessus de leur tête. C'est de la foutaise, tout ça ! Des mensonges ! À un moment, on a eu des cavaliers dans notre détachement, mais on s'en est vite débarrassés. Les chevaux ne peuvent pas marcher dans la neige et encore moins galoper, ils s'enfoncent dedans, alors que les Allemands, eux, avaient des motos ou des side-cars, et en hiver, ils fixaient des skis sur les roues. Ils fonçaient, et ils rigolaient en tirant sur nos chevaux et sur nos cavaliers. Des fois, ils épargnaient les beaux chevaux, apparemment, il y avait pas mal de paysans parmi eux...

On avait reçu l'ordre de brûler la maison d'un *politzei*, avec toute sa famille... Une famille nombreuse : une femme, trois enfants, les grands-parents. On les a encerclés pendant la nuit. On a cloué des planches sur la porte... On a arrosé la maison d'essence, et on a mis le feu. Ils hurlaient à l'intérieur, ils gémissaient. Un gamin est sorti par la fenêtre... Un des partisans voulait lui tirer dessus, mais un autre ne l'a pas laissé faire. Ils l'ont rejeté dans les flammes. J'avais quatorze ans... Je ne comprenais rien... Tout ce que je pouvais faire, c'était graver ça dans ma mémoire. Et voilà, maintenant, je vous le raconte... Je n'aime pas le mot "héros". Il n'y a pas de héros à la guerre. Dès qu'un homme prend un fusil, il ne peut plus être quelqu'un de bien. Il n'y arrive plus.

Je me souviens du siège de notre campement... Les Allemands avaient décidé de nettoyer leurs arrières et avaient lancé des divisions de SS contre les partisans. Ils accrochaient des lampes à des parachutes et nous bombardaient nuit et jour. Après les bombardements, c'étaient les tirs de mortier. Le détachement s'en allait par petits groupes, ils emportaient les blessés, mais en les bâillonnant, et ils mettaient des muselières spéciales aux chevaux. Ils abandonnaient tout, y compris le bétail, et les animaux leur couraient après... Les vaches, les moutons... Il fallait leur tirer dessus... Les Allemands étaient tout près, si près qu'on entendait déjà leurs voix *"O Mutter, o Mutter..."*, on sentait l'odeur de leurs cigarettes... Chacun de nous gardait une dernière balle en réserve. Mais on a toujours le temps de mourir. Une nuit, on est restés pour couvrir leur retraite... On était trois... On a ouvert le ventre de trois chevaux morts, on a sorti tout ce qu'il y avait dedans, et on s'est cachés à l'intérieur. On est restés là pendant deux jours, on entendait les Allemands aller et venir. Tirer. Et puis enfin, cela a été le silence. Et on est sortis, couverts de sang, de boyaux et de merde. À moitié fous. Il faisait nuit, la lune brillait...

Vous savez, les oiseaux aussi nous ont aidés. Les pies poussent un cri quand elles entendent approcher quelqu'un qu'elles ne connaissent pas. Elles donnent l'alerte. Elles s'étaient habituées à nous, mais les Allemands sentaient une autre odeur : ils avaient de l'eau de Cologne, des savons parfumés, des cigarettes, des manteaux en drap de bonne qualité, des bottes bien cirées. Alors que nous, on avait du gros gris, des bandes molletières et, aux pieds, des morceaux de peau de vache tenus par des lanières. Ils avaient des maillots de corps en laine... On déshabillait les morts pour leur prendre jusqu'à leur caleçon. Les chiens leur dévoraient le visage, les mains. Même les animaux, on les faisait participer à la guerre...

Bien des années ont passé... Un demi-siècle... Mais je n'ai pas oublié cette femme... Elle avait deux enfants tout petits. Elle avait caché un partisan blessé dans sa cave. Quelqu'un l'avait dénoncée... Ils ont pendu toute la famille au milieu du village, en commençant par les enfants. Ce qu'elle a pu crier! Les êtres humains ne crient pas comme ça... Il n'y a que les bêtes... Un être humain doit-il faire de tels sacrifices? Je ne sais pas. *(Il se tait.)* Maintenant, ceux qui écrivent sur la guerre sont des gens qui n'y étaient pas. Je ne les lis pas... Ne m'en veuillez pas, mais je ne les lis pas...

Quand Minsk a été libéré, pour moi, cela a été la fin de la guerre, j'étais trop jeune pour être pris dans l'armée. J'avais quinze ans. Mais où vivre? Des étrangers s'étaient installés dans notre appartement. Ils m'ont chassé en me traitant de sale Juif... Ils n'ont rien voulu me rendre, ni l'appartement, ni nos affaires. Ils s'étaient faits à l'idée que les Juifs ne reviendraient jamais...

(Ils se remettent à chanter en un chœur discordant.)

Dans le poêle palpite une flamme,
La résine coule comme des larmes,
Et l'accordéon me fredonne
Une chanson sur ton sourire...

— Après la guerre, les gens n'étaient plus les mêmes. Moi-même, je suis rentré chez moi la rage au cœur.

— Staline n'aimait pas notre génération. Il la détestait. Parce que nous avions senti le souffle de la liberté. Pour nous, la guerre, cela avait été la liberté ! Nous étions allés en Europe, nous avions vu comment les gens vivaient là-bas. Quand je passais devant la statue de Staline en allant travailler, j'avais des sueurs froides : et s'il savait à quoi je pensais ?

— On nous a dit : "Tout le monde rentre à l'écurie !" Et on est rentrés...

— Ces sales merdocrates ! Ils ont tout détruit... On est dans la merde jusqu'au cou...

— J'ai tout oublié... Même l'amour... Mais la guerre, ça, je m'en souviens...

— J'ai passé deux ans dans les bois, chez les partisans... Après la guerre, pendant sept ou huit ans, je ne pouvais plus regarder les hommes. J'en avais trop vu. Je vivais dans une sorte de léthargie. J'ai fait un séjour dans une maison de repos avec ma sœur. Elle, on lui faisait la cour, elle allait danser, mais moi, j'avais envie de calme. Je me suis mariée tard. Mon mari avait cinq ans de moins que moi. C'était un vrai bébé !

— Moi, je suis partie sur le front parce que je croyais en tout ce que disait la *Pravda*. J'ai tiré sur des gens. J'avais une envie folle de tuer, tuer... ! Avant, je voulais tout oublier, mais je n'y arrivais pas, et maintenant, les souvenirs s'effacent tout seuls. Il y a une seule chose dont je me souviens... C'est que la mort, à la guerre, n'a pas la même odeur... La mort violente a une odeur spéciale. Quand il n'y a pas beaucoup de morts, juste un, on se demande qui il était, d'où il venait. Il doit bien y avoir quelqu'un qui l'attend quelque part...

— Près de Varsovie, une vieille Polonaise m'a apporté des vêtements d'homme. "Enlève ceux que tu portes, je vais les laver. Pourquoi vous êtes aussi sales et aussi maigres ? Comment vous avez fait pour remporter la victoire ?" Comment on a fait, hein ?

— Oh, sors pas les violons, s'il te plaît !

— On a gagné, oui. Mais cette grande victoire n'a pas fait de notre pays un grand pays.

— Je mourrai communiste... La perestroïka, c'est un coup de la CIA pour anéantir l'URSS.

— Quels sont les souvenirs qui nous restent? Le plus pénible, c'était le mépris que les Allemands avaient pour nous. Pour la façon dont nous vivions... Pour notre mode de vie... Hitler traitait les Slaves de lapins...

— Les Allemands sont arrivés dans notre village au printemps. Dès le lendemain, ils étaient déjà en train de planter des fleurs et de construire des toilettes. Les vieux s'en souviennent encore, de ces parterres de fleurs...

— En Allemagne... Quand on est entrés dans les maisons, on a trouvé des armoires pleines de linge et de vêtements de bonne qualité. Des bibelots. Des montagnes de vaisselle. Alors qu'avant la guerre, on nous disait que les gens étaient malheureux dans les pays capitalistes. Nous, on regardait tout ça, on ne disait rien. Il valait mieux ne pas s'extasier sur un briquet ou un vélo allemands! On vous collait aussitôt l'article 58 – antisoviétisme... À un moment, on nous a autorisés à envoyer des colis chez nous. Les généraux avaient droit à quinze kilos, les officiers à dix, et les soldats à cinq. La poste croulait sous les paquets. Ma mère m'a écrit : "N'envoie plus de colis. On va se faire tuer à cause d'eux." Je leur avais envoyé des briquets, des montres, un coupon de soie... de gros chocolats. Ils ont cru que c'était du savon.

— Il n'y avait pas une seule Allemande de dix à quatre-vingt-dix ans qui ne soit pas passée à la casserole... Si bien que tous les enfants nés là-bas en 1946, ce sont des Russes!

— La guerre efface tout. Et elle a tout effacé...

— Vous parlez d'une victoire! Pendant toute la guerre, les gens avaient rêvé à la belle vie qu'ils auraient quand elle serait terminée. Ils ont fait la fête deux ou trois jours, et puis ils ont eu envie de manger, de se mettre quelque chose sur le dos. De vivre. Mais il n'y avait rien. Tout le monde portait des uniformes allemands, les adultes comme les enfants. On les décousait, on les retaillait. Il y avait des tickets de rationnement pour le pain, et des kilomètres de queues. Tout le monde était à cran. On pouvait se faire tuer juste comme ça, pour rien.

— Je me souviens... On entendait tout le temps une sorte de grondement... Les culs-de-jatte se déplaçaient sur des planches avec des roulements à billes. Et les chaussées étaient pavées. Ils vivaient dans des sous-sols, dans des caves. Ils buvaient comme des trous, ils traînaient dans les caniveaux. Ils mendiaient. Ils troquaient leurs médailles contre de la vodka. Ils s'approchaient des queues en disant : "Donnez-moi de quoi acheter du pain !" Et dans ces queues, il n'y avait que des femmes à bout de forces. "Toi, tu es vivant. Mon mari, lui, il est dans la tombe !" Elles les chassaient. Dès que la vie a été un peu plus facile, les invalides sont devenus gênants. Personne ne voulait plus penser à la guerre. Les gens étaient trop occupés à vivre. Un beau jour, on les a fait disparaître de la ville. Des miliciens les attrapaient et les embarquaient dans des camions, comme des cochons... Ça jurait, ça hurlait, ça couinait...

— Nous, dans notre ville, on avait une Maison des Invalides. De jeunes gars sans bras, sans jambes. Bardés de médailles. On a autorisé les gens à les prendre chez eux... On a donné une autorisation officielle. Les femmes, ça leur manquait de ne plus avoir d'hommes, alors elles se sont précipitées, elles sont venues les chercher sur des brouettes, dans des landaus... Elles avaient envie d'une présence masculine chez elles, de faire sécher une chemise d'homme sur leur corde à linge... Elles les ont vite ramenés... Ce n'étaient pas des jouets. Et on n'était pas au cinéma. Essayez un peu d'aimer un morceau d'homme ! Il est plein de hargne et de rage, il sait qu'on l'a trahi.

— Ah, ce jour de la Victoire...

UNE HISTOIRE DE FEMME

— Moi, je vais vous raconter mon histoire d'amour... Quand les Allemands sont arrivés dans notre village, dans des grands camions, on voyait juste leurs casques qui brillaient. Ils étaient jeunes et gais. Ils pinçaient les filles. Au début, ils payaient tout : les poulets, les œufs. Quand je dis ça, personne ne me croit. Pourtant c'est la vérité pure ! Ils payaient en marks... Moi, la guerre, je m'en fichais : j'étais amoureuse. Je ne pensais qu'au moment où j'allais le revoir. Il arrivait, il s'asseyait sur le banc, et il me regardait en souriant. "Pourquoi tu souris ? – Comme ça !" Avant la guerre, on était dans la même classe à l'école. Son père était mort de tuberculose, et son grand-père avait été déporté en

Sibérie comme koulak, avec sa famille. Il se souvenait que, quand il était petit, sa mère l'habillait en fille, elle lui avait expliqué que, si on venait les arrêter, il devait aller à la gare, monter dans un train, et s'en aller. Il s'appelait Ivan… Moi, il m'appelait toujours "ma Lioubotchka"… On n'avait pas une bonne étoile, on n'a pas connu le bonheur. Peu après l'arrivée des Allemands, son grand-père est revenu de déportation. Il était rempli de haine, bien sûr. Il est revenu seul. Il avait enterré toute sa famille en terre étrangère. Il racontait comment on les avait trimbalés sur les fleuves de Sibérie. On les avait déchargés au fin fond de la taïga, on leur avait donné une scie et une hache pour une trentaine de personnes. Ils mangeaient des feuilles, ils grignotaient les écorces des arbres… Son grand-père haïssait les communistes, il haïssait Lénine et Staline. Il a commencé à se venger dès le premier jour. Il désignait les communistes aux Allemands… Celui-là… Celui-là… Et on les emmenait quelque part… Pendant longtemps, je n'ai pas compris la guerre…

On lavait le cheval dans la rivière ensemble. Il y avait du soleil. On mettait le foin à sécher, ça sentait tellement bon… Je ne savais rien de tout cela… Avant, je ne ressentais pas les choses de cette façon… Sans amour, j'étais une fille simple, ordinaire… jusqu'à ce que je tombe amoureuse. Je faisais souvent un rêve prémonitoire. Notre rivière n'est pas très grande, mais j'étais entraînée par un courant sous-marin, je coulais… Je ne comprenais pas comment, mais quelqu'un me ramenait à la surface, seulement je n'avais plus de vêtements. Je nageais vers la rive. Des fois c'était la nuit, des fois c'était le matin. Il y avait des gens sur la berge, tout le village était là. Je sortais de l'eau, et j'étais toute nue…

Quelqu'un avait un tourne-disque, et les jeunes se retrouvaient chez lui. On dansait. On lisait l'avenir en lançant sa chaussure dehors, ou bien dans le psautier, ou encore avec de la résine… Avec des haricots… La résine, la fille devait aller la chercher elle-même dans les bois, il fallait trouver un vieux pin, les jeunes ne conviennent pas, ils n'ont pas de souvenirs. Pas de force. C'est vrai, tout ça ! J'y crois encore aujourd'hui… Les haricots, on en faisait des petits tas et on les comptait : pair, impair… J'avais dix-huit ans. Encore une fois, vous ne trouverez pas ça dans les livres, bien sûr… mais sous les Allemands, on vivait mieux que sous les Soviétiques. Les Allemands avaient rouvert les églises. Ils avaient dissous les kolkhozes et distribué les terres, deux hectares par personne, et un cheval pour deux fermiers. Ils avaient institué un impôt fixe : en automne, on livrait du blé, des pois, des patates, et un porc par famille. Et après ça, il nous restait quelque chose. Tout le monde était content. Tandis que sous les Soviétiques, on vivait dans la misère. Le chef d'équipe notait vos "journées de travail[1]" en alignant des bâtons dans un cahier, et en automne, pour ces journées de travail, on avait droit à trois fois rien. Alors que là, on avait du beurre, de la viande... Ah, c'était autre chose ! Les gens étaient ravis de cette liberté. Les Allemands ont instauré leur ordre à eux : si on n'avait pas nourri son cheval, on avait droit au fouet, si on n'avait pas balayé devant sa porte... Je me souviens de ce que les gens disaient... "On s'était habitués aux communistes, on s'habituera aux Allemands. On apprendra à vivre à l'allemande." C'était comme ça... Je m'en souviens très bien... La nuit, tout le monde avait peur des "hommes des bois", ils débarquaient à l'improviste. Une fois, ils sont entrés chez nous, l'un avec une hache, l'autre avec une fourche. "Donne-nous ton lard, la mère ! Et du tord-boyaux. Et ne fais pas d'histoires !" Je vous raconte comment ça se passait vraiment, pas comme c'est dans les livres. Les partisans, au début, personne ne les aimait.

On a fixé le jour de notre mariage... Après les fêtes de la moisson. Une fois que les travaux des champs seraient terminés et que les femmes auraient noué la dernière gerbe avec des fleurs. *(Elle se tait.)* Ma mémoire flanche un peu, mais mon âme se souvient de tout... Après le repas, il a commencé à pleuvoir. Tout le monde est rentré des champs en courant, et ma mère aussi. Elle pleurait. "Dieu tout-puissant ! Ton Ivan s'est engagé dans la police ! Tu vas être la femme d'un *politzei* ! – Oh, nooon !" Nous avons pleuré toutes les deux. Le soir, quand Ivan est venu, il s'est assis sans nous regarder. "Ivan, mon chéri, pourquoi tu n'as pas pensé à nous ? – Ma Lioubotchka..." C'était son grand-père qui l'y avait

---

1. La "journée de travail" était l'unité de base fixée par chaque kolkhoze, mesurant le travail fourni par chacun et déterminant la quantité de denrées alimentaires distribuées après la récolte. Les kolkhoziens ne recevaient pas de salaire (jusqu'en 1966) et n'avaient pas de passeport intérieur (ils ne pouvaient quitter leur village pour s'installer ailleurs).

forcé. Ce vieux démon! Il lui avait fait peur : "Si tu ne t'engages pas dans la police, on t'enverra en Allemagne. Et ta Liouba, tu pourras faire une croix dessus!" Le rêve de son grand-père, c'était qu'il épouse une Allemande… Les Allemands nous montraient des films sur l'Allemagne, sur la belle vie qu'on menait là-bas. Beaucoup de jeunes y croyaient, des gars et des filles. Et ils partaient là-bas. Avant leur départ, on organisait une fête avec une fanfare. Ils montaient dans les trains en chaussures. *(Elle sort des cachets de son sac.)* Je suis très mal en point… Les docteurs disent que la médecine n'y peut rien… Je vais bientôt mourir. *(Elle se tait.)* Je veux que mon amour reste après moi. Que des gens lisent ça quand je ne serai plus là…

Autour de nous, c'était la guerre, mais nous étions heureux. Nous avons vécu un an comme mari et femme. Je suis tombée enceinte. La gare de chemin de fer était tout près de chez nous. Il y avait des convois allemands qui passaient, des soldats qui partaient pour le front. Ils étaient tous jeunes et gais, ils chantaient à tue-tête. Quand ils me voyaient, ils criaient : *"Kleines Mädchen!"* Ils riaient. Et puis il y a eu de moins en moins de jeunes, et davantage d'hommes âgés. Les premiers étaient gais, mais ceux-là étaient tristes. Ils ne riaient plus. L'armée soviétique était en train de gagner. Je demandais à Ivan : "Qu'est-ce qui va nous arriver?" Il me disait : "Je n'ai pas de sang sur les mains. Je n'ai jamais tiré sur personne." *(Elle se tait.)* Mes enfants ne savent rien de tout cela, je ne leur ai pas raconté. Peut-être qu'à la fin, avant de mourir… Vous savez, je vais vous dire une chose : l'amour, c'est un poison.

À deux maisons de chez moi habitait un jeune homme à qui je plaisais aussi, il m'invitait tout le temps aux bals. Il ne dansait qu'avec moi. "Je vais te raccompagner. – J'ai déjà un cavalier…" Il était beau garçon… Il a pris le maquis, il a rejoint les partisans. On l'avait vu avec un ruban rouge sur sa chapka. Une nuit, on a frappé à la porte. C'étaient des partisans. Et mon ancien soupirant est entré avec un autre, plus vieux. "Alors, comment va la vie, petite *politzei*? Ça fait longtemps que je voulais te rendre visite. Où est ton cher mari? – Comment je le saurais? Il n'est pas rentré aujourd'hui. Il a dû rester à la caserne." Il m'a prise par le bras et m'a jetée contre le mur : "Espèce de putain allemande…!

Traînée…!" Et il m'a traitée de tous les noms. Ah, j'avais choisi un Ukrainien qui était pour les Boches, de l'engeance de koulak, et je jouais les mijaurées avec lui…! Il a fait mine de sortir son pistolet. Maman est tombée à genoux devant lui : "Allez-y, tirez, les enfants. J'ai passé mon enfance avec vos mamans! Qu'elles pleurent donc, elles aussi!" Ses paroles ont eu de l'effet. Ils se sont consultés, et ils sont partis. *(Elle se tait.)* L'amour, c'est une chose bien amère…

Le front se rapprochait de plus en plus. On entendait déjà tirer la nuit. Un soir, nous avons eu de nouveau la visite des partisans. Mon soupirant a débarqué avec quelqu'un d'autre en brandissant son pistolet : "Je viens de tuer ton mari avec ce pistolet! – Non, non! Ce n'est pas vrai! – Maintenant, tu n'as plus de mari!" J'ai cru que j'allais le tuer… lui arracher les yeux… *(Elle se tait.)* Le lendemain matin, on m'a rapporté mon Ivan… Sur une luge. Allongé sur son manteau. Il avait les yeux fermés, et un visage d'enfant. Il n'avait jamais tué personne… Je croyais ce qu'il m'avait dit. Et j'y crois encore aujourd'hui! Je me roulais par terre en hurlant. Ma mère avait peur que je devienne folle, que j'accouche d'un enfant mort-né ou anormal, alors elle a couru chez une guérisseuse, la vieille Stassia. Stassia lui a dit : "Je suis au courant de ton malheur, mais je ne peux rien y faire. Que ta fille s'adresse à Dieu." Et elle lui a expliqué comment s'y prendre. Pendant l'enterrement d'Ivan, je ne devais pas suivre le cercueil, comme tout le monde, mais marcher devant, jusqu'au cimetière. À travers tout le village… Vers la fin de la guerre, beaucoup d'hommes avaient pris le maquis et rejoint les partisans. Dans chaque maison, il y avait quelqu'un qui était mort. *(Elle pleure.)* Et je l'ai fait… La police accompagnait le cercueil. Je marchais devant, et maman derrière. Tous les gens étaient sortis sur le pas de leur porte, mais personne n'a rien dit de méchant. Ils regardaient en pleurant.

Les Soviétiques sont revenus… Ce garçon m'a retrouvée. Il est arrivé à cheval. "On s'intéresse à toi! – Qui? – Comment ça, qui? Mais les organes! – Je me fiche de la façon dont je mourrai. Ils peuvent bien m'envoyer en Sibérie! – Quelle mauvaise mère tu fais! Pense à ton enfant! – Tu sais bien de qui il est… – Je suis prêt à te prendre, même avec lui." Et je l'ai épousé. J'ai épousé l'assassin de mon mari. Je lui ai donné une fille. *(Elle pleure.)* Il aimait les deux enfants de la même façon, mon fils et sa fille... Pour ça, je ne peux pas en dire du mal. Mais moi... Moi, j'étais couverte de bleus. La nuit, il me battait, et le matin, il me demandait pardon à genoux. Il était dévoré par la jalousie... Il était jaloux du mort. Le matin, je me réveillais avant tout le monde, je devais me lever plus tôt pour qu'il ne se réveille pas... ne me serre pas dans ses bras. Le soir, alors qu'il n'y avait plus une seule lumière aux fenêtres, j'étais encore dans la cuisine... Mes casseroles étincelaient. J'attendais qu'il s'endorme. Nous avons vécu quinze ans ensemble, et puis il est tombé gravement malade. Il est mort très vite, en un automne. *(Elle pleure.)* Ce n'est pas de ma faute... Je n'ai pas souhaité sa mort. Au dernier moment... Il était couché, face au mur, et brusquement, il s'est tourné vers moi. "Tu m'as aimé?" Je n'ai rien dit. Il a éclaté de rire, comme cette nuit-là, quand il m'avait montré son pistolet. "Moi, je n'ai aimé que toi, toute ma vie. Tellement fort que j'ai eu envie de te tuer quand j'ai appris que j'allais mourir. J'avais même demandé du poison à Yachka (c'est notre voisin, il est tanneur). Je ne peux pas supporter l'idée que je vais mourir et que tu auras quelqu'un d'autre. Tu es si belle!"

Quand il était dans son cercueil, on aurait dit qu'il riait. J'avais peur de m'approcher de lui. Mais il a bien fallu que je l'embrasse.

(Ils chantent en chœur.)

Debout, lève-toi, pays immense!
C'est l'heure du combat mortel!
Qu'une juste colère nous porte,
C'est la guerre, la guerre sainte...!

— On en a gros sur le cœur...
— Moi, j'ai dit à mes filles qu'à ma mort, je voulais uniquement de la musique, et que personne ne dise rien...
— Après la guerre, les prisonniers allemands trimbalaient des pierres, ils reconstruisaient la ville. Ils étaient affamés, ils mendiaient du pain. Et moi, je ne pouvais pas leur donner un morceau de pain. Parfois, j'y repense... Je repense à

ce moment-là... C'est bizarre, le genre de souvenirs qui vous restent...

Il y avait des fleurs sur la table, et une grande photo de Timérian Zinatov. J'avais tout le temps l'impression que j'entendais sa voix dans le chœur, qu'il était avec nous.

LA FEMME DE ZINATOV

Je n'ai pas beaucoup de souvenirs de lui... La maison, la famille, cela ne l'a jamais intéressé. Il n'y avait que la forteresse, toujours la forteresse... Il n'arrivait pas à oublier la guerre. Il apprenait aux enfants que Lénine était un homme bien, que nous construisions le communisme. Un jour, il est rentré du travail avec un journal dans les mains : "Nous allons partir sur un grand chantier. La Patrie nous appelle!" Les enfants étaient encore petits. Mais on y est allés. Puisque la Patrie l'ordonnait... C'est comme ça qu'on s'est retrouvés sur le chantier de la voie ferrée Baïkal-Amour. Le chantier du communisme... Et on l'a construit! On y croyait : l'avenir s'ouvrait à nous. On croyait dans le pouvoir soviétique de toutes nos forces. De toute notre âme. Maintenant, on est vieux. La glasnost, la perestroïka... On passe notre temps à écouter la radio. Le communisme n'existe plus. Où est-il passé? Et il n'y a plus de communistes... On ne comprend pas qui est au pouvoir, maintenant. Gaïdar a dévalisé le pays... Les gens vivent comme des clochards... Ils volent, dans les usines, dans les kolkhozes... Ils magouillent... C'est comme ça qu'ils arrivent à s'en sortir. Mais lui, il vivait dans les nuages, quelque part tout là-haut... Ma fille travaille dans une pharmacie, une fois, elle a rapporté des médicaments déficitaires pour les revendre et se faire un peu d'argent. Comment l'a-t-il su... flairé? Il criait : "C'est une honte! Une honte!" Il l'a flanquée dehors. Je n'arrivais pas à le calmer. Les autres vétérans profitent de leurs privilèges... Ils y ont droit... Je lui avais dit : "Mais vas-y! Peut-être que toi aussi, on te donnera quelque chose." Il s'est mis à hurler : "Je me suis battu pour la Patrie, pas pour des privilèges!" La nuit, il restait allongé sans dormir, les yeux grands ouverts. Quand je lui parlais, il ne répondait pas. Il ne nous adressait plus la parole. Il se faisait du mauvais sang. Pas pour nous, pas pour sa famille, mais pour tout le monde. Pour le pays. Voilà le genre d'homme que c'était. Ah, il m'en a fait voir! Je vous l'avoue franchement à vous, en tant que femme et non en tant qu'écrivain... Je ne le comprenais pas...

Il a récolté les pommes de terre, il a mis ses plus beaux vêtements, et il est parti dans sa forteresse. Si au moins, il nous avait laissé un bout de papier! Il a écrit une lettre à l'État, à des étrangers. Mais à nous, rien. Pas un seul mot...

OÙ IL EST QUESTION DES DÉLICES
DE LA SOUFFRANCE
ET DU TOUR DE FORCE MENTAL
DONT LES RUSSES SONT CAPABLES

HISTOIRE D'UN AMOUR
Olga Karimova, musicienne, 49 ans

Non, non, je ne peux pas... Cela m'est impossible... Je me disais qu'un jour, je raconterais ça à quelqu'un... Mais pas maintenant... J'ai tout mis sous scellés, tout muré, tout plâtré... Dans un sarcophage... J'ai tout enfoui dans un sarcophage... À l'intérieur, cela ne brûle plus, mais une réaction chimique est en train de se produire. Des cristaux sont en train de se former. Je n'ose pas y toucher. Ça me fait peur...
 Mon premier amour... Est-ce que je peux dire ça comme ça ? Mon premier mari... C'est une très belle histoire. Il m'a fait la cour pendant deux ans. J'avais très envie de l'épouser parce que je le voulais tout entier. Je voulais qu'il soit tout à moi ! Je ne sais même pas pourquoi j'avais tellement besoin de lui, de lui tout entier. De ne pas le quitter une seconde, de le voir sans arrêt, de me disputer avec lui, et puis de faire l'amour, de faire l'amour à n'en plus finir... Il a été le premier homme dans ma vie. La première fois, c'était juste... juste de la curiosité : qu'est-ce qui se passe exactement ? La fois suivante aussi... et de façon générale... C'était plutôt technique... Bref, la chair, la chair, voilà tout ! Cela a duré comme ça pendant six mois. Lui, il n'avait pas vraiment besoin que ce soit moi, il pouvait trouver autre chose... Mais bon, nous nous sommes mariés. J'avais vingt-deux ans. Nous étions tous les deux étudiants dans une école de musique, nous faisions tout ensemble. Et puis c'est arrivé... Quelque chose s'est ouvert en moi, mais je n'ai pas remarqué à quel moment... J'ai commencé à aimer le corps masculin. Il

est là, il t'appartient complètement... Je ne sais pas... Pour moi, cela va bien au-delà d'une seule personne... C'est quelque chose de cosmique. On n'est plus ici, mais quelque part ailleurs... C'était une belle histoire. Elle pouvait durer indéfiniment ou bien se terminer en une demi-heure... Et je suis partie. C'est moi qui l'ai quitté. Il me suppliait de rester, mais j'avais pris ma décision. J'en avais assez de lui... Seigneur! Comme j'en avais assez! J'étais enceinte, j'avais déjà un ventre énorme. Quel besoin avais-je de lui? On faisait l'amour, ensuite on se disputait, ensuite je pleurais. Je ne savais pas encore supporter. Pardonner.

Quand je suis sortie de la maison et que j'ai fermé la porte derrière moi, j'ai éprouvé une bouffée de joie à l'idée de m'en aller, de le quitter pour toujours. Je me suis installée chez ma mère et, la nuit même, il s'est précipité là-bas. Il était complètement désemparé... Qu'est-ce qu'elle a? Enceinte, jamais satisfaite, il lui faut toujours autre chose... Mais quoi? Qu'est-ce qu'il te faut de plus, hein? Moi, j'avais tourné la page, j'étais très contente d'avoir été avec lui, et très contente de ne plus l'être. Ma vie a toujours été une tirelire. Elle se remplit, elle se vide, elle se remplit, elle se vide...

La naissance d'Ania, ça a été tellement beau... J'ai adoré ça! Quand j'ai perdu les eaux, je venais de faire des kilomètres, je me trouvais en pleine forêt. Je ne me rendais pas très bien compte, je ne savais pas si je devais aller tout de suite à la clinique. J'ai attendu jusqu'au soir. C'était l'hiver... J'ai du mal à y croire maintenant, mais il faisait moins quarante. L'écorce des arbres se fendait. J'ai quand même décidé d'y aller. Un médecin m'a examinée et m'a dit que cela allait durer deux jours. J'ai téléphoné à ma mère : "Maman, apporte-moi du chocolat. J'en ai encore pour longtemps." Avant la visite du matin, une infirmière est passée. "Dis donc, la tête est déjà en train de sortir... Je vais chercher le médecin!" Et me voilà dans un fauteuil... On me disait : "Ça y est, ça vient..." Je ne me souviens pas au bout de combien de temps, mais très vite, on m'a montré une petite boule. "C'est une fille!" Elle pesait quatre kilos. "Et pas une déchirure! Elle n'a pas voulu faire mal à sa maman..." Oh, quand on me l'a apportée le lendemain! Elle avait des yeux... D'énormes pupilles noires qui flottaient. Je ne voyais plus rien d'autre...

Et une nouvelle vie a commencé pour moi, une vie complètement différente. J'aimais bien la personne que j'étais devenue. En fait, j'avais embelli d'un seul coup… Ania a tout de suite trouvé sa place, je l'adorais, mais c'est bizarre, pour moi, elle n'avait absolument rien à voir avec les hommes. Avec le fait qu'elle avait un papa. Elle était tombée du ciel! Une fois qu'elle a su parler, quand on lui demandait : "Ania, tu n'as pas de papa?" Elle répondait : "Non, à la place, j'ai une grand-mère! – Et tu n'as pas de chien? – Non, à la place, j'ai un hamster!" On est comme ça, toutes les deux… Toute ma vie, j'ai toujours eu peur de ne plus être moi. Même chez le dentiste, je refuse les piqûres, je ne veux pas d'anesthésie. Mes sensations, elles sont à moi, qu'elles soient agréables ou douloureuses, je ne veux pas qu'on me coupe de moi-même. Nous nous plaisions beaucoup, Ania et moi. Et c'est alors que nous l'avons rencontré… Gleb…

Si ce n'avait pas été lui, je ne me serais jamais remariée. J'avais tout : un enfant, du travail, la liberté. Et puis brusquement, il est arrivé… Il était laid, presque aveugle. Il avait de l'asthme… C'est quelque chose, de laisser entrer dans son univers un homme au passé aussi lourd – douze ans de camps staliniens. Il était tout jeune quand on l'avait arrêté, seize ans… Son père, un cadre haut placé du Parti, avait été exécuté, et sa mère était morte gelée dans un tonneau rempli d'eau glacée. Quelque part très loin, dans la neige. Avant lui, je n'avais jamais pensé à ce genre de choses… J'avais été pionnière, komsomole… La vie était belle! Merveilleuse! Comment ai-je pu me décider à faire ça? Comment? Au bout d'un certain temps, la souffrance devient un savoir. Elle devient aussi un savoir. Cela fait cinq ans qu'il est mort… Cinq ans… Et je regrette qu'il ne m'ait pas connue telle que je suis aujourd'hui. Je le comprends davantage maintenant, je suis parvenue à son niveau, mais sans lui. Pendant longtemps, je n'arrivais pas à vivre seule. Je n'avais plus du tout envie de vivre… Ce n'est pas la solitude qui me faisait peur… Non, c'est autre chose : je ne sais pas vivre sans amour. J'ai besoin de cette souffrance… De cette pitié… Sans cela… J'ai peur, il m'arrive d'avoir peur comme ça quand je suis dans la mer. Quand je nage loin, très loin : je me retrouve toute seule et dessous, c'est les ténèbres… Je ne sais pas ce qu'il y a là, en dessous…

(Nous sommes sur la terrasse. Le feuillage des arbres se met à frémir : il commence à pleuvoir.)

Oh, ces amours de plage… Qui ne durent qu'un temps. Très brefs. C'est comme une vie en raccourci. On peut commencer en beauté et finir en beauté, ce qui n'arrive pas dans la vie, ce qu'on voudrait bien réussir à faire. C'est pour ça qu'on aime tellement partir à l'aventure, rencontrer des gens… Alors voilà… J'avais deux nattes, une robe à pois bleus achetée la veille du départ dans un magasin pour enfants. La mer… Je nageais loin, très loin. Nager, c'est ce que j'aime le plus au monde. Le matin, je faisais de la gymnastique sous un acacia blanc. Un homme est passé, un homme au physique très ordinaire, plus très jeune. Je ne sais pas pourquoi, il avait l'air content de me voir. Il restait là, à me regarder. "Voulez-vous que je vous lise des poèmes ce soir ? – Peut-être, mais pour l'instant, je vais partir à la nage loin, très loin. – Je vais vous attendre." Et il m'a attendue, il m'a attendue plusieurs heures. Il ne lisait pas bien, il passait son temps à remonter ses lunettes. Mais il était touchant. J'ai compris… J'ai compris ce qu'il ressentait… Ces gestes, ces lunettes, ce trouble. Je ne me souviens absolument pas de ce qu'il a lu, et pourquoi cela devrait-il être si important ? Il pleuvait aussi, ce jour-là. Ça, je m'en souviens. Je n'ai rien oublié… Les sentiments… Nos sentiments, ils existent en dehors de nous – la souffrance, l'amour, la tendresse. Ils ont une vie propre, indépendante. Pourquoi choisit-on cette personne et non cette autre qui est peut-être mieux, pourquoi faisons-nous soudain partie, sans même nous en douter, d'une vie qui nous est étrangère ? Mais on nous a déjà trouvé… On nous a envoyé un signal… En me voyant le lendemain matin, il m'a dit : "Je t'ai tellement attendue !", et il l'a dit sur un tel ton que, je ne sais pas pourquoi, à ce moment-là, je l'ai cru, et pourtant je n'y étais pas du tout prête. C'était même le contraire. Mais il y avait quelque chose qui changeait autour de moi… Ce n'était pas encore l'amour, juste l'impression que tout à coup, j'avais énormément reçu. Quelqu'un a entendu la voix de quelqu'un d'autre. Il a frappé, et on lui a ouvert. Je suis partie très loin à la nage. Je suis revenue. Il m'attendait. Il m'a dit : "Cela va bien se passer entre nous." Et je ne sais pas pourquoi, de nouveau, je l'ai cru. Le soir, nous avons bu du champagne. "C'est du rosé, mais il coûte le même prix que le champagne normal." Cette phrase m'a plu. Il a préparé une omelette. "Il m'arrive quelque chose de bizarre avec les œufs. J'en achète une dizaine, je les fais cuire deux par deux, et il en reste toujours un!" Des choses attendrissantes comme ça...

Tout le monde nous regardait, on se demandait si c'était mon père ou mon grand-père. Je portais une robe courte... J'avais vingt-huit ans. C'est après qu'il est devenu beau. Avec moi. Je crois que je connais un secret... Il n'y a que l'amour qui ouvre cette porte... Uniquement l'amour. "J'ai pensé à toi. – Ah bon? Et comment? – J'avais envie de marcher avec toi, de partir loin, très loin. Je n'ai besoin de rien d'autre, juste de te sentir près de moi. C'est comme ça que je t'aime : juste te regarder et marcher à côté de toi..." Nous avons vécu ensemble des moments de bonheur, un bonheur tout à fait enfantin. "Si on partait sur une île, toi et moi? On resterait allongés sur le sable..." Les gens heureux sont toujours des enfants. Il faut les protéger, ils sont fragiles et drôles. Sans défense. C'était comme ça pour nous, mais je ne sais pas comment ça se passe en général. C'est différent pour tout le monde. Cela dépend de chacun... Ma mère disait que le malheur est le meilleur des professeurs. Mais on a envie de bonheur. La nuit, je me réveillais en me demandant ce que j'étais train de faire. Je me sentais bizarre, et puis cette tension... Il me disait : "Tu as toujours la nuque contractée." Qu'est-ce qui m'arrivait? Dans quel gouffre étais-je en train de tomber?

... Tenez, cette panetière... Dès qu'il voyait du pain, il se mettait à le manger, méthodiquement. Quelle que soit la quantité. On ne peut pas laisser du pain. La ration de pain, c'est sacré. Et il mangeait, il mangeait tout ce qu'il y avait. Je n'ai pas compris tout de suite...

... Il me parlait de l'école... Pendant les cours d'histoire, ils ouvraient leurs manuels et ils dessinaient des barreaux de prison sur les portraits du maréchal Toukhatchevski, de Blücher[1]. Sur l'ordre de la directrice. Tout cela en chantant et en riant. Comme si c'était un jeu. Après les cours, on lui tapait dessus et on écrivait à la craie sur son dos : "Fils d'un ennemi du peuple."

---

1. Bolcheviks de la première heure, victimes des purges de 1937-1938.

... Si on sortait des rangs, on se faisait tirer dessus. Si on arrivait jusqu'à la forêt, on était dévoré par des bêtes sauvages. La nuit, dans les baraques, on pouvait se faire égorger. Juste comme ça, pour rien. Sans un mot... Au camp, c'était chacun pour soi. Et ça, il a fallu que je le comprenne...

... À la suite d'une brèche dans le blocus de Leningrad, un convoi de victimes du siège est arrivé chez eux. Des squelettes. Des sacs d'os qui n'avaient plus grand-chose à voir avec des êtres humains... Ils avaient été arrêtés pour avoir continué à toucher les rations de pain (la norme quotidienne de cinquante grammes) de leur mère... De leur enfant... Alors qu'ils étaient morts. On était condamné à six ans de camp pour ça. Pendant deux jours, il y a eu un silence terrible dans le camp. Même les gardiens se taisaient...

... À un moment, il a travaillé dans une chaufferie. Quelqu'un lui a sauvé la vie alors qu'il était à bout de forces. Le chauffagiste était un Moscovite, un professeur de lettres. Il transportait du bois pour lui, dans une brouette. Ils discutaient : un homme qui cite Pouchkine ou qui écoute Bach peut-il tirer sur des gens désarmés ?

Quand même, pourquoi je l'ai choisi, lui ? Les femmes russes aiment se trouver des malheureux dans son genre. Ma grand-mère était amoureuse d'un homme, et ses parents l'ont mariée à un autre. Qui ne lui plaisait pas, mais alors pas du tout ! Elle ne voulait pas l'épouser. Et elle avait décidé qu'à l'église, quand le prêtre lui demanderait si elle donnait librement son consentement, elle dirait non. Mais le prêtre avait bu et, au lieu de lui poser la question rituelle, il lui a dit : "Sois gentille avec lui, il a eu les pieds gelés à la guerre." Alors bien sûr, elle ne pouvait pas faire autrement que l'épouser. Et elle a passé toute sa vie avec mon grand-père, qu'elle n'a jamais aimé. On pourrait mettre ça en exergue à notre existence : "Sois gentille avec lui, il a eu les pieds gelés à la guerre." Si ma mère a été heureuse ? Mon père est revenu de la guerre en 1945, épuisé et détruit. Malade de ses blessures. Les vainqueurs ! Seules leurs femmes savent ce que c'était que de vivre avec des vainqueurs. Après le retour de mon père, maman pleurait souvent. Les vainqueurs ont mis des années à reprendre une vie normale. À se réhabituer. Je me souviens, papa racontait que les premiers temps, des phrases comme "On va faire chauffer de l'eau" ou "Si on allait à la pêche ?" le mettaient dans tous ses états. Nos hommes sont des martyrs, ils sont tous traumatisés, soit par la guerre, soit par la prison. Par les camps. La guerre et la prison – ce sont les deux mots les plus importants de la langue russe. Les femmes russes n'ont jamais vécu avec des hommes normaux. Elles leur servent de médecins, elles les soignent. Elles considèrent l'homme un peu comme un héros, et un peu comme un enfant. Elles sont là pour le sauver. Aujourd'hui encore, elles continuent à jouer ce rôle. L'Union soviétique s'est écroulée... Maintenant, nous avons des victimes de l'effondrement d'un empire. De sa faillite. Même Gleb, après le Goulag, avait plus de courage, il se sentait fier : j'ai survécu, je m'en suis sorti ! J'ai vu des choses horribles, mais j'écris des livres, j'embrasse des femmes... C'était un homme fier. Tandis qu'eux, ils n'ont que de la peur dans les yeux. Juste de la peur... On réduit les effectifs de l'armée, les usines ne fonctionnent plus... Des ingénieurs et des médecins deviennent vendeurs sur les marchés. Des scientifiques... Combien y en a-t-il autour de nous, de ces gens tombés du train ! Ils restent là, sur le bas-côté... à attendre on ne sait quoi... Je connais une femme dont le mari était aviateur, il commandait une escadrille. Il s'est retrouvé dans l'armée de réserve. Elle, quand elle a perdu son travail, elle s'est tout de suite recyclée. Elle était ingénieur, et elle est devenue coiffeuse. Mais lui, il reste enfermé à boire pour noyer son chagrin, il boit parce que, lui qui était un aviateur, un combattant (il a fait l'Afghanistan), il doit faire chauffer la bouillie des enfants... Alors voilà... Il en veut à tout le monde. Il est plein de haine. Il a demandé à être envoyé à la guerre, en mission spéciale, mais on n'a pas voulu de lui. Ce ne sont pas les volontaires qui manquent. Nous avons des milliers de militaires au chômage, des hommes qui ne connaissent que les mitrailleuses et les blindés. Qui ne sont pas adaptés à une autre vie. Chez nous, les femmes sont obligées d'être plus fortes que les hommes. Elles sillonnent le monde entier avec leurs grands sacs à carreaux. Depuis la Pologne jusqu'à la Chine. Elles achètent, elles revendent. Elles se coltinent leur maison, leurs enfants, leurs vieux parents. Leurs maris... Et le pays tout entier. C'est difficile à expliquer à des étrangers. Impossible. Ma fille a épousé un Italien... Il s'appelle Sergio, il est journaliste. Quand ils viennent me voir, nous avons de grandes discussions dans la cuisine. À la russe… Jusqu'à l'aube. Sergio estime que les Russes aiment souffrir, que c'est le secret de la mentalité russe. Pour nous, la souffrance est "un combat personnel", "la voie du salut". Alors que les Italiens, eux, ne sont pas comme ça, ils n'ont pas envie de souffrir, ils aiment cette vie qui nous a été donnée pour en tirer des joies, et non des souffrances. Mais nous, nous sommes différents. Nous parlons rarement de la joie… du fait que le bonheur, c'est tout un monde. Un monde fantastique! Avec des milliers de recoins, de fenêtres, de portes, et il faut tant de clés pour les ouvrir… Nous, nous sommes toujours attirés par les allées sombres de Bounine[1]… Quand ils reviennent du supermarché, c'est lui qui porte les sacs. Le soir, ma fille peut faire du piano pendant qu'il prépare le dîner. Chez moi, cela ne se passait pas comme ça : s'il voulait porter les sacs, je les lui prenais des mains. "Non, c'est moi qui vais les porter!" S'il entrait dans la cuisine, je lui disais : "Ce n'est pas ta place, ici! Va dans ton bureau." J'ai toujours été le reflet de sa lumière. Au début, c'était pour lui faire plaisir, et ensuite pour me faire plaisir à moi…

Au bout d'un an, peut-être plus… Il devait venir à la maison pour faire la connaissance de tout le monde. Je l'avais prévenu que ma mère était gentille, mais que ma fille, elle… Je ne pouvais pas garantir qu'elle allait bien l'accueillir. Ah, ma petite Ania… Elle portait tout à son oreille : les jouets, les pierres, les cuillères… Les enfants mettent tout à la bouche, elle, c'était à l'oreille! Pour savoir quel bruit cela faisait. J'ai commencé à lui faire écouter de la musique assez tôt, mais c'était une drôle de petite fille, dès que je mettais un disque, elle sortait de la pièce. Aucune musique ne lui plaisait, elle ne s'intéressait qu'à celle qui résonnait à l'intérieur d'elle-même. Bon, alors Gleb est arrivé, très ému, sa coupe de cheveux était ratée, beaucoup trop courte. Il n'était pas très beau. Il avait apporté des disques, et il s'est mis à raconter comment il les avait achetés… Ania a beaucoup d'oreille, elle n'écoute pas les mots, mais autre chose… l'intonation… Elle a pris les disques en disant : "Quels zolis disques!" Au bout de quelque temps,

---

1. *Les Allées sombres* est le titre d'un recueil de nouvelles d'Ivan Bounine (1870-1953), un écrivain qui a émigré en 1920.

elle m'a posé une question qui m'a laissée sans voix : "Comment je peux faire pour ne pas l'appeler papa sans faire exprès ?" Il ne cherchait pas à lui plaire, il aimait bien être avec elle, voilà tout. Entre eux, cela a tout de suite été le grand amour... J'étais même jalouse de l'affection qu'ils se portaient. Et puis je me suis dit que j'avais un autre rôle... *(Elle se tait.)* Un jour, il lui a dit : "Mais tu bégaies, Ania ! – Non, pas très bien. Avant, j'y arrivais beaucoup mieux !" Ah, on ne s'ennuyait pas avec elle ! On aurait pu noter tout ce qu'elle disait. Bon, alors elle m'a demandé : "Comment je peux faire pour ne pas l'appeler papa sans faire exprès ?" Nous étions dans un parc, Gleb était parti acheter des cigarettes. Quand il est revenu, il a voulu savoir de quoi nous parlions. J'ai fait un clin d'œil à Ania : surtout ne dis rien, c'est idiot ! Et elle : "C'est toi qui lui dis !" Bon, qu'est-ce que je pouvais faire ? Je lui ai raconté qu'elle avait peur de l'appeler papa sans le faire exprès. "Effectivement, c'est un problème, a-t-il dit. Mais si tu en as très envie, tu peux le faire. – D'accord ! a répondu Ania avec le plus grand sérieux. Seulement j'ai encore un autre papa. Mais il ne me plaît pas. Et maman non plus, elle ne l'aime pas." C'est toujours comme ça avec nous ! Nous brûlons les ponts derrière nous. Sur le chemin du retour, il était déjà son papa. Elle courait en criant : "Papa ! Papa !" Le lendemain, au jardin d'enfants, elle a annoncé à tout le monde que son papa lui apprenait à lire. "C'est qui, ton papa ? – Il s'appelle Gleb." Le jour suivant, une de ses amies est arrivée en disant : "Tu mens, Ania, tu n'as pas de papa ! Ce n'est pas ton vrai papa. – Non, c'est l'autre qui n'était pas le vrai. Celui-là, c'est le vrai !" Ce n'était pas la peine de discuter avec elle. Il est devenu son papa. Alors que moi, je n'étais pas encore sa femme...

Je suis de nouveau partie en vacances... Il a couru derrière le wagon en agitant la main. Mais j'étais à peine dans le train que je me lançais déjà dans une aventure. Deux jeunes ingénieurs de Kharkov allaient à Sotchi, comme moi. Mon Dieu ! J'étais si jeune ! La mer. Le soleil. Les baignades, les baisers, les danses. Tout était simple et facile, parce que la vie était simple... Quelques pas de danse, et je me retrouvais dans mon élément. Quelqu'un m'aimait, me prenait en charge... Dans les montagnes, il m'a portée dans ses bras pendant deux heures. Des muscles de jeune homme, un rire de jeune homme... Toute la nuit autour d'un feu de camp... Et j'ai fait un rêve... Le plafond s'ouvrait sur un ciel bleu... Je voyais Gleb... Nous allions quelque part... Nous marchions au bord de la mer, pas sur des galets polis par les vagues, mais sur des cailloux pointus comme des clous. J'avais des chaussures, et lui était pieds nus. "Quand on est pieds nus, disait-il, on sent mieux les choses." Mais moi, je savais bien que cela lui faisait mal. Si mal qu'il a commencé à s'élever dans les airs... il planait au-dessus du sol... Je le voyais voler. Seulement il avait les mains jointes, comme un mort. *(Elle s'arrête.)* Mon Dieu! Je suis folle... Je ne devrais parler de ça à personne. La plupart du temps, j'ai l'impression d'être heureuse dans cette vie... Très heureuse. Je suis allée le voir au cimetière. Je marchais, et je sentais qu'il était là, quelque part. C'était un bonheur tellement intense que j'avais envie de pleurer... On dit que les morts ne nous rendent pas visite. Ne croyez pas ça.

Les vacances se sont terminées, et je suis rentrée. L'ingénieur m'a accompagnée jusqu'à Moscou. Je lui avais promis de tout raconter à Gleb. J'arrive. Sur son bureau, un agenda tout griffonné, des gribouillis partout, sur le papier peint, et même sur les journaux qu'il avait lus... Partout, juste quatre lettres : A T E F. Grandes, petites, en caractères d'imprimerie, en cursives... Et des points de suspension... Je lui ai demandé ce que cela voulait dire. Il m'a expliqué : "Alors Tout Est Fini?" Bon, donc nous nous séparons, et il va falloir expliquer cela à Ania. Nous sommes passés la prendre. Elle n'avait pas eu le temps de terminer le dessin qu'elle était en train de faire et elle a piqué une colère dans la voiture... Lui, il était habitué à son comportement bizarre, il considérait cela comme une qualité. Une vraie scène de famille : elle pleurait, il la consolait, et j'étais là, entre les deux... Il me regardait avec insistance et brusquement, en un éclair, en une seconde... J'ai compris que cet homme était affreusement seul... Et que j'allais l'épouser... Il le fallait... *(Elle fond en larmes.)* Quel bonheur que nous ne nous soyons pas quittés! Que je n'aie pas laissé échapper ça. Quel bonheur! Il m'a fait cadeau de toute une vie! *(Elle pleure.)* Et je me suis mariée... Il était angoissé, il avait peur – il avait déjà été marié deux fois. Les femmes l'avaient trahi, elles s'étaient lassées... Et on ne peut pas leur jeter la pierre. L'amour, c'est un travail difficile. Pour moi, c'est avant tout un travail... Cela s'est passé sans cérémonie, sans robe blanche. Dans la discrétion. Moi qui avais toujours rêvé d'avoir un grand mariage en robe blanche... De lancer un bouquet de roses blanches du haut d'un pont. C'était un de mes rêves.

Il n'aimait pas qu'on lui pose des questions. Il fallait toujours qu'il fasse le malin... qu'il plaisante... C'était une habitude qui lui venait des camps, de se réfugier derrière ça. De tout mettre sur un autre plan. Par exemple, il ne disait jamais "en liberté", mais "à l'air libre". "Et je me suis retrouvé à l'air libre!" Il lui arrivait de raconter des choses, c'était très rare... Mais il le faisait de façon si savoureuse et si vivante que je ressentais intensément les joies qu'il avait éprouvées là-bas, comme le jour où il avait trouvé des morceaux de pneu qu'il avait fixés à ses bottes de feutre, ensuite ils avaient été transférés dans un autre camp, et il avait été si content d'avoir ces morceaux de pneu! Une autre fois, il s'était procuré une demi-gamelle de pommes de terre et, alors qu'il travaillait "à l'air libre", quelqu'un lui avait donné un gros morceau de viande. Et pendant la nuit, dans la chaufferie, ils s'étaient fait de la soupe. "Et tu sais, c'était tellement bon! Un vrai délice!" Quand il avait été libéré, il avait reçu une indemnité pour son père. On lui avait dit : "Nous vous devons quelque chose pour votre maison et vos meubles..." On lui avait remis une grosse somme. Il s'était acheté des vêtements neufs – un costume, une chemise, des chaussures – et un appareil photo. Il était allé dans le meilleur restaurant de Moscou, le National, et il avait commandé les plats les plus chers, puis il avait pris un cognac, et du café avec un gâteau. À la fin, quand il avait été rassasié, il avait demandé à quelqu'un de le photographier pour fixer ce moment, le plus heureux de sa vie. "Quand je suis rentré chez moi, je me suis rendu compte que je ne ressentais aucun bonheur. Avec ce costume, cet appareil photo... Pourquoi n'étais-je pas heureux? Et j'ai repensé à ces morceaux de pneu, à cette soupe dans la chaufferie... Là, j'avais connu le bonheur." Et on essayait de comprendre en quoi il consiste, ce fameux bonheur. Il n'aurait échangé ses années de camp contre rien au monde... C'était son trésor secret, sa richesse. Il avait vécu dans les camps depuis l'âge de seize ans jusqu'à presque trente ans. Vous pouvez faire le compte... Je lui demandais : "Et si tu n'avais pas été arrêté?" Il répondait par une boutade : "Je serais resté idiot et j'aurais conduit une voiture de course rouge à la dernière mode." C'est seulement à la fin... tout à la fin, quand il était à l'hôpital, qu'il m'a parlé sérieusement pour la première fois. "C'est comme au théâtre. Depuis la salle, on assiste à une belle histoire, la scène est toute propre, les acteurs sont rayonnants et l'éclairage mystérieux, mais quand on se retrouve dans les coulisses... Dès qu'on passe derrière le rideau, ce sont des bouts de planches cassées qui traînent, des vieux chiffons, des décors bâclés et abandonnés... des bouteilles de vodka vides, des restes de nourriture. Il n'y a plus de belle histoire. Tout est sombre et sale... Moi, on m'a fait visiter les coulisses... Tu comprends?"

... On l'avait enfermé avec des truands. Un gamin... Personne ne saura jamais ce qui s'est vraiment passé...

... La beauté indescriptible du Grand Nord! Le silence des neiges qui luisent, même la nuit... Et toi, tu n'es que du bétail. On te traîne dans la nature, on te piétine, et on te ramène. Il appelait ça "la torture par la beauté". Sa phrase préférée, c'était : "Dieu a mieux réussi les fleurs et les arbres que les êtres humains."

... L'amour... Comment ça s'est passé pour lui la première fois... Ils travaillaient dans la forêt. Une colonne de femmes est passée, on les emmenait au travail. En voyant les hommes, elles se sont arrêtées net, impossible de les faire avancer. Le gardien-chef a crié : "Allez! En avant!" Elles n'ont pas bougé d'un pouce. "J'ai dit en avant, bordel! – Citoyen-chef, laissez-nous aller voir les hommes. On n'en peut plus... On va hurler comme des bêtes! – Non, mais vous êtes cinglées? Vous avez perdu la boule! – On n'ira nulle part. – Bon. Vous avez une demi-heure. Rompez!" La colonne s'est dispersée en un clin d'œil. Et elles sont toutes revenues à l'heure dite. Très exactement. Heureuses. *(Elle se tait.)* En quoi consiste-t-il, ce bonheur?

... Là-bas, il écrivait des poèmes. Quelqu'un l'a dénoncé au chef du camp. Celui-ci l'a convoqué. "Tu vas m'écrire une lettre d'amour en vers." Il était tout gêné en demandant ça. Il avait une maîtresse quelque part dans l'Oural.

... Il a fait le voyage du retour allongé sur une couchette du haut. Le train a roulé pendant deux semaines à travers toute la

Russie. Il est resté couché là-haut tout le temps, il n'osait pas descendre. Il sortait fumer la nuit. Il avait peur que ses compagnons de voyage lui proposent quelque chose à boire. Il aurait craqué. Ils se seraient mis à bavarder, et ils auraient su qu'il sortait d'un camp... De vagues parents de son père étaient venus l'accueillir à la gare. Ils avaient une petite fille. Quand il l'a embrassée, elle s'est mise à pleurer. Il y avait quelque chose en lui... C'était un homme terriblement seul. Même avec moi. Même avec moi, je le sais.

Maintenant, il annonçait fièrement à tout le monde : "J'ai une famille!" Il s'émerveillait chaque jour d'avoir une vie normale, il en était très fier. Mais cette peur... Elle était toujours là... Il ne savait pas vivre sans elle, sans cette peur. Il se réveillait au milieu de la nuit couvert de sueur froide : il n'arriverait pas à terminer son livre (il écrivait un livre sur son père), on n'allait pas lui donner de nouvelle traduction (il faisait des traductions techniques de l'allemand), il ne pourrait pas nourrir sa famille... Et si je le quittais? Après la peur venait la honte, la honte de cette peur. "Je t'aime, Gleb! Je serais capable de danser dans un ballet si tu le voulais. Je ferais n'importe quoi pour toi." Il avait survécu dans les camps, mais dans la vie normale, le moindre milicien qui arrêtait sa voiture pouvait le mettre au bord de l'infarctus... Ou un coup de fil du gérant de l'immeuble... "Comment as-tu fait pour rester en vie là-bas? – J'ai été très aimé dans mon enfance." La quantité d'amour que nous avons reçue, c'est ce qui nous sauve, c'est notre réserve de force. Seul l'amour sauve... L'amour, c'est une vitamine sans laquelle l'homme ne peut pas vivre, son sang se coagule et son cœur s'arrête. J'ai été son infirmière, sa nounou... J'ai été une actrice... J'ai été tout ça, pour lui.

Je trouve que nous avons eu de la chance... Nous avons vécu une époque importante... La perestroïka! Il y avait une atmosphère de fête, on avait l'impression qu'on allait s'envoler. Une odeur de liberté flottait dans l'air. "Ton heure est arrivée, Gleb! On peut tout écrire. Tout publier." C'était surtout leur heure à eux... À cette génération des années 1960. C'était leur triomphe. Je l'ai vu heureux. "J'ai vécu assez longtemps pour assister à la victoire de l'anticommunisme!" Tous ses rêves se réalisaient : la muraille du Kremlin s'était écroulée, on allait renverser les monuments bolcheviques et enlever le sarcophage de Lénine de la place Rouge, les rues ne porteraient plus des noms d'assassins et de bourreaux... C'était le temps de tous les espoirs! Cette génération des années 1960, on peut en dire ce qu'on veut aujourd'hui, moi, je les aime tous. Ils étaient naïfs? Romantiques? Oui! Il passait ses journées à lire les journaux. Le matin, il descendait au kiosque, à côté de la maison, avec un énorme cabas. Il écoutait la radio, il regardait la télévision. Sans arrêt. Tout le monde était un peu fou, à l'époque. La li-ber-té! Rien que ce mot était grisant. Nous avons tous grandi en lisant du samizdat et du tamizdat[1]... Nous avons grandi avec des mots. Avec la littérature. Ce que nous pouvions parler! Et comme tout le monde parlait bien, à l'époque! Pendant que je préparais le déjeuner ou le dîner, il me lisait les journaux. "Susan Sontag a écrit : le communisme, c'est le fascisme à visage humain", "Tiens, écoute encore ça..." Nous avons lu ensemble Berdiaïev, Hayek[2]... Comment faisions-nous avant pour vivre sans ces journaux et sans ces livres? Si nous avions su cela plus tôt... Tout aurait été différent... Jack London a écrit un livre là-dessus, sur le fait qu'on peut vivre même dans une camisole de force, il faut juste se recroqueviller, cesser de respirer et s'habituer[3]. On peut même rêver. C'était comme ça que nous vivions. Et maintenant, quelle vie allions-nous avoir? Je n'en savais rien, mais je m'imaginais qu'elle serait merveilleuse pour tout le monde. Cela ne faisait aucun doute... Mais après sa mort, j'ai trouvé une réflexion dans son journal intime : "Je suis en train de relire Tchékhov... Son récit *Le Cordonnier et l'Esprit du mal*. Un homme vend son âme au diable en échange du bonheur. Et qu'est-ce que le bonheur, pour ce cordonnier? C'est se promener en calèche habillé d'un pardessus neuf et chaussé de bottes en cuir, un jambon dans une main et un verre d'eau-de-vie dans l'autre, avec à ses côtés une grosse femme à l'énorme

---

1. Nom donné à la littérature interdite. Le samizdat désigne les textes autoédités (généralement tapés à la machine en plusieurs exemplaires), le tamizdat désigne les livres édités à l'étranger et entrés clandestinement dans le pays.
2. Nicolas Berdiaïev (1874-1948), philosophe russe. Émigré en 1920 et mort en France. Friedrich Hayek (1899-1992), philosophe et essayiste autrichien prônant le libéralisme.
3. Allusion au roman *Le Vagabond des étoiles*.

poitrine. Il ne lui en fallait pas plus…" *(Elle devient songeuse.)* Apparemment, il avait des doutes… Mais on avait tellement envie de quelque chose de nouveau! Quelque chose de bon et de lumineux, de juste. On était heureux, on courait à toutes les manifestations, à tous les meetings… Avant cela, j'avais peur de la foule, de l'instinct grégaire. Je faisais un rejet des foules, de toutes ces manifestations festives… des drapeaux. Mais là, tout me plaisait… On était entouré de visages si familiers! Jamais je n'oublierai ces visages. J'ai la nostalgie de cette époque, et je sais que c'est le cas pour beaucoup de gens. Notre premier voyage organisé à l'étranger. À Berlin. En entendant parler russe, deux jeunes Allemandes se sont approchées de notre groupe. "Vous êtes russes? – Oui. – Ah! La perestroïka… Gorby!" Et elles nous ont embrassés. Je me demande où sont passés tous ces visages. Où sont ces gens si beaux que j'ai vus dans les rues, dans les années 1990? Ils sont tous partis?

… Quand j'ai appris qu'il avait un cancer, j'ai passé toute la nuit à pleurer. Et au matin, j'ai couru à l'hôpital. Il était assis sur le rebord de la fenêtre, le teint jaune, l'air heureux – il était toujours heureux quand un changement survenait dans sa vie. Il y avait eu le camp, la relégation[1], la liberté, et voilà, maintenant, c'était ça… La mort, encore un autre changement… "Tu as peur que je meure? – Oui. – Premièrement, je ne t'avais rien promis. Et deuxièmement, cela ne va pas arriver tout de suite. – C'est vrai?" Je l'ai cru, comme toujours. J'ai aussitôt essuyé mes larmes, et je me suis dit que je devais l'aider, une fois de plus. Je n'ai plus pleuré… Je n'ai plus pleuré jusqu'à la fin. Je venais le matin à l'hôpital, et notre vie commençait. Avant, nous vivions à la maison, et maintenant dans une chambre d'hôpital. Nous avons vécu six mois dans le service d'oncologie.

Il lisait déjà beaucoup moins. Il racontait, surtout…

Il savait qui l'avait dénoncé. Un garçon qui faisait partie du même club que lui à la Maison des Pionniers. Il avait écrit une

---

1. Obligation de résider dans une zone précise, toujours hors d'une grande ville et souvent dans une région éloignée de la partie européenne de la Russie, où le condamné est placé sous la surveillance de la police politique (GPOU, puis NKVD, puis KGB). La relégation était soit une sanction principale, soit une sanction suivant une peine de camp.

lettre, ou bien on l'avait obligé à le faire, disant que Gleb insultait le camarade Staline et prenait la défense de son père, un "ennemi du peuple". Le juge d'instruction lui avait montré cette lettre pendant un interrogatoire. Et toute sa vie, Gleb a eu peur que… que son dénonciateur apprenne qu'il était au courant… Lorsqu'on lui avait dit que cet homme avait eu un enfant anormal, il avait été bouleversé : et si c'était un châtiment ? Il se trouve que nous avons eu cet homme pour voisin à un moment, nous nous croisions souvent dans la rue, dans les magasins. Nous nous disions bonjour. Après la mort de Gleb, j'ai raconté cela à une amie commune… Elle ne m'a pas crue. "N. ? C'est impossible ! Il dit toujours tellement de bien de Gleb, il raconte combien ils étaient amis quand ils étaient jeunes." J'ai compris que je devais me taire. Vous savez… C'est dangereux pour un être humain de savoir ces choses. Il en était conscient… Nous recevions rarement des anciens des camps. Il ne recherchait pas leur compagnie. Quand ils étaient là, je me sentais mise à l'écart, ils venaient d'un temps où je n'existais pas encore. Ils en savaient sur lui davantage que moi. J'ai découvert qu'il avait une autre vie… J'ai compris qu'une femme, elle, peut raconter ses humiliations, mais pas un homme. Il est plus facile pour une femme d'avouer ce genre de choses, parce qu'au plus profond d'elle-même, elle est préparée à la violence, même l'acte sexuel, en soi, est une violence… Et chaque mois, la femme recommence une nouvelle vie. Ces cycles… La nature elle-même l'y aide. Parmi les femmes qui ont été dans les camps, beaucoup sont seules. J'ai rarement vu des couples où les deux, la femme et l'homme, venaient de là-bas. Il y avait comme un secret qui les séparait au lieu de les lier. Moi, ils m'appelaient "mon petit".

"Cela t'intéresse d'être avec nous ?" me demandait-il après leur départ. J'étais vexée. "Pourquoi tu me poses cette question ? – Tu sais ce qui me fait peur ? Lorsque c'était intéressant, nous étions bâillonnés, et maintenant que nous pouvons tout dire, il est trop tard. On dirait que personne ne nous écoute plus, ne nous lit plus. Quand on adresse aux éditeurs de nouveaux manuscrits sur les camps, ils les renvoient sans les lire. « Encore Staline et Béria ? Ça ne se vend plus. Les lecteurs en ont jusque-là. »"

… Il avait l'habitude de mourir… Cette petite mort-là ne lui faisait pas peur… Les chefs d'équipe truands vendaient les rations de pain des politiques, ils les jouaient aux cartes. Et eux, ils mangeaient du bitume. Du bitume noir. Beaucoup en mouraient, les parois de leur estomac se collaient. Lui, il avait simplement cessé de manger, il se contentait de boire.

… Un gamin était parti en courant… Il s'était sauvé exprès pour se faire tirer dessus. Sur la neige… En plein soleil… La visibilité était parfaite. Ils lui ont tiré une balle dans la tête, ils l'ont traîné au bout d'une corde, et ils l'ont laissé près de la baraque. Allez-y ! Regardez ! Il est resté là longtemps… Jusqu'au printemps.

… Le jour des élections, il y avait un concert dans le bureau de vote. Un chœur de détenus chantait. Des politiques, des soldats de Vlassov, des prostituées, des voleurs… Ils chantaient : "Staline, c'est notre étendard ! Staline, c'est notre bonheur !"

… Il avait fait la connaissance d'une toute jeune fille là-bas. Elle lui avait raconté comment le juge d'instruction s'y était pris pour la persuader de signer des aveux. "On va t'envoyer en enfer… Mais tu es jolie, tu vas sûrement plaire à un chef. Et tu t'en sortiras."

… Au printemps surtout, c'était terrible. Tout se transforme dans la nature, tout recommence à vivre… Mieux vaut ne pas demander à quelqu'un combien d'années il lui reste à tirer ! Au printemps, toutes les peines paraissent éternelles. Quand les oiseaux volent, personne ne lève la tête. Au printemps, on ne regarde pas le ciel…

Je lui ai lancé un dernier regard depuis le seuil, et il m'a fait un signe de la main. Lorsque je suis revenue quelques heures plus tard, il délirait. Il disait à quelqu'un : "Attends, attends !" Ensuite il a cessé de parler, il était juste là, allongé. Cela a duré encore trois jours. Même ça, je m'y étais habituée. Bon, il était couché là, et moi je vivais à côté de lui… On m'avait installé un lit dans sa chambre. Le troisième jour… On avait du mal à lui faire des intraveineuses. Il avait des thromboses. J'ai dû autoriser les médecins à arrêter le traitement, il ne souffrirait pas, il ne sentirait rien. Et nous sommes restés seuls tous les deux. Plus d'appareils, plus de médecins, personne n'entrait dans sa chambre. Je me suis allongée à côté de lui. J'avais froid, je me suis blottie contre lui sous la couverture et je me suis endormie. Quand je me suis réveillée, l'espace d'une seconde, j'ai eu l'impression qu'on était à la maison et qu'on avait laissé la fenêtre ouverte… Qu'il n'était pas encore réveillé… J'avais peur d'ouvrir les yeux. Dès que je les ai ouverts, je me suis souvenue de tout. Je me suis levée, j'ai posé la main sur son visage. Aaah… Il m'avait sentie. L'agonie avait commencé… Et je suis restée là, à lui tenir la main. J'ai entendu le dernier battement de son cœur. J'ai attendu encore un long moment, puis j'ai appelé une infirmière. Elle m'a aidée à lui mettre une chemise bleue, sa couleur préférée. J'ai demandé si je pouvais rester encore un peu. Elle m'a répondu : "Oui, bien sûr. Cela ne vous fait pas peur ?" De quoi aurais-je pu avoir peur ? Je le connaissais… Comme une mère connaît son enfant. Au matin, il était devenu beau… La peur avait disparu de son visage, la tension était partie, toute cette vaine agitation de la vie. Et je me suis rendu compte qu'il avait des traits fins et élégants. Un visage de prince oriental. Alors voilà quel était son vrai visage ! Je ne l'avais pas connu comme ça.

Il n'avait émis qu'un seul désir : "Fais inscrire sur ma pierre tombale que j'ai été heureux. J'ai été aimé. La plus terrible des souffrances, c'est de ne pas être aimé." *(Elle se tait.)* Notre vie est si courte… Elle passe en un éclair ! Je vois bien comment ma vieille mère regarde le jardin le soir… Avec quels yeux…

(Elle reste un long moment sans rien dire.)

Je n'arrive pas à oublier… Mais il y a de nouveau des hommes qui me font la cour… On m'offre des fleurs.

(Le lendemain, je reçois un coup de fil inattendu.)

J'ai passé toute la nuit à pleurer. À me tordre de douleur… J'avais essayé de fuir tout ça, de partir ailleurs. Je commençais à m'en sortir. Et hier, je suis retournée là-bas. On m'a fait revenir là-bas… J'étais couverte de pansements, je les ai enlevés, et je me suis rendu compte que les plaies étaient toujours à vif. Je croyais qu'une nouvelle peau s'était formée dessous. Mais non. Rien n'a cicatrisé. Tout est toujours là… tout le passé… Et j'ai peur de remettre ça entre les mains de quelqu'un. Personne ne peut le supporter. Personne ne peut tenir ça entre ses mains…

HISTOIRE D'UNE ENFANCE
Maria Voïtechonok, écrivain, 57 ans

Je suis une *osadniczka*. Je suis née dans la famille d'un officier polonais déporté (en polonais, le mot *osadnik* désigne un colon qui a reçu une terre sur les "territoires orientaux" après la fin de la guerre soviéto-polonaise de 1921). En 1939, selon une clause secrète du pacte Molotov-Ribbentrop, la Biélorussie occidentale a été rattachée à l'URSS, et des milliers de ces colons ont été déportés en Sibérie avec leur famille, en tant qu'"éléments politiquement dangereux" (comme le spécifie une note de Béria à Staline). Mais ça, c'est l'Histoire avec un grand *H*. Moi, j'ai la mienne, une histoire avec un petit *h*.

Je ne connais pas la date ni même l'année de ma naissance. Dans ma vie, tout est approximatif. Je n'ai retrouvé aucun document. J'existe sans exister. Je ne me souviens de rien, et je me souviens de tout. Je pense que ma mère était enceinte de moi quand elle est partie. Pourquoi ? Parce que je suis toujours bouleversée par le sifflement des locomotives et l'odeur des chemins de fer… Par les gens qui pleurent dans les gares. Même quand je voyage dans un train normal, dès que j'entends passer des wagons de marchandises, j'ai les larmes aux yeux. Je ne supporte pas de voir des wagons à bestiaux, d'entendre les meuglements des animaux… On nous a transportés dans des wagons comme ça. Je n'existais pas encore. Et j'étais déjà là. Dans mes rêves, il n'y a jamais de visages ni d'histoires… Rien que des bruits et des odeurs…

La région de l'Altaï. La ville de Zmeïnogorsk. La rivière Zmeïovka… Les déportés ont été débarqués en dehors de la ville, près d'un lac. Et ils ont vécu sous terre. Dans des abris creusés dans le sol. Je suis née sous terre, c'est là que j'ai grandi. Depuis que je suis toute petite, pour moi, la maison a toujours eu une odeur de terre. De l'eau coule du plafond, une motte de terre se détache, elle tombe et saute sur moi. C'est une grenouille. Mais je suis toute petite, je ne sais pas encore de quoi il faut avoir peur. Je dormais avec deux chevreaux sur une litière bien chaude… Mon premier mot a été "mèèè !". Pas "ma" ni "maman". Ma grande sœur Vladia racontait que j'étais très étonnée que les chevreaux ne parlent pas comme nous. Je n'en revenais pas. Je les considérais comme des égaux. Le monde formait un tout indivisible. Aujourd'hui encore, je ne sens aucune différence entre nous, entre les hommes et les animaux. Je leur parle toujours... Et ils me comprennent... Et puis il y avait aussi les scarabées, les araignées... Des scarabées très colorés, avec des dessins dessus. C'étaient mes jouets. Au printemps, on sortait, on se traînait par terre ensemble pour chercher quelque chose à manger. On se chauffait au soleil. Et l'hiver, on entrait en léthargie, comme les arbres, on hibernait pour échapper à la faim. Je ne suis pas allée à la même école que les autres, je n'ai pas été éduquée uniquement par des gens. J'entends aussi les arbres, l'herbe. Ce qui m'intéresse le plus dans la vie, ce qui m'intéresse vraiment, ce sont les animaux. Comment me distinguer de cet univers, de ces odeurs... Je n'y arrive pas. Et puis enfin, le soleil! L'été! Me voilà dehors. Tout autour, c'est d'une beauté éblouissante, et personne ne prépare à manger pour personne. Partout des bruits, des couleurs. Je goûte chaque herbe, chaque feuille, chaque fleur... Toutes les racines... Un jour, je me suis gavée de jusquiame, j'ai bien failli en mourir. Je revois encore des scènes, des paysages... Je me souviens de la montagne de Barbe-Bleue, et de la couleur bleue au-dessus de cette montagne... De l'éclairage. La lumière venait du côté gauche, de la pente, elle descendait d'en haut... C'était d'une beauté! J'ai bien peur de ne pas avoir assez de talent pour le décrire. Pour le ressusciter. Les mots, cela sert juste à compléter un état, nos sensations. Des coquelicots rouges, des lys, des pivoines... Tout cela se déployait devant mes yeux, sous mes pieds. Ou encore une autre scène : je suis assise à côté d'une maison, et une tache de lumière se déplace sur un mur... Elle change tout le temps de couleur. Je reste assise là longtemps, très longtemps. Sans ces couleurs, je serais sans doute morte. Je n'aurais pas survécu. Je ne me souviens pas de ce qu'on mangeait... Si on avait une nourriture normale.

Le soir, je voyais passer des gens noirs. Avec des vêtements noirs, des visages noirs. C'étaient les déportés qui revenaient des mines... Ils ressemblaient tous à mon père. Je ne sais pas si mon père m'aimait. S'il y avait quelqu'un qui m'aimait.

J'ai très peu de souvenirs. Cela me manque... Alors je cherche dans les ténèbres... J'essaie de leur arracher le plus de souvenirs possible. De temps en temps, très rarement, je me rappelle brusquement quelque chose dont je ne me souvenais pas. Cela me fait mal, mais je suis heureuse. Cela me rend follement heureuse.

Je n'arrive pas du tout à me souvenir de l'hiver… En hiver, je passais mes journées à l'intérieur de l'abri. Le jour ressemblait au soir. On vivait dans la pénombre. Il n'y avait pas une seule tache de couleur. Je ne sais pas si on avait des objets, à part des écuelles et des cuillères. Et je ne me souviens pas qu'il y avait des vêtements… On s'emmitouflait dans des guenilles. Pas une seule tache de couleur. Des chaussures ? Quelles chaussures ? On avait des galoches… Je me souviens que j'en avais, moi aussi… Elles étaient grandes et vieilles, comme celles de maman. Ce devait être les siennes… Mon premier manteau, c'est à l'orphelinat qu'on me l'a donné, mes premières moufles aussi. Et un bonnet. Je me souviens de la tache blanche du visage de Vladia dans la pénombre… Elle restait couchée des journées entières, à tousser, elle était tombée malade dans les mines, elle avait la tuberculose. Je connaissais déjà ce mot… Maman ne pleurait pas. Je ne me souviens pas de l'avoir jamais vue pleurer, elle ne parlait pas beaucoup, je crois même qu'au bout d'un certain temps, elle ne parlait plus du tout. Quand sa toux se calmait, Vladia m'appelait : "Répète après moi, c'est du Pouchkine !" Et je répétais : "Soleil et neige, pure grâce ! Mon adorée, tu te prélasses[1]…" Et je me représentais l'hiver comme chez Pouchkine.

Je suis l'esclave des mots… J'ai une foi absolue dans les mots. J'attends toujours des mots de la part des gens, même des inconnus. Surtout des inconnus. Avec des inconnus, on peut encore espérer quelque chose. J'ai l'impression d'avoir moi-même envie de parler… Alors je me décide… Je suis prête. Mais quand je raconte quelque chose à quelqu'un, ensuite, il ne reste plus rien, je ne retrouve plus rien. Ça laisse un vide, un trou. Je perds ces souvenirs. Et je dois attendre longtemps avant qu'ils reviennent. C'est pour ça que je ne dis rien. Je retourne tout cela à l'intérieur de moi. Je creuse des passages, des labyrinthes, des terriers…

J'avais des bouts de tissu… Je ne sais pas d'où ils venaient. Des tissus de toutes les couleurs, beaucoup étaient rouges. Quelqu'un avait dû me les donner. J'avais fabriqué des petits personnages

---

1. Traduction d'André Markowicz, in *Le Soleil d'Alexandre*, Actes Sud, 2011, p. 321.

avec, je m'étais coupé les cheveux et je leur avais fait des perruques. C'étaient mes amies. Je n'avais jamais vu de poupée, je ne savais même pas que cela existait. À ce moment-là, on habitait déjà en ville, mais pas dans un appartement, dans une cave. Avec juste un soupirail aveugle. Mais on avait une adresse : 17, rue Staline. Comme les autres. Comme tout le monde... Il y avait une petite fille avec laquelle je jouais, elle, elle habitait dans l'immeuble, pas dans la cave. Elle avait des robes et des chaussures. Moi, je portais les galoches de ma mère... Je lui ai montré ces bouts de tissu, dehors, ils étaient encore plus beaux que dans la cave. Elle voulait me les échanger contre quelque chose. Mais je ne les aurais donnés pour rien au monde ! Ensuite, son papa est arrivé et il lui a dit : "Je t'interdis de fréquenter cette mendiante !" J'ai compris qu'on m'avait écartée, comme un objet. Qu'il fallait que je m'en aille discrètement, que je parte le plus vite possible. Bien sûr, là, c'est l'adulte qui parle, pas la petite fille. Mais ce que j'ai ressenti... Ça, je m'en souviens bien... Cela fait tellement mal qu'on n'en veut à personne, on ne ressent pas de peine pour soi-même, on éprouve brusquement un immense sentiment de liberté. Mais on ne se sent pas triste... Quand cela fait de la peine, c'est qu'on n'a pas encore touché le fond, qu'on n'est pas encore complètement coupé des hommes. Mais quand on en est coupé, on n'a plus besoin d'eux, ce qu'on a en soi suffit. Moi, je suis descendue trop profond... Il est difficile de me blesser. Je pleure rarement. Tous les malheurs ordinaires, les histoires de cœur... Je trouve ça ridicule... La grande farce de la vie... Mais si j'entends pleurer un enfant... Je ne passe jamais devant un mendiant sans m'arrêter, jamais. Je me souviens de cette odeur. L'odeur de la misère... Elle émet des ondes, et je suis toujours branchée sur ces ondes, aujourd'hui encore. C'est l'odeur de mon enfance. De mes langes.

J'étais allée livrer un châle en mohair avec Vladia. Quelque chose de beau, destiné à un autre monde. C'était une commande. Vladia savait tricoter, cela nous permettait de vivre. La femme nous a payées, puis elle a dit : "Je vais vous cueillir un bouquet de fleurs." Un bouquet de fleurs ? Pour nous ? Nous étions là, deux mendiantes, vêtues de sacs en toile, affamées, transies... Et on nous offrait des fleurs ? Nous n'avions jamais pensé qu'au pain, et cette personne avait deviné que nous étions capables de penser à autre chose? Vous êtes enfermé à double tour, bâillonné, et on vous ouvre une petite fenêtre. On l'ouvre en grand… À part de la nourriture, à part du pain, on pouvait donc nous donner aussi un bouquet de fleurs! Alors nous n'étions pas différentes des autres. Nous étions comme eux… Une règle avait été transgressée. "Je vais vous cueillir un bouquet de fleurs…" Pas les arracher, ou juste les ramasser, non, les cueillir dans son jardin… À partir de ce moment-là… C'était peut-être une clé… On m'a donné une clé… Cela m'a complètement transformée. Je me souviens de ce bouquet. Un gros bouquet de cosmos. J'en plante toujours à la datcha, maintenant. *(Nous sommes justement dans sa datcha. Il n'y a que des arbres et des fleurs.)* Je suis retournée en Sibérie récemment. Dans la ville de Zmeïnogorsk. J'ai cherché notre rue… notre cave… Mais l'immeuble n'est plus là, il a été détruit. J'ai demandé aux gens s'ils se souvenaient. Seul un vieillard se rappelait une jolie petite fille qui vivait dans le sous-sol, elle était malade. Les gens se souviennent mieux de la beauté que de la souffrance. Le bouquet, on nous l'avait donné parce que Vladia était jolie.

Je suis allée au cimetière… Près du portail, il y avait une guérite avec des fenêtres condamnées par des planches. J'ai frappé longtemps. Le gardien a fini par sortir. Il était aveugle… C'était peut-être un signe, mais de quoi? "Pouvez-vous me dire où sont enterrés les colons déportés? – Là-bas…" Il a fait un vague signe de la main. Des gens m'ont emmenée tout au fond du cimetière. Il n'y avait que de l'herbe, rien que de l'herbe… La nuit, je n'ai pas dormi, j'étouffais. J'avais des convulsions… l'impression que quelqu'un m'étranglait… Je suis sortie de l'hôtel en courant et je suis allée à la gare. J'ai traversé la ville déserte à pied. La gare était fermée. Je me suis assise sur les rails et j'ai attendu là jusqu'au matin. Il y avait un garçon et une fille qui s'embrassaient sur le remblai. Le jour s'est levé. Un train est arrivé. Je suis montée dans un wagon vide avec quatre hommes au crâne rasé, en blousons de cuir, ils avaient des têtes de criminels… Ils m'ont offert des concombres et du pain. "On fait une partie de cartes?" Je n'avais pas peur.

Il n'y a pas longtemps, j'étais dans un trolley, et je me suis souvenue d'une chanson que chantait Vladia. "J'ai cherché la tombe de ma bien-aimée, mais elle n'est guère facile à trouver[1]..." Il paraît que c'était la chanson préférée de Staline, qu'elle le faisait pleurer... Du coup, je ne l'aime plus du tout, cette chanson. Vladia avait des amies qui venaient la chercher pour aller danser. Je m'en souviens... J'avais déjà six ou sept ans... Je les voyais remplacer les élastiques de leurs culottes par du fil de fer. Pour qu'on ne puisse pas les leur arracher... Il n'y avait que des déportés, là-bas... Des détenus... Les meurtres étaient fréquents. Je savais déjà tout sur l'amour. Quand Vladia était malade, allongée sur des chiffons, à tousser, il y avait un beau garçon qui venait la voir. Il la regardait avec des yeux...

Cela me fait mal, tout ça, mais cela m'appartient. Je ne cherche pas à le fuir... Je ne peux pas dire que j'ai tout accepté ni que je suis reconnaissante pour cette souffrance. Il faudrait employer un autre mot ici, mais je n'arriverai pas à le trouver maintenant. Je sais que, lorsque je suis dans cet état, je suis loin de tout le monde. Toute seule. Prendre sa souffrance entre ses mains, la posséder pleinement, et en sortir, en revenir avec quelque chose... C'est une telle victoire, c'est la seule chose qui ait un sens. On ne revient pas les mains vides. Sinon, à quoi bon descendre en enfer ?

Quelqu'un m'a amenée à la fenêtre : "Regarde, c'est ton père..." Une inconnue traînait une luge avec quelqu'un dessus, ou quelque chose... enveloppé dans une couverture avec une corde autour... Ensuite, ma sœur et moi, nous avons enterré notre mère. Et nous sommes restées seules. Vladia avait déjà du mal à marcher, ses jambes ne lui obéissaient plus. Sa peau se détachait par couches, comme du papier. On lui a apporté un flacon... J'ai cru que c'était un médicament, mais c'était une sorte d'acide. Du poison. "N'aie pas peur..." Elle m'a donné ce flacon. Elle voulait qu'on s'empoisonne ensemble. J'ai pris le flacon et je l'ai jeté dans le poêle. Le verre s'est cassé... Le poêle était froid, cela faisait longtemps qu'on ne l'allumait plus. Vladia a fondu en larmes. "Tu es exactement comme papa !" Puis quelqu'un nous a trouvées... Peut-être des amies à elle. Vladia avait perdu conscience. On l'a emmenée à l'hôpital et, moi, on m'a mise dans un orphelinat. Mon père... Je voudrais m'en souvenir, mais j'ai beau essayer, je ne vois pas son visage,

---

1. Il s'agit de *Souliko*, une chanson géorgienne.

il n'existe pas dans ma mémoire. Plus tard, chez ma tante, j'ai vu une photo de lui jeune. C'est vrai que je lui ressemble... C'est la seule chose qui nous lie. Il avait épousé une jolie paysanne, d'une famille pauvre. Il voulait en faire une demoiselle, mais maman portait toujours un fichu qui lui descendait très bas sur le front. Ce n'était pas une demoiselle. En Sibérie, mon père n'a pas vécu longtemps avec nous... Il nous a quittées pour une autre femme. Moi, je venais de naître... J'étais une punition. Une malédiction. Personne n'avait la force de m'aimer. Même maman n'avait pas le cœur à ça. C'est dans mes gènes, son désespoir, la blessure qu'on lui a infligée... et l'absence d'amour. Je suis toujours en manque d'amour, même quand on m'aime, je n'y crois pas, j'ai tout le temps besoin qu'on me le prouve. Qu'on me le montre. Chaque jour, à chaque minute. Je ne suis pas facile à aimer... Je le sais... *(Elle se tait longuement.)* J'aime bien mes souvenirs. Parce que dans mes souvenirs, tout le monde est vivant. Ils sont tous là : maman, papa, Vladia... J'ai besoin de m'asseoir à une grande table. Avec une nappe blanche. Je vis seule, mais dans ma cuisine, j'ai une grande table. Peut-être qu'ils sont tous avec moi... Il arrive que je fasse tout à coup le geste de quelqu'un d'autre. Un geste qui n'est pas à moi. Un geste de Vladia, ou de maman... J'ai l'impression qu'on se touche tous par la main...

Je me suis retrouvée à l'orphelinat... On gardait les orphelins des colons jusqu'à quatorze ans, et ensuite on les envoyait dans les mines. Et à dix-huit ans, ils avaient la tuberculose... Comme Vladia. C'était le destin. Vladia disait que quelque part, très loin d'ici, nous avions une maison à nous. Mais c'était très, très loin... Là-bas, il y avait tante Marylia, la sœur de maman... C'était une paysanne illettrée. Elle allait voir des gens, elle envoyait des lettres qu'elle faisait écrire par des inconnus. Aujourd'hui encore, je ne comprends pas comment elle s'est débrouillée. Une injonction est arrivée à l'orphelinat : on devait nous envoyer, ma sœur et moi, à telle adresse, en Biélorussie. Nous ne sommes pas arrivées à Minsk du premier coup. À Moscou, on nous a fait descendre du train, et tout a recommencé : Vladia avait de la fièvre, on l'a envoyée à l'hôpital, et moi, on m'a mise en quarantaine. Puis dans un foyer d'accueil. Un local en sous-sol, qui sentait le chlore. Avec des étrangers... J'ai toujours vécu parmi des étrangers...

toute ma vie. Et ma tante continuait à écrire, à écrire… Au bout de six mois, elle m'a retrouvée dans ce foyer. Et de nouveau, j'ai entendu les mots "maison", "tante"… On m'a fait monter dans un train. Il n'y avait pas de lumière dans le wagon, juste dans le couloir. Des ombres de gens. Une éducatrice a fait le voyage avec moi. Arrivées à Minsk, nous avons pris un billet pour Postavy. Je connaissais tous ces noms… Vladia m'avait dit : "Retiens-les. Souviens-toi que notre hameau s'appelle Sovtchino." De Postavy, nous sommes allées à pied jusqu'à Gridka, le village de ma tante. Nous nous sommes arrêtées près d'un pont pour nous reposer. À ce moment-là, un voisin rentrait de son travail à vélo. Il nous a demandé qui nous étions, et nous avons répondu que nous allions voir ma tante Marylia. "Vous êtes sur le bon chemin", a-t-il dit. Et il a dû la prévenir, car elle a accouru à notre rencontre… En la voyant, j'ai dit : "Cette tante ressemble à ma maman." C'est tout.

J'étais assise, la tête rasée, sur un banc dans la chaumière d'oncle Stakh, le frère de maman. La porte était ouverte, et je voyais des gens qui arrivaient, qui arrivaient… Ils s'arrêtaient et ils me regardaient sans rien dire. On se serait cru dans un tableau ! Ils ne se parlaient pas, ils restaient plantés là et ils pleuraient. Dans un silence de mort. Tout le village était venu… Leurs larmes ont noyé les miennes, ils ont tous pleuré avec moi. Ils avaient connu mon père, certains avaient travaillé pour lui. Par la suite, il m'est arrivé plus d'une fois d'entendre : "Au kolkhoze, ils inscrivent nos « journées de travail » sur un cahier, alors qu'Antek (c'était mon père), lui, il nous versait toujours un salaire." C'est ça, mon héritage. Notre maison avait été transformée en bureaux du kolkhoze, le soviet du village s'y trouve encore aujourd'hui. Je sais tout sur les gens, j'en sais plus que je ne le voudrais. Le jour où les soldats de l'Armée rouge avaient fait monter ma famille dans une carriole pour l'emmener à la gare, ces mêmes personnes… Ajbeth, Iousef, Matia… Ils étaient venus prendre toutes nos affaires… Ils avaient démonté les petits bâtiments et emporté les rondins un par un. Ils avaient déterré les jeunes arbres de notre verger, des pommiers. Ma tante était arrivée en courant… Elle avait juste pris un pot de fleurs sur la fenêtre, en souvenir… Je ne veux pas penser à ça. Je le chasse de ma mémoire. Je me souviens que tout le village s'est occupé de moi, m'a dorlotée. "Passe nous voir, ma petite Mania, on vient de faire de la soupe aux champignons", "Viens, je vais te donner un verre de lait!" Le lendemain de mon arrivée, mon visage s'est couvert de cloques. J'avais les yeux qui me brûlaient, je ne pouvais pas ouvrir les paupières. On devait me prendre par la main pour me laver. Tout mon corps me faisait mal, me brûlait. Il se purgeait, pour que je regarde le monde avec d'autres yeux. C'était le passage d'une vie à une autre... Après, quand je marchais dans la rue, tout le monde m'arrêtait : "Quelle jolie fille! Oï! Oï! Oï! Quelle jolie fille!" Sans ces mots, j'aurais eu les yeux d'un chien qu'on vient de tirer de l'eau glacée. Je ne sais pas comment j'aurais regardé les gens...

Mon oncle et ma tante vivaient dans une remise. Leur maison avait brûlé pendant la guerre, et ils avaient bricolé une cabane en se disant que c'était provisoire. Et ils étaient restés là. Un toit de chaume, une petite fenêtre. Dans un coin, des patates et dans l'autre, un cochon qui couine. Pas de plancher, de la terre battue couverte de joncs et de paille. Ensuite, Vladia aussi est arrivée. Elle est morte peu de temps après. Elle était contente de mourir à la maison. Ses derniers mots ont été : "Que va-t-il arriver à Mania?"

Mais tout ce que je sais de l'amour, je l'ai appris dans la cabane de ma tante.

Elle me disait : "Ma puce, mon lapin, mon chaton..." Je n'arrêtais pas de babiller et de la tripoter. Je n'arrivais pas à y croire... On m'aimait! Il y avait quelqu'un qui m'aimait! Vous grandissez, et des gens vous regardent avec amour... C'est tellement merveilleux! On a tous les os qui se redressent, tous les muscles qui se renforcent. Je dansais des danses russes pour elle. On me les avait apprises là-bas... Je lui chantais des chansons : "Sur la grandroute de l'Altaï, roulent des milliers de camions...", "Quand je mourrai, je serai enterré en terre étrangère, ma mère me pleurera, ma femme en trouvera un autre, mais d'autre fils jamais ma mère n'aura..." Je courais tellement dans la journée que j'en avais les pieds tout bleus et couverts d'égratignures... On n'avait pas de chaussures. Le soir, quand je me couchais, ma tante m'enveloppait les pieds dans sa chemise de nuit pour les réchauffer. Elle me câlinait. Je restais couchée contre son ventre... Comme si j'étais à l'intérieur d'elle... C'est pour ça que je n'en veux à personne.

J'ai oublié le mal qu'on m'a fait… Il est enfoui quelque part, très loin. Le matin, j'étais réveillée par la voix de ma tante : "J'ai fait des crêpes. Viens manger! – J'ai sommeil… – Allez, viens manger, tu te recoucheras après." Elle comprenait que la nourriture, les crêpes, c'était un médicament pour moi. Les crêpes et l'amour. Oncle Vitalik était berger, il portait un fouet sur l'épaule, et une longue flûte en bois de bouleau. Il avait une veste militaire et des pantalons bouffants. Il revenait des pâturages avec, dans sa musette, du fromage, un morceau de lard, tout ce que lui avaient offert les fermières. Ah, la pauvreté, la sainte pauvreté! Elle ne les gênait pas, ils ne se sentaient ni offensés ni humiliés par elle. C'est tellement important pour moi, tout ça… Tellement précieux. J'ai des amies qui se plaignent… L'une me dit : "Je n'ai pas de quoi m'acheter une nouvelle voiture…", une autre : "J'ai rêvé toute ma vie d'un vison, et je n'ai jamais pu me l'acheter…" J'entends ça comme à travers une vitre… La seule chose que je regrette, c'est de ne plus pouvoir porter de jupe courte! *(Nous rions toutes les deux.)*

Ma tante avait une voix extraordinaire, une voix frémissante, comme celle d'Édith Piaf… On lui demandait de chanter aux mariages, et aussi quand quelqu'un mourait. J'allais toujours avec elle, je trottinais à ses côtés… Je me souviens… Elle restait longtemps debout devant le cercueil. Et à un certain moment, c'était comme si elle se déconnectait. Elle s'approchait lentement… Elle voyait que personne ne pouvait dire un dernier adieu au mort. Les gens en avaient envie, mais tout le monde ne sait pas le faire. Alors elle commençait : "Ania! Ania! Mais où t'en es-tu donc allée loin de nous? Laissant derrière toi les ténèbres de la nuit et la clarté du jour… Qui désormais veillera sur ton jardin, qui désormais cajolera tes enfants? Qui accueillera le soir ta vache rentrant du pâturage?" Elle choisissait tout doucement ses mots… Des mots de tous les jours, des mots simples, et en même temps profonds. Tristes. Et ces mots tout simples contenaient une vérité dernière, la vraie… Sa voix frémissait. Et tout le monde se mettait à pleurer avec elle. On oubliait que la vache n'avait pas été traite, que le mari était resté ivre mort à la maison. Les gens étaient transfigurés, les soucis disparaissaient, les visages devenaient lumineux. Tout le monde pleurait. J'étais gênée. Et j'avais de la peine pour ma tante... En rentrant, elle allait être malade. "Oï! Ma petite Mania, j'ai la tête qui bourdonne!" Elle avait un cœur d'or, ma tante. Quand je rentrais de l'école, je la voyais à la fenêtre, l'aiguille à la main... Elle ravaudait nos hardes en chantant : "Le feu, on l'éteint avec de l'eau, mais l'amour, lui, rien ne peut l'éteindre..." Je suis illuminée par ces souvenirs.

Il ne restait que des pierres de notre propriété, de notre maison. Mais je sentais leur chaleur, elles m'attiraient. J'y allais comme on va sur une tombe. Je pouvais passer la nuit là-bas, en plein champ. Je marchais avec précaution, j'avais peur de poser les pieds... Il n'y avait personne, mais c'était vivant. J'entendais le murmure de la vie... de toutes sortes de créatures vivantes. J'avais peur, en marchant, de détruire la maison de quelqu'un. Moi, je peux m'installer n'importe où, comme les insectes. J'ai le culte du foyer. J'aime qu'il y ait des fleurs... Que tout soit joli... Je me souviens, quand on m'a amenée dans la chambre où j'allais vivre, à l'orphelinat... Tous ces lits blancs. Je cherchais des yeux le mien... Celui près de la fenêtre était-il occupé? Est-ce que j'aurai une table de nuit? Je cherchais où allait être ma maison.

Cela fait combien de temps que nous sommes ici, à parler? Entre-temps, il y a eu un orage, une voisine est passée, le téléphone a sonné... Tout cela a eu une influence sur moi, j'ai réagi... Mais sur le papier, il ne restera que des mots, et rien d'autre. Il n'y aura pas la voisine ni les coups de téléphone... Ni tout ce que je n'ai pas dit, mais qui palpitait dans ma mémoire, qui était là. Peut-être que demain, je raconterai tout cela autrement. Les mots vont rester, mais moi, je vais me lever et poursuivre mon chemin. J'ai appris à vivre avec ça. Je sais le faire. J'avance.

Qui m'a donné tout ça? Dieu, ou les hommes? Si c'est Dieu, alors Il savait ce qu'Il faisait. La souffrance m'a éduquée... C'est mon œuvre... Ma prière. Que de fois j'ai eu envie de tout raconter à quelqu'un. J'ai livré mon secret. Mais pas une seule fois on ne m'a demandé : "Et après?" J'ai toujours attendu quelqu'un, quelqu'un de bon ou de mauvais, je ne sais pas, mais quelqu'un. J'ai attendu toute ma vie que quelqu'un me trouve. Je lui raconterais tout, et il me demanderait : "Bon, et après?" Maintenant, on dit que c'est de la faute du socialisme, de Staline... Comme si Staline avait eu un pouvoir divin. Chacun avait son

Dieu à lui. Pourquoi Il se taisait ? Ma tante... Notre village... Je me souviens aussi de Maria Pétrovna Aristova, une institutrice méritante qui allait voir Vladia à l'hôpital, à Moscou. C'était une étrangère... C'est elle qui l'a amenée jusqu'au village, elle la portait dans ses bras... Vladia ne pouvait plus du tout marcher. Maria Pétrovna m'envoyait des crayons, des bonbons. Elle m'écrivait des lettres. Et dans le foyer d'accueil, quand on m'a lavée et désinfectée... J'étais debout sur un banc... Couverte de savon. Je glissais, j'allais tomber, me fracasser la tête sur le ciment... Et une femme, une inconnue... Une aide-soignante... elle m'a rattrapée et m'a serrée dans ses bras en me disant : "Ma petite puce..."
J'ai vu Dieu.

OÙ IL EST QUESTION D'UN TEMPS
OÙ TOUS CEUX QUI TUENT
CROIENT SERVIR DIEU

Olga V., topographe, 24 ans

C'était le matin. J'étais là, à genoux, et je priais : "Seigneur ! Maintenant ! Je veux mourir maintenant !" Pourtant c'était le matin… La journée commençait…
J'avais tellement envie de mourir… ! J'étais allée au bord de la mer. Je m'étais assise sur le sable. Je me répétais qu'il ne fallait pas avoir peur de la mort. La mort, c'est une délivrance. Les vagues déferlaient sur le rivage… La nuit est tombée, et puis cela a été le matin. La première fois, je ne me suis pas décidée. J'ai marché pendant des heures. J'écoutais ma propre voix : "Seigneur ! Je T'aime… Seigneur… – *Sara bara bzia bzoï…*" C'est en abkhaze. Il y avait tellement de couleurs, tellement de bruits autour… Et moi, je voulais mourir.
Je suis russe. Je suis née en Abkhazie, et j'ai vécu longtemps à Soukhoumi. Jusqu'à l'âge de vingt-deux ans. Jusqu'en 1992… Jusqu'à ce que la guerre commence. Comment éteindre de l'eau qui brûle ? C'est ce que disent les Abkhazes à propos de la guerre… Des gens qui prenaient les mêmes autobus, qui fréquentaient les mêmes écoles, ils lisaient les mêmes livres, ils vivaient dans un seul et même pays, ils parlaient tous le russe… Et voilà que maintenant, ils se tuent les uns les autres ! Le voisin tue son voisin, l'écolier son camarade de classe. Le frère tue sa sœur… Ils se faisaient la guerre ici même, à côté de chez moi. Il y a quoi ? un an ou deux, ils vivaient comme des frères, ils étaient tous komsomols et communistes. À l'école, j'écrivais dans mes rédactions : "Frères pour toujours…", "L'Union indestructible…" Tuer un être humain ! Ce n'est pas un exploit ni même un crime… C'est quelque chose d'épouvantable ! Je l'ai vu… C'est impossible à comprendre. Je

ne le comprends pas... Je vais vous parler de l'Abkhazie. Je l'aimais énormément. *(Elle s'interrompt.)* Et je l'aime encore, malgré tout... Je l'aime toujours. Dans chaque maison abkhaze, il y a un poignard accroché au mur. Quand un garçon naît, la famille lui offre un poignard, et de l'or. Et au mur, à côté du poignard, il y a une corne pour le vin. Les Abkhazes boivent le vin dans des cornes, cela leur sert de verre, on ne peut pas les reposer tant qu'on n'a pas tout bu. D'après les traditions abkhazes, le temps passé à table avec des hôtes n'est pas compté comme temps de vie, parce qu'on a bu du vin et qu'on s'est réjoui. Et le temps passé à tuer, à tirer sur quelqu'un, il compte pour quoi ? Hein ? Je pense beaucoup à la mort, maintenant.

(Elle se met à chuchoter.) La deuxième fois... Là, je n'ai pas reculé. Je me suis enfermée dans la salle de bains. J'avais tous les doigts en sang. J'ai griffé les murs, j'enfonçais mes ongles dans l'argile, dans la craie, mais au dernier moment, j'ai eu de nouveau envie de vivre. Et la ficelle s'est rompue... Finalement, je suis vivante, je peux toucher mon corps. Seulement maintenant, je n'arrête pas d'y penser... de penser à la mort.

... Mon père est mort quand j'avais seize ans. Depuis, je déteste les enterrements... Cette musique... Je ne comprends pas pourquoi les gens en font un tel spectacle. J'étais assise à côté du cercueil et, déjà à ce moment-là, je comprenais que ce n'était plus mon papa, il n'était plus là. C'était juste un corps froid. Une dépouille. Pendant neuf jours, j'ai fait un rêve... Quelqu'un m'appelait... Sans arrêt... Mais je ne comprenais pas où je devais aller, qui je devais rejoindre. Je me suis mise à penser à des gens de ma famille... Il y en a beaucoup que je n'ai pas connus, qui sont morts avant ma naissance. Mais tout à coup, j'ai vu ma grand-mère. Elle est morte il y a très longtemps, nous n'avons même pas de photo d'elle, mais dans mon rêve, je l'ai reconnue. Là-bas, chez eux, tout est différent... Ils existent et en même temps on dirait qu'ils n'existent pas. Ils n'ont pas d'enveloppe. Nous, nous sommes recouverts d'un corps, mais eux, rien ne les protège. Et puis j'ai vu mon père. Il était encore gai, terrestre, familier. Mais tous les autres là-bas, ils étaient... Ils étaient bizarres... C'était comme si je les connaissais, mais que je les avais oubliés. La mort, c'est un début... Le début de quelque chose. Seulement on ne sait pas de quoi... Je pense, je réfléchis... Je voudrais échapper à cette prison, me cacher. Pourtant, il n'y a pas longtemps... Comme je dansais le matin devant la glace : je suis belle! Je suis jeune! Je vais m'amuser! Connaître l'amour!

Le premier... C'était un Russe, il était grand et beau... Vraiment très beau. Ce genre d'hommes, les Abkhazes disent qu'ils sont "bons pour la lignée"... On l'avait saupoudré de terre, il avait des baskets et un uniforme militaire. Le lendemain, quelqu'un lui avait enlevé ses baskets. Voilà, on l'avait tué... Et après, après, qu'est-ce qu'il y a là-bas? Dans la terre? Sous nos pieds? En bas, ou bien là-haut, au ciel... Qu'est-ce qu'il y a au ciel, hein? Autour, c'était l'été, le bruit de la mer... Des cigales. Maman m'avait envoyée faire des courses. Et lui, on l'avait tué. Dans les rues roulaient des camions remplis d'armes, on distribuait des mitraillettes comme du pain. J'ai vu des réfugiés, on m'a montré des réfugiés, et je me suis souvenue de ce mot oublié. Je l'avais lu dans des livres. Il y en avait beaucoup, dans des voitures, sur des tracteurs, à pied... *(Elle se tait.)* Si on parlait d'autre chose? De cinéma, par exemple. J'adore le cinéma, mais seulement les films occidentaux. Pourquoi? Il n'y a rien dedans qui rappelle notre vie. Je peux m'imaginer tout ce que je veux... me raconter des histoires... Prendre un autre visage, parce que j'en ai assez du mien. De mon corps. Et même de mes mains... Je ne suis pas bien dans mon corps, je me sens trop limitée dedans. J'ai toujours le même corps, alors que je suis quelqu'un de toujours différent, je change... Je m'entends parler, et je me dis que je n'ai pas pu prononcer ces mots, parce que je ne les connais pas, parce que je suis bête et que j'aime les tartines de pain beurré. Parce que je n'ai pas encore aimé. Pas encore eu d'enfant. Et pourtant je les dis, ces mots... Je ne sais pas pourquoi. D'où me vient tout cela? Il y en a eu un autre... Un jeune Géorgien... Il était dans un jardin public, allongé sur un tas de sable. Il regardait en l'air. Pendant longtemps, personne ne l'a enlevé, personne n'a rien fait... Quand je l'ai vu, j'ai compris qu'il fallait que je me sauve, que je me réfugie quelque part... Mais où? Je suis entrée dans une église... Il n'y avait personne. Je me suis agenouillée, et j'ai prié pour tout le monde. Je ne savais pas encore prier à l'époque, je ne savais pas encore Lui parler. *(Elle fouille dans son sac.)* Où sont mes cachets ? Il ne faut surtout pas que je m'énerve... Après ça, je suis tombée malade et on m'a emmenée voir un psychiatre. Des fois, quand je marche dans la rue, j'ai brusquement envie de hurler...

Où j'aimerais vivre ? J'aimerais vivre dans mon enfance... Là-bas, j'étais avec maman comme dans un cocon. Mon Dieu, mon Dieu, sauve les gens confiants et aveugles ! À l'école, j'aimais bien les livres sur la guerre. Et les films sur la guerre. Je m'imaginais que tout était beau, là-bas. Éclatant... Que la vie y était splendide. Je regrettais même d'être une fille et non un garçon : si jamais il y avait une guerre, on ne me prendrait pas. Maintenant, je ne lis plus de livres sur la guerre. Même les bons livres, ils racontent tous des mensonges. En réalité, la guerre, c'est sale et horrible. Aujourd'hui, je ne suis pas sûre qu'on puisse écrire là-dessus. Non écrire toute la vérité mais, de façon générale, écrire sur ce sujet. En parler... Comment peut-on être heureux après ? Je ne sais pas... Je suis perdue... Maman me serrait dans ses bras : "Qu'est-ce que tu lis, ma chérie ? – *Ils se sont battus pour la patrie*, de Cholokhov. C'est sur la guerre. – Pourquoi lis-tu ce genre de livres ? Ils ne parlent pas de la vie, ma chérie. La vie, c'est autre chose..." Maman, elle, aimait les livres qui parlent d'amour. Ma pauvre maman ! Je ne sais même pas si elle est toujours vivante. *(Elle se tait.)* Au début, je pensais que c'était là-bas, à Soukhoumi, que je ne pouvais plus vivre... Mais en fait, je ne peux plus vivre nulle part. Même les livres qui parlent d'amour ne m'aident pas. Pourtant l'amour existe, je sais qu'il existe ! Je le sais... *(Elle sourit pour la première fois.)*

Au printemps 1992... Nous avions des voisins, Vakhtang et Gounala, lui était géorgien et elle abkhaze. Ils avaient vendu leur maison, leurs meubles, et ils s'apprêtaient à partir. Ils sont venus nous dire adieu. "Il va y avoir la guerre. Partez en Russie, si vous avez de la famille là-bas !" Nous ne les avons pas crus. Les Géorgiens se moquaient toujours des Abkhazes, mais les Abkhazes, eux, n'aimaient pas les Géorgiens. Ah, ça non ! *(Elle rit.)* "Pourquoi est-il impossible d'envoyer un Géorgien dans l'espace ? – Parce que tous les Géorgiens en crèveraient d'orgueil, et tous les Abkhazes en crèveraient d'envie. – Pourquoi les Géorgiens sont-ils si petits ? – Ils ne sont pas petits, ce sont les montagnes abkhazes qui sont grandes !" Ils se moquaient les uns des autres, mais ils vivaient ensemble. Ils cultivaient la vigne. Ils faisaient du vin. La fabrication du vin, pour les Abkhazes, c'est une véritable religion. Chaque vigneron a son secret… Le mois de mai est arrivé, le mois de juin. Les gens ont commencé à aller à la plage. Les premiers fruits… Maman et moi, nous ne pensions pas à la guerre, nous faisions des sirops, des confitures. Tous les samedis, nous allions au marché. Ah, les marchés abkhazes! Ces odeurs, ces bruits… Cela sent le vin dans des tonneaux et le pain de maïs, le fromage de brebis et les châtaignes grillées… Une odeur subtile de mirabelles et de tabac, de feuilles de tabac écrasées. Il y a des fromages accrochés partout… Mon préféré, c'est le *matsoni*. Les marchands hèlent les clients en abkhaze, en géorgien, en russe. Dans toutes les langues. "*Vaï, vaï*, mon trésor! Le prends pas si t'en veux pas, mais goûte, au moins!" Depuis le mois de juin, on ne vendait plus de pain à Soukhoumi. Et ma mère avait décidé de faire provision de farine. Nous étions dans l'autobus et, à côté de nous, il y avait une voisine avec son bébé. Le bébé jouait et, brusquement, il s'est mis à hurler comme si quelqu'un lui avait fait peur. Et la voisine a demandé : "Mais on tire! Vous n'entendez pas des coups de feu?" Quelle drôle de question! Près du marché, nous avons vu une foule de gens affolés qui couraient dans tous les sens. Des plumes de poulet qui volaient… des lapins écrasés, des canards piétinés… On ne pense jamais aux animaux, à leurs souffrances… Moi, je revois encore un chat blessé. Et un coq qui criait, il avait un morceau de fer planté sous son aile… Je ne suis pas normale, hein? Je pense beaucoup trop à la mort… Je ne fais que ça, maintenant. Et puis une clameur. Ce n'était pas une personne qui criait, mais toute une foule. Des hommes en civil avec des mitraillettes couraient après des femmes, ils leur arrachaient leurs sacs, leurs vêtements. "Donne-moi ça! Enlève ça! – Ce sont des bandits?" a chuchoté ma mère. Nous sommes descendues de l'autobus et nous avons vu des soldats russes. "Que se passe-t-il?" leur a demandé ma mère. "Vous ne comprenez donc pas? a répondu un lieutenant. C'est la guerre!" Ma mère est très froussarde, elle s'est trouvée mal. Je l'ai traînée dans la cour d'un immeuble. Quelqu'un nous a apporté une carafe d'eau… Il y avait des coups de feu, des explosions. "Hé, les filles! Vous n'avez pas besoin de farine?" On a vu un jeune garçon avec un sac de farine, il portait une blouse bleue, comme les débardeurs, mais il était tout blanc, couvert de farine. Cela m'a fait rire, et maman a dit : "Si on en prenait ? C'est peut-être vraiment la guerre ?" Nous lui avons acheté de la farine. Nous l'avons payé. C'est seulement après coup que nous avons compris que nous venions d'acheter de la farine volée. À un pillard.

Je vivais parmi ces gens… Je connais leurs habitudes, leur langue… Je les aime. Mais ceux-là, d'où sortaient-ils ? Du jour au lendemain ! C'était hallucinant. Où était tout cela avant ? Qui peut me répondre ? J'ai enlevé ma croix en or et je l'ai cachée dans la farine, et notre porte-monnaie aussi. Comme une vieille grand-mère… Je savais déjà ce qu'il fallait faire. D'où cela me venait-il ? J'ai porté les dix kilos de farine jusqu'à la maison, cinq kilomètres. Je marchais tranquillement… Si on m'avait tuée à ce moment-là, je n'aurais même pas eu peur. Mais les gens… Il y en avait beaucoup qui revenaient de la plage… Des vacanciers… Ils étaient paniqués, ils pleuraient. Moi, j'étais calme… Je devais être en état de choc. Il aurait mieux valu que je crie, comme tout le monde. C'est ce que je me dis maintenant… Nous nous sommes arrêtées près de la voie ferrée pour souffler. Des jeunes garçons étaient assis sur les rails. Les uns avaient un ruban noir autour de la tête, les autres un ruban blanc. Et ils avaient tous des armes. Ils m'ont un peu taquinée, charriée. À côté, il y avait un camion qui fumait… Le chauffeur était assis au volant, mort. En chemise blanche. Quand nous avons vu ça, nous nous sommes mises à courir, nous avons traversé un jardin de mandariniers. J'étais couverte de farine. "Laisse ça !" a crié maman. "Non, je ne laisserai pas cette farine ! La guerre a commencé, et on n'a rien à la maison." Je revois encore la scène… Il y avait des Jigouli qui passaient. Nous avons fait du stop. Une voiture nous a croisées, elle roulait lentement, comme à un enterrement. Un garçon et une fille étaient assis à l'avant et, à l'arrière, il y avait le cadavre d'une femme. C'était horrible… Mais pas autant que je l'avais imaginé. *(Elle se tait.)* J'ai tout le temps envie d'y repenser. Encore et encore. Au bord de la mer, il y avait une autre Jigouli, son pare-brise était cassé… Une mare de sang, des chaussures de femme qui traînaient… *(Elle se tait.)* Bien sûr que je suis malade… Pourquoi je n'oublie rien ? *(Un silence.)* J'avais envie de rentrer à la maison le plus vite possible, de me retrouver dans un endroit familier. De me réfugier quelque part… de fuir. Et tout à coup, des bruits de moteur… C'était la guerre là-haut! Des hélicoptères verts… de l'armée… Et sur terre, j'ai vu des chars, ils n'avançaient pas en colonnes, mais séparément, et dessus, il y avait des soldats avec des mitraillettes. Des drapeaux géorgiens qui flottaient. La colonne avançait n'importe comment, certains chars fonçaient à toute allure, d'autres s'arrêtaient près des kiosques. Les soldats sautaient à terre, ils cassaient les cadenas avec la crosse de leurs fusils, ils prenaient du champagne, des chocolats, du Coca, des cigarettes… Derrière les chars, il y avait un car Icarus bourré de matelas et de chaises. Pourquoi des chaises?

À la maison, nous nous sommes précipitées sur la télévision… On passait de la musique symphonique. Où était la guerre? On ne la montrait pas… Avant d'aller au marché, j'avais préparé des tomates et des concombres pour faire des conserves. J'avais stérilisé des bocaux. Je me suis mise à les remplir et à les fermer. Il fallait que je fasse quelque chose, que je m'occupe. Le soir, nous avons regardé un feuilleton mexicain, *Les riches pleurent aussi*. Ça parle d'amour.

Le lendemain matin, nous avons été réveillées très tôt par des bruits de moteur. Des véhicules militaires remontaient notre rue. Les gens sortaient pour regarder. Un camion a ralenti près de notre maison. L'équipage était russe. J'ai compris que c'étaient des mercenaires. Ils se sont adressés à ma mère. "Hé, la mère! Donne-nous à boire!" Maman leur a apporté de l'eau et des pommes. Ils ont bu l'eau, mais ils n'ont pas pris les pommes. Ils ont dit : "Hier, l'un de nous a été empoisonné avec des pommes." Dans la rue, j'ai rencontré une amie. "Comment vas-tu? Où est ta famille?" Elle est passée sans s'arrêter, en faisant mine de ne pas me connaître. Je lui ai couru après et je l'ai prise par l'épaule. "Mais qu'est-ce que tu as? – Tu n'as pas encore compris? C'est dangereux de me parler… Mon mari est géorgien." Moi, je ne m'étais jamais demandé si son mari était géorgien ou abkhaze. Qu'est-ce que cela pouvait bien faire? C'était un très bon ami. Je l'ai serrée dans mes bras de toutes mes forces. Pendant la nuit, son frère était venu chez elle pour tuer son mari. Elle lui avait dit : "Dans ce cas, tue-moi aussi!" Son frère et moi, nous avions fait nos études dans la même école. Nous étions amis. Je me suis demandé ce que nous allions nous dire quand nous nous reverrions...

Quelques jours plus tard, toute la rue a enterré Akhrik, un jeune Abkhaze que nous connaissions bien. Il avait dix-neuf ans. Il était allé retrouver sa petite amie un soir, et il avait reçu un coup de couteau dans le dos. Sa mère suivait le cercueil en pleurant et, de temps en temps, elle éclatait de rire. Elle avait perdu la raison. Un mois plus tôt, tout le monde était soviétique, et maintenant, on était abkhaze, ou géorgien, ou russe...

Il y avait encore un jeune garçon qui habitait dans une rue voisine... Je ne savais pas son nom, bien sûr, mais je le connaissais de vue. On se disait bonjour. Un garçon tout ce qu'il y avait de plus normal. Grand et beau. Il a tué son vieux professeur, un Géorgien. Il l'a tué parce qu'il leur enseignait le géorgien à l'école et qu'il lui mettait de mauvaises notes. Vous comprenez ça, vous ? Dans les écoles soviétiques, on nous apprenait à tous que les hommes sont des amis, des camarades, des frères... Ma mère, quand elle entendait ce genre d'histoires, ses yeux devenaient tout petits, et ensuite énormes... Seigneur, sauve les gens confiants et les aveugles ! Je passe des heures à genoux à l'église. Tout est calme là-bas... Même s'il y a toujours beaucoup de monde maintenant. Et on demande tous la même chose... *(Un silence.)* Vous pensez que vous y arriverez ? Vous espérez pouvoir écrire là-dessus ? Oui, je vois que oui... Moi, je n'y crois pas.

La nuit, quand je me réveillais, j'appelais ma mère... Elle aussi, elle avait les yeux grands ouverts. "Jamais je n'avais été aussi heureuse que depuis que je suis vieille. Et voilà que c'est la guerre..." Les hommes parlent tout le temps de la guerre, ils aiment bien les armes, les jeunes comme les vieux... Les femmes, elles, pensent à l'amour. Les vieilles se souviennent du temps où elles étaient jeunes et belles. Les femmes ne parlent jamais de la guerre. Elles se contentent de prier pour leurs hommes... Chaque fois que maman allait chez des voisins, elle revenait affolée. "À Gagry, on a brûlé un stade entier rempli de Géorgiens ! – Maman ! – Il paraît que les Géorgiens castrent les Abkhazes. – Maman ! – Ils ont bombardé un zoo... Une nuit, des Géorgiens ont couru après quelqu'un, ils ont cru que c'était un Abkhaze. Ils l'ont blessé, il hurlait. Des Abkhazes sont arrivés, ils ont cru que c'était un

Géorgien, et ils lui ont tiré dessus. Au matin, ils se sont rendu compte que c'était un singe blessé. Alors tous, les Géorgiens et les Abkhazes, ils ont décidé de faire une trêve et ils se sont précipités pour le sauver. Si cela avait été un homme, ils l'auraient tué…" Je n'avais rien à répondre à ma mère. Je priais pour tout le monde : "On dirait des zombies. Ils croient qu'ils font le bien. Mais est-ce qu'on peut faire le bien avec une mitraillette et un couteau ? Ils entrent dans les maisons et s'ils ne trouvent personne, ils tirent sur les animaux, sur les meubles. Quand on sort dehors, on voit des vaches aux pis déchiquetés par les balles… Des pots de confitures fusillés… Les uns tirent d'un côté, les autres tirent de l'autre. Ramène-les à la raison !" *(Elle se tait.)* Le téléviseur ne marchait plus, on avait juste le son, mais sans image… Moscou était loin, très loin…

J'allais à l'église, et je parlais, je parlais… Dès que je voyais quelqu'un dans la rue, je l'arrêtais pour lui parler. Ensuite, je me suis mise à parler toute seule. Maman s'asseyait à côté de moi pour m'écouter, puis je voyais qu'elle dormait, elle était si fatiguée qu'elle s'endormait en marchant. En lavant les abricots. Alors que moi, c'était comme si on m'avait remontée, je n'arrêtais pas de raconter, de raconter, ce que j'avais entendu dire et ce que j'avais vu moi-même… Un jeune Géorgien avait jeté son fusil en criant : "Mais qu'est-ce qu'on est venus faire ici ? Je suis là pour sauver ma patrie, pas pour voler des réfrigérateurs ! Pourquoi entrez-vous dans des maisons qui ne sont pas les vôtres, pourquoi volez-vous des réfrigérateurs qui ne vous appartiennent pas ? Je suis venu mourir pour la Géorgie…" Quelqu'un l'a pris par le bras et l'a emmené en lui caressant la tête. Un autre Géorgien, lui, s'est dressé de toute sa taille et il est allé à la rencontre de ceux qui lui tiraient dessus : "Frères abkhazes ! Je n'ai aucune envie de vous tuer, ne me tirez pas dessus !" Ses amis l'ont abattu d'une balle dans le dos… Un autre, je ne sais pas si c'était un Russe ou un Géorgien, s'est jeté sous un blindé avec une grenade en hurlant quelque chose. Personne n'entendait ce qu'il disait. Il y avait des Abkhazes dans le blindé… Eux aussi, ils hurlaient. *(Elle se tait.)* À la maison, maman avait mis des pots de fleurs devant toutes les fenêtres. Elle faisait ça pour me sauver. Elle me disait : "Regarde les fleurs, ma chérie ! Regarde la mer !" J'ai une maman spéciale, elle a un cœur d'or... Elle me racontait que le matin, elle se réveillait très tôt... "Le soleil se faufile à travers le feuillage des arbres... Et je me dis : Maintenant, je vais me regarder dans le miroir... Quel âge je peux bien avoir ?" Elle a des insomnies, ses jambes la font souffrir, elle a travaillé trente ans dans une usine de ciment, et le matin, elle se demande quel âge elle a ! Ensuite elle se lève, elle se lave les dents, et quand elle regarde dans le miroir, elle voit une vieille femme... Puis elle commence à préparer le petit-déjeuner, et elle oublie. Je l'entends chanter... *(Elle sourit.)* Ma maman... C'est ma meilleure amie... J'ai fait un rêve récemment, je sortais de mon corps et je montais très, très haut... J'étais si bien !

Je ne me souviens plus dans quel ordre cela s'est passé... Je ne sais plus... Les premiers jours, les pillards portaient des masques, ils se mettaient des bas noirs sur le visage. Et puis très vite, ils les ont enlevés. On les voyait passer, un vase en cristal dans une main et une mitraillette dans l'autre, avec un tapis sur le dos. Ils emportaient les téléviseurs, les machines à laver... Les manteaux fourrés, la vaisselle... Tout était bon pour eux. Ils ramassaient des jouets d'enfants dans les maisons saccagées... *(Elle se met à chuchoter.)* Maintenant, quand je vois un couteau dans un magasin, un simple couteau de cuisine, je me sens mal... Avant, je ne pensais jamais à la mort. Je faisais mes études, d'abord à l'école, ensuite dans un institut médical. Je travaillais, je tombais amoureuse. Quand je me réveillais la nuit, je rêvais à l'avenir... Quand était-ce ? Cela fait si longtemps... Je ne me souviens plus de cette vie-là. J'ai d'autres souvenirs... Un petit garçon à qui on avait coupé les oreilles pour qu'il n'écoute plus de chansons abkhazes. Un jeune homme à qui on avait coupé... vous voyez ce que je veux dire... pour que sa femme n'ait jamais d'enfant. Il y a des missiles nucléaires quelque part, des avions et des tanks, mais cela n'empêche pas les gens de s'égorger avec des couteaux, de s'embrocher sur des fourches, de se fendre le crâne à coups de hache... J'aurais mieux fait de perdre vraiment la raison... Je ne me souviendrais de rien. Une jeune fille du quartier s'est pendue parce qu'elle aimait un garçon et qu'il en avait épousé une autre. On l'a enterrée en robe blanche. Personne n'arrivait à y croire : comment peut-on mourir à cause d'un amour malheureux dans des moments pareils ? Si elle s'était fait violer, là, on aurait compris… Je me souviens de Sonia, une amie de maman… On avait égorgé ses voisins pendant la nuit. Un couple de Géorgiens qu'elle aimait beaucoup et leurs deux enfants en bas âge. Sonia passait des journées entières allongée sur son lit, les yeux fermés, elle ne voulait plus sortir. Elle me disait : "À quoi bon vivre après ça, ma petite fille ?" Je lui faisais manger sa soupe à la petite cuillère, elle ne pouvait plus rien avaler.

À l'école, on nous avait appris à aimer les hommes armés de fusils. Les défenseurs de la patrie ! Mais ceux-là… Ce n'était pas la même chose… Ni la même guerre… Ils étaient tous des gamins, des gamins avec des mitraillettes. Vivants, ils étaient terrifiants, mais morts, ils étaient sans défense, ils faisaient pitié… Comment j'arrive à vivre ? Je… J'aime bien penser à maman. À la façon dont elle se brossait les cheveux le soir, très longtemps… Elle m'avait promis : "Un jour, je te parlerai de l'amour. Et je te raconterai tout comme si c'était arrivé non à moi, mais à une autre femme." Papa et elle avaient connu l'amour. Le grand amour. Elle avait d'abord eu un premier mari. Un jour, elle lui repassait sa chemise pendant qu'il dînait, et brusquement (il n'y a que ma mère pour faire des choses pareilles !), elle lui a déclaré : "Je n'aurai pas d'enfant de toi." Elle a pris ses affaires et elle est partie. Ensuite, mon père est arrivé… Il la suivait comme son ombre, il l'attendait dans la rue pendant des heures, un hiver, il a même eu les oreilles gelées. Il la suivait en la regardant. Et un jour, il l'a embrassée…

Papa est mort juste avant la guerre… D'une crise cardiaque. Un soir, il s'est assis pour regarder la télévision, et il est mort. Comme s'il était parti ailleurs. "Quand tu seras grande, ma chérie…" Il avait des projets grandioses pour moi. *(Elle fond en larmes.)* Je suis restée toute seule avec maman. Avec ma maman qui a peur des souris, qui ne peut pas dormir quand elle est seule à la maison. Elle se mettait la tête sous l'oreiller pour échapper à la guerre… Nous avons vendu tous nos objets de valeur : le téléviseur, le porte-cigarettes en or de papa, il était sacré, on l'avait gardé longtemps… Ma croix en or. Nous avions décidé de partir et, pour quitter Soukhoumi, il fallait verser des pots-de-vin. Aux militaires, aux policiers. Cela faisait beaucoup d'argent. Il n'y avait plus de trains. Les derniers bateaux étaient partis depuis longtemps, les réfugiés s'entassaient dans les cales et sur les ponts, serrés comme des sardines. Nous avons eu juste de quoi acheter un seul billet d'avion... Un aller simple pour Moscou. Je ne voulais pas partir sans maman. Pendant un mois, elle m'a suppliée de m'en aller. Moi, je voulais travailler à l'hôpital, m'occuper des blessés... *(Elle se tait.)* Dans l'avion, on ne m'a rien laissé emporter, juste mon sac à main avec mes papiers. Rien d'autre, pas même les petits pâtés que maman m'avait donnés. "On est en guerre, vous comprenez." Il y avait un homme qui passait la douane avec moi, il était en civil, mais les soldats l'appelaient "camarade commandant". Lui, on a embarqué ses valises, et aussi de grands cartons... Je voyais passer des caisses de vin, de mandarines... Je pleurais... J'ai pleuré pendant tout le voyage. Une femme m'a consolée, elle voyageait avec deux petits garçons, le sien et celui d'une voisine. Ils étaient tout bouffis à cause de la faim. Moi, je ne voulais pas partir... Pour rien au monde... Maman s'est arrachée à mon étreinte et m'a mise dans l'avion de force. "Mais où je vais, maman ? – Tu vas chez toi, en Russie."

Moscou ! À Moscou, j'ai vécu deux semaines dans la gare. Des gens comme moi, il y en a des milliers... Dans toutes les gares de la ville, celle de Biélorussie, de Saviolovo, de Kiev... Des familles entières, avec des enfants, des vieillards. Ils viennent d'Arménie, du Tadjikistan... de Bakou... Ils dorment sur des bancs, par terre... Ils se font à manger sur place. Ils lavent leur linge. Il y a des prises électriques dans les toilettes, et aussi à côté des escalators... On verse de l'eau dans une cuvette, on plonge une résistance dedans, on y jette des pâtes, de la viande... Et la soupe est prête ! Ou la bouillie. J'ai l'impression que toutes les gares, à Moscou, sentent les conserves et la soupe *khartcho*. Le *plov*[1]. Le pipi et les couches sales. On les faisait sécher sur les radiateurs, aux fenêtres. "Tu vas chez toi, en Russie." Voilà, j'étais arrivée chez moi. Personne ne nous attendait. Personne ne nous a accueillis. Personne ne faisait attention à nous, personne ne nous posait de questions. Aujourd'hui, Moscou tout entière est une gare, une énorme gare. Un caravansérail. Je me suis vite retrouvée à court

---

1. La soupe *khartcho* est un plat géorgien, et le *plov* une spécialité d'Asie centrale à base de riz, de carottes et de viande.

d'argent. J'ai failli me faire violer deux fois, la première fois par un soldat, la seconde par un milicien. Le milicien m'a fait lever au milieu de la nuit en me demandant mes papiers, et il m'a emmenée dans le bureau de la milice. Il avait les yeux qui lui sortaient de la tête… Qu'est-ce que j'ai pu hurler! Il a eu peur, et il s'est sauvé en me traitant de pauvre idiote. Pendant la journée, je marchais dans la ville… Je restais des heures sur la place Rouge… Et le soir, j'errais dans les magasins d'alimentation. J'avais très faim. Une femme m'a acheté un petit friand à la viande. Je n'avais rien demandé… Elle mangeait, et je la regardais. Elle a eu pitié de moi. Cela m'est arrivé une seule fois. Mais je m'en souviendrai toute ma vie. C'était une très vieille femme. Une femme pauvre. Il fallait que j'aille quelque part, juste pour ne pas rester dans cette gare… Ne pas penser à la nourriture, ne pas penser à maman. Et cela a duré comme ça deux semaines. *(Elle pleure.)* À la gare, on pouvait trouver des morceaux de pain dans les poubelles… Des os de poulet à moitié rongés… J'ai vécu comme ça jusqu'à ce que la sœur de papa arrive. Nous n'avions pas de nouvelles d'elle depuis longtemps, nous ne savions pas si elle était encore vivante. Elle a quatre-vingts ans. J'avais juste son numéro de téléphone. Je l'appelais tous les jours, mais personne ne répondait. Elle était à l'hôpital. Moi, je croyais déjà qu'elle était morte.

C'était un miracle! Je l'avais tellement attendu… Et il s'est produit. Ma tante est venue me chercher. "Olga…! Votre tante de Voronej vous attend au poste de la milice…" Tout le monde a tressailli, s'est agité… Toute la gare. Qui? Quoi? Quel nom avaient-ils dit? Nous avons été deux à nous présenter, il y avait encore une autre fille qui avait le même nom de famille, mais un autre prénom. Elle venait de Douchambé. Comme elle a pleuré que ce ne soit pas sa tante à elle… Que ce ne soit pas elle qu'on était venu chercher…

Maintenant, j'habite à Voronej… Je fais toutes sortes de petits boulots, tout ce que je trouve : laver la vaisselle dans des restaurants, monter la garde sur des chantiers… J'ai vendu des fruits pour un Azerbaïdjanais jusqu'à ce qu'il se mette à me harceler. En ce moment, je suis topographe. On m'a engagée juste pour quelque temps, bien sûr, et c'est dommage, c'est un travail intéressant. Je me suis fait voler mon diplôme d'infirmière dans la gare, à Moscou. Et aussi toutes les photos de maman. Je vais à l'église avec ma tante. Je me mets à genoux et je prie : "Seigneur ! Je suis prête ! Je veux mourir maintenant !" Chaque fois, je Lui demande si maman est encore vivante.

Merci... Merci de ne pas avoir peur de moi. Merci de ne pas détourner les yeux comme les autres. De m'écouter. Je n'ai pas d'amie ici, et aucun garçon ne me fait la cour... Je parle, je n'arrête pas de parler... De raconter... Ils étaient allongés là, si jeunes, si beaux... *(Elle a un sourire de folle.)* Les yeux grands ouverts...

Six mois plus tard, j'ai reçu une lettre d'elle : "J'entre au monastère. J'ai envie de vivre. Je prierai pour vous."

OÙ IL EST QUESTION D'UN FANION ROUGE ET D'UNE HACHE QUI ATTEND SON HEURE

Anna Maïa, architecte, 59 ans

LA MÈRE

Aaah… Je n'en peux plus! La dernière chose dont je me souvienne, c'est un cri. Qui avait crié? Je ne sais pas. Moi, ou alors ma voisine, elle avait senti l'odeur du gaz sur le palier. C'est elle qui a appelé la milice. *(Elle se lève et s'approche de la fenêtre.)* C'est l'automne. Il n'y a pas longtemps, tout était jaune… Maintenant, tout est noir, à cause de la pluie. Même pendant la journée, on dirait que la lumière est loin, très loin, il fait sombre dès le matin. À la maison, j'allume toutes les lampes, et elles restent allumées toute la journée. Je n'ai jamais assez de lumière. *(Elle revient et s'assied en face de moi.)*

… J'ai commencé par rêver que j'étais morte. Quand j'étais petite, j'ai vu mourir beaucoup de gens, ensuite j'ai oublié… *(Elle essuie ses larmes.)* Je me demande pourquoi je pleure. Je sais déjà tout sur ma vie, je la connais… Dans mon rêve, il y avait plein d'oiseaux qui tournoyaient au-dessus de moi. Ils se cognaient contre la fenêtre. Je me suis réveillée avec l'impression qu'il y avait quelqu'un au chevet de mon lit. Que quelqu'un était resté là. Je veux me retourner pour voir qui c'est… Et une sorte de peur, le pressentiment qu'il ne faut pas le faire. Que c'est interdit. *(Elle se tait.)* Mais ce n'est pas de ça que je voulais parler… Pas tout de suite. Vous m'avez demandé de raconter mon enfance. *(Elle enfouit son visage dans ses mains.)* Alors voilà. Je sens une odeur très douce, l'odeur de la terre mère, de la terre marâtre… Je vois des montagnes, et un mirador en bois avec un soldat dessus, l'hiver en manteau fourré, l'été en caban. Et des lits en fer, plein de lits en fer alignés les uns à côté des autres… Avant, j'avais l'impression que si je racontais ça à quelqu'un, j'aurais envie de fuir cette personne, de ne plus jamais la revoir. C'est tellement intime, tout ça… C'est enfoui très profond, au plus profond de moi… Je n'ai jamais vécu seule, j'ai grandi dans un camp au Kazakhstan, il s'appelait le Karlag, et après le camp, j'ai vécu en relégation. Dans un orphelinat, puis dans un foyer, et ensuite dans un appartement communautaire… Il y a toujours eu beaucoup de corps autour de moi, beaucoup d'yeux. Je n'ai eu une maison à moi qu'à l'âge de quarante ans. Quand nous avons reçu un appartement de deux pièces, mon mari et moi, nos enfants étaient déjà grands. J'étais habituée à la vie en foyer, je frappais chez les voisins pour leur emprunter du pain, du sel, des allumettes, ils ne m'aimaient pas à cause de ça. Mais je n'avais jamais vécu seule, et je n'arrivais pas à m'y faire… Et puis, j'ai toujours eu envie de recevoir des lettres. J'attendais le courrier. C'est encore comme ça aujourd'hui… Une de mes amies est partie chez sa fille en Israël, elle m'écrit, elle demande ce qui se passe ici, comment est la vie après le socialisme… Comment est la vie ? Eh bien, quand on marche dans une rue qu'on connaît, il n'y a plus que des magasins français, allemands, polonais. Tout est écrit en langue étrangère. Les chaussettes, les chemisiers, les bottes, tout vient de l'étranger… Les biscuits et le saucisson sont importés… On ne trouve plus rien de soviétique. Partout, j'entends répéter que la vie est un combat, que les forts l'emportent sur les faibles, que c'est la loi de la nature. Il faut se faire pousser des cornes et des sabots, se fabriquer une carapace, les faibles, personne n'a besoin d'eux. Partout, il faut jouer des coudes, se battre. C'est du fascisme ! La croix gammée ! Moi, je suis en état de choc… et désespérée. Ce monde n'est pas le mien. Je ne suis pas chez moi, ici. *(Elle se tait.)* Si seulement j'avais quelqu'un à mes côtés… Mon mari ? Il m'a quittée. Pourtant je l'aime. *(Brusquement, elle sourit.)* On s'est mariés au printemps, les merisiers étaient en fleur et le lilas en boutons. Et il est parti au printemps. Mais il vient me voir… Il vient me voir dans mes rêves, il n'arrive pas à me dire adieu… Il me parle, il me dit quelque chose… Mais pendant la journée, le silence me rend sourde et aveugle… Le passé, pour moi, c'est comme une personne, un être vivant… Je me souviens, quand la revue *Novy Mir* a publié *Une journée d'Ivan Denissovitch* de Soljénitsyne, tout le monde le lisait. Ils étaient tous bouleversés. On ne parlait que de ça. Moi, je ne comprenais pas pourquoi cela les intéressait autant, pourquoi ils étaient aussi étonnés. Tout cela m'était familier. C'était parfaitement normal, pour moi… Les détenus, le camp, la tinette. Et la zone…

… Mon père a été arrêté en 1937, il travaillait dans les chemins de fer. Maman courait partout, elle faisait des pieds et des mains pour démontrer qu'il n'était pas coupable, que c'était une erreur. Moi, elle m'avait oubliée. Quand elle s'est souvenue de mon existence et qu'elle a voulu se débarrasser de moi, il était déjà trop tard. Elle a avalé toutes sortes de saletés, elle a pris des bains brûlants… Et je suis née avant terme. Mais j'ai survécu. Je ne sais pas pourquoi, mais je m'en suis sortie bien des fois. Bien des fois! Et puis ma mère aussi a été arrêtée, et moi avec, on ne pouvait pas me laisser toute seule dans l'appartement, j'avais quatre mois. Maman avait eu le temps d'envoyer mes deux sœurs aînées à la campagne, chez une tante, mais on a reçu une convocation du NKVD, et il a fallu les ramener à Smolensk. Elles ont été embarquées en descendant du train. "Les enfants iront dans un orphelinat. Elles deviendront peut-être des komsomoles." Ils n'ont même pas donné leur adresse. Quand nous les avons retrouvées, elles étaient mariées, elles avaient des enfants… Des années plus tard, bien des années plus tard… Au camp, j'ai vécu avec ma mère jusqu'à l'âge de trois ans. Maman m'a raconté que les enfants en bas âge mouraient souvent. En hiver, on entreposait les bébés morts dans de grands tonneaux, et ils restaient là jusqu'au printemps. Ils étaient dévorés par les rats. Au printemps, on les enterrait… On enterrait ce qui restait. À trois ans, les enfants étaient enlevés à leurs mères et installés dans des baraques séparées. Mes premiers souvenirs remontent à l'âge de quatre ans… non, plutôt cinq. Ce sont des images… Le matin, à travers les barbelés, on voyait nos mamans se faire compter avant d'être emmenées au travail hors de la zone, là où nous n'avions pas le droit d'aller. Quand on me demandait: "D'où es-tu, ma petite fille?" je répondais "De la zone". Hors de la zone, c'était un autre monde, quelque chose d'incompréhensible et de terrifiant qui n'existait pas pour nous. Le désert, du sable, de la *stipa* sèche. Je croyais que ce désert s'étendait à l'infini, jusqu'à l'horizon, et qu'il n'existait pas d'autre monde que le nôtre. Nous étions gardés par nos soldats, et nous étions fiers d'eux. Ils avaient des étoiles sur leurs casquettes… J'avais un ami, Roubik Tsirinski. Il m'emmenait voir les mamans en me faisant passer par un trou dans les barbelés. Pendant que les autres se mettaient en rangs pour aller à la cantine, on se cachait derrière la porte. "Tu n'aimes pas la kacha, hein?" me demandait Roubik. J'avais tout le temps faim et j'aimais beaucoup la kacha, mais j'étais prête à tout pour voir ma maman. Et on se faufilait dans la baraque des mamans. Elle était vide, les mamans étaient au travail. On le savait, mais on y allait quand même, et je reniflais tout. Les lits en fer, le tonneau en fer pour l'eau potable, le gobelet au bout d'une chaîne… Tout avait l'odeur des mamans… Ça sentait la terre et les mamans. Des fois, nous en trouvions quelques-unes couchées, elles toussaient. L'une d'elles crachait du sang. Roubik m'avait dit que c'était la maman de Tomotchka, la plus petite d'entre nous. Cette maman-là est morte peu après. Ensuite, Tomotchka elle-même est morte, et pendant longtemps, je me suis demandé à qui il fallait le dire. Puisque sa maman était morte, elle aussi. *(Elle se tait.)* Quand j'ai raconté cela à ma mère bien des années plus tard, elle ne m'a pas crue. "Mais tu n'avais que quatre ans!" Je lui ai dit qu'elle portait des chaussures en toile cirée avec des semelles en bois, et qu'elle fabriquait des sortes de grandes vestes avec des bouts de tissu. Cela aussi l'a étonnée, et elle s'est mise à pleurer. Je me souviens… Je me souviens de l'odeur du morceau de melon pas plus grand qu'un bouton de culotte qu'elle m'avait apporté enveloppé dans un chiffon. Et de la fois où des garçons m'avaient appelée pour jouer avec un chat, et je ne savais pas ce que c'était. Quelqu'un l'avait amené du dehors car dans la zone, il n'y avait pas de chats, ils ne pouvaient pas survivre parce qu'il n'y avait aucun déchet comestible, on ramassait tout. On regardait tout le temps par terre pour trouver quelque chose à manger. On mangeait des herbes, des écorces, on léchait les cailloux. Nous avions très envie de donner quelque chose de bon au chat, mais nous n'avions rien, alors nous le nourrissions avec notre salive après le repas, et il la mangeait! Il la mangeait… Je me souviens aussi du jour où maman a voulu me donner un bonbon. "Ania, tiens, j'ai un bonbon pour toi!" disait-elle à travers les barbelés. Les gardiens l'ont repoussée, elle est tombée... Et ils l'ont traînée sur le sol en la tirant par ses longs cheveux noirs... J'étais terrifiée, je n'avais aucune idée de ce qu'était un bonbon. Aucun de nous ne savait ce que c'était. Nous avons tous eu peur, les autres ont compris qu'il fallait me cacher et ils m'ont poussée au milieu. Ils me mettaient toujours au milieu... "Notre Ania ne tient pas sur ses jambes..." *(Elle pleure.)* Je ne sais pas pourquoi je pleure... Je sais déjà tout ça... Je la connais, ma vie... Bon, alors... De quoi je parlais? Je n'ai pas terminé ce que je voulais dire...

Des peurs, nous en avions beaucoup, des grandes et des petites... Nous avions peur de grandir, nous avions peur d'avoir cinq ans. À cinq ans, on nous emmenait à l'orphelinat, et nous comprenions que c'était très loin. Très loin des mamans... Moi, je me souviens qu'on m'a mise dans l'orphelinat n° 8 du hameau n° 5. Là-bas, tout portait des numéros et, à la place des rues, c'étaient des lignes. La première ligne, la deuxième ligne... On nous a fait monter dans un camion et on nous a emmenés. Les mamans couraient derrière, elles s'agrippaient aux ridelles, elles criaient, elles pleuraient. Je me souviens que les mamans pleuraient tout le temps, et les enfants rarement. On ne faisait jamais de caprices ni de bêtises. On ne riait pas. C'est seulement à l'orphelinat que j'ai appris à pleurer. Là-bas, on nous battait beaucoup. On nous disait : "Vous, on peut vous taper dessus et même vous tuer, parce que vos mamans sont des ennemies!" Quant à nos papas, nous ne les connaissions pas. "Ta maman est une méchante femme!" Je ne me souviens pas du visage de celle qui n'arrêtait pas de me répéter ça. "Ma maman est gentille! Ma maman est jolie! – Ta maman est méchante. Elle est notre ennemie!" Je ne me souviens pas si elle prononçait vraiment le mot "tuer", mais c'était quelque chose comme ça... Des mots de ce genre. Des mots terrifiants. Cela me faisait même peur de les retenir. Nous n'avions pas d'éducatrices ni d'institutrices, nous ne connaissions pas ces mots, nous avions des commandantes... Elles avaient toujours de longues règles dans les mains, elles nous frappaient avec pour nous punir, ou juste comme ça, pour rien... J'aurais voulu qu'on me batte jusqu'à ce qu'il ne reste plus que des trous, et on aurait arrêté de me taper. Je n'avais pas de trous, mais en revanche, je me suis couverte de pustules purulentes. J'étais contente... Mon amie Oletchka, elle, avait des broches métalliques dans la colonne vertébrale et on n'avait pas le droit de la battre. Tout le monde l'enviait... *(Elle regarde longuement par la fenêtre.)* Je n'avais jamais raconté ça à personne. J'avais peur. Peur de quoi ? Je ne sais pas... *(Elle devient songeuse.)* On aimait bien la nuit. On avait hâte qu'il fasse nuit. Une nuit noire, bien noire. La nuit, on était surveillés par Frossia. Elle était gentille, elle nous racontait des contes de fées, l'histoire du Petit Chaperon Rouge, elle avait toujours dans ses poches des grains de blé qu'elle distribuait à ceux qui pleuraient. C'était Lilia qui pleurait le plus, elle pleurait le matin, le soir. On avait tous la gale et de gros furoncles rouges sur le ventre, mais Lilia avait aussi des cloques sous les bras, elles étaient pleines de pus et elles crevaient. Je me souviens que les enfants se dénonçaient les uns les autres, on les y encourageait. Lilia était celle qui rapportait le plus... Le climat du Kazakhstan est rude, l'hiver il fait moins quarante, et l'été plus quarante. Lilia est morte en hiver. Si elle avait pu vivre jusqu'aux premières herbes... Au printemps, elle ne serait pas morte. Elle ne... *(Elle ne va pas jusqu'au bout de sa phrase.)*

En classe, on nous apprenait surtout à aimer le camarade Staline. Ma première lettre, c'est à lui que je l'ai écrite, au Kremlin. Voici comment cela s'est passé : dès que nous avons su écrire, on nous a distribué des feuilles blanches, et on nous a dicté une lettre à notre Guide bien-aimé. Nous l'aimions beaucoup, nous étions sûrs qu'il allait nous répondre et nous envoyer des cadeaux. Plein de cadeaux ! On contemplait son portrait, il nous paraissait si beau ! Le plus bel homme de la terre ! Nous nous disputions même pour savoir qui donnerait combien d'années de sa vie pour une seule journée de la vie du camarade Staline. Le 1er Mai, on nous distribuait des fanions rouges, et nous défilions en les agitant joyeusement. Comme j'étais la plus petite, j'étais la dernière dans les rangs, et j'avais toujours peur qu'il n'y ait pas assez de fanions. On nous répétait tout le temps : "Votre maman, c'est la Patrie !" Et nous demandions à tous les adultes que nous croisions : "Elle est où, ma maman ? Elle est comment, ma maman ?" Personne ne les connaissait... La première maman qui est venue, c'est celle de Rita Melnikova. Elle avait une voix merveilleuse, elle nous chantait des berceuses : "Dors, ma joie, endors-toi ! Les lumières sont éteintes, pas une porte ne grince, la souris dort derrière le poêle..." Nous ne connaissions pas de berceuses, et cette chanson s'est gravée dans nos mémoires. On lui disait : "Encore, encore !" Je ne me souviens pas quand elle a arrêté de chanter, nous nous étions tous endormis. Elle nous disait que nos mamans étaient gentilles, qu'elles étaient belles. Que toutes les mamans étaient belles. Que toutes, elles chantaient cette chanson. Alors nous les attendions... Ensuite, la déception a été terrible. Elle nous avait menti. D'autres mamans sont venues, elles étaient laides, malades, elles ne savaient pas chanter. Et on pleurait... on pleurait à chaudes larmes. Non de joie de les voir, mais de déception. Depuis, je déteste les mensonges. Je n'aime pas les rêves. Il ne fallait pas nous consoler avec des mensonges, il ne fallait pas nous mentir, nous dire : ta maman est vivante, elle n'est pas morte. Après, on découvrait qu'elle n'était pas belle, ou bien qu'on n'avait pas de maman du tout...

Nous étions tous très silencieux. Je ne me souviens pas de nos conversations. Je ne me souviens que de contacts physiques. Quand mon amie Valia Knorina me touchait, je savais à quoi elle pensait, parce que nous pensions tous à la même chose. Nous savions les uns sur les autres des choses très intimes : qui faisait pipi au lit, qui criait dans son sommeil, qui zozotait. Moi, je n'arrêtais pas de redresser une de mes dents avec une cuillère. Quarante lits en fer dans la même pièce... Le soir, on nous disait : "Mains jointes sous la joue ! Tous sur le côté droit !" Nous devions nous exécuter tous en même temps. Ensemble. Nous formions une communauté, c'était peut-être une communauté d'animaux, de cafards, mais c'est ainsi qu'on m'a élevée. Et je suis toujours comme ça... *(Elle se tourne vers la fenêtre pour que je ne voie pas son visage.)* La nuit, une fois couchés, on commençait à pleurer. Tous ensemble. "Nos gentilles mamans sont arrivées..." Une fillette disait : "Je n'aime pas ma maman ! Pourquoi elle ne vient pas me voir ?" Moi aussi, j'en voulais à ma maman. Et le matin, on chantait en chœur... *(Elle fredonne.)*

Les tendres rayons du soleil
Caressent les murs du vieux Kremlin,

Notre grand pays s'éveille
Dans la douceur du matin…

C'est une jolie chanson. Aujourd'hui encore, je la trouve jolie. Notre fête préférée, c'était le 1ᵉʳ Mai. Ce jour-là, on nous distribuait des robes et des manteaux neufs. Tous exactement pareils. Alors on essayait de se les approprier, on faisait une petite marque, ne serait-ce qu'un nœud ou un pli, pour montrer que c'était à nous… que c'était une partie de nous. On nous disait que notre famille, c'était la Patrie, qu'elle pensait à nous. Devant tous les enfants alignés dans la cour, on hissait un grand drapeau rouge et on battait le tambour. Une fois, un général est venu nous féliciter. C'était merveilleux ! Pour nous, tous les hommes se divisaient en soldats et en officiers, et celui-là était un général ! Avec des bandes sur son pantalon. Nous avons grimpé sur le rebord de la fenêtre pour le voir monter dans sa voiture et nous dire au revoir de la main. "Tu sais ce que c'est, un papa ?" m'avait demandé un soir Valia Knorina. Je ne savais pas. Elle non plus. *(Elle se tait.)* Il y avait Stiopka… Il s'enlaçait avec ses bras et dansait dans le couloir comme s'il était avec quelqu'un. Il dansait avec lui-même. On trouvait ça drôle, mais lui, il ne faisait attention à personne. Et puis un matin, il est mort, il n'était pas malade, et il est mort, d'un seul coup. Nous avons pensé à lui pendant longtemps… On disait que son papa était un grand chef militaire, un général, lui aussi. Après, j'ai commencé à avoir des cloques sous les bras, moi aussi, quand elles crevaient, cela faisait si mal que j'en pleurais. Igor Koroliov m'a embrassée dans un placard. On était en sixième. Et puis j'ai guéri, je m'en suis sortie. Encore une fois… *(Sa voix se brise, elle crie presque.)* Vous croyez que cela intéresse quelqu'un aujourd'hui ? Qui, hein ? Dites-moi qui ! Ça fait longtemps que cela n'intéresse plus personne, tout le monde s'en fiche. Notre pays n'existe plus et il n'existera plus jamais, mais nous, on est toujours là… Vieux, repoussants… Avec nos horribles souvenirs et nos yeux de bêtes traquées… Nous existons ! Que reste-t-il aujourd'hui de notre passé ? Juste que Staline a arrosé cette terre de sang, que Khrouchtchev y a planté du maïs, et que tout le monde se moquait de Brejnev. Et nos héros ? Maintenant, dans les journaux, on dit que Zoïa Kosmodemianskaïa[1] souffrait de schizophrénie à la suite d'une méningite contractée dans son enfance, et que c'était une pyromane. Une malade mentale. Qu'Alexandre Matrossov s'est jeté sous le feu d'une mitrailleuse ennemie non pour sauver ses camarades, mais parce qu'il était ivre. Et Pavel Kortchaguine[2] n'est plus un héros... Ce sont des zombies soviétiques! *(Elle se calme un peu.)* Moi, je continue à rêver du camp. Aujourd'hui encore, je ne peux pas voir un berger allemand sans trembler, j'ai peur des gens en uniforme... *(À travers ses larmes.)* Je n'en pouvais plus... J'ai allumé le gaz, j'ai ouvert les quatre brûleurs, j'ai fermé le vasistas et j'ai tiré les rideaux. Je n'ai plus rien qui me... qui fasse que j'aie peur de mourir... *(Elle se tait.)* Quand on a encore quelque chose qui vous retient... Comme l'odeur d'un bébé, par exemple... Je n'ai même pas d'arbre sous ma fenêtre, juste des toits... *(Elle se tait.)* J'ai posé un bouquet de fleurs sur la table, j'ai allumé la radio... Je me suis retrouvée par terre, j'étais allongée sur le sol... et c'était encore au camp que je pensais... Je franchissais le portail, un portail en fer, et il se refermait derrière moi en grinçant. J'étais libre, on m'avait libérée. J'avançais en me répétant qu'il ne fallait pas regarder en arrière. Je mourais de peur que quelqu'un me coure après et me fasse revenir. Qu'il faille retourner là-bas. Au bout de quelques pas, j'ai vu un bouleau près de la route. Un bouleau ordinaire... J'ai couru vers lui, je l'ai serré dans mes bras et je me suis collée contre lui, à côté, il y avait un buisson, lui aussi je l'ai serré dans mes bras. La première année, tout me procurait un tel bonheur! *(Elle garde le silence un long moment.)* Une voisine a senti l'odeur du gaz... La milice a défoncé la porte... J'ai repris conscience à l'hôpital, et ma première pensée a été : Où suis-je? Au camp? C'était comme si je n'avais jamais eu une autre vie, comme si je n'avais rien connu d'autre. Ce sont d'abord les bruits qui sont revenus et ensuite, j'ai senti la douleur... Tout me faisait mal : le

---

1. Jeune komsomole résistante pendue par les nazis à l'âge de dix-huit ans pendant la guerre, elle faisait partie du panthéon des jeunes héros de l'Union soviétique. Alexandre Matrossov était lui aussi un jeune héros de la guerre de 1940.
2. Voir note 3, p. 70.

moindre mouvement, respirer, bouger la main, ouvrir les yeux. Le monde, c'était mon corps. Ensuite, ce monde s'est agrandi, il s'est étiré vers le haut : j'ai vu une infirmière en blouse blanche, le plafond blanc... J'ai mis très longtemps à revenir. À côté de moi, il y avait une jeune fille qui agonisait, elle a mis plusieurs jours à mourir, elle était pleine de tuyaux, elle en avait un dans la bouche, elle ne pouvait même pas crier. On n'a pas pu la sauver, je ne sais pas pourquoi. Je regardais ces tuyaux, et je me représentais tout en détail... Voilà, je suis allongée là... Je suis morte... Mais je ne sais pas que je suis morte et que je n'existe plus. Je suis déjà allée là-bas... *(Elle s'arrête.)* Vous n'en avez pas assez ? Non ? Dites-le-moi, je peux me taire...

Maman... Maman est venue me chercher quand j'étais en cinquième. Elle avait passé douze ans dans un camp, on avait vécu ensemble pendant trois ans, et on avait été séparées pendant neuf ans. Elle était envoyée en relégation, et elle était autorisée à m'emmener. C'était un matin... Je marchais dans la cour quand quelqu'un m'a appelée : "Ania ! Anietchka !" Personne ne m'appelait comme ça, on ne nous appelait jamais par nos prénoms. J'ai vu une femme aux cheveux noirs, et j'ai hurlé : "Maman !" Elle m'a serrée dans ses bras en criant, elle aussi : "On dirait son papa !" Je ressemblais beaucoup à mon père quand j'étais petite. Quel bonheur ! Que d'émotions, que de joies ! Pendant quelques jours, j'en avais la tête qui tournait, plus jamais je n'ai éprouvé un bonheur pareil. Toutes ces émotions... Mais très vite... Très vite, il s'est avéré que nous ne nous comprenions pas du tout, maman et moi. Nous étions des étrangères l'une pour l'autre. J'avais hâte d'entrer aux komsomols pour lutter contre des ennemis invisibles qui voulaient détruire notre vie si merveilleuse. Maman me regardait en pleurant... Elle ne disait rien. Elle avait tout le temps peur. À Karaganda, on nous a délivré des papiers et on nous a envoyés en relégation dans la ville de Biélovo. C'est très loin, bien au-delà de Omsk. Au fin fond de la Sibérie... Nous avons mis un mois pour arriver là-bas. Les voyages en train, l'attente, les changements. En chemin, nous nous présentions au NKVD, et on nous envoyait toujours plus loin : interdiction de s'installer dans les zones frontalières, près des installations militaires, près des grandes villes. Il y avait toute une longue liste de ces endroits interdits. Aujourd'hui encore, je ne supporte pas de voir des lumières aux fenêtres, le soir. La nuit, on nous chassait des gares et nous marchions dans les rues. Des bourrasques de neige, un froid glacial. Des lampes étaient allumées dans les maisons, il y avait des gens qui vivaient au chaud, qui se faisaient du thé. Il fallait frapper aux portes... C'était le plus terrible... Personne ne voulait nous héberger pour la nuit. "On sent l'odeur des camps", disait maman. *(Elle pleure sans même s'en rendre compte.)* À Biélovo, nous avons habité chez des gens, dans un abri creusé sous terre. Ensuite nous avons habité dans un autre abri, mais cette fois, nous étions chez nous. J'avais attrapé la tuberculose, je ne tenais pas sur mes jambes tant j'étais faible, j'avais des quintes de toux terribles. En septembre... C'était la rentrée des classes, mais je ne pouvais pas marcher. J'ai été hospitalisée. Je me souviens qu'à l'hôpital, il y avait tout le temps quelqu'un qui mourait. Sonia, Vania, Slavik... Les morts ne me faisaient pas peur, mais je n'avais pas envie de mourir. Je brodais très bien, je dessinais aussi, et tout le monde me complimentait : "Comme tu es douée! Il faut que tu continues..." Et je me disais : "Alors pourquoi je dois mourir?" Et je m'en suis sortie, par je ne sais quel miracle... Un jour, j'ai ouvert les yeux, et j'ai vu une branche de merisier sur ma table de nuit. Je ne sais pas qui l'avait apportée, mais j'ai compris que j'allais vivre... Je suis rentrée à la maison, dans notre abri souterrain. Entre-temps, maman avait eu une nouvelle attaque. Je ne l'ai pas reconnue... J'ai vu une vieille femme. On l'a emmenée à l'hôpital le jour même. Il n'y avait rien à manger à la maison, mais je n'ai osé le dire à personne... Quand on m'a retrouvée par terre, c'était à peine si je respirais. Quelqu'un m'a apporté un gobelet de lait de chèvre tiède... Toute ma vie, toute ma vie, j'ai été à deux doigts de mourir, et j'ai survécu... *(Elle se tourne de nouveau vers la fenêtre.)* Une fois que j'ai eu repris un peu de force, la Croix-Rouge m'a acheté un billet et on m'a mise dans un train... On m'a renvoyée dans ma ville natale, à Smolensk. À l'orphelinat. Et je suis rentrée chez moi. *(Elle pleure.)* Je ne sais pas pourquoi je pleure. Je la connais déjà, ma vie... Je la connais bien...

À seize ans, j'ai commencé à avoir des amis, des soupirants... *(Elle sourit.)* Il y avait de beaux garçons qui me faisaient la cour.

Des adultes. Mais j'avais quelque chose de bizarre : dès que je plaisais à quelqu'un, j'étais paniquée. Cela m'angoissait d'être remarquée, distinguée. Il était impossible de me faire la cour, j'emmenais toujours une amie avec moi aux rendez-vous. Si on m'invitait au cinéma, j'y allais aussi avec quelqu'un. À mon premier rendez-vous avec mon futur mari, je suis venue accompagnée de deux amies. Il m'en a souvent reparlé après...

Le jour de la mort de Staline... On avait mis tout l'orphelinat en rangs et on avait descendu le drapeau rouge. Nous sommes restés au garde-à-vous tout le temps qu'ont duré les funérailles, pendant six ou huit heures... Certains se sont évanouis. Je pleurais... Je savais comment vivre sans maman. Mais sans Staline ?... Je ne sais pas pourquoi, j'avais peur qu'il y ait la guerre... *(Elle pleure.)* Au bout de quatre ans, alors que je faisais déjà des études d'architecture, maman est rentrée de relégation. Pour toujours. Elle est arrivée avec une petite valise en bois qui contenait une gamelle en zinc (je l'ai toujours quelque part, je n'arrive pas à la jeter), deux cuillères en aluminium, et un monceau de bas troués. "Tu n'es pas une bonne ménagère, me disait-elle. Tu ne sais pas repriser." Je savais repriser, mais je comprenais que ces trous-là ne pourraient jamais être ravaudés. Par aucune couturière au monde... J'avais une bourse de dix-huit roubles et maman une retraite de quatorze roubles. Pour nous, c'était le paradis : du pain à volonté, et nous avions encore de quoi acheter du thé. Je possédais une tenue de sport et une robe d'indienne que je m'étais faite moi-même. En hiver et en automne, j'allais à l'institut dans mon costume de sport. Et il me semblait... J'avais l'impression que nous avions tout ce qu'il fallait. Lorsque j'allais dans une maison normale, chez des gens normaux, j'avais la tête qui tournait : à quoi bon posséder tant de choses ? Tant de cuillères, de fourchettes, de tasses. J'étais abasourdie par les choses les plus simples... Par exemple, pourquoi avoir deux paires de chaussures ? Aujourd'hui encore, les vêtements et les objets de la vie quotidienne me laissent indifférente. Hier, ma belle-fille m'a appelée pour me dire qu'elle cherchait une cuisinière marron. Elle est en train de refaire toute sa cuisine en marron – les meubles, les rideaux, la vaisselle. Comme dans les magazines étrangers. Elle passe des heures au téléphone. Son appartement est rempli de publicités et de journaux, elle lit toutes les petites annonces. Je veux ça! Et ça aussi! Avant, toutes les maisons étaient meublées modestement, de façon générale, les gens vivaient simplement. Mais maintenant? L'homme est devenu un ventre... Un estomac. Je-veux-je-veux-je-veux!... *(Elle fait un geste d'impuissance.)* Je vais rarement chez mon fils. Tout est neuf et luxueux chez eux. On se croirait dans un bureau. *(Elle se tait.)* Nous sommes des étrangers. Des proches étrangers... *(Elle se tait.)* J'aimerais avoir des souvenirs de maman jeune. Mais je n'en ai pas... Je ne me souviens d'elle que malade. Pas une seule fois nous ne nous sommes embrassées, nous n'avons jamais échangé de baisers, de mots tendres... Nos mères nous ont perdus deux fois : la première quand on nous a arrachés à elles petits, et la seconde quand elles nous ont retrouvés une fois adultes. Nous étions des étrangers pour elles, on leur avait changé leurs enfants... Ils avaient été élevés par une autre mère. "Votre mère, c'est la Patrie! – Où est ton papa, mon petit? – Il est toujours en prison. – Et ta maman? – Elle est déjà en prison." Nous n'imaginions nos parents qu'en prison. Quelque part loin, très loin... Jamais près de nous. À un moment, je voulais m'enfuir de chez ma mère pour retourner à l'orphelinat. Que voulez-vous... Elle ne lisait pas les journaux et n'allait pas aux manifestations, elle n'écoutait pas la radio. Elle n'aimait pas les chansons qui faisaient bondir mon cœur. *(Elle fredonne.)* "Jamais l'ennemi ne te fera courber la tête, Moscou, mon amour, mon adorée..." Moi, j'étais attirée par la rue. J'assistais aux parades militaires, j'aimais les grandes manifestations sportives. Je me souviens encore de cet élan! On marche au pas avec tout le monde, on fait partie de quelque chose de grand... d'immense... Là, j'étais heureuse. Mais pas avec maman. Et ça, je ne pourrai jamais le rattraper. Maman est morte très vite. Je ne l'ai caressée et embrassée qu'une fois morte. Quand je l'ai vue dans son cercueil, j'ai soudain senti se réveiller en moi une telle tendresse, un tel amour! Elle était couchée là, avec ses vieilles bottes de feutre... Elle n'avait ni chaussures ni pantoufles, et je n'avais pas pu lui mettre les miennes, ses pieds étaient trop enflés. Que de mots tendres je lui ai dits alors, que de déclarations je lui ai faites... Les a-t-elle entendus? Je la couvrais de

baisers, je lui disais à quel point je l'aimais... *(Elle pleure.)* Je sentais qu'elle était encore là... J'y croyais !
(Elle va dans la cuisine, puis m'appelle : "Le repas est servi. Je suis toujours seule, pour une fois, j'ai envie de manger avec quelqu'un.")
Il ne faut jamais retourner dans son passé... Mais moi, j'y allais sans arrêt. J'en avais tellement envie... Pendant cinquante ans... J'y suis retournée pendant cinquante ans... Le jour en pensée, et la nuit en rêve.
Je rêvais surtout de l'hiver... Quand il fait un froid si glacial qu'on ne voit plus aucun chien, aucun oiseau. L'air est cassant comme du verre, et la fumée des cheminées monte vers le ciel comme une colonne. Ou alors, c'est la fin de l'été, l'herbe ne pousse plus, elle est couverte d'une poussière lourde. Et finalement, je... j'ai décidé d'y aller. C'était déjà la perestroïka. Gorbatchev, les meetings... On manifestait dans les rues, les gens étaient tout contents. On pouvait écrire ce qu'on voulait, crier ce qu'on voulait, où on voulait. La li-ber-té ! Peu importait l'avenir qui nous attendait, le passé, lui, était terminé. On attendait quelque chose d'autre... Il y avait de l'impatience dans l'air... Et aussi de la peur. Pendant longtemps, j'avais peur d'allumer la radio le matin : et si tout était terminé ? Si on avait mis fin à tout ça ? Je n'arrivais pas à y croire. Ils allaient débarquer en pleine nuit, ils emmèneraient les gens dans un stade. Comme cela s'était passé au Chili... Un seul stade suffirait pour tous les "petits malins", les autres se tairaient d'eux-mêmes. Mais personne n'est venu... personne ne nous a emmenés... Les journaux ont commencé à publier des souvenirs de détenus du Goulag. Avec leurs photos. Ces yeux ! Les yeux de ces gens ! On aurait dit qu'ils vous regardaient depuis l'au-delà. *(Elle se tait.)* Et j'ai décidé que je voulais... que je devais aller là-bas. Dans quel but ? Je n'en sais rien. Mais il le fallait... J'ai pris un congé. Une semaine a passé, deux semaines... Je n'arrivais pas à me décider, je trouvais toutes sortes de prétextes : aller chez le dentiste, repeindre la porte-fenêtre du balcon. Des bêtises... Et un matin... J'étais en train de peindre la porte-fenêtre et je me suis dit : "Demain, je vais à Karaganda." J'ai dit ça à voix haute, je m'en souviens, et j'ai su que j'allais y aller. Un point c'est tout. C'est quoi, Karaganda ? Une steppe vide et nue sur des centaines de kilomètres, tout est brûlé en été. Sous Staline, on avait construit des dizaines de camps dans cette steppe : le Steplag,

le Karlag, Aljir… le Pestchanlag… On y avait amené des centaines de milliers de *zeks*[1]. D'esclaves soviétiques. Quand Staline est mort, on a détruit les baraques, on a enlevé les barbelés, et c'est devenu une ville. La ville de Karaganda… Voilà où j'allais… C'est un long voyage. Dans le train, j'ai fait la connaissance d'une femme, une institutrice qui venait d'Ukraine. Elle cherchait la tombe de son père, c'était la deuxième fois qu'elle se rendait à Karaganda. "Ne t'en fais pas, m'a-t-elle dit. Là-bas, ils ont l'habitude de voir débarquer du monde entier des gens bizarres qui parlent avec les pierres." Elle avait une lettre de son père, la seule lettre qu'ils avaient reçue des camps. "… Il n'y a tout de même rien de mieux au monde que notre drapeau rouge…" Elle se terminait comme ça. Par ces mots-là. *(Elle devient songeuse.)* Cette femme… Elle m'a raconté comment son père avait signé des aveux et reconnu qu'il était un espion polonais. Le juge d'instruction avait retourné un tabouret, il avait planté un clou dans l'un des pieds, il avait fait asseoir son père dessus et l'avait fait tourner sur son axe. C'est comme ça qu'il avait obtenu ses aveux. "D'accord, je suis bien un espion." Le juge d'instruction avait voulu savoir pour le compte de qui. Son père avait demandé pour qui on espionnait généralement. On lui a donné le choix entre les Allemands et les Polonais. Il a choisi les Polonais… Il connaissait quatre mots de polonais : *dziękuję bardzo* et *wszystko jedno*[2]. Quatre mots. Moi… Moi, je ne sais rien de mon père. Une fois, maman a laissé échapper qu'il était devenu fou sous la torture… Il paraît qu'il chantait tout le temps… Il y avait un jeune homme avec nous dans le compartiment. Nous avons passé toute la nuit à parler, à pleurer… Et au matin, le jeune homme a dit en nous regardant : "C'est atroce, vos histoires! On se croirait dans un film d'horreur!" Il avait dix-huit ou vingt ans. Seigneur! Tout ce que nous avons traversé… Et nous ne pouvons raconter cela à personne. Juste en parler entre nous.

Quand nous sommes arrivés à Karaganda, quelqu'un a dit pour plaisanter : "Tout le monde dehors! Avec ses affaires[3]!" Certains

---

1. Voir note 2, p. 136.
2. "Merci beaucoup" et "cela m'est égal".
3. Formule consacrée pour faire sortir les détenus. Pour un Russe, elle évoque immédiatement les camps.

riaient, d'autres pleuraient… Dans la gare… Les premiers mots que j'ai entendus, c'étaient "Traînée… Pétasse… Enculés"… La langue familière des camps. Les mots me sont revenus tout de suite. D'un seul coup. J'ai été prise de frissons. Je n'arrivais pas à maîtriser ces tremblements intérieurs. Quelque chose a grelotté en moi pendant tout le temps que j'ai passé là-bas. Je n'ai pas reconnu la ville, bien sûr, mais juste après les derniers immeubles commençait un paysage familier. J'ai tout retrouvé… C'était la même *stipa* desséchée, la même poussière blanche… Et un aigle, très haut dans le ciel… Les villages avaient des noms familiers… Volny, Sangorodok… C'étaient tous des anciens camps. Je croyais que j'avais oublié, mais je me souvenais de tout. Dans l'autobus, un vieillard s'est assis à côté de moi, il a compris que je n'étais pas du coin. "Vous cherchez qui? – Euh… Il y avait bien un camp, ici? – Vous parlez des baraques? On a détruit les dernières il y a deux ans. Avec les briques, les gens se sont construit des remises, des saunas. Les terrains ont été vendus pour y construire des datchas. On se sert des barbelés pour délimiter les potagers. Mon fils a un terrain ici. Eh bien, vous savez, ce n'est pas très agréable… Au printemps, avec la fonte des neiges et les pluies, des ossements remontent au milieu des pommes de terre. Ça ne dérange personne, on a l'habitude. Ici, les os, c'est comme les cailloux, il y en a partout… On les jette le long des terrains, on marche dessus… On les piétine. On est habitués! Dès qu'on commence à creuser, ça grouille littéralement…" J'avais le souffle coupé, j'ai cru que j'allais m'évanouir. Le vieux s'est tourné vers la fenêtre : "Tenez, là-bas, derrière ce magasin, ils ont comblé un cimetière. Et là-bas aussi, derrière les bains." Je n'arrivais plus à respirer. À quoi m'étais-je attendue? À voir des pyramides? Des monuments funéraires? La première ligne était devenue la rue je ne sais quoi… Et la deuxième ligne aussi… Je regardais par la fenêtre, mais je ne voyais rien, j'étais aveuglée par les larmes. Aux arrêts d'autobus, des Kazakhes vendaient des concombres, des tomates… Des seaux entiers de cassis. "Ça vient de mon potager! Je les ai cueillis dans mon jardin!" Seigneur Dieu… Je dois dire que… Je n'arrivais plus à respirer, c'était physique. Il se produisait quelque chose en moi. Au bout de quelques jours, j'avais la peau toute desséchée, et mes ongles sont devenus cassants. Quelque chose se passait dans mon organisme. J'aurais voulu me coucher par terre et rester là, sans bouger. Ne plus jamais me relever. La steppe… C'est comme la mer… J'ai marché, marché pendant des heures et j'ai fini par m'effondrer à côté d'une petite croix en métal profondément enfoncée dans la terre. Je hurlais, j'ai fait une crise d'hystérie. Il n'y avait personne autour… Rien que des oiseaux. *(Après une courte pause.)* J'étais descendue dans un hôtel. Le soir, au restaurant, il y avait un vacarme infernal… Les gens buvaient de la vodka… J'ai dîné là une fois… À ma table, deux hommes ont commencé à discuter, ils hurlaient à s'en casser la voix. Le premier disait : "Je suis toujours communiste. Il fallait bien construire le socialisme! Sans Magnitka et Vorkouta[1], qui aurait cassé les reins à Hitler?" Le deuxième : "Moi, j'ai discuté avec des vieux du coin, ils ont tous travaillé ou servi, je ne sais pas comment dire, dans les camps… Comme cuisiniers, gardiens, ou dans les troupes spéciales… Il n'y avait pas d'autres emplois ici, et ça nourrissait bien son homme : on avait droit à un salaire, à des rations de nourriture et à un équipement. Le camp, pour eux, c'était un travail! Ils étaient des fonctionnaires. Et vous venez me parler de crimes! De l'âme et du péché. Ceux qui étaient enfermés, c'était le peuple. Et ceux qui les envoyaient dans les camps et qui les gardaient, c'était aussi le peuple, pas des occupants ni des gens venus d'ailleurs, non. Le même peuple. Le nôtre. Notre peuple à nous. Maintenant, tout le monde a enfilé une tenue de bagnard. Ils sont tous des victimes. Le seul coupable, c'est Staline. Mais réfléchissez un peu… C'est une simple question d'arithmétique. Ces millions de *zeks*, il fallait les traquer, les arrêter, les interroger, les transporter, leur tirer dessus s'ils sortaient des rangs. Il y avait bien des gens pour le faire! On les a bien trouvés, ces millions d'exécutants…" Le serveur leur a apporté une bouteille, une autre… Et moi, je les écoutais. Ils buvaient beaucoup, mais ils n'étaient pas ivres. J'étais comme paralysée, je ne pouvais pas m'en aller… Le premier : "On m'a raconté que la nuit, alors que les baraques étaient déjà vides et condamnées, on entendait des cris et des gémissements qui venaient de là-bas…" Le deuxième : "C'est du délire! Toute une mythologie est en train de naître…

---

1. Magnitka est le nom donné au combinat métallurgique de Magnitogorsk, construit par des détenus. Le camp de Vorkouta était lui aussi tristement célèbre.

Notre drame, c'est que chez nous, les victimes et les bourreaux, ce sont les mêmes personnes." Et aussi : "Staline a trouvé la Russie avec une charrue, et il l'a laissée avec la bombe atomique…" Je n'ai pas fermé l'œil pendant trois jours et trois nuits. Je marchais, je marchais dans la steppe toute la journée, jusqu'au soir, jusqu'aux premières lumières.

Une fois, j'ai été prise en voiture par un homme d'une cinquantaine d'années ou peut-être plus, comme moi. Il avait bu, il était très bavard. "Vous cherchez des tombes ? Je comprends, on vit dans un cimetière, ça, on peut le dire ! Mais nous, on n'aime pas trop penser au passé. C'est tabou ! Les vieux sont morts, c'étaient nos parents, et ceux qui sont encore vivants se taisent. Ils ont reçu une éducation stalinienne, vous savez. Gorbatchev, Eltsine… Ça, c'est aujourd'hui… Mais qui peut savoir ce qu'il y aura demain ? Quel tour ça va prendre…" Petit à petit, j'ai appris que son père était un officier "galonné". Sous Khrouchtchev, il avait voulu partir d'ici, mais on ne l'y avait pas autorisé. Tout le monde s'engageait par écrit à ne pas révéler les secrets d'État, ceux qui avaient fait de la prison comme ceux qui les y avaient envoyés et ceux qui les gardaient. On ne pouvait laisser partir personne, ils en savaient tous beaucoup trop. Il avait même entendu dire qu'on ne laissait pas repartir ceux qui avaient accompagné les convois de détenus. Bon, c'est vrai, ici, ils échappaient à la guerre, mais la guerre, on peut en revenir, tandis que d'ici, jamais… La zone, le système, les engloutissaient pour toujours. Les seuls qui pouvaient quitter ces lieux maudits une fois leur peine purgée étaient les truands et les criminels. Les bandits. Les autres vivaient ensuite tous ensemble, parfois dans le même immeuble, le même pâté de maisons. Il n'arrêtait pas de répéter : "Ah, je vous jure, la vie, c'est pas de la tarte !" Il a évoqué des souvenirs d'enfance… Comment d'ex-détenus s'étaient concertés pour étrangler un ancien maton qui s'était montré d'une cruauté bestiale. Quand ils étaient ivres, ils organisaient de véritables batailles rangées. Son père buvait comme un trou. Quand il était soûl, il gémissait : "P… de m…! Toute notre vie, on a été obligés de la fermer ! On n'est rien que des grains de sable…" C'était la nuit. Nous roulions tous les deux dans la steppe, moi, la fille d'une victime et lui, le fils d'un… Comment appeler ça ? Un bourreau ? Un petit bourreau… Les grands bourreaux ne peuvent pas se passer des petits. Il faut beaucoup de petits bourreaux pour faire le sale travail. Et voilà. Nous nous étions rencontrés, et de quoi parlions-nous ? Du fait que nous ne savons rien de nos parents, ils se sont tus jusqu'à leur mort. Ils ont emporté leurs secrets avec eux. Mais j'avais manifestement produit une certaine impression sur cet homme, j'avais remué quelque chose en lui. Il m'a raconté que son père ne mangeait jamais de poisson parce qu'il disait que les poissons pouvaient se nourrir de chair humaine. Quand on jette un homme tout nu à la mer, au bout de quelques mois, il n'en reste plus que des os bien nettoyés. Bien blancs. Comment savait-il cela ? Quand il était à jeun, il ne parlait pas, mais quand il avait bu, il jurait ses grands dieux qu'il avait toujours travaillé dans des bureaux. Qu'il avait les mains propres… Sans une tache de sang… Son fils aurait voulu le croire. Mais alors, pourquoi ne mangeait-il pas de poisson ? Cela lui donnait la nausée… Après la mort de son père, il avait trouvé des papiers prouvant qu'il avait travaillé pendant plusieurs années près de la mer d'Okhotsk. Là-bas aussi, il y avait des camps… *(Elle se tait.)* Mon chauffeur avait un coup dans l'aile, et cela lui avait délié la langue… Puis il m'a regardée, il m'a tellement regardée que cela l'a dessoûlé, et il a eu peur. J'ai compris qu'il avait peur. Brusquement, il est devenu hargneux, il a crié quelque chose comme : "Bon, ça suffit ! Assez déterré les cadavres !" Et j'ai compris que… Les enfants, personne ne leur a jamais fait signer de papiers, mais ils comprennent tout seuls qu'il faut se taire. En me quittant, il m'a tendu la main. Je ne l'ai pas prise… *(Elle fond en larmes.)*

J'ai cherché, cherché jusqu'au dernier jour… Et le dernier jour, quelqu'un m'a dit : "Allez donc voir la vieille Katérina Demtchouk. Elle va sur ses quatre-vingt-dix ans, mais elle se souvient de tout." On m'a amenée chez elle. Une maison en briques avec une grande palissade. J'ai frappé. Elle est sortie. Une très vieille femme, presque aveugle. "On m'a dit que vous aviez travaillé à l'orphelinat ? – Oui, j'étais éducatrice. – Nous n'avions pas d'éducatrices, nous avions des commandantes." Elle n'a pas répondu. Elle s'est éloignée et s'est mise à arroser son potager avec un tuyau d'arrosage. Je suis restée là… Je ne m'en allais pas… Alors elle m'a fait entrer chez elle à contrecœur. Il y avait un crucifix dans l'entrée, et une icône dans un coin. Je me suis souvenue de sa voix… Pas de son visage, de sa voix… "Ta maman est une ennemie. On a le droit de vous taper dessus et même de vous tuer!" Je l'avais reconnue… Ou bien je voulais la reconnaître? J'aurais pu ne pas lui poser la question, mais je l'ai fait. "Vous vous souvenez peut-être de moi? – Non, non… Je ne me souviens de personne. Vous étiez petits, vous ne grandissiez pas. Et nous, on avait des instructions." Elle a fait du thé, elle a servi des craquelins. Je l'ai écoutée se plaindre : son fils était alcoolique, ses petits-fils aussi buvaient. Son mari était mort depuis longtemps, elle avait une toute petite retraite. Elle avait mal au dos. Ce n'était pas drôle de vieillir. Et je me disais : voilà, nous nous retrouvons au bout de cinquante ans… Je m'imaginais que c'était elle… Je m'étais représenté la scène… Nous étions l'une en face de l'autre. Et alors? Moi aussi, j'avais perdu mon mari, moi aussi, j'avais une toute petite retraite, moi aussi j'avais mal au dos… Nous étions vieilles, et voilà tout. *(Elle garde le silence un long moment.)*

Je suis repartie le lendemain… Que me restait-il? Du désarroi, et de la rancune… Mais je ne savais pas contre qui. Et je continue à rêver de la steppe, tantôt sous la neige, tantôt couverte de coquelicots rouges. Là où se trouvaient les baraques, il y a un café, ailleurs, ce sont des datchas. Des vaches qui broutent. Je n'aurais pas dû y retourner. Non! Tant de larmes amères, tant de souffrances… À quoi bon? Pourquoi tout cela a-t-il existé? D'ici vingt ou cinquante ans, tout sera piétiné, réduit en poussière, ce sera comme si nous n'avions jamais existé. Il restera deux lignes dans un manuel d'histoire. Un paragraphe. La mode de Soljénitsyne, de l'histoire vue par ses yeux, est déjà en train de passer. Avant, on allait en prison pour *L'Archipel du Goulag*. On le lisait en secret, on le tapait à la machine, on le recopiait à la main. Je croyais… J'étais sûre que si des milliers de gens le lisaient, tout serait différent. Que viendrait le temps du repentir et des larmes. Et que s'est-il passé? On a publié tout ce qui s'écrivait en secret, on a dit à voix haute tout ce qu'on pensait tout bas. Et alors? Ces livres se couvrent de poussière chez les bouquinistes. Les gens n'y font plus attention… *(Elle se tait.)* Nous sommes là, et nous n'existons pas… Même la rue dans laquelle j'habitais autrefois n'existe plus. C'était la rue Lénine. Maintenant, tout est différent : les vêtements, les gens, l'argent. De nouveaux mots. Il y avait des camarades et, maintenant, il y a des messieurs, mais on a du mal à s'y faire, chez nous. Tout le monde se cherche des racines nobles. C'est la grande mode! Des princes et des comtes sortent d'on ne sait où. Alors qu'avant, on était fier d'être d'une famille de paysans ou d'ouvriers. Tout le monde fait le signe de croix et observe le carême. On discute avec le plus grand sérieux pour savoir si la monarchie pourrait sauver la Russie. On aime le tsar, ce tsar qui était la tête de Turc de n'importe quelle écolière en 1917. Ce pays m'est étranger. Complètement étranger! Avant, quand on se réunissait entre amis, on discutait de livres, de spectacles... Maintenant, on parle de ce qu'on a acheté. Du cours des devises. Et on raconte des histoires drôles. Rien n'est épargné, on peut rire de tout. "Papa, c'était qui Staline? – C'était notre chef. – Je croyais que seuls les sauvages avaient des chefs!" À la radio arménienne, quelqu'un demande ce qui reste de Staline. Et la radio répond : "Deux caleçons, une paire de bottes, quelques tuniques militaires, dont une d'apparat, quatre roubles et quarante kopecks d'argent soviétique. Et un empire gigantesque." Deuxième question : "Comment les soldats russes ont-ils pu arriver jusqu'à Berlin?" Réponse : "Parce qu'ils avaient trop peur pour reculer." J'ai cessé de rendre visite à des gens. Et je ne sors presque plus dans la rue. Qu'est-ce qu'on voit dehors? Le règne de Mammon! La seule valeur qui reste, c'est celle du porte-monnaie. Et moi je suis pauvre. Nous sommes tous des pauvres, toute ma génération. Nous, les anciens Soviétiques... Nous n'avons pas de compte en banque ni de biens immobiliers. Tout ce que nous possédons est soviétique, ça ne vaut pas un kopeck. Notre seul capital, c'est nos souffrances, ce que nous avons vécu. Je possède deux attestations, sur des feuilles de cahier d'écolier : "... réhabilité..." et "... réhabilitée..." "... en l'absence de corps du délit...". Pour papa et pour maman. Avant... avant, j'étais fière de mon fils... Il était pilote dans l'armée, il a fait la guerre d'Afghanistan. Maintenant, il est vendeur sur un marché... Un commandant avec deux décorations! Il fait du commerce. Autrefois, on appelait ça de la spéculation, et maintenant, c'est du business. Il vend de la vodka et des cigarettes en Pologne, et il rapporte des fringues. De la camelote! Ou alors il vend de l'ambre en Italie, et il revient avec de la quincaillerie : des cuvettes de cabinet, des robinets, des ventouses. Pfff! Quand je pense qu'il n'y a jamais eu de commerçant dans la famille! On les méprisait! Je suis peut-être un débris d'*Homo sovieticus*, mais c'est mieux que ces trafics minables...

... Vous savez, je dois vous avouer qu'avant, les gens me plaisaient davantage... Ces gens-là, ils étaient comme moi... J'ai vécu avec ce pays toute son histoire. Mais celui qui existe maintenant, il ne m'est rien, ce n'est pas le mien. *(Je vois qu'elle est fatiguée. J'éteins le magnétophone. Elle me donne le numéro de téléphone de son fils.)* Tenez, vous me l'aviez demandé... Mon fils vous racontera sa version... Son histoire à lui... Je sais qu'il y a un abîme entre nous, c'est comme si des siècles nous séparaient... *(À travers ses larmes.)* Maintenant, laissez-moi. J'ai envie d'être seule.

LE FILS

Pendant longtemps, il m'interdit de mettre le magnétophone en marche. Et tout à coup, il me le propose lui-même : "Ça, vous pouvez l'enregistrer... Ce ne sont plus des histoires de famille, des conflits parents-enfants, c'est l'Histoire avec un grand H... Ne citez pas mon nom. Je n'ai pas peur, mais cela m'est désagréable."

... Vous savez déjà tout... Mais que peut-on dire de la mort? Rien de sensé. C'est quelque chose de totalement inconnu.

Aujourd'hui encore, j'aime bien les films soviétiques, ils ont quelque chose qu'on ne trouve pas dans les films d'aujourd'hui. Et ce "quelque chose" aussi, je l'aime bien, depuis que je suis tout petit. Mais je ne peux pas définir ce que c'est. J'étais passionné par l'histoire et je lisais beaucoup, tout le monde lisait beaucoup à cette époque... Des livres sur le *Tchéliouskine* et sur Tchkalov... Sur Gagarine et Koroliov[1]. Mais pendant longtemps, je n'ai rien su de l'année 1937[2]. Un jour, j'ai demandé à ma mère où était mort mon

---

1. Le *Tchéliouskine* est un navire pris par les glaces dans l'Arctique qui a coulé en 1934. L'épopée des aviateurs qui ont sauvé l'équipage est devenue légendaire. Valeri Tchkalov (1904-1938) était un célèbre pilote d'avion, Sergueï Koroliov (1907-1966), un ingénieur, est l'un des pères de l'astronautique soviétique. Arrêté en 1938, torturé et déporté à la Kolyma, il a été libéré en 1940 et a travaillé à la conception des fameuses Katioucha, puis sur le projet du vol de Gagarine dans l'espace.
2. C'est-à-dire l'année des grandes purges, apogée de la Terreur stalinienne.

grand-père. Elle s'est évanouie. Et mon père m'a dit : "Ne lui pose plus jamais cette question." J'étais un petit octobriste, un pionnier[1]. Peu importe si je croyais ou non à tout ça. Peut-être que j'y croyais. Il est plus probable que je n'y avais jamais réfléchi... J'ai été komsomol. Les chansons autour d'un feu de camp : "Si ton ami n'est plus ton ami, s'il devient ton ennemi..." Et ainsi de suite. *(Il allume une cigarette.)* Mon rêve? Je voulais être militaire. Voler! C'était prestigieux, magnifique. Toutes les filles rêvaient d'épouser un militaire. Mon écrivain préféré était Kouprine[2]. Être officier! Avoir un bel uniforme... Mourir en héros... Les virées entre hommes, l'amitié. C'était séduisant, on voyait cela avec l'enthousiasme de la jeunesse. Et les parents nous y encourageaient. J'ai été élevé d'après les livres soviétiques... "L'homme est plus grand que tout", "Un homme, cela sonne fièrement[3]!" On nous parlait d'un homme qui n'existe pas... Il n'existe pas dans la nature. Je ne comprends toujours pas pourquoi il y avait autant d'idéalistes à l'époque. Ils ont disparu maintenant. Quel idéal peut bien avoir la génération du Coca-Cola? Ce sont des pragmatiques. Après avoir terminé l'école militaire, j'ai servi au Kamtchatka. Sur la frontière. Là où il n'y a que de la neige et des montagnes. La seule chose que j'ai toujours aimée dans mon pays, c'est la nature. Les paysages... Ça, oui! Au bout de deux ans, on m'a envoyé à l'académie militaire, et j'en suis sorti avec mention. Encore des étoiles. Une carrière devant moi. Le droit à un enterrement avec les honneurs militaires. *(D'un ton de défi.)* Et maintenant? Changement de décor... Le colonel soviétique est devenu un commerçant. Je vends de la quincaillerie italienne... Si quelqu'un m'avait prédit cela il y a dix ans, je n'aurais même pas pris la peine de répondre à ce Nostradamus, je lui aurais ri au nez! J'étais un parfait Soviétique : aimer l'argent, c'est honteux, ce qu'il faut aimer, ce sont les rêves. *(Il allume une cigarette.)* Il y a beaucoup de choses qu'on oublie... C'est dommage... On oublie parce que tout va trop vite. Comme dans un kaléidoscope.

---

1. Voir note p. 19.
2. Alexandre Kouprine (1870-1938). Son roman le plus célèbre, *Le Duel* (paru en 1905), parle de façon réaliste de la vie dans l'armée tsariste (il avait lui-même été officier avant de démissionner pour se consacrer à la littérature). Après quelques années d'émigration en France, il est retourné en URSS en 1936.
3. Célèbre phrase de Gorki.

Au début, j'ai adoré Gorbatchev, ensuite il m'a déçu. J'allais aux manifestations et je braillais avec tout le monde : "Eltsine, oui! Gorbatchev, non!" Je criais : "À bas l'article 6[1] !" J'ai même collé des affiches. On ne faisait que parler et lire, lire et parler. Qu'est-ce qu'on voulait ? Nos parents, eux, voulaient tout dire et tout lire. Ils rêvaient d'un socialisme humain... à visage humain... Et nous, les jeunes ? Nous aussi, nous rêvions de liberté. Mais l'idée que nous en avions était purement théorique. Nous voulions vivre comme en Occident. Écouter leur musique, nous habiller comme eux, voyager dans le monde entier. "Nous voulons des changements... Des changements..." chantait Victor Tsoï. On ne comprenait pas vers quoi on fonçait à bride abattue. Tout le monde rêvait... Mais dans les magasins d'alimentation, il n'y avait plus que des bocaux remplis de jus de bouleau et de chou mariné. Des bouquets de feuilles de laurier. Des tickets de rationnement pour les pâtes, pour l'huile, la semoule... le tabac... On pouvait se faire tuer dans les queues pour la vodka ! Mais on publiait les écrivains interdits, Platonov, Grossman... On se retirait d'Afghanistan. J'étais resté en vie, et je pensais que nous qui avions combattu là-bas, nous étions des héros. Quand nous sommes rentrés chez nous, nous n'avions plus de Patrie. À la place, c'était un nouveau pays qui n'avait rien à faire de nous. L'armée a été démantelée, on s'est mis à insulter les militaires, à les traiter d'assassins. Nous n'étions plus des défenseurs, nous étions devenus des assassins. On nous a tout mis sur le dos : l'Afghanistan, Vilnius, Bakou. Tout le sang qui avait coulé. Le soir, en ville, il valait mieux ne pas se promener en uniforme, on risquait de se faire casser la figure. Les gens étaient furieux parce qu'ils n'avaient rien à manger, rien à se mettre sur le dos. Personne n'y comprenait rien. Dans notre régiment, les avions ne volaient pas : il n'y avait plus de carburant. Les équipages restaient à terre, à taper le carton et à se bourrer la gueule. Avec un traitement d'officier, on pouvait acheter dix miches de pain. Un de mes amis s'est tiré une balle. Puis un autre... Les hommes quittaient l'armée, c'était la débandade. Ils avaient tous une famille à nourrir. Moi, j'ai deux enfants, un chien et un chat... Comment faire pour vivre ? On nourrissait le chien avec du fromage blanc à la place de viande, et nous,

---

1. L'article sur le rôle dirigeant du Parti communiste.

on ne mangeait que de la semoule pendant des semaines... Tout cela s'efface de nos mémoires... Oui, il faut le noter, tant qu'il y a encore des gens qui s'en souviennent. Nous, des officiers... On déchargeait des wagons, on travaillait comme vigiles... On étalait de l'asphalte. Il y avait des scientifiques avec moi, des médecins, des chirurgiens. Et même un pianiste de l'orchestre philharmonique. J'ai appris à monter des poêles en céramique et à blinder des portes... Et ainsi de suite. Après, les gens ont commencé à se lancer dans le business... Certains importaient des ordinateurs, d'autres délavaient des jeans. *(Il rit.)* Deux personnes se mettent d'accord : l'une va acheter une citerne de vin, l'autre va la vendre. Marché conclu! Et le premier part chercher de l'argent, tandis que l'autre se demande où il va bien pouvoir dégotter une citerne de vin... Cela a l'air d'une plaisanterie, mais c'était la réalité. J'en ai vu des gens comme ça, ils portaient des baskets trouées et ils vendaient des hélicoptères... *(Une pause.)*

Mais nous avons survécu... Nous nous en sommes sortis! Et le pays s'en est sorti! Que savons-nous de l'âme? Juste qu'elle existe... Pour moi et pour mes amis, ça va plutôt bien. L'un a une entreprise de construction, un autre un magasin d'alimentation, il vend du fromage, de la viande, du saucisson. Un troisième vend des meubles. Certains ont un capital à l'étranger, d'autres une maison à Chypre. L'un est un ancien scientifique, l'autre un ingénieur. Ce sont des gens intelligents, cultivés. Dans les journaux, on raconte que les nouveaux Russes portent des chaînes en or de dix kilos et roulent dans des voitures avec des pare-chocs en or massif et des roues en argent. C'est du folklore, tout ça! Les gens qui réussissent dans les affaires sont tout ce qu'on veut, sauf des imbéciles. Nous nous réunissons de temps en temps... On apporte du très bon cognac, mais on boit de la vodka. Au petit matin, on est tous complètement ivres, on s'embrasse et on chante à tue-tête des chansons de komsomols : "Komsomols volontaires, notre amitié fait notre force..." Nous parlons du temps où nous étions étudiants, où nous allions récolter des pommes de terre[1], ou bien des épisodes cocasses de notre vie à l'armée. Bref, nous

---

1. En automne, les étudiants étaient généralement envoyés dans les campagnes pour aider aux travaux des champs, sans recevoir aucun salaire.

évoquons l'époque soviétique. Vous comprenez ? Et les conversations se terminent toujours par : "Aujourd'hui, c'est la chienlit. Il nous faudrait un Staline !" Et pourtant, comme je vous l'ai dit, tous, nous nous en sortons bien. Alors c'est quoi ? Tenez, pour moi... Le 7 novembre, c'est une fête. Je célèbre quelque chose de grandiose. Et je regrette ce quelque chose, je le regrette énormément. À vrai dire... Il y a d'un côté la nostalgie, et de l'autre la peur. Tout le monde veut quitter le pays, s'en aller. Gagner du fric et se tirer. Et nos enfants ? Ils rêvent tous de faire des études pour travailler dans la finance. Si vous les interrogez sur Staline, c'est le vide total. Ils n'en ont qu'une vague idée... J'ai fait lire Soljénitsyne à mon fils. Il n'arrêtait pas de se marrer ! Je l'entendais rigoler... Pour lui, accuser un homme d'être un agent travaillant pour trois services secrets, c'est grotesque. "Papa... Pas un seul de ces juges d'instruction ne savait écrire correctement ! Ils font des fautes d'orthographe à chaque mot. Même le mot « fusiller », ils ne savent pas l'écrire..." Jamais il ne nous comprendra, ma mère et moi, parce qu'il n'a pas vécu un seul jour en Union soviétique. Mon fils... Ma mère... Moi... Nous vivons dans des pays différents, même s'ils s'appellent tous la Russie. Nous sommes liés les uns aux autres par des liens aberrants. Monstrueux. Tous, nous nous sentons trahis.

... Le socialisme, c'est de l'alchimie. Une idée alchimique. On fonçait allègrement, et on est arrivé Dieu sait où. "À qui faut-il s'adresser quand on veut entrer au Parti communiste ? – À un psychiatre." Toute la salle s'esclaffe. Mais eux... Nos parents... Ma mère... Ils ont envie d'entendre que la vie qu'ils ont vécue était importante et non minable, qu'ils ont cru en quelque chose qui en valait la peine. Or qu'est-ce qu'on leur dit ? On leur répète à tout bout de champ que leur vie était de la merde et qu'ils n'avaient rien, à part leurs horribles missiles et leurs tanks. Ils étaient prêts à repousser n'importe quel ennemi. Et ils l'auraient fait ! Mais tout s'est écroulé sans qu'il y ait eu de guerre. Et personne ne peut comprendre pourquoi. Là, il faudrait réfléchir... Mais on ne nous a pas appris à le faire. Tout le monde se souvient uniquement de la peur... On ne parle que de ça. J'ai lu quelque part que la peur, c'est aussi une forme d'amour. Je crois que c'est Staline qui a dit ça... Aujourd'hui, les musées sont vides et les églises sont pleines, parce que nous avons tous besoin de psychothérapeutes, de séances de psychothérapie. Vous croyez que Tchoumak et Kachpirovski[1] soignent les corps ? Ce sont les âmes qu'ils soignent. Des centaines de milliers de gens sont devant leur téléviseur à les écouter, comme hypnotisés... C'est une drogue ! Il y a un terrible sentiment de solitude, d'abandon... Chez tout le monde, depuis le chauffeur de taxi et l'employé de bureau jusqu'à l'artiste du peuple et l'académicien. Ils se sentent tous affreusement seuls... La vie a changé du tout au tout. À présent, le monde n'est plus divisé en Blancs et en Rouges, en ceux qui ont fait de la prison et ceux qui les y ont envoyés, ou en ceux qui ont lu Soljénitsyne et ceux qui ne l'ont pas lu, mais en ceux qui peuvent acheter, et ceux qui ne le peuvent pas. Et cela vous plaît ? Non, bien évidemment... Moi non plus, cela ne me plaît pas. Vous et même moi, nous étions des romantiques... Et cette génération naïve des années 1960 ? Cette secte de gens intègres... Ils croyaient qu'une fois le communisme disparu, les Russes allaient aussitôt faire l'apprentissage de la liberté... Mais la première chose qu'ils ont voulu apprendre, c'est à vivre. À vivre ! Tout essayer, tout lécher, tout goûter... Manger de bonnes choses, avoir des vêtements à la mode... Voyager... Ils ont eu envie de voir des palmiers et le désert. Des chameaux. Et non plus brûler et se consumer, toujours foncer quelque part en brandissant un flambeau et une hache. Non... Vivre, tout simplement... comme les autres... en France, à Monaco... Parce qu'on ne sait jamais ce qui peut se passer ! On nous a donné la terre, mais on pourrait nous la reprendre, on nous a permis de faire du commerce, mais on pourrait nous envoyer en prison... Nous confisquer nos fabriques, nos boutiques. Cette peur est toujours là, à nous vriller le cerveau. À le pilonner. Alors il faut gagner de l'argent le plus vite possible... Personne ne pense plus à rien de grandiose, de sublime. Le grandiose, on en a assez soupé comme ça ! On a envie de quelque chose d'humain. De normal, d'ordinaire... de normal, vous comprenez ? Le grandiose, on peut y penser à l'occasion, comme ça, quand on a un peu bu... On a été les premiers à voler dans l'espace... On fabriquait les meilleurs tanks

1. Mages guérisseurs célèbres au début des années 1990.

du monde, mais on n'avait pas de lessive ni de papier-toilette. Et ces satanés cabinets qui fuyaient sans arrêt ! On lavait les sacs en plastique et on les faisait sécher sur le balcon. Posséder un lecteur vidéo, c'était comme avoir un hélicoptère privé ! Un garçon en jeans ne suscitait pas l'envie, juste de la curiosité. Il était décoratif. Exotique. C'était ça, le prix à payer pour nos missiles et nos vaisseaux spatiaux ! Pour une grande Histoire. *(Une pause.)* Je vous soûle avec tout ça, hein ? Tout le monde a envie de parler en ce moment, mais personne n'écoute personne...

... À l'hôpital, ma mère avait une voisine... Quand j'entrais dans la chambre, c'était elle que je voyais en premier. Une fois, je l'ai observée, elle voulait dire quelque chose à sa fille mais elle n'y arrivait pas. Mmm... Son mari est entré, elle a essayé de lui parler, sans succès. Elle s'est tournée vers moi... Mmm... Alors elle a attrapé sa béquille et elle s'est mise à taper sur sa perfusion, sur son lit... Elle n'avait pas conscience de taper, de casser. Elle voulait parler... Mais avec qui peut-on parler aujourd'hui ? Avec qui, hein, dites-moi ? Et un être humain ne peut pas vivre dans un désert...

J'ai toujours aimé mon père. Il a quinze ans de plus que ma mère, il a fait la guerre. Mais la guerre ne l'a pas broyé comme les autres, il n'y est pas resté attaché comme à l'événement le plus important de son existence. Il continue encore à chasser, à pêcher. C'est un bon danseur. Il a été marié deux fois, et les deux fois avec de jolies femmes. Tiens, un souvenir d'enfance : on va au cinéma, et mon père m'arrête : "Regarde comme ta maman est jolie !" Il n'a jamais eu cette morgue animale et belliqueuse des hommes qui ont fait la guerre. "J'ai tiré. Il s'est effondré. Il pissait le sang de partout." Il raconte sur la guerre des choses anodines. Des bêtises. Le jour de la Victoire, il était allé dans un village avec un ami pour chercher des filles, et ils ont capturé deux Allemands qui s'étaient cachés dans une fosse d'aisances, ils étaient plongés dedans jusqu'au cou. Ils n'allaient quand même pas les tuer ! La guerre était finie, il y avait eu assez de morts comme ça. Mais impossible de les approcher... Mon père a eu de la chance, il aurait pu être tué à la guerre, il ne l'a pas été. Il aurait pu être arrêté avant la guerre, il ne l'a pas été. Pour son frère aîné, oncle Vania, les choses se sont passées autrement... Quand Iéjov était à la tête du NKVD, dans les années 1930, il a été envoyé dans des mines près de Vorkouta. Dix ans sans droit de correspondance. Sa femme était persécutée par ses collègues et elle s'est jetée du quatrième étage. Leur fils a grandi chez sa grand-mère. Mais oncle Vania est revenu... Sans dents, avec une main desséchée et un foie hypertrophié. Il a recommencé à travailler dans son usine, au même poste, il était dans la même pièce, au même bureau... *(Il allume une autre cigarette.)* Et celui qui l'avait dénoncé était assis en face de lui. Tout le monde le savait, et oncle Vania le savait aussi... Ils allaient aux réunions et aux manifestations, comme avant. Ils lisaient la *Pravda*, ils approuvaient la politique du Parti et du gouvernement. Les jours de fête, ils buvaient de la vodka assis à la même table. Et ainsi de suite. C'était notre vie. Elle était comme ça! Nous sommes comme ça... Vous imaginez un bourreau et une victime d'Auschwitz travaillant dans le même bureau et recevant leur salaire au même guichet? Portant les mêmes décorations après la guerre, et touchant aujourd'hui la même retraite... *(Il se tait.)* Je m'entends bien avec le fils de Vania. Il ne lit pas Soljénitsyne, et il n'y a pas un seul livre sur les camps chez lui. Il avait attendu son père, mais c'est quelqu'un d'autre qui était revenu. Un débris humain. Tout fripé et distordu... Il s'est éteint très vite. "Tu ne sais pas à quel point on peut avoir peur, disait-il à son fils. Tu ne le sais pas..." Il avait vu de ses yeux un juge d'instruction, un grand gaillard costaud, plonger la tête d'un homme dans un seau d'excréments et appuyer dessus jusqu'à ce qu'il suffoque... Oncle Vania, lui, on l'avait suspendu au plafond tout nu, et on lui avait versé de l'ammoniaque dans le nez, dans la bouche, dans tous les orifices du corps... Le juge d'instruction lui avait uriné dans l'oreille en hurlant : "Allez, donne-moi les noms de ces petits malins!" Et oncle Vania les avait donnés. Il avait signé tout ce qu'on voulait. S'il ne l'avait pas fait, lui aussi, on lui aurait plongé la tête dans ses excréments. Plus tard, dans les baraques des camps, il avait rencontré quelques-uns de ceux dont il avait donné les noms... Ils se demandaient qui les avait dénoncés... Je ne peux pas juger. Et vous non plus, vous ne pouvez pas. Oncle Vania avait été ramené dans sa cellule sur une civière, baignant dans son urine et dans son sang. Dans ses excréments. Je ne sais pas où se termine l'être humain. Vous le savez, vous?

... Oh, ils font pitié, nos vieux, bien sûr... Ils ramassent des bouteilles vides sur les stades, ils vendent des cigarettes la nuit dans le métro. Ils fouillent dans les poubelles. Mais ils ne sont pas innocents, tous ces vieux. C'est terrible de penser ça. Choquant. Moi-même, cela me fait peur. *(Il se tait.)* Mais je ne pourrai jamais en parler avec ma mère... J'ai essayé, elle devient hystérique.
(Il veut mettre un terme à notre conversation, puis change d'avis.)
... Si j'avais lu ça quelque part, ou si on me l'avait raconté, je ne l'aurais pas cru. Mais dans la vie, il arrive de ces choses... Comme dans les mauvais romans policiers. J'ai rencontré un certain Ivan D... Vous voulez son nom? Pourquoi? Lui, il est mort depuis longtemps, mais ses enfants... Les fils n'ont pas à répondre de leurs pères, dit un vieux proverbe. D'ailleurs ils sont déjà vieux, eux aussi. Ses petits-enfants, ses arrière-petits-enfants? Pour les petits-enfants, je ne saurais pas dire, mais les arrière-petits-enfants, eux, ils ne savent même plus qui était Lénine... Grand-père Lénine est oublié. C'est déjà de l'histoire ancienne. *(Une pause.)* Bon, alors je voulais vous parler de cette rencontre... Je venais de passer lieutenant, et j'allais épouser sa petite-fille. Nous avions déjà acheté les alliances et la robe de mariée. Anna... Elle s'appelait comme ça. C'est un joli nom, n'est-ce pas? *(Il allume encore une cigarette.)* C'était sa petite-fille, sa petite-fille adorée. Chez elle, tout le monde la surnommait "Adobée". C'était lui qui avait trouvé ça... Cela voulait dire "adorée". Et physiquement, elle lui ressemblait, elle lui ressemblait même beaucoup. Moi, je viens d'une famille soviétique ordinaire où on a toujours eu du mal à boucler les fins de mois, alors qu'eux, ils avaient des lustres en cristal, de la porcelaine chinoise, des tapis, des Jigouli flambant neuves... Le grand luxe. Ils avaient aussi une vieille Volga que le vieux ne voulait pas vendre. Et ainsi de suite... Je vivais déjà chez eux. Le matin, on prenait le thé dans la salle à manger, avec des porte-verres en argent. C'était une grande famille avec des gendres, des belles-filles... Un de ses gendres était professeur. Quand le vieux était en colère contre lui, il répétait toujours la même phrase : "Les gens comme lui, moi, je leur faisais bouffer leur merde!" Une drôle d'expression... Mais à ce moment-là, je ne comprenais pas... Je ne comprenais pas! C'est plus tard que j'y ai repensé. Après. Il recevait la visite de pionniers qui notaient

ses souvenirs et venaient chercher des photos pour des musées. De mon temps, il était déjà malade et ne sortait plus, mais avant, il donnait des conférences dans des écoles, il nouait des foulards rouges autour du cou des meilleurs élèves. Un respectable vétéran. À chaque fête, il y avait une grande carte de vœux dans sa boîte aux lettres, et tous les mois, il recevait un colis spécial de nourriture. Une fois, je suis allé le chercher avec lui, ce colis… Dans un sous-sol, on nous a remis du cervelas, un bocal de concombres et de tomates marinés bulgares, des conserves de poissons importées, du jambon de Hongrie en boîte, des petits pois, du foie de morue… En ce temps-là, c'était des produits déficitaires. Des privilèges! Moi, il m'avait tout de suite adopté. "J'aime bien les militaires et je n'ai aucune estime pour les pékins!" Il m'avait montré son précieux fusil de chasse et m'avait promis de me le léguer. Tous les murs de son immense appartement étaient couverts de bois de rennes, il y avait des animaux empaillés sur des étagères. Des trophées de chasse. C'était un passionné de chasse, il avait été à la tête de l'association de chasse et de pêche de la ville pendant dix ans. Quoi d'autre encore? Il parlait beaucoup de la guerre… "Tirer sur une cible au loin pendant une bataille, c'est une chose. Tout le monde peut le faire… Mais fusiller quelqu'un… Quand la personne est là, à trois mètres de toi…" Il sortait tout le temps des phrases comme ça. On ne s'ennuyait pas avec lui. Il me plaisait bien, ce vieux.

J'étais venu en vacances. La date du mariage approchait. C'était en plein été, et nous étions tous installés dans sa grande datcha. Une de ces vieilles datchas… Pas les trois cents mètres carrés de terrain réglementaires. Je ne me souviens plus exactement combien cela faisait, mais il y avait même un petit bois. De vieux pins. Le genre de datchas qu'on attribuait à des hauts fonctionnaires pour services particuliers. À des académiciens, à des écrivains. Quand je me réveillais, il était déjà dans son potager. "J'ai une âme de paysan. Je suis venu de Tver à Moscou à pied, en chaussures de tille." Le soir, il restait souvent assis tout seul sur la terrasse, à fumer. On ne m'avait pas caché qu'il était sorti de l'hôpital pour mourir, il avait un cancer des poumons inopérable. Il n'avait pas arrêté de fumer. Il était revenu de l'hôpital avec une Bible. "Moi qui ai été matérialiste toute ma vie, voilà que je me tourne vers

Dieu avant de mourir." Cette Bible lui avait été donnée par des religieuses qui s'occupaient des grands malades à l'hôpital. Il la déchiffrait avec une loupe. Le matin, il lisait les journaux et après sa sieste, des Mémoires de guerre. Il en avait toute une bibliothèque : Joukov, Rokossovski... Il aimait bien raconter comment il avait vu en chair et en os Gorki et Maïakovski, les héros du *Tchéliouskine*... Il répétait souvent : "Ce que le peuple veut, c'est aimer Staline et fêter le 9 Mai !" Je discutais avec lui... La perestroïka avait commencé, le printemps de la démocratie russe... J'étais encore un blanc-bec ! Un jour, nous nous sommes retrouvés en tête à tête, tout le monde était allé en ville. Deux hommes dans une datcha vide, avec une carafe de vodka. "J'en ai rien à foutre des docteurs ! J'ai déjà vécu ma vie ! – Un peu de vodka ? – Vas-y !" Et il s'est lâché... Je n'ai pas compris tout de suite... Je n'ai pas réalisé tout de suite que c'était un prêtre qu'il aurait fallu ici. Quand un homme pense à la mort... Cela a commencé par la conversation habituelle de ces années-là : le socialisme, Staline, Boukharine... Le testament politique de Lénine, que Staline avait dissimulé au Parti... Tout ce qui était dans l'air, dans les journaux. Nous avions bu. Et pas qu'un peu. Il se montait la tête tout seul. "T'es qu'un petit morveux ! T'as encore rien vu ! Je vais te dire une bonne chose : les Russes, faut pas leur donner la liberté. Ils vont tout saloper. Tu comprends ?" Et une bordée de jurons. Un Russe ne peut pas essayer de convaincre un autre Russe sans jurer comme un charretier. Je censure. "Rentre-toi bien ça dans le crâne..." Moi, bien sûr... j'étais en état de choc. Il était déchaîné : "Faudrait les coffrer et les expédier sur des chantiers d'abattage, toutes ces grandes gueules ! Avec des pelles et des pioches ! Ce qu'il leur faut, c'est une bonne Terreur. Sans Terreur, tout va s'écrouler en un clin d'œil." *(Une longue pause.)* On croit que les monstres doivent avoir des cornes et des sabots. Mais là, on a devant soi un être humain... un homme normal... Il se mouche, il est malade, il boit de la vodka... Et je me dis... À ce moment-là, c'était la première fois que je pensais à ça... Ce sont toujours les victimes qui restent pour témoigner, les bourreaux, eux, se taisent. Ils s'évaporent dans la nature, ils sombrent dans un gouffre invisible. Ils n'ont pas de nom, pas de voix. Ils disparaissent sans laisser de trace. Nous ne savons rien d'eux.

Dans les années 1990, il y avait encore des bourreaux qui étaient toujours vivants… Ils ont eu peur… Le nom d'un des juges d'instruction qui avaient torturé l'académicien Vavilov est paru dans des journaux, je m'en souviens, il s'appelait Alexandre Khvat. On a publié encore quelques noms. Et ils ont paniqué à l'idée qu'on allait ouvrir les archives et lever le sceau du secret. Ils se sont affolés. Personne n'a fait des recherches ni établi de statistiques, mais il y a eu des dizaines de suicides. Dans tout le pays. On a mis ça sur le compte de l'écroulement de l'empire, de la misère… Mais j'ai entendu parler de suicides de vieillards tout à fait aisés et parfaitement honorables. Sans raison apparente. Ils avaient un seul point commun : ils avaient tous travaillé pour les organes. Soit leur conscience s'était réveillée, soit ils avaient eu peur que leur famille l'apprenne. Ils ont eu la trouille. Ils ont paniqué. Ils n'arrivaient pas à comprendre ce qui se passait, pourquoi le vide se faisait autour d'eux… Ils étaient des chiens fidèles ! De bons serviteurs… Tous n'ont pas tremblé, bien sûr. Dans la *Pravda*, ou dans *Ogoniok*, ma mémoire peut me tromper, on a publié la lettre d'un ancien membre de la garde armée des camps. Il n'avait pas peur, celui-là ! Il énumérait toutes les maladies qu'il avait contractées pendant son service en Sibérie, où il avait gardé des "ennemis du peuple" pendant quinze ans. Ah, il en avait bavé… Il se plaignait… C'est que le travail était dur : l'été, ils étaient dévorés par les moustiques et souffraient de la chaleur, et l'hiver, il faisait un froid glacial. On distribuait aux soldats des petits cabans de rien du tout (ce sont ses propres termes, "des petits cabans de rien du tout"), alors que leurs supérieurs se baladaient en pelisse fourrée et en bottes de feutre. Et voilà que maintenant, les ennemis qu'on n'avait pas exterminés jusqu'au dernier relevaient la tête… Mais c'était de la contre-révolution ! Sa lettre était pleine de haine… *(Une pause.)* D'anciens détenus lui ont aussitôt répondu. Ils n'avaient plus peur, ils osaient parler. Ils racontaient que dans les camps, on attachait les détenus nus à des arbres et qu'en vingt-quatre heures, ils étaient dévorés par les mouches au point qu'il n'en restait plus que des squelettes. En hiver, les "crevards" qui n'avaient pas rempli la norme quotidienne étaient arrosés d'eau. Et des dizaines de statues de glace restaient là, devant le portail du camp, jusqu'au printemps. *(Une pause.)*

Personne n'a été jugé! Personne! Les bourreaux ont terminé leur vie en honorables retraités... Vous voulez que je vous dise? Ce n'est pas la peine d'appeler les gens au repentir. Ne vous racontez pas d'histoires sur notre peuple et sur son grand cœur... Personne n'est prêt à se repentir. C'est un sacré travail, le repentir! Moi, tenez, je vais à l'église, mais pour ce qui est de me confesser, ça, je n'arrive pas à m'y résoudre. C'est difficile... À vrai dire, les hommes n'ont de pitié que pour eux-mêmes. Et pour personne d'autre. Bon, alors... Le vieux tournait en rond sur la terrasse, il hurlait... À entendre ce qu'il disait, j'en avais les cheveux qui se dressaient sur la tête. Je savais déjà pas mal de choses à l'époque. J'avais lu Chalamov... Mais là, il y avait une coupelle avec des chocolats sur la table... Un bouquet de fleurs... Un cadre parfaitement paisible. Et ce contraste rendait tout plus intense. C'était terrifiant, et intéressant. Pour être honnête, j'éprouvais même plus de curiosité que de peur. On a toujours envie de... de jeter un coup d'œil dans le gouffre. Pourquoi? On est comme ça.

"Quand on m'a engagé au NKVD, j'étais terriblement fier. Avec mon premier salaire, je me suis acheté un beau costume..."

"C'est un sacré boulot... On pourrait comparer ça à la guerre. Mais la guerre, c'est reposant. Quand on tue un Allemand, il crie en allemand. Tandis que ceux-là, ils criaient en russe... C'étaient comme qui dirait des gars à nous... Il était plus facile de fusiller des Lituaniens ou des Polonais. Mais ceux-là, ils hurlaient en russe : « Espèces de brutes bornées! Pauvres crétins! Finissez-en au plus vite! » B... de m...! Et nous, on était couverts de sang, on s'essuyait les mains sur nos propres cheveux. Des fois, on nous donnait des tabliers en cuir. C'était notre boulot... On était des fonctionnaires. T'es encore jeune, toi... La perestroïka, la perestroïka...! Tu crois tous ces beaux parleurs... Laisse-les donc brailler « La liberté! La liberté! » Qu'ils batifolent un peu sur les places... La hache est toujours là. Une hache, ça survit à son maître. N'oublie pas ça! B... de m...! Je suis un soldat, moi! On me donnait des ordres, et j'obéissais. J'exécutais des gens. Si on t'en donnait l'ordre, tu le ferais, toi aussi. Tu-le-fe-rais, nom de Dieu! Je tuais des ennemis. Des saboteurs. Il y avait un papier officiel avec écrit dessus : « Condamné à la mesure suprême de défense sociale. » Une sentence du gouvernement... Ah, c'était du boulot, je te dis pas ! Si le type n'est pas tué sur le coup, il s'écroule et il gueule comme un porc… Il crache du sang… Le plus désagréable, c'est de tirer sur quelqu'un qui rigole. Soit il est devenu fou, soit il te méprise. Les hurlements et les jurons, ça pleuvait des deux côtés. Faut jamais manger avant de faire ça. Moi, je ne pouvais pas… Et on a tout le temps soif… On a envie de boire des litres d'eau, comme après une cuite. P… de ta mère ! À la fin de la journée, on nous apportait deux seaux, un de vodka, et un d'eau de Cologne. La vodka, on nous la donnait après, et pas avant. T'as lu le contraire quelque part ? Ouais, eh ben, on raconte n'importe quoi, maintenant ! On se lavait à l'eau de Cologne jusqu'à la ceinture. L'odeur du sang est tenace, c'est spécial, comme odeur… Ça ressemble un peu à l'odeur du sperme… J'avais un chien berger, eh ben, quand je rentrais du travail, il ne s'approchait pas de moi. Nom de Dieu de b… de m… ! Mais pourquoi tu ne dis rien ? T'es un petit jeunot, t'as encore rien vu… Tu sais, c'était rare, mais ça arrivait qu'on tombe sur un soldat à qui ça plaisait, de tuer… On le retirait de l'équipe des exécutants et on le mutait ailleurs. On n'aimait pas les gens comme ça. Beaucoup étaient des gars de la campagne, comme moi. Ils sont plus solides que les gens de la ville. Plus endurants. Et plus habitués à la mort : y en a qui ont déjà égorgé des porcs chez eux, ou des veaux. Quant aux poulets, ça, tout le monde l'a fait… La mort, faut s'y entraîner… Les premiers jours, on nous faisait regarder. Les soldats assistaient seulement à l'exécution, ou alors ils accompagnaient les condamnés. Il y en avait qui devenaient fous tout de suite, ils supportaient pas. C'est pas évident ! Même pour tuer un lièvre, il faut une certaine habitude, n'importe qui peut pas faire ça. B… de m… ! On oblige la personne à se mettre à genoux, et on tire avec son revolver presque à bout portant dans la tempe gauche… près de l'oreille. À la fin de la journée, on a la main qui pendouille comme un vieux chiffon. C'est surtout l'index qui déguste. Nous aussi, on avait un plan à remplir, comme partout. Comme à l'usine. Au début, on n'y arrivait pas. On n'y arrivait pas physiquement. Alors ils ont fait venir des médecins, un conseil de médecins, et ils ont décidé de faire des massages aux soldats deux fois par semaine. Des massages de la main droite et de l'index droit. Pour l'index, c'était obligatoire, c'est lui qui déguste le plus quand on tire. Moi, je suis juste resté un peu sourd de l'oreille droite, parce qu'on tire avec la main droite..."

"On nous délivrait des diplômes honorifiques « Pour avoir rempli des missions spéciales pour le Parti et le gouvernement... » « Pour dévouement à la cause du Parti de Lénine et de Staline... » Ces diplômes sur du très beau papier, j'en ai une armoire pleine. Une fois par an, on nous envoyait avec notre famille dans une maison de repos. Une nourriture parfaite... beaucoup de viande, des soins médicaux... Ma femme ne savait rien de mon travail. Juste que c'était un travail secret et à responsabilités. Je me suis marié par amour."

"Pendant la guerre, on économisait les cartouches. Si on était au bord de la mer, on remplissait une barge, on la bourrait comme un tonneau de harengs... Ce n'étaient pas des cris qui montaient de la cale, c'était des rugissements de bêtes... « Notre fier *Variag* ne se rendra jamais, nul ne demande grâce[1]... » On leur liait les mains avec du fil de fer barbelé et on leur attachait une pierre aux pieds. Si le temps était calme et la mer plate, on les voyait s'enfoncer pendant longtemps... Qu'est-ce que t'as à me regarder comme ça, espèce de petit morveux ? Hein ? Allez, p... de ta mère...! Verse-nous encore un verre! C'était notre boulot. On était des fonctionnaires... Si je te raconte ça, c'est pour que tu comprennes qu'il nous a coûté cher, le pouvoir soviétique! Alors faut le protéger, le garder... Le soir, on rentrait avec les barges vides. Dans un silence de mort. On se disait tous : quand on sera descendus à terre, nous aussi, ils vont nous... Nom de Dieu...! Pendant des années, j'ai gardé sous mon lit une petite valise en bois toute prête, avec du linge de rechange, une brosse à dents, un rasoir. Et un pistolet sous mon oreiller... J'étais prêt à me tirer une balle. On vivait tous comme ça, à l'époque. Les soldats comme les maréchaux. Pour ça, on était tous égaux."

"Quand la guerre a éclaté, j'ai tout de suite demandé à aller sur le front. C'est pas si terrible de mourir au combat. On sait qu'on

---

1. Célèbre chanson écrite en 1904 à la gloire du croiseur *Variag* qui, avec une canonnière, avait résisté face à de nombreux navires japonais durant la guerre russo-japonaise, et s'était sabordé pour ne pas tomber aux mains de l'ennemi.

meurt pour la Patrie. Les choses sont simples et claires. J'ai libéré la Pologne, la Tchécoslovaquie... Nom de Dieu! J'ai fini la guerre à Berlin. J'ai deux décorations et des médailles. La victoire! Après ça... Après ça, j'ai été arrêté. Ils avaient des listes toutes prêtes. Y a que deux façons de mourir pour un tchékiste : de la main de l'ennemi, ou de la main du NKVD. J'en ai pris pour sept ans. Je les ai purgés jusqu'au bout. Eh ben, aujourd'hui encore, je me réveille à six heures du matin, comme au camp... Pourquoi on m'a arrêté? On me l'a pas dit... B... de m...!"
(Il froisse nerveusement le paquet de cigarettes vide.)
Peut-être qu'il mentait. Non, non, il ne mentait pas... Je ne crois pas. Le lendemain matin, j'ai inventé un prétexte quelconque et je suis parti. J'ai pris mes jambes à mon cou. Et le mariage ne s'est pas fait. Plus question de se marier... Je ne pouvais pas remettre les pieds dans cette maison. Je ne pouvais pas! J'ai rejoint mon unité. Ma fiancée ne comprenait rien, bien sûr. Elle m'écrivait des lettres. Elle était malheureuse... Et moi... Mais je ne suis pas en train de parler de mes amours. C'est une autre histoire. Je veux comprendre... et vous aussi, vous voulez comprendre qui sont ces gens. C'est bien ça, non? Tout de même... Un assassin, c'est intéressant, on a beau dire, ça ne peut pas être un homme ordinaire. C'est fascinant... intrigant. Le mal, ça hypnotise... Il y a des centaines de livres sur Hitler et sur Staline. Sur leur enfance, leur vie de famille, leurs femmes... Leurs vins et leurs cigarettes préférés... Le moindre détail nous intéresse. On a envie de comprendre qui ils sont... Tamerlan, Gengis Khan. Et leurs millions de copies... de petites copies. Eux aussi, ils ont fait des choses horribles, et seuls quelques-uns sont devenus fous. Tous les autres avaient une vie normale, ils embrassaient des femmes, ils jouaient aux échecs... Ils achetaient des jouets à leurs enfants... Et chacun d'eux se disait : ce n'est pas moi. Ce n'est pas moi qui ai suspendu des hommes au plafond, qui ai fait gicler leur cervelle, ce n'est pas moi qui ai planté des crayons bien taillés dans des mamelons de femme. Ce n'est pas moi, c'est le système. Même Staline l'a dit : "Ce n'est pas moi qui décide, c'est le Parti." Il disait à son fils : "Tu crois que Staline, c'est moi? Non! Staline, c'est lui!" Et il montrait son portrait au mur. Pas lui, son portrait. La machine de mort a fonctionné à

plein régime pendant des dizaines d'années... Ah, c'était d'une logique géniale! Des victimes, des bourreaux, et à la fin, les bourreaux deviennent aussi des victimes. On ne dirait pas que cela a été inventé par des hommes... Une perfection pareille, ça n'existe que dans la nature. La roue tourne, et il n'y a pas de coupables. Non! Tous veulent qu'on les plaigne. Ils sont tous des victimes, au bout du compte. Tous!... À l'époque, j'étais jeune, j'ai eu peur et je suis resté muet. Aujourd'hui, je lui poserais des questions... J'ai besoin de savoir... Pourquoi? Avec tout ce que je sais sur les gens, j'ai peur de moi-même. Je me fais peur à moi-même. Je suis quelqu'un d'ordinaire, de faible... Je suis à la fois noir et blanc, et jaune... et de toutes les couleurs... Dans les écoles soviétiques, on nous enseignait que l'homme est foncièrement bon. Qu'il est magnifique. Aujourd'hui encore, ma mère croit que ce sont des circonstances horribles qui nous rendent horribles. Mais que l'homme est bon. Or ce n'est pas vrai... Non, ce n'est pas vrai! Toute sa vie, l'homme est ballotté entre le bien et le mal. Ou bien c'est toi qui plantes un crayon dans un mamelon, ou bien c'est à toi qu'on le fait. Choisis! Vas-y, choisis! Combien d'années ont passé, et je n'arrive toujours pas à oublier cette scène... Il hurlait : "Je regarde la télévision, j'écoute la radio... Il y a de nouveau des riches et des pauvres! Les uns bouffent du caviar, ils s'achètent des îles et des avions, et les autres n'ont pas de quoi se payer du pain blanc. Mais ça ne va pas durer longtemps! On y reviendra, à Staline. La hache est toujours là, elle attend son heure... N'oublie pas ça! Tu m'as demandé (je le lui avais demandé) combien de temps un homme reste un homme, combien de temps ça dure... Eh bien, je vais te le dire : un pied de chaise dans l'anus, ou un clou dans les bourses, et il n'y a plus d'homme! Ha, ha! Y en a plus... Y a plus que de la merde!"

(En prenant congé.)

Bon, on a bien farfouillé dans l'Histoire... Des milliers de révélations, des tonnes de vérité. Le passé, pour les uns, c'est une malle remplie de chair humaine et un tonneau plein de sang, et pour les autres, une grande époque... Nous nous faisons la guerre tous les jours dans nos cuisines. Mais bientôt, les jeunes auront grandi. Les petits loups, comme disait Staline. Ils seront bientôt grands...

(Il me dit encore une fois au revoir, puis se remet brusquement à parler.)

Il n'y a pas longtemps, j'ai vu des photos d'amateurs sur internet. Des photos de guerre qui seraient banales si on ne savait pas de qui il s'agit. C'est une équipe de SS d'Auschwitz... Des officiers et de simples soldats. Il y a beaucoup de jeunes filles. Ils ont été photographiés à des soirées, pendant des promenades. Ils sont tous jeunes et gais. *(Une pause.)* Et les photos de nos tchékistes, dans les musées ? Regardez-les un jour attentivement : on en voit qui ont de beaux visages... Inspirés... Pendant longtemps, on nous a dit que c'étaient des saints...

J'aimerais bien quitter ce pays, ou au moins faire partir mes enfants d'ici. On s'en ira. La hache du maître attend son heure... Je n'ai pas oublié...

Quelques jours plus tard, il m'a téléphoné pour m'interdire de publier son témoignage, et a refusé de m'expliquer pourquoi. J'apprendrai par la suite qu'il a émigré au Canada avec sa famille. Je l'ai retrouvé dix ans plus tard et, cette fois, il a donné son autorisation. Il m'a dit : "Je suis content d'être parti à temps. Il y a eu un moment où tout le monde aimait bien les Russes, mais maintenant, on recommence à les craindre. Ça ne vous fait pas peur, à vous ?"

II

LA FASCINATION DU VIDE

TIRÉ DES BRUITS DE LA RUE
ET DES CONVERSATIONS DE CUISINE
(2002-2012)

À PROPOS DU PASSÉ

— Les années 1990, les années Eltsine… Quels souvenirs on en a ? C'était une époque heureuse… des années folles… une décennie épouvantable… le temps de la démocratie rêveuse… les désastreuses années 1990… un moment tout simplement béni… l'heure des grandes espérances… une époque féroce et abjecte… éclatante… agressive… des années d'effervescence… C'était mon époque… Ce n'était pas du tout mon époque…
— Les années 1990… On les a bien fichues en l'air ! Une chance comme celle que nous avons eue à ce moment-là, ça ne reviendra pas de sitôt. Et pourtant, tout avait si bien commencé en 1991… Jamais je n'oublierai les visages des gens avec lesquels je me suis retrouvé devant la Maison-Blanche. Nous avions gagné, nous étions forts. Nous avions envie de vivre. Nous savourions la liberté. Mais maintenant… maintenant, je vois les choses autrement… Ce que nous pouvions être naïfs, c'en est répugnant ! Courageux, intègres et naïfs. Nous pensions que les saucissons, ça poussait sur la liberté. Tout ce qui est arrivé ensuite, c'est de notre faute à nous aussi… Eltsine en porte la responsabilité, bien sûr, mais nous aussi…
Je crois que tout a commencé à partir d'octobre, octobre 1993… "L'octobre sanglant", "l'octobre noir", "le deuxième putsch[1]"… On

---

1. En réaction à la dissolution du Parlement, les députés conservateurs, après avoir destitué Eltsine pour le remplacer par le général Routskoï, s'étaient enfermés dans la Maison-Blanche. Eltsine a décrété l'état d'urgence le 3 octobre, puis ordonné le lendemain l'assaut du Parlement. Le bilan de cette journée a été de plusieurs centaines de morts. L'état d'urgence a été levé le 18 octobre. Le 5 novembre,

appelle ça comme ça... La moitié de la Russie voulait foncer en avant, et l'autre moitié voulait retourner en arrière. Vers le socialisme gris. Vers ce maudit soviétisme. Le pouvoir soviétique ne s'avouait pas vaincu. Le Parlement "rouge" avait refusé de se soumettre au président. À l'époque, c'était comme ça que je le comprenais... Ce matin-là, notre concierge, qui venait de la région de Tver (ma femme et moi, nous l'avions souvent aidée, nous lui avions fait cadeau de tous nos meubles quand nous avions fait des travaux dans notre appartement), eh bien, ce matin-là, quand elle m'a vu avec un badge d'Eltsine, au lieu de me dire bonjour, elle m'a déclaré avec une joie mauvaise : "Ça va bientôt être votre fête, à vous les bourgeois !" Et elle s'est détournée. Je ne m'y attendais pas. D'où lui venait une telle haine envers moi ? Pour quelle raison ? La situation était la même qu'en 1991... À la télévision, j'ai vu la Maison-Blanche en feu, des tanks qui tiraient... Des balles traçantes dans le ciel... L'assaut donné contre la tour de télévision d'Ostankino... Le général Makachov en béret noir hurlait : "Il n'y aura plus de maires ni de lords ni de merde !" Et cette haine... Cette haine... Cela sentait la guerre civile. Une odeur de sang. Depuis la Maison-Blanche, le général Routskoï appelait ouvertement à la guerre : "Aviateurs ! Frères ! Faites décoller vos avions et bombardez le Kremlin ! Il y a une bande de criminels à l'intérieur !" En un clin d'œil, la ville s'est remplie de blindés. De gens sortis d'on ne sait où en tenue de camouflage. Alors Gaïdar s'est adressé "aux Moscovites et à tous les Russes qui tiennent à la démocratie et à la liberté" en leur demandant de venir au Parlement de Moscou. Exactement comme en 1991... Nous y sommes allés... J'y suis allé... Il y avait des milliers de gens... Je me souviens que je courais avec tout le monde. J'ai trébuché, je suis tombé sur une pancarte qui disait : "Pour une Russie sans bourgeois !" Je me suis immédiatement représenté ce qui nous attendait si le général Makachov l'emportait... J'ai vu un jeune homme blessé, il ne pouvait pas marcher. Je l'ai porté. Il m'a demandé : "Tu es pour qui, pour Eltsine ou pour Makachov ?" Lui, il était pour Makachov... Donc, nous étions ennemis. Je l'ai agoni d'injures : "Va te faire..." Quoi d'autre ? Très vite, de nouveau, nous nous sommes divisés en

---

Eltsine a présenté un projet de constitution renforçant les pouvoirs du président qui fut adopté le 12 décembre.

Blancs et en Rouges. Il y avait des dizaines de blessés allongés près d'une ambulance... Je ne sais pas pourquoi, je me souviens très nettement qu'ils avaient tous des chaussures éculées, c'étaient tous des gens simples. Des gens pauvres. Et de nouveau, on m'a posé la même question : "Il est quoi, celui que tu nous amènes ? Il est avec nous ou il est contre nous ?" Ceux qui n'étaient pas "avec nous", on s'en occupait en dernier, ils restaient sur l'asphalte à pisser le sang... "Non, mais vous êtes dingues, ou quoi ? – Ce sont quand même nos ennemis !" Il est arrivé quelque chose aux gens pendant ces deux jours, il y a quelque chose qui a changé dans l'air. Ceux qui m'entouraient étaient complètement différents, ils ne ressemblaient pas à ceux avec lesquels je m'étais retrouvé devant la Maison-Blanche deux ans plus tôt. Ils avaient des bouts de ferraille affûtés entre les mains... de vrais fusils-mitrailleurs, on les déchargeait d'un camion et on les distribuait... C'était la guerre ! Tout ça était très sérieux. On entassait les morts près d'une cabine téléphonique... Toujours les mêmes chaussures éculées... Et pas très loin de la Maison-Blanche, il y avait des cafés ouverts, des gens qui buvaient de la bière, comme d'habitude. Des badauds étaient à leurs balcons et regardaient ce qui se passait, comme au théâtre. Et là... Sous mes yeux, deux hommes sont sortis de la Maison-Blanche avec un téléviseur dans les bras, ils avaient des combinés de téléphone qui dépassaient des poches de leurs blousons... Quelqu'un tirait allègrement sur les pillards du haut d'un toit. Sans doute des snipers. Ils allaient finir par toucher quelqu'un, ou bien le téléviseur... On entendait sans arrêt des coups de feu dans les rues... *(Il se tait.)* Quand tout a été terminé et que je suis rentré à la maison, j'ai appris que le fils de notre voisin s'était fait tuer. Un garçon de vingt ans. Il était de l'autre côté des barricades... C'est une chose de discuter dans nos cuisines, et une autre de... de se tirer dessus... Comment en étions-nous arrivés là ? Je ne voulais pas ça... C'est à cause de la foule... Une foule, c'est un monstre, un homme dans une foule n'a plus rien à voir avec celui avec lequel on bavardait dans sa cuisine. Avec lequel on buvait un verre de vodka et une tasse de thé. Je ne descendrai plus jamais dans la rue, et je ne laisserai pas mes fils le faire... *(Il se tait.)* Je ne sais pas ce qui s'est passé : on défendait la liberté ou on participait à un coup d'État ? Maintenant, j'ai des doutes... Des centaines de gens sont morts... Personne ne se souvient d'eux, à part leurs familles. "Malheur à celui qui bâtit sur le sang[1]..." Mais si le maréchal Makachov avait gagné, hein ? Il y aurait eu encore plus de sang versé. La Russie se serait effondrée. Je n'ai pas les réponses... J'ai fait confiance à Eltsine jusqu'en 1993...

Mes fils étaient petits à l'époque, depuis, ils sont devenus grands. L'un d'eux est même marié. Plusieurs fois, je... j'ai essayé... Je voulais leur parler de 1991... de 1993... Cela ne les intéresse plus. Ils me regardent avec des yeux vides. Ils n'ont qu'une seule question à la bouche : "Papa, pourquoi tu ne t'es pas enrichi dans les années 1990, quand c'était facile ?" Ils disent qu'il n'y a que les abrutis et les empotés qui n'ont pas fait fortune. Les vieux schnocks débiles... Les impuissants des cuisines... Ils passaient leur temps dans les meetings. Ils reniflaient l'air de la liberté, alors que les gens intelligents, eux, se partageaient le pétrole et le gaz...

— Les Russes, ce sont des gens qui s'emballent facilement. Avant, ils se passionnaient pour les idéaux communistes, ils les mettaient en œuvre dans la vie avec ferveur, avec un fanatisme religieux, et puis ils en ont eu assez, ils ont été déçus. Et ils ont décidé de rejeter l'ancien monde, d'en secouer la poussière de leurs chaussures. C'est bien russe, ça, de faire table rase et de tout recommencer à zéro. Et nous voilà encore une fois grisés par des idées qui nous paraissent nouvelles. En avant vers la victoire du capitalisme ! Nous allons bientôt vivre comme en Occident ! Tout ça, c'est des rêves, des contes de fées...

— On vit quand même mieux.

— Oui, mais il y en a certains qui vivent mille fois mieux !

— Moi, j'ai cinquante ans... Je m'efforce de ne pas être une Soviet ringarde. Je n'y arrive pas très bien. Je travaille pour un entrepreneur privé, et je le déteste. Je ne suis pas d'accord avec la façon de partager ce gros gâteau qu'est l'URSS, ni avec les privatisations. Je n'aime pas les riches. Ils sont là, à étaler leurs palais et leurs caves à vins à la télé... Qu'ils se prélassent dans des baignoires en or massif remplies de lait si ça leur chante. Mais pourquoi me montrer ça à moi ? Je ne sais pas vivre à côté de ces gens.

---

1. Citation d'Avvakoum (1620/1621-1682), reprise après octobre 1993 par le clergé de l'Église orthodoxe dans une lettre de protestation à la Douma.

C'est insultant. Humiliant. Et je ne changerai plus maintenant. J'ai vécu trop longtemps sous le socialisme. Aujourd'hui, on vit mieux, mais la vie est plus écœurante.

— Ça m'étonne de voir qu'il y a encore autant de gens qui pleurent le pouvoir soviétique!

— À quoi ça sert de discuter avec ces Soviets indécrottables? Il faut attendre qu'ils meurent et faire les choses à notre idée. Et pour commencer, virer la momie de Lénine du mausolée. On se croirait en Asie, ma parole! Cette momie, c'est comme une malédiction sur nos têtes… Un mauvais sort…

— Du calme, camarade! Vous savez, maintenant, les gens ont de bien meilleurs souvenirs de l'URSS qu'il y a vingt ans. Je suis allé récemment sur la tombe de Staline, il y avait des montagnes de fleurs. Des œillets rouges.

— On a tué un nombre de gens inimaginable, mais c'était une grande époque.

— Je n'aime pas ce qui se passe aujourd'hui, ça ne me plaît pas vraiment. Mais je n'ai aucune envie de revenir au soviétisme. Le passé ne m'attire pas du tout. Malheureusement, je n'arrive pas à me souvenir de quoi que ce soit de bien.

— Moi, je voudrais retourner en arrière. Ce n'est pas le saucisson soviétique qui me manque, c'est un pays dans lequel un être humain était un être humain. Avant, on disait "les gens simples", et maintenant, on dit "le petit peuple". Vous sentez la différence?

— Moi, j'ai grandi dans une famille de dissidents… Dans une cuisine de dissidents… Mes parents connaissaient personnellement Sakharov, ils diffusaient du samizdat. J'ai lu avec eux Vassili Grossman, Evguénia Guinzbourg, Sergueï Dovlatov… J'écoutais Radio-Liberté. Et en 1991, bien entendu, j'étais avec eux dans la chaîne qui s'était formée autour de la Maison-Blanche, prêt à sacrifier ma vie pour que le communisme ne revienne pas. Il n'y avait aucun communiste parmi mes amis. Pour nous, le communisme était lié à la Terreur, au Goulag. À une cage. Nous pensions qu'il était mort. Mort pour toujours. Vingt ans ont passé… J'entre dans la chambre de mon fils, et qu'est-ce que je vois sur son bureau? *Le Capital* de Marx, et sur une étagère, *Ma vie* de Trotski… Je n'en croyais pas mes yeux! Marx est de retour? C'est quoi, un cauchemar, un rêve, ou c'est bien réel? Mon fils fait des études à l'université, il a beaucoup d'amis, et j'ai commencé à écouter leurs conversations. Ils boivent du thé dans la cuisine et discutent du *Manifeste du parti communiste*... Le marxisme est de nouveau de règle, c'est dans le vent, dans l'air du temps. Ils mettent des tee-shirts avec Che Guevara et Lénine. *(Avec désespoir.)* Tout cela n'a porté aucun fruit. Ça n'a servi à rien.

— Tenez, une histoire drôle pour vous détendre... C'est pendant la révolution. Une église. Dans un coin, des soldats de l'Armée rouge se soûlent et font la bringue, dans un autre, leurs chevaux mâchouillent de l'avoine et pissent partout. Le diacre se précipite vers le prêtre. "Mon père, mais que font-ils dans notre sainte église ? – Ce n'est pas bien terrible. Ils vont rester un peu et puis ils s'en iront. Ce qui va être terrible, c'est quand leurs petits-fils auront grandi." Eh bien voilà, ils ont grandi...

— Nous n'avons qu'une seule issue : revenir au socialisme, mais uniquement un socialisme religieux, orthodoxe. La Russie ne peut pas vivre sans le Christ. Pour les Russes, le bonheur n'a jamais été lié à l'argent. C'est toute la différence entre "l'idée russe" et "le rêve américain".

— La Russie n'a pas besoin d'une démocratie, elle a besoin d'une monarchie. D'un tsar fort et juste. Et le premier prétendant légitime au trône est la princesse Maria Vladimirovna, la doyenne de la maison impériale russe, et ensuite, ses descendants.

— Berezovski a proposé le prince de Galles...

— La monarchie, non, mais vous déraillez ! Pour nous, c'est un vieux machin complètement dépassé...

— Un cœur qui n'a pas la foi est faible et inconsistant face au péché. C'est la recherche de la vérité divine qui va régénérer le peuple russe.

— Je n'ai aimé la perestroïka qu'au tout début. Si quelqu'un nous avait dit alors qu'un lieutenant-colonel du KGB allait devenir président du pays... !

— Nous n'étions pas prêts pour la liberté...

— La liberté, l'égalité, la fraternité... Ces mots-là ont fait couler des océans de sang...

— La démocratie ! En Russie, c'est un mot qui fait rire. Vous connaissez l'histoire drôle la plus courte qui soit : Poutine est un démocrate...

— Durant ces vingt dernières années, il y a beaucoup de choses que nous avons apprises sur nous-mêmes. Que nous avons découvertes. Nous avons appris que Staline est notre héros secret. Des dizaines de livres et de films sont sortis sur Staline. Les gens les lisent, les regardent. Ils discutent. La moitié du pays rêve d'un Staline… Et si la moitié du pays en rêve, il va obligatoirement apparaître, vous pouvez en être sûrs! On est allé chercher au fond de l'enfer tous les cadavres les plus sinistres – Béria, Iéjov… Maintenant, on écrit que Béria était un administrateur de grand talent, on veut le réhabiliter parce que c'est sous sa direction qu'on a fabriqué la bombe atomique russe…

— À bas les tchékistes!

— Et le suivant, ce sera quoi? Un nouveau Gorbatchev ou un nouveau Staline? Ou alors on va voir arriver la swatiska… *"Zig Heil!"* La Russie à genoux s'est relevée. C'est un moment dangereux, il ne fallait pas humilier la Russie aussi longtemps.

À PROPOS DU PRÉSENT

— Les années 2000, les années Poutine… C'est quoi? Des années grasses… grises… brutales… tchékistes… brillantes… stables… souveraines… orthodoxes…

— La Russie a été, est et sera toujours un empire. Nous ne sommes pas simplement un grand pays, nous sommes une civilisation à part, russe. Nous avons notre voie à nous.

— Même aujourd'hui, l'Occident a peur de la Russie…

— Tout le monde a besoin de nos richesses naturelles, surtout l'Europe. Vous n'avez qu'à ouvrir une encyclopédie : nous occupons la septième place pour les réserves de pétrole, la première place en Europe pour le gaz. Et une des premières places pour les réserves en minerai de fer, d'uranium, d'étain, de cuivre, de nickel, de cobalt… Et de diamants, d'or, d'argent, de platine… On possède tout le tableau périodique de Mendeleïev! Un Français m'a dit un jour : *"Pourquoi tout cela vous appartient-il? La terre est notre bien commun!"*

— Oui, je suis quand même un impérialiste! Je veux vivre dans un empire. Poutine, c'est mon président. Maintenant, on a honte de se dire libéral, comme on avait honte il n'y a pas longtemps de se dire communiste. On peut se faire casser la figure devant un kiosque à bière pour ça.

— Je déteste Eltsine! On lui avait fait confiance, et il nous a entraînés dans une direction totalement inconnue. On ne s'est pas du tout retrouvés dans un paradis démocratique. Mais dans un endroit où c'est encore pire qu'avant.

— Cela ne tient pas à Eltsine ni à Poutine, cela tient au fait que nous sommes des esclaves. Nous avons une âme d'esclave! Du sang d'esclave. Regardez-moi ces nouveaux Russes... Ils descendent de leur Bentley, ils ont des billets de banque qui leur sortent des poches, mais ce sont des esclaves. Tout en haut, il y a un boss, et s'il dit : "Tout le monde rentre au bercail!", ils rentreront...

— À la télé, j'ai entendu M. Polonski[1] demander : "Tu possèdes un milliard? Non? Alors va te faire foutre!" Moi, je fais partie des gens que monsieur l'oligarque envoie se faire foutre. Je viens d'une famille ordinaire : mon père est alcoolique, et ma mère se crève la paillasse pour trois fois rien dans un jardin d'enfants. À leurs yeux, nous sommes de la merde, du fumier. Je vais à toutes sortes de rassemblements. De patriotes, de nationalistes... J'écoute. Un jour, quelqu'un me mettra obligatoirement un fusil entre les mains. Et je le prendrai.

— Le capitalisme ne va pas s'implanter chez nous. "L'esprit du capitalisme" nous est foncièrement étranger. Il ne s'est pas propagé au-delà de Moscou. Ce n'est pas le bon climat. Ni les hommes qu'il faut. Le Russe n'est pas rationnel ni mercantile, il peut vous donner sa dernière chemise mais parfois, il vous vole. Il est spontané, c'est un contemplatif plutôt qu'un actif, il est capable de se contenter de peu. Amasser, ce n'est pas son idéal, ça l'ennuie. Il a un sens très aigu de la justice. Le peuple est bolchevik. Et puis, les Russes ne veulent pas simplement vivre, ils veulent avoir un but. Ils veulent prendre part à quelque chose de grandiose. Chez nous, on trouve plus facilement des saints que des gens honnêtes, ou qui ont réussi. Vous n'avez qu'à lire nos classiques...

---

1. Sergueï Polonski (né en 1972), homme d'affaires.

— Comment ça se fait que nos compatriotes, quand ils partent à l'étranger, s'adaptent tout naturellement à l'univers capitaliste ? Alors qu'ici, tout le monde adore parler de "démocratie souveraine", de la particularité de la civilisation russe, et du fait qu'en Russie, "il n'existe pas de bases pour le capitalisme" ?

— Chez nous, ce n'est pas le bon capitalisme…

— Vous pouvez abandonner l'espoir d'en avoir un autre…

— On peut dire qu'ici, on a le capitalisme, mais pas de capitalistes. Il n'y a pas de nouveaux Demidov, ou de nouveaux Morozov[1]… Les oligarques russes ne sont pas des capitalistes, ce sont des voleurs, tout simplement. Comment voulez-vous que d'anciens communistes et d'anciens komsomols deviennent des capitalistes ? Je n'ai aucune pitié pour Khodorkovski[2]. Il n'a qu'à pourrir en prison. La seule chose que je regrette, c'est qu'il soit tout seul là-bas. Il faut bien que quelqu'un réponde de ce par quoi je suis passé dans les années 1990 ! On m'a dépouillé de tout. On a fait de moi un chômeur. Ces révolutionnaires capitalistes… Gaïdar, le "Winnie l'Ourson de fer", ce rouquin de Tchoubaïss… Ils ont fait des expériences sur des gens vivants, comme des naturalistes…

— J'allais voir ma mère à la campagne. Des voisins m'ont raconté comment quelqu'un avait mis le feu à la propriété d'un fermier pendant la nuit. Les gens en ont réchappé, mais les animaux ont brûlé… Après ça, tout le village était tellement content qu'ils ont bu comme des trous pendant deux jours. Et vous venez me parler du capitalisme… Chez nous, c'est le capitalisme, mais les gens sont des socialistes…

— Sous le socialisme, on me promettait qu'il y avait assez de places au soleil pour tout le monde. Maintenant, on nous dit autre chose – qu'il faut vivre selon les lois de Darwin et que ce sera l'abondance. L'abondance pour les forts. Seulement moi, je fais partie des faibles. Je ne suis pas une lutteuse… J'avais un schéma, et

---

1. Célèbres industriels et négociants de l'époque prérévolutionnaire. Ils ont été également de grands mécènes.
2. Mikhaïl Khodorkovski (né en 1963), oligarque, jadis première fortune de Russie. N'ayant pas voulu se soumettre à Poutine, il a été condamné à quatorze ans de prison pour le vol de millions de tonnes de pétrole et le blanchiment de 23,5 milliards de dollars.

j'étais habituée à vivre selon ce schéma : l'école, l'institut, la famille. Mon mari et moi, nous allions économiser pour acheter un appartement, après l'appartement, ce serait une voiture... On a brisé ce schéma. On nous a projetés dans le capitalisme... Je suis ingénieur de formation, je travaillais dans un institut d'urbanisme, on l'appelait "l'institut des femmes" parce qu'il n'y avait que des femmes... Nous passions nos journées à classer des papiers, j'aimais que ce soit impeccable, que les piles soient bien droites. J'aurais passé toute ma vie à faire ça. Et puis on a commencé à licencier... On n'a pas touché aux hommes, il n'y en avait pas beaucoup, ni aux mères célibataires ni à celles qui étaient à un an ou deux de la retraite. Les listes ont été affichées, et j'ai vu mon nom dessus... Comment j'allais faire pour vivre ? J'étais complètement perdue. On ne m'a pas appris à vivre selon les lois de Darwin.

Pendant longtemps, j'ai eu l'espoir de trouver du travail dans ma spécialité. J'étais une idéaliste en ce sens que je ne connaissais pas ma place dans la vie, ni ma valeur. Aujourd'hui encore, les filles de mon service me manquent, nos bavardages... Le travail passait en second pour nous, ce qui venait en premier, c'était nos relations, ces conversations intimes. On prenait le thé trois fois par jour, et chacune de nous racontait sa vie. On célébrait toutes les fêtes, tous les anniversaires... Alors que maintenant... Je vais à la Bourse du travail. Sans résultat. On cherche des peintres, des maçons... J'ai une amie... Nous avons fait nos études ensemble à l'institut... Elle est femme de ménage chez un homme d'affaires, elle sort son chien... C'est une domestique. Au début, elle en pleurait d'humiliation mais maintenant, elle s'y est habituée. Moi, je n'y arrive pas...

— Faut voter pour les communistes, ça fait classe !

— Quand même, une personne normale ne peut pas comprendre les staliniens. Un siècle de la vie de la Russie est passé à la trappe, et eux, ils sont là : "Gloire aux bourreaux soviétiques !"

— Ça fait longtemps que les communistes russes ne sont plus des communistes. La propriété privée, qu'ils ont reconnue, est incompatible avec l'idée du communisme. Je pourrais dire d'eux ce que Marx disait quand il voyait ses disciples : "Tout ce que je sais, c'est que je ne suis pas marxiste." Et Heine a dit ça encore mieux : "J'ai semé des dragons, et j'ai récolté des puces."

— Le communisme, c'est l'avenir de l'humanité. Il n'y a pas d'alternative.

— Sur les portes du camp des Solovki, il y avait le slogan bolchevique : "Nous mènerons d'une main de fer l'humanité vers le bonheur." Une des recettes pour sauver l'humanité.

— Je n'ai aucune envie de descendre dans la rue ni de faire quoi que ce soit. Il vaut mieux ne rien faire. Ni le bien, ni le mal. Ce qui est bien aujourd'hui sera mal demain.

— Les gens les plus redoutables, ce sont les idéalistes...

— J'aime ma Patrie, mais je ne compte pas y vivre. Ici, je ne pourrai pas être aussi heureuse que je le veux.

— Je suis peut-être une idiote... Mais je ne veux pas partir. Et pourtant, je pourrais.

— Moi, je ne partirai pas. C'est plus amusant de vivre en Russie. En Europe, ça déchire pas autant !

— Notre Patrie, vaut mieux l'aimer de loin...

— Aujourd'hui, on a honte d'être russe...

— Nos parents vivaient dans un pays de vainqueurs, et nous, on vit dans un pays qui a perdu la guerre froide. Y a pas de quoi être fiers !

— J'ai pas l'intention de me tirer... J'ai un business ici. Tout ce que je peux dire, c'est qu'on peut très bien avoir une vie normale en Russie, il faut juste ne pas se mêler de politique. Tous ces meetings pour la liberté d'expression, contre les homophobes, j'en ai jusque-là...

— Tout le monde parle de révolution... Le quartier de Roubliovka s'est vidé... Les riches fichent le camp, ils transfèrent leurs capitaux à l'étranger. Ils ferment leurs palais à clé, il y a des pancartes partout : "À vendre..." Ils sentent bien que le peuple est déterminé. Personne ne va rien lâcher de son plein gré. Et ce sont les kalachnikovs qui vont parler...

— Il y en a qui gueulent : "La Russie derrière Poutine !" et d'autres : "La Russie sans Poutine !"

— Et qu'est-ce qui va se passer quand le prix du pétrole baissera, ou bien qu'on n'en aura plus besoin ?

— Le 7 mai 2012, on a montré à la télévision le cortège triomphal de Poutine se rendant au Kremlin pour son investiture en traversant une ville complètement déserte. Personne, et pas une

seule voiture. La purification par le vide. Des milliers de policiers, de militaires et de membres des forces spéciales montaient la garde aux sorties de métro et devant les entrées d'immeubles. Une capitale nettoyée des Moscovites et de ses éternels bouchons. Une ville morte.
C'est que ce n'est pas le vrai tsar, celui-là !

À PROPOS DE L'AVENIR

Il y a cent vingt ans, Dostoïevski terminait Les Frères Karamazov. *Il parlait dans ce roman des éternels "garçons russes" qui discutent "des problèmes universels, rien de moins : si Dieu existe, si l'immortalité existe. Et ceux qui ne croient pas en Dieu, eh bien, ils vont se mettre à parler du socialisme et de l'anarchisme, de la refonte de l'humanité tout entière selon un nouveau statut, mais en définitive, ce sera toujours le même diable, toujours les mêmes questions, seulement prises par l'autre bout."*
Le spectre de la révolution hante de nouveau la Russie. Le 10 décembre 2011 a eu lieu un meeting de cent mille personnes sur la place Bolotnaïa. Depuis, les manifestations de protestation n'ont pas cessé. De quoi discutent les "garçons russes" aujourd'hui ? Que vont-ils choisir, cette fois ?

— Je vais aux meetings parce que j'en ai assez qu'on nous prenne pour des nazes. Rendez-nous les élections, espèces de fumiers ! La première fois, sur la place Bolotnaïa, on était cent mille, personne ne s'attendait à ce qu'il y ait autant de monde. On a supporté, on a encaissé, et à un certain moment, le mensonge et l'arbitraire ont dépassé les bornes. Bon, ça suffit comme ça ! Tout le monde regarde les nouvelles ou les lit sur internet. On parle politique. C'est devenu à la mode d'être dans l'opposition. Mais j'ai bien peur… J'ai bien peur que tout ça, ce soit du baratin… On va passer quelques heures sur la place, pousser quelques cris, puis on retournera devant nos ordis, nous balader sur internet. Tout ce qui restera, c'est : "On s'est bien marré !" Je me suis déjà heurté à ça : quand il a fallu dessiner des pancartes pour un meeting et distribuer des tracts, là, tout le monde s'est défilé…

— Avant, j'étais très loin de la politique. Mon travail et ma famille me suffisaient, je trouvais qu'il était inutile de descendre dans la rue. J'étais plus attirée par "la théorie des petites actions ponctuelles" : je travaillais dans un hospice pour vieillards, l'été où les forêts ont brûlé autour de Moscou, j'apportais de la nourriture et des vêtements aux sinistrés. J'ai fait toutes sortes de choses… Maman, elle, passait son temps devant la télé. Elle en a eu ras le bol de ces mensonges et de ces crapules avec leur passé de tchékistes, elle me racontait tout. Nous sommes allées au premier meeting ensemble, et ma mère a soixante-quinze ans ! C'est une actrice. Nous avions acheté des fleurs, à tout hasard. Ils n'allaient quand même pas tirer sur des gens avec des fleurs !

— Quand je suis né, ce n'était déjà plus l'URSS. Si quelque chose ne me plaît pas, je descends dans la rue et je proteste. Au lieu d'en parler dans ma cuisine avant d'aller me coucher.

— La révolution, ça me fait peur… Je sais que ce sera un soulèvement à la russe, absurde et impitoyable. Mais maintenant, on a honte de rester chez soi. Je ne veux pas d'une "nouvelle URSS", ni d'une "URSS renouvelée", ni d'une "véritable URSS". On ne peut pas agir comme ça avec moi… "On a réfléchi tous les deux, et on a décidé qu'aujourd'hui, ce serait lui le président, et que demain, ce serait moi… Les gens avaleront tout !" On n'est pas des veaux, on est un peuple ! Dans les meetings, je vois des têtes que je ne voyais jamais avant : des gens de la génération des années 1960, aguerris par la lutte, des gens de la génération des années 1970, et beaucoup d'étudiants, alors qu'il n'y a pas longtemps, ils se fichaient royalement de ce qu'on nous rabâchait dans la boîte-à-vider-le-crâne… Et aussi des dames en vison, et des jeunes gens qui arrivent en Mercedes. Avant, ils ne pensaient qu'à l'argent, aux vêtements, à leur confort, mais ils se sont rendu compte que ce n'était pas tout. Cela ne leur suffit plus. Comme à moi. Ce ne sont plus des affamés qui manifestent, mais des gens au ventre plein. Les slogans… C'est de l'art populaire… "Poutine, va-t'en toi-même !", "Je n'avais pas voté pour ces salauds-là, j'avais voté pour d'autres salauds !" J'ai bien aimé celui-là : "Vous n'avez aucune idée de qui on est !" Nous n'avions pas l'intention de prendre le Kremlin d'assaut, nous voulions dire qui nous étions. Nous sommes partis en scandant : "Nous reviendrons !"

— Moi, je suis une Soviétique, j'ai peur de tout. Il y a encore dix ans, pour rien au monde je ne serais allée sur cette place. Et maintenant, je ne rate pas un seul meeting. J'étais sur l'avenue Sakharov, et sur le nouvel Arbat. Et j'étais dans le Grand Anneau blanc[1]. J'apprends à être libre. Je ne veux pas mourir dans la peau de celle que je suis aujourd'hui – une Soviétique. Je me vide de mon "soviétisme", par seaux entiers...

— Moi, je vais aux meetings parce que mon mari y va...

— Je ne suis plus tout jeune. J'ai envie de vivre encore un peu dans une Russie sans Poutine.

— On en a ras le bol des Juifs, des tchékistes, des homosexuels...

— Moi, je suis de gauche. Je suis convaincu qu'il est impossible d'obtenir quoi que ce soit par des moyens pacifiques. J'ai soif de sang! Chez nous, on ne fait rien de grand sans verser le sang. Pourquoi on descend dans la rue? J'y vais, et j'attends le moment où nous marcherons sur le Kremlin. On a fini de jouer. Cela fait longtemps qu'on aurait dû s'emparer du Kremlin, au lieu de marcher en gueulant. Donnez-nous l'ordre de prendre des fourches et des piques! J'attends.

— J'y vais avec des amis... J'ai dix-sept ans. Ce que je sais de Poutine? Je sais qu'il fait du judo et qu'il a décroché le huitième dan. Je crois bien que c'est tout ce que je sais sur lui...

— Je ne suis pas Che Guevara, je suis une trouillarde, mais je n'ai pas raté un seul meeting. Je veux vivre dans un pays dont je n'aie pas honte.

— Moi, c'est dans mon caractère, il faut que je monte sur des barricades! On m'a éduquée comme ça. Mon père s'est porté volontaire pour déblayer les décombres après le tremblement de terre de Spitak. Il est mort jeune à cause de cela. D'un infarctus. Depuis que je suis toute petite, je ne vis pas avec mon père, je vis avec sa photo. Y aller ou ne pas y aller – chacun doit décider tout seul. Mon père y est allé de lui-même... Il aurait pu ne pas le faire... J'ai une amie qui voulait venir avec moi sur la place Bolotnaïa, et puis elle m'a téléphoné : "J'ai un enfant encore petit,

---

1. Nom donné à une action anti-Poutine au cours de laquelle les opposants ont formé une chaîne humaine dans le centre de Moscou en février 2012.

tu comprends…" Et moi, j'ai une maman déjà âgée. Quand je pars, elle prend des tranquillisants. Mais j'y vais quand même…
— Je veux que mes enfants soient fiers de moi…
— Moi, j'en ai besoin pour me respecter moi-même…
— Il faut bien essayer de faire quelque chose…
— Je crois en la révolution… Une révolution, c'est un travail de longue haleine. En 1905, la première révolution russe s'est soldée par un échec et un désastre. Et vingt ans plus tard, en 1917, cela a déferlé avec une telle force que le régime tsariste a été réduit en miettes. Nous aussi, nous aurons notre révolution!
— Je vais au meeting, et toi?
— Personnellement, je suis fatigué, de 1991… de 1993… Je ne veux plus de révolution! Premièrement, les révolutions se font rarement dans le velours, et deuxièmement – je le sais par expérience –, même si on gagne, ce sera comme en 1991. L'euphorie retombera très vite. Le champ de bataille sera investi par des pillards. On verra débarquer des Goussine, des Berezovski et des Abramovitch…
— Je suis contre les meetings anti-Poutine. C'est surtout dans la capitale que ça bouge. Moscou et Pétersbourg sont pour l'opposition, mais la province est pour Poutine. On vit mal ou quoi? Vous ne trouvez pas qu'on vit mieux qu'avant? Cela fait peur de perdre ça. Tout le monde se souvient combien on en a bavé dans les années 1990. Personne n'a envie de recommencer à tout casser et à verser le sang.
— Je ne suis pas fana du régime de Poutine. On en a marre du "petit tsar", on veut des dirigeants révocables. Il nous faut des changements, bien sûr, mais pas une révolution. Et ça ne me plaît pas non plus quand on lance des morceaux de bitume sur des policiers…
— C'est le Département d'État américain qui a tout payé! Les Occidentaux jouent aux marionnettes avec nous. Une fois, on a fait une perestroïka selon leurs recettes, et faut voir ce que ça a donné! On s'est retrouvé au fond du trou. Je ne vais pas à ces meetings, moi, je vais aux meetings pro-Poutine. Je suis pour une Russie forte!
— Ces vingt dernières années, tout a changé de fond en comble plusieurs fois. Et quel est le résultat? "Poutine, dehors! Poutine,

dehors!", c'est le dernier mantra à la mode... Je ne vais pas à ces manifs à grand spectacle. Admettons que Poutine s'en aille... Ce sera un nouvel autocrate qui montera sur le trône. Les gens continueront à voler comme avant. On aura toujours des entrées d'immeubles pleines de crachats, des vieux abandonnés, des fonctionnaires cyniques et des policiers arrogants... Et on trouvera toujours normal de donner des pots-de-vin. À quoi bon changer de gouvernement si nous ne changeons pas nous-mêmes? Je ne crois pas à la démocratie chez nous. On est un pays oriental... Féodal... Au lieu d'intellectuels, on a des popes...

— Je n'aime pas la foule... Le troupeau... Une foule ne décide jamais rien, ce sont des individus qui décident. Le pouvoir a tout fait pour qu'il n'y ait pas de fortes personnalités au sommet. L'opposition n'a pas de Sakharov ni d'Eltsine. La "révolution de neige[1]" n'a pas produit de héros. Où est le programme? Qu'ont-ils l'intention de faire? Quels impôts? Ils marchent dans les rues, ils gueulent un bon coup... Et ce même Nemtsov, ce même Navalny[2] racontent sur Twitter qu'ils sont partis en vacances aux Maldives ou en Thaïlande. Qu'ils sont en train d'admirer Paris. Vous imaginez Lénine, en 1917, se rendant en Italie ou allant faire du ski dans les Alpes après une manifestation...?

— Moi, je ne vais pas aux meetings et je ne veux pas voter. Je ne me fais aucune illusion...

— Vous êtes au courant qu'à part nous, il y a aussi la Russie? Une Russie qui s'étend jusqu'à Sakhaline... Eh bien elle, elle ne souhaite aucune révolution, qu'elle soit orange, de neige ou des roses. Assez de révolutions comme ça! Laissez le pays tranquille, à la fin!

— Je n'en ai rien à faire, de ce qu'il y aura demain...

— Je n'ai aucune envie de défiler avec des communistes et des nationalistes... Avec des nazis... Vous seriez allés à une manifestation du Ku Klux Klan, avec leurs capuches et leurs croix, vous?

1. Nom donné aux événements d'Ossétie après le deuxième tour des élections présidentielles en 2011. La "révolution des roses" est le nom donné à la révolution pacifique en Géorgie en novembre 2003, qui conduisit à la démission du président Chevardnadzé.
2. Boris Nemtsov (né en 1959), ancien vice-Premier ministre, et Alexeï Navalny (né en 1976) sont des leaders du mouvement d'opposition à Poutine.

Quand bien même leur but serait magnifique. Nous ne rêvons pas de la même Russie !

— Je n'y vais pas… J'ai peur de recevoir un coup de matraque sur la tête…

— Il faut prier, et non aller à des meetings. C'est Dieu qui nous a envoyé Poutine…

— Je n'aime pas voir des drapeaux révolutionnaires sous mes fenêtres. Je suis pour l'évolution… Pour construire quelque chose…

— Je n'y vais pas… Et je ne vais pas me justifier de ne pas aller à ces shows politiques. Ce sont des opérations de frime à bas prix, ces meetings. Il faut vivre nous-mêmes hors du mensonge, comme l'a dit Soljénitsyne. Sans cela, nous n'avancerons pas d'un millimètre. Nous allons tourner en rond.

— J'aime ma patrie, même comme ça…

— J'ai exclu l'État de ma zone d'intérêt. Mes priorités, ce sont ma famille, mes amis, et mon business. C'est clair, comme explication ?

— Tu serais pas un ennemi du peuple, citoyen ?

— Il va obligatoirement se passer quelque chose. Et bientôt. Pour l'instant, ce n'est pas encore la révolution, mais il y a une odeur d'ozone dans l'air. Tout le monde attend : qui, où, quand ?

— Je viens à peine de commencer à avoir une vie normale ! Laissez-moi un peu vivre !

— La Russie dort. Faut pas rêver.

*DIX HISTOIRES
AU MILIEU DE NULLE PART*

OÙ IL EST QUESTION DE ROMÉO ET JULIETTE… SEULEMENT ILS S'APPELAIENT MARGARITA ET ABULFAZ

Margarita K., réfugiée arménienne, 41 ans

Oh, je ne veux pas parler de ça… Non… Je veux parler d'autre chose…

Je dors toujours les bras en l'air, c'est une habitude du temps où j'étais heureuse. J'aimais tellement la vie! Je suis arménienne, mais je suis née et j'ai grandi en Azerbaïdjan, à Bakou, au bord de la mer. La mer… Ma mer bien-aimée! Je suis partie, mais j'aime la mer. Les gens et tout le reste m'ont déçue, je n'aime plus que la mer. J'en rêve souvent – grise, noire, violette. Et des éclairs! Ils dansent avec les vagues. J'aimais regarder au loin le soleil se coucher le soir, il est si rouge qu'on a l'impression qu'il grésille en s'enfonçant dans l'eau. Les galets chauffés par le soleil sont tout chauds, on dirait qu'ils sont vivants. J'aimais regarder la mer le matin et pendant la journée, le soir et la nuit… La nuit, il y avait des chauves-souris, elles me faisaient très peur. Des cigales qui chantaient. Un ciel rempli d'étoiles… Nulle part il n'y a autant d'étoiles. Bakou, c'est la ville que j'aime. Ma ville adorée, malgré tout ce qui s'est passé. Je me promène souvent en rêve dans le jardin du Gouverneur et dans le parc Nagorny. Je monte sur les remparts… De partout, on voit la mer, les bateaux et les plateformes pétrolières. Maman et moi, on aimait bien aller dans un salon de thé boire du thé rouge. *(Elle a les larmes aux yeux.)* Maman est en Amérique. Elle pleure, elle a le mal du pays. Et moi, je suis à Moscou.

À Bakou, nous habitions dans un grand immeuble. Il y avait un mûrier dans la cour, un mûrier jaune. Ses fruits étaient un vrai délice! Nous vivions tous ensemble, nous formions une grande famille, les Azerbaïdjanais, les Russes, les Arméniens, les

Ukrainiens, les Tatars... Clara, Sarah, Abdullah, Ruben... La plus belle, c'était Sylva, elle travaillait comme hôtesse de l'air sur les lignes internationales, elle allait à Istanboul... Son mari Elmir était chauffeur de taxi. Elle, elle était arménienne, et lui azerbaïdjanais, mais personne ne s'en souciait, je ne me souviens pas qu'on parlait de ça. Le monde se divisait selon d'autres critères : il y avait les bons et les méchants, les radins et les généreux. Les voisins et les hôtes. On était du même village, de la même ville... Tout le monde avait la même nationalité : nous étions tous soviétiques, nous parlions tous russe.

La plus belle fête, celle que tout le monde préférait, c'était *Navrouz Baïram*, le début du printemps. On l'attendait toute l'année, et elle durait sept jours. Pendant sept jours, on ne fermait pas les portes ni les portails... Plus de clés ni de cadenas, la nuit comme le jour. On allumait de grands feux sur les toits et dans les jardins... La ville entière était remplie de feux! On jetait dedans des plantes, de la rue odorante, en demandant le bonheur, et on répétait : "*Sarylyguine senie, guyrmyzylyguine menie.* – Voici pour toi toutes mes infortunes, qu'il ne me reste que ma joie!" On pouvait entrer chez n'importe qui, on était accueilli partout comme un hôte, on vous servait du *plov* au lait et du thé rouge à la cannelle ou à la cardamome. Et le septième jour, le point culminant de la fête, tout le monde se réunissait autour d'une même table... Chacun sortait la sienne dehors et on les mettait bout à bout. Avec, dessus, des *khinkali* géorgiens, des *boraki* et du *pastourma* arméniens, des *blini* russes, de l'*etchpomtchak* tatar, des *vareniki* ukrainiens, de la viande aux marrons à l'azerbaïdjanaise... Klava apportait sa spécialité, du hareng "en pelisse", et Sarah son poisson farci. On buvait du vin, du cognac arménien, azerbaïdjanais... On chantait des chansons arméniennes et azerbaïdjanaises, et la fameuse *Katioucha* russe. Puis venaient les desserts : de la *bakhlava*, des *cheker-tchourek*... Aujourd'hui encore, je ne connais rien au monde de plus délicieux! Les meilleurs desserts, c'étaient ceux de ma mère. Les voisines lui faisaient toujours des compliments. "Tu as des mains de fée, Knarik! Ta pâte est légère comme un nuage!"

Maman était très amie avec Zeïnab. Zeïnab avait deux filles et un fils, Anar, il était dans ma classe. "Si on mariait ta fille avec mon Anar ? disait-elle en riant. On ne formerait plus qu'une seule famille." *(Elle se parle à elle-même.)* Non, non, je ne pleurerai pas... Je ne dois pas pleurer... Quand les pogroms d'Arméniens ont commencé... Zeïnab, cette gentille Zeïnab, avec son Anar... Nous avions pris la fuite, nous nous étions cachées chez de bonnes âmes... Eh bien, une nuit, ils sont entrés chez nous et ils ont emporté notre réfrigérateur et notre téléviseur. Et aussi la cuisinière et une cloison yougoslave toute neuve... Un jour, Anar et ses amis ont croisé mon mari dans la rue, ils l'ont tabassé à coups de barre de fer. "T'es pas un Azerbaïdjanais, espèce de traître ! Tu vis avec une Arménienne, une ennemie !" J'étais hébergée par une amie, je vivais dans leur grenier. Chaque nuit, ils m'ouvraient et me donnaient à manger, puis je remontais là-haut et ils clouaient la porte. Ils la condamnaient. Si on m'avait trouvée, on nous aurait tous tués ! Quand je suis sortie de là, ma frange était devenue toute blanche... *(À voix basse.)* Je dis aux autres de ne pas pleurer sur mon sort, mais moi-même, ça me fait pleurer... Quand on était à l'école, Anar me plaisait beaucoup, il était très beau garçon. Une fois, on s'est même embrassés... Il m'accueillait à la porte de l'école en disant : "Salut, princesse !" Salut, princesse...

Je me souviens de ce printemps... Bien sûr que j'y pense, mais moins souvent, c'est de plus en plus rare, maintenant. Ah, ce printemps-là ! Je venais de terminer mes études et j'avais trouvé du travail à la centrale du télégraphe. Les gens font la queue devant le guichet... Il y en a un qui pleure parce que sa mère est morte, une autre qui rit parce qu'elle va se marier. Bon anniversaire ! Tous nos vœux ! Ces télégrammes, tous ces télégrammes... Pour Vladivostok, Oust-Kout, Achkhabad... C'est amusant, comme travail. On ne s'ennuie pas une seconde. Et j'attendais l'amour... À dix-huit ans, on attend toujours l'amour. Je pensais que cela n'arrivait qu'une seule fois, et qu'on comprenait tout de suite que c'était ça. Mais cela s'est passé de façon cocasse. Je n'ai pas aimé notre rencontre. Un matin, je suis arrivée devant la sentinelle, tout le monde me connaissait et personne ne me demandait plus mon laissez-passer. "Salut ! – Salut !" C'était tout. Et là : "Veuillez présenter votre laissez-passer !" J'ai été sidérée. Je me trouvais devant un grand et beau garçon qui ne me laissait pas entrer. "Mais vous me voyez tous les jours… – Veuillez présenter votre laissez-passer!" Ce jour-là, justement, je l'avais oublié. J'ai fouillé dans mon sac, rien. On a dû faire venir mon chef, et j'ai reçu un blâme. J'étais furieuse contre ce garçon. Mais lui… Je travaillais de nuit, et voilà qu'il s'est invité avec un ami pour prendre le thé! Il ne manquait pas de culot! Ils avaient apporté des beignets à la confiture, on n'en fabrique plus des comme ça maintenant, ils sont délicieux, mais on n'ose pas mordre dedans, on ne sait jamais de quel côté la confiture va sortir… Nous avons ri comme des fous. Mais je ne lui ai pas adressé la parole, je lui en voulais. Quelques jours plus tard, il est venu me trouver après le travail et il m'a dit : "J'ai acheté des billets de cinéma, tu veux venir?" C'était ma comédie musicale préférée, *Mimino*, avec Vakhtang Kikabidzé dans le rôle principal. Je l'avais vue des dizaines de fois, je la connaissais par cœur. Et j'ai découvert que lui aussi. Nous avons fait un véritable concours de répliques, c'était une sorte de test : "Ne m'en veux pas, je vais dire quelque chose d'intelligent…", "Comment je vais faire pour vendre cette vache? Tout le monde la connaît, ici!" C'est ainsi que notre amour a commencé… Son cousin possédait de grandes serres, il vendait des fleurs, et Abulfaz venait toujours aux rendez-vous avec des roses, des blanches, des jaunes, des rouges… Des bleues et des noires… Il existe même des roses mauves, on dirait qu'elles sont fausses, mais ce sont des vraies… J'avais souvent rêvé à l'amour, mais je ne savais pas que mon cœur pouvait s'emballer à ce point, bondir dans ma poitrine… Nous laissions des mots d'amour sur la plage humide, sur le sable… De grandes lettres : JE T'AIME, et dix mètres plus loin, encore JE T'AIME. À l'époque, il y avait des distributeurs d'eau gazeuse un peu partout dans la ville, et le même verre servait pour tout le monde. On le lavait, et on buvait dedans. Un jour, nous n'avons pas trouvé de verre. Pas de verre non plus au distributeur suivant. Et j'avais très soif. Nous avions tellement chanté, crié et dansé au bord de la mer que je mourais de soif. Pendant longtemps, il nous est arrivé plein de petits miracles, ensuite, cela s'est arrêté. Si, si, je vous assure, c'est vrai! "Abulfaz, j'ai soif! Fais quelque chose!" Il m'a regardée, il a levé les bras au ciel et il a prononcé des mots, il a parlé longtemps… Et tout à coup, un homme complètement soûl a surgi de derrière une palissade couverte d'herbes folles, et il nous a tendu un verre : "Tiens, ma jolie!"

Et ces levers de soleil... Pas âme qui vive, juste nous, le brouillard et la mer. Je marche pieds nus, le brouillard monte de l'asphalte comme de la vapeur... Et soudain, le soleil surgit! Encore un miracle! Cette lumière... Cet éclairage... Comme en plein jour, en plein été. Ma robe humide de rosée sèche en un clin d'œil. "Tu es si belle!" Et toi... Toi... *(Elle a les larmes aux yeux.)* Je dis aux autres de ne pas pleurer, et moi... Tout me revient... Tout... Mais chaque fois, j'entends de moins en moins les voix. Et j'en rêve de moins en moins souvent... À l'époque, je vivais dans un autre monde... Je planais... Seulement nous n'avons pas eu de *happy end* – la robe blanche, la marche de Mendelssohn, l'alliance... le voyage de noces. Parce que très vite... *(Elle s'arrête.)* Qu'est-ce que je voulais dire? J'oublie les mots les plus simples... Je commence à perdre la mémoire... Ah, oui, je voulais dire que très peu de temps après ça... On me cachait dans des caves, je vivais dans des greniers, je m'étais transformée en chat... en chauve-souris. Si vous pouviez comprendre... si vous pouviez savoir à quel point c'est terrifiant d'entendre quelqu'un crier la nuit. Juste un seul cri. Quand un oiseau solitaire pousse un cri la nuit, cela fait toujours peur. Mais quand c'est un être humain? Je ne pensais qu'à une seule chose : je l'aime, je l'aime, je l'aime... Sinon je n'aurais pas pu supporter tout ça. Toute cette horreur. Je sortais du grenier uniquement la nuit, derrière des rideaux aussi épais que des couvertures. Un matin, on a ouvert la porte et on m'a dit : "Sors de là! Tu es sauvée!" Les troupes russes étaient entrées dans la ville...

J'y repense... J'y repense même en rêve... Quand tout a-t-il commencé? 1988... Des gens se rassemblent sur la place, ils sont en noir, ils dansent et ils chantent. Ils dansent avec des couteaux et des poignards. Le bâtiment du télégraphe est sur la place, tout cela se déroulait sous nos yeux. On s'entassait sur le balcon pour regarder. Ils criaient : "Mort aux infidèles!" Cela a duré longtemps, très longtemps... Plusieurs mois... On nous empêchait de nous mettre aux fenêtres. "C'est dangereux, les filles. Restez à vos places et ne vous laissez pas distraire. Au travail!" D'habitude, à l'heure du déjeuner, nous prenions le thé tous ensemble, et voilà que brusquement, un beau jour, les Azerbaïdjanais se sont assis à une table, et les Arméniens à une autre. Du jour au lendemain, vous comprenez? Moi, je n'arrivais pas à comprendre. Je n'étais pas encore consciente de ce qui se passait. J'étais amoureuse, je ne pensais qu'à ça… "Mais qu'est-ce qu'il y a, les filles? – Tu n'as pas entendu? Le directeur a déclaré que bientôt, il n'y aurait plus ici que des « sang-pur », des musulmanes." Ma grand-mère avait survécu au pogrom des Arméniens en 1915. Je me souvenais de ce qu'elle me racontait quand j'étais petite : "Lorsque j'avais ton âge, on a égorgé mon papa. Et aussi ma maman, et ma tante. Et tous nos moutons…" Grand-mère avait toujours les yeux tristes. "Ce sont nos voisins qui ont fait ça. Jusque-là, c'étaient des gens normaux, on peut même dire des gens bien. Les jours de fête, on mangeait tous à la même table." Je me disais que c'était il y a très longtemps… Qu'une chose pareille ne pouvait pas arriver maintenant. Je disais à ma mère : "Tu as vu, maman, dans la cour, les garçons ne jouent pas à la guerre, ils jouent au massacre des Arméniens. Qui leur a appris ça? – Tais-toi, ma fille. Les voisins vont t'entendre." Maman n'arrêtait pas de pleurer. Des enfants traînaient une poupée de chiffon à travers la cour, ils plantaient des bâtons dedans, des petits poignards. J'ai demandé à Orkhan, le petit-fils de Zeïnab, l'amie de maman : "Mais qu'est-ce que c'est? – C'est une vieille Arménienne. On la tue. Tu es quoi, toi, Rita? Pourquoi tu as un nom russe?" C'est maman qui m'a appelée Margarita… Elle aimait les prénoms russes, toute sa vie, elle a rêvé d'aller à Moscou… Mon père nous avait abandonnées, il vivait avec une autre femme, mais c'était quand même mon père. Je suis allée le voir pour lui annoncer que j'allais me marier. "C'est un gars bien? – Très bien. Mais il s'appelle Abulfaz…" Papa n'a rien dit. Il voulait que je sois heureuse. Et j'étais amoureuse d'un musulman… de quelqu'un qui avait un autre dieu. Mais il n'a rien dit. Ensuite, Abulfaz est venu demander ma main. "Pourquoi es-tu venu tout seul, sans tes parents? – Ils sont contre. Mais moi, je n'ai besoin de personne d'autre que toi!" Et c'était la même chose pour moi… Qu'allions-nous faire tous les deux, avec notre amour?

Ce qui se passait autour n'avait rien à voir avec ce que nous vivions… Rien du tout. La nuit, tout était calme en ville, calme et effrayant… Oh, je n'y arrive pas… C'est trop horrible… Pendant la journée, les gens ne riaient plus, ils ne plaisantaient plus, ils n'achetaient plus de fleurs. Avant, on voyait toujours des gens avec des fleurs dans la rue. Des couples qui s'embrassaient. Maintenant… C'étaient les mêmes personnes, mais elles ne se regardaient plus… Il y avait comme une tension dans l'air, on attendait quelque chose.

Aujourd'hui, je n'arrive plus à me souvenir de tout avec précision… Cela évoluait de jour en jour. À présent, tout le monde connaît l'histoire de Soumgaït… Soumgaït est à trente kilomètres de Bakou… C'est là qu'a eu lieu le premier pogrom. Il y avait une jeune fille de Soumgaït qui travaillait chez nous et un jour, après le travail, alors que tout le monde rentrait chez soi, elle est restée dans le bâtiment du télégraphe. Elle dormait dans un cagibi. Elle pleurait tout le temps, elle ne sortait plus dans la rue, elle ne parlait plus à personne. Quand on l'interrogeait, elle ne disait rien. Mais lorsqu'elle s'est mise à parler… à raconter… J'aurais voulu ne pas l'entendre ! Ne plus rien entendre ! Mon Dieu, mon Dieu ! Mais ce n'était pas possible ! "Que s'est-il passé chez toi ? – Notre maison a été saccagée. – Et tes parents ? – Ils ont emmené maman dans la cour, ils l'ont mise toute nue et ils l'ont brûlée vive. Ils ont obligé ma sœur enceinte à danser autour du feu… Et quand ils l'ont tuée elle, ils ont sorti le bébé de son ventre avec des barres de fer… – Tais-toi ! Tais-toi ! – Papa, lui, ils l'ont découpé à la hache… On l'a reconnu uniquement grâce à ses chaussures… – Tais-toi ! Je t'en supplie ! – Des hommes, des jeunes et des vieux, se réunissaient à vingt ou à trente, ils faisaient irruption dans les maisons où vivaient des Arméniens… Ils tuaient et ils violaient, la fille sous les yeux de son père, la femme sous les yeux de son mari… – Tais-toi ! Je préfère encore quand tu pleures…" Mais elle ne pleurait pas. Elle était trop terrifiée. "Ils mettaient le feu aux voitures. Dans le cimetière, ils arrachaient les pierres tombales avec des noms arméniens. Même les morts, ils les haïssaient… – Tais-toi ! Mais comment des gens peuvent-ils faire des choses pareilles ?" Nous avions tous peur d'elle… À la télévision, à la radio, dans les journaux, personne ne parlait de Soumgaït. Il y avait juste des rumeurs… Plus tard, on m'a demandé : "Comment avez-vous fait pour vivre après ça ?" Le printemps est arrivé.

Les femmes ont mis des robes légères. Les fruits sont apparus... Il y avait toutes ces horreurs et, autour de nous, c'était une telle beauté... Vous comprenez? Et il y avait la mer.

Nous allions nous marier. Ma mère m'avait dit : "Réfléchis bien, ma chérie." Papa, lui, ne disait rien. Dans la rue, Abulfaz et moi, nous avons croisé ses sœurs. Je les ai entendues chuchoter : "Pourquoi tu as dit qu'elle était laide? Regarde comme elle est jolie!" J'ai dit à Abulfaz : "Si on allait juste à la mairie, et qu'on ne faisait pas de cérémonie de mariage? – Tu veux rire! Chez nous, on dit qu'il y a trois grands jours dans la vie d'un homme : le jour de sa naissance, le jour de son mariage, et le jour de sa mort." Il était hors de question de ne pas fêter notre mariage, sans cela, on ne peut pas être heureux. Ses parents étaient contre... Catégoriquement contre. Ils ne lui ont pas donné un sou pour la cérémonie, ils ne lui ont même pas rendu l'argent qu'il avait gagné. Mais tout devait être fait selon les rites, selon les traditions... J'aime les traditions azerbaïdjanaises, elles sont belles. Les marieurs viennent faire la demande une première fois aux parents de la jeune fille qui se contentent de les écouter. C'est le lendemain qu'ils accordent ou non leur consentement. Et on boit du vin. L'achat de la robe blanche et de l'alliance revient au fiancé, il doit les apporter à la fiancée un matin. Il faut obligatoirement que la journée soit ensoleillée, parce qu'on doit séduire le bonheur et conjurer les forces obscures. La fiancée accepte les présents, remercie le fiancé, et l'embrasse en présence de tous. Elle porte un châle blanc, symbole de pureté. Le mariage! Le jour des noces! Les deux familles apportent beaucoup de cadeaux, une montagne de cadeaux avec des rubans rouges, que l'on pose sur de grands plateaux. Et on gonfle des centaines de ballons de toutes les couleurs qui flottent pendant plusieurs jours au-dessus de la maison de la mariée. Plus ils flottent longtemps, mieux c'est, cela veut dire que l'amour est fort et réciproque.

Mon mariage... Notre mariage... Les cadeaux des deux familles, c'est maman qui les a achetés... Et aussi la robe blanche, et les alliances en or... À table, les parents de la mariée doivent se lever pour porter le premier toast et faire l'éloge de la jeune fille, puis les parents du marié font l'éloge du jeune homme. C'est mon grand-père qui a parlé pour moi. Quand il a eu terminé, il a demandé à Abulfaz : "Qui va parler pour toi ? – Je vais le faire moi-même. J'aime votre fille. Je l'aime plus que ma vie." La façon dont il a dit cela a beaucoup plu à tout le monde. Sur le seuil, on nous a lancé de la menue monnaie et du riz... pour le bonheur et la richesse. Et puis, à un certain moment, pendant le mariage, la famille de l'un des mariés doit se lever et saluer la famille de l'autre, qui fait ensuite la même chose. Abulfaz était tout seul à se lever... Comme un orphelin... Alors je me suis dit : "Je vais te donner un enfant, et tu ne seras plus seul !" Je me le suis juré. Il savait déjà que j'avais été très malade dans mon adolescence, et que les médecins avaient décrété que je ne devais pas avoir d'enfant. Il l'avait accepté, du moment que nous étions ensemble. Mais moi... J'ai décidé que j'en aurais quand même un. Tant pis si j'en mourrais. Il lui resterait un enfant.

Mon cher Bakou... La mer, la mer... Le soleil... Ce n'est plus ma ville...

... Il n'y avait plus de portes, on avait mis de grandes bâches en plastique à la place des portes...

... Des hommes ou des adolescents, je ne me souviens pas tellement c'était horrible... Ils tapaient sur une femme, ils la tuaient à coups de pieu... Où avaient-ils trouvé des pieux dans une ville ? Elle était allongée par terre, elle ne disait rien. En voyant cela, les gens prenaient une autre rue. Où était la milice ? Elle avait disparu... Pendant des jours et des jours, je n'ai pas vu un seul milicien... Abulfaz restait à la maison, il en était malade. C'est quelqu'un de bon, de très bon. Mais ceux-là, dans la rue, d'où sortaient-ils ?... Un homme courait droit vers nous, il était couvert de sang... Son manteau et ses mains étaient pleins de sang... Il brandissait un grand couteau de cuisine, comme ceux avec lesquels on coupe les légumes... Il avait un air triomphant, et même heureux. "Je le connais !" m'a dit une jeune fille qui attendait l'autobus avec moi.

... Quelque chose est mort en moi à ce moment-là... Quelque chose a disparu à l'intérieur de moi...

... Maman a été licenciée. Il était devenu dangereux pour elle de sortir dans la rue, on voyait tout de suite qu'elle était arménienne. Moi non. Mais à une condition : je ne devais jamais avoir mes papiers sur moi. Aucun papier d'identité ! Abulfaz venait me chercher à mon travail et on rentrait ensemble, personne ne se doutait que j'étais arménienne. Mais n'importe qui aurait pu exiger de voir mon passeport[1]. Des voisines, de vieilles Russes, m'avaient mise en garde : "Cachez-vous. Allez-vous-en !" Les jeunes Russes, eux, étaient partis, ils avaient abandonné leurs appartements, leurs meubles… Il ne restait plus que des vieux. De bonnes vieilles grands-mères russes…

… J'étais déjà enceinte. Je portais mon bébé contre mon cœur.

Le massacre a duré plusieurs semaines à Bakou… C'est ce que disent certains. Selon d'autres, cela a duré bien plus longtemps… On ne tuait pas seulement les Arméniens, on tuait aussi ceux qui les cachaient. Moi, j'ai été cachée par une amie azerbaïdjanaise, elle a un mari et deux enfants. Un jour… je le jure ! je retournerai à Bakou avec ma fille, j'entrerai dans cette maison et je dirai à mon enfant : "Voilà ta seconde mère !" On avait mis des rideaux aussi épais que des manteaux, on les avait fabriqués spécialement à cause de moi. La nuit, je descendais du grenier pour une heure ou deux… Nous parlions à voix basse, parce qu'il fallait parler avec moi. Tout le monde comprenait qu'il fallait parler avec moi pour que je ne devienne pas muette ou complètement folle. Que je ne perde pas mon enfant, que je ne me mette pas à hurler la nuit. Comme une bête.

Je me souviens très bien de nos conversations. Je passais mes journées à y réfléchir dans mon grenier. Toute seule. Avec la mince bande de ciel que je voyais par une fente…

"… Ils ont arrêté le vieux Lazare dans la rue et ils se sont mis à lui taper dessus. Il les suppliait : « Je suis juif ! » Mais le temps de trouver son passeport, ils l'avaient déjà estropié."

"… Ils tuent pour l'argent, ou juste comme ça… Ils s'en prennent surtout aux habitations des riches Arméniens…"

"… Dans une maison, ils ont tué tout le monde. Une petite fille avait grimpé sur un arbre… Ils lui ont tiré dessus, comme sur un oiseau. C'était la nuit, ils ne voyaient pas très bien et ils

---

[1]. Sur les passeports intérieurs soviétiques (c'est-à-dire les cartes d'identité), la "nationalité", ou plutôt l'ethnie, était précisée : arménien, russe, juif, azerbaïdjanais, etc. Cette mention a disparu des passeports en 2000 en dépit de certaines protestations, entre autres de l'Église orthodoxe. Il est juste écrit désormais : "citoyen de Russie".

ont mis longtemps à l'atteindre… Ils s'énervaient, ils visaient… Elle est tombée à leurs pieds…"

Le mari de mon amie était peintre. J'aimais bien ses tableaux, il faisait des portraits de femmes, des natures mortes. Je me souviens, il s'approchait de sa bibliothèque et disait en tapotant les reliures : "Il faut brûler ça! Il faut tout brûler! Je ne crois plus dans les livres! Nous pensions que le bien triomphe toujours, mais ce n'est pas vrai du tout. On parlait de Dostoïevski… Eh bien oui, ses héros sont toujours là, parmi nous! À côté de nous!" Je ne comprenais pas de quoi il parlait. Je suis une jeune fille simple, ordinaire, je n'ai pas fait d'études supérieures. Tout ce que je savais faire, c'était pleurer et essuyer mes larmes… Pendant longtemps, j'ai cru que je vivais dans le plus beau pays du monde, parmi les gens les meilleurs qui soient. C'était ce qu'on nous enseignait à l'école. Lui, il était bouleversé, cela le rendait malade. Il a eu une attaque et il est resté paralysé… *(Elle s'interrompt.)* Il faut que je m'arrête un moment. J'en tremble de tout mon corps… *(Elle poursuit au bout de quelques instants.)* Et puis les troupes russes sont arrivées, j'ai pu rentrer chez moi… Il était alité, seul un de ses bras bougeait un peu. Avec ce bras, il m'a serrée très fort. "J'ai pensé à toi toute la nuit, Rita, et à ma vie. Pendant des années, toute ma vie, je me suis battu contre les communistes. Et maintenant, j'ai des doutes : tant pis si nos vieilles momies avaient continué à nous gouverner et à s'accrocher des étoiles de héros sur la poitrine, tant pis si on ne pouvait pas voyager à l'étranger ni lire des livres interdits ni manger des pizzas, cette nourriture des dieux. Au moins, cette petite fille serait restée en vie, personne ne lui aurait tiré dessus, comme sur un oiseau… Et toi, tu ne serais pas enfermée dans ce grenier comme une petite souris…" Il est mort peu de temps après… Beaucoup de gens mouraient à cette époque, des gens bien. Ils ne pouvaient pas supporter tout ça.

Il y avait des soldats russes partout. Des véhicules blindés… Ces soldats étaient des gamins, ils s'évanouissaient en voyant ce qui se passait…

J'en étais au huitième mois de ma grossesse. J'allais bientôt accoucher. Une nuit, j'ai eu un malaise et nous avons appelé les urgences. Quand ils ont entendu mon nom arménien, ils nous ont raccroché au nez. Les maternités non plus n'ont pas voulu me prendre, même celle de mon quartier. Dès qu'ils voyaient mon passeport, il n'y avait plus de place. Nulle part. Maman a fini par retrouver la vieille sage-femme russe qui l'avait accouchée autrefois, il y a très longtemps… Dans les faubourgs de la ville. Elle s'appelait Anna je ne sais plus comment… Elle passait me voir une fois par semaine, elle me suivait, et elle avait dit que l'accouchement serait difficile. Les contractions ont commencé pendant la nuit… Abulfaz est sorti chercher un taxi, il n'arrivait pas à en avoir par téléphone. Quand le chauffeur est arrivé et qu'il m'a vue, il a dit : "Mais elle est arménienne ! – C'est ma femme !" Il a refusé de me prendre, et mon mari a fondu en larmes. Il a sorti son porte-monnaie et lui a montré de l'argent, tout son salaire : "Tiens… Je te donnerai tout… Sauve ma femme et mon enfant." Nous sommes partis. Tous ensemble, maman était venue avec nous. Nous sommes allés dans le faubourg où habitait Anna, à l'hôpital où elle travaillait à mi-temps pour arrondir sa retraite. Elle nous attendait, et on m'a tout de suite allongée sur la table d'accouchement. Cela a duré longtemps… Sept heures… Nous étions deux à accoucher, moi et une Azerbaïdjanaise. Il n'y avait qu'un seul oreiller et c'était elle qui l'avait. À cause de cela, j'ai eu des déchirures, j'avais la tête trop basse, j'étais mal installée, j'avais mal… Maman est restée derrière la porte. On l'avait fait sortir, mais elle n'avait pas voulu s'éloigner. Et si jamais on volait l'enfant ? Si jamais… Tout était possible à ce moment-là… J'ai eu une petite fille. On me l'a apportée une fois pour me la montrer et ensuite, on ne me l'a plus redonnée. Les autres mères, des Azerbaïdjanaises, on leur apportait leur enfant pour qu'elles le nourrissent, moi non. J'ai attendu deux jours. Et puis… En me tenant au mur, je me suis traînée jusqu'à la salle où se trouvaient les bébés. Elle était vide, il y avait juste ma fille, et les portes et les fenêtres étaient grandes ouvertes. Je l'ai touchée, elle était brûlante. Ma mère est arrivée à ce moment-là… "Viens, maman, on prend la petite et on s'en va. Elle est déjà malade."

Ma fille a mis longtemps à guérir. Elle était soignée par un vieux médecin juif, il était à la retraite depuis longtemps. Mais il venait en aide aux familles arméniennes. Il disait : "On tue les Arméniens parce qu'ils sont arméniens… Autrefois, on tuait les Juifs parce qu'ils étaient juifs…" Il était très, très vieux. On a appelé ma fille Irina. Irinka… On a décidé qu'il valait mieux qu'elle ait un prénom russe, que cela la protégerait. Quand Abulfaz l'a prise dans ses bras pour la première fois, il a pleuré. Il a sangloté de bonheur… Nous avions quand même des moments de bonheur. Notre bonheur à nous. Entre-temps, sa mère était tombée malade, et il allait souvent rendre visite à sa famille. Quand il revenait… Je ne trouve pas les mots pour dire dans quel état il était. C'était un étranger, avec un visage inconnu. Moi, j'avais peur, bien sûr. Il y avait déjà beaucoup de réfugiés azerbaïdjanais en ville, des familles qui avaient fui l'Arménie. Ils étaient partis les mains vides, sans rien, exactement comme les Arméniens qui avaient fui Bakou. Et ils racontaient la même chose… Exactement la même chose! Ils parlaient de Khodjala, où il y avait eu un pogrom. Ils racontaient comment, là-bas, les Arméniens tuaient les Azerbaïdjanais… Ils jetaient les femmes par les fenêtres… Ils coupaient les têtes… Ils urinaient sur les morts… Maintenant, plus aucun film d'horreur ne m'impressionne! J'ai vu et entendu tellement de choses… Je ne dormais plus la nuit, je n'arrêtais pas de réfléchir. Il fallait partir. Il le fallait! Je ne pouvais pas vivre comme ça, c'était impossible. Fuir, se sauver. Pour oublier… Si j'étais restée, j'en serais morte, je sais que j'en serais morte…

C'est maman qui est partie la première… Ensuite mon père, avec sa seconde femme. Et enfin, ma fille et moi. Nous sommes partis avec de faux papiers. Avec des passeports azerbaïdjanais. Nous avons attendu trois mois pour avoir des billets tellement les listes d'attente étaient longues. Et quand nous sommes montés dans l'avion, il y avait davantage de cageots de fruits et de cartons de fleurs que de passagers. Les affaires marchaient bien! De jeunes Azerbaïdjanais étaient assis devant nous et, pendant tout le voyage, ils ont bu du vin en disant qu'ils partaient parce qu'ils ne voulaient pas tuer. Ils ne voulaient pas faire la guerre et mourir. On était en 1991… Il y avait la guerre dans le Haut-Karabakh… Ces garçons l'avouaient franchement : "On n'a pas envie de se jeter sous un tank. On n'est pas prêts pour ça." À Moscou, mon cousin était venu nous chercher à l'aéroport… "Mais où est Abulfaz? – Il nous rejoindra dans un mois." Le soir, toute la famille s'est réunie. On me suppliait de parler : "Allez, raconte, n'aie pas peur. Ceux qui ne disent rien tombent malades." J'ai commencé à parler au bout d'un mois. Je croyais que je n'y arriverais jamais. Que j'allais rester muette.

Et j'ai attendu, attendu... Abulfaz ne nous a pas rejoints au bout d'un mois... Ni au bout de six mois, mais sept ans plus tard. Sept ans... S'il n'y avait pas eu ma fille, je n'aurais pas survécu... C'est elle qui m'a sauvée. C'est pour elle que je me suis battue de toutes mes forces. Pour survivre, il faut au moins trouver un petit fil auquel se raccrocher... Pour survivre, pour attendre... Un matin, et puis encore un autre... Quand il est arrivé, il nous a serrées dans ses bras, sa fille et moi. Il est resté là, debout dans l'entrée... Et puis je l'ai vu s'effondrer lentement, très lentement. Une seconde plus tard, il était allongé par terre, avec son manteau et sa chapka. Nous l'avons traîné jusqu'au divan. Nous étions mortes de peur. Il fallait appeler un médecin, mais comment faire ? Nous n'avions pas de permis de séjour à Moscou, pas d'assurance médicale... Nous étions des réfugiés ! Pendant qu'on réfléchissait, maman pleurait, et ma fille restait terrée dans un coin, avec des yeux grands comme des soucoupes... On attendait son papa, il était arrivé, et voilà qu'il était en train de mourir ! À ce moment-là, il a ouvert les yeux. "Je n'ai pas besoin de médecin. C'est fini. Je suis à la maison !" Là, je crois que je vais pleurer... *(Elle pleure pour la première fois depuis le début de notre conversation.)* Comment ne pas pleurer ? Pendant un mois, il m'a suivie dans l'appartement à genoux, il n'arrêtait pas de me baiser les mains. "Qu'est-ce que tu veux me dire ? – Je t'aime... – Où étais-tu passé pendant toutes ces années ?"

... Les gens de sa famille lui avaient volé son passeport une première fois, une deuxième fois...

... Ses cousins étaient arrivés à Bakou... Ils avaient été chassés d'Erevan, leurs pères et leurs grands-pères étaient restés là-bas. Et tous les soirs, ils devaient raconter... Pour qu'il entende... Un petit garçon avait été écorché vif et suspendu à un arbre. Une voisine avait été marquée sur le front au fer rouge... "Et toi, tu veux aller retrouver ta femme ? C'est une ennemie ! Tu n'es plus notre frère. Ni notre fils."

... Quand je lui téléphonais, on me répondait qu'il n'était pas là. Et lui, on lui racontait que j'avais appelé pour dire que je m'étais remariée. Je téléphonais sans arrêt. C'était sa sœur qui décrochait. "Oublie ce numéro de téléphone! Il a une autre femme, une musulmane."

… Mon père… Il a fait cela pour mon bien… Il a pris mon passeport et l'a donné à je ne sais trop qui pour qu'on y appose un cachet de divorce. Un faux cachet de divorce. Ils ont mis de l'encre, ils ont frotté, corrigé, et maintenant, il y a un trou. "Mais pourquoi tu as fait ça, papa? Tu sais bien que je l'aime! – Tu aimes un ennemi." Mon passeport est fichu, il n'est plus valide, maintenant.

… Je lisais *Roméo et Juliette*, de Shakespeare. Cela parle de deux familles ennemies, les Montaigu et les Capulet. C'est mon histoire à moi… Je comprenais chaque mot, chaque mot…

Je ne reconnaissais plus ma fille. Elle s'est mise à sourire dès qu'elle l'a vue, dès la première seconde. "Papa! Mon papa!" Quand elle était petite, elle sortait sa photo de la valise et la couvrait de baisers. Mais sans que je le voie… Pour que je ne pleure pas.

Je n'ai pas fini. Vous croyez que c'est tout? Oh, non… Ce n'est pas encore fini…

… Ici aussi, nous vivons comme à la guerre… Nous sommes partout des étrangers. Ce qui me guérirait, c'est la mer. Ma mer à moi! Mais il n'y a pas de mer ici…

… J'ai lavé par terre dans le métro, j'ai nettoyé des toilettes. J'ai trimbalé des briques et des sacs de ciment sur des chantiers. En ce moment, je suis femme de ménage dans un restaurant. Abulfaz fait des travaux de rénovation dans des appartements de riches. Les gens corrects le paient, les autres non. "Dégage, espèce de métèque, sinon je vais appeler la milice!" Nous n'avons pas de permis de séjour… Nous n'avons aucun droit… Des gens comme nous, ici, il y en a autant que des grains de sable dans le désert. Des centaines de milliers de personnes ont fui leur foyer : des Tadjiks, des Arméniens, des Azerbaïdjanais, des Géorgiens, des Tchétchènes… Ils sont venus se réfugier à Moscou, dans la capitale de l'URSS, mais maintenant, c'est la capitale d'un autre pays. Notre pays à nous, on ne le trouve plus sur la carte…

… Ma fille a terminé l'école secondaire il y a un an. Elle voudrait faire des études, mais elle n'a pas de papiers… Nous vivons en transit. Nous habitons chez une petite vieille, elle s'est installée chez son fils et nous loue son studio. Quand la milice frappe à la porte pour contrôler les papiers, nous nous cachons comme des petites souris. Nous redevenons des petites souris. Ils pourraient nous renvoyer. Mais nous renvoyer où ? Où pouvons-nous aller ? Nous serions expulsés dans les vingt-quatre heures. Nous n'avons pas d'argent pour les payer... Et jamais nous ne trouverons un autre appartement. Les annonces disent toutes : "Appartement à louer pour famille slave", "Appartement à louer pour Russes orthodoxes. Autres s'abstenir."

... Nous ne sortons jamais le soir. Si mon mari ou ma fille sont retenus quelque part, je prends un calmant. Je dis à ma fille de ne pas se teindre les sourcils, de ne pas porter des robes de couleur vive. Ici, on a tué un jeune Arménien, là-bas, c'est une petite Tadjike qui s'est fait égorger... un Azerbaïdjanais qui a reçu un coup de couteau. Avant, nous étions tous des Soviétiques, mais maintenant, nous avons une nouvelle nationalité, nous sommes des "individus de nationalité caucasienne". Le matin, je fonce à mon travail sans regarder les hommes en face, j'ai les yeux noirs et je suis très brune. Le dimanche, si nous nous promenons en famille, nous restons dans le quartier, près de chez nous. "Maman, j'ai envie d'aller sur l'Arbat, de faire un tour sur la place Rouge...
– On ne peut pas aller là-bas, ma chérie. Il y a des *skinheads* avec des croix gammées. Leur Russie est pour les Russes. C'est une Russie sans nous." *(Elle se tait.)* Personne ne sait combien de fois j'ai eu envie de mourir.

... Ma fille... Depuis qu'elle est toute petite, elle s'entend traiter de sale métèque et de cul-noir... Avant, elle ne comprenait pas... Dès qu'elle rentrait de l'école, je l'embrassais pour qu'elle oublie ces mots.

Tous les Arméniens de Bakou sont partis en Amérique. Ils ont été accueillis par un pays étranger... Ma mère est partie, mon père aussi, et beaucoup de gens de notre famille. Moi aussi, je suis allée à l'ambassade des États-Unis. Ils m'ont demandé de raconter mon histoire. Je leur ai parlé de mon amour... Ils sont restés longtemps sans rien dire. C'étaient de jeunes Américains, très jeunes. Ensuite, ils ont discuté entre eux : son passeport est abîmé, et puis c'est quand même bizarre, pourquoi son mari a-t-il mis sept ans à partir ? D'ailleurs est-ce vraiment son mari ?

Cette histoire est trop belle et trop horrible pour qu'on y croie. C'est ce qu'ils ont dit... Je parle un peu anglais, et j'ai compris qu'ils ne me croyaient pas. Mais je n'ai aucune preuve, à part mon amour... Vous me croyez, vous ?

— Je vous crois... ai-je dit. J'ai grandi dans le même pays que vous. Je vous crois !

(Et nous pleurons toutes les deux.)

OÙ IL EST QUESTION DE GENS
QUI ONT CHANGÉ D'UN SEUL COUP
"APRÈS LE COMMUNISME"

Ludmila Malikova, technicienne, 47 ans

EXTRAITS DU RÉCIT DE SA FILLE

Sur un temps où tout le monde vivait de la même façon
Vous connaissez bien Moscou ? Le quartier de Kountsevo... C'était là qu'on habitait, on avait un appartement dans un immeuble de quatre étages, un trois-pièces, on s'y était installées quand on avait pris grand-mère avec nous. Après la mort de mon grand-père, elle a vécu longtemps seule, mais comme elle devenait de plus en plus faible, nous avons décidé de vivre ensemble. Moi, j'étais contente, j'aimais beaucoup ma grand-mère. On allait faire du ski, on jouait aux échecs... C'était une grand-mère fantastique! Mon père... Oui, j'en avais un, mais il n'a pas vécu longtemps avec nous. Il a commencé à dérailler, il s'est mis à boire avec ses copains, et maman lui a demandé de partir... Il travaillait dans une usine militaire secrète... Je me souviens, quand j'étais petite, il venait nous voir tous les week-ends, il m'apportait des cadeaux, des chocolats et des fruits... Il s'arrangeait toujours pour que ce soit la plus grosse poire possible, la plus grosse pomme... Il me faisait des surprises : "Ferme les yeux, Ioulia... Tiens!" Il avait un beau rire... Ensuite, il a disparu... La femme avec laquelle il a vécu après nous l'a flanqué dehors elle aussi, c'était une amie de maman, elle en a eu assez de ses beuveries. Je ne sais pas s'il est encore vivant, mais s'il l'était, il me chercherait.

Jusqu'à mes quatorze ans, nous avons eu une vie bien tranquille. Jusqu'à la perestroïka... Nous avons eu une vie normale jusqu'à l'arrivée du capitalisme, à l'époque, à la télévision, on disait "l'économie de marché". Les gens ne comprenaient pas très bien ce que c'était, et personne ne nous expliquait rien. Cela a commencé par le fait qu'on pouvait dire du mal de Lénine et de Staline. C'étaient les jeunes qui les critiquaient, les vieux, eux, se taisaient. S'ils entendaient quelqu'un dire du mal des communistes, ils descendaient du trolley. À l'école, on avait un prof de maths, un jeune, qui était contre les communistes, mais notre vieux prof d'histoire, lui, était pour. Chez nous, grand-mère disait : "À la place des communistes, maintenant, on va avoir des spéculateurs !" Et maman se disputait avec elle : "Non, nous allons avoir une vie meilleure, une vie plus juste !" Elle allait aux manifestations, elle était tout excitée, elle nous répétait ce qu'Eltsine disait dans ses discours. Mais grand-mère, on ne pouvait pas l'en faire démordre : "Ils ont échangé le socialisme contre des bananes ! Contre du chewing-gum…" Les discussions commençaient dès le matin, ensuite maman partait travailler et le soir, elles continuaient à discuter. Dès qu'Eltsine passait à la télévision, maman fonçait s'asseoir dans un fauteuil. "Ça, c'est un grand homme !" Et grand-mère faisait le signe de croix. "C'est un criminel, oui ! Que Dieu me pardonne !" Elle était communiste jusqu'à l'os. Elle votait pour Ziouganov. Tout le monde a commencé à aller à l'église, et elle y est allée, elle aussi, elle s'est mise à faire le signe de croix, à observer le carême, mais elle ne croyait qu'au communisme… *(Elle se tait.)* Elle aimait bien me parler de la guerre… Elle était partie comme volontaire sur le front à l'âge de dix-sept ans, c'est là que mon grand-père était tombé amoureux d'elle. Son rêve était d'être standardiste, mais dans le régiment où elle s'est retrouvée, ils avaient besoin d'une cuisinière, alors elle est devenue cuisinière. Grand-père aussi était cuisinier, ils faisaient à manger pour les blessés dans un hôpital. Quand ils déliraient, les blessés criaient : "En avant ! À l'attaque !" C'est dommage, elle m'a raconté tellement de choses, mais je me souviens juste de petits bouts… Les infirmières gardaient toujours sous la main un seau rempli de craie, quand elles n'avaient plus de médicaments en cachets ou en poudre, elles en fabriquaient avec ça, pour que les blessés ne les engueulent pas et ne leur tapent pas dessus avec leurs béquilles… Il n'y avait pas la télévision à l'époque, et personne n'avait jamais vu Staline, mais tout monde avait envie de le voir. Et grand-mère aussi. Elle l'a vénéré jusqu'à sa mort. "S'il n'y avait pas eu Staline, on serait en train de lécher le cul des Allemands..." Elle pouvait être très grossière. Maman, elle, n'aimait pas Staline, elle le traitait de criminel et d'assassin... Ce serait hypocrite de dire que je pensais beaucoup à tout ça... Je vivais, j'étais gaie. Le premier amour...

Maman était coordinatrice dans un institut de recherche en géophysique. On s'entendait bien. Je partageais tous mes secrets avec elle, même ceux qu'on ne raconte pas à sa mère d'habitude. Avec elle, on pouvait, ce n'était pas vraiment une adulte. Plutôt une grande sœur. Elle aimait les livres, la musique... C'était toute sa vie. Le chef de famille, chez nous, c'était grand-mère. Maman disait que quand j'étais petite, j'étais un amour d'enfant, elle n'avait pas besoin de me supplier ni de me raisonner. Il est vrai que je l'adorais, ma mère... Je suis contente de lui ressembler, et de plus en plus avec les années. On est presque exactement pareilles. Cela me plaît... *(Elle se tait.)* On n'était pas riches du tout, mais on se débrouillait. Tout le monde était comme ça autour de nous. On s'amusait bien, maman recevait des amis, ils bavardaient, ils chantaient des chansons. Je me souviens encore d'Okoudjava : "Sur terre vivait un soldat, il était beau, il était brave, mais ce n'était qu'un jouet d'enfant, un petit soldat en papier..." Grand-mère posait sur la table un plat rempli de crêpes, elle préparait des pâtés en croûte délicieux. Il y avait beaucoup d'hommes qui faisaient la cour à maman, ils lui offraient des fleurs et moi, ils m'achetaient des glaces. Une fois, elle m'a même demandé si elle pouvait se marier. Je n'avais rien contre, maman était jolie et cela ne me plaisait pas qu'elle reste seule, j'avais envie qu'elle soit heureuse. On la remarquait toujours dans la rue, les hommes se retournaient sur elle. Quand j'étais petite, je lui demandais : "Mais pourquoi ils te regardent ?" Elle me disait : "Allez, viens, on y va !" Et elle riait, d'un drôle de rire. Pas comme d'habitude. C'est vrai, on était heureuses... Plus tard, quand je me suis retrouvée toute seule, je venais dans notre rue et je regardais nos fenêtres. Un jour, je n'ai pas résisté, j'ai sonné à notre porte. C'était une famille de Géorgiens qui habitait là. Ils ont dû me prendre pour une mendiante, ils voulaient me donner de l'argent et un peu de nourriture. J'ai fondu en larmes et je suis partie en courant...

Et puis grand-mère est tombée malade, elle avait une maladie qui faisait qu'elle avait tout le temps envie de manger, toutes les cinq minutes. Elle sortait sur le palier et hurlait qu'on la laissait mourir de faim. Elle cassait des assiettes... Maman aurait pu la mettre dans une clinique spéciale, mais elle avait décidé de s'en occuper elle-même. Elle aussi, elle aimait beaucoup grand-mère. Souvent, elle allait chercher ses photos de guerre dans le buffet et elle les regardait en pleurant. Dessus, il y avait une jeune fille qui ne ressemblait pas à grand-mère, mais c'était elle. On aurait dit quelqu'un d'autre... Eh oui, c'est la vie... Jusqu'à sa mort, grand-mère lisait les journaux, elle s'intéressait à la politique... Mais une fois qu'elle est tombée malade, il n'y avait plus qu'un seul livre sur sa table de nuit... La Bible... Elle m'appelait et me lisait des passages : "Et que la poussière retourne à la terre d'où elle vient, et que le souffle retourne à Dieu qui l'a donné..." Elle n'arrêtait pas de penser à la mort. "Si tu savais comme c'est dur pour moi, ma petite-fille ! Je m'ennuie tellement !"

C'est arrivé pendant un week-end... Nous étions à la maison... Je suis allée jeter un coup d'œil dans la chambre de grand-mère, elle avait déjà du mal à marcher et restait la plupart du temps couchée. Elle était assise, en train de regarder par la fenêtre. Je lui ai donné à boire. Au bout d'un moment, je suis retournée la voir, je l'ai appelée... Elle n'a pas répondu. J'ai pris sa main, elle était toute froide. Elle avait les yeux ouverts, elle regardait toujours par la fenêtre. Je n'avais jamais vu la mort avant ça, j'ai eu peur et j'ai crié. Maman est accourue, elle a aussitôt fondu en larmes et elle a fermé les yeux de grand-mère. Il fallait appeler les urgences... Je dois dire qu'ils sont arrivés très vite, mais le docteur a réclamé de l'argent à maman pour délivrer le certificat de décès et pour emmener grand-mère à la morgue. "Qu'est-ce que vous voulez ! C'est ça, l'économie de marché !" Nous n'avions pas un sou à la maison... À ce moment-là, justement, maman n'avait pas de travail, cela faisait deux mois qu'elle en cherchait par les petites annonces, mais partout où elle allait, il y avait déjà la queue. Elle avait terminé un institut technologique avec un "diplôme rouge". Trouver du travail dans sa branche, ça, il n'en était même pas question, il y avait des femmes couvertes de diplômes qui travaillaient comme vendeuses, laveuses de vaisselle.

Qui faisaient des ménages dans des bureaux. Tout était devenu différent... Je ne reconnaissais plus les gens dans la rue, on aurait dit qu'ils s'étaient tous déguisés en gris. Il n'y avait aucune couleur. C'est le souvenir que j'ai gardé... "Tout ça, c'est de la faute de ton Eltsine et de ton Gaïdar... disait grand-mère en pleurant quand elle était vivante. Qu'est-ce qu'ils ont fait de nous? Encore un peu, et ça va être comme pendant la guerre." Maman ne disait rien, à ma grande surprise, elle ne disait plus rien. Nous regardions tout ce qu'il y avait à la maison en nous demandant ce que nous pourrions en tirer. Mais on n'avait rien à vendre... On vivait sur la retraite de grand-mère. On ne mangeait plus que des pâtes... En toute une vie, grand-mère avait économisé cinq mille roubles, ils étaient sur un livret d'épargne, cela devait lui suffire pour le restant de sa vie, comme elle disait, "pour les mauvais jours" et pour son enterrement. Et maintenant, c'était le prix d'un billet de tram... D'une boîte d'allumettes... Tout le monde a perdu tout son argent du jour au lendemain. Les gens se sont fait dépouiller... Ce qui faisait le plus peur à grand-mère, c'était d'être enterrée dans un sac en plastique, dans du papier journal. Un cercueil coûtait horriblement cher, et on enterrait les gens dans n'importe quoi... Fénia, une de ses amies qui avait été infirmière sur le front, sa fille l'avait enterrée dans du papier journal... Elle l'avait enveloppée dans des vieux journaux... Et ses médailles, on les avait juste déposées comme ça, directement dans la fosse... Sa fille était invalide, elle fouillait dans les ordures... C'était tellement injuste, tout ça! Avec mes amies, on entrait dans les magasins privés et on examinait les saucissons. Les emballages étincelants. À l'école, les filles qui avaient des leggins se moquaient de celles à qui leurs parents ne pouvaient pas en acheter. On se moquait de moi... *(Elle se tait.)* Mais maman avait promis à grand-mère qu'elle l'enterrerait dans un cercueil. Elle le lui avait juré.

Quand le docteur a vu que nous n'avions pas d'argent, ils se sont détournés et ils sont partis. Ils nous ont laissé grand-mère...

Nous avons passé une semaine avec elle... Maman la frottait plusieurs fois par jour avec du manganèse et la recouvrait d'un drap humide. Elle avait fermé hermétiquement les fenêtres et les vasistas, et elle avait mis une couverture mouillée sous la porte. Elle faisait ça toute seule, moi, j'avais peur d'entrer dans la chambre de grand-mère, je faisais des allers-retours en courant entre ma chambre et la cuisine. Cela commençait déjà à sentir... Il est vrai qu'on avait de la chance dans notre malheur : grand-mère avait beaucoup maigri pendant sa maladie, il ne lui restait plus que les os... Nous avons téléphoné à des gens de la famille... Nous connaissons la moitié de Moscou, mais là, brusquement, il n'y avait plus personne. Oh, ils ne refusaient pas de nous aider, non, ils arrivaient avec des bocaux de trois litres remplis de courgettes ou de cornichons marinés, ou avec des confitures, mais personne ne nous proposait d'argent. Ils passaient un moment avec nous, ils pleuraient, et puis ils s'en allaient. Personne n'avait d'argent liquide... Enfin, je crois... Un cousin de maman qui travaillait dans une usine était payé en conserves, et il nous en apportait. Il faisait ce qu'il pouvait... À l'époque, on trouvait normal d'offrir comme cadeau d'anniversaire un morceau de savon, du dentifrice... Nous avions de bons voisins, ils étaient vraiment gentils. Ania et son mari... Ils étaient en train de déménager pour s'installer à la campagne chez leurs parents, leurs enfants étaient déjà là-bas. Ils avaient bien d'autres soucis en tête. Valia, elle... Comment elle aurait pu nous aider, alors que son mari et son fils buvaient comme des trous ? Maman avait tellement d'amis... Mais eux non plus, ils n'avaient rien chez eux, à part des livres. La moitié d'entre eux étaient déjà sans travail... Le téléphone était mort. Les gens ont changé d'un seul coup après le communisme. Tout le monde vivait enfermé chez soi... *(Elle se tait.)* Mon rêve, c'était de m'endormir et, à mon réveil, grand-mère serait vivante...

Sur un temps où les bandits se baladaient dans les rues
sans prendre la peine de cacher leur pistolet
Et on a vu arriver des gens, je ne sais pas qui c'était, mais ils étaient au courant de tout : "On connaît votre malheur. On va vous aider." Ils ont donné quelques coups de fil, et aussitôt est arrivé un médecin qui nous a délivré un certificat de décès, et aussi un milicien. Ils ont acheté un cercueil très cher, il y avait un corbillard, et plein de fleurs, c'est fou ce qu'il y en avait – tout comme il fallait. Grand-mère avait demandé à être enterrée dans

le cimetière Khovanskoïe, mais là-bas, on ne peut pas avoir de place sans verser de pot-de-vin, c'est un cimetière ancien, très connu. Pourtant, c'est ce qu'ils ont fait. Ils ont amené un prêtre qui a prié. C'était magnifique! Maman et moi, on était là, à pleurer. C'est une certaine Irina qui avait tout organisé, elle était le patron de cette bande, elle était toujours accompagnée de types baraqués, ses gardes du corps. L'un d'eux avait fait la guerre en Afghanistan et maman, je ne sais pas pourquoi, ça la rassurait, elle estimait que quelqu'un qui avait fait la guerre ou qui avait été dans un camp sous Staline ne pouvait pas être mauvais. "Il a tellement souffert!" Et puis, de façon générale, chez nous, on ne laisse pas tomber les gens dans le malheur, c'était une conviction, chez elle. Nous n'avions pas oublié les histoires de grand-mère sur les gens qui se sauvaient la vie les uns aux autres pendant la guerre. Des Soviétiques... *(Elle se tait.)* Mais les gens n'étaient déjà plus comme ça. Plus tout à fait soviétiques... Je dis les choses comme je les vois maintenant, pas comme je les voyais à l'époque... Nous avions été prises en mains par une bande, mais à ce moment-là, pour moi, c'étaient des gens gentils qui prenaient le thé avec nous dans la cuisine, qui nous offraient des chocolats. Irina nous apportait des provisions quand elle voyait que notre réfrigérateur était vide, et elle m'a offert une jupe en jean, en ce temps-là, tout le monde était dingue des vêtements en jean! Ils sont venus nous voir comme ça pendant peut-être un mois, nous nous étions habituées à eux, et puis ils ont fait une proposition à maman: "Si on vendait votre trois-pièces et qu'on vous achetait un studio? Comme ça vous aurez de l'argent." Maman a accepté... Elle avait trouvé du travail dans un café, elle lavait la vaisselle, elle essuyait les tables, mais question argent, c'était la catastrophe. Nous avions déjà commencé à réfléchir à l'endroit où nous allions déménager, dans quel quartier. Je ne voulais pas changer d'école. On cherchait quelque chose dans le coin.

C'est à ce moment-là qu'une autre bande est apparue. Là, leur chef était un homme... Volodia... Et Irina et lui ont commencé à se battre pour notre appartement. Volodia criait à maman: "Vous n'avez pas besoin d'un studio! Je vais vous acheter une maison dans la banlieue de Moscou." Irina conduisait une vieille Volkswagen, et Volodia une superbe Mercedes. Il avait un vrai pistolet... Dans les années 1990... les bandits se baladaient dans les rues sans prendre la peine de cacher leur pistolet. Tous ceux qui le pouvaient faisaient blinder leur porte. Dans notre immeuble, des gens avaient fait irruption chez un commerçant avec une grenade... Il tenait un kiosque (des planches badigeonnées de peinture et du contreplaqué) où il vendait de tout : de la nourriture, des produits de beauté, des vêtements, de la vodka. Ils ont exigé de lui des dollars. Sa femme n'a pas voulu se laisser faire, eh bien, ils lui ont appliqué un fer à repasser brûlant sur le ventre, et elle était enceinte... Personne ne s'adressait à la police, tout le monde savait que ces bandits avaient beaucoup d'argent et pouvaient acheter n'importe qui. On les respectait, je ne sais pas pourquoi. On ne pouvait porter plainte nulle part... Volodia, lui, il ne prenait pas le thé avec nous. Il a menacé maman : "Si tu ne me laisses pas l'appartement à moi, je te prendrai ta fille et tu ne la reverras plus jamais ! Tu ne sauras même pas ce qui lui est arrivé." Des amis m'ont cachée chez eux, je ne suis pas allée à l'école pendant plusieurs jours. Je pleurais sans arrêt, j'avais peur pour maman. Des voisins les ont vus débarquer deux fois, ils me cherchaient. Ils juraient comme des charretiers. Et finalement, maman a cédé...

On nous a mis dehors dès le lendemain. Ils sont venus pendant la nuit : "Vite, vite ! Allez, fichez le camp ! Vous allez vivre ailleurs pendant qu'on vous cherche une maison." Ils étaient arrivés avec des pots de peinture et du papier peint, ils commençaient déjà à tout refaire. "Allez, allez ! Dehors !" Maman était tellement affolée qu'elle a juste pris nos papiers, son parfum polonais préféré *Peut-Être*, qu'on lui avait offert pour son anniversaire, et quelques livres qu'elle aimait beaucoup. Moi, j'ai emporté mes manuels et une robe. On nous a fait monter dans une voiture, et on nous a amenées dans un appartement, on peut dire qu'il était complètement vide : il y avait deux grands lits, une table et des chaises. Et on nous a donné des instructions très strictes : ne pas mettre les pieds dehors, ne pas ouvrir les fenêtres, et ne pas parler fort. Il ne fallait surtout pas que les voisins nous entendent. Visiblement, il y avait beaucoup de passage dans cet appartement... C'était d'une saleté ! Nous avons mis plusieurs jours à tout laver, à tout nettoyer. Ensuite, je me souviens, nous nous sommes retrouvées dans un endroit officiel, maman et moi, et on nous a montré des papiers imprimés... Tout avait l'air légal... On nous a dit : "Il faut apposer votre signature ici." Maman a signé et moi, j'ai fondu en larmes. Avant cela, je n'avais pas réalisé, mais là, j'ai compris qu'on allait nous envoyer à la campagne. J'étais triste de quitter mon école, mes amies que je ne reverrais plus jamais... Volodia s'est approché : "Allez, dépêche-toi de signer, sinon on va te mettre dans un orphelinat. De toute façon, ta maman partira à la campagne, et toi, tu resteras toute seule." Il y avait d'autres gens... Je me souviens qu'il y avait d'autres gens, et aussi un milicien... Ils ne disaient rien. Volodia a donné de l'argent à tout le monde. J'étais une petite fille... Qu'est-ce que je pouvais faire... *(Elle se tait.)*

J'ai vécu longtemps sans en parler... Tout ça, c'est très intime, c'est un malheur, mais c'est mon malheur à moi. Je n'ai pas envie de montrer ça à quelqu'un... Je me souviens, quand on m'a amenée à l'orphelinat, c'était bien plus tard, une fois que je me suis retrouvée sans maman, on m'a fait entrer dans une pièce et on m'a dit : "Voilà ton lit. Et voilà ton étagère dans l'armoire..." Je suis restée pétrifiée... Le soir, je me suis effondrée, j'avais de la fièvre... Cela m'avait rappelé notre appartement... *(Elle se tait.)* C'était le Nouvel An. Il y avait un sapin illuminé... Tout le monde fabriquait des masques... Il allait y avoir une soirée dansante. Une soirée dansante... J'avais oublié tout ça... *(Elle se tait.)* Dans cette chambre, à part moi, il y avait encore quatre petites filles. Deux sœurs toutes petites, huit et dix ans, et deux filles plus grandes, une de Moscou qui avait la syphilis, l'autre était une voleuse, elle m'a piqué mes chaussures. Celle-là, elle voulait retourner dans la rue... Qu'est-ce que je disais ? Ah oui, on était tout le temps ensemble, jour et nuit, mais on ne se racontait rien... On n'en avait pas envie. Pendant longtemps, je n'ai rien dit à personne... Je me suis mise à parler quand j'ai rencontré mon Génia... Mais ça, c'était plus tard... *(Elle se tait.)*

Notre épopée, à maman et à moi, ne faisait que commencer. Une fois les papiers signés, on nous a emmenées dans la région de Iaroslavl. "C'est loin, mais ce n'est pas grave, vous allez avoir une belle maison." On nous avait menti... Ce n'était pas une maison, mais une vieille isba avec une seule pièce et un grand poêle russe, maman et moi, nous n'en avions jamais vu jusque-là. Nous ne savions pas le faire marcher. L'isba tombait en ruine, il y avait des fissures partout. Cela a été un choc pour maman. Quand elle est entrée dans l'isba, elle s'est mise à genoux devant moi et elle m'a demandé pardon de me faire vivre comme ça. Elle se cognait la tête contre les murs... *(Elle pleure.)* Nous avions un peu d'argent, mais il s'est épuisé très vite. Nous avons travaillé chez des gens, dans leurs potagers, certains nous donnaient un panier de pommes de terre, d'autres une dizaine d'œufs... C'est là que j'ai appris le joli mot de "troc"... Quand j'ai pris froid, maman a échangé son cher parfum *Peut-Être* contre un bon morceau de beurre... Je l'avais suppliée de ne pas le faire, nous n'avions pas beaucoup de choses qui nous rappelaient la maison. Je me souviens, un jour... La directrice de la ferme, une femme généreuse, a eu pitié de moi et m'a donné un seau de lait. J'avais peur, et je suis rentrée à la maison en passant par les potagers. J'ai croisé une trayeuse, ça l'a fait rire : "Pourquoi tu te caches ? Passe par le village. Ici, tout le monde se sert, et en plus, toi, on t'a donné la permission !" Les gens volaient tout ce qui n'était pas fixé par des clous, et le président du kolkhoze plus que tout le monde. Par camions entiers. Il passait nous voir, il essayait de nous embaucher : "Venez travailler chez moi, à la ferme, sinon vous allez crever de faim !" Nous n'arrivions pas à nous décider. La faim a fini par l'emporter. Il fallait se lever à quatre heures pour la traite du matin. Tout le monde dormait encore. Je trayais les vaches et maman lavait les bacs, elle avait peur des vaches. Moi, je les aimais bien. Chacune avait un nom... Dymka, Tchéremoukha... J'avais trente vaches et deux génisses... On transportait de la sciure dans des brouettes, on pataugeait dans le fumier jusqu'aux genoux. Plus haut que nos bottes. On chargeait les bidons de lait sur des carrioles... Ça fait combien de kilos ? *(Elle se tait.)* Nous étions payées avec du lait, et de la viande quand une vache s'étouffait ou se noyait dans la vase. Les trayeuses buvaient autant que les paysans, et maman s'est mise à boire avec elles. Ce n'était déjà plus comme avant entre nous, je veux dire, on s'entendait bien, mais je lui criais de plus en plus souvent dessus. Elle m'en voulait. Quand elle était de bonne humeur, c'était rare, elle me récitait des vers... Sa chère Tsvétaïeva. "Grappes en feu / Sur les sorbiers / Chute des feuilles / je suis née[1]..." Je reconnaissais alors mon ancienne maman. C'était rare.

L'hiver est arrivé. Le froid est tombé d'un seul coup. Nous n'aurions pas survécu un hiver dans cette isba. Un voisin a eu pitié de nous et nous a ramenées à Moscou sans nous faire payer...

Sur un temps où l'homme, cela ne sonne pas fièrement, mais n'importe comment
En vous parlant, j'ai oublié que j'avais peur de me souvenir... *(Elle se tait.)* Ce que je pense des gens? Ils ne sont ni bons ni mauvais, ce sont des êtres humains, c'est tout. À l'école, j'ai étudié dans des manuels soviétiques, il n'y en avait pas d'autres à l'époque, on nous disait : l'homme, cela sonne fièrement[2]! Mais l'homme, ça ne sonne pas fièrement, ça sonne n'importe comment. Moi aussi, je suis n'importe quoi, il y a un peu de tout en moi... Mais si je vois un Tadjik (maintenant, chez nous, c'est comme des esclaves, des gens de seconde catégorie) et que j'ai un peu de temps, je m'arrête pour lui parler. Je n'ai pas d'argent, mais je lui parle. Ces gens-là... Ils me sont proches, ils sont dans ma situation. Je sais ce que c'est d'être une étrangère pour tout le monde, on est complètement seul. Moi aussi, j'ai vécu dans des halls d'immeubles, j'ai dormi dans des caves...

Au début, une amie de maman nous a laissées habiter chez elle, elle nous a bien accueillies, je me plaisais là-bas. C'était un cadre familier : des livres, des disques, le portrait de Che Guevara au mur. Comme chez nous autrefois... Les mêmes livres, les mêmes disques... Le fils d'Olia était étudiant, il passait ses journées en bibliothèque et, la nuit, il déchargeait des wagons à la gare. Il n'y avait rien à manger. Juste un sac de pommes de terre dans la cuisine, c'était tout. Une fois les pommes de terre terminées, on avait une miche de pain par jour. On buvait du thé à longueur de journée. Et c'était tout, rien d'autre. Un kilo de viande coûtait trois cent vingt roubles, et Olia recevait un salaire de cent roubles, elle était institutrice dans une école primaire. Tout le monde se décarcassait pour gagner un peu d'argent. Les gens se

1. Marina Tsvétaïeva (1892-1941). Traduction d'Henri Abril.
2. Citation de Gorki.

débrouillaient comme ils pouvaient… Un vieux robinet s'est cassé dans la cuisine, et nous avons fait venir des plombiers. Figurez-vous que c'étaient des scientifiques, des chercheurs… Ce qu'on a pu rire ! Comme disait grand-mère, mieux vaut en rire qu'en pleurer… Les vacances étaient un luxe, rares étaient ceux qui pouvaient se le permettre… Pendant ses congés, Olia partait à Minsk, elle avait une sœur là-bas, qui enseignait à l'université. Elles fabriquaient des coussins en fourrure synthétique, elles les remplissaient de polyester, mais seulement à moitié, et avant de partir, elles fourraient dedans des chiots auxquels on avait fait une piqûre de somnifère. Et elles allaient en Pologne… C'est comme ça qu'elles transportaient des petits chiens bergers… Et des lapins… Sur les marchés aux puces, on n'entendait que du russe. Les gens remplissaient des thermos de vodka à la place de thé, ils cachaient des clous et des cadenas dans des valises, sous le linge… Olia revenait avec un sac entier de délicieux saucissons polonais. Ça sentait bon !

La nuit, à Moscou, on entendait des coups de feu et même des explosions. Il y avait des échoppes partout… Maman a été engagée par un Azerbaïdjanais, il avait deux échoppes, une qui vendait des fruits, l'autre du poisson. "Il y a du travail. Pas de jours de congé. Interdit de se reposer." Seulement voilà, maman n'osait pas vendre, elle avait honte. Elle n'y arrivait pas ! Le premier jour, elle a disposé les fruits, et elle s'est cachée derrière un arbre pour regarder. Elle avait enfoncé son bonnet jusqu'aux oreilles pour que personne ne la reconnaisse. Le lendemain, elle a donné une prune à une Tsigane… Le propriétaire s'en est aperçu et il l'a engueulée. L'argent, ça n'aime pas la pitié ni la honte… Elle n'est pas restée là longtemps, le commerce, ce n'était pas son truc… J'avais vu une petite annonce sur une palissade : "On cherche femme de ménage ayant fait des études supérieures." Maman est allée à l'adresse indiquée et elle a été prise. C'était payé correctement. Une sorte de fondation américaine… Du coup, on arrivait plus ou moins à se nourrir, et on a loué une chambre dans un appartement de trois pièces, l'autre chambre était occupée par des Azerbaïdjanais. Des jeunes. Ils étaient tout le temps en train de vendre et d'acheter quelque chose. L'un d'eux voulait m'épouser, il avait promis de m'emmener en Turquie. "Je vais t'enlever. C'est une coutume de chez nous, il faut enlever sa fiancée." J'avais peur de rester seule à la maison sans maman. Il m'offrait des fruits, des abricots secs... Le propriétaire de l'appartement buvait pendant des semaines entières, il buvait tellement qu'il pétait les plombs. Il tabassait sa femme à coups de pied. "Espèce de traînée! Sale putain!..." Elle a été emmenée par les urgences... Alors la nuit, il essayait de s'en prendre à maman. Il voulait enfoncer la porte de notre chambre.

Et de nouveau, nous nous sommes retrouvées à la rue...

À la rue et sans argent... La fondation où travaillait maman a été fermée, elle trouvait des petits boulots au jour le jour. On vivait dans des halls d'immeubles... dans des escaliers... Certaines personnes passaient devant nous sans nous voir, d'autres nous criaient dessus, et il y en avait aussi qui nous flanquaient dehors. Même en pleine nuit. Sous la pluie, sous la neige. Personne ne nous proposait de nous aider, personne ne nous posait de questions... *(Elle se tait.)* Les gens ne sont ni bons ni mauvais. Chacun a sa vie... *(Elle se tait.)* Le matin, on allait à pied jusqu'à la gare (on n'avait pas d'argent pour prendre le métro) et on se lavait dans les toilettes. On lavait notre linge. On faisait notre petite lessive. L'été, ça va, quand il fait chaud, on peut vivre n'importe où... On passait la nuit sur des bancs dans des jardins publics, en automne, on faisait un tas de feuilles et on dormait dedans, on avait bien chaud. Comme dans un sac de couchage. Gare de Biélorussie... Ça, je m'en souviens bien... On croisait souvent une très vieille femme, elle restait à côté des caisses et elle parlait toute seule. Elle racontait toujours la même histoire... Que pendant la guerre, des loups étaient entrés dans leur village, ils avaient senti qu'il n'y avait pas d'hommes. Les hommes étaient tous à la guerre. Maman et moi, quand on avait un peu d'argent, on lui en donnait. "Que Dieu vous garde!" Elle faisait le signe de croix sur nous. Cela me rappelait ma grand-mère...

Un jour, j'avais laissé maman sur un banc et quand je suis revenue, elle n'était plus seule, il y avait un homme avec elle. Un homme plutôt agréable. Elle m'a dit : "Je te présente Vitia. Lui aussi, il aime Brodsky." Bon, pas besoin de me faire un dessin... J'avais compris. Si quelqu'un aimait Brodsky, pour maman, c'était comme un mot de passe, cela voulait dire qu'on pouvait lui faire confiance. "Quoi ? Il n'a pas lu *Les Enfants de l'Arbat*[1] ?" Alors c'est un sauvage ! Un homme des bois ! Il n'a rien à voir avec nous, ce n'est pas un des nôtres. C'était toujours comme ça qu'elle avait catalogué les gens, et cela lui était resté. Moi, j'avais beaucoup changé pendant les deux années que nous avions passées à vagabonder, j'étais devenue sérieuse, peut-être même un peu trop pour mon âge. J'avais compris que maman ne pouvait rien faire pour m'aider, au contraire, j'avais le sentiment que c'était moi qui devais m'occuper d'elle. Je le sentais, tout simplement. Ce Vitia était intelligent, il s'est adressé à moi et non à maman : "Alors, les filles, on y va ?" Et il nous a emmenées chez lui, il avait un appartement de deux pièces. Nous trimbalions toutes nos affaires avec nous. Et là, avec nos deux sacs à carreaux tout déchirés... nous nous sommes retrouvées au paradis... Dans un musée ! Il y avait des tableaux aux murs, une magnifique bibliothèque, une commode ancienne avec un gros ventre... Une pendule avec un balancier... Nous étions médusées. "Ne soyez pas timides, les filles ! Enlevez vos manteaux." Nous avions honte, nos vêtements étaient déjà en loques... Et puis cette odeur de gares, de halls d'immeubles... "Allez, les filles ! Mettez-vous à l'aise !" Nous avons bu du thé. Vitia nous a raconté sa vie... Autrefois, il avait été joaillier, il avait son propre atelier. Il nous a montré une valise avec ses instruments, des sachets remplis de pierres semi-précieuses, de sertissures en argent... C'était si beau, si intéressant, si précieux, tout ça... Nous n'arrivions pas à croire que nous allions vivre ici. C'était une pluie de miracles...

Et nous avons formé une vraie famille. Je suis retournée à l'école. Vitia était très gentil, il m'avait fabriqué une bague avec une pierre. Mais le malheur, c'est que... Lui aussi, il buvait. Et il fumait comme un pompier. Au début, maman lui faisait des reproches, mais très vite, elle s'est mise à boire avec lui. Ils vendaient des livres chez les bouquinistes, je me souviens de l'odeur des vieilles reliures en cuir... Vitia avait aussi des pièces de monnaies très rares... Ils buvaient, ils regardaient la télé. Les émissions politiques. Vitia philosophait. Il discutait avec moi comme avec

---

1. Un des best-sellers de l'époque de la perestroïka (voir note p. 74.).

une adulte… Il me demandait : "Qu'est-ce qu'on vous enseigne à l'école après le communisme ? Qu'est-ce qu'on va faire de la littérature et de l'histoire soviétiques ? Les oublier ?" Il est vrai que je ne comprenais pas grand-chose… Cela vous intéresse ? Je croyais que c'était loin, tout ça, et voilà que ça me revient…

"… La vie en Russie doit être féroce et sordide, du coup, l'âme s'élève, elle prend conscience qu'elle n'est pas de ce monde… Plus il y a de saleté et de sang, et plus elle a d'espace…"

"… Chez nous, la modernisation n'est possible qu'avec des charachkas[1] et des exécutions…"

"… Les communistes… Qu'est-ce qu'ils peuvent faire ? Rétablir les cartes de rationnement et réparer les baraques de camp à Magadan…"

"… Aujourd'hui, les gens normaux ressemblent à des fous… Cette nouvelle vie, les personnes comme ta mère et moi, elle les envoie à la casse…"

"… En Occident, le capitalisme est déjà vieux, mais chez nous, il est encore jeune, avec des crocs tout neufs… Quant au pouvoir, ici, c'est carrément l'Empire byzantin…"

Et puis une nuit, Vitia a eu une crise cardiaque. On a appelé les urgences. Il n'est pas arrivé jusqu'à l'hôpital. Un infarctus du myocarde. Des gens de sa famille sont arrivés et ils nous ont dit : "Vous êtes qui, vous ? Vous sortez d'où ? Vous n'avez rien à faire ici !" L'un d'eux criait : "Fichez-moi ces mendiantes dehors ! Allez, ouste !" Quand nous sommes parties, il a fouillé nos sacs…

Et nous nous sommes retrouvées à la rue…

Nous avons téléphoné à un cousin de ma mère… C'est sa femme qui a répondu, elle nous a dit de venir. Ils habitaient dans le quartier de la gare fluviale, un deux-pièces dans un immeuble de l'époque Khrouchtchev. Avec leur fils marié. Leur belle-fille était enceinte. Ils ont décidé que nous pouvions rester chez eux jusqu'à la naissance. On installait un lit de camp dans le couloir pour maman, et moi, je dormais sur un vieux divan dans la cuisine. Liocha recevait des amis, des copains de son usine…

---

1. Instituts de recherche secrets dans lesquels des scientifiques et des ingénieurs condamnés travaillaient sous le contrôle de la police politique. Voir *Le Premier Cercle* de Soljénitsyne.

Je m'endormais pendant qu'ils bavardaient... Et tout a recommencé... La bouteille de vodka sur la table, les jeux de cartes... Il est vrai que les conversations n'étaient pas les mêmes...

"... Ils ont tout salopé... La liberté, la liberté... Elle est où, putain? On bouffe de la semoule sans beurre..."

"... Ces Youpins... C'est eux qui ont tué le tsar, et Staline, et Andropov... Ils ont installé leur libéralisme à la con! Faut resserrer les boulons, et en vitesse! Nous, les Russes, on doit s'accrocher à la Foi..."

"... Eltsine s'est mis à plat ventre devant l'Amérique... C'est quand même nous qui avons gagné la guerre..."

"... Dans les églises, ils sont tous là, à faire le signe de croix, mais ils ont un cœur de pierre."

"... Ça va pas tarder à chauffer et là, on va bien rigoler... Les premiers qu'on pendra aux réverbères, c'est ces connards de libéraux qui sont responsables des années 1990. Faut sauver la Russie..."

Au bout de quelques mois, la belle-fille a accouché. Il n'y avait plus de place pour nous.

Et de nouveau, nous nous sommes retrouvées à la rue...

Les gares, les halls d'immeubles, les gares, les halls d'immeubles...

Dans les gares, les miliciens... les vieux comme les jeunes... ou bien ils nous flanquaient dehors, et c'était l'hiver, ou alors il fallait les suivre dans leur local de service... Ils ont un petit coin spécial, derrière une cloison, avec un divan... Maman s'est bagarrée avec l'un d'eux quand il a voulu m'entraîner là-bas... Elle s'est fait tabasser et on l'a gardée au poste pendant quelques jours. *(Elle se tait.)* Moi, je... J'ai pris froid, je suis tombée très malade... J'allais de plus en plus mal... On a décidé que j'irai chez des cousins et que maman, elle, resterait dans la gare. Au bout de quelques jours, elle m'a téléphoné : "Il faut qu'on se voie." J'y suis allée, et elle m'a dit : "J'ai rencontré une femme ici, elle m'a proposé de passer quelque temps chez elle. Elle a de la place. Elle a une maison à elle. C'est à Alabino. – Je vais y aller avec toi. – Non, toi, soigne-toi, tu viendras plus tard." Je l'ai mise dans le train, elle s'est assise à côté de la fenêtre et elle m'a regardée comme si elle ne m'avait pas vue depuis très longtemps. Je n'ai pas pu résister, je suis montée dans le wagon. "Qu'est-ce que tu as? – Ne fais pas attention." Je lui ai dit au revoir, et elle est partie. Le soir, on m'a téléphoné. "Vous êtes Ioulia Borissovna Malikova? – Oui. – Ici le poste de milice. Quel est votre lien avec Ludmila Malikova? – C'est ma mère. – Votre mère s'est fait écraser par un train. À Alabino…"

Elle faisait toujours attention qu'il n'y ait pas de train en vue… Ça la terrifiait. Être écrasée par un train, c'est ce qui lui faisait le plus peur. Elle regardait vingt fois s'il n'y en avait pas un qui approchait. Et là… Non, ce n'était pas un hasard ni un accident… Elle avait acheté une bouteille de vodka pour avoir moins mal, moins peur… Et elle s'est jetée sous le train… Elle était fatiguée… Elle était fatiguée, tout simplement… De cette vie… D'elle-même. Ce n'est pas moi qui dis ça, ce sont ses mots à elle. Après, je me suis souvenue de chacune de ses paroles… *(Elle pleure.)* Le train l'a traînée pendant un bon moment… On l'a transportée à l'hôpital, elle a passé encore une heure en réanimation, mais ils n'ont pas pu la sauver. C'est ce qu'on m'a dit… Je ne l'ai vue que dans son cercueil, tout habillée… Cela a été horrible… Je ne connaissais pas encore Génia… Si j'avais été petite, elle ne m'aurait pas abandonnée. Jamais… Ce ne serait pas arrivé… Les derniers jours, elle me disait souvent : "Tu es grande maintenant. Tu es une adulte." Pourquoi suis-je devenue grande? *(Elle pleure.)* Je suis restée toute seule… Et j'ai vécu comme ça… *(Après un long silence.)* Si j'ai un enfant, il faudra que je sois heureuse… Pour qu'il garde le souvenir d'une maman heureuse.

Génia… C'est lui qui m'a sauvée… Je l'attendais depuis toujours. À l'orphelinat, nous avions toutes des rêves : on vivait ici, mais c'était provisoire, bientôt, on vivrait comme tout le monde, on aurait une famille – un mari, des enfants. On s'achèterait nous-mêmes des cakes, et pas seulement les jours de fête, quand on en aurait envie! J'en avais très envie… Dix-sept ans… Quand j'ai eu dix-sept ans, le directeur m'a convoquée. "Ça y est, tu es rayée des listes." Et il s'est tu. À dix-sept ans, on vous mettait dehors. Allez, va-t'en! Mais je n'avais nulle part où aller. Je n'avais pas de travail, je n'avais rien. Et pas de maman… J'ai appelé tante Nadia. "Je vais sans doute venir chez vous. On me chasse de l'orphelinat." Tante Nadia… Sans elle… C'est mon ange gardien… Ce n'était pas ma tante par le sang, mais maintenant, elle m'est bien plus proche que ma vraie famille, elle m'a légué sa pièce dans un appartement communautaire. Maintenant... Oui... Autrefois, elle avait vécu avec mon oncle, mais il était mort depuis longtemps. Ils n'étaient pas mariés, ils étaient juste en ménage. Mais je sais qu'ils s'aimaient. Quelqu'un comme ça, on peut s'adresser à lui... Quelqu'un qui a connu l'amour, on peut toujours s'adresser à lui...

Tante Nadia n'avait jamais eu d'enfant et elle avait l'habitude de vivre seule, c'était dur pour elle de vivre avec quelqu'un. Elle avait une pièce de seize mètres carrés. Un vrai trou à rats! Je dormais sur un lit de camp. Évidemment, sa voisine a commencé à se plaindre : "Il faut qu'elle s'en aille!" Elle voulait appeler la milice. Tante Nadia a été inflexible. "Et où elle irait?" Au bout d'un an... Tante Nadia elle-même m'a déclaré : "Tu avais dit que tu venais pour deux mois, et cela fait déjà un an que tu habites chez moi..." Je ne disais rien, je pleurais... Elle non plus, elle ne disait rien, elle pleurait... *(Elle se tait.)* Une autre année a passé... Tout le monde s'était plus ou moins habitué à moi. Je me donnais beaucoup de mal... La voisine aussi s'était habituée... Ce n'était pas une mauvaise femme, cette Marina, c'était sa vie qui était mauvaise. Elle avait eu deux maris, et tous les deux avaient "crevé d'ivrognerie", comme elle disait. Elle recevait souvent la visite d'un neveu, on se disait bonjour. Un beau garçon. Et puis... Voilà comment ça s'est passé : j'étais dans la chambre, je lisais un livre. Marina est entrée, elle m'a prise par la main et m'a emmenée dans la cuisine. "Ioulia, je te présente Génia. Génia, voici Ioulia. Maintenant, dehors! Allez vous promener!" Génia et moi, on a commencé à se fréquenter. On s'embrassait. Mais rien de sérieux. Il était chauffeur, il partait souvent pour son travail. Un jour, en rentrant, il ne m'a pas trouvée. Où est-elle? Qu'est-ce qui se passe? En fait, cela faisait longtemps que j'avais des crises, je suffoquais, je m'évanouissais... Tante Nadia m'avait obligée à consulter des médecins, ils avaient fait des analyses et ils m'avaient trouvé une sclérose en plaques. Vous savez ce que c'est, bien sûr... Une maladie incurable. C'est parce que j'avais des idées noires, ça vient de là. Maman me manquait beaucoup. Énormément. *(Elle se tait.)* On m'avait hospitalisée. Génia m'a retrouvée là-bas et il s'est mis à me rendre visite. Il venait tous les jours. Il m'apportait tantôt une belle pomme, tantôt une orange... Comme papa autrefois... Au mois de mai, il est arrivé avec un bouquet de roses, j'en suis restée bouche bée : un bouquet pareil, ça coûtait la moitié de son salaire ! Il avait mis un beau costume. "Épouse-moi !" J'ai hésité. "Tu ne veux pas ?" Qu'est-ce que je pouvais répondre ? Je ne sais pas mentir, et je ne voulais pas le tromper. J'étais amoureuse de lui depuis longtemps... "Si, j'ai envie de t'épouser, mais il faut que tu saches la vérité : je suis invalide de troisième catégorie. Bientôt, je ne serai plus qu'un légume, il faudra me porter." Il n'a rien compris, mais il était affolé. Le lendemain, il est revenu et il m'a dit : "Ce n'est pas grave. On se débrouillera." Je suis sortie de l'hôpital et on s'est mariés. Il m'a emmenée chez sa mère. C'est une simple paysanne, elle a passé toute sa vie dans les champs. Il n'y a pas un seul livre chez eux. Mais j'étais bien. Au calme. Elle aussi, je lui ai tout raconté. "Ce n'est pas grave, mon petit." Elle m'a serrée dans ses bras. "Là où il y a de l'amour, Dieu est présent."

Maintenant, je veux vivre, de toutes mes forces. Parce que j'ai mon Génia... Je rêve même d'avoir un enfant... Les médecins sont contre, mais moi, c'est mon rêve. Je veux qu'on ait une maison, j'en ai rêvé toute ma vie... Il paraît qu'ils ont fait une loi il n'y a pas longtemps. D'après cette loi, on peut nous rendre notre appartement. J'ai déposé une demande... On m'a dit que les gens comme moi, il y en a des milliers, on arrive à en aider beaucoup, mais mon cas est très compliqué, notre appartement a déjà été racheté trois fois. Et les bandits qui nous ont dépouillées sont au cimetière depuis longtemps, ils se sont entretués...

... On est allés voir maman. Il y a son portrait sur la pierre tombale, elle a l'air vivante. On a tout nettoyé. Tout lavé. On est restés longtemps, je n'arrivais pas à m'en aller, et à un moment, j'ai eu l'impression qu'elle souriait... Qu'elle était heureuse. Mais c'était peut-être un effet du soleil...

OÙ IL EST QUESTION D'UNE SOLITUDE
QUI RESSEMBLE BEAUCOUP AU BONHEUR

Alissa Z-ler, chef de publicité, 35 ans

J'étais allée à Pétersbourg chercher une autre histoire, et je suis revenue avec celle-là. Une longue conversation dans le train, avec une voisine.

J'ai une amie qui s'est suicidée... C'était quelqu'un de fort, elle réussissait bien, elle avait beaucoup d'admirateurs. Beaucoup d'amis. Nous avons tous été très secoués. C'est quoi, le suicide? De la lâcheté ou un acte de courage? Un plan radical, un appel à l'aide ou un sacrifice de soi? Une porte de sortie... un piège... un châtiment... Je voudrais... Je peux vous raconter pourquoi, moi, je ne ferai jamais ça.

Se suicider par amour? C'est une variante dont je ne parlerai même pas... Je n'ai rien contre toutes ces belles formules clinquantes qui sonnent bien, mais en dix ans, vous êtes sans doute la première personne à prononcer ce mot devant moi. Le XXIe siècle, c'est l'argent, le sexe et un canon double. Et vous venez me parler de sentiments...! Tout le monde a commencé par se ruer sur l'argent... Je n'avais aucune envie de me marier jeune et d'avoir des enfants, j'ai toujours voulu faire carrière, c'est ce qui compte le plus pour moi. J'ai conscience de ma propre valeur, de la valeur de mon temps et de ma vie. Où avez-vous pris que les hommes cherchent l'amour? L'amour-pour-toujours... Ils considèrent les femmes comme des proies, des trophées de guerre, des victimes, et eux, ils sont les chasseurs. Les règles ont été élaborées au fil des siècles. Quant aux femmes, elles cherchent un prince charmant, pas sur un cheval blanc mais sur un sac d'or. Un prince d'âge indéterminé... Quand bien même il pourrait être leur père. Et alors? C'est le fric qui fait marcher le monde! Mais moi, je ne suis pas une victime, je suis une chasseresse...

J'ai débarqué à Moscou il y a dix ans. J'étais pleine de rage et d'énergie, je m'étais dit : je suis née pour être heureuse, ce sont les faibles qui souffrent, la modestie est la parure des faibles. Je viens de Rostov... Mes parents sont enseignants, mon père est professeur de chimie, et ma mère de russe. Ils se sont mariés pendant leurs études, mon père ne possédait qu'un seul costume convenable, mais il avait des idées à revendre et, à l'époque, c'était suffisant pour tourner la tête d'une fille. Aujourd'hui encore, ils aiment évoquer le temps où ils se débrouillaient avec une seule paire de draps, un seul oreiller et une seule paire de pantoufles. Ils se récitaient du Pasternak pendant des nuits entières. Ils connaissaient ses poèmes par cœur. "Quand on aime, on est au paradis, même dans un taudis!" Je leur répondais en riant : "Oui, jusqu'à l'arrivée du froid! – Tu n'as aucune fantaisie!" protestait maman. Nous étions une famille soviétique ordinaire : le matin, de la kacha ou des pâtes à l'huile de tournesol, et des oranges une fois par an, pour le Nouvel An. Je me souviens même de leur odeur. Pas celle de maintenant, celle de ce temps-là... C'était l'odeur d'une autre vie, une vie magnifique... Nous passions les vacances d'été sur la mer Noire. Nous allions à Sotchi et nous logions chez l'habitant, tous dans la même pièce – neuf mètres carrés. Mais nous étions fiers, et même très fiers... Fiers de nos livres préférés, que l'on se procurait sous le manteau grâce à des relations. Et il y avait aussi une autre joie : les invitations aux premières (maman avait une amie qui travaillait dans un théâtre). Ah, le théâtre! L'éternel sujet de conversation des gens bien... Aujourd'hui, on parle de l'Union soviétique comme d'un immense camp. Un ghetto communiste. Un monde féroce. Moi, je n'ai aucun souvenir épouvantable... Je me souviens qu'il était naïf, ce monde, très naïf, et absurde. J'ai toujours su que je ne vivrais pas de cette façon. Je n'en avais pas envie! J'ai failli me faire renvoyer de l'école pour ça. Ah là là! Oui, être né en URSS, c'est une maladie, une tare. Nous avions des cours de travaux ménagers. Les garçons, eux, je ne sais pas pourquoi, on leur apprenait à conduire des voitures, et les filles, à préparer des boulettes de viande. Moi, je les faisais toujours brûler, ces satanées boulettes de viande. Un jour, la prof, qui était d'ailleurs notre prof principale, m'a passé un savon : "Tu ne sais rien faire! Comment pourras-tu cuisiner pour ton mari quand tu seras mariée?" J'ai aussitôt rétorqué : "Je n'ai aucune intention de préparer des boulettes de viande! J'aurai une domestique pour ça!" C'était en 1987... J'avais treize ans... Il n'était pas encore question de capitalisme ni de domestique à ce moment-là! C'était encore le socialisme à fond la caisse. Mes parents ont été convoqués chez le directeur de l'école, on m'a blâmée devant toute la classe, et aussi au conseil de l'Amicale de l'école. On voulait m'exclure des pionniers. Les pionniers et les komsomols, c'était du sérieux! J'en ai même pleuré... Bien que je n'aie jamais eu de chansons dans la tête, uniquement des formules... Pas des poèmes. Quand je restais seule à la maison, je mettais une robe de ma mère, ses chaussures, et je m'installais sur le divan pour lire *Anna Karénine*. Les bals, les domestiques, les hommes avec des favoris... Les rendez-vous amoureux... Tout me plaisait, jusqu'au moment où Anna se jetait sous le train. Pourquoi faisait-elle ça? Elle était belle, elle était riche... Par amour? Même Tolstoï n'arrivait pas à me convaincre. J'aimais mieux les romans occidentaux, je préférais les garces, les belles garces devant lesquelles les hommes se traînent à genoux, pour lesquelles ils souffrent et se tirent une balle dans la tête. À dix-sept ans, j'ai pleuré pour la dernière fois à cause d'un amour malheureux, j'ai passé toute une nuit dans la salle de bains en laissant couler le robinet. Maman me réconfortait avec des poèmes de Pasternak. Je m'en souviens encore : "Être une femme, c'est un grand pas / Rendre fou, c'est un exploit..." Je n'aime pas mon enfance ni mon adolescence, j'ai passé mon temps à attendre que ça termine. J'ai bûché comme une folle, je faisais de la gymnastique. Courir plus vite que tout le monde, sauter le plus haut, être la plus forte! À la maison, on écoutait des cassettes d'Okoudjava : "Prenons-nous par la main, les amis..." Non! Ce n'est pas ça, mon idéal.

Je rêvais de Moscou... Ah, Moscou! J'ai toujours vu cette ville comme une rivale, dès la première minute, elle a déclenché en moi une sorte de rage sportive. C'est ma ville! Ce rythme endiablé, ça, c'est top! Cet horizon immense, voilà qui est à ma mesure! J'avais deux cents dollars en poche, deux cents billets verts, et un peu d'argent soviétique. C'était tout. Ah, les folles années 1990… Mes parents ne touchaient plus leur salaire depuis longtemps. C'était la misère. Papa n'arrêtait pas de nous répéter : "Il faut supporter. Attendre. J'ai confiance en Gaïdar[1]." Les gens comme mes parents n'avaient pas encore réalisé que c'était les débuts du capitalisme. Un capitalisme à la russe… Jeune et coriace, celui-là même qui s'était effondré en 1917. *(Elle devient songeuse.)* Est-ce qu'ils le comprennent maintenant ? C'est difficile à dire… Il y a une chose dont je suis sûre : mes parents ne voulaient pas le capitalisme. Dans aucune de ses variantes. Le capitalisme, c'est moi qui l'ai voulu, moi et les gens comme moi, qui ne souhaitaient pas vivre dans une cage. Des gens jeunes et forts. Pour nous, le capitalisme, c'est intéressant. C'est une aventure, un risque… Et ce n'est pas seulement une question d'argent. Le tout-puissant dollar ! Je vais vous révéler un secret… Mon secret. Je préfère lire des livres sur le capitalisme, sur le capitalisme d'aujourd'hui, plutôt que les romans de Dreiser ou des ouvrages sur le Goulag et le déficit soviétique. Ou sur les mouchards. Aïe, aïe, aïe ! Là, je viens de toucher à quelque chose de sacro-saint ! Je ne peux pas aborder ce thème avec mes parents. Même pas l'effleurer… Vous voulez rire ! Mon père est resté un romantique soviétique. Le putsch d'août 1991… À la télévision, dès le matin, ils passaient *Le Lac des cygnes*… Et des tanks dans Moscou, comme en Afrique ! Mon père et sept de ses amis ont quitté leur travail pour foncer à Moscou soutenir la révolution. Moi, je suis restée devant la télévision… Je me souviens d'Eltsine sur son tank. L'empire s'était effondré… Eh bien, tant mieux ! On attendait papa comme s'il revenait de la guerre. C'était un héros ! Je pense qu'aujourd'hui encore, c'est cela qui le fait vivre. Au bout de toutes ces années, je comprends que cela a été l'événement le plus important de son existence. C'est comme mon grand-père… Il a passé toute sa vie à nous raconter comment ils avaient battu les Allemands à Stalingrad. Depuis la fin de l'empire, mon père s'ennuie, il n'a plus de raison de vivre. De façon générale, ils sont déçus. Ceux de sa génération… Ils ont un double sentiment de défaite : l'idéal communiste a subi un échec total, et ce qui s'est passé après, ils ne le comprennent pas, ils ne l'acceptent pas. C'était autre chose

---

1. Egor Gaïdar (1956-2009), voir note p. 36.

qu'ils voulaient, peut-être le capitalisme, mais un capitalisme avec un visage humain et un sourire charmeur. Ce monde n'est pas le leur. Il leur est étranger. Mais c'est mon monde à moi ! Le mien ! Je suis heureuse de ne voir des Soviétiques que le 9 Mai, le jour de la Victoire. *(Elle se tait.)*

Je suis arrivée à Moscou en stop, c'était moins cher. Et plus je regardais par la vitre, plus je sentais la rage monter en moi. Je savais déjà que je ne reviendrais pas en arrière. Pour rien au monde ! Des deux côtés de la chaussée, c'était un vrai bazar… On vendait des services à thé, des clous, des poupées. Les salaires étaient versés en nature, alors les gens échangeaient des fers à repasser ou des poêles à frire contre du saucisson (dans les combinats de viande, c'était comme ça qu'on les payait), ou des bonbons, du sucre. À un arrêt d'autobus, il y avait une grosse bonne femme couverte de jouets comme un arbre de Noël. On se serait cru dans un dessin animé ! Il pleuvait à verse à Moscou, mais je suis quand même allée sur la place Rouge, pour voir les coupoles de Saint-Basile et le mur du Kremlin : toute cette puissance, toute cette force ! Et j'étais là ! Au cœur même du monde ! Je boitais car avant de partir, je m'étais cassé le petit orteil à un entraînement, mais je portais des talons hauts, et j'avais mis ma plus belle robe. Bien sûr, le destin, c'est la chance, il faut tirer une bonne carte, mais moi, j'ai du flair, et je sais ce que je veux. Le monde ne vous donne rien comme ça, gratis… Tiens, vas-y, sers-toi ! Il faut le vouloir très fort. Et je le voulais. Maman m'apportait juste des pirojkis qu'elle faisait elle-même, et elle racontait que papa et elle allaient à des meetings de démocrates. Il y avait des cartes de rationnement, on avait droit, par mois et par personne, à deux kilos de semoule, un kilo de viande, et deux cents grammes de beurre. C'étaient des queues à n'en plus finir, avec un numéro inscrit sur la paume… Je déteste le mot "Soviet". Mes parents ne sont pas des "Soviets", ce sont des romantiques ! De vrais bébés dans la vie normale. Je ne les comprends pas, mais je les aime. Je me suis frayé mon chemin toute seule, en solitaire… On ne m'a pas fait de cadeau. Et j'ai de bonnes raisons de m'aimer ! Je suis entrée à l'université de Moscou sans cours supplémentaires, sans argent ni piston. En faculté de journalisme. En première année, un étudiant est tombé amoureux de moi, il m'a demandé : "Et toi, tu es amoureuse ?" Je lui ai répondu : "Je suis amoureuse de moi-même." J'ai tout obtenu toute seule. Sans personne. Les autres étudiants ne m'intéressaient pas, et les cours m'ennuyaient. Ils étaient faits par des enseignants soviétiques, d'après des manuels soviétiques. Alors qu'autour de nous bouillonnait une vie qui n'avait plus rien de soviétique, une vie sauvage, folle ! Quand on a vu apparaître les premiers 4 x 4 étrangers, c'était trop génial ! Le premier McDonald's place Pouchkine... Les produits de beauté polonais... Et l'horrible rumeur selon laquelle c'était du maquillage pour cadavres. La première publicité à la télévision, c'était pour du thé turc. Avant, tout était gris, et maintenant, il y avait des couleurs vives, des enseignes criardes... On avait envie de tout ! On pouvait tout avoir ! Être ce qu'on voulait : trader, tueur à gages, homosexuel... Ah, les années 1990 ! C'est une époque bénie pour moi, inoubliable... L'époque des théoriciens parachutés dans la politique, des bandits et des aventuriers ! Seuls les objets étaient toujours soviétiques, les gens, eux, étaient déjà programmés pour autre chose... Si on se donnait du mal et qu'on se débrouillait bien, on avait tout ce qu'on voulait ! Lénine ? Staline ? Tout ça, c'était déjà derrière nous, et devant nous s'ouvrait une vie fantastique : on pouvait visiter le monde entier, vivre dans un appartement magnifique, rouler dans une voiture de luxe, manger de la viande d'éléphant... La Russie en avait les yeux qui lui sortaient de la tête... On apprenait davantage et plus vite dans la rue et dans les soirées branchées. Je me suis inscrite à des cours par correspondance, et j'ai trouvé du travail dans un journal. J'adorais la vie dès le matin, quand je me réveillais.

Je regardais vers le haut... Tout en haut du grand escalier de la vie. Je ne rêvais pas de me faire sauter dans des portes cochères ou dans des bains publics, pour qu'on me paie ensuite à dîner dans un grand restaurant. J'avais beaucoup de soupirants... Je n'accordais aucune attention aux garçons de mon âge, c'étaient juste des amis avec qui j'allais en bibliothèque. Rien de sérieux et aucun danger. Ceux qui me plaisaient, c'étaient les hommes plus âgés, ceux qui avaient réussi, qui avaient déjà une situation. Avec eux, c'était intéressant, drôle et instructif. Mais moi... *(Elle rit.)* Cela m'a collé à la peau pendant longtemps, cette étiquette de jeune fille de bonne famille venant d'une maison pleine de livres où le plus important, c'est la bibliothèque. Les hommes qui me remarquaient étaient des écrivains, des artistes. Des génies méconnus. Mais je n'avais aucune intention de consacrer ma vie à un génie qui serait reconnu après sa mort et apprécié par nos descendants. Sans parler de ces conversations dont j'avais déjà soupé à la maison, sur le communisme, le sens de la vie, le bonheur des autres… Sur Soljénitsyne et Sakharov… Non, ce n'étaient pas mes idoles, c'étaient celles de ma mère. Les gens qui lisaient et qui rêvaient de voler comme la mouette de Tchékhov étaient remplacés par des gens qui ne lisaient pas, mais qui étaient capables de voler. L'ancienne panoplie des gens bien ne valait plus un clou – le samizdat, les conversations à voix basse dans les cuisines. Nos tanks sont entrés dans Prague : mon Dieu, quelle honte ! Eh oui, ils sont déjà à Moscou. Cela n'étonnait plus personne. Au lieu des poèmes en samizdat, des bagues en diamant et des vêtements de grands couturiers… La révolution des désirs, des envies ! Ceux qui me plaisaient, c'étaient les hauts fonctionnaires et les hommes d'affaires. Leur vocabulaire me ravissait : *offshore, caution, barter*… Le marketing en ligne, l'approche créative… Aux réunions de la rédaction, le rédacteur disait : "Nous avons besoin de capitalistes. Nous allons aider Eltsine et Gaïdar à en fabriquer. De toute urgence !" J'étais jeune et jolie, et on m'envoyait interviewer ces capitalistes : comment avaient-ils fait fortune ? Comment avaient-ils gagné leur premier million ? L'homme socialiste s'était transformé en homme capitaliste, il fallait décrire cela… Je ne sais pas pourquoi le mot "million" parlait tant à l'imagination. Gagner un million ! Nous étions habitués à penser que les Russes n'ont pas envie d'être riches, que cela leur fait même peur. Alors que veulent-ils ? Toujours la même chose : que les autres ne deviennent pas riches. Plus riches qu'eux. Les vestes roses, les chaînes en or… Tout ça, c'est dans les films, dans les séries télévisées. Moi, ceux que j'ai rencontrés avaient une logique de fer et une poigne de fer. Une façon de penser systématique. Ils avaient tous appris l'anglais et fait des études de management. Les académiciens et les docteurs quittaient le pays… Les physiciens et les hommes de lettres aussi… Alors que ces nouveaux héros, eux, n'avaient aucune envie de partir, cela leur plaisait de vivre en Russie. Leur heure avait sonné. C'était la chance de leur vie. Ils voulaient faire fortune, ils voulaient tout. Absolument tout.

Et je l'ai rencontré Lui... Je crois que je l'aimais. On dirait une révélation, hein ? *(Elle rit.)* Il avait vingt ans de plus que moi. Deux fils, et une femme jalouse qui passait sa vie au peigne fin... Mais on était fous l'un de l'autre, c'était un tel élan, une telle ivresse... Il m'avait avoué que le matin, il devait prendre des antidépresseurs pour ne pas fondre en larmes à son travail. Moi aussi, je faisais des choses complètement folles, c'est tout juste si je n'ai pas sauté en parachute. J'ai connu tout ça... La période des chocolats et des bouquets... On ne se demande pas encore qui trompe qui, qui court après qui et qui veut quoi. J'étais jeune, vingt-deux ans... Et amoureuse... Maintenant, je comprends que l'amour, c'est une sorte de business dans lequel chacun prend des risques. Il faut toujours être prêt à de nouvelles combinaisons... Aujourd'hui, il est rare qu'on se pâme d'amour. On consacre toutes ses forces à foncer. À sa carrière. Chez nous, les filles bavardent dans les fumoirs, et s'il y en a une qui éprouve de véritables sentiments, on la plaint : pauvre imbécile ! Elle est foutue. *(Elle rit.)* J'ai été une imbécile heureuse comme ça. Il renvoyait son chauffeur, arrêtait une voiture, et on roulait toute la nuit à travers Moscou dans une Moskvitch qui empestait l'essence. On s'embrassait à n'en plus finir. Il me disait : "Merci, tu m'as fait revenir cent ans en arrière." Des flashs. Des séries de flashs... J'étais étourdie par son rythme. Par la pression qu'il me mettait... Il m'appelait le soir pour me dire : "On prend l'avion pour Paris demain matin !" Ou bien : "On part aux Canaries. J'ai trois jours devant moi." Des voyages en première classe, des chambres dans des hôtels luxueux avec, sous les pieds, un sol en verre et des poissons qui nagent... Un requin vivant ! Mais le souvenir que je garderai toute ma vie, c'est celui de la Moskvitch qui empestait l'essence dans les rues de Moscou... Et de nos baisers... Des baisers fous... Il savait faire jaillir des arcs-en-ciel des fontaines. J'étais amoureuse... *(Elle se tait.)* Mais pour lui, c'était juste du bon temps qu'il s'offrait... Peut-être que je le comprendrai un jour, quand j'aurai quarante ans... Tenez, par exemple, il n'aimait pas les montres qui marchaient, il les aimait quand elles étaient arrêtées. Il avait un rapport au temps bien à lui... Ça oui!... J'aime les chats. Je les aime parce qu'ils ne pleurent pas, personne n'a jamais vu un chat pleurer. Quand on me croise dans la rue, on se dit : "Voilà une femme riche et heureuse." J'ai tout : un grand appartement, une voiture de luxe, des meubles italiens... Et une fille que j'adore. J'ai une domestique, je ne prépare pas les boulettes de viande moi-même, je ne fais pas la lessive, je peux m'acheter tout ce que je veux, des montagnes de bibelots... Mais je vis seule. Et je tiens à vivre seule! Il n'y a personne avec qui je me sente aussi bien qu'avec moi-même. J'aime bien parler toute seule, surtout de moi-même... C'est l'interlocuteur parfait! Ce que je pense... Ce que je ressens... Comment je voyais les choses hier et comment je les vois aujourd'hui? Avant, j'aimais bien le bleu, maintenant c'est le mauve... Il se produit tellement de choses à l'intérieur de chacun d'entre nous. En nous. Qui nous arrivent. Il y a tout un univers là-dedans. Mais on n'y fait presque pas attention. On est tous absorbés par le monde extérieur, matériel... *(Elle rit.)* La solitude, c'est la liberté... Tous les jours, je me réjouis d'être libre. Va-t-il téléphoner ou non? Va-t-il venir ou non? Va-t-il me quitter? Je m'en fous! Ce n'est pas mon problème! Non, la solitude ne me fait pas peur... Ce qui me fait peur? D'aller chez le dentiste! *(Elle éclate brusquement en sanglots.)* Les gens mentent toujours quand ils parlent d'amour... et d'argent... Ils mentent chacun à leur façon. Moi, je n'ai pas envie de mentir... Je n'en ai pas envie! *(Elle se calme.)* Excusez-moi... Excusez-moi... Cela faisait longtemps que je n'avais pas pensé à tout ça...

Ce qui s'est passé? L'éternelle histoire... Je voulais un enfant de lui et je suis tombée enceinte... Peut-être qu'il a eu peur. Les hommes sont tous des lâches! Qu'ils soient des sans-abri ou des oligarques, cela ne fait aucune différence. Ils sont partants pour faire la guerre et la révolution, mais en amour, ce sont des traîtres. Les femmes sont bien plus fortes. "Elle arrêterait un cheval au galop, et entrerait dans une isba en feu[1]." Et, pour rester fidèle aux lois du genre : "Les chevaux n'en finissent pas de galoper, et les isbas de brûler." Ma mère m'a dit un jour, et c'est le premier

---

1. Description devenue proverbiale de la femme russe, tiré du poème de Nicolaï Nekrassov, *Le Gel au nez rouge* (1863).

conseil raisonnable qu'elle m'ait donné : "Un homme n'a jamais plus de quatorze ans d'âge mental." Je me souviens… Cela s'est passé comme ça… Je lui avais annoncé la nouvelle juste avant de partir en mission, on m'envoyait dans le Donbass. J'aimais bien ces voyages, j'aimais l'odeur des gares et des aéroports. Quand je rentrais, cela me plaisait de tout lui raconter et d'en discuter avec lui. Je comprends maintenant que non seulement il me faisait découvrir tout un monde, me surprenait, m'emmenait dans des magasins fantastiques et me couvrait de cadeaux, mais il m'apprenait aussi à réfléchir. Ce n'était pas une tâche qu'il s'était fixée, non, cela se faisait tout seul. Je l'observais, je l'écoutais. Même à l'époque où je pensais que nous allions vivre ensemble, je n'avais pas l'intention de me réfugier toute ma vie derrière son large dos et de me pavaner avec insouciance. Très peu pour moi ! J'avais des projets. J'aimais mon travail, je faisais rapidement carrière. Je voyageais beaucoup… Cette fois-là, j'étais allée dans un village de mineurs – une histoire terrible, mais bien typique de cette époque : à l'occasion d'une fête, on avait récompensé les mineurs de choc en leur distribuant des magnétophones, et une nuit, une famille entière s'était fait égorger. On avait volé uniquement le magnétophone. Un Panasonic en plastique. Une boîte ! À Moscou, il y avait des voitures de luxe et des supermarchés, mais au-delà du périphérique, un magnétophone était une petite merveille. Les "capitalistes" locaux, ceux dont rêvait mon rédacteur, se baladaient dans les rues entourés de toute une suite d'artilleurs. Ils allaient aux toilettes avec leur garde du corps. Mais il y avait des casinos partout. Et déjà un petit restaurant privé. Toujours ces fameuses années 1990… Oui, ces années-là… Je suis restée là-bas trois jours. Quand je suis rentrée, nous nous sommes vus… Au début, il était content : nous allions avoir un enfant ! Il avait déjà deux fils, et il voulait une fille. Mais les mots… Les mots, ça ne veut pas dire grand-chose, on se cache derrière, on s'en sert comme d'un rempart. Il y avait ses yeux… Et dans ses yeux, je lisais de la peur : il allait falloir prendre une décision, changer de vie. Et là, là… Il y a eu un hic. Un raté. Certains hommes s'en vont tout d'un coup, avec leurs valises remplies de chemises et de chaussettes encore humides. Et d'autres s'y prennent comme lui… Il faut qu'ils fassent tout un cinéma. Il me disait : "Qu'est-ce que tu veux, toi ? Dis-moi ce que je dois faire ? Tu n'as qu'un mot à dire, et je divorce !" Je le regardais...

Je le regardais, et le bout de mes doigts devenait tout froid, je commençais à comprendre que je ne serais pas heureuse avec lui. J'étais jeune et bête... Maintenant, je le traquerais comme on traque les loups, je sais être une prédatrice et une panthère ! Un fil d'acier ! Mais à l'époque, je me contentais de souffrir. La souffrance, c'est une danse, avec des gestes, des gémissements, et de la résignation. Comme dans un ballet... Mais il y a un secret, un secret très simple : être malheureux, c'est désagréable, c'est humiliant... J'étais hospitalisée de temps en temps pour ne pas perdre le bébé, et un matin, je lui ai téléphoné pour lui demander de passer me prendre, je devais sortir à l'heure du déjeuner. Il m'a dit d'une voix ensommeillée : "Aujourd'hui, je ne peux pas." Et il ne m'a pas rappelée. Ce jour-là, il partait faire du ski en Italie avec ses fils. C'était le 31 décembre... La veille du Nouvel An. J'ai appelé un taxi... La ville était couverte de neige, je marchais parmi les tas de neige en me tenant le ventre. Toute seule. Non, c'est faux, nous étions déjà deux. Ma fille et moi. Ma fille chérie ! Ma fille adorée ! Je l'aimais déjà plus que tout au monde. Et lui, est-ce que je l'aimais ? Comme dans le conte : ils vécurent longtemps heureux et moururent le même jour... Je souffrais, mais je n'étais pas en train de mourir. "Je ne peux pas vivre sans lui, je mourrai sans lui !" Sans doute n'ai-je pas encore rencontré un homme comme ça... Pour qui on prononce ces mots-là... Eh non... Mais j'ai appris à perdre, je n'ai pas peur de perdre. *(Elle regarde par la fenêtre.)* Depuis, je n'ai pas eu de vraies histoires d'amour. J'ai eu des liaisons... Le sexe, c'est facile pour moi, mais ce n'est pas pareil, c'est autre chose. Je n'aime pas l'odeur des hommes – je ne parle pas de l'odeur de l'amour, mais de l'odeur des hommes. Dans une salle de bains, je sens toujours si un homme est passé par là. Même s'il a une excellente eau de toilette et fume les cigarettes les plus chères... Quand je pense à tout le mal qu'il faut se donner pour avoir quelqu'un auprès de soi, je suis épouvantée. C'est un travail de force ! S'oublier, renoncer à soi-même, se libérer de soi-même. En amour, il n'y a pas de liberté. Même si vous trouvez votre idéal, il n'utilisera pas la bonne eau de toilette, il aimera la viande frite et se moquera de vos salades, il laissera traîner ses chaussettes et son pantalon n'importe où. Et il faut toujours souffrir. Souffrir. Par amour... À cause de ce machin... Je ne veux plus faire ce travail, il m'est plus facile de compter sur moi-même. Les hommes, il vaut mieux les avoir pour amis ou pour partenaires en affaires. Il est même rare que j'aie envie de séduire, cela me barbe de mettre ce masque, de jouer à ce jeu. Les salons de beauté, les manucures à la française, la gymnastique à l'italienne, le maquillage... Ces peintures de guerre. Mon Dieu! Toutes les filles de Russie, même dans les plus petits bleds, ne rêvent que d'aller à Moscou... Moscou, où les attendent de riches princes charmants qui métamorphosent les cendrillons en princesses. Ah, les contes de fées! L'attente du miracle... Je suis déjà passée par là. Je comprends les cendrillons, mais je les plains. Il n'y a pas de paradis sans enfer. Le paradis tout seul, ça n'existe pas... Mais elles ne le savent pas encore. Elles ne sont pas encore au courant...

Cela fait sept ans que nous sommes séparés... Il me téléphone, toujours la nuit, je ne sais pas pourquoi. Les choses vont mal pour lui, il a perdu beaucoup d'argent... Il dit qu'il n'est pas heureux... Il avait une petite amie, une jeune, maintenant il en a une autre. Il propose qu'on se revoie. À quoi bon? *(Elle se tait.)* Pendant longtemps, il m'a manqué, j'éteignais la lumière et je restais des heures dans le noir... Je me perdais dans le temps. *(Elle se tait.)* Ensuite... Ensuite, je n'ai eu que des petites liaisons de rien du tout. Mais jamais, jamais je ne pourrais tomber amoureuse d'un homme qui n'a pas d'argent, qui vit dans une banlieue-dortoir. Qui vient des taudis, de Harlem. Je déteste les gens qui ont grandi dans la misère, ils ont une mentalité de pauvres, l'argent compte tellement pour eux qu'on ne peut pas leur faire confiance. Je n'aime pas les pauvres, les humiliés et les offensés. Tous ces Akaki Akakiévitch et ces Opiskine... les héros de la grande littérature russe[1]. Je ne leur fais pas confiance. Quoi? Il y a quelque chose qui cloche chez moi? Cela ne cadre pas avec le reste? Attendez... Personne ne sait comment ce monde

---

1. *Humiliés et Offensés* est le titre du premier roman de Dostoïevski. Akaki Akakiévitch et Opiskine sont respectivement les héros du *Manteau* de Gogol et de *Stépantchikovo et ses habitants*, de Dostoïevski.

fonctionne... Ce n'est pas l'argent qui m'attire chez un homme, ou pas seulement l'argent. Ce qui me plaît, c'est toute la personne de l'homme qui a réussi – sa façon de marcher, de conduire une voiture, de parler, de faire la cour... Tout est différent, chez lui. Tout. Ce sont ces hommes-là que je choisis. Pour ça... *(Elle se tait.)* Il me téléphone, il n'est pas heureux... Qu'est-ce qu'il n'a pas vu, qu'est-ce qu'il ne peut pas acheter ? Lui... et ses amis... Ils ont déjà gagné de l'argent. Ils possèdent des fortunes. Des fortunes hallucinantes ! Mais avec tout cet argent, ils ne peuvent pas s'acheter le bonheur, ni ce fameux amour. Le grand. Un étudiant pauvre le possède, mais pas eux. En voilà une injustice ! Et pourtant, ils ont l'impression de pouvoir tout faire : ils sautent dans leur avion privé pour aller voir un match de foot dans n'importe quel pays, ou pour assister à la première d'un chanteur à New York. Rien n'est au-dessus de leurs moyens. Mettre dans leur lit la plus belle des top-modèles, emmener tout un avion de jolies filles à Courchevel... Nous avons tous étudié Gorki à l'école, nous savons comment les marchands russes font la fête : casser les miroirs, se gaver de caviar, plonger des filles dans des baignoires pleines de champagne... Mais ils en ont assez de tout ça. Ils s'ennuient. Les agences touristiques de Moscou proposent des distractions spéciales à ce genre de clients. Par exemple, deux journées en prison. C'est ce que dit la publicité : "Passez deux jours dans la peau de Khodorkovski[1] !" On les emmène dans un fourgon de police grillagé jusqu'à la centrale de Vladimir, l'une des prisons les plus terribles. Là, on leur donne une tenue de prisonnier, on les fait entrer dans une cour avec des chiens, et on les frappe avec des matraques en caoutchouc. De vraies matraques. On les enferme tous ensemble, serrés comme des sardines, dans une cellule crasseuse et puante, avec juste un seau pour les toilettes. Et ils sont heureux ! Ils éprouvent des sensations nouvelles ! Pour trois à cinq mille dollars, on peut aussi jouer les SDF. Les amateurs reçoivent des tenues appropriées, on les maquille, et on les lâche dans les rues de Moscou pour mendier. Bon, c'est vrai, des gardes du corps, les leurs et ceux de l'agence, veillent au coin de la rue. Il y a des options encore plus croustillantes, pour

---

1. Voir note 2, p. 343.

les couples : la femme joue à la prostituée, et le mari au proxénète. Je connais une histoire… Une fois, au cours d'une soirée, c'est la femme du plus riche fabricant de confiseries de Moscou, une dame discrète à l'allure très soviétique, qui a "levé" le plus de clients. Son mari était ravi ! Et il y a des distractions dont on ne parle pas dans les dépliants touristiques… Quelque chose d'ultrasecret… On peut organiser des chasses à l'homme la nuit. On donne mille dollars à un malheureux SDF – tiens, c'est pour toi ! Il n'a jamais vu autant d'argent de sa vie. Son boulot, c'est de "faire la proie". S'il en réchappe, tant mieux pour lui, et s'il se fait descendre, tant pis ! C'est honnête comme marché, non ? On peut aussi avoir une petite fille pour une nuit… Donner libre cours à ses fantasmes les plus fous, et faire des choses dont même le marquis de Sade n'aurait jamais rêvé. Du sang, des larmes et du sperme ! Cela s'appelle le bonheur, le bonheur à la russe… Passer deux jours en prison, pour ensuite en sortir et réaliser à quel point on a une vie géniale… S'acheter non seulement une voiture, une maison, un yacht et un fauteuil de député, mais même une vie humaine. Être pour un instant, sinon Dieu, du moins une petite divinité… Un surhomme ! Eh oui… Et tous ces gens sont nés en URSS, ils viennent tous de là-bas. Avec la même maladie… C'était un monde tellement naïf ! On rêvait de créer un homme bon. On promettait de "mener d'une main de fer l'humanité vers le bonheur"… Jusqu'au paradis terrestre.

J'ai eu une discussion avec ma mère. Elle veut démissionner de son école. "Je travaillerai dans un vestiaire. Ou comme concierge." Quand elle parle aux enfants des livres de Soljénitsyne… des héros, des justes… Elle, elle a les yeux qui brillent, mais pas les enfants. Or elle a l'habitude de voir briller leurs yeux quand elle parle, mais les enfants d'aujourd'hui lui répondent : "Oui, ça nous intéresse de savoir comment vous viviez, mais nous, on ne veut pas vivre comme ça. On ne rêve pas d'accomplir des exploits, on veut une vie normale." Ils étudient *Les Âmes mortes* de Gogol. L'histoire d'un escroc… C'est ce qu'on nous enseignait à l'école. Mais les enfants de maintenant sont différents : "Pourquoi un escroc ? Tchitchikov a bâti une pyramide financière à partir de rien, comme Mavrodi[1].

1. Homme d'affaires russe.

C'est une super-idée de business!" Pour eux, Tchitchikov est une figure positive… *(Elle se tait.)* Ma mère n'élèvera pas ma fille. Je ne la laisserai pas faire. À l'entendre, un enfant ne devrait regarder que des dessins animés soviétiques, parce qu'ils sont "humains". Mais quand le dessin animé se termine et qu'on sort dans la rue, on se retrouve dans un monde complètement différent. "Heureusement que je suis déjà vieille, m'a avoué ma mère. Je peux rester à la maison, retranchée dans ma forteresse." Alors qu'avant, elle voulait rester jeune, elle se faisait des masques de beauté avec du jus de tomate, elle se rinçait les cheveux avec de la camomille…

Quand j'étais jeune, j'aimais bien changer, provoquer le destin. Mais plus maintenant, ça suffit. J'ai une fille qui grandit, je pense à son avenir. Et cela coûte cher! Je veux gagner cet argent moi-même. Ne rien demander à personne. Surtout pas! J'ai quitté le journal pour une agence de publicité, cela paie mieux. Cela paie même très bien. Les gens ont envie de beauté, c'est ce qu'il y a de plus important pour nous aujourd'hui. Et cela touche tout le monde. Vous n'avez qu'à allumer la télévision : les meetings, il y a deux ou trois mille personnes qui y vont, mais les salles de bains italiennes, des millions de gens en achètent. Vous n'avez qu'à demander autour de vous, tout le monde refait son appartement, sa maison. Les gens voyagent. Cela n'avait jamais été comme ça en Russie. On ne fait pas seulement de la publicité pour des objets, mais aussi pour la consommation. On crée de nouveaux besoins : comment mettre de la beauté dans sa vie. Nous avons pris la direction de notre époque… La publicité, c'est le miroir de la révolution russe… Ma vie est remplie à craquer. Je n'ai aucune intention de me marier… J'ai des amis, ils sont tous riches. L'un s'est "engraissé" avec du pétrole, un autre, avec des engrais minéraux… On se retrouve pour bavarder. Toujours dans un grand restaurant, avec hall en marbre, meubles anciens, tableaux coûteux aux murs… et des maîtres d'hôtel qui ont autant de prestance que des gentilshommes russes. J'aime me trouver dans des décors magnifiques. Mon meilleur ami est célibataire, lui aussi, et il ne veut pas se marier, il aime vivre seul dans son hôtel particulier de deux étages. "Il faut dormir la nuit avec quelqu'un, mais vivre seul." Pendant la journée, il a la tête farcie du cours des métaux non ferreux à la Bourse de Londres.

Le cuivre, le zinc, le nickel… Il a trois téléphones portables qui sonnent toutes les trente secondes. Il travaille treize à quinze heures par jour. Sans week-ends ni vacances. Le bonheur… C'est quoi, le bonheur ? Le monde a changé… Maintenant, les gens seuls, ce sont ceux qui ont réussi, ceux qui sont heureux. Et non les faibles ou les ratés. Ils ont tout : de l'argent, une carrière. La solitude, c'est un choix. Je veux avancer. Je suis une chasseresse, pas une proie soumise. C'est moi qui choisis. La solitude ressemble beaucoup au bonheur. On dirait une révélation, hein ? *(Elle se tait.)* En fait, ce n'est pas à vous que j'avais envie de dire tout ça, c'est à moi-même…

OÙ IL EST QUESTION DE L'ENVIE
DE LES TUER TOUS,
PUIS DE L'HORREUR D'AVOIR EU CETTE ENVIE

Xénia Zolotova, étudiante, 22 ans

À notre premier rendez-vous, c'est sa mère qui est venue. Elle m'a avoué que Xénia n'avait pas voulu l'accompagner. Et qu'elle voulait l'empêcher de venir, elle aussi. "Qu'est-ce qu'ils en ont à faire de nous, maman ? Ils ont juste besoin de nos sentiments, de nos paroles, mais nous, ils s'en contrefichent ! Eux, ils ne sont pas passés par là." Elle était très émue, tantôt elle se levait, elle voulait partir : "J'essaie de ne pas penser à tout ça. Cela me fait mal d'en parler", tantôt elle se mettait à raconter, et on ne pouvait plus l'arrêter. Mais la plupart du temps, elle se taisait. Comment pouvais-je la réconforter ? D'un côté, je lui disais de ne pas se mettre dans un état pareil, de se calmer, et d'un autre côté, je voulais qu'elle se remémore ce jour terrible, le 6 février 2004, l'attentat terroriste à Moscou sur la ligne de métro Zamoskvorietskaïa, entre les stations Avtozavodskaïa et Paveletskaïa. Cette explosion a causé trente-neuf morts, et il y a eu cent vingt-deux personnes hospitalisées.
Je tourne, je n'en finis pas d'explorer les cercles de la souffrance. Je n'arrive pas à m'en arracher. Dans la souffrance, il y a tout : les ténèbres et le triomphe... Parfois, je crois que la douleur est un pont entre les gens, un lien secret, et d'autres fois, je me dis avec désespoir que c'est un gouffre.
De cette rencontre de deux heures, il me reste quelques paragraphes dans mon carnet de notes :

"... C'est tellement humiliant d'être une victime... On a honte, tout simplement. De façon générale, je n'ai envie de parler de ça à personne, j'ai envie d'être comme tout le monde, mais au bout du compte, je suis toute seule. Je suis capable de fondre en larmes n'importe où. Il m'arrive de pleurer en marchant. Un jour, un inconnu m'a dit : « Pourquoi tu pleures ? Jolie comme tu es ! » Premièrement, ma beauté ne m'a jamais aidée en quoi que ce soit dans la vie, et deuxièmement, je la ressens comme une trahison, cette beauté, elle ne correspond pas à ce qu'il y a à l'intérieur de moi…"

"… Nous avons deux filles, Xénia et Dacha. Nous vivions modestement, mais nous allions souvent au musée, au théâtre, nous lisions beaucoup. Quand les filles étaient petites, leur père leur inventait des histoires. Nous voulions les protéger de la brutalité de la vie. Je pensais que l'art les sauverait. Mais il ne les a pas sauvées…"

"… Dans notre immeuble, il y a une vieille femme solitaire qui va à l'église. Un jour, elle m'a arrêtée, j'ai cru qu'elle allait compatir à mon malheur, mais elle m'a dit méchamment : « Demandez-vous comment ça se fait que cela vous soit arrivé à vous. À vos enfants. » Pourquoi m'a-t-elle dit cela ? Qu'est-ce que je lui ai fait ? Elle a dû s'en repentir, je pense qu'après, elle l'a regretté… Je n'ai trompé personne, je n'ai trahi personne. Mes seuls péchés, c'est d'avoir avorté deux fois… Je le sais… Dans la rue, je fais souvent l'aumône, ne serait-ce que quelques pièces – ce que je peux. L'hiver, je donne à manger aux oiseaux…"

Le lendemain, elle arrive avec sa fille.

La mère
Peut-être que pour certains, ce sont des héros ? Ils ont un idéal, ils sont heureux, ils pensent qu'en mourant, ils vont aller au paradis. Et ils n'ont pas peur de la mort. Je ne sais rien d'eux. "On a établi un portrait-robot du terroriste présumé…" Et c'est tout. Pour eux, nous sommes des cibles, personne ne leur a expliqué que ma petite fille n'est pas une cible, qu'elle a une maman qui ne peut pas vivre sans elle, qu'il y a un garçon qui est amoureux d'elle. Comment peut-on tuer quelqu'un qui est aimé ? À mon avis, c'est un double crime. Allez faire la guerre dans les montagnes, tirez-vous dessus là-bas, mais pourquoi tirer sur moi ? Sur ma fille ? On nous tue en temps de paix… *(Elle se tait.)* J'ai

peur de moi-même, maintenant, de mes propres pensées. Parfois, j'ai envie de les tuer tous, et ensuite, je suis horrifiée d'avoir eu cette envie.

Autrefois, j'aimais bien le métro de Moscou. C'est le plus beau métro du monde! Un vrai musée. *(Elle se tait.)* Après l'attentat… Je voyais les gens descendre dans le métro en se tenant par la main. La peur a mis longtemps à s'émousser… J'avais peur d'aller en ville, cela faisait tout de suite monter ma tension. Dans le métro, on examinait les passagers qui avaient l'air suspects. Au travail, on ne parlait que de ça. Seigneur, mais qu'est-ce qui nous arrive? J'étais sur le quai et, à côté de moi, il y avait une jeune femme avec une poussette, elle avait des cheveux noirs et des yeux noirs, ce n'était pas une Russe. Je ne sais pas ce qu'elle était – tchétchène, ou ossète. Je n'ai pas pu m'empêcher de regarder dans sa poussette pour voir s'il y avait bien un bébé dedans. Si ce n'était pas autre chose. Je me suis sentie mal à l'aise à l'idée que nous allions voyager dans le même wagon. Je me suis dit : "Non. Elle n'a qu'à monter, moi, j'attendrai le métro suivant." Un homme s'est approché et m'a demandé : "Pourquoi avez-vous regardé dans sa poussette?" Je lui ai dit la vérité. "Alors vous aussi?"

… J'ai vu une petite fille malheureuse roulée en boule. C'était ma Xénia. Pourquoi était-elle ici toute seule? Sans nous? Non, ce n'était pas possible, cela ne pouvait pas être vrai! Il y avait du sang sur l'oreiller… "Ma petite Xénia!" Elle ne m'entendait pas. Elle s'était enfoncé un bonnet sur la tête pour que je ne voie rien, pour que je ne m'affole pas. Ma petite fille! Elle qui rêvait de devenir pédiatre, voilà qu'elle n'entendait plus rien. C'était la plus jolie fille de sa classe… Et maintenant… Son visage… Pourquoi, mais pourquoi? J'étais empêtrée dans quelque chose de gluant et de lourd, mon esprit était tout simplement cassé en mille morceaux. Mes jambes ne voulaient pas bouger, elles étaient en coton. On m'a fait sortir de la chambre et le médecin m'a secouée : "Reprenez-vous, sinon on ne vous laissera plus la voir!" Je me suis reprise… Je suis retournée dans la chambre… Elle ne me regardait pas, elle regardait ailleurs, on aurait dit qu'elle ne me reconnaissait pas. Elle avait les yeux d'un animal qui souffre, c'était insupportable. On ne peut presque plus vivre après ça. Maintenant, elle a enfoui ce regard à l'intérieur, elle s'est mis une carapace, mais tout ça, elle le garde quelque part. C'est imprimé en elle. Elle est tout le temps là-bas, là où nous nous n'étions pas...

Il y avait un service entier rempli de filles comme ça... Elles voyageaient toutes dans le même wagon, et elles étaient toutes hospitalisées là... Il y avait beaucoup d'étudiants, beaucoup d'écoliers. Je pensais que toutes les mères allaient descendre dans la rue. Avec leurs enfants. Nous étions des milliers. Maintenant, je sais que ma petite fille ne compte vraiment que pour moi, que pour nous. Oh, les gens m'écoutent, ils compatissent... Mais ils ne souffrent pas ! Cela ne les fait pas souffrir !

En sortant de l'hôpital, je suis rentrée à la maison et je me suis couchée, je ne sentais plus rien. Dacha était auprès de moi, elle avait pris un congé. Elle me caressait la tête comme à une enfant. Son père, lui, il n'a pas crié, il n'a pas paniqué – il a fait un infarctus. C'était l'enfer ! Et encore une fois, comment ça se fait ? Toute ma vie, j'ai donné de bons livres à lire à mes filles, je leur ai répété que le bien est plus fort que le mal, qu'il triomphe toujours. Mais la vie, cela n'a rien à voir avec les livres. La prière d'une mère peut faire remonter son enfant du fond de l'océan ? C'est faux ! Je les ai trahies, je n'ai pas su les protéger, comme dans leur enfance, et elles comptaient sur moi... Si mon amour pouvait les protéger, aucun malheur, aucune déception ne les atteindrait jamais.

On l'a opérée une fois, deux fois, trois fois... Elle a recommencé à entendre d'une oreille... Ses doigts se sont mis à bouger... Nous vivions à la frontière entre la vie et la mort, entre la foi dans un miracle et l'injustice, et bien que je sois infirmière, j'ai compris que je ne savais pas grand-chose de la mort. Je l'avais vue bien des fois, mais c'était quelque chose d'extérieur. Mettre une perfusion, prendre un pouls... Tout le monde croit que les gens qui travaillent dans le domaine médical en savent plus que les autres sur la mort, mais ce n'est pas vrai du tout. Il y avait un médecin légiste chez nous, il avait déjà pris sa retraite, et il m'a demandé : "C'est quoi, la mort ?" *(Elle se tait.)* Ma vie d'avant n'était plus qu'un trou noir. Je me souvenais uniquement de Xénia. Dans les moindres nuances – combien elle était intrépide quand elle était petite, et si drôle, elle n'avait pas peur des gros chiens, et elle voulait que ce soit toujours l'été... Comme ses yeux brillaient quand elle est rentrée à la maison en nous annonçant qu'elle était admise à l'institut de médecine! Sans pots-de-vin ni cours particuliers. Nous ne pouvions pas lui en payer, c'était au-dessus de nos moyens. Je me souviens, un ou deux jours avant l'attentat, elle avait lu un article dans un vieux journal : "Si vous vous retrouvez dans une situation extrême à l'intérieur du métro, voici ce qu'il faut faire..." Je ne sais plus ce que cela disait exactement, mais c'étaient des instructions. Et quand c'est arrivé, tant qu'elle n'avait pas perdu conscience, elle s'est souvenue de cet article.

Voici comment les choses se sont passées ce matin-là... Elle venait d'aller chercher ses bottes chez le cordonnier, elle avait déjà mis son manteau, mais quand elle a voulu enfiler les bottes, elle n'y est pas arrivée... "Je peux mettre les tiennes, maman? – Oui, oui, prends-les." Nous avons la même pointure, elle et moi. Mon cœur de mère n'a rien pressenti... J'aurais pu la retenir... Avant ça, j'avais vu en rêve de grosses étoiles, une sorte de constellation. Je n'éprouvais aucune angoisse... C'est de ma faute, je suis accablée par cette faute...

Si on m'y avait autorisée, j'aurais passé mes nuits à l'hôpital, je leur aurais servi de maman à toutes. Il y en avait qui sanglotaient dans l'escalier... Il fallait les serrer dans ses bras, rester avec elles. Une fille de Perm pleurait, sa maman était loin. Une autre avait la jambe broyée... Une jambe, c'est ce qu'on a de plus précieux! La jambe de son enfant, c'est ce qu'on a de plus précieux au monde! Qui pourrait me le reprocher, hein?

Les premiers jours, on a beaucoup parlé de l'attentat dans les journaux, on a montré des reportages à la télévision. Quand Xénia a vu sa photo imprimée, elle a jeté le journal...

La fille

... Il y a beaucoup de choses dont je ne me souviens pas... Je les chasse de ma mémoire! Je ne veux pas m'en souvenir! *(Sa mère la serre dans ses bras. Elle la calme.)*

... Quand on est sous terre, tout est beaucoup plus terrifiant. Maintenant, j'ai toujours une lampe de poche dans mon sac...

... On n'entendait personne crier ou pleurer. C'était le silence. Tous les gens étaient entassés les uns sur les autres... Non, je n'avais pas peur... Et puis ils ont commencé à bouger. À un certain moment, j'ai réalisé que je devais sortir de là, il y avait des produits chimiques qui brûlaient. J'ai même cherché mon sac à dos, j'avais mes notes de cours dedans, mon porte-monnaie... J'étais en état de choc... Je ne sentais pas la douleur...

... Une voix de femme criait : "Sérioja! Sérioja!" Sérioja ne répondait pas... Plusieurs personnes étaient restées assises dans des poses bizarres. Il y avait un homme suspendu à une barre comme un ver de terre. Cela me faisait peur de regarder de son côté...

... Je marchais en titubant... Partout, j'entendais : "À l'aide! Au secours!" Devant moi, il y avait quelqu'un qui se déplaçait comme un somnambule, il avançait, il revenait en arrière. Tout le monde nous dépassait.

... En haut, deux jeunes filles sont accourues vers moi, elles m'ont appliqué un bout de tissu sur le front. J'avais horriblement froid. Elles m'ont donné une chaise et je me suis assise. Je les voyais demander leurs ceintures et leurs cravates aux passagers pour leur faire des garrots. Une employée de la station criait dans son téléphone : "Qu'est-ce que vous voulez qu'on fasse? Les gens sortent du tunnel et ils meurent, ils montent sur le quai et ils meurent..." *(Elle se tait.)* Pourquoi vous nous torturez? Cela me fait de la peine pour maman. *(Elle se tait.)* Les gens sont habitués, maintenant. Ils allument la télé, ils écoutent ça, et ils vont boire un café...

La mère
J'ai grandi à une époque profondément soviétique. Tout ce qu'il y a de plus soviétique. Je suis née en URSS. Mais la nouvelle Russie... Je ne la comprends pas encore. Je ne peux pas dire ce qui est pire – ce qui se passe maintenant ou l'histoire du PC. J'ai dans la tête le modèle soviétique, le moule soviétique, j'ai passé la moitié de ma vie sous le socialisme. C'est incrusté en moi, ça. On ne peut pas l'arracher. Et je ne sais pas si j'ai envie de m'en débarrasser. À l'époque, on vivait mal, mais maintenant, on vit dans la peur. Le matin, nous partons au travail et les filles à leurs cours, et toute la journée, nous n'arrêtons pas de nous téléphoner : "Comment ça se passe? À quelle heure tu rentres? Par quel moyen de transport?" C'est seulement le soir, quand nous nous retrouvons tous ensemble, que je me sens soulagée ou, au moins,

que je connais un peu de répit. J'ai peur de tout. Je tremble. Les filles me grondent : "Tu te fais une montagne de tout, maman." Je suis tout à fait normale, mais j'ai besoin de ce rempart, de cette coquille – de ma maison. Je suis restée sans père très jeune, c'est peut-être pour ça que je suis aussi vulnérable, surtout que papa m'aimait beaucoup. *(Elle se tait.)* Mon père avait fait la guerre, il s'était retrouvé deux fois à l'intérieur d'un tank en feu… Il avait traversé la guerre, il s'en était sorti sain et sauf, et quand il est rentré à la maison, il s'est fait tuer sous une porte cochère.

J'ai étudié dans des manuels soviétiques, on nous apprenait des choses complètement différentes. Juste à titre de comparaison… Dans ces livres, on disait que les premiers terroristes russes étaient des héros. Des martyrs. Sophia Perovskaïa, Kibaltchitch… Ils mouraient pour le peuple, pour une cause sacrée. Ils lançaient des bombes sur le tsar. Ces jeunes gens étaient souvent de familles nobles, de très bonnes familles… Pourquoi cela nous étonne qu'il y ait des gens comme ça aujourd'hui ? *(Elle se tait.)* Aux cours d'histoire, quand on étudiait la Grande Guerre patriotique, le professeur nous racontait l'exploit de la partisane biélorusse Éléna Mazanik qui avait tué Kube, un responsable nazi, en fixant une bombe au lit sur lequel il dormait avec sa femme enceinte. Et dans la pièce voisine, de l'autre côté de la cloison, il y avait leurs enfants en bas âge. Elle a été décorée de l'Étoile de Héros par Staline en personne. Jusqu'à la fin de sa vie, elle est allée dans les écoles parler de son exploit aux "cours de courage[1]". Le prof ne nous avait pas dit que leurs enfants dormaient dans la pièce à côté… Ni que Mazanik était leur nounou… Personne ne nous l'avait dit… *(Elle se tait.)* Après la guerre, les gens qui avaient une conscience éprouvaient de la honte au souvenir de ce qu'ils avaient dû faire à la guerre. Papa en souffrait beaucoup…

C'est un gamin qui s'est fait exploser à la station Avtozavodskaïa, un kamikaze. Un jeune Tchétchène. On a appris par ses parents qu'il lisait beaucoup. Il aimait Tolstoï. Il a grandi pendant la guerre – les bombardements, les tirs d'artillerie… Il a vu

---

1. Cours donnés dans les écoles dans les années 1970-1980 (et rétablis depuis 2011) selon un programme gouvernemental, destinés à développer le patriotisme chez les enfants.

mourir ses cousins et, à l'âge de quatorze ans, il s'est enfui dans les montagnes pour rejoindre Amin Khattab[1]. Il voulait les venger. C'était sans doute un garçon intègre, avec un cœur ardent. On se moquait de lui... Ha, ha, ha! Pauvre petit idiot... Mais il a appris à tirer mieux que tout le monde, à lancer des grenades. Sa mère l'a retrouvé et l'a ramené au village, elle voulait qu'il aille à l'école et devienne soudeur. Mais au bout d'un an, il est retourné dans les montagnes. On lui a appris à manier des explosifs, et il est venu à Moscou... *(Elle se tait.)* S'il avait tué pour de l'argent, ce serait facile à comprendre. Mais ce n'était pas pour l'argent. Ce garçon était capable de se jeter sous un tank et de faire sauter une maternité...

Qui je suis, moi? Nous faisons partie de la foule... Nous sommes toujours perdus dans la foule... Nous avons une existence terne, insignifiante, même si nous essayons de vivre. Nous aimons, nous souffrons. Seulement, cela n'intéresse personne, on n'écrit pas de livres sur nous. Nous sommes une foule. Une masse... Personne ne m'a jamais posé de questions sur ma vie, c'est pour cela que je suis si bavarde avec vous. Mes filles me disent: "Maman, ne montre pas ton âme à tout le monde!" Elles me font sans arrêt la leçon. Les jeunes vivent dans un monde bien plus dur que ne l'était le monde soviétique... *(Elle se tait.)* On a l'impression que la vie n'est plus faite pour nous, pour des gens comme nous, qu'elle est ailleurs, là-bas... Quelque part... Il y a des choses qui se passent, mais pas pour nous... Je ne vais pas dans les magasins chers, je me sens mal à l'aise: il y a des vigiles, ils me regardent avec mépris parce que je m'habille sur les marchés, dans les friperies chinoises. Je prends le métro, j'ai terriblement peur, mais je le prends. Les riches, eux, ne se déplacent pas en métro. Le métro, c'est pour les pauvres, pas pour tout le monde. Nous avons de nouveau des princes et des boyards, et un peuple corvéable à merci. Je ne me souviens plus quand je suis allée dans un café pour la dernière fois, cela fait longtemps que ce n'est plus dans mes moyens. Le théâtre aussi, c'est un luxe, alors qu'avant, je ne ratais pas une seule première. Ça fait mal...

---

1. Ibn al-Khattab (1963-2002), un des chefs de guerre islamistes ayant lutté pour l'indépendance de la Tchétchénie.

Très mal. On vit dans une sorte de grisaille parce qu'on n'est pas admis dans ce nouvel univers. Mon mari rapporte des livres de la bibliothèque par sacs entiers, c'est la seule chose qui nous soit encore accessible. Et puis on peut se balader dans le vieux Moscou, dans nos quartiers préférés, sur la Yakimanka, dans Kitaï-Gorod, rue Varvarka... C'est notre carapace, tout le monde se forge une carapace. *(Elle se tait.)* On nous avait appris... Marx a écrit : "Le capital, c'est le vol." Et je suis d'accord avec lui.

J'ai connu l'amour... Je sens toujours si une personne a déjà aimé ou non. Ceux qui ont aimé, j'ai un lien intuitif avec eux. Pas besoin de mots. Je viens de penser à mon premier mari... Si je l'aimais ? Oui. Beaucoup ? À la folie. J'avais vingt ans, et la tête pleine de rêves. Nous habitions avec sa vieille mère, une femme très belle, elle était jalouse de moi. "Tu es aussi jolie que moi quand j'étais jeune !" Elle emportait dans sa chambre les fleurs qu'il m'offrait. Je l'ai comprise plus tard, c'est peut-être seulement aujourd'hui que je la comprends, maintenant que je sais à quel point j'aime mes filles, et quel lien étroit on peut avoir avec ses enfants. Une psychologue prétend que j'ai pour mes enfants un amour excessif. Qu'on n'a pas le droit d'aimer comme ça. Mais si ! Il est normal, mon amour... Mon amour ! Ma vie... Ma vie à moi... Personne ne connaît la recette... *(Elle se tait.)* Mon mari m'aimait, mais il avait une philosophie : on ne peut pas passer toute son existence avec la même femme, il faut en connaître d'autres. J'ai beaucoup réfléchi, j'ai pleuré... Dès que j'ai pu, je l'ai laissé partir. Je suis restée toute seule avec ma petite Xénia. Mon deuxième mari... Il était comme un frère pour moi, et j'avais toujours rêvé d'avoir un grand frère. J'étais déboussolée. Quand il m'a demandée en mariage, je ne savais pas comment nous allions vivre ensemble. Pour donner naissance à des enfants, il faut de l'amour dans un foyer. Xénia et moi, nous avons emménagé chez lui. "On va essayer. Si cela ne te plaît pas, je vous ramènerai." Et finalement, nous nous sommes bien entendus. Il y a toutes sortes d'amours. Il y a l'amour fou, et puis celui qui ressemble à l'amitié. À une union amicale. Cela me plaît de penser ça, parce que mon mari est un homme très bien. Et tant pis si je ne vivais pas dans de la soie...

Dacha est née... On ne se séparait jamais des enfants, l'été, nous allions tous ensemble à la campagne, chez ma grand-mère, dans la région de Kalouga. Il y a une petite rivière là-bas. Un pré et une forêt. Grand-mère nous faisait des gâteaux fourrés aux cerises dont les enfants se souviennent encore aujourd'hui. Nous n'allions jamais à la mer, c'était notre rêve. Comme chacun sait, ce n'est pas en travaillant honnêtement qu'on gagne beaucoup d'argent. Je suis infirmière, et mon mari était chercheur dans un institut de radiologie. Mais les filles savaient que nous les aimions.

Beaucoup de gens ont une adoration pour la perestroïka... Tout le monde espérait quelque chose. Moi, je n'ai aucune raison d'aimer Gorbatchev. Je me souviens de nos conversations dans la salle de repos : "Quand le socialisme sera terminé, qu'est-ce qu'il va y avoir après? – Ce sera la fin du mauvais socialisme, et on en aura un bon." On attendait... On lisait les journaux... Mon mari a très vite perdu son travail, son institut a fermé. Il y avait des chômeurs à la pelle, tous avec des diplômes d'études supérieures. On a vu apparaître des kiosques, puis des supermarchés dans lesquels il y avait tout, comme dans un conte de fées, mais on n'avait pas de quoi acheter. J'entrais et je sortais. Quand les enfants étaient malades, j'achetais deux pommes et une orange. Comment se résigner à ça? Accepter le fait que maintenant, ce serait comme ça? Comment, hein? Je fais la queue à la caisse et, devant moi, il y a un homme avec des ananas et des bananes dans son caddie... C'est un sacré coup pour l'amour-propre... C'est pour ça que les gens sont si fatigués aujourd'hui. Que Dieu nous préserve de naître en URSS et de vivre en Russie! *(Elle se tait.)* Pas un seul de mes rêves ne s'est réalisé dans ma vie...

(Sa fille va dans l'autre pièce, et elle me parle en chuchotant.)

Cela fait combien d'années qu'il s'est produit, cet attentat? Trois ans déjà... Non, plus... J'ai un secret... Je ne peux pas m'imaginer au lit avec mon mari, imaginer qu'un homme pose la main sur moi. Depuis toutes ces années, nous n'avons eu aucun rapport, lui et moi, je suis une épouse sans l'être. Il essaie de me raisonner : "Tu te sentiras mieux..." J'ai une amie qui est au courant, elle non plus ne me comprend pas. "Tu es canon, tu es sexy... Non, mais regarde-toi dans la glace, tu es ravissante. Tu as vu les cheveux que tu as!" J'ai des cheveux comme ça de naissance, mais je ne pense plus à ma beauté. Quand on se noie, on s'imbibe d'eau, eh bien moi, je suis imbibée de souffrance. C'est comme si je m'étais arraché le corps, et qu'il ne me restait plus que mon âme…

La fille
… Ils étaient allongés là, ils étaient morts, et leurs portables n'arrêtaient pas de sonner dans leurs poches… Personne ne se décidait à s'approcher et à répondre.
… Il y avait une jeune fille couverte de sang assise par terre, et un garçon lui proposait du chocolat…
… Mon blouson n'avait pas brûlé, mais il avait complètement fondu. Le médecin qui m'a examinée m'a dit tout de suite : "Allongez-vous sur la civière." Et moi, je protestais : "Je peux monter dans l'ambulance toute seule!" Alors elle s'est mise à hurler : "Allongez-vous!" Dans l'ambulance, j'ai perdu connaissance, et j'ai repris conscience dans la salle de réanimation…
… Pourquoi je n'en parle pas? Je fréquentais un garçon, on était même… Il m'avait offert une bague… Je lui ai raconté ce qui m'était arrivé… Peut-être que cela n'a rien à voir avec ça, mais on s'est séparés. C'est resté gravé en moi. J'ai compris qu'il ne fallait jamais se confier. Quand on a survécu à une explosion, on est encore plus vulnérable, encore plus fragile. On porte les stigmates de la victime, et je ne veux pas qu'on voie ces stigmates sur moi…
… Maman aime beaucoup le théâtre et, de temps en temps, elle arrive à mettre la main sur des billets pas trop chers. "Allez, viens, Xénia, on va au théâtre!" Je refuse, alors elle y va avec papa. Le théâtre ne me fait plus rien…

La mère
On ne sait jamais pourquoi les choses nous arrivent à nous, alors on veut être comme tout le monde. Se cacher. On n'arrive pas à se déconnecter des autres d'un seul coup…
Ce garçon, ce kamikaze… Et les autres… Ils sont descendus de leurs montagnes et ils sont venus chez nous. "On se fait tuer, et vous ne le voyez même pas… Alors on va faire ça chez vous."
(Elle se tait.)
Je me dis… Je veux me souvenir des moments où j'ai été heureuse. Il faut que je m'en souvienne… Je n'ai été heureuse qu'une seule fois dans ma vie, quand les filles étaient petites…

On sonne à la porte – des amis de Xénia. Je les fais asseoir dans la cuisine. Je tiens ça de maman, la première chose que je fais quand j'ai des visiteurs, c'est leur servir à manger. Pendant un certain temps, les jeunes avaient cessé de parler politique, mais maintenant, ils ont recommencé. Ils discutent de Poutine. "Poutine, c'est un clone de Staline…", "Il est là pour longtemps…", "C'est une claque dans la gueule pour tout le pays", "C'est le gaz, le pétrole…" Et une question : qui a fait de Staline un Staline ? Le problème de la culpabilité…

Il faut faire passer en jugement uniquement ceux qui exécutaient, ceux qui torturaient, ou bien :

et aussi ceux qui dénonçaient…

ceux qui prenaient les enfants des "ennemis du peuple" à leur famille et qui les envoyaient dans des orphelinats…

les chauffeurs qui transportaient les gens arrêtés…

les femmes de ménage qui lavaient par terre après les tortures…

le directeur des chemins de fer qui envoyait vers le nord des wagons à bestiaux remplis de prisonniers politiques…

les tailleurs qui cousaient les vestes fourrées des gardiens de camp, les médecins qui soignaient leurs dents, qui leur faisaient des électrocardiogrammes pour qu'ils supportent mieux leur travail…

ceux qui ne disaient rien quand les autres criaient dans les réunions : "Les chiens, il faut les abattre comme des chiens !"

Ensuite, ils sont passés de Staline à la Tchétchénie… Et ça a recommencé, toujours la même chose : ceux qui tuent, qui commettent des attentats, ils sont coupables, mais ceux qui fabriquent des bombes et des munitions dans les usines, ceux qui cousent les uniformes, ceux qui apprennent aux soldats à tirer… Ceux qui les font décorer… Est-ce qu'ils sont coupables, eux ? *(Elle se tait.)* J'avais envie de protéger Xénia, de l'emmener loin de ces conversations. Elle était là, les yeux écarquillés d'horreur. Elle me regardait… *(Elle se tourne vers sa fille.)* Ce n'est pas de ma faute, Xénia, et ce n'est pas non plus de la faute de papa… Maintenant, il enseigne les mathématiques. Moi, je suis infirmière. Dans notre hôpital, on nous amenait des officiers blessés en Tchétchénie. On les soignait, et ensuite, bien sûr, ils retournaient là-bas. Faire la guerre. Ils n'étaient pas nombreux à vouloir y retourner, beaucoup avouaient ouvertement qu'ils n'avaient pas envie de se battre. Moi, je suis infirmière, je suis là pour les sauver tous…

Il existe des cachets contre le mal de dents, contre le mal de tête, mais pas contre mon mal à moi. Un psychologue m'avait établi tout un programme : le matin, un demi-verre de millepertuis à jeun, vingt gouttes de décoction d'aubépine, trente gouttes de pivoine… J'avais des instructions pour toute la journée. J'ai avalé tout ça. Je suis allée voir un Chinois… Cela n'a rien donné… *(Elle se tait.)* Ce que j'ai à faire dans la journée me distrait, c'est pour ça que je ne deviens pas folle. Je me soigne par la routine : la lessive, le repassage, la couture…

Dans notre cour, il y a un vieux tilleul… Un jour, je suis sortie, ça devait être un ou deux ans après, et j'ai senti qu'il était en fleur. Une de ces odeurs… Jusque-là, je ne ressentais pas les choses aussi intensément… Pas comme ça… Tout était terne, les couleurs, les bruits… *(Elle se tait.)*

À l'hôpital, je me suis liée d'amitié avec une femme, elle n'était pas dans le deuxième wagon, comme Xénia, mais dans le troisième. Elle était déjà retournée travailler, on avait l'impression qu'elle s'était remise. Et puis quelque chose s'est produit, et elle a voulu se jeter par la fenêtre, elle a sauté du balcon. Ses parents ont mis des grillages partout, ils vivaient comme dans une cage. Elle a essayé de s'asphyxier au gaz… Son mari l'a quittée… Je ne sais pas où elle est maintenant. Quelqu'un l'a vue un jour à la station Avtozavodskaïa. Elle arpentait le quai en criant : "On prend trois poignées de terre dans la main droite, et on les jette sur le cercueil. On prend trois poignées… et on les jette…" Elle a crié comme ça jusqu'à ce que des infirmiers viennent la chercher.

Je croyais que c'était Xénia qui m'avait raconté ça… Il y avait un homme debout à côté d'elle, il était tellement près qu'elle avait même voulu lui faire une remarque. Elle n'en a pas eu le temps. Ensuite, il s'est trouvé qu'il l'avait protégée, beaucoup d'éclats de métal destinés à Xénia sont tombés sur lui. Je ne sais pas s'il est resté en vie. Je pense souvent à lui… Il est là, devant mes yeux… Xénia, elle, ne s'en souvient pas… Où suis-je allée chercher ça ? J'ai dû l'inventer. Mais il y a bien quelqu'un qui m'a sauvée…

Je connais un remède… Il faut que Xénia soit heureuse. Il n'y a que le bonheur qui puisse la guérir. Il faudrait quelque chose de particulier… Nous avons assisté à un concert d'Alla Pougatcheva, toute la famille l'adore. Je voulais aller la trouver ou lui faire passer un petit mot. "Chantez quelque chose pour ma fille. Et dites que c'est pour elle." Pour qu'elle se sente dans la peau d'une princesse… Pour qu'elle s'envole haut, très haut… Elle a vu l'enfer, il faut qu'elle voie le paradis. Pour que le monde retrouve un équilibre à ses yeux. Mes illusions… Mes rêves… *(Elle se tait.)* Je n'ai rien pu faire avec mon amour. À qui écrire ? À qui demander ? Vous avez gagné de l'argent avec le pétrole tchétchène, avec les emprunts russes, alors laissez-moi l'emmener quelque part. Qu'elle se repose un peu sous des palmiers, qu'elle voie des tortues. Pour oublier l'enfer. Elle a tout le temps l'enfer dans les yeux. Il n'y a pas de lumière dans ses yeux, je n'en vois pas.

Je vais à l'église, maintenant… Si je suis croyante ? Je ne sais pas. Mais j'ai envie de parler à quelqu'un. Une fois, un prêtre a dit pendant son sermon que dans une grande douleur, soit on se rapproche de Dieu, soit on s'en éloigne, et si on s'en éloigne, on ne peut pas nous le reprocher, c'est à cause de notre indignation, de notre souffrance. C'est exactement ce qui m'arrive.

Je regarde les gens de l'extérieur, je ne me sens aucun lien avec eux… Je les regarde comme si je n'étais plus un être humain… Vous, vous êtes un écrivain, vous comprendrez ce que je veux dire : les mots n'ont pas grand-chose à voir avec ce qui se passe à l'intérieur. Avant, je m'occupais rarement de ce qu'il y a à l'intérieur de moi. Maintenant, c'est comme si je creusais des galeries souterraines… Je souffre, je réfléchis… Je suis tout le temps en train de retourner quelque chose à l'intérieur de moi… "Maman, ne montre pas ton âme à tout le monde !" Non, mes petites filles chéries, je ne veux pas que mes sentiments et mes larmes disparaissent comme ça. Sans laisser de traces, de marques. C'est ce qui me tourmente le plus. Ce que j'ai traversé, ce n'est pas quelque chose qu'on a envie de laisser uniquement à ses enfants. Je veux transmettre cela à quelqu'un d'autre, que cela reste quelque part, et que chacun puisse le prendre.

Le 3 septembre est le jour de la commémoration des victimes du terrorisme. Moscou est en deuil. Il y a beaucoup d'invalides dans les rues, des jeunes femmes avec des foulards noirs. Des cierges brûlent

sur la Solianka, sur la place devant le Centre théâtral sur la Doubrovka, près des stations de métro Parc de la Culture, Loubianka, Avtozavodskaïa, Rijskaïa…
Moi aussi, je suis dans cette foule. Je pose des questions, j'écoute. Comment faisons-nous pour vivre avec ça ?
Il y a eu des attentats terroristes dans la capitale en 2000, 2001, 2002, 2003, 2004, 2006, 2010, 2011.

— J'allais au travail, le wagon était bondé, comme d'habitude. Je n'ai pas entendu l'explosion, mais brusquement, tout a été illuminé par une lumière orange, et mon corps est devenu insensible, j'ai voulu lever le bras mais je n'ai pas pu. J'ai cru que je faisais un AVC, et puis j'ai perdu connaissance… Quand je suis revenue à moi, il y avait des gens qui me marchaient dessus, tranquillement, comme si j'étais morte. J'ai eu peur qu'ils m'écrasent et j'ai levé les bras. Quelqu'un m'a relevée. Du sang et de la chair, voilà ce que je voyais…

— Mon fils a quatre ans. Comment lui annoncer que son papa est mort ? Il ne comprend pas ce que c'est que la mort. J'ai peur qu'il pense que son père nous a abandonnés. Pour l'instant, il est en voyage…

— J'y repense souvent… Devant l'hôpital, il y avait des queues entières de gens venus donner leur sang, avec des filets remplis d'oranges. Ils suppliaient les infirmières épuisées : "Prenez ces fruits, donnez-les à quelqu'un. Dites-nous de quoi ils ont encore besoin."

— Des filles du bureau sont venues me rendre visite, le directeur avait mis une voiture à leur disposition. Mais je n'avais envie de voir personne…

— Il nous faudrait une guerre, peut-être que l'on verrait enfin apparaître de vrais êtres humains. Mon grand-père disait qu'il avait rencontré des êtres humains uniquement pendant la guerre. Il n'y a pas beaucoup de bonté de nos jours.

— Deux inconnues s'embrassaient et pleuraient près de l'escalator, elles avaient le visage couvert de sang, et je ne comprenais pas que c'était du sang, je me disais que les larmes avaient fait couler leur maquillage. C'est le soir que j'ai réalisé, quand j'ai revu tout cela à la télévision. Sur le coup, je n'avais pas compris, je voyais le sang, mais je n'y croyais pas.

— Au début, on pense qu'on peut descendre dans le métro, on entre gaillardement dans un wagon, mais au bout d'une ou deux stations, on descend en vitesse, couvert de sueur froide. Le plus terrible, c'est quand le métro s'arrête dans un tunnel. Chaque minute dure une éternité, on a le cœur qui ne tient plus qu'à un fil…

— On voit un terroriste dans chaque Caucasien…

— Vous croyez peut-être que les soldats russes n'ont pas commis de crimes en Tchétchénie? J'ai un frère qui a combattu là-bas… Si vous saviez ce qu'il raconte sur notre vaillante armée russe… Ils gardaient les Tchétchènes dans des fosses, comme des bêtes, et ils demandaient à leurs familles de verser des rançons. Ils torturaient… Ils pillaient… Maintenant, mon frère boit comme un trou.

— Il est vendu aux Américains, ma parole! C'est un provocateur! Qui a transformé la Tchétchénie en ghetto pour les Russes? Les Russes étaient virés de partout, on leur prenait leurs appartements, leurs voitures. Ceux qui ne cédaient pas, on les égorgeait. Les jeunes filles russes se faisaient violer uniquement parce qu'elles étaient russes!

— Je hais les Tchétchènes! Sans nous, les Russes, ils seraient encore en train de vivre dans des cavernes sur leurs montagnes. Et je hais les journalistes qui sont pour les Tchétchènes! Ces libéraux de merde! *(Un regard rempli de haine de mon côté – je suis en train de noter la conversation.)*

— Est-ce qu'on a jugé les soldats russes pour avoir tué des soldats allemands pendant la guerre? Et pourtant, on a vu de tout. Les partisans découpaient les *politzei* prisonniers en petits morceaux… Vous n'avez qu'à écouter les anciens combattants!

— Pendant la première guerre de Tchétchénie, sous Eltsine, on montrait tout ouvertement à la télévision. On voyait les femmes tchétchènes pleurer. Les mères russes qui allaient de village en village en cherchant leurs fils disparus. Personne ne s'en prenait à elles. Une haine comme celle qu'il y a maintenant, ça n'existait pas encore, ni chez eux, ni chez nous.

— Avant, il n'y avait que la Tchétchénie qui était à feu et à sang et maintenant, c'est tout le Caucase du Nord. On construit des mosquées partout.

— La géopolitique est arrivée jusque chez nous. La Russie est en train de se démanteler... Bientôt, il ne restera plus de l'empire que la principauté de Moscou.
— Je les hais!
— Qui?
— Tous!
— Mon fils est resté encore en vie pendant sept heures, et puis on l'a fourré dans un sac en plastique et on l'a embarqué dans un autobus avec les cadavres... On nous a apporté un cercueil standard et deux couronnes. Un cercueil en aggloméré, on aurait dit du carton, il est tombé en morceaux quand on l'a soulevé. Les couronnes étaient misérables, pitoyables. On a tout payé nous-mêmes. Le gouvernement n'en a rien à faire de nous, les simples mortels, alors moi aussi, je lui crache dessus, je veux m'en aller de ce foutu pays! Mon mari et moi, on fait des démarches pour émigrer au Canada.
— Avant, c'était Staline qui assassinait, et maintenant ce sont les bandits. C'est ça, la liberté?
— Moi, j'ai les cheveux noirs et les yeux noirs... Je suis russe, orthodoxe. Un jour, j'ai pris le métro avec une amie. On s'est fait arrêter par la milice, et ils m'ont emmenée à l'écart. "Enlevez votre manteau. Montrez-nous vos papiers." Mon amie, ils ne l'ont même pas regardée, elle est blonde. Maman me dit de me teindre les cheveux. Mais j'ai honte.
— Un Russe, ça tient sur trois béquilles : "on sait jamais", "on verra bien", et "on s'en sortira toujours". Au début, tout le monde crevait de peur, mais au bout d'un mois, quand j'ai trouvé un colis suspect sous un siège dans le métro, j'ai eu toutes les peines du monde à obliger la responsable de la station à téléphoner à la milice.
— Après l'attentat, ces enfoirés de chauffeurs de taxi ont fait grimper le prix de la course pour aller à l'aéroport de Chérémétiévo. C'était astronomique! Les gens se font vraiment du fric sur tout. Putain, faudrait les sortir de leur voiture et leur écraser la gueule sur le capot!
— Il y en avait qui étaient allongés dans des mares de sang, et d'autres qui les photographiaient avec leurs téléphones portables. Clic-clac. Et ils mettaient ça sur leurs blogs. Leur vie manque de piment, à tous ces petits gratte-papiers!

— Aujourd'hui, c'est eux, demain ce sera nous. Et personne ne dit rien, tout le monde est d'accord.

— Essayons autant que possible d'aider nos défunts par nos prières. De demander la miséricorde divine…

(Des écoliers donnent un concert ici même, sur une scène improvisée. On les a amenés dans des cars. Je m'approche.)

— Moi, c'est Ben Laden qui m'intéresse… Al-Qaida, c'est un projet global…

— Je suis pour le terrorisme individuel. Ponctuel. Contre les policiers, par exemple, ou les fonctionnaires…

— Le terrorisme, c'est bien ou c'est mal ?

— Maintenant, c'est bien !

— J'en ai marre de rester là, bordel de merde ! Quand est-ce qu'ils vont nous laisser partir ?

— Tiens, j'en ai une bonne… C'est des terroristes qui font du tourisme en Italie. Arrivés devant la tour de Pise, ils se tordent de rire : "Du boulot d'amateurs !"

— Le terrorisme, c'est un business…

Des sacrifices humains, comme dans les temps anciens…

Un courant général…

Un petit échauffement avant la révolution…

Quelque chose de personnel…

OÙ IL EST QUESTION
D'UNE VIEILLE FEMME AVEC UNE FAUX
ET D'UNE BELLE JEUNE FILLE

Alexandre Laskovitch, soldat, entrepreneur, émigré, 21 puis 30 ans

LA MORT, ÇA RESSEMBLE À L'AMOUR

Quand j'étais petit, il y avait un arbre dans la cour de mon immeuble... Un vieil érable... Je lui parlais, c'était mon ami. Lorsque mon grand-père est mort, j'ai pleuré longtemps. J'ai sangloté toute une journée. J'avais cinq ans, et je venais de comprendre que j'allais mourir, que tout le monde allait mourir. J'étais épouvanté : ils allaient tous mourir avant moi, et je resterais seul. Dans une horrible solitude. Ma mère me plaignait, mais mon père s'est approché de moi et m'a dit : "Sèche tes larmes. Tu es un homme. Et les hommes ne pleurent pas." Moi, je ne savais pas encore qui j'étais. Cela ne m'a jamais plu d'être un garçon, je n'aimais pas jouer à la guerre. Mais personne ne me demandait mon avis... Ils ont tous décidé sans moi... Maman rêvait d'avoir une fille, et papa, comme toujours, voulait qu'elle avorte.

La première fois que j'ai eu envie de me pendre, j'avais sept ans... C'était à cause d'une bassine chinoise... Maman avait fait de la confiture dans une bassine chinoise qu'elle avait posée sur un tabouret, et mon frère et moi, on courait après le chat. Mouska a réussi à sauter par-dessus la bassine, mais pas nous... Maman était jeune, papa était à l'école militaire. Par terre, une mare de confiture... Maman a maudit son destin de femme d'officier obligée de vivre au bout du monde, à Sakhaline, dans une région où il y a dix mètres de neige en hiver et, en été, de la bardane aussi haute qu'elle. Elle a pris le ceinturon de mon père et nous a flanqués dehors. "Mais il pleut dehors, maman, et dans la grange, il y a des fourmis qui piquent! – Fichez-moi le camp d'ici!" Mon frère s'est réfugié chez des voisins, et moi, j'ai décidé très sérieusement de me pendre. Je suis allé dans la grange et j'ai trouvé une corde dans un panier. Quand ils viendraient me chercher le lendemain matin, ils me trouveraient pendu. Ce serait bien fait pour eux! Et voilà que Mouska s'est faufilée à l'intérieur... Chère Mouska! Elle était venue me consoler. Je l'ai serrée dans mes bras, et nous sommes restés comme ça tous les deux jusqu'au matin.

Mon père... C'était quoi, mon père? Il lisait les journaux et il fumait. Il était vice-commandant du département politique d'une escadrille d'aviateurs. On passait notre vie à déménager d'une ville de garnison à l'autre, on habitait dans des casernes. De longs baraquements en briques, partout les mêmes. Ils sentaient tous le cirage et l'eau de toilette bon marché *Chypre*. Mon père aussi sentait toujours cette odeur. J'ai huit ans, mon frère neuf, et papa rentre du travail. Son ceinturon crisse, ses bottes en cuir crissent. À ce moment-là, si nous avions pu devenir invisibles, mon frère et moi, disparaître dans un trou de souris... Il prend dans la bibliothèque *Un homme véritable*, de Boris Polévoï, c'était la Bible, chez nous. Il commence par mon frère. "Bon, alors, que se passe-t-il ensuite? – Eh bien, euh... L'avion est tombé. Et Alexeï Meressiev a rampé. Il était blessé... Il a mangé un hérisson. Il s'est retrouvé dans un fossé... – Un fossé? Quel fossé?" Je souffle : "Le trou creusé par la bombe de cinq tonnes. – Quoi? Mais c'était hier, ça!" Sa voix impérieuse nous fait tressaillir tous les deux. "Alors aujourd'hui, vous n'avez rien lu?" Scène suivante : nous voilà tous en train de courir autour de la table comme trois clowns, un grand et deux petits, nous, avec le pantalon sur les mollets, et lui, son ceinturon à la main. *(Une pause.)* On a tous été élevés avec le cinéma, non? Dans un monde d'images... Nous avons grandi avec des films, pas avec des livres. Et avec de la musique... Aujourd'hui encore, je suis allergique aux livres que papa rapportait à la maison. Quand je vois *Un homme véritable* ou *La Jeune Garde* dans la bibliothèque de quelqu'un, ça me donne des boutons. Le rêve de mon père, c'était de nous jeter sous un tank. Il voulait qu'on devienne grands le plus vite possible pour partir à la guerre comme volontaires... Il ne se représentait pas le monde sans guerre. Il fallait des héros! Et il n'y a qu'à la guerre qu'on devient un héros. Si l'un de nous avait perdu ses jambes là-bas, comme Alexeï Meressiev, il aurait été content. Il n'aurait pas vécu pour rien… Il aurait réussi sa vie ! Et je crois bien que si j'avais tremblé au combat, si j'avais manqué à mon serment, il aurait lui-même exécuté la sentence, de sa propre main. Un vrai Tarass Boulba ! "C'est moi qui t'ai donné la vie, et c'est moi qui te tuerai !" Papa est possédé par une idée, ce n'est pas un être humain. On doit aimer sa patrie sans réserve, sans restriction… J'ai entendu ça toute mon enfance. La vie nous est donnée uniquement pour défendre notre patrie… Mais moi, on n'arrivait pas à me programmer pour la guerre, je n'étais pas prêt à me dévouer comme un petit chien pour combler de mon corps une brèche dans un barrage, ou à me coucher à plat ventre sur une mine. Je n'aimais pas la mort… En été, à Sakhaline, les coccinelles pullulent. J'en ai écrasé, comme tout le monde, jusqu'au jour où brusquement j'ai pris peur : pourquoi avais-je semé derrière moi tous ces petits cadavres rouges ? Quand Mouska avait eu des chatons avant terme, je les avais nourris, je m'étais occupé d'eux. Ensuite, maman était arrivée, elle m'avait demandé : "Ils sont morts ?", et ils étaient morts tout de suite après. Mais interdit de pleurer ! "Un homme, ça ne pleure pas !" Papa nous offrait des casquettes militaires, et le dimanche, il nous passait des disques de chants militaires. Mon frère et moi, on écoutait, et papa versait "une petite larme virile". Quand il avait bu, il nous racontait toujours la même histoire, celle du héros encerclé par l'ennemi qui s'était battu jusqu'au bout et s'était tiré la dernière balle dans le cœur… À cet endroit-là de l'histoire, il se laissait toujours tomber, comme au cinéma, et se prenait le pied dans une chaise qui tombait, elle aussi. Là, c'était drôle ! Alors il reprenait ses esprits, et il était furieux : "Un héros qui meurt, ça n'a rien de drôle !"

Je ne voulais pas mourir… Quand on est enfant, cela fait très peur de penser à la mort. "Un homme doit être prêt", "Le devoir sacré envers la Patrie…", "Quoi ? Tu ne veux pas savoir démonter et remonter une kalachnikov ?" Pour papa, c'était impensable. Une honte ! Ah ! Comme j'aurais aimé planter mes dents de lait dans ses bottes en cuir, taper, mordre ! Pourquoi m'avait-il donné une fessée déculottée devant Vita, la petite voisine ? Et en plus, il me traitait de femmelette… Les danses macabres, très peu pour moi ! J'ai le pied cambré, j'aurais voulu faire de la danse classique…

Mon père était au service d'une grande idée. On aurait dit qu'ils avaient tous été trépanés, ils étaient fiers de vivre cul nu, mais avec un fusil! *(Une pause.)* Nous avons grandi... Nous sommes devenus grands, maintenant... Pauvre papa! Entre-temps, la vie a changé de genre. Avant, c'était une tragédie pleine d'optimisme, et maintenant c'est une comédie, un film à grand spectacle. Il rampe, il rampe, il grignote des pommes de pin... Vous devinez qui c'est? Alexeï Meressiev! Le héros préféré de papa. Et la fameuse comptine : "Dans les caves les enfants jouent à la Gestapo, ils torturent à mort le plombier Potapov..." C'est tout ce qui reste de l'idée de mon père. Quant à lui... C'est un vieillard maintenant, et il n'est pas du tout préparé à vieillir. Il devrait savourer chaque instant, regarder le ciel, les arbres. Il pourrait jouer aux échecs ou faire collection de timbres... de boîtes d'allumettes. Mais il passe sa vie devant la télévision : les sessions du Parlement, la gauche, la droite, les meetings, les manifestations avec des drapeaux rouges. Il est avec eux! Il est pour les communistes. Quand on dîne ensemble, il engage la discussion : "Nous avons vécu une grande époque!", et il attend. Il a besoin de se battre, sinon sa vie n'a plus de sens. Grimper sur des barricades avec un drapeau, il n'y a que ça! Un jour, je regardais la télévision avec lui. Un robot japonais cherchait des vieilles mines rouillées dans le sable. Il en trouve une, deux... Le triomphe de la science et de la technique. De la raison humaine. Bon, papa est vexé pour notre grand pays, que ce ne soit pas le fruit de notre technique à nous. Mais voilà qu'à la fin du reportage, sous nos yeux, le robot commet une erreur et saute avec une mine. Quand on voit un sapeur partir en courant, comme on dit, il vaut mieux le suivre. Le robot, lui, n'avait pas été programmé pour ça. Papa était outré. "Foutre en l'air une machine qui vient de l'étranger? On manque d'hommes ou quoi?" Il a une façon bien à lui de considérer la mort. Il a vécu toute sa vie pour accomplir n'importe quelle tâche que pourraient lui confier le Parti et le gouvernement. Pour lui, la vie a moins de valeur qu'un bout de ferraille.

À Sakhaline, on habitait près d'un cimetière. J'entendais des marches funèbres presque tous les jours. Si le cercueil était jaune, c'était quelqu'un du village qui était mort, s'il était recouvert d'un drap rouge, c'était un aviateur. Les cercueils rouges étaient les plus nombreux. Après chaque cercueil rouge, mon père rentrait à la maison avec une cassette. Des aviateurs venaient… Sur la table fumaient des cigarettes russes toutes mordillées, des "pieds de biche", parmi des verres de vodka scintillants couverts de buée. On écoutait la cassette. "Ici tel matricule… Mon moteur a des ratés… Passez sur le deuxième… Il ne marche pas non plus… Essayez d'enclencher le moteur gauche… Il ne fonctionne pas… Le droit… Aucun effet… Éjectez-vous!… Le cockpit ne s'ouvre pas… Bordel de merde! Aaaaaah!" Pendant longtemps, je me suis représenté la mort comme une chute d'une hauteur inimaginable. Aaaaaah! Un jour, un jeune pilote m'a dit : "Qu'est-ce que tu sais de la mort, toi, un gamin?" Cela m'a surpris. J'avais l'impression de la connaître depuis toujours. J'étais allé à l'enterrement d'un garçon de ma classe… Il avait jeté des cartouches dans un feu de camp et ça avait explosé. Il était là, couché dans son cercueil… On aurait dit qu'il faisait semblant d'être mort. Tout le monde le regardait, mais il était hors d'atteinte… Je n'arrivais pas à en détacher les yeux. C'était comme si j'avais toujours connu ça, que j'étais né avec ce savoir. Peut-être que je suis déjà mort une fois? Ou alors maman, quand j'étais encore dans son ventre, était restée à la fenêtre à regarder les cercueils jaunes et rouges qu'on emportait au cimetière… J'étais fasciné par la mort, j'y pensais des dizaines de fois par jour. J'y pensais très souvent. La mort sentait les cigarettes russes, les sprats et la vodka. Ce n'est pas forcément une vieille femme édentée avec une faux, c'est peut-être une jolie jeune fille? Et un jour, je la verrai.

À dix-huit ans… On a envie de tout – les femmes, le vin, les voyages… Les énigmes, les mystères. Je jouais à m'inventer une autre vie, je me racontais des histoires. Et on me faisait redescendre sur terre… Seigneur! Aujourd'hui encore, je voudrais m'évaporer, disparaître, qu'on ne puisse plus me retrouver. Ne pas laisser de trace. Partir quelque part, devenir garde forestier, vagabond sans feu ni lieu. Je fais tout le temps le même rêve : on me convoque de nouveau à l'armée, ils ont perdu mon dossier et je dois recommencer mon service militaire. Je hurle, je me débats. "Mais j'ai déjà fait mon service, pauvres cons! Laissez-moi partir!" J'en deviens fou… C'est un cauchemar affreux… *(Une pause.)* Je ne voulais pas être un garçon. Je ne voulais pas être soldat, la guerre ne m'intéressait pas. Papa m'avait dit : "Il faut que tu deviennes un homme, à la fin! Sinon, les filles vont croire que tu es impuissant. L'armée, c'est l'école de la vie." Il faut apprendre à tuer... Dans mon esprit, voilà à quoi cela ressemblait : des roulements de tambour, des rangées de soldats, des armes parfaitement conçues pour tuer, le sifflement des balles en plomb... et des crânes fracassés, des yeux arrachés, des membres déchiquetés... Les cris et les gémissements des blessés. Et les hurlements des vainqueurs, de ceux qui savent mieux tuer... Tuer, toujours tuer! Avec une flèche, avec une balle, avec un obus ou une bombe atomique, peu importe, mais tuer... Tuer d'autres êtres humains. Je ne voulais pas! Et je savais qu'à l'armée, d'autres hommes allaient faire de moi un homme. Ou bien on me tuerait, ou bien c'est moi qui tuerais. Mon frère est parti là-bas la tête pleine de nuages roses et d'idées romantiques. Quand il est revenu du service militaire, c'était un homme brisé. Tous les matins, on lui flanquait des coups de pied dans la figure. Il dormait sur une couchette du bas, et les anciens sur les couchettes du haut. Essayez un peu de rester celui que vous étiez quand on vous piétine la gueule tous les matins! Et quand on met un homme tout nu, vous n'imaginez pas tout ce qu'on peut faire avec lui!... Par exemple, lui faire sucer son propre membre, ça, ça fait rire tout le monde. Et ceux qui ne rient pas, on les oblige à en faire autant. Et nettoyer les toilettes de la caserne avec une brosse à dents ou une lame de rasoir? "Faut que ça brille comme des couilles de chat!" Il y a des gens qui ne peuvent pas devenir de la viande humaine, et d'autres qui ne savent être que ça. Des crêpes humaines. J'ai compris que je devais mobiliser toute ma rage pour survivre. Je me suis inscrit dans la section sportive – le hatha-yoga, le karaté. J'ai appris à frapper, au visage, à l'entrejambe. À briser une colonne vertébrale... Je frottais une allumette, je la posais sur ma paume et je la laissais brûler jusqu'au bout. Je ne tenais pas le coup, bien sûr... J'en pleurais... *(Une pause.)* Je vais vous raconter une histoire drôle, tiens. C'est un dragon qui se promène dans une forêt. Il rencontre un ours. "Eh, l'ours, dit le dragon, viens chez moi vers huit heures, c'est l'heure de mon dîner. Je te mangerai." Il continue son chemin, et il rencontre un renard. "Eh, le renard, je prends mon petit-déjeuner à sept heures.

Viens, je te mangerai." Il poursuit son chemin. Un lièvre passe en sautillant. "Stop, le lièvre! dit le dragon. Demain, je déjeune à deux heures. Viens chez moi, je te mangerai. – J'ai une question! dit le lièvre en levant la patte. – Vas-y! – Est-ce qu'on peut ne pas venir? – Bien sûr. Je te raie de ma liste." Ils sont rares, ceux qui sont capables de poser une telle question... Nom de Dieu!

Le départ pour l'armée... À la maison, on avait passé deux jours dans la vapeur et la friture. On avait acheté deux caisses de vodka. Toute la famille s'était rassemblée. Mon père a levé son verre : "Ne me fais pas honte, fils!" Et ils s'y sont tous mis... Les refrains habituels : "Surmonter les épreuves...", "Tenir le coup avec honneur...", "Faire preuve de courage..." Et le matin, devant le commissariat militaire – accordéon, chansons et vodka dans des verres en plastique. Moi, je ne buvais pas. "T'es malade ou quoi?" Avant le départ pour la gare, inspection des affaires. On nous a fait vider nos sacs, on nous a pris nos couteaux, nos fourchettes et la nourriture. Les parents nous avaient donné un peu d'argent, on l'avait caché dans les chaussettes, dans les caleçons. Nom de Dieu! Les futurs défenseurs de la Patrie... On nous a fait monter dans des cars. Les filles nous disaient au revoir de la main, les mères pleuraient. Et nous voilà partis. Un wagon entier rempli de grands gaillards. Je ne me souviens pas d'un seul visage. On nous avait rasé le crâne, on nous avait distribué des vieux vêtements troués. On ressemblait à des détenus. Et des voix... "Quarante comprimés... Tentative de suicide... Réformé. Pour rester intelligent, faut faire le con", "Allez-y, tapez-moi dessus! Je suis peut-être de la merde, mais je m'en fous! Moi, je vais rester chez moi à m'envoyer des filles, pendant que vous, vous allez jouer à la guerre avec un fusil", "Eh, les gars, on va échanger nos baskets contre des bottes, et on va défendre la Patrie!", "Ceux qui ont du fric, ils ne font pas l'armée". Le voyage a duré trois jours. Ils ont passé tout le trajet complètement bourrés. Moi, je ne bois pas... "Pauvre vieux! Comment tu vas faire à l'armée?" On dormait avec nos chaussettes et les vêtements qu'on avait sur le dos. La nuit, on enlevait nos chaussures... Putain, l'odeur! Cent gaillards qui ne changent pas de chaussettes pendant deux ou trois jours... Ça donnait envie de se pendre ou de se tirer une balle. On allait aux toilettes trois fois par jour, avec les officiers. Si on avait besoin de plus, on n'avait qu'à se retenir. Les toilettes étaient fermées. On ne sait jamais, on arrivait tout droit de chez nous... Il y en a quand même un qui est arrivé à s'étrangler pendant la nuit... Nom de Dieu!

Les hommes, ça peut se programmer... Ils ne demandent que ça. Une, deux! Une, deux! Au pas! À l'armée, on marche et on court beaucoup. Vite et longtemps. Et si on n'y arrive pas, on n'a qu'à ramper! C'est quoi, un vrai dur? C'est un homme qui ne flirte pas avec la mort, ses rapports avec elle sont clairs. Tu discutes? Il te plante une fourchette dans la gorge. Il a brûlé tous les ponts, il n'a plus rien à perdre. Un type comme ça, ça bondit et ça mord. Si vous mettez ensemble une centaine de jeunes gars, ils se transforment en bêtes féroces. Une meute de jeunes loups. Que ce soit en prison ou à l'armée, la loi est la même : pas de quartier. Premier commandement : ne jamais aider les faibles. Les cogner. Les faibles sont immédiatement mis au rebut... Deuxième commandement : on n'a pas d'amis, c'est chacun pour soi. La nuit, il y en a qui grognent, qui couinent, qui appellent leur maman, qui pètent... Mais la règle est la même pour tout le monde : ou tu te fais écraser, ou tu écrases les autres. C'est simple comme bonjour. Pourquoi est-ce que j'avais lu tous ces bouquins? Je croyais Tchékhov... C'est lui qui a écrit qu'il faut extraire l'esclave de soi-même jusqu'à la dernière goutte, et que tout doit être beau dans l'homme : l'âme, les vêtements, les pensées. Mais c'est le contraire! C'est exactement le contraire! Parfois, l'homme a envie d'être un esclave, ça lui plaît. C'est l'homme qu'on extrait de l'homme jusqu'à la dernière goutte. Le premier jour, le sergent t'explique que tu es un con et une merde. "Couchés! Debout!" Tout le monde se lève, sauf un. Le sergent devient jaune, puis violet. "Qu'est-ce que tu fous? – Vanité des vanités... – Quoi? – Le Seigneur nous a enseigné : tu ne tueras point, et tu ne te mettras pas en colère..." Le sergent l'envoie chez le commandant, le commandant l'envoie chez le représentant du KGB. On ouvre une enquête : c'est un baptiste. Comment est-il arrivé dans l'armée?! On l'a isolé, et puis on l'a emmené. Il était terriblement dangereux! Il ne voulait pas jouer à la guerre...

La formation d'une jeune recrue : marcher au pas pour la beauté de la chose, tout connaître sur le bout du doigt. Apprendre le règlement par cœur, savoir monter et démonter une kalachnikov les yeux fermés, sous l'eau... Dieu n'existe pas ! Ton dieu, ton tsar et ton chef, c'est le sergent. Quelques phrases du sergent Valérian : "Même les poissons, ça se dresse ! Compris ?", "Quand on chante, faut gueuler à s'en faire trembler les muscles du cul !", "Plus vous vous enterrerez profondément, moins vous vous ferez tuer". Ah, c'est tout un folklore ! Le cauchemar numéro un, ce sont les bottes en similicuir. Cela ne fait pas longtemps qu'on a changé l'uniforme de l'armée russe et que les bottes ont été remplacées par des chaussures. Moi, j'ai fait mon service militaire en bottes. Pour les faire briller, il fallait les enduire de cirage et les frotter avec un chiffon de laine... Les cross, c'étaient dix kilomètres chaussés de ces bottes en similicuir. Par une chaleur de trente degrés, c'est l'enfer ! Le cauchemar numéro deux, ce sont les chaussettes russes[1]. Il y en avait deux sortes, celles d'hiver et celles d'été. L'armée russe a été la dernière à renoncer aux chaussettes russes. Elle a attendu le XXIe siècle... Il m'est arrivé bien des fois d'avoir les pieds en sang à cause d'elles. Voici comment cela se met : on part du bout du pied, et on les enroule obligatoirement vers l'extérieur, et non vers l'intérieur. Bon. On se met en rang. "Pourquoi vous boitez, soldat ? Des bottes trop petites, ça n'existe pas, c'est vos pieds qui ne sont pas de la bonne taille !" Tout le monde n'emploie que des mots orduriers, des jurons, pas pour s'insulter, juste comme ça, pour s'exprimer. Depuis le colonel jusqu'aux soldats. Je n'ai jamais entendu personne parler autrement, là-bas.

L'abécédaire de la recrue – Armée : l'armée est une prison où on purge une peine d'après la Constitution. Soldat : un soldat est un animal qui peut tout faire... Maman... j'ai peur ! Un jeune soldat, c'est un bidasse, un bitard, une larve... "Eh, toi, le bitard, va me chercher du thé !", "Cire-moi mes bottes !", "Ah, on fait le malin, b... de m...!" Et ça commence, les persécutions... La nuit... Il y en a quatre qui vous tiennent, et deux qui cognent. Ils ont mis au point une technique qui permet de tabasser sans laisser de bleus. Sans laisser de traces. Avec une serviette mouillée,

---

1. Autrement dit, des bandes que l'on s'enroule autour du pied en guise de chaussettes, ce qui est différent des bandes molletières qui, elles, sont enroulées au-dessus de la chaussure et seulement autour du mollet.

par exemple… Ou avec des cuillères… Une fois, j'ai reçu une telle raclée que j'ai été incapable de parler pendant deux jours. À l'hôpital, on soigne tout avec du mercurochrome. Quand ils en ont marre de cogner, ils vous "rasent" avec une serviette sèche ou avec un briquet, et quand ils en ont assez, ils vous font bouffer des matières fécales, des ordures. "Avec les mains! Prends ça avec les mains!" Les fumiers! Ils peuvent vous obliger à courir ou à danser tout nu dans la caserne… Un bleu n'a aucun droit… Et papa qui répétait : "L'armée soviétique est la meilleure du monde"…

Et puis un jour, on se dit… C'est une sale petite pensée qui vous vient : "Je suis là, à leur laver leur slip et leurs chaussettes, mais après, c'est moi qui serai la brute, et c'est les autres qui laveront mes slips!" Quand j'étais à la maison, je pensais que j'étais quelqu'un de beau, d'extraordinaire. Que personne ne pourrait me briser ni tuer mon petit "moi"… C'était avant… *(Une pause.)* On avait tout le temps faim, surtout de sucreries. À l'armée, tout le monde vole, au lieu des soixante-dix grammes auxquels il a droit, le soldat en reçoit trente. Une fois, on est resté une semaine entière sans semoule, quelqu'un avait piqué le wagon de céréales à la gare. Je rêvais de boulangeries… De cakes aux raisins… Je suis devenu un grand spécialiste de l'épluchage de pommes de terre. Un virtuose! Je peux vous éplucher trois seaux de patates en une heure. Les soldats, on ne leur livre pas des patates de taille standard… C'est comme à la ferme. On est là, assis au milieu des épluchures… Putain! Le sergent s'approche du soldat de corvée de patates : "Tu vas m'en éplucher trois seaux." Le soldat : "Depuis le temps qu'on fait des voyages dans l'espace, on n'a toujours pas inventé la machine à éplucher les patates?" Le sergent : "À l'armée, soldat, on a tout! Y compris une machine à éplucher les patates dernier modèle : toi." La cantine militaire, c'est la roue de la fortune… Pendant deux ans, de la kacha, du chou mariné, des pâtes, et de la soupe avec de la viande en boîte conservée dans des entrepôts militaires, au cas où il y aurait une guerre. Depuis combien de temps c'était là? Cinq ans, dix ans… Tout était assaisonné d'un mélange graisseux, des grands bidons orange de cinq litres. Pour le Nouvel An, on versait du lait concentré dans les pâtes – le grand luxe! Le sergent Valérian nous disait : "Les biscuits, vous mangerez ça à la maison avec vos putes…" D'après le règlement, les soldats n'ont droit ni aux fourchettes ni aux petites cuillères. Juste une cuillère à soupe. Un jour, quelqu'un a reçu quelques petites cuillères de chez lui. Seigneur ! Avec quel plaisir on a remué notre thé avec une petite cuillère ! Le summum du bonheur civil ! On te traite comme un porc, et tout à coup, tu tiens une petite cuillère ! Mon Dieu ! Alors, j'ai un chez-moi quelque part… Le capitaine est entré et il nous a vus. "Quoi ? Qu'est-ce que ça veut dire ? Qui vous a donné l'autorisation ? Débarrassez-vous immédiatement de ces saloperies !" Des petites cuillères, et puis quoi encore ? Un soldat n'est pas un être humain. Et cet objet… C'est un instrument… une arme meurtrière… *(Une pause.)* La quille. On était vingt, on nous a entassés dans un camion et on nous a débarqués à la gare. "Bon, eh bien salut, les gars ! Bonne chance dans le civil !" On est restés plantés là. Au bout d'une demi-heure, une heure, on n'avait toujours pas bougé. On regardait autour de nous. On attendait les ordres. Quelqu'un allait bien nous donner un ordre. "Tous aux caisses pour acheter vos billets ! Au pas de course !" Personne ne nous donnait d'ordres. Je ne sais pas combien de temps nous avons mis à réaliser que nous n'allions pas en recevoir, et que nous devions agir par nous-mêmes. Nom de Dieu ! En deux ans, on nous avait ramolli le cerveau…

J'ai eu envie de me suicider cinq fois… Mais comment ? Se pendre ? On se retrouve couvert de merde, la langue pendante. Personne ne nous la rentrera dans la gorge… Comme ce type dans le train, quand on nous a emmenés dans notre unité. Et on se fera injurier par ses potes. Se jeter du haut d'un mirador ? Ça va faire de la chair à pâté. Se tirer une balle dans le crâne avec son fusil ? La tête éclate comme une pastèque… On pense quand même à sa mère. Le commandant nous avait dit : "Tout ce que je vous demande, c'est de ne pas vous tirer une balle ! Les hommes, c'est plus facile à rayer des listes que les munitions." La vie d'un soldat a moins de prix qu'une arme de service. Une lettre de sa copine… Cela compte beaucoup à l'armée. On a les mains qui tremblent. Il est interdit de garder des lettres. Les tables de nuit sont fouillées. "Vos gonzesses, elles sont à nous ! Vous, vous n'en avez pas encore fini avec le bizutage. Vos paperasses, allez les foutre aux chiottes." On avait droit à un rasoir, un stylo, et un bloc-notes. On est là, assis sur le siège des cabinets, et on lit sa lettre pour la dernière fois. "Je t'aime... Je t'embrasse..." On était des défenseurs de la Patrie, nom de Dieu! J'ai reçu une lettre de mon père : "Il y a la guerre en Tchétchénie... Tu m'as compris?" Il attendait que je revienne en héros... Mais nous, on avait un caporal qui était allé en Afghanistan, il s'était porté volontaire. La guerre lui avait flanqué un sacré coup sur le ciboulot. Il ne racontait rien, mais il n'arrêtait pas de nous bassiner avec ses histoires afghanes. Nom de Dieu! Tout le monde se tordait de rire... Un soldat porte sur son dos un ami grièvement blessé qui pisse le sang. Il est en train de mourir, il supplie : "Tue-moi! J'en peux plus. – J'ai plus de balles. – T'as qu'à en acheter. – Où tu veux que j'en achète? Y a pas un chat ici, rien que des montagnes! – Ben et moi, alors? T'as qu'à m'en acheter à moi..." *(Il rit.)* "Camarade officier, pourquoi vous êtes-vous porté volontaire pour l'Afghanistan? – Je veux devenir colonel. – Et pourquoi pas général? – Ça, c'est pas possible, le général a un fils." *(Une pause.)* Personne ne demandait à aller en Tchétchénie. Je ne me souviens pas d'avoir rencontré un seul volontaire... Mon père venait me voir dans mes rêves. "Tu as prêté serment devant le drapeau rouge, non? « Je jure solennellement de me conformer... d'exécuter... de défendre vaillamment... Et si je manque un jour à ce serment solennel, que je sois sévèrement puni... un objet de haine et de mépris pour tous... »" Dans mon rêve, je m'enfuyais, et il me mettait en joue... Il me visait...

On est là, on monte la garde à son poste, un fusil à la main. Et on se dit : ça ne dure qu'une seconde ou deux, et on est délivré. Ni vu ni connu. Vous ne m'aurez pas, bande de salauds! Personne ne m'aura, personne!... Pour trouver la raison, il faudrait remonter à l'époque où maman voulait une fille, et papa voulait qu'elle avorte, comme toujours. Le sergent t'a dit que tu n'étais qu'un sac de merde... Un trou dans l'espace... *(Une pause.)* Des officiers, il y en avait de toutes sortes. L'un d'eux était un type cultivé qui buvait pas mal, il parlait anglais. Mais dans l'ensemble, c'étaient tous des ivrognes finis. Ils se soûlaient au point d'en avoir des hallucinations... Ils étaient capables de faire lever toute la caserne en pleine nuit et d'obliger les soldats à courir jusqu'à ce qu'ils tombent d'épuisement. Les officiers, on les appelait des chacals. Il y avait les mauvais chacals et les bons chacals... *(Une pause.)* Comment on se met à dix pour violer un homme, ça, personne ira vous le raconter... *(Il ricane.)* Ce n'est pas un jeu ni de la littérature... *(Une pause.)* On nous amenait tous à la datcha du commandant dans des camions-bennes, comme du bétail. On trimbalait des dalles en béton... *(Il ricane.)* Allez, petit tambour! Joue-nous l'hymne de l'Union soviétique!

Je n'ai jamais voulu être un héros. Je hais les héros! Un héros, ça doit tuer beaucoup de gens ou bien mourir avec panache... Il faut tuer l'ennemi coûte que coûte : d'abord en utilisant sa panoplie d'armes, et ensuite, quand on n'a plus de cartouches ni de grenades, au couteau, à la baïonnette, avec une pelle de sapeur. Mordre dedans à pleines dents, s'il le faut. Le sergent Valérian nous disait : "Apprends à te servir d'un couteau. La main, c'est un truc très bien, vaut mieux la transpercer que la trancher... Avec une torsion... Comme ça... Contrôle la main, passe-la par-derrière... Pas de gestes compliqués, ça déconcentre... Très bien! Parfait! Maintenant, arrache son couteau à l'adversaire... Bien... Tu l'as tué! Bravo! Crie : « Crève, fumier! » Alors? Pourquoi tu dis rien?" *(Il s'interrompt.)* On n'arrête pas de t'enfoncer dans le crâne qu'une arme, c'est beau... que tirer, c'est viril... On nous entraînait à tuer sur des animaux, on nous amenait spécialement des chats et des chiens errants pour qu'ensuite, à la vue du sang humain, on n'ait pas la main qui tremble. Une vraie boucherie! Je ne le supportais pas... Je pleurais la nuit... *(Une pause.)* Quand on était petits, on jouait au samouraï. Un samouraï devait mourir à la japonaise, il n'avait pas le droit de tomber face contre terre ni de crier. Moi, je criais toujours... Les autres n'aimaient pas jouer avec moi... *(Une pause.)* Le sergent Valérian disait : "N'oubliez pas : un pistolet-mitrailleur, ça marche comme ça : un, deux, trois, et y a plus personne!" Allez tous vous faire f... Une, deux...

La mort, ça ressemble à l'amour. Au dernier moment, c'est tout noir... des soubresauts terribles et moches... La mort, on n'en revient pas, mais l'amour, si. Et on peut se souvenir de ce qu'on a ressenti. Cela vous est déjà arrivé de vous noyer? Moi oui... Plus on se débat, plus on perd ses forces. Il faut se résigner et descendre jusqu'au fond. Et là... Si on veut vivre, on doit traverser la voûte d'eau et revenir. Mais il faut d'abord descendre jusqu'au fond.

Et là-bas... Là-bas, il n'y a pas de lumière au bout du tunnel, et je n'ai pas vu d'anges. Juste mon père, assis à côté d'un cercueil rouge. Un cercueil vide.

Quelques années plus tard, je me suis de nouveau retrouvée dans la ville de N. (je ne donne pas son nom à la demande de mon héros). Je lui ai téléphoné, et nous nous sommes donné rendez-vous. Il était amoureux, il était heureux, et il m'a parlé de l'amour. Je n'ai pas pensé tout de suite à allumer mon magnétophone afin de saisir le moment que je guette toujours dans toutes les conversations, publiques ou privées, celui où la vie, la vie toute simple, se transforme en littérature. Mais il arrive que je manque de vigilance, or "un morceau de littérature", comme j'appelle ça, peut surgir n'importe où, et parfois dans les endroits les plus inattendus. Comme cette fois-là. Nous avions l'intention de passer un moment ensemble en prenant un café, mais la vie a proposé un développement inattendu. Voici ce que j'ai réussi à enregistrer...

ON N'EN SAIT PAS ASSEZ SUR L'AMOUR

J'ai rencontré l'amour... Et maintenant, je le comprends. Jusque-là, je pensais que l'amour, c'était deux imbéciles qui ont une poussée de fièvre. Que c'était tout simplement du délire... On n'en sait pas assez sur l'amour. Et si on tire sur ce fil... La guerre et l'amour, on dirait que ça sort du même brasier, ou plutôt, que c'est fait du même tissu, de la même étoffe. Un homme avec un fusil, celui qui grimpe en haut de l'Elbrouz, celui qui combat jusqu'à la victoire, ou celui qui construit le paradis socialiste... C'est toujours la même histoire, le même magnétisme, la même électricité. Vous comprenez? Il y a quelque chose que l'homme ne peut pas faire, quelque chose qu'il ne peut pas acheter ni gagner à la loterie. Mais il sait que ça existe, et il le veut... Et il ne comprend pas comment le chercher, ni où.

C'est presque une naissance. Ça commence par un choc... *(Une pause.)* Mais peut-être qu'il ne faut pas chercher à expliquer ces mystères. Cela ne vous fait pas peur?

Le premier jour…

J'arrive chez un de mes amis, il y a du monde chez lui, j'enlève mon manteau dans l'entrée et quelqu'un sort de la cuisine, je m'écarte pour le laisser passer, et je me retourne : c'est elle ! Il y a eu comme un court-circuit, c'était comme si on avait éteint la lumière dans tout l'appartement. Voilà, c'est tout. D'habitude, je n'ai pas la langue dans ma poche, mais là, je me suis assis et je suis resté sans rien dire, je ne la voyais même pas, enfin, ce n'est pas que je ne la regardais pas, mais pendant longtemps, j'ai pour ainsi dire regardé à travers elle, comme dans les films de Tarkovski, quand on verse de l'eau d'une cruche et qu'elle coule à côté de la tasse, et puis, lentement, très lentement, elle se met à tourner en même temps que la tasse. C'est plus long à raconter qu'à vivre. Cela a duré le temps d'un éclair. Ce jour-là, j'ai appris quelque chose de si important que tout le reste a cessé de compter, je n'ai pas très bien compris quoi, mais au fond, quel intérêt ? C'est arrivé, voilà tout. C'est assez solide comme ça. Son fiancé l'a raccompagnée, j'ai compris qu'ils étaient sur le point de se marier, mais cela m'était égal. En rentrant chez moi, je n'étais plus seul, j'étais avec elle, elle s'était déjà installée à l'intérieur de moi. L'amour, quand ça commence… Tout prend tout à coup une autre couleur, il y a davantage de voix, de sons. On n'a aucune chance de comprendre ça… *(Une pause.)* Je vous raconte les choses de façon approximative.

Le lendemain matin, je me suis réveillé avec la pensée que je devais la retrouver. Je ne connaissais ni son nom, ni son adresse, ni son numéro de téléphone, mais quelque chose s'était produit, quelque chose de capital m'était arrivé. J'avais atterri. C'était comme si je venais de me souvenir de quelque chose que j'avais oublié… Vous comprenez de quoi je parle ? Non ? On n'en tirera aucune formule… Ce serait du synthétique, une contrefaçon… On a l'habitude de penser que l'avenir nous est caché, mais qu'on peut expliquer le passé. Cela a-t-il existé ou pas… C'est une question que je me pose. Peut-être qu'il n'y a rien eu ? Que c'est juste un film qu'on déroule, et voilà, il est fini… Il y a eu des moments comme ça dans ma vie, c'est comme s'ils n'avaient pas existé. Et pourtant ils ont existé. Par exemple, j'ai été amoureux plusieurs fois… J'ai cru être amoureux… Il me reste beaucoup de photos. Mais tout est sorti de ma mémoire, tout s'est effacé. Il y a des choses qui ne s'effacent pas, il faut les garder en soi. Mais le reste… Un homme se souviendra-t-il de tout ce qui lui est arrivé ?

Le deuxième jour…

J'ai acheté une rose. Je n'avais pratiquement pas un sou, mais je suis allé au marché et j'ai acheté la plus grosse rose que j'ai pu trouver. Et là aussi… Comment expliquer ça ? Une Tsigane s'est approchée de moi. "Je vais te dire l'avenir, mon garçon. Je le vois dans tes yeux…" J'ai pris mes jambes à mon cou. À quoi bon ? Je savais déjà moi-même que le mystère était là, sur le seuil. Le mystère, le secret, le voile… J'ai commencé par me tromper d'appartement. C'est un homme en maillot de corps distendu qui m'a ouvert, il avait un coup dans l'aile. Quand il m'a vu avec ma rose, il est resté bouche bée. "P…!" Je suis monté à l'étage au-dessus… Une drôle de petite vieille avec un bonnet en laine m'a regardé par la porte entrouverte, au-dessus de la chaîne. "Léna ! C'est pour toi !" Par la suite, elle nous jouait du piano, elle nous parlait de théâtre. C'était une vieille actrice. Chez eux, il y avait un gros chat noir, un tyran domestique, je ne sais pas pourquoi, il m'a tout de suite pris en grippe, alors que je faisais tout pour lui plaire… Un gros matou noir… Pendant le déroulement d'un mystère, c'est comme si on n'était pas là. Vous voyez ce que je veux dire ? On n'a pas besoin d'être un cosmonaute, un oligarque ou un héros, on peut être heureux et tout connaître parmi des vieux meubles soviétiques, dans un banal deux-pièces de cinquante-huit mètres carrés avec les toilettes dans la salle de bains. Minuit, deux heures du matin… Il fallait que je parte, et je ne comprenais pas pourquoi je devais quitter cette maison. En fait, cela ressemblait à un souvenir… Je cherche mes mots… C'était comme si je venais de retrouver la mémoire, que j'avais tout oublié pendant longtemps, et voilà que cela m'était revenu. Je m'étais rebranché… Je pense que c'est un peu ce que doit éprouver un homme qui a passé beaucoup de temps dans une cellule. Le monde se révèle à lui avec une infinité de détails. De contours. Ce que je veux dire, c'est qu'un mystère, on peut le toucher comme un objet, comme un vase, par exemple, mais pour comprendre quelque chose, il faut que ça fasse mal. Comment comprendre, si on n'a pas mal ? Il faut que ça fasse mal, très mal…

... La première fois qu'on m'a parlé des femmes, j'avais sept ans. C'étaient des copains, ils avaient à peu près mon âge, je me souviens qu'ils étaient tout contents de savoir des choses que moi, je ne savais pas – tu vas voir, on va tout t'expliquer! Et ils ont commencé à faire des dessins sur le sable avec un bâton...

... Le fait que les femmes, c'est quelque chose de différent, je m'en suis rendu compte à l'âge de dix-sept ans, pas dans les livres, mais dans ma chair. J'avais senti là, à côté de moi, quelque chose de complètement autre, de complètement différent, et ça m'avait bouleversé. Il y avait quelque chose de caché là, à l'intérieur, dans ce récipient qu'était la femme, quelque chose qui m'était inaccessible.

... Imaginez une caserne pleine de soldats... Un dimanche. Rien à faire. Deux cents gaillards qui retiennent leur souffle en regardant une séance d'aérobic. Sur l'écran, des jeunes filles en tenue moulante... Ils sont pétrifiés, comme des statues de l'île de Pâques. Si le téléviseur était en panne, c'était une catastrophe, le responsable aurait pu se faire tuer. Vous comprenez? C'est toujours d'amour que je vous parle, là...

Le troisième jour...

On se lève le matin, et on n'a plus besoin d'aller nulle part, on se souvient qu'elle existe, qu'on l'a trouvée. Plus aucune tristesse... On n'est plus seul. On découvre soudain son propre corps... Ses mains, ses lèvres... On découvre le ciel dehors, les arbres, et tout devient très proche, incroyablement proche. Cela n'arrive que dans les rêves... *(Une pause.)* Nous avons trouvé dans les petites annonces du journal du soir un appartement épouvantable dans un quartier épouvantable. Tout au bout de la ville, dans une banlieue-dortoir. Le week-end, dans la cour, il y a des hommes qui jurent du matin au soir, qui jouent aux dominos ou aux cartes pour une bouteille de vodka. Au bout d'un an, nous avons eu une fille. *(Pause.)* Maintenant, je vais vous parler de la mort... Hier, toute la ville a enterré un de mes camarades de classe... Un lieutenant de la milice. Son cercueil a été ramené de Tchétchénie, on ne l'a même pas ouvert, on n'a pas montré le corps à sa mère. Qu'y avait-il dedans? Des funérailles avec les honneurs et tout le tralala militaire. Gloire aux héros! J'y étais. Et mon père aussi... Il avait les yeux qui brillaient... Vous comprenez de quoi je parle? L'homme n'est pas prêt pour le bonheur, il est prêt pour la guerre, le froid et la grêle. Je n'ai jamais rencontré de gens heureux, jamais, à part ma fille de trois mois... Les Russes ne se préparent pas au bonheur. *(Une pause.)* Tous les gens normaux emmènent leurs enfants à l'étranger. J'ai beaucoup d'amis qui sont partis... Ils me téléphonent d'Israël, du Canada... Avant, je ne pensais pas à émigrer. À partir... J'ai commencé à y penser quand ma fille est née. Je veux protéger ceux que j'aime. Mon père ne me le pardonnera pas. Je le sais.

UNE CONVERSATION ENTRE RUSSES À CHICAGO

Nous nous sommes revus encore une fois à Chicago. Sa famille s'était déjà un peu acclimatée. C'était une soirée entre Russes. Un repas à la russe, et une conversation typiquement russe. Aux éternelles questions russes "Que faire ?" et "Qui est coupable ?", venait s'en ajouter une autre : "Fallait-il partir ?"

— Moi, je suis parti parce que j'avais peur... Chez nous, toutes les révolutions finissent de la même façon : les gens se dépouillent en douce les uns les autres et se mettent à casser la gueule des Juifs. À Moscou, c'était carrément la guerre, il y avait tous les jours des attentats, des assassinats. On ne pouvait pas sortir le soir si on n'avait pas un chien de combat. Moi, je m'étais acheté un pitbull exprès pour ça...

— Dès que Gorbatchev a ouvert la cage, on s'est tirés... Qu'est-ce que j'ai laissé là-bas ? Un deux-pièces merdique. Mieux vaut être femme de chambre avec un bon salaire, que médecin avec un revenu de SDF. On a tous grandi en URSS. À l'école, on ramassait les bouts de ferraille pour le pays, et on aimait chanter *Le Jour de la Victoire*. On nous éduquait avec de beaux contes de fées sur la justice, avec des dessins animés soviétiques dans lesquels tout était clair et net : ici c'est le bien, là-bas c'est le mal. Un monde où tout allait bien, où tout était à sa place. Mon grand-père est mort à Stalingrad pour la Patrie soviétique, pour le communisme. Mais moi, j'avais envie de vivre dans un pays normal. Je voulais avoir de jolis rideaux chez moi, des coussins, un mari qui enfile une robe de chambre en rentrant à la maison. L'âme russe, ce n'est pas vraiment mon truc, elle n'est pas très développée, chez moi. J'ai fichu le camp aux États-Unis. Je mange des fraises en hiver. Du saucisson, il y en a autant qu'on veut ici, et il ne représente rien du tout…

— Dans les années 1990, on vivait sur un petit nuage rose. Il y avait des manifestations à tous les coins de rues. Mais on a vite déchanté. Ah, vous vouliez un marché libre ? Eh bien, tenez, le voilà ! Mon mari et moi, nous sommes ingénieurs, chez nous, la moitié de la population a fait des études d'ingénieur. On n'a pas pris de gants avec nous : on nous a flanqués aux ordures. Pourtant c'est nous qui avons fait la perestroïka, nous qui avons enterré le communisme. Et personne n'a plus besoin de nous. Il vaut mieux ne pas penser à tout ça… Ma fille était encore petite, et je n'avais rien à lui donner à manger. Toute la ville était couverte d'affiches "Je vends…", "J'achète…", "J'achète un kilo de nourriture…" Pas de la viande ou du fromage, juste de la nourriture, n'importe laquelle. Nous étions tout contents d'avoir un kilo de pommes de terre. Sur les marchés, on vendait aux gens des tourteaux pour le bétail, comme pendant la guerre. Le mari de ma voisine s'est fait tirer dessus dans l'entrée de notre immeuble. C'était un parlementaire. Il est resté allongé là pendant des heures, recouvert de papier journal. Dans une mare de sang. On allumait la télévision : là, un banquier s'était fait tuer, ici, un homme d'affaires… Pour finir, une bande de gangsters l'a emporté sur toutes les autres. Le peuple ne va pas tarder à marcher avec des haches sur Roubliovka, le quartier des milliardaires…

— Ce n'est pas à Roubliovka qu'ils vont s'attaquer, c'est aux boîtes en carton dans lesquelles dorment les travailleurs immigrés sur les marchés. Ce sont les Tadjiks et les Moldaves qu'ils vont égorger…

— Moi, j'en ai ras le bol de tout ça ! Ils n'ont qu'à tous crever ! Je vais vivre pour moi-même.

— J'ai décidé de partir quand Gorbatchev est revenu de Foros et qu'il a dit qu'on n'allait pas renoncer au socialisme. Eh bien, dans ce cas, ce serait sans moi ! Je n'avais aucune envie de vivre dans un pays socialiste. La vie était d'un ennui… Depuis qu'on était tout petits, on savait qu'on allait être octobriste, ensuite pionnier, et ensuite komsomol. Qu'on commencerait avec un salaire de soixante roubles, qu'on passerait ensuite à quatre-vingts, pour arriver à cent vingt roubles à la fin de sa vie... *(Elle rit.)* À l'école, notre prof principale nous menaçait : "Si vous écoutez Radio-Liberté, vous ne deviendrez jamais komsomols! Et si nos ennemis l'apprenaient?" Le plus drôle, c'est qu'elle aussi, elle habite en Israël, maintenant...

— Autrefois, moi aussi, je vivais pour un idéal, je n'étais pas une petite-bourgeoise. Ah, j'en ai gros sur le cœur, vous savez... Le Comité d'État pour l'état d'urgence! Des tanks en plein Moscou, cela avait quelque chose d'hallucinant! Mes parents étaient revenus de la datcha pour faire des provisions, au cas où il y aurait une guerre civile. Cette bande de gangsters! Cette junte! Ils ont cru qu'il suffirait d'amener des chars et qu'ils n'auraient rien à faire de plus. Que tout ce que les gens voulaient, c'était de la nourriture, et qu'ils étaient prêts à accepter n'importe quoi. Mais le peuple est descendu dans la rue... Le pays s'est réveillé... Cela n'a duré qu'un instant, juste une seconde... C'est un petit germe... *(Elle rit.)* Ma mère est quelqu'un de frivole qui ne réfléchit jamais. La politique, cela lui est complètement étranger, son principe, c'est que la vie est courte et qu'il faut s'emparer de tout ce qu'on peut tout de suite. C'est une jolie jeune femme. Même elle, elle est allée à la Maison-Blanche avec un parapluie sur l'épaule...

— Ha, ha, ha! En guise de liberté, on nous a distribué des bons de privatisation. C'est comme ça qu'ils se sont partagé un grand pays : le pétrole, le gaz... Je ne sais pas comment m'exprimer... Il y en a qui ont eu le gruyère, et d'autres, les trous du gruyère. Ces bons, il fallait les convertir en actions, mais il n'y avait pas beaucoup de gens qui savaient s'y prendre. Sous le socialisme, on ne nous apprenait pas à faire de l'argent. Mon père rapportait des publicités à la maison : "Parc immobilier de la ville de Moscou", "Pétrole Almaz-Investa", "Nickel de Norilsk". Maman et lui discutaient dans la cuisine et, pour finir, ils ont tout vendu à un type dans le métro. Et ils m'ont acheté un blouson de cuir à la dernière mode. Voilà tout ce que ça leur a rapporté. C'est avec ce blouson que j'ai débarqué aux États-Unis...

— Ces bons, on en a encore qui traînent quelque part à la maison. Dans trente ans, je les vendrai à un musée...

— Vous ne pouvez pas imaginer pas à quel point je déteste ce pays… Je déteste le défilé de la Victoire ! Ces immeubles gris avec leurs balcons remplis de bocaux de tomates et de cornichons me donnent envie de vomir. Et tous ces vieux meubles…

— La guerre avait commencé en Tchétchénie… Et mon fils devait faire son service militaire l'année suivante. Des mineurs affamés avaient débarqué à Moscou, ils tapaient par terre avec leurs casques sur la place Rouge. Devant le Kremlin. On ne savait pas comment tout cela allait finir. Il y a des gens remarquables dans ce pays, des gens de très grande valeur, mais on ne peut pas y vivre. Nous sommes partis pour les enfants, nous leur avons servi de piste de décollage. Mais ils ont grandi, et ils sont terriblement loin de nous, maintenant…

— Ah, comment on dit ça, en russe ? J'oublie tout… Émigrer, c'est devenu quelque chose de normal, maintenant, les Russes peuvent vivre où ils veulent, où ça les intéresse. Il y en a qui quittent Irkoutsk pour Moscou, d'autres qui quittent Moscou pour Londres. Le monde entier est devenu un caravansérail…

— La seule chose qu'un véritable patriote puisse souhaiter à la Russie, c'est une occupation. D'être occupée par quelqu'un…

— Moi, j'ai travaillé quelque temps à l'étranger, et puis je suis rentrée à Moscou. J'étais écartelée entre deux sentiments : je voulais vivre dans un univers familier, vous savez, comme dans son appartement, où on peut trouver n'importe quel livre dans sa bibliothèque les yeux fermés, et en même temps, j'avais envie de m'envoler vers un monde sans limites. Partir ou rester ? Je n'arrivais pas à me décider. C'était en 1995… Je m'en souviens encore, je marchais dans la rue Gorki, et devant moi, il y avait deux femmes qui discutaient assez fort… Et je ne les comprenais pas… Pourtant, elles parlaient russe. Je n'en suis pas revenue. J'étais abasourdie. Tous ces mots nouveaux… mais surtout, c'était leur intonation. Beaucoup de termes d'un dialecte du Sud. Et l'expression de leurs visages était différente… Je n'avais été absente que quelques années, et j'étais déjà devenue une étrangère. Le temps passait à toute allure à cette époque, il s'était emballé. Moscou était sale, vous parlez de l'éclat d'une capitale ! Il y avait des tas d'ordures partout. Les déchets de la liberté : des canettes de bière, des emballages bariolés, des peaux d'orange… Tout le monde mâchouillait des bananes. On ne voit plus ça maintenant. Ça leur a passé. Et j'ai compris que la ville que j'aimais tant autrefois, où je me sentais bien et à mon aise, cette ville-là n'existait plus. Les véritables Moscovites étaient horrifiés, ils restaient enfermés chez eux, ou bien ils étaient partis. La Moscou d'autrefois avait disparu. Une nouvelle population était arrivée. J'ai eu envie de faire mes bagages sur-le-champ et de m'enfuir. Même pendant le putsch d'août 1991, je n'avais pas éprouvé une angoisse pareille. À l'époque, je nageais dans le bonheur ! Avec une amie, on apportait des tracts à la Maison-Blanche dans ma vieille Jigouli, on les imprimait dans notre institut où il y avait une photocopieuse. On faisait des allers et retours en passant devant les tanks, je me souviens, ça m'a beaucoup étonnée, ils étaient rafistolés avec des plaques en tôle. Des plaques carrées, fixées par des vis…

Pendant toutes ces années où j'avais été absente, mes amis avaient vécu dans l'euphorie : la révolution avait réussi ! Le communisme s'était écroulé ! Je ne sais pas pourquoi, ils étaient tous persuadés que les choses allaient bien se passer, parce qu'il y a beaucoup de gens instruits en Russie. Que c'est un pays extrêmement riche. Mais le Mexique aussi est un pays riche… La démocratie, ça ne s'achète pas avec du pétrole et du gaz, ça ne s'importe pas comme des bananes ou du chocolat suisse. Ça ne se décrète pas par un oukase présidentiel… Il faut des gens libres, et il n'y en avait pas. Il n'y en a toujours pas aujourd'hui. En Europe, cela fait deux cents ans qu'on entretient la démocratie comme on entretient un gazon. Chez moi, ma mère pleurait : "Tu dis que Staline était mauvais, mais c'est avec lui qu'on a remporté la victoire. Toi, tu veux trahir ta Patrie !" Un de mes vieux amis est venu me rendre visite et nous avons pris le thé à la cuisine. "Ce qui va se passer ? Rien de bon, tant qu'on n'aura pas fusillé tous ces salauds de communistes !" Quoi ? Encore du sang ? Quelques jours plus tard, j'ai entamé les démarches pour quitter le pays…

— J'avais divorcé, je devais recevoir une pension alimentaire, mais mon mari ne la versait pas. Ma fille faisait ses études dans une école de commerce et je n'avais pas de quoi la payer. Une de mes amies connaissait un Américain qui montait une affaire en Russie. Il avait besoin d'une secrétaire, mais il ne voulait pas d'un mannequin avec des jambes de trois kilomètres, il cherchait quelqu'un de fiable. Mon amie m'a recommandée. Il s'intéressait beaucoup à la façon dont nous vivions, il y avait énormément de choses qu'il ne comprenait pas. "Pourquoi tous vos hommes d'affaires portent-ils des chaussures vernies?", "Qu'est-ce que cela veut dire « graisser la patte? » et « tout est joué d'avance »?" Ce genre de questions... Mais il avait de grands projets. La Russie représente un énorme marché! Il a été ruiné de façon banale. Toute bête. Pour lui, la parole comptait beaucoup : quand quelqu'un lui disait quelque chose, il lui faisait confiance. Il a perdu énormément d'argent, et il a décidé de rentrer chez lui. C'est intéressant... Avant son départ, il m'a invitée au restaurant, je pensais que nous allions nous dire adieu et que cela s'arrêterait là. Mais il a levé son verre : "Je porte un toast... Tu sais à quoi? Je n'ai pas fait fortune ici, mais en revanche, je me suis trouvé une merveilleuse épouse russe!" Cela fait sept ans que nous sommes ensemble...

— Avant, on habitait à Brooklyn. C'est bourré de magasins russes, là-bas, et on entend parler russe partout. En Amérique, on peut accoucher avec une sage-femme russe, faire ses études dans une école russe, travailler pour un patron russe, se confesser à un prêtre russe... Dans les magasins, on trouve du saucisson Eltsine, Staline, Mikoyan... Et du lard enrobé de chocolat. Sur les bancs, les petits vieux jouent aux dominos et aux cartes en discutant sans fin de Gorbatchev et d'Eltsine. Il y a les staliniens et les anti-staliniens. Quand on passe près d'un banc, on entend : "Est-ce qu'on avait besoin de Staline? – Oui!" Moi, déjà quand j'étais petite, je savais tout sur Staline. Un jour, j'avais cinq ans... Maman et moi, on attendait à un arrêt d'autobus, maintenant, je sais que nous étions devant le bâtiment du KGB. Je faisais un caprice, ou je pleurais. Maman m'a dit : "Ne pleure pas, sinon les méchantes personnes qui ont emmené ton grand-père et beaucoup d'autres gens très gentils vont t'entendre." Et elle m'a parlé de mon grand-père. Elle avait besoin de raconter cela à quelqu'un... Au jardin d'enfants, quand Staline est mort, on nous a tous fait asseoir pour pleurer. J'étais la seule à ne pas pleurer. Lorsque mon grand-père est revenu des camps, il s'est mis à genoux devant ma grand-mère. Elle n'avait jamais cessé de tout faire pour le retrouver...

— Maintenant, en Amérique, il y a beaucoup de jeunes Russes qui portent des tee-shirts avec le portrait de Staline. Ils dessinent une faucille et un marteau sur le capot de leur voiture. Ils détestent les Noirs...

— Nous, on vient de Kharkov. Vue de là-bas, l'Amérique nous semblait un paradis. Le pays du bonheur. Ma première impression, quand je suis arrivée, c'est que nous, on bâtissait le communisme, mais que les Américains, eux, l'avaient déjà construit. Une jeune fille nous a emmenés faire les soldes. Quand nous sommes arrivés, mon mari et moi, nous avions une seule paire de jeans chacun, il nous fallait des vêtements. Et qu'est-ce que je vois? Une jupe à trois dollars, des jeans à cinq dollars... Des prix dérisoires! Et des odeurs de pizzas... de bon café... Le soir, nous avons ouvert une bouteille de Martini et fumé des Marlboro. Nos rêves s'étaient réalisés! Mais à quarante ans, il a fallu tout recommencer de zéro. Ici, on redescend immédiatement l'échelle, il vaut mieux oublier qu'on était metteur en scène, actrice, ou qu'on a fait des études à l'université... J'ai commencé par travailler comme aide-soignante dans un hôpital, je vidais les pots de chambre, je lavais par terre. Je ne l'ai pas supporté. Ensuite, j'ai promené des chiens pour deux vieillards. J'ai été caissière dans un supermarché... Le 9 Mai, le jour de la Victoire, c'est la fête que je préfère. Mon père a fait toute la guerre... J'en ai parlé à la caissière en chef, et elle m'a dit : "Oui, nous avons gagné cette guerre, mais vous aussi, les Russes, vous avez été drôlement courageux. Vous nous avez bien aidés!" C'est ce qu'on leur apprend à l'école. J'ai failli tomber à la renverse. Que savent-ils de la Russie? Juste que les Russes boivent de la vodka dans des grands verres, et qu'il y a beaucoup de neige chez eux...

— On était partis pour le saucisson, mais il n'est pas aussi bon marché qu'on l'avait imaginé...

— La Russie se vide de ses cerveaux et se remplit de bras… De travailleurs immigrés… Ma mère m'a écrit que leur concierge tadjik avait déjà fait venir toute sa famille à Moscou. Maintenant, ils travaillent pour lui, il est devenu leur patron. C'est lui qui commande. Sa femme est tout le temps enceinte. Pour leurs fêtes, ils égorgent des moutons au beau milieu de la cour, sous les fenêtres des Moscovites. Et ils font griller leurs brochettes…

— Je suis quelqu'un de rationnel. Tout ce sentimentalisme à propos de la langue des grands-parents, c'est purement émotionnel. Moi, je m'interdis de lire des livres en russe et de regarder l'internet russe. Je veux extirper de moi tout ce qui est russe. Ne plus être russe…

— C'est mon mari qui avait très envie de partir. Nous avons apporté ici dix caisses de livres russes, pour que nos enfants n'oublient pas leur langue maternelle. À la douane, à Moscou, ils les ont toutes ouvertes, ils cherchaient des livres anciens, mais tout ce qu'on avait, c'étaient Pouchkine, Gogol… Ça les a bien fait rigoler… Aujourd'hui encore, je mets la station de radio Maïak pour écouter des chansons russes.

— Russie, ma chère Russie… Mon cher Pétersbourg… J'ai tellement envie d'y retourner! Je vais me mettre à pleurer… Vive le communisme! Je veux rentrer chez moi! Même les pommes de terre ont un goût infect, ici. Quant au chocolat russe, il est tout simplement délicieux!

— Et les tickets de rationnement pour les petites culottes, ça vous plaît toujours autant? Moi, je me souviens des examens sur le communisme…

— Les bouleaux russes… Les bouleaux, ça passe après…

— Le fils de ma sœur parle très bien anglais, il travaille dans l'informatique. Il a vécu un an en Amérique et puis il est rentré. Il dit qu'en ce moment, la vie est bien plus intéressante en Russie.

— Moi, je vais vous dire… Il y a déjà pas mal de gens qui vivent très bien là-bas aussi, ils ont du travail, une maison, une voiture, tout ce qu'il faut. Mais ils ont quand même peur, et ils ont envie de partir. On peut très bien leur confisquer leur affaire, les flanquer en prison sans raison, les passer à tabac

dans une entrée d'immeuble... Personne ne respecte la loi, là-bas, que ce soit en haut ou en bas de l'échelle...
— La Russie avec Abramovitch et Deripaska... Avec Loujkov[1]... Vous croyez que c'est la Russie? Le navire est en train de couler...
— Les gars, faut vivre à Goa, et se faire du fric en Russie!

Je sors sur le balcon, où plusieurs personnes sont en train de fumer en poursuivant la même conversation : ceux qui partent en ce moment, ce sont les petits malins ou les imbéciles? Lorsque j'ai entendu quelqu'un, à l'intérieur, entonner notre chanson soviétique préférée Les Soirs de Moscou[2], *je n'en ai pas cru mes oreilles. En retournant dans le salon, je les ai tous trouvés en train de chanter... Et j'ai chanté avec eux.*

> *Pas un bruit dans le jardin,*
> *Tout va dormir jusqu'au matin,*
> *Ah, si vous saviez combien me sont chers,*
> *Les soirs de Moscou...*

---

1. Oleg Deripaska (né en 1968), entrepreneur surnommé "le roi de l'aluminium". Iouri Loujkov (né en 1936), maire de Moscou de 1992 à 2010, coprésident du parti Russie unie.
2. Cette célèbre chanson, composée en 1955 par Vassili Soloviov et Mikhaïl Matoussovski et adaptée en français sous le titre *Le Temps du muguet*, a servi pendant des années de générique à Radio-Moscou.

OÙ IL EST QUESTION D'UN MALHEUR ÉTRANGER QUE DIEU A DÉPOSÉ SUR LE PAS DE NOTRE PORTE

Ravchan, travailleur immigré, 27 ans
Gafkhar Djouraïeva, présidente de la fondation Tadjikistan à Moscou

"Un homme sans patrie est un rossignol sans son jardin"
J'en sais beaucoup sur la mort. Un jour, tout ce que je sais va finir par me rendre folle...
  Le corps, c'est un vase pour l'esprit. C'est sa maison. D'après la coutume musulmane, il faut enterrer le corps le plus vite possible, de préférence le jour même, dès qu'Allah a rappelé son âme à Lui. Dans la maison d'un défunt, on accroche un bout de tissu blanc à un clou et il reste là pendant quarante jours. La nuit, l'âme revient et se pose sur ce bout de tissu. Elle écoute les voix de ses proches. Elle se réjouit. Et elle repart.
  Ravchan... Je me souviens bien de lui... L'histoire habituelle... On ne lui avait pas versé son salaire pendant six mois. Il avait quatre enfants qui étaient restés dans le Pamir, et un père gravement malade. Il est allé dans les bureaux du chantier pour demander un acompte, et on le lui a refusé. Cela a été la dernière goutte. Il est sorti sur le perron et il s'est tranché la gorge. On m'a téléphoné. Je suis arrivée à la morgue... Ce visage d'une beauté bouleversante... Je n'arrive pas à l'oublier. Son visage... On a rassemblé de l'argent. Aujourd'hui encore, pour moi, c'est un mystère, la façon dont ce mécanisme fonctionne : personne n'a un kopeck, mais si quelqu'un meurt, on rassemble immédiatement la somme voulue, on donne tout ce qu'on a pour qu'il soit enterré chez lui, qu'il repose dans sa terre natale. Qu'il ne reste pas en terre étrangère. Les gens donnent leur dernier billet de cent roubles. Si on dit qu'on a besoin de rentrer chez soi ou qu'on a un enfant malade, personne ne vous donne rien, mais dès qu'il s'agit de la mort – tenez, prenez ! On m'a apporté un

sac en plastique bourré de ces billets de cent roubles tout froissés, et on l'a posé sur mon bureau. Je suis allée aux caisses d'Aeroflot avec ça. Je me suis adressée au directeur. L'âme, elle s'envole toute seule pour rentrer chez elle, mais expédier un cercueil par avion, ça coûte très cher.

(Elle prend des papiers sur la table et lit.)

… Des policiers sont entrés dans un appartement où vivaient des travailleurs immigrés, une femme enceinte avec son mari, et ils se sont mis à le tabasser sous les yeux de sa femme parce qu'ils n'avaient pas de permis de séjour. Elle a fait une hémorragie… Elle en est morte, et son enfant à naître aussi.

… Trois personnes avaient disparu dans les environs de Moscou, deux frères et une sœur… Leur famille venue du Tadjikistan s'est adressée à nous pour qu'on les aide. Nous avons téléphoné à la fabrique de pain dans laquelle ils travaillaient. La première fois, on nous a répondu : "On ne connaît pas ces gens." La seconde fois, c'est le patron lui-même qui a décroché : "Oui, il y avait bien des Tadjiks qui travaillaient pour moi. Je leur ai réglé trois mois de salaire et ils sont partis le jour même. Je ne peux pas savoir où." Alors nous nous sommes adressés à la police. On les a retrouvés tous les trois, ils avaient été tués à coups de pelle et enterrés dans les bois. Le patron de la fabrique s'est mis à nous téléphoner en nous menaçant : "J'ai des amis partout. Je vous ferai la peau, à vous aussi."

… Deux jeunes Tadjiks, sur un chantier, ont été emmenés en urgence à l'hôpital. Ils ont passé toute la nuit dans une salle d'attente glacée, personne ne s'est occupé d'eux. Les médecins ne cachaient pas leurs sentiments : "Qu'est-ce que vous êtes venus foutre chez nous, espèces de culs-noirs ?"

… En pleine nuit, des gars des forces spéciales ont fait sortir d'un sous-sol quinze balayeurs tadjiks, ils les ont flanqués par terre, sur la neige, et ils les ont roués de coups. Ils leur marchaient dessus avec leurs bottes cloutées. Un garçon de quinze ans en est mort…

… Une mère a reçu le corps de son fils expédié de Russie. Sans ses organes internes… À Moscou, sur le marché noir, on peut acheter tout ce qu'un homme possède : ses reins, ses poumons, son foie, ses yeux, ses valves cardiaques, sa peau…

Ce sont mes frères et mes sœurs... Moi aussi, je suis née dans le Pamir. Je suis une montagnarde. Chez nous, la terre vaut son poids d'or, le blé ne se mesure pas dans des sacs, mais dans des calottes. Il y a partout des montagnes gigantesques auprès desquelles n'importe quelle merveille créée par l'homme ressemble à un jouet d'enfant. Là-bas, on vit les pieds sur la terre et la tête dans les nuages. On est tellement haut que c'est comme si on n'était plus dans ce monde. La mer, c'est autre chose, la mer attire, tandis que les montagnes, elles, donnent l'impression d'un rempart, elles protègent. Ce sont les deuxièmes murs de la maison. Les Tadjiks ne sont pas des guerriers, quand des ennemis débarquaient sur leur terre, ils partaient dans les montagnes... *(Elle se tait.)* Ma chanson tadjike préférée, c'est une lamentation sur la terre natale qu'on a quittée. Cela me fait toujours pleurer quand je l'entends... Pour un Tadjik, ce qu'il y a de plus terrible, c'est de quitter sa patrie. De vivre loin d'elle. Un homme sans patrie, c'est un rossignol sans son jardin. Cela fait des années que je vis à Moscou, mais je m'entoure toujours de ce que j'avais chez moi : si je vois une photo de montagnes dans un journal, je la découpe obligatoirement et je l'accroche au mur, et aussi celles avec des abricotiers en fleur et du coton blanc. Je rêve souvent que je récolte du coton... J'ouvre une capsule, une capsule aux bords très coupants, et à l'intérieur, il y a une boule de coton blanche qui ne pèse presque rien, il faut la sortir sans s'égratigner les mains. Le matin, je me réveille épuisée... Sur les marchés de Moscou, je cherche des pommes tadjikes, ce sont les plus sucrées, et du raisin tadjik, il est plus sucré que du sucre raffiné. Quand j'étais petite, je rêvais de voir des forêts russes, des champignons... De voyager et de voir ces gens... La deuxième moitié de mon âme, c'est une isba, un poêle russe, des pirojkis. *(Elle se tait.)* C'est de notre vie que je vous parle... Et de mes frères. Pour vous, ils se ressemblent tous : bruns, crasseux, hostiles. Ils viennent d'un monde incompréhensible. C'est un malheur étranger que Dieu a déposé sur le pas de votre porte. Mais eux, ils n'ont pas l'impression d'être venus chez des étrangers, parce que leurs parents sont nés en URSS et que Moscou était la capitale de tout le monde. Maintenant, ici, on leur donne du travail et un toit. En Orient, on dit qu'il ne faut pas cracher dans le puits dont on tire

son eau. À l'école, tous les petits garçons rêvent d'aller travailler en Russie… Ils empruntent à tout le village pour payer le billet. Quand les douaniers russes, à la frontière, leur demandent chez qui ils vont, ils répondent "Chez Nina"… Pour eux, toutes les femmes russes s'appellent Nina… À présent, on n'enseigne plus le russe à l'école. Ils emportent tous un tapis de prière avec eux…
(Nous bavardons dans les bureaux de la fondation. Ils consistent en quelques petites pièces. Les téléphones n'arrêtent pas de sonner.)
Vous savez, hier, j'ai sauvé une jeune fille… Elle s'est arrangée pour m'appeler d'une voiture alors que des policiers l'emmenaient dans la forêt, elle m'a chuchoté : "Ils m'ont attrapée dans la rue et ils sont en train de m'emmener en dehors de la ville. Ils sont tous complètement soûls…" Elle m'a donné le numéro de la voiture… Ils étaient tellement bourrés qu'ils avaient oublié de la fouiller et de lui prendre son téléphone. Elle venait d'arriver de Douchambé… Une jolie fille… Je suis une Orientale, quand j'étais encore toute petite, ma mère et ma grand-mère m'ont appris comment il fallait s'y prendre avec les hommes. "On n'éteint pas le feu avec du feu, uniquement avec de sages paroles", disait ma grand-mère. J'ai téléphoné au poste de police. "Écoutez, mon ami, il se passe quelque chose de bizarre : vos gars sont en train d'emmener une jeune fille dans un drôle d'endroit, et ils ont un peu trop bu. Vous pourriez les appeler pour éviter qu'ils ne fassent une bêtise? Je connais le numéro de leur voiture." J'ai entendu un chapelet de jurons à l'autre bout du fil : "Ces enfoirés de métèques! Ces espèces de singes noirs qui grimpaient encore dans les arbres il n'y a pas si longtemps! Pourquoi vous perdez votre temps avec eux? – Écoute, mon ami, moi aussi, je suis un singe noir… Je suis ta maman!" Silence. Ce sont des êtres humains, eux aussi… Je mets toujours mon espoir là-dedans… Petit à petit, nous avons commencé à discuter. Un quart d'heure plus tard, la voiture faisait demi-tour… Ils ont ramené la jeune fille… Ils auraient pu la violer, la tuer. Il m'est arrivé plus d'une fois de retrouver ces gamines en petits morceaux dans les bois… Vous savez ce que je suis? Je suis une alchimiste… Nous sommes une fondation à but social, nous n'avons pas d'argent et aucun pouvoir, tout ce que nous avons, ce sont des gens bien. Nos collaborateurs. Nous venons en aide aux personnes sans défense, nous

les sauvons. Nous arrivons au résultat souhaité à partir de rien – nos nerfs, notre intuition, l'art oriental de la flatterie, la pitié russe, des mots tout simples comme "mon cher ami", "Je savais que tu étais un homme digne de ce nom et que tu viendrais en aide à une femme". Je dis à tous ces sadiques galonnés : "Je vous fais confiance, les gars. Je sais que vous êtes des êtres humains." J'ai discuté longuement avec un commandant de la police. Ce n'était pas un imbécile ni un soudard, il avait l'air d'un homme cultivé. Je lui ai dit : "Vous savez, chez vous, vous avez un vrai type de la Gestapo. Un maître en torture, tout le monde a peur de lui. Les sans domicile fixe et les travailleurs immigrés qui lui tombent entre les mains en ressortent estropiés." Je pensais qu'il serait horrifié ou que cela lui ferait peur, qu'il allait défendre l'honneur de l'uniforme. Mais il m'a regardée en souriant : "Ah, bon ? Dites-moi son nom... Quel brave type ! On va lui donner de l'avancement et le décorer. Les fonctionnaires comme ça, il faut les soigner aux petits oignons ! Je vais lui accorder une prime." J'en suis restée muette. Et il a poursuivi : "Je vais être franc avec vous... Nous faisons exprès de créer des conditions épouvantables pour que vous partiez le plus vite possible. Il y a deux millions de travailleurs immigrés à Moscou, la ville ne peut pas absorber une telle quantité de gens qui lui tombent brusquement dessus. Vous êtes trop nombreux." *(Elle se tait.)*

Moscou est une belle ville... Nous nous sommes promenées dans Moscou, vous et moi, et vous n'avez pas arrêté de vous émerveiller : "Comme Moscou est devenue belle ! C'est une vraie capitale européenne, maintenant !" Moi, je ne la sens pas, cette beauté. Je regarde les immeubles neufs et je me dis : "Ici, deux Tadjiks sont morts en tombant d'un échafaudage... Et là, un autre a été enseveli dans du ciment..." Je pense aux sommes ridicules pour lesquelles ils se sont tués au travail ici. Tout le monde se fait de l'argent sur leur dos : les fonctionnaires, les policiers, les employés municipaux... Un balayeur tadjik signe un contrat d'après lequel il gagne trente mille roubles, mais en réalité, il en touche sept mille. Le reste, ce sont divers petits chefs qui le prennent au passage et se le partagent entre eux... Et les chefs de ces chefs... Les lois ne sont pas appliquées, à la place, tout est régi par le fric et la force brutale. Les petites gens, c'est ce qu'il y a de plus démuni, même un animal dans la forêt est mieux protégé qu'eux. Chez vous, un animal est protégé par la forêt, et chez nous par la montagne… *(Elle se tait.)* J'ai vécu la plus grande partie de ma vie sous le socialisme et maintenant, je me souviens à quel point nous idéalisions l'homme. En ce temps-là, j'avais une bonne opinion de l'être humain. À Douchambé, je travaillais à l'académie des sciences. J'étais spécialisée en histoire de l'art. Je pensais que les livres… que ce que les hommes ont écrit sur eux-mêmes, c'était vrai. Eh bien, non, ce n'est qu'une part infime de la vérité… Il y a longtemps que je ne suis plus une idéaliste, j'en sais beaucoup trop maintenant… Une jeune fille vient souvent me voir, elle est malade… Une violoniste célèbre chez nous. Pourquoi elle a perdu la raison ? Peut-être parce qu'on lui a dit : "À quoi ça vous sert de jouer du violon, de parler deux langues ? Votre boulot, c'est de faire des ménages et de balayer ! Ici, vous êtes des esclaves." Cette jeune fille ne joue plus de violon. Elle a tout oublié.

Je connais aussi un jeune homme… Des policiers l'ont attrapé quelque part dans les environs de Moscou, ils lui ont pris son argent, mais il n'en avait pas beaucoup. Ils sont devenus fous furieux. Ils l'ont emmené dans les bois et l'ont tabassé. C'était l'hiver, il faisait très froid. Ils l'ont obligé à se déshabiller, il est resté en slip… Ha, ha, ha ! Ils ont déchiré ses papiers. Il m'a raconté tout ça. Je lui ai demandé comment il avait fait pour s'en sortir. "J'ai cru que j'allais mourir, j'ai couru pieds nus dans la neige. Et tout à coup, comme dans les contes, j'ai vu une isba. J'ai frappé à la fenêtre et un vieux est sorti. Il m'a donné une peau de mouton pour me réchauffer, il m'a servi du thé avec de la confiture. Il m'a donné des vêtements. Le lendemain, il m'a emmené dans un village et a trouvé un camion qui m'a ramené à Moscou."

Ce vieux… Ça aussi, c'est la Russie…

On l'appelle de la pièce voisine : "Gafkhar Kandilovna, il y a quelqu'un pour vous !" J'attends qu'elle revienne. J'ai du temps devant moi, et je repense à des conversations entendues dans des appartements moscovites.

DANS DES APPARTEMENTS MOSCOVITES

— Ils nous envahissent… C'est ça, l'âme russe, on est trop bons…
— Le peuple russe n'est pas bon du tout ! C'est une profonde erreur. De la compassion et du sentimentalisme, oui, mais aucune bonté. Quand on a égorgé un chien errant et qu'on a montré ça sur une vidéo, tout internet s'est soulevé. Les gens étaient prêts à organiser un lynchage. Mais quand dix-sept travailleurs immigrés ont brûlé vifs sur un marché parce que leur patron les avait enfermés pour la nuit dans un wagon métallique avec les marchandises, les défenseurs des droits de l'homme ont été les seuls à réagir. Ceux qui, par la nature même de leur activité, sont là pour défendre tout le monde. Le sentiment général, c'était plutôt : ils sont morts, bon, et alors ? Il y en a d'autres qui vont arriver… Ils n'ont pas de visage, pas de langue… Ce sont des étrangers…
— Ce sont des esclaves ! Les esclaves modernes. Tout ce qu'ils possèdent, c'est leur b… et leurs baskets. Chez eux, dans leur pays, la vie est encore pire que dans les sous-sols les plus pourris de Moscou.
— Il paraît qu'un ours est entré dans Moscou et qu'il a passé l'hiver là. Il se nourrissait de travailleurs immigrés. Ceux-là, personne ne les compte… Ha, ha, ha !
— Jusqu'à la chute de l'URSS, nous formions une seule famille… C'est ce qu'on nous avait appris aux cours d'instruction politique… À l'époque, ils étaient "des hôtes de la capitale". Maintenant, ce sont des métèques et des culs-noirs. Mon grand-père m'a raconté qu'il s'était battu avec des Ouzbeks à la bataille de Stalingrad. Ils croyaient qu'ils étaient frères pour l'éternité !
— Là, vous m'étonnez… Ce sont eux qui se sont séparés de nous ! Ils ont voulu prendre leur liberté. Vous avez oublié ? Vous vous souvenez comment ils égorgeaient les Russes dans les années 1990 ? Ils pillaient, ils violaient. Ils nous chassaient de partout. Ils frappaient à la porte au beau milieu de la nuit… Ils faisaient irruption avec un couteau ou un pistolet-mitrailleur… "Foutez le camp de chez nous, sales Russes !" On avait cinq minutes pour faire ses bagages… Et on vous emmenait gratis jusqu'à la gare la plus proche. Les gens quittaient leur appartement en pantoufles… Ça s'est quand même passé comme ça…

— On n'a pas oublié les humiliations subies par nos frères et nos sœurs! Mort aux métèques! L'ours russe est difficile à réveiller, mais quand il bougera, je peux vous dire que ça va saigner!

— Les Russes ont tapé sur la gueule du Caucase à coups de crosse. À qui le tour, maintenant?

— Je déteste les crânes rasés! Tout ce qu'ils savent faire, c'est tabasser à mort à coups de batte de base-ball ou de marteau un balayeur tadjik qui ne leur a rien fait. Ils gueulent dans les manifs: "La Russie aux Russes! Moscou aux Moscovites!" Ma mère est ukrainienne, mon père est moldave, et ma grand-mère maternelle est russe. Alors je suis quoi, moi? Selon quel principe on va "nettoyer" la Russie de ceux qui ne sont pas russes?

— Trois Tadjiks, ça remplace un excavateur. Ha, ha, ha…!

— Moi, Douchambé me manque. J'ai grandi là-bas. J'ai appris le farsi. La langue des poètes.

— Si je me baladais dans la ville avec une pancarte: "J'aime les Tadjiks", je me ferais casser la gueule immédiatement!

— Il y a un chantier à côté de chez nous, c'est plein de culs-noirs qui creusent comme des rats. Du coup, on a peur d'aller faire des courses le soir. Ils sont capables de vous tuer pour un téléphone mobile de rien du tout…

— Tu parles! Moi, je me suis fait dévaliser deux fois, et c'étaient des Russes! Ce sont des Russes qui ont failli me tuer dans l'entrée de mon immeuble. Ce que je peux en avoir ras le bol, de ce peuple "porteur de Dieu"!

— Ça vous plairait, vous, que votre fille épouse un travailleur immigré?

— C'est ma ville natale. Ma capitale. Et ils ont débarqué ici avec leur charia. Pour leur *Aïd el-Kébir*, ils égorgent des moutons sous mes fenêtres. Non, mais pourquoi pas sur la place Rouge? Ces pauvres bêtes hurlent, le sang gicle… Quand on se balade dans les rues, il y a des flaques de sang partout sur l'asphalte… Je me promène avec mon enfant et il me demande: "Qu'est-ce que c'est, maman?" Ce jour-là, toute la ville devient basanée. Ce n'est plus notre ville. Il y en a des centaines de milliers qui sortent des caves… Les policiers rasent les murs tellement ils ont peur…

— Je connais un Tadjik. Il s'appelle Saïd. Il est beau comme un dieu! Chez lui, il était médecin et, ici, il travaille sur un chantier.

Je suis folle amoureuse de lui. Que faire? Quand on se voit, on se promène dans des jardins publics, ou bien on va à la campagne, pour ne pas croiser des gens que je connais. J'ai peur de mes parents. Mon père m'a prévenue : "Si je te vois avec un bougnoule, je vous tue tous les deux." Ce que fait mon père? Il est musicien... Il a terminé le Conservatoire...

— Si un "bronzé" sort avec une de nos filles... de nos filles à nous... Les gens comme ça, faut les castrer!

— Pourquoi on les déteste? À cause de leurs yeux foncés, de la forme de leur nez... On les déteste juste comme ça. Chez nous, tout le monde déteste obligatoirement quelqu'un : ses voisins, les flics, les oligarques, ces connards d'Amerloques... N'importe qui! Il y a beaucoup de haine dans l'air. On n'a pas intérêt à effleurer quelqu'un...

"... la révolte populaire à laquelle j'ai assisté m'a terrorisée pour toute ma vie!"
(C'est l'heure du déjeuner. Gafkhar et moi nous buvons du thé dans des bols tadjiks et nous continuons à parler.)

Un jour, les souvenirs finiront par me rendre folle...

1992... Au lieu de la liberté que nous attendions tous, c'est la guerre civile qui a commencé. Les habitants de Kouliab tuaient ceux du Pamir, ceux du Pamir tuaient ceux de Kouliab... Ceux de Karategin, de Hissar, de Garn... Ils prenaient tous leur indépendance... Il y avait des pancartes sur les maisons : "Les Russes, foutez le camp du Tadjikistan!", "Rentrez chez vous à Moscou, les communistes!" Ce n'était plus le Douchambé que j'aimais tant... Des foules d'hommes armés de barres de fer et de pierres se promenaient dans les rues de la ville... Des gens tout à fait calmes et paisibles s'étaient transformés en assassins. La veille encore, ils n'étaient pas comme ça, ils prenaient tranquillement le thé dans des salons de thé et maintenant, ils éventraient des femmes avec des barres de fer... Ils pillaient les magasins, les kiosques. Je suis allée au marché... Il y avait des chapeaux et des robes accrochés aux acacias, des cadavres qui gisaient par terre pêle-mêle – des gens, des animaux... *(Elle se tait.)* Je me souviens, c'était une belle matinée. Pendant un instant, j'avais oublié la guerre. On avait l'impression que tout allait redevenir comme avant. Les pommiers étaient en fleur, les abricotiers... Plus de guerre. J'ai ouvert la fenêtre en grand, et j'ai vu une foule noire. Ils marchaient en silence. Tout à coup, un homme s'est retourné, et nos regards se sont croisés... On voyait que c'était un pauvre, et le regard de ce garçon disait : "Maintenant, je peux entrer dans ta belle maison à l'instant même, et faire tout ce que je veux. Mon heure a sonné..." Voilà ce que me disaient ses yeux... J'ai été terrorisée... J'ai fait un bond en arrière, j'ai tiré les rideaux, tous les rideaux, j'ai couru fermer la porte à double tour, et je me suis cachée dans la pièce la plus reculée. Il y avait de la folie furieuse dans ses yeux... Une foule, ça a quelque chose de démoniaque. Cela me fait peur quand j'y pense... *(Elle pleure.)*

J'ai vu un petit garçon russe se faire tuer dans la cour. Personne n'est sorti, tout le monde avait fermé ses fenêtres. Je me suis précipitée dehors en robe de chambre : "Mais laissez-le ! Vous l'avez déjà tué !" Il était allongé, il ne bougeait plus... Ils sont partis. Mais ils sont revenus tout de suite et ils ont continué à lui taper dessus. Des garçons tout jeunes, comme lui... Des gamins. C'étaient des gamins... J'ai appelé la police, mais quand ils ont vu sur qui on tapait, ils sont partis. *(Elle se tait.)* Il n'y a pas longtemps, à Moscou, j'ai entendu quelqu'un dire dans une soirée : "J'aime Douchambé. Quelle ville intéressante c'était ! J'en ai la nostalgie..." Si vous saviez comme je lui ai été reconnaissante, à ce Russe ! Il n'y a que l'amour qui peut nous sauver. Allah n'entend pas ceux qui prient pour le mal. Allah nous dit : il ne faut pas ouvrir une porte qu'on ne peut pas refermer ensuite... *(Pause.)* On a tué un de nos amis... C'était un poète. Les Tadjiks aiment la poésie, dans chaque maison, il y a des recueils de poèmes, ne serait-ce qu'un ou deux. Chez nous, un poète, c'est sacré. On n'a pas le droit d'y toucher. Et ils l'ont tué ! Avant de le tuer, ils lui ont brisé les mains. Parce qu'il écrivait... Quelque temps après, ils ont tué un autre ami... Il n'avait pas un seul bleu sur le corps, ils l'avaient frappé à la bouche... Parce qu'il parlait... C'était le printemps, il y avait du soleil, il faisait si doux, et les gens s'entretuaient... On avait envie de se réfugier dans les montagnes.

Tout le monde est parti. Pour sauver sa peau. Nous avions des amis qui vivaient en Amérique, à San Francisco. Ils nous ont proposé de venir. Ils louaient un petit appartement là-bas. C'était si beau ! Le Pacifique… Où qu'on aille, l'océan est partout. Je passais des journées entières au bord de la mer à pleurer, c'était plus fort que moi. J'arrivais de la guerre, d'un endroit où quelqu'un peut se faire tuer pour une bouteille de lait… Un vieux monsieur marchait sur le rivage, il avait un pantalon roulé et un tee-shirt de couleur. Il s'est arrêté devant moi. "Qu'est-ce qui t'arrive ? – Dans mon pays, c'est la guerre. Les frères s'entretuent. – T'as qu'à rester ici." Il disait que la beauté et l'océan, cela guérit… Il m'a consolée longtemps. Mais je pleurais. Quand on me disait des choses gentilles, j'avais une seule réaction : les larmes coulaient encore plus fort. Les mots gentils me faisaient pleurer encore plus que les coups de feu à la maison. Plus que le sang.

Mais je n'ai pas pu vivre en Amérique. Je voulais retourner à Douchambé, et si c'était dangereux de rentrer, alors je voulais être le plus près possible de chez moi. Nous avons déménagé à Moscou… Je me suis retrouvée à une soirée chez une poétesse. Les gens n'arrêtaient pas de râler… Gorbatchev parle pour ne rien dire, Eltsine est un ivrogne… Les Russes sont tous des veaux… Combien de fois j'ai entendu ça ! Des milliers de fois ! La maîtresse de maison a voulu prendre mon assiette pour la laver, mais je ne l'ai pas laissée faire, je peux tout manger dans la même assiette, le poisson, le dessert… Je viens de la guerre… Chez un autre écrivain, il y avait un frigidaire rempli de fromages et de saucissons. Les Tadjiks, eux, ils ont déjà oublié ce que c'est… Et de nouveau, toute la soirée, j'ai entendu les gens rouspéter : on est mal gouvernés… Les démocrates, c'est la même chose que les communistes… Le capitalisme russe, c'est du cannibalisme… Et personne ne fait rien. Tout le monde attend une révolution. Je n'aime pas ces désenchantés qui râlent dans leurs cuisines. Je ne fais pas partie de ces gens-là. La révolte populaire à laquelle j'ai assisté m'a terrorisée pour le restant de ma vie. La liberté, je sais ce que cela donne entre des mains inexpérimentées. Les bavardages se terminent toujours dans le sang. La guerre, c'est un loup qui peut très bien aussi entrer chez vous… *(Elle se tait.)*

Vous avez vu ces images sur internet ? Moi, elles m'ont complètement fichue par terre. J'ai passé une semaine au lit… Ces images… Ils tuaient, et ils filmaient ça. Ils avaient un scénario et ils avaient distribué les rôles… Comme dans un vrai film.

Maintenant, ils ont besoin d'un public. Et nous, on regarde ça... Ils nous y obligent... Un garçon qui marche dans la rue, un garçon à nous, un Tadjik... Ils l'appellent, il s'approche, et ils le flanquent par terre. Ils le tabassent à coups de batte de baseball, au début, il gigote et ensuite, il arrête de bouger. Ils le ligotent et le chargent dans le coffre d'une voiture. Ils l'attachent à un arbre dans les bois. On voit que celui qui filme cherche le bon angle. Et on lui coupe la tête. D'où ça vient, les têtes coupées? C'est un rituel oriental, ça... Pas russe. Ce devait être un Tchétchène. Je me souviens qu'une année, ils tuaient avec des tournevis, tout simplement, ensuite on a vu apparaître des fourches, et puis des tuyaux, des marteaux... À ce moment-là, la mort était toujours causée par un instrument contondant. Maintenant, il y a une nouvelle mode... *(Elle se tait.)* Cette fois-là, on a retrouvé les assassins. Ils vont être jugés. Ce sont tous des garçons de bonne famille. Aujourd'hui, on égorge les Tadjiks, demain ce sera les riches, ou ceux qui prient un autre dieu. La guerre, c'est un loup. Et il est déjà là...

DANS LES SOUS-SOLS DE MOSCOU

Nous avons choisi une maison, un immeuble stalinien en plein centre de Moscou. Ces immeubles ont été construits sous Staline pour l'élite des bolcheviks, c'est pour cette raison qu'on les qualifie de "staliniens". Aujourd'hui encore, ils sont très cotés. Le style Empire stalinien : des moulures sur les façades, des bas-reliefs, des colonnes, des appartements avec une hauteur de plafond de trois ou quatre mètres. Les descendants de nos anciens leaders sont devenus pauvres, et ce sont des "nouveaux Russes" qui emménagent ici. Dans la cour, on voit des Bentley et des Ferrari. Au rez-de-chaussée, des vitrines de boutiques de luxe brillent de tous leurs feux.

Il y a une vie en haut, et une autre sous terre. Je descends dans les sous-sols avec un ami journaliste. Nous zigzaguons longtemps parmi des canalisations rouillées et des murs couverts de moisissures. De temps en temps, nous sommes arrêtés par des portes en fer peintes, avec des cadenas et des scellés, mais c'est pour la forme. Quelques coups frappés selon un code, et on passe. Le sous-sol grouille de vie.

Un long couloir éclairé avec des chambres des deux côtés, des cloisons en contreplaqué et, à la place des portes, des rideaux de toutes les couleurs. Les sous-sols de Moscou sont répartis entre les Tadjiks et les Ouzbeks. Ici, nous sommes chez des Tadjiks. Dix-sept à vingt personnes par pièce. Une vraie commune. Quelqu'un a reconnu mon "guide" (ce n'est pas la première fois qu'il vient ici) et nous invite chez lui. Nous entrons dans la pièce. Près de la porte, une montagne de chaussures, des poussettes d'enfants. Dans un coin, une plaque de cuisson et un ballon de gaz, et à côté, des tables et des chaises qui proviennent des décharges à ordures du voisinage. Ce qui reste d'espace est occupé par des lits à étages bricolés.

C'est l'heure du dîner. Il y a déjà une dizaine de personnes à table. Tout le monde se présente : Amir, Khourchid, Ali… Les plus âgés ont fait leurs études dans des écoles soviétiques, ils parlent russe sans accent. Les jeunes ne le parlent pas. Ils se contentent de sourire.

Ils sont contents d'avoir des invités.

— On ne va pas tarder à manger un morceau. *(Amir, qui était instituteur autrefois, nous invite à nous asseoir, c'est lui qui remplit ici le rôle de doyen.)* Vous allez goûter notre *plov* tadjik. Ah, bonne mère! Il est succulent! C'est comme ça chez les Tadjiks : si on rencontre quelqu'un à côté de chez soi, on doit l'inviter et lui proposer un bol de thé.

Je ne peux pas allumer mon magnétophone, ils ont peur. Je sors mon stylo. Là, je suis aidée par le respect des paysans envers les gens qui écrivent. Les uns sont venus de leur village, les autres sont descendus des montagnes. Pour tomber directement dans une métropole géante.

— C'est bien, Moscou, il y a beaucoup de travail ici. Mais on a tout le temps peur. Quand je marche dans la rue tout seul, même pendant la journée, je ne regarde jamais les jeunes dans les yeux, ils seraient capables de me tuer. Il faut prier tous les jours…
— Dans un train de banlieue, trois types se sont approchés de moi… Je revenais du travail. "Qu'est-ce que tu fous ici? – Je rentre chez moi. – C'est où, chez toi? Qui t'a demandé de venir ici?" Ils ont commencé à me taper dessus. Ils criaient : "La Russie

aux Russes! Vive la Russie!", "Pourquoi vous me frappez, les gars? Allah voit tout! – Ton Allah, il ne te voit pas ici. Chez nous, on a notre Dieu à nous!" Ils m'ont fait sauter des dents… Et cassé une côte… Le wagon était rempli de monde, il n'y a eu qu'une jeune fille pour prendre ma défense : "Mais laissez-le! Il ne vous a rien fait… – Qu'est-ce qui te prend? C'est un cul-noir!"

— Rachid, lui, il s'est fait tuer… Il a reçu trente coups de couteau. Tu peux me dire pourquoi trente?

— C'est la volonté d'Allah… Un pauvre se fait toujours mordre par un chien, même sur un chameau.

— Mon père a fait ses études à Moscou. Maintenant, il regrette l'URSS, il pleure jour et nuit. Son rêve, c'était que je fasse mes études à Moscou, moi aussi. Mais ici, tout le monde me tape dessus, les policiers, les patrons… Je vis dans une cave, comme un chat.

— Moi, je ne regrette pas l'URSS… On avait un voisin, Kolia, il était russe… Quand ma mère lui répondait en tadjik, il criait : "Mais parle normalement! C'est votre terre, mais c'est nous qui commandons!" Maman pleurait.

— J'ai fait un rêve aujourd'hui. Je marchais dans notre rue et les voisins me saluaient : *"Salam aleikoum! – Salam aleikoum!"* Dans nos villages, il ne reste plus que des femmes, des vieillards et des enfants.

— Au pays, mon salaire était de cinq dollars par mois. Et j'ai une femme et trois enfants… Dans nos villages, les gens n'ont pas vu de sucre depuis des années…

— Je ne suis pas allé sur la place Rouge. Je n'ai pas vu Lénine. Je bosse, je bosse, j'arrête pas de bosser. Une pelle, une pioche, une brouette. Toute la journée, je dégouline comme une pastèque.

— J'avais donné de l'argent à un commandant pour avoir des papiers. "Qu'Allah te donne la santé! Tu es un homme généreux!" En fait, ces papiers étaient faux. On m'a enfermé dans une cellule, une "cage à singes". On me tapait dessus à coups de pied, à coups de bâton.

— Sans papiers, on n'existe pas…

— Un homme sans patrie, c'est un chien errant… N'importe qui peut s'en prendre à lui. Les policiers nous arrêtent dix fois par jour pour voir nos papiers. Certains, on les a, d'autres pas. Si on ne leur donne pas d'argent, on se fait tabasser.

— Ce qu'on fait ? On est ouvriers dans le bâtiment, débardeurs, balayeurs, laveurs de vaisselle... Oh, on ne travaille pas comme managers, ici !

— Maman est contente, je lui envoie de l'argent. Elle m'a trouvé une jolie fille, je ne l'ai pas encore vue. C'est maman qui l'a choisie. Dès que je serai rentré au pays, je me marierai.

— J'ai travaillé tout l'été chez un type très riche, dans les environs de Moscou, et à la fin, je n'ai pas été payé. "Fous le camp ! Je t'ai nourri !"

— Celui qui possède cent moutons a tous les droits. Il a toujours raison.

— Moi aussi, j'ai un ami qui avait demandé à être payé pour son travail. Après ça, la police l'a cherché pendant longtemps. On l'a déterré au fond des bois... Son cercueil a été envoyé à sa mère.

— Si on nous chasse, qui va construire Moscou ? Balayer les rues ? Jamais les Russes ne bosseront pour ce qu'on nous paie !

— Quand je ferme les yeux, je vois l'*aryk* qui coule, le coton qui fleurit, des fleurs rose tendre, c'est comme un jardin.

— Tu sais que chez nous, il y a eu une grande guerre ? Après la chute de l'URSS, les gens ont aussitôt commencé à se tirer dessus... Les seuls qui vivaient bien, c'était ceux qui avaient une mitraillette. Tous les jours, quand j'allais à l'école, je voyais deux ou trois cadavres. Maman n'a plus voulu que j'y aille. Je restais à la maison et je lisais Omar Khayam. Tout le monde le lit, chez nous. Tu le connais ? Si tu le connais, alors tu es ma sœur !

— On tuait les infidèles...

— Allah décidera Lui-même qui est fidèle et qui est infidèle. C'est Lui qui jugera.

— Moi, j'étais petit... Je ne tirais sur personne. Maman racontait qu'avant la guerre, c'était comme ça : dans les mariages, on parlait tadjik, ouzbek et russe. Ceux qui voulaient prier priaient, et ceux qui ne voulaient pas ne priaient pas. Dis-moi, ma sœur, comment ça se fait que les gens aient appris aussi vite à s'entretuer ? Ils avaient tous lu Omar Khayam à l'école. Et Pouchkine.

— Le peuple, c'est une caravane de dromadaires qu'on fait avancer à coups de trique.

— Je suis en train d'apprendre le russe. Écoutez : "Une jolie fille, du pain, de l'argent, un mauvais patron..."

— Cela fait cinq ans que je suis à Moscou, et personne ne m'a jamais dit bonjour. Les Russes ont besoin des "basanés" pour se sentir blancs, pour avoir quelqu'un à regarder de haut.

— Toute nuit a son matin, et toute peine a sa fin.

— Nos filles à nous ont plus d'éclat. Ce n'est pas pour rien qu'on les compare à des grenades.

— Tout est la volonté d'Allah…

Nous sortons du sous-sol. À présent, je regarde Moscou avec d'autres yeux. Sa beauté me paraît froide et angoissante. Moscou, Moscou, cela t'est bien égal, qu'on t'aime ou pas, non?

OÙ IL EST QUESTION DE CETTE GARCE DE VIE...
ET DE CENT GRAMMES DE POUSSIÈRE
DANS UNE URNE BLANCHE

Tamara Soukhoveï, serveuse, 29 ans

La vie, c'est une belle garce, voilà ce que je peux te dire... Elle vous fait pas de cadeaux. J'ai jamais rien vu de bien ni de beau dans la vie. Je m'en souviens pas... On pourrait me tuer que je trouverais rien. Je me suis empoisonnée, je me suis pendue. J'ai fait trois tentatives de suicide... Maintenant, je viens de m'ouvrir les veines. *(Elle montre son poignet bandé.)* Ici, à cet endroit... On m'a sauvée, et j'ai dormi pendant une semaine. Je fais que ça, dormir. C'est mon organisme qui est comme ça... Une psychiatre est passée me voir, elle m'a dit la même chose que toi maintenant : "Vas-y, parle, parle..." Qu'est-ce que vous voulez que je vous raconte ? La mort me fait pas peur. T'es venue pour rien. T'aurais pas dû.

(Elle se tourne vers le mur et se tait. Je fais mine de m'en aller, mais elle me retient.)

Bon, d'accord, écoute... Tout ça, c'est vrai...
J'étais encore petite... Un jour, en rentrant de l'école, je me suis couchée, et le lendemain matin, impossible de me lever. On m'a emmenée chez un médecin, il a rien trouvé. Bon, alors on a cherché une guérisseuse... On nous a donné une adresse. La guérisseuse a étalé ses cartes et elle a dit à ma mère : "En rentrant chez vous, ouvrez l'oreiller de votre fille. Vous y trouverez un morceau de cravate et des os de poulet. Accrochez la cravate à une croix sur la route, et donnez les os à un chien noir. Votre fille se lèvera et marchera. On lui a jeté un sort." J'ai jamais rien vu de bien ni de beau dans la vie... Le coup des veines, c'est de la foutaise, j'en avais juste marre de me battre... Quand j'étais petite, la seule chose qu'il y avait dans le frigo, c'était de la vodka. Chez nous,

à la campagne, les gens commencent à picoler à douze ans. La bonne vodka, ça coûte cher, alors ils boivent du tord-boyaux, de l'eau de Cologne, du liquide pour laver les vitres, de l'acétone. Ils fabriquent de l'alcool avec du cirage, avec de la colle. Les jeunes en meurent, bien sûr, ils s'empoisonnent avec ça. Je me souviens, on avait un voisin, quand il était bourré, il tirait à la chevrotine sur les pommiers. Il menaçait tout le monde avec son fusil… Et mon grand-père, lui, il a bu jusqu'à la fin. À soixante-dix ans, il pouvait s'enfiler deux bouteilles de vodka en une soirée. Et il s'en vantait. Il était revenu de la guerre couvert de médailles. Un héros! Pendant longtemps, il s'est pavané avec son manteau militaire, il buvait, il faisait la bringue. C'était grand-mère qui travaillait. Lui, il était un héros… Il la tabassait à tour de bras, je me traînais à genoux devant lui en le suppliant de pas la toucher. Il nous courait après avec une hache… On allait dormir chez des voisins, ou dans la grange. Il avait tué le chien à coups de hache. Après lui, je me suis mise à détester tous les hommes. Je voulais vivre toute seule.

Quand je suis arrivée à la ville, j'avais peur de tout, des voitures, des gens… Mais tout le monde allait à la ville, alors j'y suis allée. Ma sœur aînée vivait là-bas, c'est elle qui m'a fait venir. "Tu vas suivre une formation, tu seras serveuse. Tu es jolie, Tomka. Tu te trouveras un mari militaire. Un aviateur." Un aviateur… Tu parles! Mon premier mari était petit et il boitait. Mes copines avaient essayé de me dissuader. "Pourquoi tu prends un type comme ça? Avec tous les beaux gars qui te courent après!" Mais moi, j'ai toujours aimé les films sur la guerre, où les femmes attendent que leur mari revienne du front, dans n'importe quel état – sans jambes, sans bras, mais vivant. Grand-mère racontait que dans notre village, il y en avait un qui avait perdu ses deux jambes, eh bien, sa femme le portait dans ses bras. Il buvait, il faisait les quatre cents coups. Quand il traînait dans le caniveau, elle le ramassait, elle le lavait dans une bassine, et elle le couchait dans un lit tout propre. Je pensais que c'était ça, l'amour. Je ne comprends pas ce que c'est, l'amour… J'ai eu pitié de lui, je l'ai dorloté… On a eu trois enfants ensemble, et puis il s'est mis à boire, il me menaçait avec un couteau. Il me laissait pas dormir dans le lit, je couchais par terre… J'avais un réflexe, comme le chien de Pavlov : s'il était à la maison, je m'en allais avec les enfants. Quand je repense à tout ça, ça me fait pleurer... Ou alors, j'ai envie de tout envoyer au diable ! Je n'ai jamais rien vu de beau dans la vie, seulement au cinéma. À la télévision. Je veux dire... Juste rester assis avec quelqu'un, à rêver... à se réjouir de la vie.

J'étais déjà enceinte de mon deuxième quand j'ai reçu un télégramme de mon village : "Viens à l'enterrement. Ta mère." Avant ça, dans une gare, une Tsigane m'avait prédit : "Tu vas faire un grand voyage. Tu vas enterrer ton père et tu vas pleurer longtemps." Je l'avais pas crue. Mon père était en bonne santé, c'était un homme tranquille. Ma mère était une ivrogne, elle picolait dès le matin, et c'était lui qui trayait la vache, qui faisait cuire les pommes de terre. Il faisait tout lui-même. Il l'aimait énormément, elle l'avait ensorcelé, elle connaissait des trucs, des philtres. Je suis arrivée à la maison... J'étais devant le cercueil à pleurer, et la fille de la voisine m'a chuchoté à l'oreille : "C'est elle qui l'a tué avec une barre de fonte, et elle m'a dit de me taire. Elle m'a promis de m'acheter des chocolats..." Je me suis sentie mal, j'en avais des nausées, des nausées de peur... d'horreur. Une fois que tout le monde est parti et que j'ai été seule dans la maison, j'ai déshabillé mon père pour voir s'il avait des bleus. Il en avait pas, juste une grosse éraflure sur le crâne. Je l'ai montrée à ma mère. Elle m'a répondu qu'il s'était fait ça en cassant du bois, le manche de la hache s'était détaché et lui était retombé dessus. J'ai passé toute la nuit à pleurer... Et je sentais qu'il voulait me dire quelque chose... Mais ma mère me quittait pas d'une semelle, elle a rien bu de toute la nuit, elle m'a pas laissée seule une seconde. Au matin, j'ai vu une larme de sang qui coulait de sous la paupière de mon père. Puis une deuxième, une troisième... Elles coulaient comme s'il était vivant. C'était terrifiant ! On était en hiver. Au cimetière, on avait dû creuser la fosse à coups de pioche et, pour réchauffer la terre, on avait allumé un feu au fond du trou, avec du bois de bouleau et des pneus. Les fossoyeurs avaient demandé une caisse de vodka. Dès que mon père a été enterré, ma mère s'est mise à boire. Elle était très gaie. Moi, je pleurais... Même maintenant, ça me fait encore pleurer à chaudes larmes... Ma propre mère... c'est elle qui m'a donné la vie. Ça devrait être la personne la plus proche de moi... Dès que je suis partie, elle a vendu la maison, elle a mis le feu à la grange pour toucher l'assurance, et elle est venue chez moi, en ville. Là, elle s'est très vite trouvé quelqu'un d'autre... Il a flanqué dehors son fils et sa belle-fille, et il a mis l'appartement à son nom à elle. Elle attirait les hommes, elle connaissait des secrets pour ça... Elle les ensorcelait... *(Elle berce son bras blessé, comme un enfant.)* Moi, le mien, il me poursuivait avec un marteau, il me tapait sur la tête, j'ai eu deux fractures du crâne... Une bouteille de vodka, un cornichon dans chaque poche, et il partait. Où il allait comme ça? Les enfants avaient le ventre vide... On mangeait que des pommes de terre, les jours de fête avec du lait ou des anchois. Et il valait mieux pas essayer de dire quelque chose quand il rentrait... Il vous envoyait un verre à la figure, il flanquait une chaise contre le mur... La nuit, il me sautait dessus comme un animal... J'ai jamais rien connu de bien dans la vie, même pas des petites choses. J'arrivais au travail couverte de bleus, toute bouffie d'avoir pleuré, et il fallait sourire, dire bonjour. Le directeur du restaurant me convoquait dans son bureau : "Tes larmes, on n'en a pas besoin ici. Moi, ça fait deux ans que ma femme est paralysée..." Et il me mettait la main aux fesses.

Ma mère n'a même pas vécu deux ans avec mon beau-père... Un jour, elle m'a téléphoné : "Viens me donner un coup de main. Faut l'emmener au crématorium." J'ai failli me trouver mal tellement j'avais peur. Mais il fallait bien y aller. Je pensais qu'à une chose : et si c'était elle qui l'avait tué? Pour avoir l'appartement pour elle toute seule, boire et faire la bringue? Hein? Et maintenant, elle était pressée de l'emmener au crématorium, de le brûler avant que ses enfants arrivent... Son fils aîné était colonel, il allait venir d'Allemagne, et il resterait plus qu'une poignée de cendres... cent grammes de poussière dans un vase blanc. Avec toutes ces émotions, j'ai arrêté d'avoir mes règles, je les ai pas eues pendant deux ans... Quand elles ont recommencé, j'ai demandé aux médecins : "Enlevez-moi tout ça, opérez-moi! Je ne veux pas être une femme. Je ne veux pas être une maîtresse! Ni une épouse, ni une mère!" Ma propre mère... c'est elle qui m'a donné la vie... J'aurais voulu l'aimer... Quand j'étais petite, je lui demandais : "Maman, embrasse-moi!" Mais elle était tout le temps bourrée... Quand papa était au travail, la maison était

pleine de types soûls. L'un d'eux m'a traînée dans son lit... J'avais onze ans. Quand je l'ai dit à ma mère, elle m'a hurlé dessus, c'est tout. Elle buvait. Toute sa vie, elle a fait que ça, boire et prendre du bon temps. Et voilà que maintenant, il fallait mourir... Non, elle voulait pas, pour rien au monde ! Elle avait cinquante-neuf ans. On lui a enlevé un sein, et l'autre un mois et demi plus tard. Et elle, elle avait un jeune amant, elle s'était trouvé un type qui avait quinze ans de moins qu'elle. Elle hurlait : "Emmenez-moi chez une guérisseuse ! Sauvez-moi !" Elle allait de plus en plus mal... Le jeune gars s'occupait d'elle, il vidait son bassin, il la lavait. Elle n'avait aucune intention de mourir... Mais elle disait : "Si je meurs, je lui laisserai tout ! L'appartement, la télévision..." Elle voulait nous faire du mal, à ma sœur et à moi... Elle était méchante... Et elle aimait la vie. Elle s'y accrochait. On l'a emmenée chez une guérisseuse, on a dû la porter pour la sortir de la voiture. La guérisseuse a récité une prière et a étalé ses cartes. "Ça alors !" Elle s'est levée. "Emmenez-la ! Je la soignerai pas." Ma mère nous a crié : "Sortez ! Je veux rester seule avec elle." Mais la guérisseuse nous en a empêchées, elle voulait pas nous laisser partir... Elle regardait les cartes. "Je la soignerai pas. Elle en a envoyé plus d'un dans l'autre monde. Quand elle est tombée malade, elle est allée à l'église et elle a mis deux cierges...
– C'était pour la santé de mes enfants !" a dit ma mère. La vieille : "Tu parles ! C'était pour leur mort. Tu as demandé la mort de tes enfants. T'as pensé que si tu offrais tes filles à Dieu, toi, tu pourrais rester." Après ça, je suis plus jamais restée seule avec ma mère. J'avais peur. Je savais que j'étais pas très forte, c'est elle qui aurait eu le dessus... Je prenais ma fille aînée avec moi, et quand je lui donnais à manger, ma mère était folle de rage : elle était en train de mourir, et il y avait quelqu'un qui mangeait, qui allait vivre... Elle avait découpé son couvre-lit tout neuf avec des ciseaux, et aussi la nappe, pour que personne les ait quand elle serait plus là. Elle cassait ses assiettes, tout ce qu'elle pouvait, elle le mettait en pièces, elle le brisait. On pouvait jamais l'emmener jusqu'aux toilettes, elle faisait exprès par terre ou dans son lit... pour que je nettoie... Elle se vengeait parce qu'on allait rester en vie. Parce qu'on marchait, parce qu'on parlait. Elle détestait tout le monde ! Quand un oiseau se posait sur la fenêtre, elle l'aurait tué si elle

avait pu. On était au printemps… Son appartement se trouvait au rez-de-chaussée. Ça sentait le lilas… Elle respirait cette odeur, mais ça lui suffisait pas… "Va m'en cueillir une branche dans la cour!" Je lui en ai apporté une, et à la seconde même où elle l'a touchée, elle s'est fanée, les feuilles se sont recroquevillées. Alors elle m'a dit : "Donne-moi ta main…" Mais la vieille m'avait prévenue qu'une personne qui a fait beaucoup de mal met longtemps à mourir, dans de terribles souffrances. Il faut ouvrir le plafond ou démonter toutes les fenêtres, sinon son âme arrive pas à quitter son corps. Et il faut surtout pas lui prendre la main, elle vous passerait son mal. "Pourquoi tu veux ma main?" Elle répondait pas, elle se faisait toute petite. La fin était déjà proche, mais elle nous disait toujours pas dans quels vêtements elle voulait être enterrée, ni où était l'argent pour ses funérailles. La nuit, j'avais peur qu'elle nous étouffe sous des oreillers, ma fille et moi. Elle en était bien capable… Je fermais les yeux, mais je guettais pour voir comment son âme allait s'en aller. À quoi ça pouvait bien ressembler, une âme? Ce serait une lumière, ou un nuage? Les gens racontent toutes sortes de choses, mais personne l'a jamais vue, cette âme. Un matin, je suis sortie faire des courses, j'avais demandé à une voisine de rester avec elle. Elle lui a pris la main, et ma mère est morte. Au dernier moment, elle a crié quelque chose d'incompréhensible. Elle a appelé quelqu'un par son nom… Qui? La voisine s'en souvenait pas. Un nom inconnu. Je l'ai lavée et habillée moi-même, sans éprouver aucune émotion, comme si c'était un objet. Une casserole. Je ressentais rien, mes sentiments s'étaient cachés. Je vous assure que c'est vrai! Des amies à elles sont passées, elles ont volé le téléphone… Toute la famille est arrivée, et ma sœur cadette aussi est venue de notre village. Notre mère était allongée… Elle lui a ouvert les yeux. "Pourquoi tu touches à ta mère morte? – Tu te souviens de tout ce qu'elle nous a fait subir quand on était petites? Elle aimait nous faire pleurer. Je la déteste!"

Ensuite, tout le monde a commencé à se chamailler… Les gens ont commencé à se partager ses affaires la nuit même, alors qu'elle était encore là, dans son cercueil. Ils emballaient le téléviseur, la machine à coudre… Ils lui ont enlevé ses boucles d'oreilles en or. Ils cherchaient de l'argent, mais ils en ont pas trouvé. Moi, je restais là, à pleurer. Je commençais même à avoir pitié d'elle. Le lendemain, il y a eu la crémation... On a décidé d'emporter l'urne au village et de l'enterrer à côté de mon père, même si c'était pas ce qu'elle voulait. Elle avait donné des instructions pour qu'on l'enterre pas avec lui. Elle avait peur. Et si jamais il y avait quelque chose après la mort? S'ils allaient se retrouver quelque part... *(Elle s'arrête.)* J'ai plus beaucoup de larmes, maintenant. Ça m'étonne moi-même de voir à quel point tout m'est devenu indifférent. La mort, la vie. Les bons, les méchants... Je m'en contrefiche. Quand le destin a une dent contre toi, y a rien à faire. On n'échappe pas à ce qui est écrit... Ma sœur aînée, chez laquelle je vivais, s'est mariée une seconde fois et elle est partie au Kazakhstan. Je l'aimais beaucoup... Et j'avais un mauvais pressentiment. Mon cœur me disait qu'il fallait pas qu'elle épouse cet homme. Je sais pas pourquoi, son deuxième mari me plaisait pas. "C'est un homme bien. J'ai pitié de lui." Il s'était retrouvé dans un camp à l'âge de dix-huit ans, à cause d'un gars qui s'était fait égorger dans une bagarre. Il en avait pris pour cinq ans, et il était revenu au bout de trois. Il s'était mis à fréquenter notre maison, il apportait des cadeaux. Sa mère avait rencontré ma sœur, elle avait tout fait pour la convaincre. Elle l'avait suppliée. Elle lui disait : "Un homme a besoin qu'on s'occupe de lui. Une bonne épouse sert toujours un peu de mère à son mari. Quand il vit seul, un homme se transforme en loup... Il se met à manger par terre." Ma sœur s'est laissé attendrir. Elle a bon cœur, comme moi. "J'arriverai à en faire quelqu'un de bien." À l'enterrement de notre mère, j'avais passé toute la nuit avec eux auprès du cercueil. Il était gentil avec ma sœur, tendre, je l'avais même enviée. Au bout de dix jours, j'ai reçu un télégramme : "Tante Toma, venez! Maman est morte. Ania." C'était sa fille de onze ans qui l'avait envoyé... On venait de clouer un cercueil, et voilà qu'il y en avait déjà un autre... *(Elle pleure.)* Il avait bu, et il avait fait une crise de jalousie. Il lui avait flanqué des coups de pied et l'avait poignardée avec une fourchette. Il avait violé son cadavre... Il était bourré, ou il avait fumé quelque chose, je sais pas... Le lendemain matin, à son travail, il avait dit que sa femme était morte, et on lui avait donné de l'argent pour l'enterrement. Il l'avait remis à sa fille, et il était allé se dénoncer à la milice. La petite vit chez moi maintenant. Elle veut pas travailler à l'école, elle a quelque chose au cerveau, elle a aucune mémoire. Elle a peur de tout, elle sort pas de la maison… Et lui… Lui, il a été condamné à dix ans. Après, il reviendra voir sa fille. C'est son père, non ?

Quand j'ai divorcé de mon premier mari, je me suis dit que je laisserai plus jamais un homme mettre les pieds chez moi. J'en avais assez de pleurer, de vivre couverte de bleus. La milice ? La première fois qu'on les appelle, ils viennent, mais la fois suivante, ils disent : "C'est des histoires de famille." Dans mon immeuble, à l'étage au-dessus… Un homme a tué sa femme. Là, ils sont arrivés dans des voitures avec des gyrophares, ils ont fait un procès-verbal, et ils l'ont embarqué avec des menottes. Mais pendant dix ans, il s'en était donné à cœur joie avec elle… *(Elle se tape sur la poitrine.)* Je n'aime pas les hommes ! Ils me font peur. Je comprends pas comment j'ai pu me remarier. Il était revenu d'Afghanistan avec un traumatisme, il avait été blessé deux fois. Un parachutiste. Il n'enlève jamais son maillot de corps. Il habitait avec sa mère, dans l'immeuble d'en face. Il s'installait dans notre cour avec son accordéon ou bien il allumait un magnétophone. Il écoutait des chansons afghanes, très plaintives… Moi, je pensais souvent à la guerre. J'avais peur de ce maudit champignon… le champignon atomique. Je trouvais ça bien que les jeunes mariés, après la mairie, aillent déposer des fleurs devant la flamme éternelle. J'aimais ça. C'était solennel. Une fois, je me suis assise sur le banc à côté de lui. "C'est quoi, la guerre ? – La guerre, c'est quand on a envie de vivre." Il m'a fait de la peine. Il a jamais eu de père, et sa mère est infirme de naissance. S'il avait eu un père, on l'aurait pas envoyé en Afghanistan. Son père aurait fait des démarches, il aurait versé des pots-de-vin, comme les autres. Tandis que sa mère et lui… Je suis allée chez eux : un lit et des chaises, une médaille accrochée au mur. J'ai eu pitié de lui, et j'ai pas pensé à moi. On s'est mis ensemble. Il est arrivé chez moi avec une serviette de toilette et une cuillère. Il avait apporté sa médaille. Et son accordéon.

Je m'étais imaginé… J'en avais fait un héros… un défenseur de la Patrie. Je lui avais posé moi-même une couronne sur la tête, j'avais convaincu les enfants que c'était un roi. Qu'on vivait avec un héros. Il avait accompli son devoir de soldat, il avait beaucoup souffert... J'allais le réconforter, le sauver... Une vraie mère Teresa ! Je ne suis pas très croyante, je demande juste : "Seigneur, pardonne-nous !" L'amour, c'est une petite blessure... On commence par plaindre quelqu'un... Si on aime, on plaint... C'est la première chose... Il courait en dormant : ses jambes bougeaient pas, mais il avait les muscles qui remuaient, comme quand on court. Des fois, il courait comme ça toute la nuit. Il criait "Les *douchari* ! Les *douchari* !" (C'est comme ça qu'ils appellent les moudjahidines.) Il parlait à son commandant, à ses amis : "Contournez-les par le flanc !", "Envoyez les grenades !", "Faites-nous un écran de fumée !" Une fois, quand j'ai voulu le réveiller, il a failli me tuer... À vrai dire, j'avais même commencé à l'aimer... J'ai appris pas mal de mots afghans : *zindan, botchata, douval... barboukhaïka... Khoudo Khafez !* "Adieu, Afghanistan !" On a été heureux pendant un an. Vraiment heureux. Si on avait un peu d'argent, il apportait du corned-beef, c'était son plat préféré depuis l'Afghanistan. Quand ils partaient dans les montagnes, ils emportaient du corned-beef et de la vodka. Il nous a donné des leçons de secourisme, il nous a appris quelles plantes sont comestibles, et comment attraper des animaux. Il disait que la tortue, ça avait un goût sucré. "Tu as tiré sur des gens ? – On n'a pas le choix là-bas, c'est toi ou lui." Je lui pardonnais tout parce qu'il avait souffert... C'est moi qui me suis mis ce fardeau sur le dos.

Et maintenant... Ses copains le ramènent en pleine nuit et le déposent sur le seuil. Sans montre, sans chemise... Il reste là, à moitié nu... Les voisins sonnent à ma porte : "Faut le rentrer, Tamara ! Il va crever de froid..." Je le traîne à l'intérieur. Il pleure, il hurle, il se roule par terre. Il arrive pas à garder un travail. Il a été garde du corps, veilleur de nuit... Ou il est bourré, ou il a la gueule de bois. Il a vendu tout ce qu'on avait pour s'acheter à boire. Je sais jamais s'il y aura quelque chose à manger à la maison. Il flanque le bordel partout, ou alors il reste assis devant la télé. Les voisins ont un locataire, un Arménien... Un jour, il a dit quelque chose qui n'a pas plu à mon mari, et il s'est retrouvé par terre, dans une mare de sang, avec les dents cassées et le nez écrabouillé. Il aime pas les Orientaux. J'ai peur d'aller au marché avec lui, là-bas, les vendeurs sont tous des Ouzbeks et des

Azerbaïdjanais. Il suffit d'un rien… Il a un dicton : "Il existe un boulon pour chaque cul en pas de vis." Avec lui, ils baissent leurs prix, ils insistent pas. "Les anciens d'Afghanistan, c'est tous des malades !" Il tape sur les enfants. Le petit l'aime bien, avant, il grimpait sur ses genoux, mais il a essayé de l'étouffer avec un coussin. Alors maintenant, quand il ouvre la porte, le gamin fonce dans son lit et fait semblant de dormir pour qu'il le frappe pas, ou alors il cache tous les coussins sous le divan. Moi, je peux que pleurer, ou… *(Elle montre son poignet bandé.)* Pour la fête des paras, ils se réunissent entre potes, tous en maillot de corps, comme lui, et ils boivent comme des trous. Ils dégueulent dans mes toilettes. Ils ont quelque chose de détraqué dans le cerveau… Ils se sentent supérieurs : nous, on a fait la guerre ! On est des vrais mecs ! Leur premier toast : "Le monde entier, c'est de la merde, tous les gens sont des enfoirés, et le soleil est un enculé de lampadaire !" Et c'est comme ça jusqu'au matin. "Aux morts !", "Aux vivants !", "À nos médailles !", "Qu'ils crèvent tous !" Ils arrivent pas à avoir une vie normale… Je peux pas vous dire si c'est à cause de la vodka ou à cause de la guerre. Ils sont féroces comme des loups. Ils détestent les Caucasiens et les Juifs. Les Juifs, parce qu'ils ont tué le Christ et torpillé l'œuvre de Lénine. En Russie, ils s'embêtent : se réveiller, faire sa toilette, prendre son petit-déjeuner… C'est pas marrant ! Ils seraient prêts à aller en Tchétchénie immédiatement si on le leur demandait. Jouer les héros ! Ils en veulent au monde entier, aux politiques, aux généraux, à ceux qui n'ont pas été là-bas… Surtout à ceux-là… Beaucoup n'ont pas de métier, comme le mien. La seule chose qu'ils savent faire, c'est se balader avec un pistolet. Ils disent qu'ils boivent parce qu'on les a trahis… Tu parles ! Déjà là-bas, ils picolaient, et ils s'en cachent pas : "Le soldat russe ne peut pas vaincre sans vodka !", "Si on abandonne un Russe dans le désert, il trouvera pas d'eau, mais il sera complètement pété au bout de deux heures…" Ils buvaient n'importe quoi, du méthanol, du liquide pour les freins… Ils se foutaient en l'air bêtement, parce qu'ils étaient soûls… Quand ils sont rentrés, il y en a qui se sont pendus, d'autres se sont tirés dessus dans des bagarres… L'un d'eux s'est fait tellement tabasser qu'il est resté invalide. Un autre est devenu fou, on l'a enfermé dans un asile… Ça, c'est les cas que je connais… Mais Dieu sait ce qu'il y a d'autre… Les capitalistes… Vous savez, ces nouveaux Russes… ils les engagent, ils les paient pour qu'ils les aident à se faire rembourser leurs dettes. Ils ont la gâchette facile, ils ont pitié de personne. Vous croyez qu'ils vont avoir pitié d'un blanc-bec de vingt ans bourré de fric, alors qu'eux, tout ce qu'ils ont, c'est des médailles, la malaria et une hépatite? Eux, personne en a eu pitié… Alors ils ont envie de tirer… N'enregistre pas ça… J'ai peur… Ils perdent pas de temps en paroles, avec eux, c'est tout de suite une balle dans la tête. Ils ont envie d'aller en Tchétchénie parce que là-bas, c'est la liberté… Et que là-bas, on s'en prend aux Russes… Et puis ils rêvent de rapporter des manteaux de fourrure à leurs femmes. Des bagues en or. Le mien aussi voulait y aller, mais ils prennent pas les ivrognes. Les gars en bonne santé, c'est pas ça qui manque. Tous les jours, c'est la même chose: "File-moi du fric! – Non. – Viens ici, chienne!" Et il cogne. Après, il pleure, il se pend à mon cou: "Ne m'abandonne pas!" Pendant longtemps, il m'a fait pitié… *(Elle pleure.)*

Cette saloperie de pitié… Mais je me laisserai plus avoir! Pas la peine de me parler de ça! T'as qu'à bouffer ton vomi à la petite cuillère et t'étouffer avec! Pardonne-moi Seigneur, si Tu existes! Pardonne-moi!

Le soir, quand je rentre du travail, je l'entends qui parle à mon fils. Je connais déjà tout ça par cœur… "Stop! Retiens bien ça: tu lances la grenade par la fenêtre, tu fais un roulé-boulé sur le côté, et un autre pour te planquer derrière la colonne." Et une bordée de jurons. "En quatre secondes, t'es sur les marches, tu flanques un grand coup de pied dans la porte, et tu fais passer ton fusil à gauche. Le premier tombe… Le deuxième entre en courant… Le troisième le couvre… Stop!" Stop! *(Elle crie.)* Ça me fait peur! Comment sauver mon fils? J'en ai parlé à des amies, l'une m'a dit d'aller prier à l'église, l'autre m'a emmenée chez une voyante… Où voulez-vous que j'aille? Il y a personne d'autre vers qui se tourner. La voyante était aussi vieille que la fée Carabosse. Elle m'a dit de revenir le lendemain avec une bouteille de vodka. Elle a fait le tour de l'appartement avec cette bouteille, elle a chuchoté des incantations, a passé sa main dessus, et me l'a rendue. "La vodka est ensorcelée. Tu lui en donneras un petit verre par jour pendant deux jours, et le troisième jour, il en voudra plus." Et c'est vrai, il a pas bu pendant un mois. Et puis il a recommencé. La nuit, il restait vautré dans sa morve, il tapait sur les casseroles dans la cuisine pour que je lui fasse à manger... J'ai trouvé une autre voyante. Celle-là m'a tiré les cartes et a versé du plomb fondu dans une tasse d'eau. Elle m'a appris des trucs simples, avec du sel, avec une poignée de sable. Ça n'a rien donné. La vodka et la guerre, c'est des choses dont on guérit pas... *(Elle secoue sa main blessée.)* Oh, je suis tellement fatiguée! Je ressens plus rien pour personne, ni pour mes enfants ni pour moi-même... Je n'appelle pas ma mère, mais elle vient me voir dans mes rêves. Jeune, gaie. Elle est toujours jeune, elle rit. Je la chasse... De temps en temps, je rêve de ma sœur, elle, elle est grave, et elle me pose toujours la même question : "Tu crois que tu peux t'éteindre comme une ampoule?" *(Elle s'arrête.)*

C'est vrai, tout ça... J'ai jamais rien vu de beau dans ma vie. Et ça va pas s'arranger. Hier, il est passé me voir à l'hôpital. "J'ai vendu ton tapis. Les enfants ont faim." Je l'adorais, ce tapis... C'était la seule chose bien qu'il y avait à la maison. La seule chose qui restait... J'avais économisé toute une année pour l'acheter, sou par sou... J'en avais tellement envie, de ce tapis! Un tapis vietnamien. Mais il l'a vendu aussi sec, pour se payer à boire. Des filles du boulot sont venues, elles m'ont dit : "Dépêche-toi de rentrer chez toi, Tomka. Il supporte plus le petit, il lui tape dessus. Et la grande (la fille de ma sœur), elle a déjà douze ans... Tu sais ce que c'est... Un jour où il sera bourré..."

La nuit, je reste allongée sans dormir. Ensuite, c'est comme si je tombais dans un trou, je m'envole. Et je sais pas dans quel état je vais me réveiller le matin. Je pense à des choses horribles...

(En me disant au revoir, elle me serre brusquement dans ses bras.)
Ne m'oublie pas...

Un an plus tard, elle a fait une autre tentative de suicide. Réussie, cette fois. Son mari s'est vite retrouvé une autre femme. J'ai téléphoné à cette nouvelle femme. "Il me fait pitié, m'a-t-elle dit. Je ne l'aime pas, mais il me fait pitié. Le malheur, c'est qu'il s'est remis à boire, mais il m'a promis qu'il allait arrêter."
Vous devinez la suite.

OÙ IL EST QUESTION DE MORTS QUE RIEN NE DÉGOÛTE ET DU SILENCE DE LA POUSSIÈRE

Olessia Nikolaïeva, sergent de la milice, 28 ans

EXTRAITS DU RÉCIT DE SA MÈRE

Je vais finir par en mourir à force de raconter ça… À quoi bon vous le raconter ? Vous ne pouvez rien faire pour moi. Bon, d'accord, vous allez l'écrire, le publier… Cela fera verser quelques larmes aux gens qui ont bon cœur, mais les autres… Les plus importants… Eux, ils ne le liront pas. Qu'est-ce qu'ils en ont à faire ?

J'ai déjà raconté ça tant de fois…

Le 23 novembre 2006… On l'avait annoncé à la télévision, les voisins étaient déjà au courant. Toute la ville en parlait…

Mais ma petite-fille Nastia et moi, nous étions à la maison. La télévision ne marchait pas, elle était en panne depuis longtemps, elle est trop vieille. On attendait le retour d'Olessia pour en acheter une neuve. Nous avions entrepris un grand ménage. Nous avions fait une lessive. Nous étions gaies, je ne sais pas pourquoi, ce jour-là, nous n'arrêtions pas de rire. Et puis ma mère est arrivée… La grand-mère d'Olessia… Elle s'est exclamée depuis le potager : "Dites donc, vous êtes bien gaies, les filles ! Pourvu que cela n'annonce pas des larmes !" J'ai eu un coup au cœur… Comment allait mon Olessia, là-bas ? Mais nous l'avions eue au téléphone la veille, elle avait reçu un badge à l'occasion de la fête de la milice : "Pour services rendus au MVD[1]." Nous l'avions félicitée. "Je vous aime tant ! avait-elle dit. J'ai tellement envie de rentrer à la maison !" La moitié de ma retraite passait en notes de téléphone. Quand j'entendais sa voix, j'arrivais à tenir deux ou trois jours,

1. Ministère de l'Intérieur.

jusqu'au prochain coup de fil. "Ne pleure pas, maman! disait-elle pour me rassurer. J'ai une arme, mais je ne tire pas. D'un côté, c'est la guerre, et de l'autre, tout est calme. Ce matin, j'ai entendu chanter un mollah, c'est leur façon de prier. Ici, les montagnes ne sont pas mortes, elles sont vivantes, couvertes d'herbe et d'arbres jusqu'au sommet." Une autre fois, elle m'avait dit : "La terre tchétchène est imbibée de pétrole, maman. Dans tous les potagers, dès qu'on creuse un peu, on tombe sur du pétrole."

Pourquoi les a-t-on envoyés là-bas ? Ce n'était pas pour la Patrie qu'ils se battaient, mais pour des puits de pétrole. Maintenant, une goutte de pétrole, cela a la même valeur qu'une goutte de sang...

Une voisine est passée... Une heure plus tard, une autre... Je me suis demandé ce qu'elles avaient toutes à débarquer chez moi. Elles venaient juste comme ça, elles restaient un moment, et puis elles s'en allaient. À la télévision, on en avait déjà parlé plusieurs fois...

Nous n'avons rien su jusqu'au lendemain matin, quand mon fils a téléphoné. "Tu es à la maison, maman ? – Qu'est-ce que tu veux ? J'allais sortir faire des courses. – Attends-moi, je passerai dès que Nastia sera à l'école. – Je préfère la garder à la maison, elle tousse. – Si elle n'a pas de fièvre, envoie-la à l'école." Mon cœur s'est arrêté de battre et je me suis mise à grelotter... Une crise de tremblote. Dès que Nastia est partie, je suis allée sur le balcon. J'ai vu mon fils qui arrivait, il n'était pas seul, mais avec sa femme. Je n'en pouvais plus d'attendre, encore une minute et j'allais exploser... Je suis sortie sur le palier et j'ai hurlé dans l'escalier : "Qu'est-ce qui est arrivé à Olessia ?" J'ai dû crier d'une voix tellement caverneuse qu'ils ont répondu en criant, eux aussi : "Maman !" Ils sont sortis de l'ascenseur et sont restés plantés là, sans dire un mot. "Elle est à l'hôpital ? – Non." Tout s'est mis à tournoyer devant moi, à basculer. Ensuite, je ne me souviens plus très bien... Beaucoup de gens ont surgi d'on ne sait où... Tous les voisins avaient entrouvert leurs portes, on m'a ramassée, on m'a parlé. Moi, je me traînais par terre, je les attrapais par les jambes, j'embrassais leurs chaussures. "Mes amis, non ! Non ! Elle n'a pas pu abandonner Nastia... Sa fille chérie... Son soleil... Nooon !" Je me cognais le front contre le sol. Les premières minutes, on n'y croit pas, on se raccroche à n'importe quoi. Elle n'est pas morte, elle va juste être invalide. Sans jambes...

Aveugle… Ce n'est pas grave, Nastia et moi, on s'occupera d'elle. L'important, c'est qu'elle soit en vie. On voudrait demander ça à quelqu'un… Supplier à genoux…

Il y avait un monde fou… La maison était remplie d'inconnus. On me faisait des piqûres, j'étais allongée. Je me réveillais et, de nouveau, on appelait les urgences. La guerre était entrée chez moi… Mais les autres avaient leur vie. Personne ne comprend le malheur d'autrui, il est déjà difficile de comprendre le sien… Ils croyaient tous que je dormais, mais je les écoutais. Et cela me déchirait le cœur.

"… Moi, j'ai deux fils qui vont encore à l'école. Je fais des économies pour donner des pots-de-vin afin qu'ils ne fassent pas leur service…"

"… On supporte vraiment tout, nous les Russes… Les gens, c'est de la chair à canon, et la guerre, c'est un travail…"

"… Ces travaux nous ont coûté les yeux de la tête! Heureusement qu'on a pu acheter une cuisinière italienne tant que c'étaient encore les anciens prix. On a fait installer des fenêtres en plastique et une porte blindée…

"… Les enfants, ça pousse… Faut en profiter tant qu'ils sont petits…"

"… C'est la guerre là-bas, et ici aussi… Tous les jours, il y a des fusillades. Des attentats. On a peur de prendre l'autobus, et on n'ose plus descendre dans le métro…"

"… J'ai un voisin, son fils était au chômage, il buvait comme un trou. Il s'est engagé comme mercenaire. Au bout d'un an, il est revenu de Tchétchénie avec une valise pleine d'argent : il a acheté une voiture, un manteau de fourrure et une bague en or à sa femme. Toute la famille a fait un voyage en Égypte. De nos jours, sans argent, on est moins que rien. Mais où est-ce qu'on peut en gagner?"

"… Ils pillent tout… Ils mettent la Russie en pièces… Il faut dire que c'est un gros gâteau!"

Cette sale guerre! Elle était loin, très loin… Et voilà qu'elle était entrée dans ma maison. J'avais donné une petite croix à Olessia… Cela ne l'a pas protégée. *(Elle pleure.)*

On nous l'a ramenée deux jours plus tard… Ça coulait, le cercueil était tout mouillé… On l'a essuyé avec des linges. Les autorités voulaient qu'on l'enterre le plus vite possible. "Ne l'ouvrez pas. C'est de la bouillie, là-dedans." Mais nous l'avons fait ouvrir. On espérait que c'était une erreur. À la télévision, ils avaient dit : "Olessia Nikolaïeva… vingt et un ans…" Ce n'était pas son âge. Et si c'était une autre Olessia? Pas notre Olessia à nous. "C'est de la bouillie, là-dedans…" On nous a délivré une attestation : "… blessure que la victime s'est délibérément infligée dans la tempe droite avec une arme de service." Qu'est-ce que j'en avais à faire, de ce papier? Je voulais la voir moi-même, la toucher. La caresser de mes mains. Quand on a ouvert le cercueil… son visage était serein, vivant… Avec un petit trou dans la tempe gauche… vraiment tout petit… Juste assez gros pour y enfoncer un crayon. Encore une erreur, comme pour l'âge : le trou était dans la tempe gauche, et ils avaient écrit la droite. Elle était partie en Tchétchénie avec un détachement de miliciens de la ville de Riazan, et ce sont ceux de son commissariat qui nous ont aidés à l'enterrer. Ses camarades. Et ils ont tous dit, d'une seule voix, que cela ne pouvait pas être un suicide : le coup de feu avait été tiré à environ deux ou trois mètres. Mais les autorités nous mettaient la pression. On nous aidait, on nous forçait la main. On l'avait amenée tard dans la soirée, et le lendemain à midi, elle était déjà enterrée. Au cimetière… J'avais une de ces forces… Un être humain ne peut pas avoir une force pareille… Quand ils ont cloué le couvercle du cercueil, j'ai essayé de les en empêcher, j'aurais pu arracher les clous avec mes dents! Ses supérieurs ne sont pas venus au cimetière. Tout le monde s'est détourné de nous, à commencer par l'État… À l'église, ils n'ont pas voulu célébrer de service religieux : elle avait commis un péché. Dieu n'accueille pas les âmes des suicidés… Mais ça veut dire quoi, ça? Hein? Maintenant, je vais à l'église, je mets des cierges… Une fois, je suis allée trouver un prêtre. "Alors Dieu n'aime que les âmes parfaites? Dans ce cas, pourquoi existe-t-Il?" Je lui ai tout raconté… J'ai raconté ça bien des fois… *(Elle se tait.)* Notre prêtre est tout jeune. Il a fondu en larmes. "Comment faites-vous pour être encore en vie, pour ne pas vous retrouver dans un asile de fous? Que Dieu l'accueille en son royaume!" Il a prié pour ma petite fille… Les gens racontaient toutes sortes de choses. Qu'elle s'était tuée à cause d'un homme. Parce qu'elle avait trop bu. Tout le monde sait qu'ils boivent comme des trous, là-bas. Les hommes comme les femmes. Ah, ça, le malheur, je peux dire que je sais ce que c'est...

Pendant qu'elle faisait ses bagages, j'avais envie de tout piétiner, de tout déchirer. Je me mordais les mains... Je n'arrivais pas à dormir, j'avais mal partout, j'étais secouée de convulsions... Un jour, j'ai fait un rêve, mais je ne dormais pas... Une glace éternelle, un hiver éternel. Tout était d'un bleu argenté... Nastia et elle marchaient sur l'eau, elles n'arrivaient pas à regagner le rivage. Il y avait de l'eau partout... Je voyais toujours Nastia, mais très vite, j'ai perdu de vue Olessia... Elle n'était plus là... Et dans mon rêve, j'ai eu peur, je l'ai appelée : "Olessiaaa!" Elle est apparue. Mais pas vivante, on aurait dit une photo... Et elle avait un bleu sur la tempe gauche. Juste à l'endroit où la balle a pénétré. *(Elle se tait.)* C'était au moment où elle préparait ses bagages. "Je pars, maman. J'ai déjà rempli tous les papiers. – Mais tu élèves un enfant seule. Ils n'ont pas le droit de t'envoyer là-bas! – Ils vont me licencier si je n'y vais pas. Tu sais bien que chez nous, le volontariat est obligatoire. Mais ne pleure pas... On ne se bat plus là-bas, on est déjà en train de reconstruire. Moi, je monterai la garde. J'y vais pour gagner de l'argent, comme les autres." Des filles de son commissariat y étaient déjà allées, et tout s'était bien passé. "Je t'emmènerai en Égypte, on ira voir les pyramides." C'était son rêve... Elle voulait faire ce cadeau à sa maman. Nous étions pauvres, nous vivions avec presque rien. Dès qu'on sort, partout, on voit des publicités : achetez une voiture, prenez un crédit... Achetez, achetez! Au milieu de tous les magasins, il y a une table ou même deux, où on peut prendre des crédits. Il y a toujours des queues devant. Les gens en ont assez de la misère, tout le monde a envie de vivre un peu. Moi, la plupart du temps, je ne savais pas quoi leur donner à manger, même les pommes de terre et les pâtes, on n'en avait plus. Et on n'avait pas de quoi acheter des tickets de trolleybus. Après l'école technique, elle était entrée dans un institut pédagogique pour faire de la psychologie, elle y est restée un an, mais on ne pouvait plus payer. Elle a dû abandonner. Ma mère a une retraite de cent dollars, et moi aussi, je reçois cent dollars. Là-haut, ils pompent du pétrole et du gaz... Mais les dollars tombent dans leurs poches, pas dans les nôtres. Les gens simples comme nous, ils vont dans les magasins comme on va au musée, juste pour regarder. Et à la radio, on n'arrête pas de nous répéter, comme pour faire enrager les gens : "Il faut aimer les riches! C'est eux qui vont vous sauver! Ils vont créer des emplois!" On nous montre ce qu'ils font pendant leurs vacances, ce qu'ils mangent... Leurs maisons avec piscine... Ils ont un jardinier, un cuisinier... Comme les propriétaires terriens dans le temps, sous les tsars... Quand on regarde la télévision le soir, c'est tellement écœurant qu'on va se coucher. Avant, beaucoup de gens votaient pour Iavlinski et pour Nemtsov[1]... J'étais une bonne citoyenne, une patriote, je votais à toutes les élections. Cela me plaisait que Nemtsov soit jeune et bel homme. Ensuite, on s'est tous rendu compte que les démocrates aussi voulaient avoir la belle vie. Et nous, on nous a oubliés. L'homme, c'est de la poussière, un grain de poussière... Les gens se tournent de nouveau vers les communistes... Quand ils étaient là, personne ne possédait des milliards, chacun avait un petit quelque chose, et il y en avait assez pour tous. Les gens se sentaient des êtres humains. Et j'étais comme tout le monde.

Je suis une Soviétique, et ma mère est une Soviétique. Nous avons construit le socialisme et le communisme. On apprenait à nos enfants que c'était honteux de faire du commerce, et que l'argent ne rend pas heureux. Soyez honnêtes, et donnez votre vie pour la Patrie. J'ai toujours été fière d'être soviétique, et maintenant, on dirait que c'est une honte, que nous sommes des êtres inférieurs. Il y avait l'idéal communiste, et maintenant, c'est l'idéal capitaliste. "Ne fais de cadeau à personne, car personne ne t'en fera." "Maman, tu vis dans un pays qui n'existe plus depuis longtemps! me disait Olessia. Tu ne peux pas m'aider." Qu'a-t-on fait de nous? Que nous est-il arrivé? *(Elle s'arrête.)* Il y a tellement de choses que je voudrais vous dire! Tellement de choses! Mais l'important... Après la mort d'Olessia, j'ai retrouvé une de ses rédactions dans un cahier d'école : "Qu'est-ce que la vie?" Elle écrivait : "Je me suis fixé un idéal... Le but de la vie, c'est ce qui nous oblige à nous élever..." C'est moi qui lui avais appris ça... *(Elle sanglote.)* Elle est partie à la guerre... elle qui était incapable de tuer une souris! Les choses

---

1. Grigori Iavlinski (né en 1952), homme politique, fondateur du parti Iabloko.

ne se sont pas passées comme elles auraient dû. Mais comment cela s'est passé, je n'en sais rien. On me le cache… *(Elle crie.)* Ma petite fille est morte sans laisser de traces. Ce n'est pas possible! Pendant la guerre, ma mère avait douze ans, ils ont été évacués en Sibérie. Les enfants travaillaient à l'usine seize heures par jour… Comme les adultes. Juste pour un ticket à la cantine, où on leur donnait une écuelle de pâtes et un bout de pain. Ils fabriquaient des obus pour le front. Ils mouraient à côté de leurs machines parce qu'ils étaient encore petits. À l'époque, elle comprenait pourquoi les gens se tuaient les uns les autres, mais pourquoi ils se tuent maintenant, ça, elle ne comprend pas. Personne ne comprend. Cette sale guerre de malheur! Argoun… Goudermes… Khankala[1]… Dès que j'entends ces mots, j'éteins la télévision.

Tout ce qui me reste, c'est un certificat de décès "… blessure… délibérément infligée… avec une arme de service…" Et Nastia… Elle a neuf ans. Maintenant, je suis à la fois sa grand-mère et sa mère. Je suis malade, couverte de cicatrices, on m'a déjà opérée trois fois. Je n'ai aucune santé, d'ailleurs comment en aurais-je? J'ai grandi dans la région de Khabarovsk. La taïga, partout, la taïga. On vivait dans des baraquements. Les oranges et les bananes, on n'avait vu ça que sur des tableaux. On mangeait des pâtes… Du lait en poudre et des pâtes. De temps en temps, de la viande en conserve… Maman était partie travailler en Extrême-Orient après la guerre, à l'époque où on incitait les jeunes à aller coloniser le Grand Nord. On les enrôlait comme pour partir au front. Seuls des miséreux comme nous allaient sur ces grands chantiers. Des gens sans feu ni lieu. "Je pars pour la brume et l'odeur de la taïga…" Ça, c'est dans les chansons, dans les livres… Nous, nous étions bouffis de faim. C'est la faim qui nous a poussés à accomplir des exploits. Dès que j'ai été un peu plus grande, moi aussi, je suis allée travailler sur un chantier… J'ai construit le BAM, la voie ferrée Baïkal-Amour, avec ma mère. J'ai même une médaille. "Pour la construction de la ligne Baïkal-Amour", et tout un tas de certificats. *(Elle se tait.)* En hiver, il fait moins cinquante, la terre est gelée sur un mètre de profondeur. Des petites collines blanches. Elles sont si blanches sous la neige

---

1. Villes et villages de Tchétchénie.

que, même par beau temps, on ne les voit pas. On ne les distingue pas. J'ai aimé ces collines de tout mon cœur. Un homme a une grande patrie et une petite patrie. Eh bien, ma petite patrie à moi, elle est là-bas. Les murs des baraquements étaient minces, les toilettes étaient à l'extérieur… Mais on était jeunes ! On croyait en l'avenir… On y a toujours cru… Et c'était vrai, la vie s'améliorait d'année en année : au début, personne n'avait de téléviseur, absolument personne, et puis brusquement, ils sont apparus ! Nous vivions dans des baraques, et tout à coup, on s'est mis à attribuer des appartements indépendants. On nous avait promis que notre génération allait vivre sous le communisme. Moi, moi, j'allais vivre sous le communisme ?! *(Elle rit.)* J'ai fait des études d'économie par correspondance. Les études n'étaient pas payantes, comme maintenant. Sinon, comment aurais-je appris tout cela ? J'en suis reconnaissante au pouvoir soviétique. J'ai travaillé au département financier du comité exécutif régional du Parti. Je me suis acheté un manteau fourré en mouton… Un beau châle en mohair… L'hiver, quand je m'enveloppais dedans, on ne voyait plus que mon nez ! Je faisais la tournée des kolkhozes pour contrôler les élevages de zibelines, de renards bleus, de visons. La vie était déjà devenue plus facile. J'avais acheté aussi une pelisse en mouton à ma mère… Et puis on a décrété le capitalisme. On nous a promis qu'une fois les communistes partis, tout irait bien. Chez nous, les gens sont méfiants. Ils ont l'expérience du malheur. Ils ont tout de suite foncé acheter du sel et des allumettes. La "perestroïka", ça sonnait comme "la guerre". On s'est mis à piller sous nos yeux les kolkhozes, les usines… Ensuite, ils ont été rachetés pour rien. Nous avons passé toute notre vie à construire, et tout a été fourgué pour quelques kopecks. On a distribué aux gens des bons de privatisation… On les a bernés. J'en ai encore dans mon placard, de ces bons. Rangés avec le certificat de décès d'Olessia… C'est ça, le capitalisme ? Ah, j'en ai assez vu, de ces capitalistes russes ! D'ailleurs ils n'étaient pas tous russes, il y avait des Arméniens, des Ukrainiens. Ils ont emprunté des sommes énormes à l'État, et ils ne les ont jamais remboursées. Ils avaient une sorte d'éclat dans les yeux, ces gens. Comme les *zeks*[1]. Un éclat très particulier, je le

---

1. Voir note 2, p. 136.

connais bien. Là-bas, il y avait des camps et des barbelés partout. Qui a conquis le Grand Nord ? Les *zeks* et nous, des miséreux. Le prolétariat. Mais à l'époque, on ne se voyait pas comme ça...

Ma mère a décidé... Il n'y avait qu'une seule solution, c'était de rentrer à Riazan, dans notre ville natale. Ça tirait déjà sous nos fenêtres, ils étaient en train de se partager l'URSS... Ils raflaient tout, ils s'arrachaient tout... Les bandits étaient devenus les maîtres, et les gens intelligents n'étaient plus que des imbéciles. C'est nous qui avions tout construit, et nous avons tout laissé à ces bandits... C'est bien ce qui s'est passé, non ? Nous sommes partis les mains vides, avec juste notre barda. Et nous leur avons laissé les usines... Les mines... Le voyage en train a duré deux semaines, nous avions emporté notre frigidaire, nos livres, nos meubles... Notre hachoir à viande, notre vaisselle... Ce genre de choses. Pendant deux semaines, j'ai regardé par la fenêtre : la terre russe n'a pas de fin, pas de limite. Notre mère Russie est trop "immense" et trop "fertile" pour qu'on puisse y mettre de l'ordre. C'était en 1994. Eltsine était déjà au pouvoir... Et qu'est-ce qui nous attendait chez nous ? Eh bien, chez nous, les enseignants gagnaient leur vie en travaillant sur les marchés pour des Azerbaïdjanais, ils vendaient des fruits, des raviolis sibériens. Moscou n'était plus qu'un immense bazar, depuis la gare jusqu'au Kremlin. Des mendiants avaient brusquement surgi de nulle part. Et nous sommes tous des Soviétiques ! Des Soviétiques ! Pendant longtemps, on s'est senti mal à l'aise, on avait honte.

J'ai discuté avec un Tchétchène sur le marché... Cela fait quinze ans qu'il y a la guerre chez eux, et ils viennent se réfugier ici. Ils se répandent à travers toute la Russie... Alors qu'en principe, la Russie est en guerre contre eux... On appelle ça "une opération spéciale", mais c'est quoi, cette guerre ? Ce Tchétchène était jeune, il m'a dit : "Moi, ma bonne dame, je ne fais pas la guerre. Je suis marié à une Russe." Je peux vous raconter une histoire que j'ai entendue... Une jeune fille tchétchène était tombée amoureuse d'un aviateur russe. Un beau gars. Ils s'étaient mis d'accord pour qu'il l'enlève. Il l'a emmenée en Russie et ils se sont mariés dans les règles. Ils ont eu un fils. Mais elle n'arrêtait pas de pleurer, elle se désolait de laisser ses parents sans nouvelles. Alors ils leur ont écrit : "Pardonnez-nous, nous nous aimons…" Et ils leur ont transmis les salutations de la belle-mère russe. Or pendant toutes ces années, les frères de la Tchétchène l'avaient recherchée pour la tuer parce qu'elle avait déshonoré toute la famille en épousant un Russe et qui plus est, un Russe qui les avait bombardés, qui avait tué des Tchétchènes. Ils les ont vite retrouvés grâce à l'adresse sur l'enveloppe. L'un des frères l'a égorgée, ensuite, le deuxième est venu chercher le bébé. *(Elle se tait.)* Cette sale guerre de malheur… Elle est entrée dans ma maison. Maintenant, je lis tout ce que je peux trouver sur la Tchétchénie. J'interroge tout le monde… Je voudrais aller là-bas. Me faire tuer là-bas. *(Elle pleure.)* Je serais heureuse… Ce serait un bonheur pour mon cœur de mère… Je connais une femme, on n'a même pas retrouvé une chaussure de son fils, l'obus lui est tombé en plein dessus. Elle m'a avoué : "Je serais heureuse s'il y avait au moins un petit morceau de lui qui reposait dans sa terre natale…" Rien que cela, ce serait un bonheur pour elle… Ce Tchétchène m'a demandé si j'avais un fils. "Oui, j'ai un fils, mais ma fille est morte en Tchétchénie. – J'aimerais bien savoir ce que c'est que cette guerre que vous nous faites, vous les Russes. Vous nous tuez, vous nous estropiez, et ensuite, vous nous soignez dans vos hôpitaux. Vous bombardez nos maisons, vous les détruisez, et ensuite, vous les reconstruisez. Vous nous dites que la Russie, c'est chez nous, mais moi, tous les jours, à cause de ma gueule de Tchétchène, je dois donner des pots-de-vin aux miliciens pour qu'ils ne me tabassent pas à mort. Qu'ils ne me dépouillent pas. Je leur répète que je ne suis pas venu ici pour tuer, que je n'ai pas l'intention de faire sauter leurs maisons. J'aurais pu me faire tuer à Grozny… Mais ici aussi, ça peut très bien m'arriver…"

Tant que mon cœur bat encore… *(Avec désespoir.)* Je chercherai… Je veux savoir comment ma fille est morte. Je n'ai plus confiance en personne.

(Elle ouvre la porte du buffet où des papiers et des photos sont rangés à côté des verres en cristal. Elle les prend et les étale sur la table.)

Elle était jolie, ma petite fille… À l'école, elle était chef de classe. Elle aimait bien le patin à glace. C'était une élève moyenne, normale… En terminale, elle est tombée amoureuse de Romka. J'étais contre, bien sûr, il avait sept ans de plus qu'elle. "Mais puisque je l'aime, maman!" Elle était folle de lui, s'il ne téléphonait pas, elle l'appelait elle-même. "Pourquoi tu l'appelles ? – Mais puisque je l'aime, maman !" Elle ne voyait que lui. Elle ne pensait plus à sa mère. Ils se sont mariés le lendemain du bal de fin d'études. Ils ont eu un enfant. Romka buvait, il se bagarrait, et elle, elle pleurait. Je le détestais ! Ils ont vécu ensemble un an comme ça. Il était jaloux, il découpait ses vêtements s'ils étaient trop jolis. Il l'attrapait par les cheveux et lui cognait la tête contre les murs. Elle a supporté ça longtemps... Elle ne m'écoutait pas, jusqu'au jour où, je ne sais pas comment, elle s'est quand même sauvée. Pour aller où ? Chez sa maman. "Maman, protège-moi !" Alors il est venu vivre chez nous. Une nuit, j'ai été réveillée par des sanglots... J'ai ouvert la porte de la salle de bains... Il la menaçait avec un couteau. Je le lui ai pris des mains, je me suis même coupée. Une autre fois, il s'était procuré un pistolet, un pistolet à gaz lacrymogène, pas un vrai. Je tirais Olessia vers moi, et lui, il brandissait ce pistolet. "Tu vas la fermer !" Elle a pleuré, pleuré, et puis ils se sont séparés. C'est moi qui l'ai flanqué dehors. *(Elle se tait.)* Au bout de... même pas six mois, en revenant de son travail, elle m'a annoncé qu'il s'était remarié. "Comment le sais-tu ? – Je suis rentrée en voiture avec lui. – Et alors ? – Alors rien." Il avait vite retrouvé quelqu'un. Mais elle, c'était son amour d'enfance. Elle n'arrivait pas à l'oublier. *(Elle prend une feuille dans le tas de papiers.)* Le médecin légiste a écrit "dans la tempe droite", mais le trou était à gauche. Un tout petit trou... Peut-être qu'il ne l'a pas vue morte ? Et qu'on lui a donné l'ordre d'écrire ça ? Qu'on l'a payé pour ça...

J'espérais... J'attendais le retour de son détachement. Je voulais leur poser des questions... reconstituer les choses. Le trou était dans la tempe gauche, et ils avaient écrit "dans la tempe droite". Il fallait que je sache... C'était déjà l'hiver. Il neigeait. Autrefois, j'aimais la neige. Et mon Olessia aussi, elle sortait ses patins, elle les graissait. Autrefois... C'était il y a longtemps, très longtemps... J'en étais malade, cela me déchirait le cœur... Je regardais par la fenêtre : les gens faisaient des préparatifs de Noël, ils achetaient des cadeaux, des jouets. Ils rapportaient des sapins. Dans ma cuisine, la radio était tout le temps allumée. J'écoutais les nouvelles locales. J'attendais. Et j'ai enfin entendu : "Les miliciens de Riazan sont revenus de leur mission en Tchétchénie... Nos compatriotes ont rempli avec honneur leur devoir de soldats... Ils ne se sont pas couverts de honte..." Ils avaient été accueillis en grande pompe à la gare. Avec une fanfare et des fleurs. On leur avait remis des décorations, des cadeaux. Aux uns, un téléviseur, aux autres une montre. Les héros étaient de retour! Mais pas un mot sur Olessia, personne ne parlait d'elle... J'attendais... Je gardais la radio collée à mon oreille. Ils allaient bien en parler! Ensuite, il y a eu une publicité pour de la lessive... *(Elle se met à pleurer.)* Ma petite fille avait disparu dans le néant. On n'a pas le droit de faire ça! Mon Olessia... Elle a été le premier cercueil tchétchène de la ville... Un mois plus tard, on en a ramené encore deux autres, un milicien d'un certain âge, et un autre, un jeune. Il y a eu une cérémonie dans le théâtre municipal, le théâtre Essenine. On leur a rendu les honneurs. Des couronnes de fleurs de la part de la communauté, du maire... Des discours. Ils ont été enterrés dans l'allée des Héros, là où reposent les soldats d'Afghanistan... Maintenant, on y enterre aussi ceux de Tchétchénie... Il y a deux allées dans notre cimetière, celle des Héros, et une autre, qu'on appelle l'allée des Bandits. Eux, ils se font la guerre entre eux, ils se tirent dessus. La perestroïka, c'est un règlement de compte. Au cimetière, les bandits ont les meilleures places. Des cercueils en acajou avec des incrustations en or, des glacières électroniques. Et pas des pierres tombales, plutôt de véritables monuments à leur gloire. Les héros, c'est l'État qui paie leurs pierres tombales. Des dalles modestes, pour soldats. Et encore, pas à tous. On les refuse aux mercenaires. Je connais une mère qui est allée voir le commissariat militaire, on lui a répondu : "Ton fils s'est battu pour de l'argent." Ma petite Olessia, elle, repose à l'écart, c'est juste une suicidée... *(Elle n'arrive plus à parler.)* Nastia reçoit une pension de mille cinq cents roubles pour sa mère. Cinquante dollars par mois. Où est la vérité? Où est la justice? La pension est toute petite parce que sa maman n'est pas une héroïne. Ah, si elle avait tué quelqu'un, si elle avait fait sauter quelqu'un avec une grenade... Mais c'est elle-même qu'elle a tuée, personne d'autre. Ce n'est pas une héroïne! Comment voulez-vous expliquer cela à une enfant? Qu'est-ce que je peux lui dire? Selon un journal, Olessia aurait déclaré : "Mon enfant n'aura pas honte de moi..." Dans les jours qui ont suivi les funérailles, Nastia était comme détachée de tout, on aurait dit qu'elle n'était pas là, ou qu'elle ne savait pas où elle se trouvait. Personne ne pouvait se résoudre à... C'est moi qui le lui ai annoncé : "Ta maman... Olessia... Elle nous a quittés..." On aurait dit qu'elle ne m'entendait pas. Je pleurais, mais pas elle. Ensuite... Quand je parlais d'Olessia, elle avait toujours l'air de ne pas entendre. Cela a duré longtemps, cela commençait même à m'énerver. Je l'ai emmenée voir un psychologue. On m'a dit que tout était normal, qu'elle était juste en état de choc. Nous sommes allées voir son père. Je lui ai demandé s'il comptait la prendre. "Où voulez-vous que je la mette?" Il a déjà un autre enfant. "Alors renonce à tes droits. – Et si jamais j'ai besoin de quelqu'un quand je serai vieux? D'un peu d'argent..." Il est comme ça, son père... Il n'est d'aucune aide. Seuls les amis d'Olessia passent nous voir... Pour l'anniversaire de Nastia, ils apportent toujours un peu d'argent. Ils lui ont acheté un ordinateur. Ses amis, eux, ne l'oublient pas.

Pendant longtemps, j'ai attendu un coup de fil. Son détachement était rentré – son commandant, les camarades avec qui elle était partie là-bas... Ils allaient sûrement m'appeler! Mais le téléphone restait muet... Alors je me suis mise à chercher moi-même des noms, des numéros de téléphone. Le commandant de son détachement s'appelait Klimkine. J'avais vu son nom dans le journal. Tous les journaux parlaient de leur retour, tous! C'étaient de preux chevaliers! Des héros de Riazan! Il y avait même eu un article de lui dans lequel il remerciait le détachement pour avoir si bien servi. Pour avoir rempli son devoir avec honneur... Avec honneur, en plus! J'ai téléphoné au poste de milice où il travaillait. "Je voudrais parler au commandant Klimkine, s'il vous plaît. – De la part de qui? – De Ludmila Vassilievna Nikolaïeva... La mère d'Olessia Nikolaïeva... – Il est absent... Il est occupé... Il est en déplacement." Il avait été son commandant, c'était à lui de venir raconter à sa mère ce qui s'était passé! À lui de la consoler, de la remercier... C'est comme ça que je vois les choses... *(Elle pleure.)* Je pleurais, mais c'étaient des larmes de rage. Je ne voulais pas qu'Olessia parte là-bas, je lui avais demandé de ne pas y aller. Ma mère me disait : "Laisse-la faire, puisqu'il le faut." Il le faut! Je déteste cette expression, maintenant! Je ne suis plus la même... Pourquoi j'aimerais la Patrie? On nous avait promis que la démocratie, ce serait bien pour tout le monde. Que ce serait la justice pour tous. Le règne de l'honnêteté. Ce sont des mensonges, tout ça... L'homme n'est que de la poussière, un grain de poussière... La seule chose, c'est que maintenant, on trouve tout dans les magasins. Allez-y! Servez-vous! Ce n'était pas comme ça du temps du socialisme. Vous voulez savoir ce que je pense? Bien sûr, je suis une simple Soviétique... Personne ne m'écoute parce que je n'ai pas d'argent. Si j'en avais, là, ce serait autre chose! Ils auraient peur de moi, tous ces petits chefs... Maintenant, c'est l'argent qui fait marcher le monde...

Quand Olessia est partie, elle était toute contente. "Olga vient avec moi!" Elles étaient deux femmes dans leur détachement... J'ai vu cette Olga Kormtchaïa à la gare routière au moment du départ. Olessia nous a présentées. Il y a eu un moment, ce jour-là... Peut-être que je lui accorde trop d'importance maintenant, après ce qui s'est passé. Les cars allaient démarrer, on avait joué l'hymne et tout le monde avait fondu en larmes. J'étais d'un côté de la rue et j'ai couru de l'autre côté, Olessia m'avait crié quelque chose à travers la vitre, et j'ai cru qu'ils allaient tourner. J'ai traversé pour la voir encore une fois, pour lui faire signe de la main. Mais ils ont continué tout droit, et je ne l'ai pas revue. Mon cœur s'est serré. La poignée de son sac avait lâché au dernier moment... Mais peut-être que je me fais tout un cinéma maintenant... Ma petite fille chérie... *(Elle pleure.)* J'ai trouvé le téléphone d'Olga dans l'annuaire, et je l'ai appelée. "Je suis la maman d'Olessia... Je voudrais vous voir." Elle a gardé le silence un long moment, puis elle a dit d'un ton contrarié et même un peu hargneux: "J'ai déjà assez souffert comme ça... Quand allez-vous me laisser tranquille, tous autant que vous êtes?" Et elle a raccroché. J'ai rappelé une deuxième fois. "Je vous en prie! J'ai besoin de savoir. Je vous en supplie! – Arrêtez de me tourmenter!" Je l'ai rappelée encore une fois, sans doute un mois plus tard... C'est sa mère qui a répondu. "Ma fille n'est pas là. Elle est partie en Tchétchénie." En Tchétchénie! Elle était retournée là-bas! Vous comprenez, même à la guerre, il y en a qui arrivent à se faire une place au soleil. C'est une question de chance... L'homme ne pense pas à la mort, cela lui fait peur de mourir aujourd'hui, mais si c'est dans un avenir lointain, il s'en fiche. Ils ont tous reçu soixante mille roubles pour les six mois qu'ils ont passés là-bas. Cela suffit pour s'acheter une voiture d'occasion. Et ils continuaient à toucher leur salaire. Avant de partir, Olessia avait acheté une machine à laver à crédit et un téléphone mobile... Elle devait les payer à son retour. Maintenant, c'est nous qui devons rembourser. Mais avec quoi ? Les factures s'empilent... Nastia porte de vieilles baskets trop petites, elle rentre de l'école en pleurant parce qu'elles lui font mal aux pieds. Ma mère et moi, nous économisons sur nos retraites, nous n'arrêtons pas de compter, mais il ne reste pas un sou à la fin du mois. On ne peut rien demander à un mort...

Il y avait deux personnes auprès d'elle au dernier moment, deux témoins. Au poste de contrôle, le KPP. C'est une guérite de deux mètres sur deux mètres et demi. Ils étaient de garde une nuit, tous les trois. Le premier m'a parlé au téléphone : quand elle était arrivée, ils avaient bavardé quelques minutes, puis il s'était absenté, pour un besoin quelconque, ou parce que quelqu'un l'avait appelé. Il a entendu un claquement à l'intérieur, il n'a même pas pensé tout de suite que c'était un coup de feu. Quand il est revenu, elle était allongée par terre. Comment était-elle ? Son humeur ? De bonne humeur, une humeur normale... Ils s'étaient dit bonjour, ils avaient plaisanté. Le deuxième témoin... Lui, je l'ai appelé à son travail. Il n'a pas voulu me rencontrer, et on ne m'a pas laissée le voir... Il était à côté d'elle quand elle a tiré, mais il paraît qu'il s'était détourné à ce moment-là. À cette seconde précise... Et il n'a rien vu. Dans une guérite de deux mètres sur deux et demi. Vous y croyez, vous ? Je les ai suppliés... Racontez-moi, j'ai besoin de savoir... Je n'irai me plaindre à personne. Je vous en conjure... Ils me fuyaient comme la peste. Ils avaient reçu l'ordre de ne rien dire. Pour protéger les officiers. On les a fait taire à coups de dollars... *(Elle sanglote.)* Dès le début, quand elle s'est engagée dans la milice, cela ne m'avait pas plu. Mon Olessia, milicienne ? Je n'aimais pas ça, je n'aimais pas ça du tout... Il se passe de telles choses, chez eux... Elle avait un diplôme technique et elle avait étudié un an dans un institut. Pendant longtemps, elle n'avait pas pu trouver de travail. À la milice, on l'avait prise tout de suite. Moi, ça me faisait peur... La milice, c'est un business... Une maffia... Les gens ont peur des miliciens, dans chaque famille, il y a quelqu'un qui a eu affaire à eux. Chez nous, dans la milice, on torture, on passe les gens à tabac. Les miliciens font aussi peur que les gangsters. Dieu nous préserve de tomber entre leurs mains ! Dans les journaux, on les surnomme "les loups-garous en uniforme". Ils violent, ils tuent... Ce genre de choses, ça n'existait pas à l'époque soviétique. En tout cas, on n'en parlait pas autant... Et on se sentait protégés. *(Elle devient songeuse.)* La moitié des miliciens ont fait la guerre. Soit en Afghanistan, soit en Tchétchénie. Ils ont tué. Ils sont tous détraqués. Là-bas, ils ont aussi fait la guerre contre la population civile. Les guerres sont comme ça, maintenant : les soldats ne se battent pas seulement entre eux, ils se battent aussi contre les civils. Contre les gens ordinaires. Pour eux, tous sont des ennemis, les hommes, les femmes, les enfants. Et une fois rentrés ici, quand ils tuent quelqu'un, ils s'étonnent de devoir donner des explications. En Tchétchénie, ils n'avaient pas besoin de rendre des comptes... "Tu as tort, maman, me disait Olessia. Cela dépend des gens. Une jeune fille milicienne, avec une chemise bleue et des épaulettes, c'est magnifique !"

Le dernier soir, ses amis sont venus lui dire au revoir. Je me souviens de ce qu'ils disaient... Je me souviens de tout... Ils ont discuté toute la nuit.

"... La Russie, c'est un grand pays, pas un tuyau de gaz avec un robinet..."

"... La Crimée n'est plus à nous, on l'a lâchée... La Tchétchénie est en guerre... Le Tatarstan bouge... Je veux vivre dans un grand pays ! Nos Mig vont aller à Riga..."

"... On fait mordre la poussière à la Russie ! Et les bandits tchétchènes passent pour des héros... Les droits de l'homme ?! Là-bas, ils débarquent chez les Russes avec des mitraillettes : ou on te tue, ou tu dégages. Un bon Tchétchène, c'est celui qui dit d'abord « Dégage ! », et qui tue après, le mauvais, c'est celui qui tue tout de suite. Fais ta valise et monte dans un train, direction la Russie... Les palissades sont couvertes d'inscriptions : « N'achetez pas l'appartement de Macha, de toute façon, il sera à nous ! », « Ne partez pas, les Russes, on a besoin d'esclaves ! »"

"... Deux soldats russes et un officier étaient tombés aux mains des Tchétchènes. Ils ont coupé la tête des soldats, et ils ont relâché l'officier : « Casse-toi et deviens fou ! » Je l'ai vu sur une vidéo… Ils tranchent les oreilles, les doigts… Ils gardent les prisonniers dans des caves, comme esclaves russes… Ce sont des bêtes sauvages!"

"… Moi, je vais y aller! J'ai besoin d'argent pour mon mariage. C'est une jolie fille, elle ne va pas attendre longtemps…"

"… J'ai un ami, on a fait l'armée ensemble. Il vivait à Grozny. Il avait un voisin tchétchène. Un beau jour, son voisin lui a dit de partir. « Mais pourquoi? – Parce qu'on va bientôt tous vous égorger. » Ils ont laissé un appartement de trois pièces là-bas, et maintenant, ils habitent à Saratov dans un foyer d'accueil. On ne les a rien laissé emporter. Les gens hurlaient : « Vous n'avez qu'à demander à votre Russie de vous acheter des affaires neuves! Celles-là, elles sont à nous! »"

"… La Russie est à genoux, mais elle n'est pas encore morte. Nous, on est des patriotes russes! Nous devons remplir notre devoir envers la Patrie! Vous connaissez l'histoire : camarades soldats et officiers, si vous vous montrez courageux en Tchétchénie, la Patrie vous enverra passer des vacances en Yougoslavie! En Europe! B… de m…!"

Mon fils a supporté mes larmes un certain temps, et puis il en a eu assez, il a commencé à me secouer. "Cela ne mène à rien, maman, et tu vas finir par tomber malade!" Il m'a envoyée dans une maison de repos. De force, si je puis dire, après m'avoir fait une scène. Là-bas, je me suis liée d'amitié avec une femme très bien, sa fille est morte jeune à la suite d'un avortement. Nous avons pleuré ensemble, nous sommes devenues amies. Je l'ai appelée il n'y a pas longtemps : elle est morte. Dans son sommeil. Moi, je sais que c'est de chagrin qu'elle est morte… Pourquoi moi, je ne meurs pas? Je serais heureuse de mourir, mais je n'y arrive pas. *(Elle pleure.)* Quand je suis revenue de la maison de repos, la première chose que ma mère m'a dite… "Ma fille, ils vont finir par t'envoyer en prison. Ils ne te pardonneront pas de chercher à savoir la vérité." En fait… j'étais à peine partie qu'ils lui avaient téléphoné de la milice. Elle devait se présenter dans les vingt-quatre heures dans tel bureau… La non-comparution entraînerait une amende… Quinze jours de prison… Or ma mère a peur de tout. Chez nous, tout le monde a peur, trouvez-moi des gens âgés qui ne soient pas terrorisés. Et il n'y avait pas que cela… Ils avaient interrogé nos voisins pour se renseigner sur nous, sur notre comportement… Ils leur avaient posé des questions sur Olessia, s'ils l'avaient déjà vue ivre, si elle prenait de la drogue… Ils avaient exigé nos dossiers médicaux à la polyclinique. Pour vérifier si l'une de nous avait déjà consulté dans un service de psychiatrie. J'ai été outrée! Et folle de rage! J'ai pris mon téléphone et j'ai appelé la milice. "Qui a osé menacer ma mère…? Une femme de plus de quatre-vingts ans… Pourquoi l'avez-vous convoquée?" Du coup, le lendemain, ils m'ont envoyé une convocation à moi. "Vous êtes tenue de vous présenter dans tel bureau…" avec le nom du juge d'instruction… Maman n'arrêtait pas de pleurer. "Ils vont t'arrêter!" Moi, rien ne me faisait plus peur. Qu'ils aillent tous au diable! Il faudrait que Staline sorte de sa tombe, tiens! Qu'il sorte de sa tombe, je l'en supplie! C'est ma seule prière… Il aurait dû en arrêter et en fusiller encore plus, de ces petits chefs! Il n'en a pas tué assez! Je n'ai aucune pitié pour eux. Je veux les voir pleurer! *(Elle pleure.)* Et je suis allée voir ce Fédine… Ah, je n'ai pas mâché mes mots! Dès que je suis entrée dans son bureau, je lui ai dit: "Qu'est-ce que vous me voulez? Vous m'avez ramené ma fille dans un cercueil trempé… Ça ne vous suffit pas? – Vous ne savez pas à qui vous avez affaire! Vous ne comprenez donc pas où vous vous trouvez? Ici, c'est nous qui posons les questions…" Au début, il était seul, et puis il a fait venir le commandant d'Olessia, Klimkine… J'allais enfin le voir! Quand il est entré, je me suis ruée sur lui: "Qui a tué ma fille? Dites-moi la vérité… – Votre fille n'était qu'une idiote, une folle!" C'était hallucinant! Il est devenu tout rouge, il s'est mis à crier, à taper du pied. Ils m'ont provoquée… Ils ont réussi à me faire hurler et griffer comme une chatte furieuse. Cela prouvait que j'étais folle, et que ma fille aussi était folle. Leur but, c'était de me faire taire…

Tant que mon cœur battra encore… Je chercherai à savoir la vérité… Je n'ai peur de personne! Je ne suis plus une serpillière, ni un moucheron de rien du tout. On ne me fera pas rentrer dans ma boîte! Ils m'ont ramené ma fille dans un cercueil trempé…

Un jour, dans un train de banlieue, un homme s'est assis en face de moi. Nous avons fait connaissance. Il s'est présenté: "Ex-officier, ex-entrepreneur, ex-démocrate, célibataire. Aujourd'hui chômeur." Moi, quelle que soit la question qu'on me pose, je parle toujours de la même chose : "Ma fille est morte en Tchétchénie... Elle était sergent dans la milice..." Il m'a demandé de lui raconter mon histoire... Je l'avais déjà racontée bien des fois... *(Elle se tait.)* Il m'a écoutée, et puis il m'a raconté son histoire à lui.

"Moi aussi je suis allé là-bas. Je suis rentré, et ici, rien ne me réussit. Je n'arrive pas à m'insérer dans ces cadres. Personne ne veut m'employer parce que je reviens de Tchétchénie... Les gens me font peur... Ils me dégoûtent... Mais ceux qui ont fait la guerre en Tchétchénie, eux, ce sont des frères...

"Un vieux Tchétchène est là, il regarde notre camion rempli de soldats démobilisés. Il se dit : voilà des gars russes tout ce qu'il y a de plus ordinaires, mais il n'y a pas longtemps, ils avaient des fusils-mitrailleurs... C'étaient des snipers... Nous, on a des blousons neufs, des jeans. Avec quoi on les a achetés ? Avec ce qu'on a gagné ici. Et c'était quoi, notre travail ? C'était de faire la guerre. De tirer... Et il y avait des enfants, des jolies femmes... Mais les soldats, si on leur enlève leur arme et qu'on leur rend leurs vêtements civils... Ce ne sont plus que des conducteurs de tracteurs, des chauffeurs d'autobus, des étudiants...

"On vivait derrière des barbelés avec, autour, des miradors et des champs de mines. Un petit monde clos. Une zone. Impossible d'en sortir, on se serait fait tuer. Mort aux occupants ! Tout le monde buvait, on se bourrait la gueule comme des porcs. Tous les jours, on voyait des maisons saccagées, des gens qui pillaient, qui tuaient. Alors brusquement, on est pris d'une espèce d'euphorie. Il n'y a plus de limites. On peut faire n'importe quoi... On peut se permettre beaucoup de choses... On n'est plus qu'un animal fou furieux avec une arme entre les mains. Et des spermatozoïdes dans la tête...

"C'est un travail de bourreau... On mourait pour une maffia qui ne nous payait même pas. Qui nous mentait. Mais ce n'était pas ici, dans la rue, qu'on tuait, c'était à la guerre. J'ai vu une jeune fille russe violée par ces chacals... Ils lui avaient brûlé la poitrine avec une cigarette pour qu'elle crie plus fort...

"Je suis revenu avec de l'argent... J'ai fait la fête avec mes potes, je me suis acheté une Mercedes d'occasion..."

(Elle n'essuie plus ses larmes.) Alors voilà où était allée mon Olessia, voilà où elle s'était retrouvée! Cette maudite guerre... Elle était quelque part loin, très loin... Et maintenant elle est entrée dans ma maison. Cela fait deux ans... Je frappe à toutes les portes, je vais de bureau en bureau. J'écris au parquet de la région, du district... Au procureur général... *(Elle me montre une pile de lettres.)* Je reçois des réponses officielles... Toute une montagne de réponses stéréotypées. "Concernant la mort de votre fille, nous vous informons..." Et tous, ils mentent : ils disent qu'elle est morte le 13 novembre, alors qu'en fait, c'était le 11 ; que son groupe sanguin était le A, alors qu'elle était du groupe AB ; tantôt elle était en uniforme, tantôt elle était en civil. Le trou était dans la tempe gauche et eux, ils parlent de la tempe droite... J'ai envoyé une plainte à notre député à la Douma, c'est moi qui l'ai élu, j'ai voté pour lui. J'avais confiance dans nos dirigeants! J'ai fini par obtenir une audience. Quand je me suis retrouvée au rez-de-chaussée de la Douma, j'ai ouvert des yeux comme des soucoupes : une bijouterie avec des bagues en or, des diamants, des œufs de Pâques en or et en argent... des pendentifs... Le plus petit de ces diamants coûte plus d'argent que je n'en ai gagné en une vie entière. Rien qu'une seule petite bague... D'où sortent-ils autant d'argent, nos députés du peuple? Moi qui ai travaillé honnêtement, tout ce que j'ai, c'est une pile de certificats... Et ma mère aussi... Et eux, ils ont des actions de Gazprom... Nous, on a des papiers, et eux, ils ont de l'argent. *(Elle se tait, l'air mauvais.)* Je n'aurais jamais dû aller là-bas... J'ai eu tort de pleurer devant lui... Rendez-nous Staline! Le peuple attend un Staline! On m'a pris ma fille, et on m'a rendu un cercueil. Un cercueil trempé... Et personne ne veut parler à une mère... *(Elle pleure.)* Je pourrais très bien travailler moi-même à la milice, maintenant... Les enquêtes, les procès-verbaux. Si c'est un suicide, il y a du sang sur le pistolet et de la poudre sur les mains. Je sais tout, maintenant... Je n'aime pas regarder les nouvelles à la télévision. Ce sont des mensonges! En revanche, les séries policières... Avec des meurtres, ce genre de choses... je ne les rate jamais. Parfois, le matin, je n'arrive pas à me lever, je ne sens plus mes bras ni mes jambes, je resterais bien couchée... Mais je pense à Olessia... Et je me lève.

J'ai fini par tout reconstituer par petits bouts... Mot après mot... Quelqu'un en a un peu trop dit un jour où il avait bu, ils étaient soixante-dix là-bas, et quelqu'un a parlé. Notre ville n'est pas très grande, ce n'est pas Moscou... Maintenant, je me représente la scène... Ce qui s'est passé là-bas. Ils avaient organisé une gigantesque beuverie pour célébrer la fête de la milice. Ils étaient complètement bourrés, et cela a dégénéré en orgie. Si Olessia y était allée avec ses collègues, avec des gens de sa section... Mais c'étaient tous des inconnus, un détachement avec des gens d'un peu partout. Elle s'est retrouvée avec des miliciens du service routier. Ces gens-là, ce sont des rois, ils ont de l'argent plein les poches. Ils se mettent au bord de la route avec leur pistolet, et ils prélèvent leur tribut. Tout le monde paie. C'est un boulot en or! Les garçons aiment bien faire la bringue... Tuer, se bourrer la gueule et baiser – les trois grands plaisirs de la guerre. Ils ont bu à en avoir les yeux qui leur sortaient de la tête, et ils se sont transformés en bêtes sauvages... Il paraît qu'ils ont violé toutes les filles qui étaient là. Leurs collègues. Olessia, elle, ou bien elle ne s'est pas laissé faire, ou bien elle les a ensuite menacés de les faire tous arrêter. Et ils ne l'ont pas laissée partir...

On raconte aussi autre chose... Ils étaient au poste de contrôle, à l'endroit où on laisse passer les voitures. Là-bas, ils se débrouillent tous pour se faire un peu d'argent. Par n'importe quel moyen. Quelqu'un voulait introduire quelque chose en contrebande... Je ne peux pas vous dire ce que c'était, je mentirais. De la drogue ou je ne sais quoi... Tout était convenu, l'argent était déjà versé. La voiture était une Niva. Ils parlent tous d'une Niva... Mais Olessia s'est braquée. Pour une raison ou une autre, elle n'a pas laissé passer le véhicule. Alors on lui a tiré dessus. Elle était gênante, il y avait une grosse somme en jeu. Il paraît qu'un haut gradé serait mêlé à l'histoire.

Ma mère avait rêvé d'une Niva... Quand je suis allée voir une voyante et que j'ai posé cette photo sur la table *(elle me la montre)*, elle m'a dit qu'elle voyait une voiture... Une Niva...

... J'ai parlé avec une femme, une infirmière. Je ne sais pas comment elle était avant d'aller en Tchétchénie, peut-être qu'elle était gaie. Mais maintenant, elle est aussi hargneuse que moi. Il y a beaucoup de gens traumatisés en ce moment, ils ne disent rien, mais ils sont amers. Ils rêvaient tous de réussir dans cette nouvelle vie, mais rares sont ceux qui y ont gagné quelque chose… qui ont tiré un billet gagnant. Personne ne s'attendait à descendre au fond du trou. Les gens vivent la rage au cœur maintenant, beaucoup sont à vif. *(Elle se tait.)* Peut-être qu'Olessia aussi aurait été différente à son retour… Que je ne l'aurais pas reconnue… *(Elle se tait.)* Cette femme a été franche avec moi…

"J'étais partie par romantisme. Pendant longtemps, tout le monde se moquait de moi là-bas. Pour être honnête, j'avais tout abandonné à cause d'un amour malheureux. Cela m'était égal d'être tuée par un Tchétchène ou de mourir de chagrin.

"… Quand on n'a jamais eu affaire à des cadavres, on croit qu'ils ne disent rien, qu'ils ne font pas de bruit. Mais là-bas, on entendait tout le temps des bruits. De l'air qui sortait, un os qui craquait à l'intérieur… Des froissements. Ça peut rendre fou…

"… Là-bas, je n'ai jamais vu d'hommes qui ne boivent pas et qui ne tirent pas. Ils se bourrent la gueule, et ils tirent sur n'importe quoi. Pourquoi ? Personne ne peut répondre à cette question.

"… Il était chirurgien… Je croyais que c'était le grand amour. Avant de rentrer, il m'a déclaré : « Ce n'est pas la peine de m'appeler ou de m'écrire… Au pays, si j'ai envie de prendre du bon temps, ce sera avec une jolie gonzesse qui ne me fasse pas honte si je rencontre ma femme. » Moi, je ne suis pas jolie. Mais il nous arrivait de rester trois jours de suite ensemble dans une salle d'opération, et c'est quelque chose de fort… de plus fort que l'amour.

"… Maintenant, les hommes me font peur. Ceux qui ont fait la guerre, je ne peux pas les voir… Ce sont tous des sales types, des enfoirés ! Quand j'ai fait mes bagages pour rentrer, je voulais emporter ça, et ça… Un magnétophone, un tapis… « Moi, m'a dit le directeur de l'hôpital, je laisse tout ici. Je ne veux pas rapporter la guerre chez moi. » La guerre, ce n'est pas dans nos bagages qu'on l'a rapportée, c'est dans nos âmes…"

On nous a rendu les affaires d'Olessia… Son caban, sa jupe… Ses boucles d'oreilles en or, sa chaîne. Dans la poche de son caban, il y avait des noisettes et deux barres de chocolat. Elle les avait sans doute mises de côté pour Noël, pour nous les envoyer. Cela me fait mal, cela me brise le cœur…

Bon, vous allez écrire la vérité... Mais à qui cela fait-il peur ? Nos dirigeants... On ne peut pas les atteindre, maintenant... Tout ce qui nous reste, c'est un fusil et la grève. Se coucher sur des rails. Mais nous n'avons pas de meneur. Sinon, les gens se seraient soulevés depuis longtemps... Nous n'avons pas de Pougatchev ! Si on me donnait une arme, je sais bien sur qui je tirerais. *(Elle montre un journal.)* Vous avez lu ça ? On organise des voyages touristiques en Tchétchénie. On vous emmène faire un tour dans un hélicoptère de l'armée et on vous montre les ruines de Grozny, des villages calcinés... Là-bas, on fait la guerre et en même temps, on reconstruit. On tire et on construit. Et on montre tout ça. Nous, nous sommes encore en train de pleurer, et il y a déjà quelqu'un qui se fait de l'argent avec nos larmes. Avec notre peur. Comme avec du pétrole.

(Nous nous revoyons quelques jours plus tard.)

Avant, je comprenais notre vie... la façon dont nous vivions... Mais maintenant, je n'y comprends plus rien... plus rien du tout...

OÙ IL EST QUESTION DES TÉNÈBRES DU MAL ET D'UNE AUTRE VIE QUE L'ON PEUT CONSTRUIRE À PARTIR DE CELLE-CI

Éléna Razdouïeva, ouvrière, 37 ans

Pour cette histoire, j'ai mis beaucoup de temps à trouver un "accompagnateur", un conteur ou un interlocuteur – je ne sais même pas comment appeler ceux qui me viennent en aide lors de mes voyages à travers les mondes des hommes. À travers notre vie. Tous refusaient : "Cette histoire, ça concerne les psychiatres", "Une mère qui a abandonné ses trois enfants pour des lubies de malade mentale, c'est l'affaire d'un tribunal, pas d'un écrivain", "Et Médée ? demandais-je. Et Médée, qui a tué ses propres enfants par amour ? – Ça, c'est un mythe. Là, ce sont des gens réels." Mais la réalité n'est pas un ghetto réservé aux artistes. C'est aussi un monde libre.

Puis j'ai appris que l'on avait déjà tourné un film sur mon héroïne, intitulé Souffrances *(Studio Fichka film). J'ai rencontré la réalisatrice Irina Vassilieva. Nous avons bavardé, regardé le film, et recommencé à bavarder.*

EXTRAITS DU RÉCIT DE LA RÉALISATRICE IRINA VASSILIEVA

On m'en avait parlé… Et cette histoire ne m'avait pas plu, elle m'avait fait peur. On m'avait assuré que cela ferait un film fantastique sur l'amour, qu'il fallait que j'aille filmer ça tout de suite. Une histoire bien russe! Une femme qui a un mari et trois enfants tombe amoureuse d'un détenu et qui plus est, d'un condamné à perpétuité, à la détention à vie, pour un crime particulièrement atroce. Elle a tout abandonné pour lui, son mari, ses enfants, sa maison. Mais il y avait quelque chose qui m'arrêtait…

En Russie, depuis la nuit des temps, on a toujours aimé les forçats, ce sont des pécheurs, mais aussi des malheureux qui souffrent. Ils ont besoin d'encouragement et de réconfort. Il y a toute une culture de la pitié que l'on conserve précieusement, surtout dans les campagnes et les petites villes. Ce sont des femmes simples qui vivent là, elles n'ont pas internet, mais elles se servent de la poste. À l'ancienne. Les hommes boivent et se bagarrent, et elles, elles passent leurs soirées à s'écrire des lettres. Dans ces enveloppes, il y a l'histoire un peu naïve de leurs vies et toutes sortes de petits riens – des patrons de vêtements, des recettes de cuisine, et à la fin, on trouve obligatoirement des adresses de détenus. L'une a un frère en prison, et il a donné les coordonnées de ses camarades. Pour d'autres, c'est un voisin ou un camarade de classe. Elles se transmettent les informations par le bouche à oreille : il a volé, il a fait des bêtises, il s'est retrouvé en prison, il est sorti, il y est retourné. L'histoire habituelle… Quand on écoute les gens, dans les campagnes, la moitié des hommes ont déjà fait de la prison ou sont en train d'en faire. Et nous, nous sommes des chrétiens, nous devons aider les malheureux. Il y a des femmes qui épousent des récidivistes, et même des assassins. Je n'ai pas la présomption de vous expliquer à quoi cela tient… C'est compliqué… Mais les hommes ont du flair pour ce genre de filles. Le plus souvent, ce sont des femmes qui n'ont pas eu de chance, qui ne se sont pas réalisées. Des femmes seules. Et là, tout à coup, on a besoin d'elles, elles ont quelqu'un à qui se consacrer. C'est une façon de changer quelque chose dans leur vie. Une sorte de remède…

Finalement, nous sommes allés tourner ce film. J'ai eu envie de raconter que dans notre siècle pragmatique, il existe des gens qui vivent selon une autre logique. Et à quel point ils sont sans défense… Nous disons beaucoup de choses sur notre peuple. Certains l'idéalisent, d'autres considèrent qu'il est arriéré. Qu'il est "soviétisé". Mais en réalité, nous ne le connaissons pas. Il y a un abîme entre nous… C'est toujours une histoire que je filme, et dans n'importe quelle histoire, il y a tout. On trouve toujours les deux choses les plus importantes : l'amour et la mort.

C'est dans la région de Kalouga, un village perdu… Bon, on y va. Je regarde par la fenêtre : tout est sans limites ici, les champs, les bois, le ciel. Sur les collines, les taches blanches des églises. De la force et de la sérénité. Quelque chose de très ancien. Nous roulons, nous roulons... Nous quittons la grand-route pour prendre une petite route ordinaire. Ah, ces routes russes! Il n'y a que chez nous qu'on voit ça... Même un tank n'arriverait pas toujours à passer! S'il y a deux ou trois nids-de-poule tous les trois mètres, on peut dire que la route est bonne. Et de chaque côté, des villages... Des isbas bancales avec des palissades déglinguées, des poules et des chiens qui errent dans les rues. Les poivrots font la queue dès l'aube devant le magasin encore fermé. Tout ça, c'est si familier qu'on en a la gorge serrée... Au centre, la statue de Lénine est toujours là. *(Elle se tait.)* À une époque... On a du mal à y croire que cela a existé et que nous avons été comme ça... Quand Gorbatchev est arrivé au pouvoir, nous étions tous fous de joie. On vivait dans des rêves, des illusions. On vidait nos cœurs dans nos cuisines. On voulait une nouvelle Russie... Au bout de vingt ans, on a enfin compris : d'où aurait-elle pu sortir, cette Russie? Elle n'existait pas, et elle n'existe toujours pas. Quelqu'un a fait remarquer très justement qu'en cinq ans, tout peut changer en Russie, et en deux cents ans, rien du tout. Des espaces incommensurables et avec ça, une psychologie d'esclaves... On ne peut pas refaire la Russie dans les cuisines de Moscou. On a rétabli le blason des tsars, mais l'hymne est resté celui de Staline. Moscou est russe, capitaliste... Mais la Russie, elle, est restée ce qu'elle était – soviétique. Là-bas, on n'a jamais vu de démocrates en chair et en os et si on en voyait, on les mettrait en pièces. La majorité, tout ce qu'elle veut, c'est de quoi manger et un chef. La vodka frelatée coule à flots... *(Elle rit.)* Je sens que vous et moi, nous faisons partie de la "génération des cuisines". Nous avons commencé par parler de l'amour et, au bout de cinq minutes, nous voilà en train de discuter de la façon de réorganiser la Russie! Mais la Russie n'en a rien à faire de nous, elle vit sa vie toute seule...

Un petit moujik complètement ivre nous a montré où habitait notre héroïne. Elle est sortie de son isba... Elle m'a plu tout de suite. Des yeux bleus, de la prestance. Une vraie beauté... Une beauté russe! Une femme comme ça brillerait aussi bien dans une misérable isba de paysans que dans un appartement luxueux à

Moscou. Et figurez-vous qu'elle est fiancée à un assassin. Nous ne l'avons pas encore vu, il est condamné à vie et il a la tuberculose. Quand elle a su pourquoi nous étions venues, elle a éclaté de rire. "C'est ma série télévisée personnelle!" Je me demandais comment lui annoncer que nous allions la filmer. Et si elle était intimidée par la caméra? Mais elle m'a dit : "Je suis tellement bécasse que je raconte mon histoire au premier venu. Il y en a que cela fait pleurer, d'autres qui m'insultent. Si vous voulez, je peux vous la raconter, à vous aussi." Et elle raconte…

L'amour
Je n'avais pas encore l'intention de me marier, mais j'y pensais, bien sûr. J'avais dix-huit ans. L'homme de ma vie… Comment serait-il? Un jour, j'ai fait un rêve : je marchais dans un pré en direction de la rivière, elle est juste derrière le village, et tout à coup, j'ai vu surgir devant moi un grand gars, très beau. Il m'a prise par la main et m'a dit : "Tu es ma fiancée. Ma femme devant Dieu." En me réveillant, je me suis dit : il ne faut pas que je l'oublie… Que j'oublie son visage… Il est resté imprimé dans ma mémoire, comme une sorte de programme… Un an a passé, deux ans… Je n'avais toujours pas rencontré ce garçon. Mais Liocha me faisait la cour depuis longtemps, il était cordonnier. Il voulait m'épouser. Je lui répondais honnêtement que je ne l'aimais pas, que j'aimais le garçon que j'avais vu en rêve et que je l'attendais. J'allais le rencontrer un jour, il était impossible, tout simplement impossible que je ne le rencontre pas! Liocha, cela le faisait rire. Et mes parents aussi, cela les faisait rire… Ils m'ont convaincue que je devais me marier, que l'amour viendrait après.

Pourquoi vous souriez? Tout le monde se moque de moi, je sais bien… Si on vit selon son cœur, on n'est pas normal. Si on dit la vérité, on ne vous croit pas, mais quand on ment, alors là, tout va bien! Un jour, un garçon que je connais est passé, j'étais en train de travailler dans le potager. Je lui ai dit que j'avais rêvé de lui. "Oh, non! Surtout pas ça!" Il s'est sauvé comme si j'étais une pestiférée. Je ne suis pas comme tout le monde, on m'évite… Je ne cherche pas à plaire, je ne m'intéresse pas aux vêtements, je ne me maquille pas. Je ne sais pas flirter. Je sais uniquement parler. À une époque, je voulais entrer dans un monastère, et puis j'ai lu quelque part qu'on pouvait aussi être religieuse en dehors d'un monastère. Même chez soi. C'est une façon de vivre.

Je me suis mariée. Il est tellement gentil, Liocha! Et tellement fort, il est capable de plier une barre de fer! Et je me suis mise à l'aimer. Je lui ai donné un fils. Après la naissance, il m'est arrivé quelque chose, c'était peut-être le choc de l'accouchement… Les hommes me dégoûtaient. J'avais un enfant, quel besoin avais-je d'un mari? Je pouvais bavarder avec lui, laver son linge, lui faire à manger, lui faire son lit, mais je ne pouvais pas avoir de rapports avec lui… comme avec un homme… Je hurlais, de vraies crises d'hystérie! On a passé deux ans à se torturer comme ça, et puis je suis partie, j'ai pris mon enfant dans mes bras et je suis partie. Mais je n'avais nulle part où aller. Mes parents étaient morts. Ma sœur était quelque part au Kamtchatka… J'avais un ami, Ioura, qui m'aimait depuis l'école, mais il ne m'avait jamais avoué son amour. Je suis grande et, lui, il est tout petit, beaucoup plus petit que moi. Il faisait paître les vaches et il lisait des livres. Il connaissait toutes sortes d'histoires, il savait résoudre des mots croisés en un rien de temps. Je suis allée le trouver. "Ioura, nous sommes amis tous les deux. Je peux vivre quelque temps chez toi? J'habiterai dans ta maison, seulement il ne faut pas tu m'approches ni que tu me touches. S'il te plaît." Il a dit d'accord.

Nous avons vécu comme ça un certain temps… Et puis je me suis dit: il m'aime, il se conduit tellement bien, il n'exige rien de moi, pourquoi je le fais souffrir comme ça? Et nous sommes allés enregistrer notre mariage à la mairie. Il voulait qu'on se marie à l'église, alors je lui ai avoué que c'était impossible. Je lui ai raconté mon rêve, je lui ai dit que j'attendais le grand amour… Lui aussi, il s'est moqué de moi. "Tu es une vraie petite fille! Tu crois aux miracles. Mais jamais personne ne t'aimera comme je t'aime." Je lui ai donné deux fils. Nous avons vécu quinze ans ensemble et pendant quinze ans, nous nous sommes promenés main dans la main. Les gens étaient étonnés… Il y en a beaucoup qui vivent sans amour, l'amour, ils ne voient ça qu'à la télévision. Mais c'est quoi, une personne sans amour? C'est comme une fleur sans eau…

Il y a une coutume, chez nous… Les jeunes filles et les jeunes femmes écrivent aux prisonniers. Mes amies et moi, on écrivait toutes des lettres, depuis l'école... J'en ai écrit des centaines comme ça, et j'ai reçu des centaines de réponses. Et cette fois-là... Tout s'est passé comme d'habitude, la postière a crié : "Léna ! Une lettre pour toi !" J'ai couru... J'ai pris la lettre. Il y avait le cachet d'une prison, une adresse codée. Et brusquement, mon cœur s'est mis à battre très fort. J'avais à peine vu l'écriture, et elle m'était déjà familière... J'étais si bouleversée que je n'arrivais pas à lire. Je suis une rêveuse, mais je connais aussi la réalité. Ce n'était pas la première fois que je recevais une lettre comme ça... Le texte était simple : "Merci pour tes bonnes paroles, petite sœur... Je sais bien que t'es pas ma sœur, mais c'est tout comme." Je lui ai écrit le soir même : "Envoie-moi ta photo, je voudrais voir ton visage."

La réponse est arrivée, avec la photo. Je l'ai regardée... C'était lui, c'était le garçon que j'avais vu en rêve... Mon grand amour ! Cela faisait vingt ans que je l'attendais. Je ne pouvais rien expliquer à personne, c'était un véritable conte de fées. J'en ai tout de suite parlé à mon mari : "Ça y est, j'ai trouvé mon grand amour !" Il pleurait, il me suppliait, il essayait de me raisonner. "Nous avons trois enfants à élever..." Moi aussi, je pleurais. "Je sais que tu es un homme bien, Ioura, les enfants s'en sortiront avec toi." Les voisins, mes amies, ma sœur... Tout le monde m'a condamnée. Je suis toute seule maintenant.

Je suis allée acheter un billet à la gare... Dans la queue, j'ai lié connaissance avec une femme, nous avons bavardé. Elle m'a demandé où j'allais. "Retrouver mon mari (il n'était pas encore mon mari, mais je savais qu'il le serait). – Et où est-il ? – En prison. – Qu'est-ce qu'il a fait ? – Il a tué un homme. – Aaah ! Et il en a pour longtemps ? – Pour toute la vie. – Ma pauvre petite... – Je ne suis pas à plaindre. Je l'aime."

N'importe qui a besoin d'être aimé. Ne serait-ce que par une personne. L'amour, c'est... Je vais vous expliquer ce que c'est... Il a la tuberculose, ils ont tous la tuberculose en prison. À cause de la mauvaise nourriture, parce qu'ils sont déprimés. On m'avait dit qu'il fallait de la graisse de chien. J'en ai cherché dans tout le village, et j'en ai trouvé. Ensuite, j'ai appris que la graisse de blaireau, c'était encore mieux. J'en ai acheté à la pharmacie. Cela coûte les yeux de la tête ! Il lui fallait aussi des cigarettes, de la viande en boîte... Je me suis fait embaucher à la fabrique de pain, c'était mieux payé qu'à la ferme. C'est très dur, comme travail. Les vieux fours sont tellement brûlants qu'on se déshabille complètement, on se balade en soutien-gorge et en petite culotte. Je trimbalais des sacs de farine de cinquante kilos, des plaques de cuisson de cent kilos. Je lui écrivais tous les jours.

SUITE DU RÉCIT D'IRINA VASSILIEVA

Elle est comme ça. C'est quelqu'un d'impulsif, d'impétueux... Cela bouillonne à l'intérieur, il lui faut tout tout de suite. Et toujours avec excès, avec démesure. Des voisins m'ont raconté qu'un jour, des réfugiés tadjiks étaient passés par leur village, ils avaient beaucoup d'enfants, ils étaient affamés, déguenillés... Eh bien, elle leur a apporté tout ce qu'elle pouvait de chez elle... Des couvertures, des oreillers, des cuillères... "On a trop de choses chez nous et, eux, ils n'ont rien." Alors que dans son isba, il y avait juste une table et des chaises... On peut dire que c'était la misère. Ils mangeaient ce qu'ils faisaient pousser dans leur potager, des patates, des courgettes. Ils buvaient du lait. "Ce n'est pas grave! disait-elle à son mari et à ses enfants pour les consoler. En automne, les vacanciers vont s'en aller, et ils nous laisseront quelque chose." Là-bas, en été, il y a des estivants qui viennent de Moscou, beaucoup de peintres et d'artistes, l'endroit est superbe, et toutes les maisons à l'abandon ont été rachetées. Les gens récupèrent tout après eux, jusqu'aux sacs en plastique. C'est un village très pauvre, rien que des vieilles femmes et des poivrots... Encore une autre histoire, tiens... Une de ses amies venait d'avoir un enfant et elle n'avait pas de réfrigérateur. Léna lui a donné le sien. "Moi, mes enfants sont déjà grands, tandis qu'elle, elle a un bébé." Allez-y, prenez, prenez tout! On ne possède rien et, finalement, on découvre qu'on a plein de choses à donner. C'est ce genre de Russe... Ce type de Russe à propos duquel Dostoïevski a écrit qu'il était aussi généreux que la terre russe. Le socialisme ne l'a pas transformé, et le capitalisme ne le changera pas non plus. Ni la richesse ni la pauvreté... Des moujiks sont installés à côté d'un magasin, ils se sont acheté une bouteille pour trois. À quoi boivent-ils? "Sébastopol est une ville russe! Sébastopol sera à nous!..." Ils sont fiers qu'un Russe soit capable de boire un litre de vodka sans être ivre mort. La seule chose dont ils se souviennent à propos de Staline, c'est que sous son règne, ils ont été des vainqueurs…

J'avais envie de filmer tout ça… Je me suis retenue, j'avais peur d'être entraînée si loin que je n'arriverais plus à m'en sortir… Chaque destin est une histoire digne de Hollywood. Un sujet rêvé pour un film. Son amie Irina, par exemple… C'est une ancienne prof de maths, elle a quitté l'école à cause du salaire misérable. Elle a trois enfants, ils lui disaient : "Maman, si on allait à la fabrique de pain pour respirer l'odeur du pain ?" Ils y allaient le soir, pour que les gens ne les voient pas. Maintenant, Irina travaille dans la fabrique de pain, comme Léna, et elle est contente que ses enfants puissent au moins manger du pain autant qu'ils veulent… Elles chapardent… Tout le monde vole, là-bas, c'est uniquement grâce à cela que les gens peuvent survivre. La vie est monstrueuse, inhumaine, mais les âmes, elles, sont bien vivantes. Si vous entendiez de quoi parlent ces femmes… Vous n'en croiriez pas vos oreilles ! Elles parlent d'amour… On peut vivre sans pain, mais pas sans amour, ça, c'est impossible, ce serait la fin de tout… Irina lisait les lettres que Léna recevait de son détenu, et cela lui a donné envie. Elle s'est trouvé un voleur à la tire dans une prison de la région. Lui, il a été libéré assez vite… Ensuite, tout s'est déroulé conformément aux lois de la tragédie… Des serments d'amour jusqu'à la tombe. Le mariage. Très vite, ce Tolia, ou Toliane, s'est remis à boire. Irina avait déjà trois enfants, elle en a eu encore deux autres avec lui. Il a des crises de violence, il la poursuit à travers tout le village, et le matin, quand il a dessoûlé, il verse des larmes de crocodile, il lui demande pardon. Irina… Elle aussi, elle est jolie. Et intelligente. Mais les hommes sont comme ça chez nous – les rois des animaux !

Maintenant, il faut que je vous parle de Ioura… C'est le mari de Léna. Au village, on l'appelle "le vacher liseur", il garde les vaches en lisant. J'ai vu entre ses mains beaucoup de livres de philosophes russes. Avec lui, on peut parler de Gorbatchev et de Nicolaï Fiodorov[1], de la perestroïka et de l'immortalité de

---

1. Nicolaï Fiodorov (1828-1906), penseur et philosophe surnommé "le Socrate russe". Il est l'un des fondateurs de ce que l'on appelle le "cosmisme" russe.

l'âme... Les autres hommes boivent et lui, il lit. Ioura, c'est un rêveur... Une nature contemplative. Léna est fière qu'il sache résoudre des mots croisés en un clin d'œil. Mais de taille, il est tout petit... Dans son enfance, il grandissait beaucoup. Quand il était en sixième, sa mère l'a emmené à Moscou et, là-bas, on lui a fait une injection de je ne sais quoi dans la colonne vertébrale. Et il a complètement arrêté de grandir, il mesure un mètre cinquante. Il est bel homme, c'est vrai. Mais à côté de sa femme, c'est un nain. Dans le film, on s'est arrangé pour que cela ne se voie pas, j'ai demandé à l'opérateur d'inventer quelque chose, je l'ai supplié. Il ne fallait pas fournir aux gens un mot de l'énigme aussi simple : elle a quitté un nabot pour un magnifique superman. Une bonne femme tout ce qu'il y a de plus ordinaire! Alors que Ioura... C'est un homme plein de sagesse, il sait que le bonheur peut avoir beaucoup de couleurs. Il était d'accord pour que Léna vive avec lui dans n'importe quelles conditions, même si elle n'était pas sa femme, juste son amie. À qui courait-elle montrer les lettres qui arrivaient du centre de détention? À lui... Ils les lisaient ensemble. Il en avait le cœur brisé, mais il écoutait... L'amour supporte longtemps... L'amour n'est pas envieux... Il ne murmure pas et ne connaît pas le mal... Oh, tout n'était pas aussi magnifique que je le dis, bien sûr... Leur vie n'était pas toute rose. Ioura a voulu se suicider... S'en aller le plus loin possible... Il y a eu des scènes bien réelles, avec de la chair et du sang. Mais il l'aime...

La contemplation
Je l'aime depuis toujours... Depuis l'école. Elle s'est mariée et elle est partie vivre en ville. Mais je l'aimais encore.

C'était un matin... Maman et moi, nous étions assis à table, en train de prendre le thé. J'ai vu par la fenêtre Léna qui arrivait avec son bébé dans les bras, et j'ai dit à maman : "Maman, ma Léna est là. J'ai l'impression qu'elle est venue me retrouver pour toujours." À partir de ce jour-là, je suis devenu gai et heureux, et même beau... Quand nous nous sommes mariés, j'étais au septième ciel. Je couvrais de baisers mon alliance, je l'ai perdue le lendemain, d'ailleurs. C'est étonnant, elle m'allait parfaitement, mais en travaillant, j'ai enlevé ma moufle et quand je l'ai remise, je me suis aperçu que je n'avais plus d'alliance, je l'ai cherchée, mais je ne l'ai pas retrouvée. Léna, elle, portait tout le temps la sienne, elle glissait un peu, mais elle ne l'a pas perdue une seule fois jusqu'au jour où elle l'a enlevée…

Nous faisions tout ensemble. Oui, c'était comme ça! Nous aimions bien aller à la source tous les deux, je portais les seaux et elle marchait à côté de moi, elle me disait : "Je vais te distraire un peu!" Et elle me racontait quelque chose… Nous ne roulions pas sur l'or, mais l'argent c'est l'argent, et le bonheur c'est le bonheur. Dès que le printemps arrivait, la maison était tout le temps pleine de fleurs. Au début, il n'y avait que moi qui en apportais, ensuite, quand les enfants sont devenus plus grands, nous allions en cueillir ensemble. Ils aimaient beaucoup leur maman. Elle était très gaie. Elle jouait du piano (elle avait été à l'école de musique), elle chantait. Elle inventait des histoires. À un moment, nous avons eu une télévision, quelqu'un nous en avait fait cadeau. Les gamins étaient scotchés à l'écran, on ne pouvait pas les en arracher, ils étaient devenus distants, agressifs. Alors elle a pris le téléviseur et elle l'a rempli d'eau, comme un aquarium. Il était fichu. "Vous feriez mieux de regarder les fleurs et les arbres, les enfants. De parler avec papa et maman." Les enfants ne l'ont pas mal pris du tout, c'était leur maman qui l'avait dit…

Au divorce… Le juge a demandé : "Mais pourquoi vous divorcez? – Nous avons des façons différentes de voir la vie. – Votre mari boit? Il vous bat? – Il ne boit pas et il ne me frappe pas. De façon générale, c'est un homme merveilleux. – Alors pourquoi divorcez-vous? – Je ne l'aime pas. – Ce n'est pas une bonne raison." On nous a donné un an pour réfléchir…

Les gars du village se fichaient de moi. Ils me conseillaient de la flanquer dehors, de la mettre dans un asile psychiatrique… Qu'est-ce qui lui manquait? Vous savez, cela arrive à n'importe qui. La déprime, c'est comme la peste, ça peut tomber sur tout le monde. On est dans un train, on regarde par la fenêtre, et on se sent triste. Autour, tout est magnifique, on n'arrive pas à en détacher les yeux, mais on a les larmes qui coulent, et on ne sait pas quoi faire. La fameuse nostalgie russe… Même si un homme possède apparemment tout, il lui manque quand même quelque chose. Et les gens continuent à vivre. Ils supportent. Mais elle,

elle disait : "Ioura, tu es un homme très bien, tu es mon meilleur ami. Lui, il a passé la moitié de sa vie en prison, mais j'ai besoin de lui. Je l'aime. Si tu ne me laisses pas partir, j'en mourrai. Je continuerai à tout faire comme il faut, mais je serai morte." Le destin, c'est un drôle de truc...

Elle nous a abandonnés et elle est partie. Les enfants étaient malheureux, ils ont pleuré longtemps, surtout le petit. Notre petit Matveï... Ils attendaient que leur maman revienne, et ils l'attendent toujours. Moi aussi, je l'attends. Elle nous a écrit : "Surtout, ne vendez pas le piano." C'est le seul objet de valeur que nous ayons à la maison, elle l'a hérité de ses parents. Son cher piano... Le soir, on s'asseyait tous ensemble et elle nous jouait quelque chose... Comme si je pouvais le vendre pour de l'argent ! Elle n'arrivera pas à me chasser de sa vie, à faire le vide... C'est impossible. Nous avons vécu quinze ans ensemble, nous avons des enfants. C'est une femme bien, mais elle n'est pas comme les autres... On dirait qu'elle n'est pas de ce monde... Elle est légère, légère... Moi, je suis quelqu'un de terrestre. Je fais partie des gens enracinés dans cette terre...

On a parlé de nous dans le journal local. Ensuite, on nous a fait venir à Moscou, à la télévision. Voilà comment ça se passe : on est là, comme sur une scène, et on raconte son histoire devant un public. Ensuite, il y a une discussion. Léna s'est fait insulter par tout le monde, surtout les femmes : "Pauvre cinglée ! Espèce d'obsédée sexuelle !" Elles étaient prêtes à la lapider. "C'est pathologique ! C'est mal !" Moi, on m'a bombardé de questions... "Cette chienne lubrique qui vous a abandonnés, vous et les enfants, elle ne vaut pas votre petit doigt ! Vous êtes un saint. Au nom de toutes les femmes russes, je m'incline jusqu'à terre devant vous..." J'ai voulu répondre, mais dès que j'ai ouvert la bouche, on m'a dit : "Votre temps est écoulé..." J'ai fondu en larmes. Tout le monde a cru que c'était de dépit, de rage. Mais ce qui me faisait pleurer, c'est qu'ils étaient tous si intelligents, si instruits, ils habitaient dans la capitale, et ils ne comprenaient rien à rien.

Je l'attendrai le temps qu'il faudra. Le temps qu'elle voudra... Je ne peux pas m'imaginer avec une autre femme. Mais parfois... Cela me prend brusquement...

EXTRAITS DE CONVERSATIONS DANS LE VILLAGE

— Léna, c'est un ange...
— Avant, les femmes comme ça, on les enfermait dans un cagibi ou alors on prenait un fouet...
— Si elle l'avait quitté pour un riche, on comprendrait ! Les riches ont une vie plus intéressante. Mais un bandit, qu'est-ce qu'on peut avoir comme relation avec lui ? Et en plus, un condamné à perpétuité ! Deux visites par an, et c'est tout. Tout leur amour.
— C'est une romantique. Qu'elle vive son histoire, elle verra bien...
— Nous, on a ça dans le sang, la pitié pour les malheureux. Pour les assassins et les têtes brûlées. Il est capable de tuer un être humain, mais il a des yeux de bébé. Alors on a pitié de lui.
— Moi, je n'ai aucune confiance dans les hommes en général, et dans les détenus en particulier. Ils s'embêtent en prison. Alors ça les distrait. Ils font des copies carbone de leurs lettres : "Mon petit oiseau, je rêve à toi, tu es la lumière qui brille à ma fenêtre..." Une pauvre idiote y croit et se précipite pour le sauver : elle trimbale des colis dans des caisses impossibles à soulever, elle lui envoie de l'argent. Elle l'attend. Dès qu'il est libéré, il débarque chez elle, il mange, il boit, il lui prend son argent, et un beau jour, il disparaît dans la nature. Ciao !
— Un amour comme ça, les filles, c'est comme au cinéma !
— Elle a épousé un assassin, et elle a abandonné un bon mari. Et puis elle a quand même des enfants... Trois garçons... Rien que pour acheter le billet de train... Il faut qu'elle aille à l'autre bout du monde ! Où elle le prend, l'argent ? Elle n'arrête pas d'enlever le pain de la bouche de ses enfants. Quand elle entre dans un magasin, elle se demande si elle va leur acheter à manger ou non.
— Une femme doit être soumise à son mari... Ils marchent ensemble vers le Christ. Sinon, juste comme ça, à quoi bon ? Si on n'a pas ce but-là, alors à quoi bon ?
— Dieu a dit : sans Moi, vous ne pouvez rien créer. Et elle, elle essaie de créer à partir de son propre esprit. C'est de l'orgueil ! Là où il n'y a pas d'humilité, on a toujours affaire à une autre force. C'est le démon qui s'en mêle.

— Elle devrait entrer au monastère, chercher la voie du salut. L'homme trouve son salut dans la souffrance. La souffrance, il faut même la rechercher…

SUITE DE MA CONVERSATION AVEC IRINA VASSIELIEVA

Moi aussi, je lui ai demandé : "Tu comprends que tu n'auras droit qu'à deux visites par an, Léna ? – Et alors ? Cela me suffit. Je serai avec lui en pensée. Par le cœur."
  Pour le voir, il faut aller très loin dans le Nord. Sur l'île Ognienny[1]. Au XIVe siècle, des disciples de Serge de Radonège sont allés là-bas à pied et ils se sont mis à défricher la forêt. En se frayant un chemin dans les bois, ils ont vu un lac, et au milieu du lac, des langues de feu. C'était l'Esprit saint qui leur apparaissait. Ils ont transporté de la terre sur des barques jusqu'à cet endroit, ils ont créé une île et ils ont construit un monastère dessus. Avec des murs d'un mètre et demi d'épaisseur. Maintenant, cet ancien monastère est une prison pour les criminels les plus dangereux. Pour les condamnés à mort. Sur la porte de chaque cellule, il y a une pancarte avec les crimes commis par le prisonnier : A tué à coups de couteau Ania, sept ans… Nastia, douze ans… Quand on lit ça, on est épouvanté, mais quand on entre, on voit un homme tout à fait ordinaire, qui vous dit bonjour… Il vous demande une cigarette, et vous la lui donnez. "Qu'est-ce qui se passe dehors ? Ici, on ne sait même pas quel temps il fait." Ils vivent dans de la pierre. Tout autour, ce sont des bois et des marécages. Personne ne s'est jamais évadé…
  La première fois, Léna est arrivée là-bas sans penser qu'on pouvait ne pas lui accorder de visite. Elle a frappé au guichet, là où on remet ses papiers, mais personne n'a voulu l'écouter. "Tenez, voilà le directeur de la prison qui arrive. Allez lui parler." Elle s'est précipitée sur lui. "Donnez-moi l'autorisation de voir un prisonnier ! – Qui ça ? – Je suis venue voir Volodia Podboutski. – Vous ne savez donc pas que sont détenus ici des criminels particulièrement

---

1. Petite île sur le lac Novozero, dans la région de Vologda. Littéralement "l'île de feu", "l'île ardente".

dangereux ? Le régime est très strict : ils ont droit chaque année à deux visites de trois jours et trois visites de deux heures. Seuls les parents proches sont autorisés à les voir, les mères, les femmes, les sœurs. Vous êtes quoi pour lui ? – Je l'aime." Bon, pas la peine de faire un dessin, celle-là, elle est bonne pour l'asile psychiatrique ! Le directeur a voulu s'en aller, mais elle l'a retenu par un bouton. "Je l'aime, vous comprenez ! – Mais vous n'avez aucun lien avec lui. – Alors laissez-moi au moins jeter un coup d'œil sur lui ! – Parce que vous ne l'avez jamais vu ?" Là, tout le monde a commencé à rigoler, et les gardiens se sont approchés : non, mais qu'est-ce que c'est que cette folle ? Ha, ha, ha ! Et elle se met à leur raconter le rêve qu'elle a fait à l'âge de dix-huit ans, elle leur parle de son mari et de ses trois enfants, elle leur dit qu'elle aime cet homme depuis toujours. Sa sincérité et sa candeur seraient capables de faire tomber n'importe quel mur ! Devant elle, les gens prennent conscience qu'il y a quelque chose qui cloche dans leur vie bien rangée, qu'ils sont des brutes épaisses, qu'ils manquent de sensibilité. Le directeur de la prison n'était pas tout jeune, et avec le travail qu'il fait, il en avait vu de toutes les couleurs… Il s'est mis à sa place. "Bon, puisque vous êtes venue de si loin, je vais vous accorder une visite de six heures, mais il y aura un gardien avec vous. – Deux si vous voulez ! De toute façon, je ne verrai que lui…"

Tout ce qu'il y a en elle d'excessif et de démesuré, elle l'a déversé sur ce Volodia : "Tu ne peux pas savoir à quel point je suis heureuse… Je t'ai attendu toute ma vie, et nous voilà enfin réunis !" Lui, bien sûr, il n'était pas préparé à ça. Il recevait déjà les visites d'une baptiste avec laquelle il avait une liaison. Là, les choses étaient claires : une bonne femme tout ce qu'il y avait de plus ordinaire, jeune, avec une vie ratée. Elle avait besoin d'un homme, d'un tampon de mariage sur son passeport. Alors qu'ici, c'était un tel élan, une telle fougue ! Quelqu'un qui a autant envie de vous mettre le grappin dessus, cela fait peur à n'importe qui. Lui, ça lui a tourneboulé la cervelle… Elle lui disait : "Je t'en supplie, permets-moi de t'épouser ! Pour qu'on me donne un droit de visite et que je puisse te voir. C'est tout ce que je demande. – Mais tu es déjà mariée ! – Je vais divorcer. Je n'aime que toi." Elle se promenait avec un sac rempli de ses lettres couvertes de petits dessins d'hélicoptères, de fleurs. Elle ne pouvait pas s'en séparer une seconde. Pour elle, c'était l'apogée du bonheur, parce qu'elle avait été en quête d'absolu toute sa vie, or l'absolu ne peut exister que par écrit, il ne peut se réaliser complètement que sur le papier. Sur terre, au lit, cela n'existe pas. Ce n'est pas là qu'on peut le trouver. Tout ce qui est en rapport avec les autres – le couple, la famille... C'est un compromis.

On aurait dit qu'elle était poussée par quelque chose... C'était quoi, cette force? De quelle nature était ce rêve?

Nous aussi, nous sommes allées sur l'île Ognienny. Il nous a fallu beaucoup de papiers et d'autorisations avec des cachets ronds. Beaucoup de coups de fil... Quand nous sommes arrivées, Volodia nous a envoyées promener. "Pourquoi vous faites tout ce cirque?" Il avait vécu des années dans la solitude, il avait perdu l'habitude des gens. Il était devenu soupçonneux, il ne faisait confiance à personne. Heureusement que Léna était avec nous. Elle lui a pris la main. "Mon petit Volodia..." Et il est devenu doux comme un agneau. Ensemble, nous sommes arrivées à le convaincre, à moins qu'il n'ait réfléchi, il n'est pas bête : dans des cas exceptionnels, au bout de vingt ans, on peut accorder une amnistie. Si on tournait un film sur lui, il deviendrait une célébrité locale et cela pourrait lui servir par la suite... Ils ont tous envie de vivre, là-bas. Ils n'aiment pas parler de la mort...

C'est par là qu'on a commencé...

Dieu
J'étais tout seul dans une cellule, j'attendais l'exécution. Je réfléchissais beaucoup... Mais qui peut vous aider entre quatre murs? Le temps n'existait plus, c'était une sorte d'abstraction. Je ressentais un tel vide... Et un jour, c'est sorti tout seul : "Seigneur, si Tu existes, aide-moi! Ne m'abandonne pas! Je ne demande pas de miracles, aide-moi juste à comprendre ce qui m'est arrivé." Je suis tombé à genoux. J'ai prié. Dieu ne fait pas attendre longtemps ceux qui se tournent vers Lui.

Vous n'avez qu'à lire mon dossier : j'ai tué un homme. J'avais dix-huit ans. Je venais de terminer l'école, j'écrivais des poèmes. Je voulais aller faire des études à Moscou. Pour devenir poète. Je vivais seul avec ma mère. Nous n'avions pas d'argent, il fallait que j'en gagne moi-même pour faire des études. J'ai trouvé un emploi dans un garage. Le soir, au village, il y avait des soirées dansantes... Et je suis tombé amoureux d'une jolie fille. J'en étais raide dingue. Un jour, on revenait d'une soirée... C'était l'hiver, il neigeait... Il y avait déjà des sapins qui scintillaient aux fenêtres, le Nouvel An approchait. Je n'avais pas bu. On bavardait en marchant... Et elle m'a demandé : "Tu m'aimes vraiment? – Plus que la vie! – Et de quoi tu es capable pour moi? – Je suis capable de me tuer. – Se tuer soi-même, ce n'est rien. Mais est-ce que tu serais capable, pour moi, de tuer la première personne qu'on va croiser?" Je ne sais pas si c'était une plaisanterie ou si j'étais tombé sur une garce... Je n'ai plus aucun souvenir d'elle, j'ai même oublié son visage, elle ne m'a pas écrit une seule fois en prison. "Alors? Tu es capable de tuer?" Elle a éclaté de rire en disant ça. Et moi, j'étais un homme, un vrai! Il fallait que je prouve mon amour. J'ai arraché une planche sur une palissade... Il faisait nuit noire. Et je suis resté là, à attendre. Elle aussi, elle attendait. Personne n'est passé pendant longtemps et, finalement, un homme est arrivé. Je lui ai flanqué un coup sur la tête. Vlan! Une fois, deux fois... Il est tombé. Et j'ai continué à lui taper dessus. Avec cette planche. C'était notre instituteur...

D'abord, on m'a condamné à mort... Au bout de six mois, la peine de mort a été commuée en prison à vie. Ma mère m'a renié. Ma sœur m'a écrit pendant un certain temps, et puis elle a arrêté. Cela fait longtemps que je suis tout seul... J'ai déjà passé dix-sept ans enfermé à clé dans cette cellule. Dix-sept ans! Un arbre, ou n'importe quel animal, eux, ils ne savent pas ce que c'est que le temps. Dieu pense à leur place. Eh bien, c'est comme ça pour moi... Je dors, je mange, on me fait sortir pour la promenade... Ici, on ne voit le ciel qu'à travers des barreaux. Dans la cellule, il y a un lit, un tabouret, une tasse, une cuillère... Les autres vivent de leurs souvenirs. Mais moi, quels souvenirs je peux bien avoir? Je n'ai rien connu, je n'ai pas eu le temps de vivre quoi que ce soit. Quand je regarde en arrière, c'est tout noir avec, de temps en temps, quelque part, une ampoule qui brille. Le plus souvent, je vois maman... devant son fourneau, ou devant la fenêtre de la cuisine. Au-delà, c'est le noir complet...

Je me suis mis à lire la Bible... Je ne pouvais pas m'en arracher... J'en tremblais de tout mon corps. Je Lui parlais : "De quoi Tu m'as puni comme ça ?" Les hommes remercient le Seigneur pour leurs joies, mais quand ils sont dans le malheur, ils hurlent : "Pourquoi moi ?" Ils ne cherchent pas à comprendre le sens de ce qu'ils subissent. À remettre leur vie entre Ses mains...

Et puis tout à coup, Léna est arrivée... Elle m'a dit : "Je t'aime." Tout un monde s'est ouvert devant moi... Je pouvais imaginer n'importe quoi... Une famille, des enfants... Après le noir absolu, je me suis retrouvé dans la lumière la plus éclatante qui soit... J'étais enveloppé de lumière... Bon, c'est vrai, la situation n'est pas très normale : elle a un mari et trois enfants, et elle fait une déclaration d'amour à un inconnu, elle lui écrit des lettres. Si j'étais à la place de son mari... Je sais ce que je ferais ! "T'es une sainte ou quoi ? – Il n'y a pas d'amour sans sacrifice. Sinon, ce serait quoi, cet amour ?" Je ne savais pas que des femmes comme ça existaient... Comment j'aurais pu le savoir, en prison ? Il y avait les êtres humains et les ordures, c'est tout. Et voilà qu'elle débarque, à cause d'elle, je ne peux pas fermer l'œil de la nuit. Quand elle vient, elle pleure, elle rit. Et elle est toujours belle.

On s'est mariés très vite. Après, on a décidé de faire un mariage religieux... Il y a une chapelle dans la prison. Et si jamais nos anges gardiens jetaient un coup d'œil de notre côté ?

Avant de rencontrer Léna, je détestais toutes les femmes, je croyais que l'amour, c'était juste une question d'hormones. De désir charnel... Mais elle, elle n'a pas peur du mot, elle le dit souvent : "Je t'aime ! Je t'aime !" Moi, je reste là, sans bouger... Tout ça... Comment vous dire ? Je n'ai pas l'habitude du bonheur. Des fois, je la crois. J'ai envie de croire que c'est vrai, qu'on peut m'aimer, que la seule différence entre les autres et moi, c'est qu'eux, ils se considèrent comme des gens bien. Mais un homme ne se connaît pas lui-même, s'il se connaissait, il serait épouvanté. Vous pensez peut-être que je me croyais capable de... de me transformer en bête sauvage ? Jamais de la vie ! Je croyais que j'étais quelqu'un de bien. Maman a dû garder quelque part des cahiers avec mes poèmes, si elle ne les a pas brûlés... D'autres fois... J'ai peur... J'ai vécu dans la solitude trop longtemps, je n'arrive pas à en sortir. Je suis très loin de la vie normale. Je suis devenu hargneux et sauvage... De quoi j'ai peur ? J'ai peur que notre histoire, ce soit du cinéma, et moi, le cinéma, je n'en ai pas besoin ! Peut-être que je commence seulement à vivre... On voulait un enfant... Elle est tombée enceinte, mais elle a fait une fausse couche. Le Seigneur m'a rappelé que j'étais un pécheur...

Ça me panique... Je suis tellement terrorisé que des fois, j'ai envie de me tuer, ou alors... Elle me dit que je lui fais peur. Et elle ne s'en va pas... Cela ferait un bon film pour vous, ça, non?

EXTRAITS DE CONVERSATIONS À L'INTÉRIEUR DE LA PRISON

— C'est des conneries tout ça! Faut l'envoyer chez un psy, cette gonzesse!

— Avant, des femmes pareilles, j'avais vu ça que dans les livres... Les femmes des décembristes... C'était de la littérature! Mais dans la vie... Léna, c'est la seule personne comme ça que j'ai rencontrée. Évidemment, au début, j'y croyais pas. "Elle est peut-être barge?" Et ensuite, cela a été comme un retournement à l'intérieur de moi... Jésus aussi, on le prenait pour un fou. En fait, elle est bien plus normale que tous les gens normaux!

— Une fois, je n'ai pas dormi de la nuit à cause d'elle. Je me suis souvenu que moi aussi, j'avais connu une femme qui m'aimait énormément...

— C'est sa croix. Elle a pris sa croix et elle la porte. Une vraie femme russe!

— Je le connais, Volodia!... Vous parlez d'un fiancé! C'est un sale enfoiré, comme moi. Ça me fait peur pour elle. Ce n'est pas le genre à épouser quelqu'un pour le laisser tomber ensuite. Elle va tout faire pour être une épouse. Et lui, qu'est-ce qu'il peut lui donner? Ici, on n'a pas la possibilité de donner quoi que ce soit. On a tous des crimes sur la conscience. La seule chose qu'on puisse faire, c'est ne rien prendre, n'accepter aucun sacrifice. L'important dans notre vie maintenant, c'est de ne rien prendre. Si on accepte quelque chose, ça veut dire qu'on est encore en train de voler quelqu'un...

— Mais c'est une femme heureuse. Et elle n'a pas peur de l'être.

— Dans la Bible... On ne dit pas que Dieu est bonté, ou justice... On dit qu'Il est amour.

— Même le prêtre... Quand il vient, il me tend la main à travers les barreaux et il la reprend le plus vite possible, il ne s'en rend pas compte, mais moi, je le vois bien. Ça se comprend, j'ai du sang sur les mains... Mais elle, elle est devenue la femme d'un assassin, elle lui a fait confiance, elle veut tout partager avec lui. Maintenant, chacun d'entre nous se dit que tout n'est pas fini. Si je ne connaissais pas l'existence de cette femme, les choses seraient bien plus pénibles pour moi, ici.

— Quel avenir les attend ? Moi, je ne donnerais pas un kopeck à une voyante pour le savoir...

— Pauvres débiles ! Comme si ça existait, les miracles ! La vie, c'est pas un navire tout blanc avec des voiles blanches ! C'est un tas de merde enrobée de chocolat.

— Ce qu'elle cherche, ce dont elle a besoin, pas un seul être humain sur terre ne peut le lui donner, il n'y a que Dieu...

Ils ont célébré un mariage religieux en prison. Tout s'est déroulé comme Léna se l'était représenté : les cierges qui scintillent, les alliances en or... Le chœur chantait : "Isaïe, danse d'allégresse..."

Le prêtre : Vladimir, as-tu la volonté, bonne et sans contrainte, et la ferme intention de prendre pour épouse Éléna que tu vois ici devant toi ?
L'époux : Oui, mon père.
Le prêtre : Ne t'es-tu pas engagé envers quelqu'un d'autre ?
L'époux : Non, mon père.
Le prêtre : Éléna, as-tu la volonté, bonne et sans contrainte, et la ferme intention de prendre pour époux Vladimir que tu vois ici devant toi ?
L'épouse : Oui, mon père.
Le prêtre : Ne t'es-tu pas engagée envers quelqu'un d'autre ?
L'épouse : Non, mon père.
"Seigneur, prends pitié..."

IRINA VASSILIEVA, UN AN PLUS TARD

Notre film est passé sur la principale chaîne de télévision... Nous avons reçu des lettres de spectateurs. Cela m'a fait plaisir, mais... le monde dans lequel nous vivons a quelque chose qui cloche. Comme dans la fameuse boutade, vous savez : chez nous, les gens sont bons mais le peuple est mauvais... Je me souviens de certaines phrases... "Je suis pour la peine de mort, pour le recyclage des déchets humains", "Les monstres comme votre héros, ce superman-assassin, il faudrait les écarteler sur la place Rouge devant tout le monde, et montrer ça entre les publicités pour des barres chocolatées", "On n'a qu'à expérimenter des nouveaux médicaments sur leurs organes"... Si on regarde dans le dictionnaire de Dahl, le mot russe *dobrota*, "bonté" vient du verbe *dobrovat*, "avoir du bien", "vivre dans l'abondance"... C'est quand il y a de la stabilité et de la dignité... Mais tout cela, ça n'existe pas chez nous. Le mal ne vient pas de Dieu. Saint Antoine a dit : "Dieu n'est pas coupable du mal. Il a donné à l'homme l'intelligence, la faculté de distinguer le bien et le mal..." Il est vrai qu'il y avait aussi des lettres magnifiques, comme celle qui disait : "Depuis votre film, je crois en l'amour. Apparemment, Dieu existe quand même..."

Les documentaires, ce sont des intrigues... et des pièges... Pour moi, le genre du documentaire a ce que j'appellerais un défaut congénital : une fois le film réalisé, la vie continue. Mes personnages ne sont pas des inventions, ce sont des gens vivants, bien réels, et ils ne dépendent pas de moi, de ma volonté, de mes idées ou de mon professionnalisme. Ma présence dans leur vie est fortuite et provisoire. Je ne suis pas aussi libre qu'eux. Si je pouvais... Je passerais toute ma vie à filmer une seule personne. Ou une seule famille. Jour après jour. Ils tiennent leur enfant par la main... Ils vont à la datcha... Ils bavardent en buvant du thé, ils parlent aujourd'hui d'une chose, et demain d'une autre... Ils se disputent... Ils achètent des journaux... Leur voiture tombe en panne... L'été se termine... Quelqu'un pleure... Nous assistons à tout cela, mais il y a beaucoup de choses qui se produisent sans nous. En dehors de nous. Saisir un moment ou suivre des gens pendant un certain temps, cela ne me suffit pas. Ce n'est pas assez ! Je n'arrive pas à quitter mes personnages, je ne sais pas le faire... Je me lie d'amitié avec eux, je leur écris, je leur téléphone. Nous nous revoyons. Je continue encore longtemps à les filmer intérieurement, de nouvelles images défilent devant mes yeux. J'ai comme ça des dizaines de films intérieurs...

L'un d'eux est consacré à Léna Razdouïeva. J'ai un carnet avec des notes que j'ai prises. Quelque chose comme le scénario d'un film qui n'existera jamais...

"... Elle souffre de faire ça, mais elle ne peut pas ne pas le faire."

"... Il s'est écoulé plusieurs années avant qu'elle se décide à regarder son dossier. Mais ce qu'elle a lu ne lui a pas fait peur : « Cela ne change rien, de toute façon je l'aime. Maintenant, je suis sa femme devant Dieu. Il a tué un homme parce qu'à ce moment-là, je n'étais pas à ses côtés. Il faut que je le prenne par la main et que je le sorte de là... »"

"... Un ancien procureur régional est incarcéré là-bas, sur l'île Ognienny. Son frère et lui ont tué deux femmes à coups de hache, une comptable et une caissière. Il est en train d'écrire un livre sur sa vie. Il ne sort même pas pour les promenades afin de ne pas perdre de temps. Ils ont volé une somme d'argent ridicule. Pourquoi? Il n'en sait rien... Ou encore un serrurier qui a tué sa femme et ses deux enfants. Avant cela, tout ce qu'il avait jamais eu entre les mains, c'était une clé à molette, et maintenant, les murs de la prison sont couverts de ses tableaux. Chacun de ces hommes porte en lui le fardeau de ses démons intérieurs et cherche à exprimer ce qu'il a sur le cœur. Le meurtre est un aussi grand mystère pour les meurtriers que pour les victimes..."

"... Une conversation entendue là-bas : « Tu penses que Dieu existe ? – S'Il existe, alors la mort n'est pas la fin de tout. Je n'ai aucune envie qu'Il existe. »"

"... C'est quoi, l'amour? Volodia est grand et beau. Ioura est un nain... Elle m'a avoué qu'en tant qu'homme, Ioura la satisfaisait davantage... Seulement, c'est son devoir... Son mari est comme ça, il lui est arrivé un malheur. Il faut qu'elle le tienne par la main..."

"... Au début, elle vivait toujours dans son village avec ses enfants et elle allait lui rendre visite deux fois par an. Il a exigé qu'elle abandonne tout et vienne s'installer là-bas. « Tu me trompes, je sens que tu me trompes! – Comment puis-je laisser mes enfants, Volodia? Matveï est tout petit, physiquement, il a encore besoin de moi. – Tu es une chrétienne... Tu dois être soumise à ton mari, lui obéir... » Elle s'est mis un fichu noir sur la tête, et elle habite près de la prison. Elle n'a pas de travail, mais le prêtre l'héberge dans l'église locale. Elle fait le ménage. « Volodia est tout près… Je le sens, je sens qu'il est là… Je lui écris : "Ne crains rien, je suis avec toi…" » Cela fait sept ans qu'elle lui écrit tous les jours."

"… Tout de suite après leur mariage, Volodia a voulu qu'elle écrive à toutes les instances qu'il était le père de trois enfants et qu'il devait s'en occuper. C'était sa seule chance d'être libéré. Seulement Léna est une femme intègre… Elle a essayé de le faire, mais elle n'a pas pu. « Il a quand même tué un homme. Il n'y a pas de plus grand péché. » Alors il lui fait des scènes épouvantables. Il n'a pas besoin d'une femme comme ça. Il lui en faut une plus riche, avec des relations. Il en a assez de cette sainte."

"… Il s'est retrouvé en prison à l'âge de dix-huit ans. À l'époque, c'était encore l'Union soviétique, la vie soviétique. Et les gens étaient des Soviétiques. C'était le socialisme. Il n'a aucune idée de ce qu'est devenu le pays maintenant. S'il sortait, il tomberait à la renverse devant cette nouvelle vie. Cela lui ferait un sacré coup… Il n'a aucun métier, sa famille s'est détournée de lui. Et il est rempli de colère. Un jour, en prison, il s'est disputé avec un camarade, il a failli lui trancher la gorge. Léna comprend bien qu'il faudra qu'elle l'emmène quelque part, loin des gens. Son rêve, c'est qu'ils travaillent tous les deux comme gardes forestiers. De vivre dans la forêt. Au milieu des arbres et des bêtes muettes…"

"… Elle m'a dit plus d'une fois : « Ses yeux sont devenus si froids, si vides ! Un jour, il me tuera. Avec des yeux pareils, je sais qu'un jour il me tuera… » Mais cela l'attire, ce gouffre l'attire… Pourquoi ? Comme si je n'avais pas remarqué moi aussi ce genre de phénomène en moi… Les ténèbres, cela attire…"

"… La dernière fois que nous nous sommes vues, elle m'a dit : « Je ne veux plus vivre ! Je n'en peux plus ! » On aurait dit qu'elle était dans le coma, ni vivante ni morte…"

Nous avons décidé d'aller revoir Léna ensemble. Mais elle avait subitement disparu. Elle ne donnait plus signe de vie. Le bruit court qu'elle vit maintenant dans un ermitage perdu. Avec des drogués, des malades du sida… Il y en a beaucoup qui font vœu de silence, là-bas.

OÙ IL EST QUESTION DU COURAGE ET DE CE QUI VIENT APRÈS

Tania Koulechova, étudiante, 21 ans

CHRONIQUE DES ÉVÉNEMENTS

Le 19 décembre 2010 a eu lieu l'élection présidentielle en Biélorussie. Personne ne s'attendait à des élections honnêtes, et le résultat était connu d'avance : la victoire devait revenir au président Loukachenko, qui dirige le pays depuis seize ans. Dans la presse internationale, on le tourne en dérision, on le traite de "dictateur de la pomme de terre", mais il détient son peuple en otage. Il est le dernier dictateur d'Europe... Et il ne cache pas ses sympathies pour Hitler qui, lui non plus, n'a pas été pris au sérieux pendant longtemps et était surnommé "le petit caporal" ou "le caporal de Bohême".

Le soir, des dizaines de milliers de personnes se sont rendues sur la place d'Octobre (la place principale de Minsk) pour protester contre les fraudes électorales. Les manifestants réclamaient l'annulation des résultats et l'organisation de nouvelles élections, sans Loukachenko. Cette manifestation pacifique a été brutalement réprimée par les forces spéciales. Des troupes prêtes à entrer en action étaient déployées dans les bois autour de la capitale.

Sept cents manifestants ont été arrêtés, dont sept ex-candidats à la présidence qui étaient encore couverts par l'immunité.

Depuis les élections, les services spéciaux travaillent d'arrache-pied jour et nuit. Des répressions politiques ont débuté dans tout le pays : arrestations, interrogatoires, perquisitions dans les appartements, les rédactions et les bureaux des organisations de défense des droits de l'homme, confiscation des ordinateurs et autres appareils. Beaucoup de ceux qui se retrouvent à la prison d'Okrestino et dans les cachots du KGB encourent de quatre à quinze ans de prison pour "organisation de désordres de masse" et "tentative de coup d'État" (c'est ainsi que le pouvoir biélorusse qualifie aujourd'hui la participation à une manifestation de protestation pacifique). Des milliers de personnes fuient le pays, redoutant les persécutions et le durcissement de la dictature.

D'après des articles de journaux parus de décembre 2010 à mars 2011.

CHRONIQUE DES ÉMOTIONS

"On y allait le cœur léger, sans prendre cela très au sérieux."
Je ne donnerai pas mon nom de famille, mais celui de ma grand-mère. Moi, j'ai peur, bien sûr… Tout le monde veut des héros, mais je ne suis pas une héroïne. Je n'étais pas prête pour ça. En prison, je ne pensais qu'à ma mère, elle a le cœur fragile. Qu'allait-il lui arriver ? Si on gagnait, on aurait nos noms dans les manuels d'histoire… Mais les larmes de nos proches ? Leurs souffrances ? Les idées, c'est quelque chose de puissant, de terrible, c'est une force désincarnée, on ne peut pas la peser. Il n'existe pas de balances pour ça… C'est d'une autre essence… Quelque chose devient plus important que votre mère. Il faut faire un choix. Et on n'est pas prêt pour ça… Maintenant, je sais ce que c'est que d'entrer dans sa chambre après que la police politique a fouillé dans vos affaires, dans vos livres… lu votre journal intime… *(Elle se tait.)* Alors que je me préparais à venir vous voir, ma mère a téléphoné, et quand je lui ai dit que j'avais rendez-vous avec un écrivain célèbre, elle s'est mise à pleurer. "Surtout ne dis rien. Tais-toi." Ce sont des inconnus qui me soutiennent, pas mes proches ni ma famille. Mais eux, ils m'aiment…

Le soir avant le meeting, on s'était tous réunis dans un foyer d'étudiants et on avait discuté. De la vie, et aussi de la question de savoir si on irait ou non au meeting. Vous voulez que je vous rapporte cette conversation ? Cela donnait à peu près ça…

— Tu vas y aller, toi ?

— Non. Je me ferais renvoyer de l'institut et on m'expédierait à l'armée, marcher au pas avec un fusil sur l'épaule.

— Moi, si on me renvoyait, mon père m'obligerait à me marier.

— Assez bavardé comme ça, il faut agir ! Si tout le monde a peur...

— Tu veux faire de moi un Che Guevara ? (Ça, c'est mon ancien petit ami, je vous parlerai de lui plus tard.)

— Une bouffée de liberté...

— Moi, j'irai, parce que j'en ai assez de vivre sous une dictature. On nous prend pour des débiles qui n'ont rien dans le crâne.

— Eh bien moi, je ne suis pas un héros. J'ai envie de finir mes études, de lire des livres.

— Tu sais ce qu'on dit à propos des Soviétiques : mauvais comme des chiens et muets comme des carpes !

— Je ne suis rien du tout, moi, je n'ai aucun pouvoir sur quoi que ce soit. D'ailleurs je ne vote jamais.

— Eh bien moi, je suis un révolutionnaire... J'irai ! Faire la révolution, c'est trop cool !

— Et c'est quoi, tes idéaux révolutionnaires ? Le capitalisme comme nouvel avenir radieux ? Vive la révolution latino-américaine !

— Quand j'avais seize ans, je jugeais sévèrement mes parents, ils avaient tout le temps peur de quelque chose, à cause de la carrière de papa. Je me disais : ils sont vraiment nuls. Nous, au moins, on a quelque chose dans le ventre ! On va descendre dans la rue ! On dira ce qu'on pense ! Maintenant, je suis devenu comme eux, conformiste. Tout ce qu'il y a de plus conformiste. D'après la théorie de Darwin, ceux qui survivent, ce ne sont pas les plus forts, mais ceux qui s'adaptent le mieux à leur environnement. Ce sont les médiocres qui s'en sortent et qui perpétuent la race.

— Y aller, c'est être con, et ne pas y aller, c'est encore pire.

— Qui vous a dit que la révolution, c'était le progrès, espèce de moutons bornés ? Moi, je suis pour l'évolution !

— Les Rouges, les Blancs... J'en ai strictement rien à foutre !

— Moi, je suis un révolutionnaire...

— Ça ne servira à rien ! Ils vont envoyer des blindés avec des types aux crânes rasés, et tu te prendras des coups de matraque sur la tête, voilà tout. Un pouvoir, ça doit agir d'une main de fer.
— Qu'il aille se faire foutre, le camarade Mauser[1] ! Je n'ai promis à personne que je serai un révolutionnaire. Ce que je veux, c'est finir mes études et faire du business.
— Vous déconnez !
— La peur, c'est une maladie...

On y allait le cœur léger, sans prendre cela très au sérieux. On riait comme des fous, on chantait des chansons. On était tous très fiers les uns des autres. Très excités. Il y en avait avec des pancartes, d'autres avec une guitare. Des amis nous appelaient sur nos portables pour nous raconter ce qu'on disait sur internet. Nous étions au courant de tout... C'est comme ça que nous avons appris que le centre-ville était rempli de véhicules militaires avec des soldats et des miliciens. Que des troupes marchaient sur la ville... On y croyait sans y croire vraiment, on était un peu ébranlés, mais on n'avait pas peur. La peur avait brusquement disparu. Bon, d'abord, il y avait tellement de monde... des dizaines de milliers de personnes ! Toutes sortes de gens. Nous n'avions jamais été aussi nombreux. Et deuxièmement, on était chez nous. C'est quand même notre ville ! Notre pays ! Nos droits sont inscrits dans la Constitution : liberté de réunion, de tenir des meetings, de manifester... liberté d'expression... Il y a des lois ! Nous étions la première génération qui ne soit pas terrorisée. Sur laquelle on n'avait jamais tapé. Jamais tiré. Et si on nous mettait en prison pour quinze jours... Bon, et alors ? On aurait quelque chose à raconter sur notre blog. Il ne faudrait pas que les autorités s'imaginent qu'on était un troupeau de moutons qui suit aveuglément le berger ! Qu'on avait un écran de télé à la place du cerveau ! À tout hasard, j'avais pris une tasse, car je savais qu'en prison, on a droit à une tasse pour dix personnes. J'avais aussi mis dans mon sac à dos un pull chaud et deux pommes. On prenait des photos en marchant, pour avoir des souvenirs de cette journée. Les

---

1. Allusion à un célèbre poème révolutionnaire de Maïakovski dont la première strophe se termine par : "À vous la parole, camarade Mauser !"

gens avaient mis des masques de Noël scintillants, avec de drôles d'oreilles de lapin. Des masques chinois... Noël approchait. Il neigeait... Tout était si beau ! Je n'ai pas vu une seule personne ivre. Si on surprenait quelqu'un avec une canette de bière, on la lui prenait immédiatement et on la vidait sur le sol. Nous avons remarqué quelqu'un sur un toit. "Un sniper ! Un sniper !" Nous étions tout contents, nous lui faisions de grands signes. "Allez, viens nous rejoindre ! Saute !" C'était top ! Avant, la politique, ça ne me touchait pas, je n'aurais jamais cru que des émotions pareilles existaient et que je pouvais les éprouver. Il n'y a qu'en écoutant de la musique que j'ai ressenti ça. La musique, pour moi, c'est le must, c'est quelque chose d'irremplaçable. Bref, tout ça, c'était super-intéressant. Il y avait une femme qui marchait à côté de moi... Pourquoi je ne lui ai pas demandé son nom ? Vous auriez pu parler d'elle. J'avais autre chose en tête : on s'amusait bien, et tout était nouveau pour moi. Elle était avec son fils, un écolier qui devait avoir une douzaine d'années. Un colonel de la milice l'a vue, et il l'a engueulée dans son haut-parleur, c'est tout juste s'il ne l'a pas injuriée, il lui a crié qu'elle était une mauvaise mère, qu'elle était folle. Et tout le monde s'est mis à les applaudir, elle et son fils. Cela s'est fait tout seul, personne ne s'était concerté. C'est important... C'est important de le savoir... Parce qu'on a toujours un peu honte. Les Ukrainiens ont eu leur révolution Orange, les Géorgiens leur révolution des Roses... Et tout le monde se moque de nous : Minsk est une capitale communiste, la dernière dictature d'Europe. Maintenant, au moins, je vis avec ça : nous sommes descendus dans la rue. Nous n'avons pas eu peur. C'est cela, le plus important...

Et nous voilà face à face. Eux et nous. Là, un peuple, et ici, un autre. Cela faisait bizarre... Les uns brandissant des portraits et des pancartes, les autres en ordre de bataille, équipés de pied en cap, avec des boucliers et des matraques. C'étaient des gars costauds. Des beaux mecs ! Et ils allaient se mettre à nous taper dessus ? À me taper dessus ? Ils avaient mon âge, c'étaient des amis. C'est vrai ! Il y avait des garçons de mon village parmi eux. Chez nous, beaucoup se sont engagés dans la milice à Minsk : Kolia Latouchka, Alik Kaznatcheïev... Des gars réguliers. Ils sont comme nous, sauf qu'ils ont des galons. Et ils allaient nous attaquer ? Je n'arrivais pas à y croire, c'était impossible... On plaisantait avec eux, on les charriait. On essayait de les mettre de notre côté : "Alors, les gars, vous allez vous battre contre votre peuple ?" Et il neigeait, il neigeait... Et là, comme dans une parade militaire, on a entendu un ordre : "Chargez la foule ! Restez groupés !" Notre cerveau n'a pas tout de suite fait la connexion... parce que c'était impossible... "Chargez la foule..." Il y a eu un moment de silence. Et puis on a entendu le martèlement des boucliers... Un martèlement rythmé... Ils s'étaient mis en marche... Ils avançaient en rangs serrés en tapant sur leurs boucliers avec leurs matraques, comme des chasseurs qui traquent un animal. Une proie. Et ils avançaient, ils avançaient. Je n'avais jamais vu autant de militaires, uniquement à la télévision. Après, des gars de mon village m'ont raconté qu'ils suivaient un entraînement... "Le plus terrible, c'est quand vous voyez les manifestants comme des êtres humains." On les dresse à chasser, comme des chiens. *(Elle se tait.)* Des hurlements, des sanglots, des cris... "Ils nous tapent dessus ! Ils cognent !" Et effectivement, j'ai vu qu'ils tapaient. Et vous savez quoi ? Ils faisaient ça avec enthousiasme. Avec plaisir. Je me souviens qu'ils cognaient avec plaisir... Comme à un entraînement... Une voix de fille a hurlé : "Qu'est-ce que tu fais, espèce de salaud !" Une voix perçante. Et elle s'est brisée. C'était si terrifiant qu'à un moment, j'ai fermé les yeux. J'avais un blouson blanc et un bonnet blanc. J'étais là, tout en blanc.

"À plat ventre dans la neige, pétasse !"
Un fourgon cellulaire, c'est un véhicule fantastique... C'était la première fois que j'en voyais. C'est une camionnette spécialement conçue pour transporter des détenus. Entièrement recouverte de plaques d'acier. "À plat ventre dans la neige, pétasse ! Si tu fais un geste, je te tue !" Je suis allongée sur l'asphalte... Je ne suis pas toute seule, nous sommes tous là. J'ai la tête vide... Je ne pense à rien. La seule chose qui soit réelle, c'est la sensation de froid. On nous fait relever à coups de botte et de matraque, et on nous pousse dans un fourgon. Ce sont les garçons qui ont dégusté le plus, ils essayaient de les frapper à l'entrejambe. "Fous-lui un bon coup dans les couilles !", "Casse-lui les os !", "Pisse-leur dessus !" Et tout en cognant, ils

exposaient leur philosophie : "Allez vous faire foutre, avec votre révolution d'enculés !", "Pour combien de dollars t'as vendu ta Patrie, espèce de fumier ?" D'après les connaisseurs, un fourgon de deux mètres sur cinq est prévu pour vingt personnes, mais nous étions cinquante entassés là-dedans. Les cardiaques et les asthmatiques n'avaient qu'à s'accrocher ! "Interdiction de regarder par la fenêtre ! Baissez la tête !" Et des bordées de jurons... À cause de nous, "pauvres connards de merde vendus aux Amerloques", ils avaient raté un match de foot. On les avait gardés enfermés dans leurs camions toute la journée, sous des bâches. Ils devaient pisser dans des sacs en plastique et des préservatifs. Quand ils sont sortis, ils crevaient de faim et ils étaient furieux. Peut-être qu'au fond, ce ne sont pas de mauvais gars, mais ils font un travail de bourreaux. Des garçons qui ont l'air parfaitement normaux. Des petits rouages de la machine. Ce ne sont pas eux qui décident de cogner ou pas, mais ce sont eux qui cognent... Ils cognent d'abord, et ils réfléchissent ensuite. Ou peut-être qu'ils ne réfléchissent pas. *(Elle se tait.)* Nous avons roulé longtemps, tantôt on allait tout droit, tantôt on faisait demi-tour. Où nous emmenait-on ? Mystère. Quand ils ont ouvert les portes et que nous avons posé la question, ils ont répondu : "À Kouropaty." C'est un charnier des victimes des répressions staliniennes... On aime bien ce genre de plaisanteries sadiques, chez nous. On nous a trimbalés longtemps à travers la ville, toutes les prisons étaient bourrées à craquer. Nous avons passé la nuit dans le fourgon. Il faisait moins vingt degrés dehors, et nous étions dans une boîte en fer. *(Elle se tait.)* Je devrais les haïr. Mais je ne veux haïr personne. Je ne suis pas prête pour ça.

Pendant la nuit, les gardes se sont relayés plusieurs fois. Je ne me souviens pas des visages, ils se ressemblent tous en uniforme. Mais il y en a un... Même maintenant, je le reconnaîtrais dans la rue, à ses yeux. Il n'était ni jeune ni vieux, il n'avait rien de particulier. Ce qu'il faisait ? Il ouvrait la porte du fourgon et il la laissait grande ouverte, cela lui plaisait de nous voir grelotter. Nous avions tous des blousons en synthétique avec de la fourrure artificielle, des petites bottes de rien du tout. Il nous regardait en rigolant. Il n'avait pas reçu d'ordre, il faisait ça de lui-même. De sa propre initiative. Un autre milicien m'a glissé une barre chocolatée. "Tiens, prends ça ! Qu'est-ce que t'es allée foutre sur cette place ?" On dit que pour comprendre cela, il faut lire Soljénitsyne. Quand j'étais à l'école, j'avais pris *L'Archipel du Goulag* à la bibliothèque, mais je n'étais pas arrivée au bout. C'est un gros pavé assez indigeste. J'en ai lu une cinquantaine de pages et j'ai abandonné… Tout ça, c'était très loin, comme la guerre de Troie. Staline, on nous en avait rebattu les oreilles. Mes amis et moi, cela ne nous intéressait pas beaucoup…

La première chose qu'on te fait en prison… On vide le contenu de ton sac sur une table. Quelle impression ça fait ? C'est comme si on te déshabillait… D'ailleurs on te déshabille aussi vraiment. "On enlève sa culotte ! On écarte les jambes ! On s'accroupit !" Qu'est-ce qu'ils pouvaient bien chercher dans mon anus ? On nous traitait comme des détenus. "Face au mur ! Baisse la tête !" On nous ordonnait tout le temps de baisser la tête. Ils n'aimaient pas du tout qu'on les regarde dans les yeux. "Face au mur ! J'ai dit face au mur !" Il fallait tout le temps se mettre en rang. Même pour aller aux toilettes. "En colonne, les uns derrière les autres !" Pour supporter tout ça, j'ai mis une barrière : ici c'est nous, et là c'est eux. L'interrogatoire, le juge d'instruction, les aveux… À l'interrogatoire : "Écris : je reconnais que je suis coupable. – De quoi ? – Tu comprends pas ? T'as participé à des désordres de masse… – C'était une manifestation de protestation pacifique !" Et la pression commence : on va t'exclure de l'institut, on va licencier ta mère. Comment pouvait-elle enseigner quoi que ce soit, avec une fille pareille ? Maman… Je pensais tout le temps à elle… Ils l'avaient bien compris, et chaque interrogatoire commençait par : "Ta mère pleure…", "Ta mère est à l'hôpital…" Et c'était reparti : "Donne-nous des noms… Qui était avec toi ? Qui distribuait les tracts ? Signe… Donne-nous des noms…" Ils promettaient que personne ne le saurait et qu'ils me relâcheraient immédiatement. À moi de choisir… "Je ne signerai rien !" Mais la nuit, je pleurais. Maman était à l'hôpital… *(Elle se tait.)* C'est facile de devenir un traître quand on aime sa mère… Je ne sais pas si j'aurais pu tenir encore un mois comme ça. Ils se fichaient de moi. "Alors, Zoïa Kosmodemianskaïa[1] ?" Ils étaient jeunes et gais. *(Elle se tait.)* Cela me fait peur... On va tous dans les mêmes magasins, dans les mêmes cafés, on prend le même métro. On est tout le temps ensemble. Dans la vie ordinaire, il n'y a pas de frontière nette entre eux et nous. Comment les reconnaître ? *(Elle se tait.)* Avant, je vivais dans un monde bienveillant. Ce monde n'existe plus, et il n'existera jamais plus.

J'ai passé un mois entier dans une cellule... Et pendant tout ce temps, je n'ai pas vu un miroir une seule fois. J'en avais un de poche, mais il avait disparu de mon sac après la fouille. Mon argent aussi. J'avais tout le temps une soif épouvantable. On ne nous donnait à boire que pendant les repas, le reste du temps... "Vous n'avez qu'à boire l'eau des chiottes !" Ils rigolaient comme des malades. Eux, ils buvaient des Fanta. J'avais l'impression que je ne pourrais jamais plus me désaltérer... Quand je serais libérée, je remplirais le réfrigérateur de bouteilles d'eau minérale. On sentait tous mauvais... On ne pouvait pas se laver... Quelqu'un avait un petit flacon de parfum, on se le passait pour le respirer. Quelque part, nos amis écrivaient des dissertations, ils allaient en bibliothèque, ils passaient des examens. Je ne sais pas pourquoi, je pensais à plein de petites choses sans importance... À une nouvelle robe que je n'avais encore jamais portée... *(Elle éclate de rire.)* J'ai appris qu'on peut tirer beaucoup de joie de petits riens comme du sucre, ou un bout de savon. Nous étions dix-sept dans une cellule pour cinq, dans trente-deux mètres carrés. Il fallait apprendre à vivre dans deux mètres carrés. La nuit surtout, c'était pénible, on étouffait. On mettait longtemps à s'endormir, on parlait. Les premiers jours, de politique, et ensuite, uniquement de l'amour.

CONVERSATIONS À L'INTÉRIEUR DE LA CELLULE

"Je ne veux pas croire qu'ils font cela de leur plein gré..."
— C'est toujours le même scénario... La même histoire qui recommence. Le peuple est un troupeau. Un troupeau d'antilopes.

1. Voir note 1, p. 301.

Et le pouvoir, c'est une lionne. La lionne se choisit une victime dans le troupeau, et elle la tue. Les autres continuent à brouter leur herbe, ils jettent un coup d'œil à la lionne en train de choisir sa prochaine victime, et ils poussent tous un soupir de soulagement quand elle se jette dessus. "Ouf! Ce n'est pas moi! La vie peut continuer…"

— J'aimais la révolution dans les musées… J'avais des idées romantiques. Je jouais aux contes de fées. Personne ne m'avait demandé d'aller sur la place, j'ai décidé ça toute seule. Cela m'intéressait de voir comment ça se passait, une révolution. Et je me suis pris des coups de matraque sur la tête et dans les reins. Ce sont les jeunes qui sont descendus dans la rue, c'était "la révolution des enfants". C'est le nom qu'on lui a donné, c'est comme ça qu'on dit maintenant. Nos parents, eux, étaient restés à la maison. Dans leur cuisine, à parler de nous. Ils se faisaient du mauvais sang. Eux, ils ont peur, mais nous, nous n'avons pas de souvenirs soviétiques. Les communistes, on ne les connaissait que par les livres, on ne savait pas ce que c'était que la peur. Il y a deux millions de personnes qui vivent à Minsk, et nous étions combien? Trente mille… Ceux qui nous ont regardés défiler étaient bien plus nombreux. Ils étaient à leurs balcons, ils nous klaxonnaient, nous encourageaient : "Allez-y, les gars!" Les gens qui restent assis devant leur télévision avec une canette de bière sont toujours bien plus nombreux. Et voilà, c'est tout… Tant que nous, les intellectuels romantiques, nous sommes les seuls dans la rue, ce n'est pas une révolution…

— Vous croyez que tout tient sur la peur? Sur la milice et les matraques? Vous vous trompez. Les bourreaux et les victimes peuvent très bien s'entendre. C'est un truc qui nous reste de l'époque communiste, ça. Il existe ce qu'on appelle le consentement tacite. Un pacte. Un grand arrangement. Les gens comprennent très bien, mais ils ne disent rien. Et pour ça, ils veulent recevoir un salaire convenable, s'acheter au moins une chaîne audio d'occasion, et passer des vacances en Turquie. Essayez un peu de leur parler de la démocratie, des droits de l'homme… C'est du chinois, pour eux! Ceux qui ont connu l'époque soviétique se disent : "Nos enfants croyaient que les bananes allaient pousser à Moscou. Et regardez ce qu'on a maintenant… Une centaine de sortes de saucissons… Qu'est-ce qu'on en a à faire, de la liberté ?" Il y en a encore beaucoup qui veulent l'Union soviétique, mais avec des saucissons à gogo.

— Moi, je me suis retrouvée là par hasard… J'étais juste venue accompagner des amis, m'amuser au milieu des pancartes et des ballons. Et pour être franche, il y avait un garçon qui me plaisait bien. En réalité, je suis une spectatrice sans opinion. La politique, je n'y pense jamais. J'en ai ras le bol, de cette lutte entre le bien et le mal…

— On nous a enfermés dans une sorte de baraque. La nuit, on devait rester debout face au mur. Le matin, ils nous faisaient mettre à genoux, et puis debout, les mains en l'air… Tantôt il fallait mettre les mains derrière la tête, tantôt il fallait s'accroupir cent fois de suite… Ou bien rester debout sur un pied. Pourquoi ils faisaient ça ? Dans quel but ? Quand on le leur demandait, ils ne répondaient pas. On leur avait donné l'autorisation… Ils se sentaient du pouvoir… Il y avait des filles qui se trouvaient mal, qui s'évanouissaient. La première fois qu'on m'a interrogée, j'ai ri au nez du juge d'instruction, jusqu'au moment où il m'a dit : "Je vais te baiser par tous les trous, petite conne ! Et te boucler dans une cellule avec des droit commun…" Je n'avais pas lu Soljénitsyne, et lui non plus, j'imagine… Mais lui et moi, on savait tout…

— Moi, mon juge d'instruction était un homme cultivé, il avait fait ses études dans la même université que moi. Nous nous sommes rendu compte que nous aimions les mêmes auteurs : Akounine, Umberto Eco… Il m'a dit : "Mais qu'est-ce que je fais là, avec toi ? Mon boulot, c'est la corruption. Ça, c'est un vrai plaisir ! Avec ces gens-là, les choses sont simples. Mais avec vous…" Il fait son travail à contrecœur, il en a honte, mais il le fait. Il y en a des milliers comme lui : des fonctionnaires, des juges d'instruction, des magistrats… Les uns cognent, d'autres racontent des mensonges dans les journaux, d'autres arrêtent, condamnent. Il ne faut grand-chose pour mettre en route la machine stalinienne.

— Dans ma famille, on garde un vieux cahier. Mon grand-père y a écrit l'histoire de sa vie pour ses enfants et ses petits-enfants. Il raconte ce qu'il a vécu sous Staline. On l'a envoyé en prison et on l'a torturé : on lui mettait un masque à gaz et on coupait l'oxygène. On le déshabillait et on lui enfonçait une barre de fer ou une

poignée de porte dans l'anus... J'étais en terminale quand maman m'a fait lire ce cahier. "Tu es grande maintenant, tu dois savoir cela." Je ne comprenais pas à quoi cela pourrait bien me servir...
— Si on rouvre des camps, on n'aura aucun mal à trouver des gens pour les garder. C'est pas ça qui manquera ! Il y a une chose que je ne suis pas près d'oublier... Je l'ai regardé dans les yeux, c'était un garçon ordinaire, mais il avait l'écume aux lèvres. Ils avançaient comme dans un rêve, comme s'ils étaient en transe. Ils cognaient à droite et à gauche. Un homme est tombé, ils l'ont recouvert d'un bouclier, et ils ont dansé dessus. Des armoires à glace de deux mètres... Ils pesaient quatre-vingts ou cent kilos chacun, on les nourrit bien. Les gars des services spéciaux, ce sont des gens particuliers... Comme les *opritchniki* d'Ivan le Terrible. Je ne veux pas croire qu'ils font cela de leur plein gré, non, je ne veux pas... Il faut bien qu'ils mangent. Ce sont des gamins... Ils ont juste été à l'école et fait leur service militaire, et ils gagnent plus qu'un professeur d'université. Après... Ce sera comme toujours... Forcément... Ils diront qu'ils ont obéi aux ordres, qu'ils ne savaient rien, qu'ils n'y sont pour rien... Déjà maintenant, ils se trouvent des centaines de justifications. "Et qui va nourrir ma famille ?", "J'ai prêté serment", "Je ne pouvais pas sortir des rangs, même si je l'avais voulu". On peut faire ça avec n'importe qui. En tout cas, avec beaucoup de gens...
— Je n'ai que vingt ans. Comment je vais faire pour vivre, maintenant ? J'ai l'impression que dans la rue, j'aurai peur de lever les yeux...

"*...C'est chez vous qu'il y a une révolution, chez nous,
c'est le pouvoir soviétique.*"
Ils nous ont relâchés en pleine nuit. Tout le monde attendait devant la prison : les journalistes, nos amis. Mais ils nous ont emmenés dans des fourgons et ils nous ont débarqués dans des banlieues. Moi, ils m'ont laissée quelque part à Chabany. À côté de tas de pierres, près d'un immeuble moderne. Cela fichait vraiment la trouille. Je suis restée là un moment sans savoir quoi faire, et puis je me suis dirigée vers des lumières. Je n'avais pas d'argent, et mon téléphone était déchargé depuis longtemps. Dans mon sac, j'avais juste une quittance, on nous avait donné à tous des

quittances certifiant qu'on avait payé les frais de notre séjour en prison. Cela représente l'équivalent de la bourse que je reçois tous les mois... Maman et moi, on a du mal à joindre les deux bouts. Papa est mort quand j'étais en cinquième, j'avais douze ans. Et mon beau-père dépense tout son salaire à boire et à faire la bringue. C'est un poivrot. Je le déteste, il nous pourrit la vie, à maman et à moi. J'essaie de gagner un peu d'argent à droite et à gauche, je dépose des publicités dans les boîtes aux lettres, en été, je vends des fruits ou des glaces. Je pensais à tout ça... Il y avait des chiens qui couraient... Et personne nulle part... J'ai été folle de joie quand un taxi s'est arrêté. Je lui ai donné l'adresse de mon foyer, mais je lui ai dit que je n'avais pas d'argent. Il a tout de suite deviné : "Aaah! T'es une décembriste! (On avait été arrêtés en décembre.) Allez, monte! J'en ai déjà trouvé une comme toi, je l'ai ramenée chez elle. Comment ça se fait qu'ils vous aient relâchés en pleine nuit?" En conduisant, il m'a fait la leçon : "C'est de la connerie tout ça! En 1991, j'étais étudiant à Moscou, et je suis allé à des manifs, moi aussi. On était plus nombreux que vous. Et on a gagné. On rêvait tous de monter une petite affaire et de devenir riches. Et qu'est-ce que cela a donné? Sous les communistes, j'étais ingénieur, et maintenant, je conduis un taxi. On a chassé des salauds, et il y en a d'autres qui sont arrivés. Qu'ils soient noirs, gris ou orange, ils sont tous pareils! Chez nous, le pouvoir, ça corrompt n'importe qui. Je suis réaliste. Je ne crois qu'en moi-même et en ma famille. Pendant que d'autres imbéciles font une nouvelle révolution, moi, je mets de l'argent de côté. Ce mois-ci, faut que je gagne de quoi acheter des vestes à mes filles, et le mois prochain, ce sera des bottes pour ma femme. Toi, t'es une jolie fille. Tu ferais mieux de te trouver un gars bien et de te marier." Nous sommes arrivés en ville. De la musique. Des gens qui riaient, qui s'embrassaient. La ville vivait comme si nous n'avions pas existé.

J'avais hâte d'avoir une conversation avec mon petit ami. Nous étions ensemble depuis trois ans. Nous faisions des projets d'avenir. *(Elle se tait.)* Il m'avait promis qu'il irait à la manifestation, mais il n'était pas venu. Et j'attendais ses explications. Il est arrivé, l'air de rien. Les filles nous ont laissés seuls. Vous parlez d'une explication! Je n'étais qu'une "pauvre idiote", "un vrai spécimen", "une révolutionnaire naïve". Il m'avait pourtant prévenue, j'avais oublié ? Il m'avait bien expliqué qu'il n'était pas rationnel de se monter la tête pour des choses sur lesquelles on ne pouvait rien. Il y a des gens qui considèrent qu'il faut vivre pour les autres, mais ce n'était pas son cas, il n'avait aucune envie de mourir sur des barricades. Ce n'était pas sa vocation. Son but, c'était de faire une belle carrière. Il voulait avoir beaucoup d'argent. Une maison avec piscine. Il faut vivre pour s'amuser. Il y a tellement d'opportunités aujourd'hui... On ne sait plus où donner de la tête. On peut voyager dans le monde entier, il y a ces super-croisières, mais elles coûtent cher, on peut s'acheter un palais, mais ça coûte cher, on peut commander de la soupe à la tortue et de la viande d'éléphant dans les restaurants... Seulement il faut payer pour ça. Le fric, toujours le fric ! Comme nous l'avait dit le prof de physique : "Chers étudiants ! N'oubliez jamais que l'argent résout tout, même les équations différentielles !" C'est la dure vérité de la vie. *(Elle se tait.)* Et les idéaux, alors ? Ça n'existe pas ? Vous pouvez peut-être me dire quelque chose, vous... Vous écrivez des livres, non ? *(Elle se tait.)* On m'a renvoyée de l'institut au cours d'une réunion. Tout le monde a levé la main pour approuver, sauf mon vieux professeur préféré. Il a été emmené en ambulance le jour même. Mes amies me réconfortaient quand personne ne pouvait les voir. "Ne nous en veux pas, le proviseur a menacé de nous mettre à la porte si..." Vous parlez d'héroïnes !

J'ai pris un billet pour aller chez moi. Quand je suis à Minsk, mon village me manque. Il est vrai que je ne sais pas très bien ce qui me manque, sans doute le village de mon enfance. Celui dans lequel mon père m'emmenait sortir les cadres des ruches remplis de miel. Il commençait par enfumer les abeilles pour qu'elles s'envolent et ne nous piquent pas. Quand j'étais petite, je croyais que les abeilles, c'étaient des oiseaux... *(Elle se tait.)* Est-ce que j'aime mon village maintenant ? Les gens vivent comme avant, bon an mal an. Ils bêchent leur potager pour faire pousser des patates, à genoux dans la terre. Ils fabriquent de l'eau-de-vie. Le soir, il n'y a pas un seul homme qui ne soit pas bourré, ils boivent comme des trous, tous les jours. Ils votent pour Loukachenko et ils regrettent l'Union soviétique... l'invincible armée soviétique. Dans l'autobus, je me suis retrouvée assise à côté de notre voisin. Il avait bu. Il s'est mis à parler politique : "Moi, je leur casserais la gueule, à tous ces fumiers de démocrates ! On leur en a pas assez fait voir. Ah, je vous jure, les gens comme ça, faudrait les fusiller… Moi, j'hésiterais pas. C'est l'Amérique qui paie tout ça. Hillary Clinton… Mais on est des gens solides. On a survécu à la perestroïka, on survivra aussi à la révolution. Un type intelligent m'a dit que c'est les youpins qui avaient fait ça…" Tout l'autobus le soutenait. "Ce serait pas pire que maintenant ! On n'a qu'à regarder la télé : tout le monde se tire dessus et s'envoie des bombes !"

Me voilà arrivée à la maison. J'ai ouvert la porte. Maman était dans la cuisine, elle nettoyait des bulbes de dahlias pourris qui avaient gelé dans la cave. Ils sont très sensibles, ils craignent le froid. Je l'ai aidée, comme quand j'étais petite. "Mais qu'est-ce qui se passe chez vous, à Minsk ? À la télévision, ils ont montré une véritable marée humaine, et ils criaient tous contre le pouvoir. Seigneur Dieu ! C'était terrifiant. Ici, on avait peur que ce soit la guerre : il y en a qui ont des fils dans les forces spéciales, d'autres des enfants étudiants, qui étaient sur la place et qui hurlaient. Les journaux disent que ce sont des terroristes et des bandits. Et ici, on croit ce qui est écrit dans les journaux. C'est chez vous qu'il y a la révolution, chez nous, c'est le pouvoir soviétique." Dans la maison, cela sentait la valériane…

J'ai appris les nouvelles du village… Iourka Chved, un fermier, avait été embarqué en pleine nuit, une voiture était arrivée et il en était descendu deux hommes en civil, comme ceux qui étaient venus arrêter mon grand-père en 1937. Ils ont retourné toute sa maison et emporté l'ordinateur. Ania N., une infirmière, a été licenciée : elle était allée à une manifestation à Minsk et elle s'était inscrite dans un parti d'opposition. Elle a un enfant en bas âge. Un paysan complètement bourré lui a flanqué une raclée : "Espèce de sale opposante de merde !" Les mères des garçons qui servent dans la milice étaient toutes fières que leurs fils aient reçu de grosses primes, ils leur ont rapporté des cadeaux. *(Elle se tait.)* On a divisé le peuple en deux. Quand je suis allée à une soirée dansante au club, personne ne m'a invitée. Parce que je suis une terroriste. On a peur de moi…

Nous nous sommes retrouvées par hasard un an plus tard dans le train Moscou-Minsk, et quand les autres se sont endormis, nous avons bavardé.

"… ça peut devenir rouge."
Je fais mes études à Moscou. Je vais à des meetings avec mes amis. C'est génial! J'aime les visages des gens que je vois là-bas. Ils me rappellent ceux que nous avions nous quand nous sommes allés sur la place de Minsk et que je n'avais pas reconnu ma ville. Ni les gens. C'étaient d'autres gens. La maison me manque terriblement.
Quand je prends le train pour aller en Biélorussie, je n'arrive pas à dormir. Je flotte dans un demi-sommeil… Tantôt je suis en prison, tantôt je me retrouve dans mon foyer d'étudiants… Tout me revient… Des voix d'hommes, de femmes…
"… Ils nous obligeaient à nous allonger, les pieds au-dessus de la tête…"
"… Ils m'avaient posé une feuille de papier sur les reins pour ne pas laisser de traces, et ils frappaient avec une bouteille en plastique remplie d'eau…"
"Il me mettait un sac en plastique sur la tête, ou un masque à gaz… Vous comprenez bien qu'au bout de quelques minutes, je m'évanouissais. Et lui, il avait une femme et des enfants. C'était un bon mari, un bon père…"
"… Ils frappent, ils cognent… avec leurs bottes, avec leurs chaussures, avec leurs baskets…"
"… Tu crois qu'on leur apprend uniquement à sauter en parachute et à se laisser glisser d'un hélicoptère le long d'un câble? On se sert des mêmes manuels que du temps de Staline…"
"… À l'école, on nous disait: « Lisez Bounine, Tolstoï, ces livres nous sauvent. » À qui peut-on demander: « Pourquoi rien de tout cela ne se transmet, alors qu'une poignée de porte dans l'anus et un sac en plastique sur la tête, ça, ça se transmet? »"
"Si on doublait ou triplait leur salaire, ils nous tireraient dessus, j'en ai bien peur…"
"À l'armée, j'ai compris que j'aimais les armes. Je suis un fils de professeur, j'ai grandi parmi les livres. Et j'ai envie de posséder un pistolet. C'est un bel objet! Au fil des siècles, il s'est adapté

à la main de l'homme. C'est agréable à tenir. J'aimerais bien en avoir un, le nettoyer. Le graisser. J'aime cette odeur."

"À ton avis, il va y avoir une révolution?"

"Orange, c'est la couleur de la pisse de chien sur la neige. Mais ça peut devenir rouge…"

"On avançait, on avançait…"

COMMENTAIRES D'UNE FEMME ORDINAIRE

Des souvenirs ? Quels souvenirs ? Je vis comme tout le monde. Il y a eu la perestroïka… Gorbatchev… La postière a ouvert la barrière : "T'as entendu, y a plus de communistes ! – Comment ça ? – Ils ont fermé le Parti !" Personne n'a tiré de coups de feu, il s'est rien passé. Maintenant, on dit qu'on était une grande puissance et qu'on a tout perdu. Mais qu'est-ce que j'ai perdu, moi ? Je vivais dans une petite maison sans aucun confort – sans eau, sans canalisations, sans gaz – et c'est toujours comme ça. J'ai travaillé honnêtement toute ma vie. J'ai trimé, j'ai pas arrêté de trimer, j'ai l'habitude. Et j'ai toujours gagné des clopinettes. Je mangeais des nouilles et des patates, et je mange toujours la même chose. La vieille pelisse que je porte, elle date de l'Union soviétique. C'est qu'il y en a de la neige, chez nous !

Mon meilleur souvenir, c'est quand je me suis mariée. On s'aimait. Je me rappelle, quand on est revenus de la mairie, les lilas étaient en fleur… Ils étaient couverts de fleurs ! Et dedans, figurez-vous, y avait des rossignols qui chantaient… Je m'en souviens… On a passé quelques bonnes années ensemble, on a eu une fille… Après, Vadik s'est mis à boire, et la vodka l'a tué. Il était jeune, il avait quarante-deux ans. Alors je vis toute seule. Ma fille est devenue grande, elle s'est mariée et elle est partie.

L'hiver, ici, tout est recouvert de neige – tout le village, les maisons, les voitures… Des fois, y a pas d'autobus pendant des semaines. Ce qui se passe dans la capitale ? Moscou, c'est à mille kilomètres d'ici. La vie là-bas, on regarde ça à la télé, c'est comme au cinéma. Je connais Poutine, et la chanteuse Alla Pougatcheva… Les autres, je les connais pas… Ils font des meetings, des manifestations... Nous, ici, on continue à vivre comme on a toujours vécu. Sous le socialisme, sous le capitalisme... Pour nous, les Blancs et les Rouges, c'est du pareil au même. Faut tenir jusqu'au printemps. Planter les patates... *(Elle se tait un long moment.)* J'ai soixante ans... Je vais pas à l'église, mais faut bien parler à quelqu'un. Parler d'autre chose... J'ai pas envie de vieillir, ça me dit rien du tout. Mais j'aurai du regret de mourir. Vous avez vu mon lilas? La nuit, quand je vais dehors, ça m'éblouit... Je reste là, à le regarder. Je vais vous en cueillir un bouquet, tiens...

OUVRAGE RÉALISÉ
PAR L'ATELIER GRAPHIQUE ACTES SUD
ACHEVÉ D'IMPRIMER
SUR ROTO-PAGE
EN NOVEMBRE 2015
PAR L'IMPRIMERIE FLOCH
À MAYENNE
POUR LE COMPTE DES ÉDITIONS
ACTES SUD
LE MÉJAN
PLACE NINA-BERBEROVA
13200 ARLES

DÉPÔT LÉGAL
1re ÉDITION : SEPTEMBRE 2013
N° impr. : 89009
(Imprimé en France)